“十三五”国家重点出版物出版规划项目

南水北调中线工程河南省考古发掘报告
河南省文物局　主编
第38号

宝丰廖旗营墓地

郑州大学历史学院　编著

科学出版社
北京

内 容 简 介

廖旗营墓地位于平顶山市宝丰县城关镇廖旗营村东北，是一处以汉代墓葬为主的墓地。2010 年 10～12 月，受河南省文物局南水北调文物保护办公室委托，郑州大学历史学院考古学系对该墓地进行了考古发掘，共清理汉代至明清时期的墓葬 134 座（含瓦棺墓 2 座），窑址 3 座，灰坑 1 座。本书对这些遗存进行了全面详尽的报道及初步研究。

本书适合考古学、历史学研究者及大专院校相关专业的师生和爱好者阅读参考。

图书在版编目（CIP）数据

宝丰廖旗营墓地 / 郑州大学历史学院编著. —北京：科学出版社，2019. 6
（南水北调中线工程河南省考古发掘报告；38）
“十三五”国家重点出版物出版规划项目
ISBN 978-7-03-061423-0

Ⅰ. ①宝…　Ⅱ. ①郑…　Ⅲ. ①墓葬（考古）- 发掘报告 - 宝丰县　Ⅳ. ①K878.85

中国版本图书馆 CIP 数据核字（2019）第 108411 号

责任编辑：张亚娜 / 责任校对：邹慧卿
责任印制：肖　兴 / 封面设计：陈　敬

科学出版社出版
北京东黄城根北街 16 号
邮政编码：100717
http://www.sciencep.com
中国科学院印刷厂 印刷
科学出版社发行　各地新华书店经销
*
2019 年 6 月第　一　版　开本：889 × 1194　1/16
2019 年 6 月第一次印刷　印张：22 1/4　插页：52
字数：640 000

定价：328.00 元
（如有印装质量问题，我社负责调换）

"13th Five-Year Plan" National Key Publications Publishing and Planning Project

Reports on the Cultural Relics Conservation
in the South-to-North Water Diversion Project
Administration of Cultural Heritage of Henan Province
Henan Vol.38

Liaoqiying Cemetery in Baofeng

School of History, Zhengzhou University

Science Press
Beijing

南水北调中线工程文物保护项目报告

河南省第38号

《宝丰廖旗营墓地》

主　编

李　锋　姚智辉　王　芳

副主编

付江凤　金海旺　周润山

尹彩燕　陈　倩　夏琳瑜

曹建敦　张　嵩　王团乐

项目承担单位

郑州大学历史学院

前　言

作为举世瞩目的特大型水利建设项目，南水北调中线工程的文物保护工作在河南是史无前例的。无论是工程涉及区域之广大，还是文物点分布的密集程度和价值之高，在河南的考古史上都是前所未有的。因此，当黄河小浪底水利枢纽工程和长江三峡库区的文物保护工作结束后不久，随着南水北调中线工程设计规划和施工的渐次展开，世人的目光便开始聚焦古老的中原大地。如何在配合特大型工程建设的同时，使中原大地珍贵的文化遗产得到有效保护，成为河南文物部门的重要任务。

南水北调中线工程包括水源地和总干渠两个主要项目。水源地丹江口水库地跨河南、湖北两省，总淹没面积达370平方千米，其中河南省境内占170平方千米，约占总面积的46%。总干渠起自河南省淅川县的陶岔，流经河南、河北、北京、天津等省市，全长1276千米，其中河南境内达731千米，约占总长度的58%。从南阳盆地沿太行山东麓北行，流经南阳、平顶山、许昌、郑州、焦作、新乡、鹤壁、安阳8个省辖市32个县（市、区），南水北调中线工程纵贯了古代中原的核心区域。在淹没区和总干渠沿线及其附近分布的文物点，既有旧石器时代的化石地点和古人类遗迹，也有新石器时代的大型聚落，更有数量众多、内涵丰富的反映不同文化风格及其交融过程的历史时期的城址、墓葬群、古代建筑和石刻艺术等。可以说，纵贯河南南北的总干渠，在中原大地形成了一条极为难得的融汇各个文化发展时期和各种文化因素的古代文化廊道。

南水北调中线工程河南段的文物保护工作，有以下几个显著特点：

一是全国文物考古队伍积极参与。1994～2005年，河南省组织协调省内外有关文物考古、科研和工程设计单位，对南水北调中线工程丹江口河南淹没区和总干渠沿线进行文物调查、复核和确认工作。经国家有关部门复核确认，南水北调中线工程共涉及河南境内文物点330处。2005年，南水北调中线工程河南段文物保护抢救工作正式启动。河南省文物考古研究所和中国社会科学院考古研究所、武汉大学历史系、陕西省考古研究院等来自全国各地的50余家文物考古单位，先后参加南水北调中线工程河南段的文物保护抢救工作。河南省文物局积极组织协调，在工作中强化大局意识、质量意识、安全意识和服务意识，组织专家现场指导，安排部署市县文物部门进行巡视，为考古发掘单位提供优良的工作环境，确保工程建设和文物保护工程顺利进行。

二是保护抢救了一大批珍贵文物。南水北调文物保护不仅工程浩大，而且总干渠绝大部分是开挖明渠，更容易造成文物的破坏和损害。我们组织考古队伍提前介入，对将要开工渠段的已知文物点进行抢救发掘，有效地保护了文物。其中不乏历史价值、科学价值、艺术价值颇高的珍贵文物。如徐家岭墓地清理的一座战国早期楚国贵族墓葬，出土的一件小口鼎上铸有多达49字的清晰铭文，铭文上有岁星纪年和墓主人身份等，对于研究墓葬年代及墓主人身份提供了重要资料；鹤壁关庄墓地发现的清代西安府守备之墓，出土了一批金质头饰，造型优美，制作精细，特别是一件印有喜鹊登梅图案的金冠，工艺精良，有极高的艺术价值；博爱聂村墓地出土的4件唐代三彩钵，做工精湛，造型精美，是唐三彩器物中不可多得的精品。

三是考古发现具有重要的科学研究价值。如鹤壁刘庄遗址在全国首次发现分布密集、排列规律的大面积先商文化墓地，填补了先商文化发掘和研究工作的一项空白，是该研究领域的重大学术突破；安阳固岸墓地在我国第一次发现了以二十四孝为题材的东魏时期围屏石榻，首次发现了明确纪年的东魏墓葬，出土了大批北齐时期陶俑、瓷器和多方北齐、东魏墓志等重要文物，是研究豫北地区北朝时期的丧葬习俗和陶塑艺术，白瓷、黑瓷的起源和制作工艺，以及北齐和东魏时期的书法艺术的宝贵资料；卫辉大司马墓地唐代乞扶令和夫妇合葬墓的发掘，为研究我国隋唐时期的官吏体制、书法艺术和社会的繁盛提供了新证据；温县徐堡发现了龙山、西周、春秋、战国、汉、宋、明和清时期连续叠压的古城址，是目前黄河流域所发现的龙山文化城址中保存较好、规模较大的一座城址，填补了豫西北龙山城址发现的空白；荥阳薛村遗址为二里头文化晚期到早商文化时期的大型遗址，该遗址的发掘保护工作，对于研究薛村遗址聚落的结构、内部功能区的划分及其特点，探讨夏、商文化的演变的态势和更替有重要的学术意义和科学研究价值；荥阳关帝庙遗址发现了保存完整的商代晚期小型聚落，聚落功能齐全，分居住区、制陶区、祭祀区、墓葬区四部分，在我国商代考古发掘中尚属首次；新郑唐户遗址发现了大面积裴李岗文化时期的居住基址，房址形制结构特点和排水系统的使用，反映了裴李岗文化时期较为先进的建筑理念。

四是考古发掘与课题研究有机结合。在发掘过程中，不仅注重各类文物的抢救保护，而且采用现代科技手段，最大可能地采集各类标本。特别是对于出土的人骨、兽骨进行了性别、年龄、病理以及DNA等方面的鉴定；按照国家地理信息标准，对每处文物点都测量绘制了要素齐全的总平面图，为今后文物普查和保护奠定了基础。如武汉大学历史系对辉县大官庄墓地的一座9个墓室的大型汉墓，进行了发掘现场三维重建和近景摄影测绘技术的全面测绘，通过数字测绘技术、计算机虚拟现实技术，建立了三维的考古对象模型；山东大学在博爱西金城遗址发掘中，设立了主要涉及古地貌、动物、植物、石器、陶器以及遗址资源域十余个子课题的环境考古课题，是开展多学科综合研究的一次重大尝试。

河南省南水北调工程文物保护工作走过了艰辛而光荣的历程。我们积极探索大型项目建设中文物保护抢救工作的新路子，更新管理理念，创新管理机制，培育专业队伍，提升研究层次，取得了非凡的荣誉。安阳固岸墓地、鹤壁刘庄遗址、荥阳娘娘寨遗址、荥阳关帝庙遗址、新郑唐户遗址、新郑胡庄墓地等6个项目先后被评为“全国十大考古新发现”。鹤壁刘庄遗址、荥阳娘娘寨遗址、荥阳关帝庙遗址、新郑唐户遗址、新郑胡庄墓地、淅川沟湾遗址等6个项目荣获“全国田野考古质量奖”。国家文物局授予河南省文物局南水北调文物保护办公室“全国文化遗产保护工作先进集体”荣誉称号。

河南省南水北调中线工程文物保护工作一直受到各级领导的关心和社会各界的支持。全国政协张思卿副主席曾率团视察河南省南水北调工程文物保护工作。国务院南水北调办公室和国家文物局各位领导多次亲临一线检查指导，帮助排忧解难。河南省委、省政府多次召开会议，研究解决文物抢救保护工程中的重大问题。南水北调中线干线工程建设管理局、南水北调中线水源有限责任公司、河南省南水北调中线干线工程领导小组办公室、河南省人民政府移民工作领导小组办公室对南水北调文物保护工作也给予了大力支持和帮助。国内诸多考古学家多次深入到文物保护抢救现场，对重大学术问题和考古发掘质量给予帮助指导。社会各界特别是新闻媒体给予极大关注和广泛宣传。

为了更好地利用考古资料开展学术研究，充分展示河南省南水北调中线工程文物保护项目考古发掘的巨大成果，河南省文物局积极组织考古发掘单位及时对考古发掘资料进行整理和研究，编辑出版考古发掘报告，以期进一步推动文物保护和考古学研究工作。

河南省文物局

2010年5月

目　录

插图目录

插表目录

彩版目录

图版目录

绪　论

一、地理位置与地理环境

宝丰县隶属河南省平顶山市，地处外方山东麓，北依汝河，南临沙河。东和东南与平顶山市郊区接壤，南和西南与鲁山县及平顶山市石龙区相连，西北与汝州市交界，北和东北与郏县毗邻。县城位于县境中部偏南，东北距省会郑州市 134 千米，东距平顶山市区 30 千米，西北距洛阳市 141 千米。焦柳、孟宝铁路在县城交叉，宁洛高速公路和郑尧高速分别绕县城北侧和东侧穿境而过，为河南省中西部交通枢纽重地（图一）。

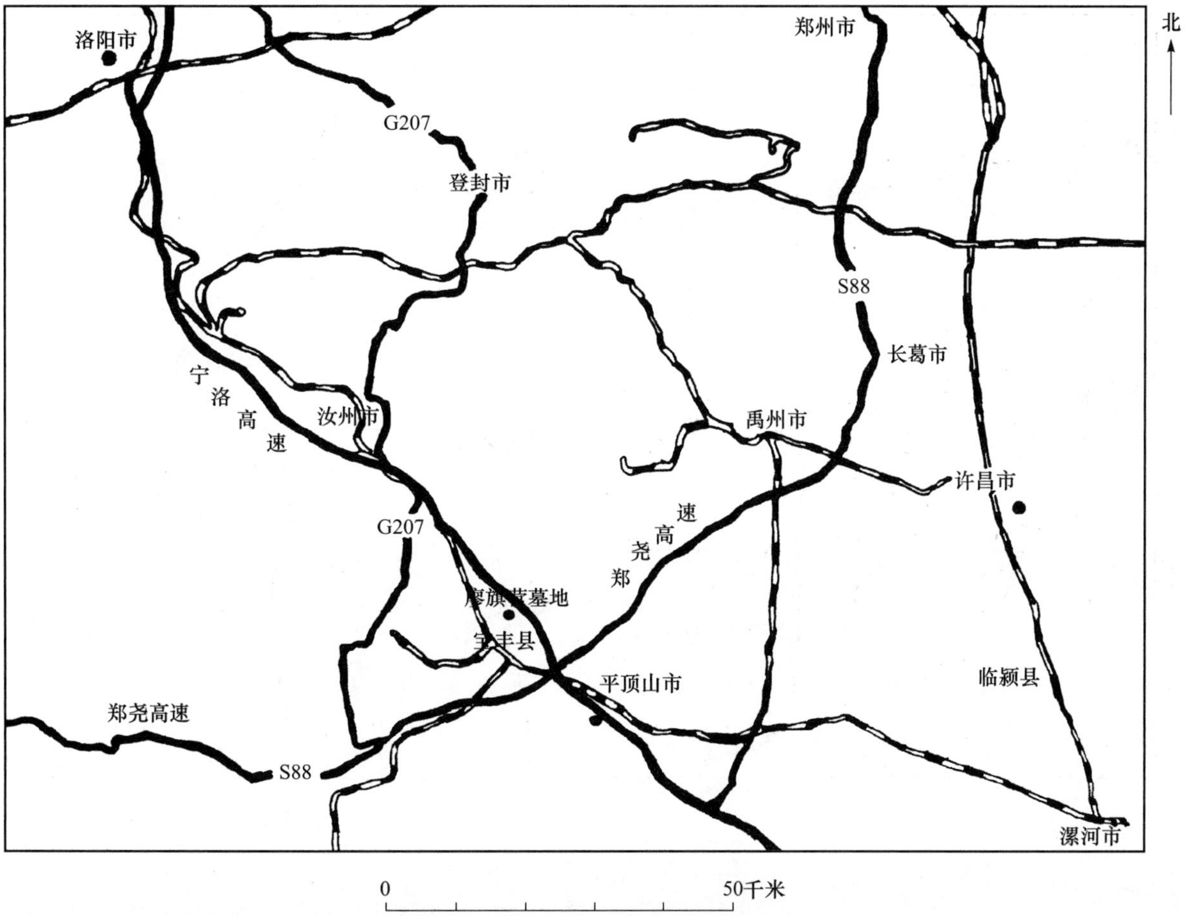

图一　宝丰县位置示意图
（图中分别用粗线条显示铁路和高速路，国道用细线显示）

宝丰地处暖温带，属半湿润大陆性季风气候。雨水适中，日照充足，热量丰富，四季分明，适宜人居。

商周时期宝丰为应国属地。春秋初属郑，继属楚，又属晋。战国初期属韩。秦置父城县，汉因之。隋、唐时先后为汝南县、滍阳县、武兴县、龙兴县。宋徽宗宣和二年（1120），因当时县境内有白酒酿造、汝官瓷烧制、冶铁工场等，物宝源丰，宝货兴发，奉敕赐名“宝丰县”。明崇祯十六年（1643），李自成曾改宝丰为宝州，清初复置宝丰至今。现为平顶山市辖县。宝丰地扼古鸦路，为宛洛交通要冲，富有战略价值，乃历代兵家必争之地。春秋时晋楚湛阪之战、东汉刘秀与王莽昆阳之战、宋代牛皋大败金兵之战及李自成大破明官军孙传庭之战，都曾发生在境内及近区①。

廖旗营墓地位于平顶山市宝丰县城关镇友好村廖旗营村民组的东部，西起净肠河，东至史营村东北，绵延近2千米。发掘区位于南水北调干渠260～270千米处。根据钻探所获墓葬分布密集情况，我们将其由东向西划分为A、B、C三个发掘区，A区地理坐标为N：33°53′，E：113°04′，海拔117米（图二）。此区域发掘前为耕地，正在建设中的南水北调中线河道正好从其中部由西向东穿过，故被列为河南省南水北调文物保护发掘项目之一（其中，C区于2010年6～9月发掘，发现墓葬42座②）。

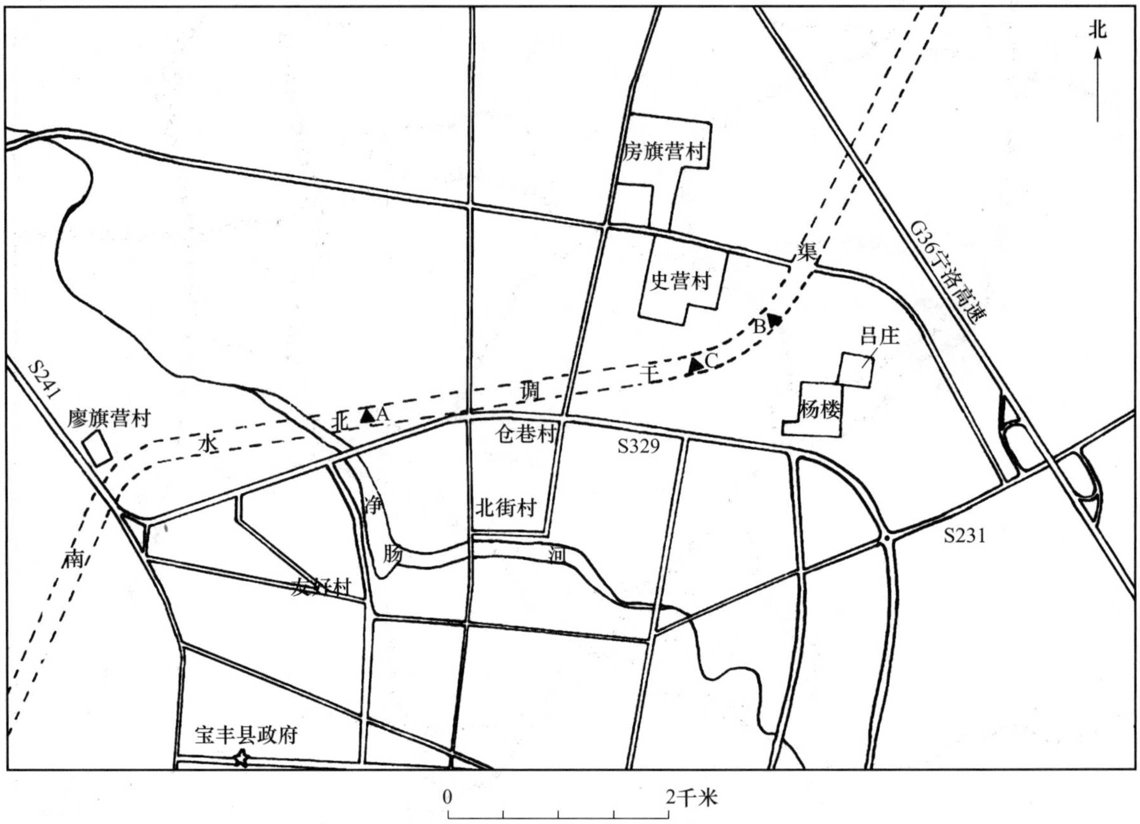

图二　廖旗营墓地位置示意图

① 宝丰县史志编纂委员会编：《宝丰县志》，方志出版社，1996年。

② 郑州大学历史学院考古系、河南省文物局南水北调文物保护办公室：《河南宝丰史营遗址战国至汉代墓葬》，《文物》2012年第4期，第34～45页。

第一章　汉代遗存

廖旗营墓地的汉代遗存包括75座墓葬和1座窑址，其中A区发现墓葬28座，B区墓葬47座（附表一）。

第一节　A区墓葬

一、墓葬分布

A区共发现28座汉代墓葬，大致分布在五个片区。其中AⅠ区墓葬1座；AⅡ区域墓葬11座；AⅢ区墓葬2座，瓦棺墓2座；AⅣ区墓葬6座；AV区墓葬6座（图五）。

二、墓葬形制与随葬品

本区发现的28座墓葬中，有土坑墓4座，空心砖墓10座，砖室墓11座，石室墓1座，瓦棺墓2座。

（一）土坑墓

4座。有AM9、AM25、AM42、AM44。

1. AM9

位置　位于AT0711中部偏南。

层位关系　①→AM9→生土。

方向　265°。

形制与结构　长方形竖穴土坑墓，由阶梯墓道和墓室组成，通长870厘米（图六）。

墓道位于墓室西端，平面呈长方形，长410、宽128、深0～218厘米；底为阶梯状，共5层台阶，第一层宽60、第二层宽52、第三层宽44、第四层宽44、第五层宽40厘米；前四层台高40厘米，第五层台高22厘米。

墓室平面呈长方形，直壁，平底，长460、宽232厘米。墓顶坍塌，形制结构不详。墓室分为前、后两部分。前室长236、宽232、深218厘米；后室长232、宽224、深204厘米。

填土为褐红色花土，结构疏松，土质较软较黏。填土中含有大量的白色土块和料姜石。

葬具　不详。

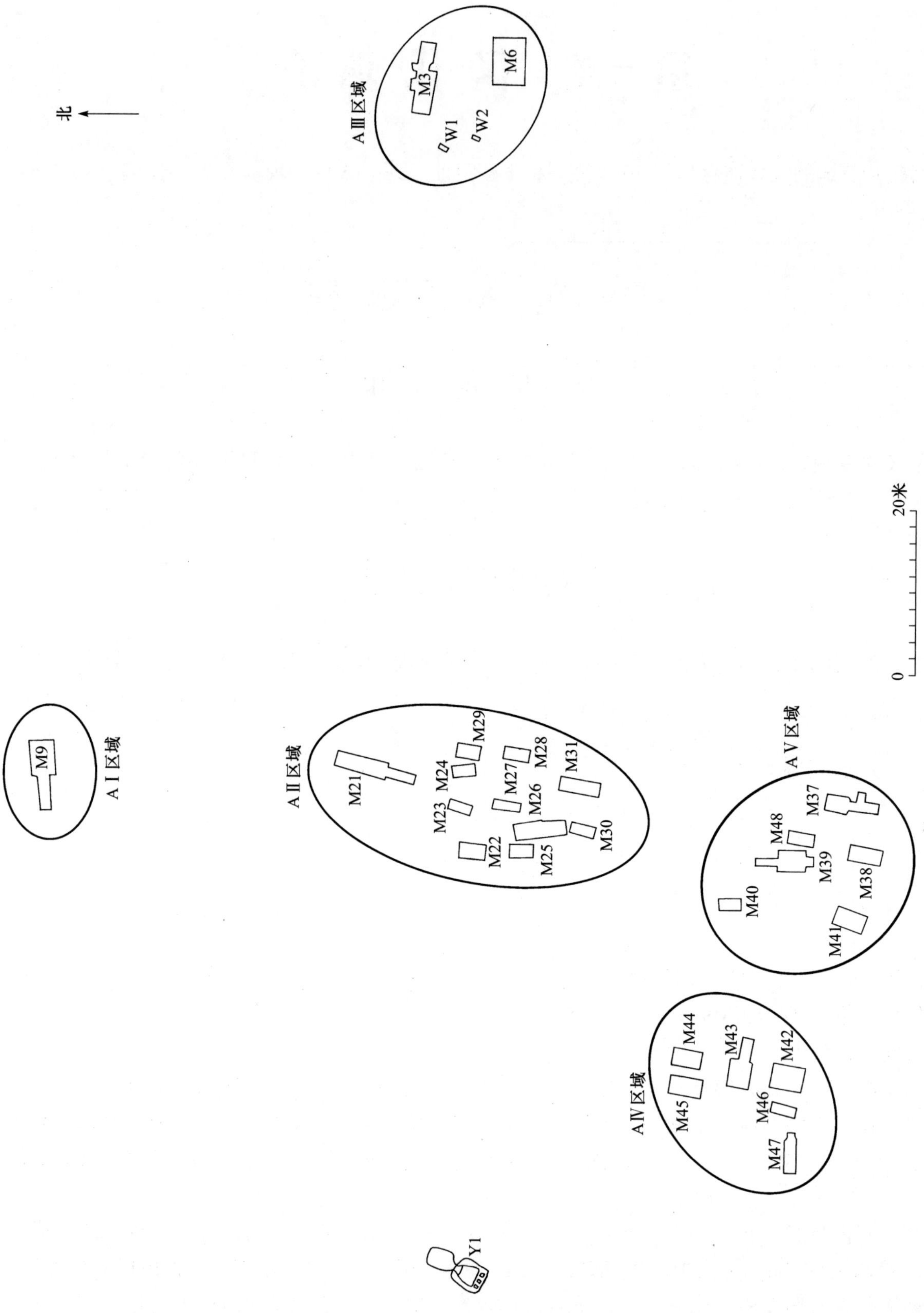

图五　A区汉代墓葬分布示意图

人骨　不详。

随葬器物　无。

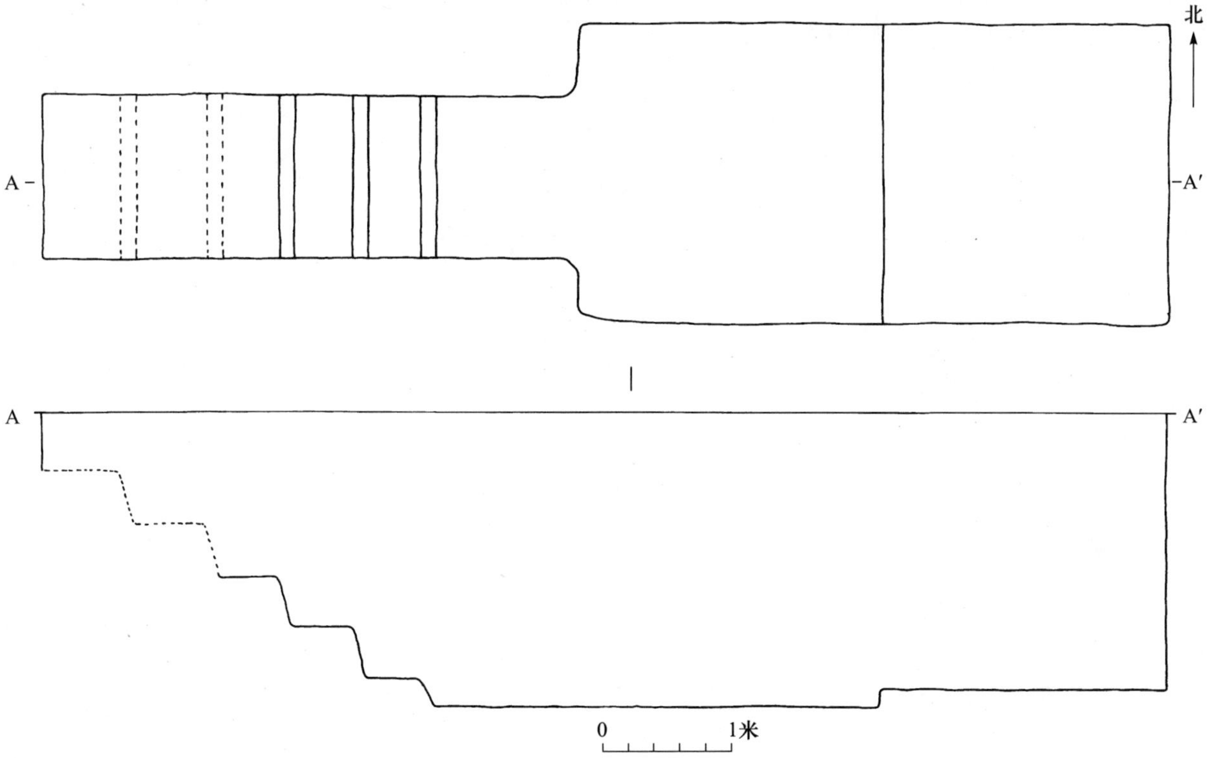

图六　AM9平、剖面图

2. AM25

位置　位于AT0605中部。

层位关系　①→ AM25 →生土。

方向　0°。

形制与结构　长方形竖穴土坑墓，平面呈长方形，直壁，平底。墓长270、宽132、深180厘米（图七）。

填土为褐红色花土，结构疏松，土质较软较黏，夹杂大量白灰土和料姜石颗粒。

葬具　不详。

人骨　不详。

随葬器物　共6件。陶壶1件，陶瓮2件，陶钵1件，铁刀2件。

陶壶　1件。AM25：1，泥质灰陶。口、颈残。溜肩，鼓腹，假圈足。肩和腹部饰数周凹弦纹。假圈足中部有一周凸棱。残高19.6、底径8.8、最大腹径20厘米（图八，3；图版八，2）。

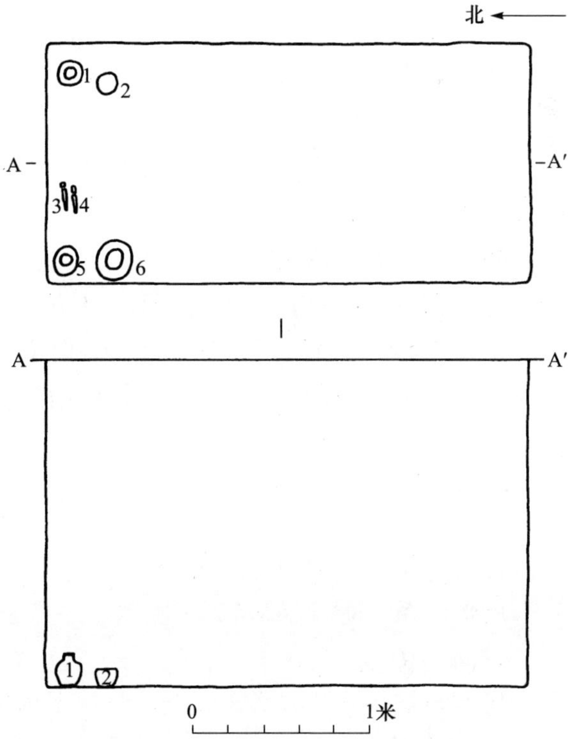

图七　AM25平、剖面图

1. 陶壶　2. 陶钵　3、4. 铁刀　5、6. 陶瓮

陶瓮　2件。AM25∶5，泥质灰陶。侈口，方唇，高直领，折肩，肩腹之间有折棱，“U”形腹，圜底。下腹至底饰交错绳纹。口径11.2、最大腹径19.2、通高22.8厘米（图八，1）。AM25∶6，口、领部残。折肩，肩腹之间有折棱，“U”形腹，圜底。下腹至底饰交错绳纹。残高20.4、最大腹径21.6厘米（图八，2）。

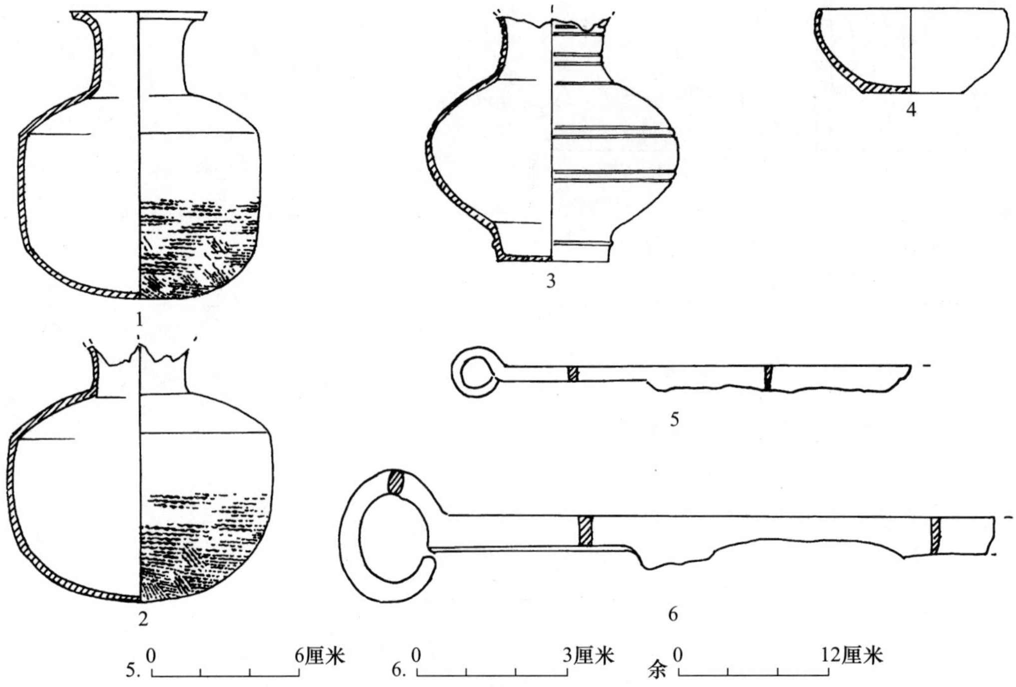

图八　AM25出土器物

1、2. 陶瓮（AM25∶5、AM25∶6）　3. 陶壶（AM25∶1）　4. 陶钵（AM25∶2）
5、6. 铁刀（AM25∶3、AM25∶4）

陶钵　1件。AM25∶2，泥质灰陶。敛口，尖唇，上腹近直，中腹直下腹斜弧，平底。口径14.4、底径8、高6.8厘米（图八，4；图版八，4）。

铁刀　2件。AM25∶3，刀背、刃均直，仅刃部前端一小段略弧，与背相交呈尖。把手较刀身略窄，刀首呈一环，环为扁圆形。刀把手上有朽木的痕迹。残长9.2厘米（图八，5；图版八，6）。AM25∶4，刀背、刃均直，仅刃部前端一小段略弧，与背相交呈尖。把手较刀身略窄，刀首呈钩形，环为扁圆形。残长13厘米（图八，6；图版八，5）。

3. AM42

位置　位于AT0302中部偏南。

层位关系　①→AM42→生土。

方向　10°。

形制与结构　长方形竖穴土坑墓，平面呈长方形，直壁，平底（图九）。墓口长344、宽140厘米；墓底长344、宽100厘米；深160厘米。东、西两侧有生土二层台，二层台高60、宽20厘米（图九）。

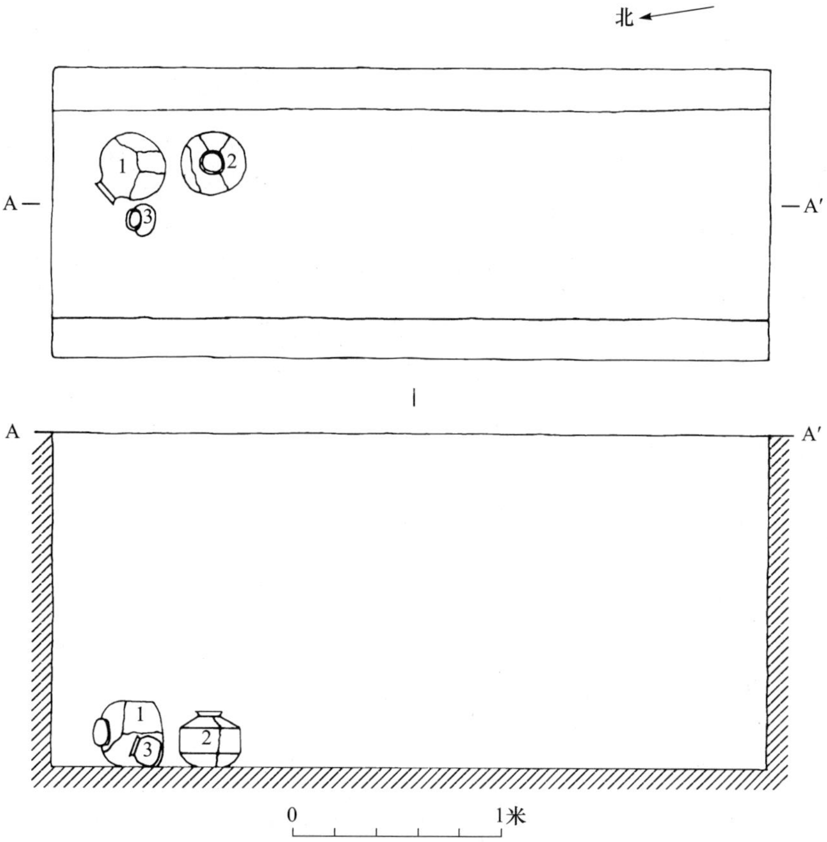

图九　AM42平、剖面图
1～3. 陶瓮

填土为褐白色花土，结构疏松，土质较软较黏。填土中含有料姜石。

葬具　不详。

人骨　不详。

随葬器物　共3件。陶瓮3件。

陶瓮　3件。AM42：1，泥质灰陶。侈口，唇面有一周凹槽，高直领，折肩，“U”形腹，圜底。口径13.6、高36.8、最大腹径31.6厘米（图一〇，1；图版一五，2）。AM42：2，夹砂灰陶。侈口，口部内缘有一周凹痕，圆唇，唇面有一周凹痕，矮直领，溜肩，椭圆腹，圜底。肩腹相交处有一道明显的折痕，肩中部有一周凹弦纹和刻画文字，字符不详，腹部、底部饰交错绳纹。口径13.6、高32.4、最大腹径36厘米（图一〇，2；图版一五，1）。AM42：3，泥质灰陶。口微侈，矮直领，溜肩，球状圆鼓腹，圜底内凹。下腹至底饰斜向绳纹。口径9.6、底径6.4、高15.6、最大腹径15.2厘米（图一〇，3；图版一五，3）。

4. AM44

位置　位于T0303东部。

层位关系　①→AM44→生土。

方向　10°。

形制与结构　长方形竖穴土坑墓，平面呈长方形，直壁，平底（图一一）。墓口长300、宽

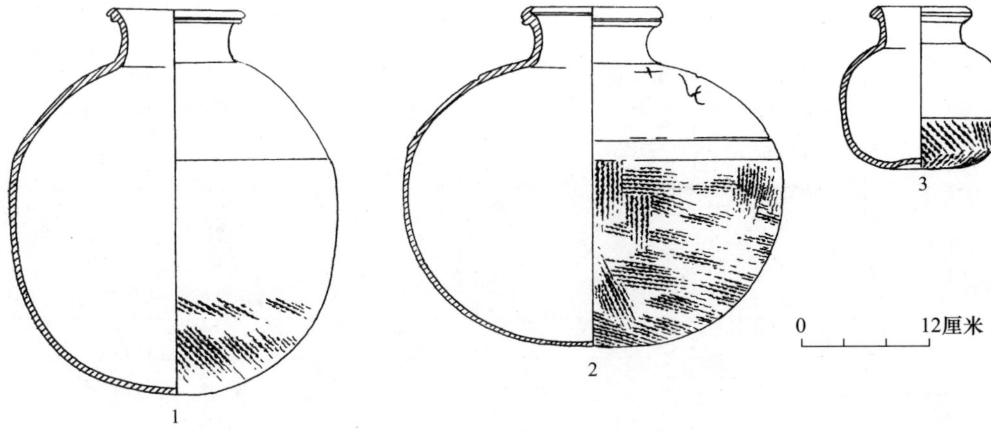

图一〇　AM42 出土陶瓮
1～3. 陶瓮（AM42：1、AM42：2、AM42：3）

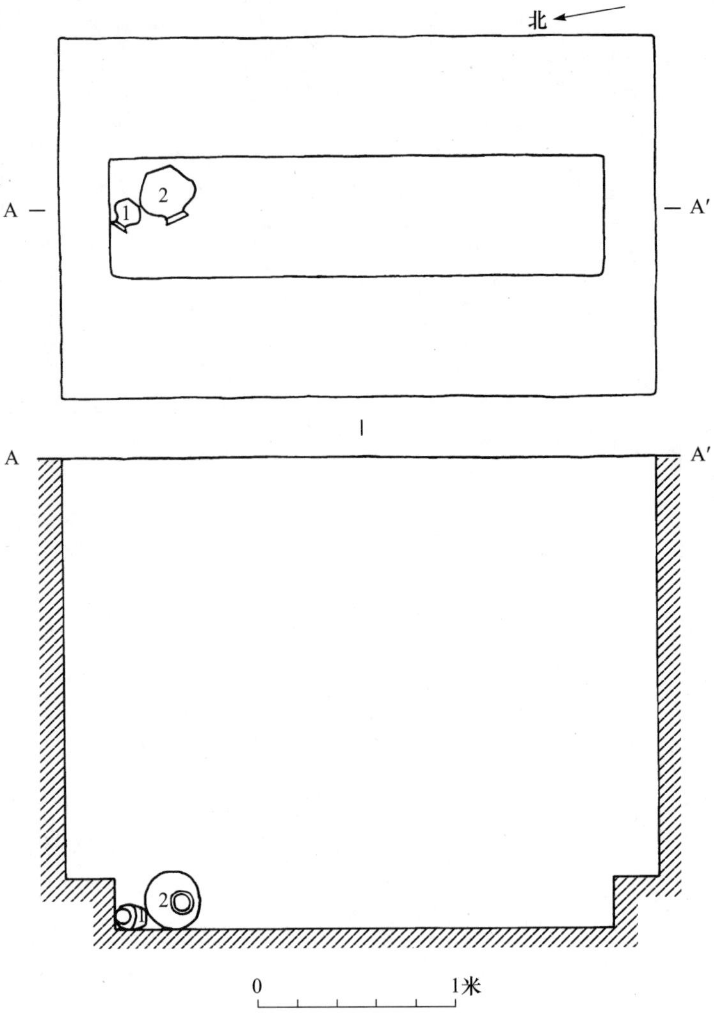

图一一　AM44 平、剖面图
1、2. 陶罐

210 厘米；墓底长 249、宽 60 厘米；深 235 厘米。四壁有生土二层台，北部二层台宽 25、南部二层台宽 26、东部二层台宽 60、西部二层台宽 60 厘米（图一一）。

填土为褐白色花土，结构疏松，土质较软较黏。填土中含有料姜石。

葬具　不详。

人骨　不详。

随葬器物　共2件。陶罐2件。

陶罐　2件。AM44：1，泥质灰陶。侈口，束颈，鼓肩，折腹较鼓，平底。口径9.2、底径6.8、高13.8、最大腹径14.4厘米（图一二，1）。AM44：2，泥质红陶。侈口，方唇，小高领，鼓肩，斜直腹，小平底。口径11.6、底径12.8、高23.2、最大腹径27.2厘米（图一二，2）。

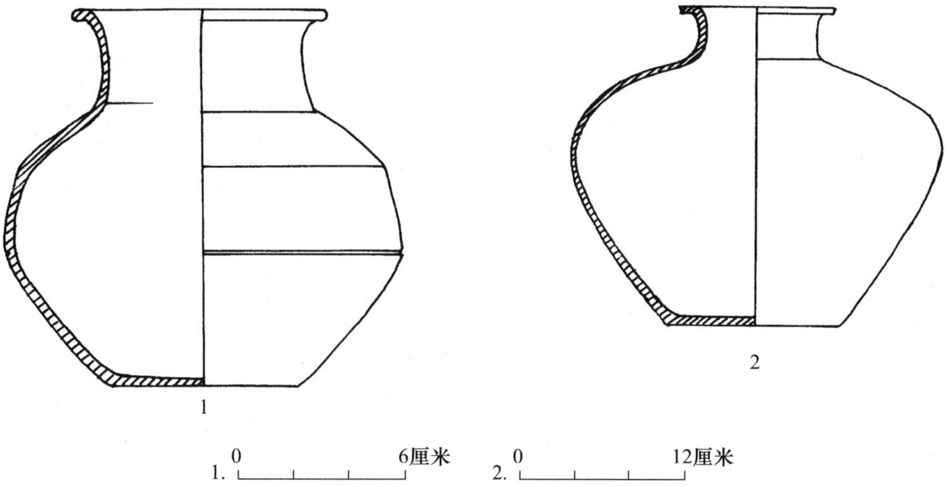

图一二　AM44出土陶罐

1、2. 陶罐（AM44：1、AM44：2）

（二）空心砖墓

10座。有AM22、AM27、AM28、AM30、AM38、AM40、AM41、AM45、AM46、AM48。

1. AM22

位置　位于AT0606南部和AT0605北部。

层位关系　①→AM22→生土。

方向　185°。

形制与结构　长方形竖穴空心砖墓，平面呈长方形。墓长360、宽180、深205厘米（图一三；彩版二，2）。

墓顶为13块空心砖纵向平铺而成，部分已坍塌破碎，尺寸为102厘米×29厘米×17厘米和102厘米×29厘米×14厘米。东、西两壁均为四块空心砖两两侧砌而成，尺寸为118厘米×47厘米×19厘米。南壁为三块空心砖侧置叠放而成，尺寸为125厘米×44厘米×17厘米和125厘米×29厘米×17厘米。北壁为一块空心砖侧置而成，尺寸为115厘米×43厘米×14厘米。在东、西两壁的北部各有两块并排竖立的空心砖与北壁形成一个头厢，内放随葬品，头厢宽88、高57、进深106厘米。空心砖尺寸为57厘米×43厘米×13厘米和48厘米×28厘米×18厘米。墓室底部为八块空心砖东西向并缝平铺而成，尺寸为102厘米×36厘米×15厘米。

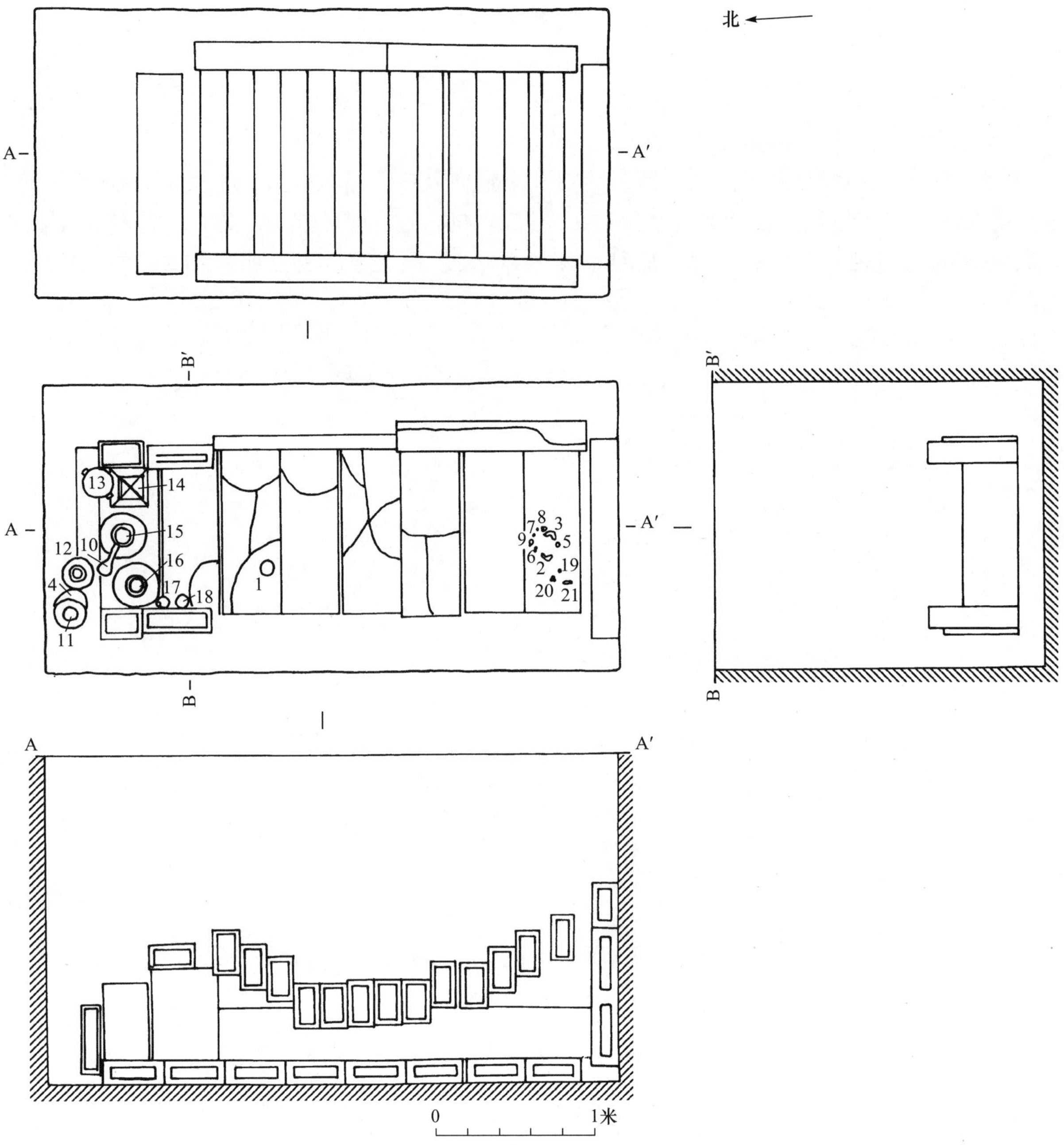

图一三　AM22平、剖面图

1. 铜镜　2. 铜璜　3. 铜铃　4. 铜洗　5. 铜环　6. 穿孔骨饰　7、8、20. 玻璃珠　9. 铁削　10. 铁勺　11. 陶盒　12. 陶罐　13. 陶鼎　14. 陶钫　15、16. 陶瓮　17、18. 陶壶　19. 玻砂　21. 管形骨器

填土为褐色花土，结构疏松，土质较软较黏，夹杂大量白灰和空心砖碎块。

葬具　不详。

人骨　不详。

随葬器物　共21件（组）。铜镜1件，铜璜1组15枚，铜铃1组34枚，铜洗1件，铜环1件，穿孔骨饰1组5枚，玻璃珠3组15枚，铁削1件，铁勺1件，陶盒1件，陶罐1件，陶瓮2件，陶鼎1件，陶钫1件，陶壶2件，玻砂1件，管形骨器1件。

陶盒　1件。AM22∶11，泥质灰陶。盒身为子口，口微敛，方唇，腹较弧，饼形假圈足。

器盖敞口，弧壁，矮圈足状圆握。上端径 8.8、底径 8、高 14、口径 19.2 厘米（图一四，6；彩版六，1）。

陶罐 1 件。AM22：12，泥质灰陶。侈口，方唇下垂，束颈，鼓肩，圆腹，假圈足。口径 11.2、底径 9.6、高 18、最大腹径 19.2 厘米（图一四，5；图版七，5）。

陶瓮 2 件。AM22：15，泥质灰陶。侈口，方唇，高直领，折肩，“U”形腹，上腹壁近直，下腹较弧，肩腹之间有明显的折棱。圜底，下腹至底饰交错绳纹。口径 13.2、高 25.6、最大腹径 28 厘米（图一四，1；图版七，4）。AM22：16，泥质灰陶。口微侈，折沿，方唇，斜折肩，“U”形腹，上腹壁近直，下腹较弧，圜底。下腹至底饰绳纹。口径 12.8、通高 27.2、最大腹径 28 厘米（图一四，2；图版七，3）。

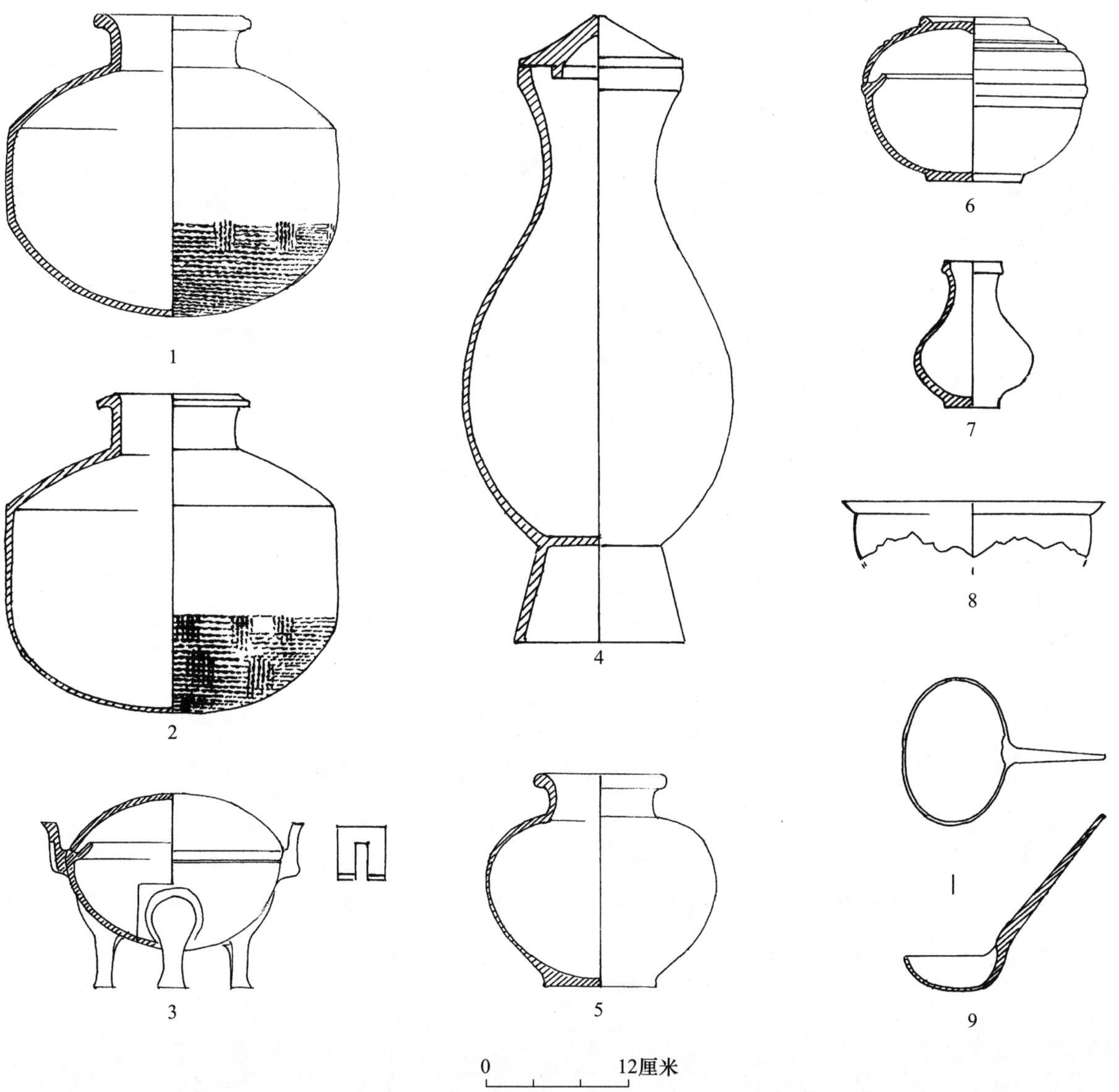

图一四 AM22 出土器物（一）

1、2. 陶瓮（AM22：15、AM22：16） 3. 陶鼎（AM22：13） 4. 陶钫（AM22：14） 5. 陶罐（AM22：12） 6. 陶盒（AM22：11） 7. 陶壶（AM22：17） 8. 铜洗（AM22：4） 9. 铁勺（AM22：10）

陶鼎　1件。AM22：13，泥质灰陶。器身子口，圆唇，半球形腹，圜底，上腹贴塑一对长方形耳。耳中央各有一长方形镂孔。三足为蹄形，较高较细。鼎盖敞口，方唇，弧壁，漫圆顶。口径18.4、通高16.4、足高8.4厘米（图一四，3；彩版六，2）。

陶钫　1件。AM22：14，泥质灰陶。器身敞口，方唇，束颈，溜肩，弧腹，圈足。器盖母口，斜直壁，尖顶。口径14、底径14.4、通高53.2、最大腹径23.2厘米（图一四，4；彩版六，3）。

陶壶　2件。AM22：17，泥质灰陶。直口微敞，圆唇，束颈，溜肩，鼓腹，假圈足。口径4.8、底径4.8、高12.4、最大腹径10.4厘米（图一四，7；彩版六，4）。标本M22：18，未能修复。

铜镜　1件。AM22：1，残，未能修复（图版六，1）。

铜璜　15枚。AM22：2，整体呈拱桥状。素面。形状从大到小，多破碎。长度在8.2～10.9厘米（图一五，4；图版五，5、6）。

铜铃　34枚。可分三型。A型，23枚。拱门形纽，下缘两角下垂，器内顶部有一半环形纽，纽下系铃舌，通身饰乳丁。B型，8枚。半环形纽，器身较扁，下缘两角下垂，铃口外扩，表面纹饰无法辨认。C型，3枚。器形与B型较相似，梯形纽，器身较瘦，器内顶部有一半环形纽，纽下系铃舌，饰简化的饕餮纹。三型中，铜铃大小不尽相同，铃身上均有钻孔，应为系挂所用。A型高3.1～3.8厘米，宽2.4～3厘米，厚1.3～1.4厘米；B型高2.5～3厘米，宽5～5.4厘米，厚2.3～3厘米；C型高2.9厘米，宽3.8厘米，厚1厘米。M22：3，高2.5～3.8、宽2.4～5.4、厚1～3厘米（图一五，1；图版六，3、4）。

铜洗　1件。AM22：4，敞口，折沿，弧腹，底残。口径22.4、残高5.2厘米（图一四，8）。

铜环　1件。AM22：5，环较大，较粗。外径5.2、内径4.2厘米（图一五，2；图版六，2）。

铁削　1件。AM22：9，器体较直，前端已残，削尾成一环，扁圆形。残长2.7厘米（图一五，3；图版六，5）。

铁勺　1件。AM22：10，勺腹为横椭圆形，圜底。勺柄斜直向上。勺腹长12、宽8.8、勺柄长14.4厘米（图一四，9；图版六，6）。

穿孔骨饰　5枚。AM22：6，长方形条状，中间和两端各对钻一孔。长7～8.5、厚0.6厘米（图一五，10）。

玻璃珠　15枚。AM22：7，5整1残。俗称蜻蜓眼，因通身嵌釉似蜻蜓的复视眼而得名。扁圆形珠，通体黑色或灰色，器身布满圆形凹槽，槽内残留白色釉质，中间钻孔。径1、高0.8厘米（图一五，8）。AM22：20，3枚，浅蓝色，扁圆珠形，中央为圆形钻孔。径0.7、厚0.4厘米（图一五，6）。AM22：8，6枚，扁圆形，环状，中间有钻孔。径0.9～1.1、厚0.4～0.5厘米（图一五，5）。

玻砂　1件。AM22：19，扁圆柱体，上下面平，边沿磨斜。中央有钻孔。最大径1.6、厚0.9厘米（图一五，9）。

管形骨器　1件。AM22：21，器身短，中央对钻一空，为管形。径0.8、长0.8厘米（图一五，7）。

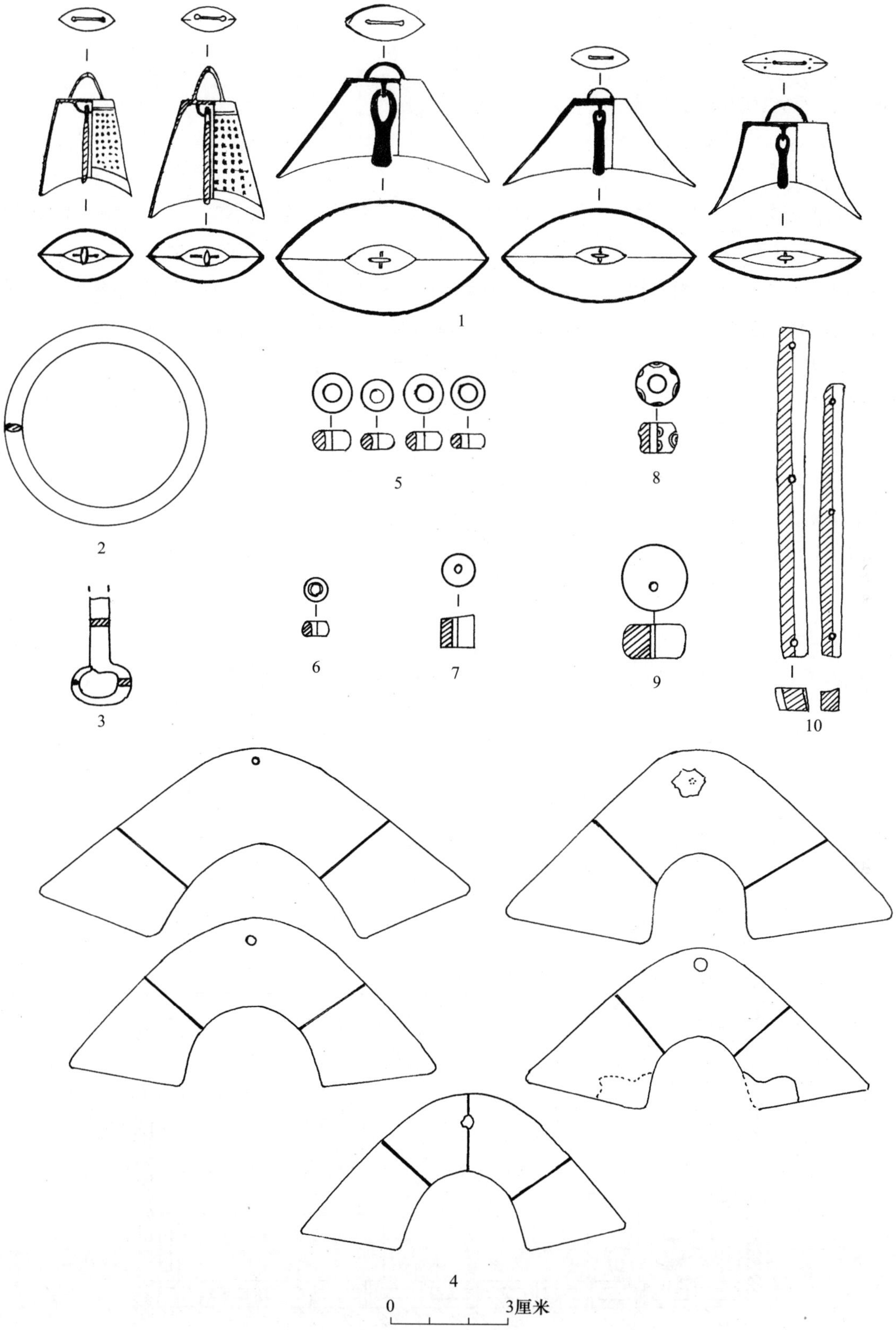

图一五 AM22出土器物（二）

1. 铜铃（AM22：3） 2. 铜环（AM22：5） 3. 铁削（AM22：9） 4. 铜璜（AM22：2） 5、6、8. 玻璃珠（AM22：8、AM22：20、AM22：7） 7. 管形骨器（AM22：21） 9. 玻砂（AM22：19） 10. 穿孔骨饰（AM22：6）

2. AM27

位置　位于 AT0705 西北部。

层位关系　①→ AM27 →生土。

方向　190°。

形制与结构　长方形竖穴空心砖墓，平面呈长方形。墓长 324、宽 120、深 170 厘米（图一六）。

墓顶已坍塌，形制结构不详。东、西两壁均为空心砖侧砌而成，现东壁残存两块，西壁残存一块，尺寸为 112 厘米 ×36 厘米 ×14 厘米。北壁为一块空心砖侧置而成，尺寸为 120 厘米 ×36 厘米 ×14 厘米。南壁为两块空心砖侧置叠放而成，尺寸为 112 厘米 ×36 厘米 ×14 厘米。在东、西两壁的南部各有两块并排竖立的空心砖与南壁形成一个头厢，内放随葬品，头厢宽 80、高 48、进深 74 厘米。空心砖尺寸为 48 厘米 ×38 厘米 ×14 厘米和 48 厘米 ×28 厘米 ×14 厘米。墓室底部为十一块空心砖东西向并缝平铺而成，尺寸为 100 厘米 ×28 厘米 ×14 厘米和 100 厘米 ×26 厘米 ×14 厘米。

填土为褐色花土，结构疏松，土质较软较黏，夹杂大量白灰和空心砖碎块。

葬具　不详。

人骨　不详。

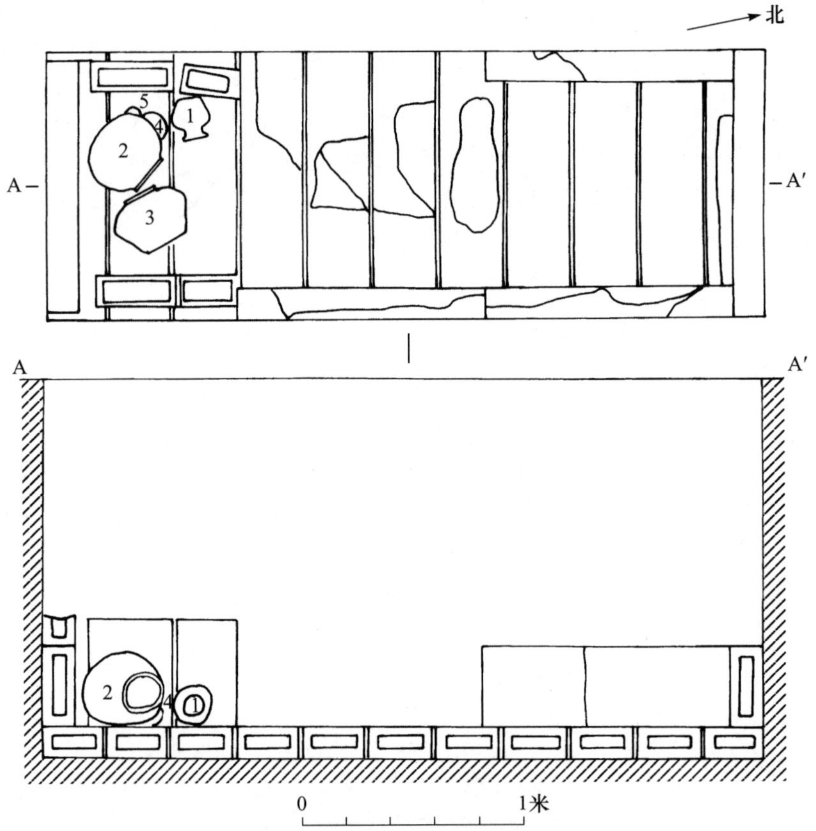

图一六　AM27 平、剖面图

1、3. 陶罐　2. 陶瓮　4、5. 陶钵

随葬器物 共5件。陶罐2件，陶瓮1件，陶钵2件。

陶罐 2件。AM27：1，泥质灰陶。直口，方唇，鼓肩，鼓腹，平底。肩、腹部饰数周凹弦纹。口径16、底径19.2、高24.4、最大腹径35.2厘米（图一七，2；图版九，4）。AM27：3，泥质灰陶。侈口，圆唇，唇面有一周凹槽，短束颈，鼓肩，鼓腹，平底。肩与腹中部均饰一周凹弦纹。口径10、底径10.4、通高18.4、最大腹径20厘米（图一七，3；图版一〇，6）。

陶瓮 1件。AM27：2，泥质灰陶。敛口，方唇，折肩，“U”形腹，圜底。下腹至底部饰斜向绳纹。口径18.4、高29.6、最大腹径34.4厘米（图一七，1；图版九，3）。

陶钵 2件。AM27：4，泥质灰陶。微敛口，圆唇，上腹近直，下腹斜直。平底。口径13.6、底径8、通高5.2、最大腹径15.2厘米（图一七，4；图版九，5）。AM27：5，泥质灰陶。敛口，圆唇，弧腹，平底。口径13.6、底径7.2、通高5.6、最大腹径14.4厘米（图一七，5；图版九，6）。

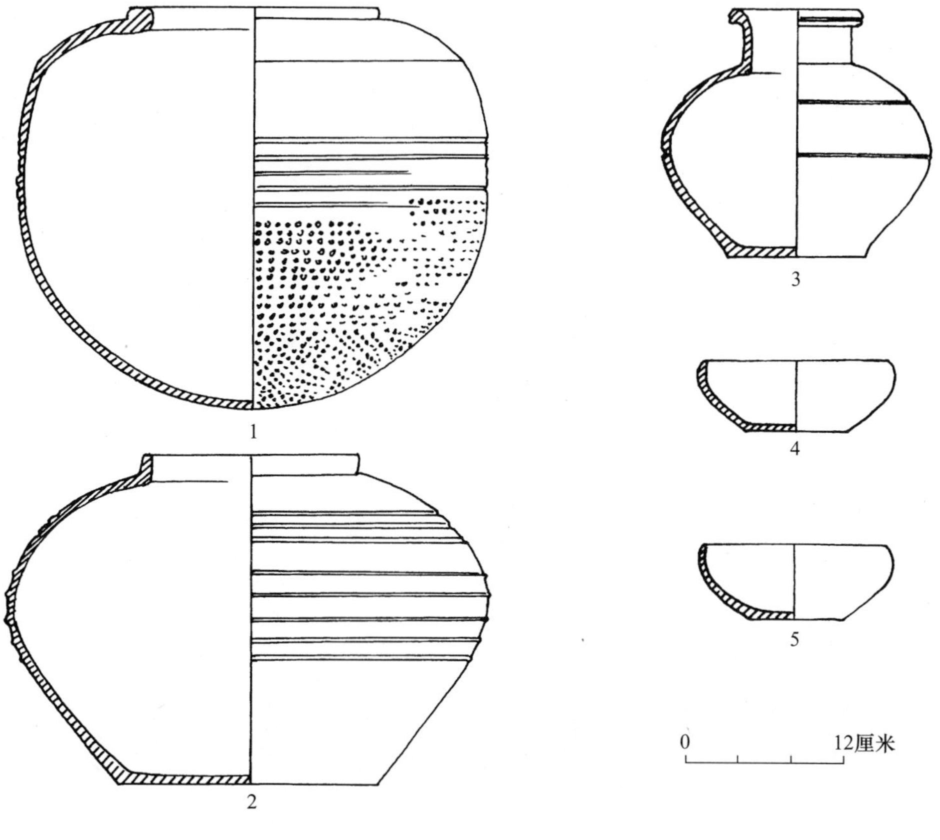

图一七 AM27出土陶器

1. 陶瓮（AM27：2） 2、3. 陶罐（AM27：1、AM27：3） 4、5. 陶钵（AM27：4、AM27：5）

3. AM28

位置 位于AT0705中部偏东。

层位关系 ①→AM28→生土。

方向 10°。

形制与结构 长方形竖穴空心砖墓，平面呈长方形。墓长358、宽150、深236厘米（图一八）。

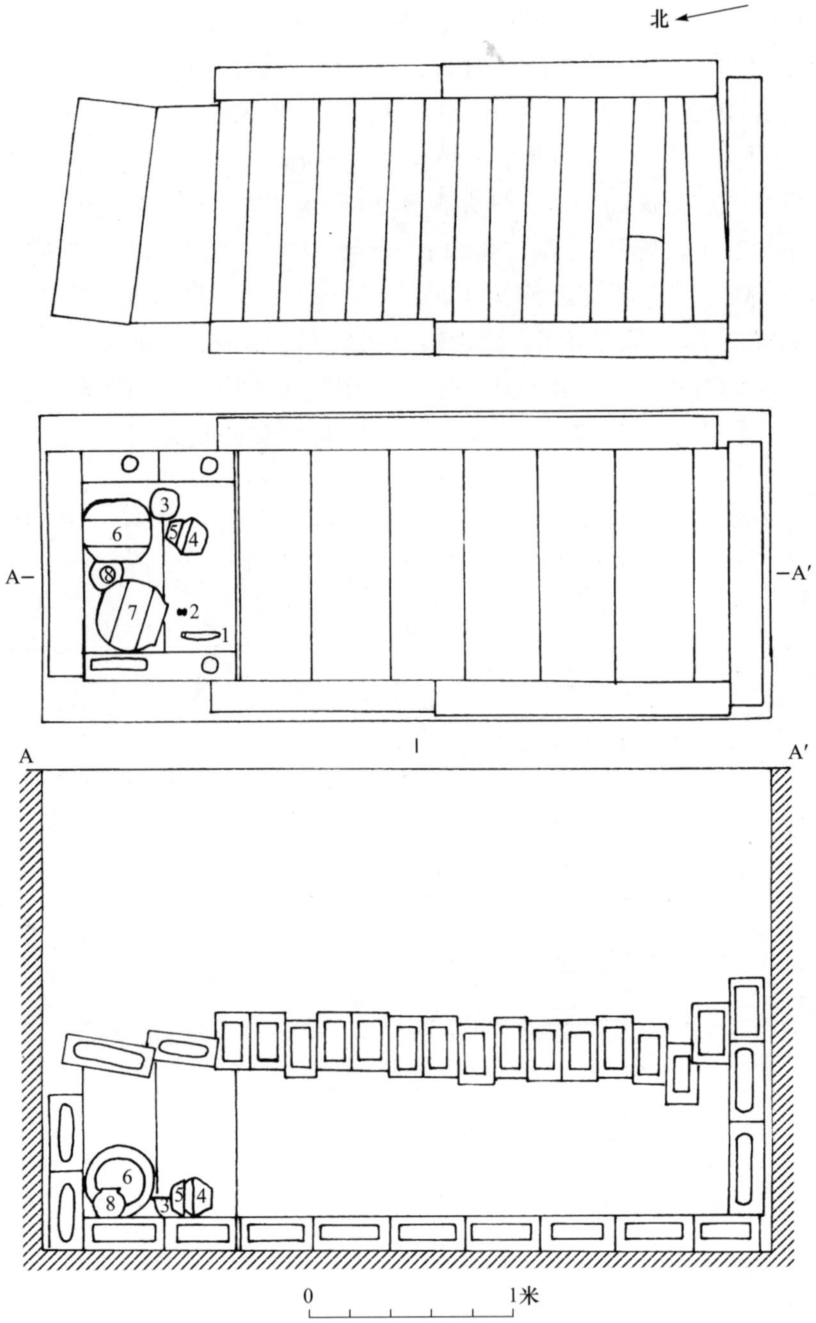

图一八　AM28 平、剖面图

1. 铜带钩　2. 铜钱　3、5. 陶钵　4. 陶罐　6、7. 陶瓮　8. 陶釜

墓顶为 15 块空心砖东西向平铺而成，部分已坍塌破碎，尺寸为 110 厘米 ×30 厘米 ×17 厘米。从现存痕迹可推测东、西两壁均为四块空心砖两两侧砌而成，尺寸为 130 厘米 ×46 厘米 ×17 厘米。南壁为三块空心砖侧置叠放而成，尺寸为 130 厘米 ×46 厘米 ×17 厘米、130 厘米 ×39 厘米 ×17 厘米和 130 厘米 ×31 厘米 ×17 厘米。北壁为两块空心砖侧置而成，尺寸为 110 厘米 ×38 厘米 ×17 厘米。在东、西两壁的北部各有两块并排竖立的空心砖与北壁形成一个头厢，内放随葬品，头厢顶部有两块空心砖并排平铺作为顶盖，头厢宽 82、高 70、进深 76 厘米。空心砖尺寸为 108 厘米 ×44 厘米 ×15 厘米、76 厘米 ×38 厘米 ×13 厘米和 108 厘米 ×36 厘米 ×14 厘米。墓室底部

为九块空心砖东西向并缝平铺而成，尺寸为114厘米×38厘米×16厘米。空心砖上有模印纹饰。

填土为褐色花土，结构疏松，土质较软较黏，夹杂大量白灰和空心砖碎块。

葬具　不详。

人骨　不详。

随葬器物　共8件（组）。铜带钩1件，铜钱1组30枚，陶钵2件，陶罐1件，陶瓮2件，陶釜1件。

陶钵　2件。AM28∶3，泥质灰陶。敛口，尖唇，上腹缓折，下腹斜收，平底。口径14、底径7.2、高6、最大腹径15.2厘米（图一九，2；图版一〇，4）。AM28∶5，泥质灰陶。敛口，圆唇，上腹弧，下腹斜直，平底。口径14.4、底径7.2、高6.8、最大腹径16厘米（图一九，3；图版一〇，3）。

陶罐　1件。AM28∶4，泥质灰陶。侈口，方唇，短束颈，肩微鼓，斜弧腹，平底。肩、腹饰数周凹弦纹。口径11.2、底径8、高18、最大腹径19.2厘米（图一九，4；图版一〇，1）。

陶釜　1件。AM28∶8，泥质灰陶。侈口，方唇，束颈，球形圆腹，颈腹之间有一道折棱，圜底。下腹至底部饰绳纹。口径11.2、高14.4、最大腹径16厘米（图一九，5；图版一〇，2）。

陶瓮　2件。AM28∶7，敛口，卷沿，折肩，“U”形腹，圜底。中腹有一周凹弦纹，下腹及底部饰绳纹。口径20.8、高28.4、最大腹径34.4厘米（图一九，1；图版一〇，5）。AM28∶6，形制与AM28∶7较为接近，未修复。

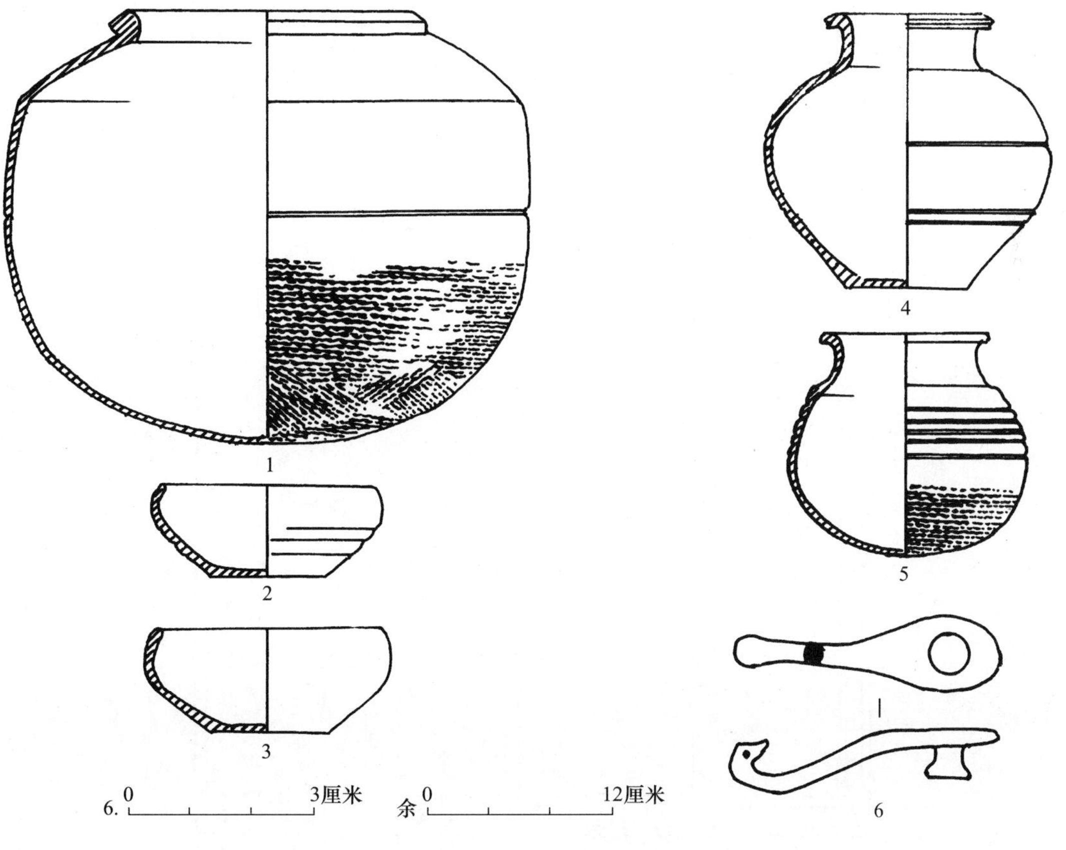

图一九　AM28出土器物

1. 陶瓮（AM28∶7） 2、3. 陶钵（AM28∶3、AM28∶5） 4. 陶罐（AM28∶4）
5. 陶釜（AM28∶8） 6. 铜带钩（AM28∶1）

铜带钩　1 件。AM28 : 1，钩为兽首形，细颈，背部有突出的圆纽，腹部呈椭圆形，腹面较平，上饰蟠螭纹。长 4.5 厘米（图一九，6；图版一一，1）。

铜钱　30 枚。AM28 : 2-1、2，“五铢”2 枚，郭径分别为 2.5、2.55 厘米；AM28 : 2-3、4、5，“剪轮五铢”3 枚，郭径在 1.8～2.2 厘米（图一六四，9～13）。

4. AM30

位置　位于 AT0604 东北部。

层位关系　①→ AM30 →生土。

方向　195°。

形制与结构　长方形竖穴空心砖墓，平面呈长方形。墓长 240、宽 116、深 214 厘米（图二〇）。

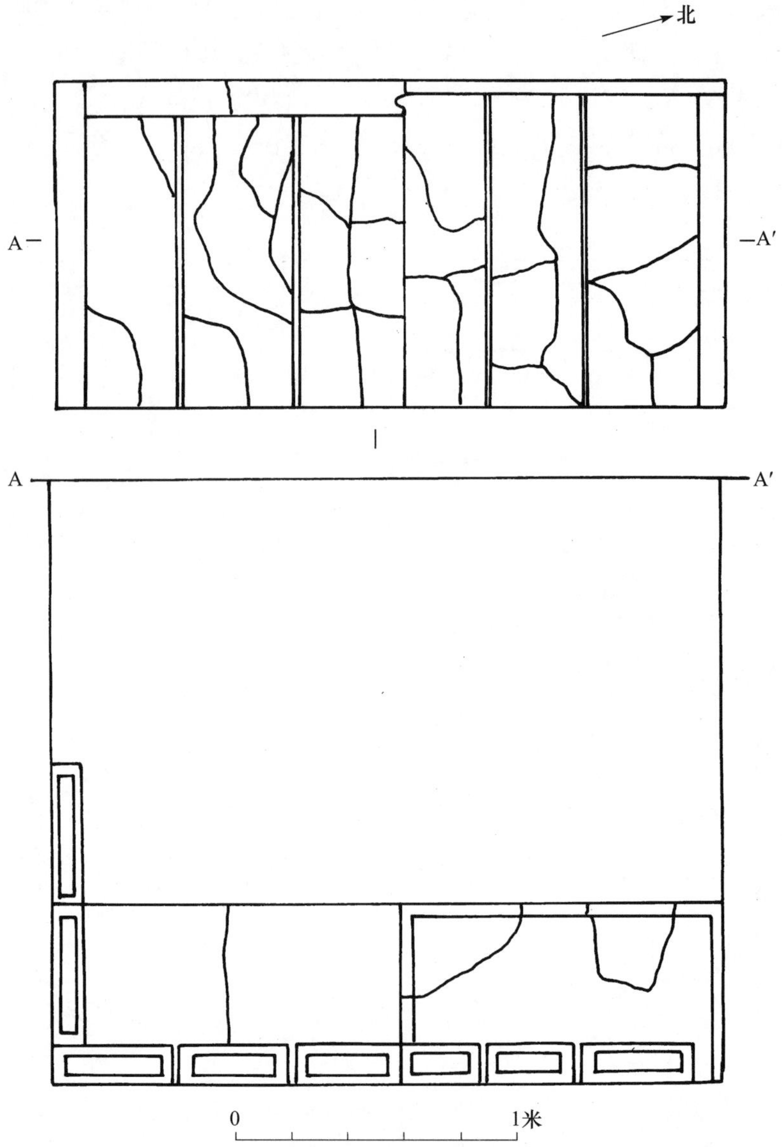

图二〇　AM30 平、剖面图

墓顶已坍塌，形制结构不详。墓室破坏较为严重，从现存痕迹可推测东、西、南三壁均为空心砖侧砌而成，北壁未砌砖。西壁残存一块尺寸为 114 厘米 ×50 厘米 ×13 厘米的空心砖；南壁为两块空心砖侧置叠放而成，尺寸为 116 厘米 ×50 厘米 ×12 厘米。墓室底部为六块空心砖东西向并缝平铺而成，尺寸为 111 厘米 ×40 厘米 ×14 厘米和 111 厘米 ×28 厘米 ×14 厘米。空心砖上有模印纹饰，为八边形内饰卷云纹。

填土为褐红色花土，结构疏松，土质较软较黏，夹杂大量白灰和空心砖碎块。

葬具　不详。

人骨　不详。

随葬器物　无。

5. AM38

位置　位于 AT0601 中部。

层位关系　①→ AM38 →生土。

方向　10°。

形制与结构　长方形竖穴空心砖墓，平面呈长方形。墓长 370、宽 160、深 220 厘米（图二一）。

墓顶已坍塌，形制结构不详。墓室破坏较为严重，现仅北壁有 3 块空心砖纵向平砌，其尺寸为 126 厘米 ×40 厘米 ×14 厘米。推测其余三壁均为空心砖砌筑，东壁北部残留有一块竖立的空心砖，尺寸为 80 厘米 ×30 厘米 ×16 厘米。墓底为青砖横向平铺底。

青砖尺寸为 33 厘米 ×13 厘米 ×6 厘米。

填土为褐白色花土，结构疏松，土质较软较黏，夹杂大量碎砖块和空心砖碎块。

葬具　不详。

人骨　不详。

随葬器物　无。

6. AM40

位置　位于 AT0502 东北部。

层位关系　①→ AM40 →生土。

方向　0°。

形制与结构　长方形竖穴空心砖墓，平面呈长方形（图二二）。墓口长 305、宽 150 厘米；墓底长 305、宽 100 厘米；深 184 厘米。东、西两侧有生土二层台，二层台高 64、东侧生土台宽 20、西侧生土台宽 30 厘米。

墓底已遭到破坏，仅在南部发现一个空心砖残块，推测为空心砖铺底，残长 80、宽 18、厚 14 厘米。

填土为褐白色花土，结构疏松，土质较软较黏。填土中含有料姜石和少量的碎空心砖块。

葬具　不详。

人骨　不详。

随葬器物　无。

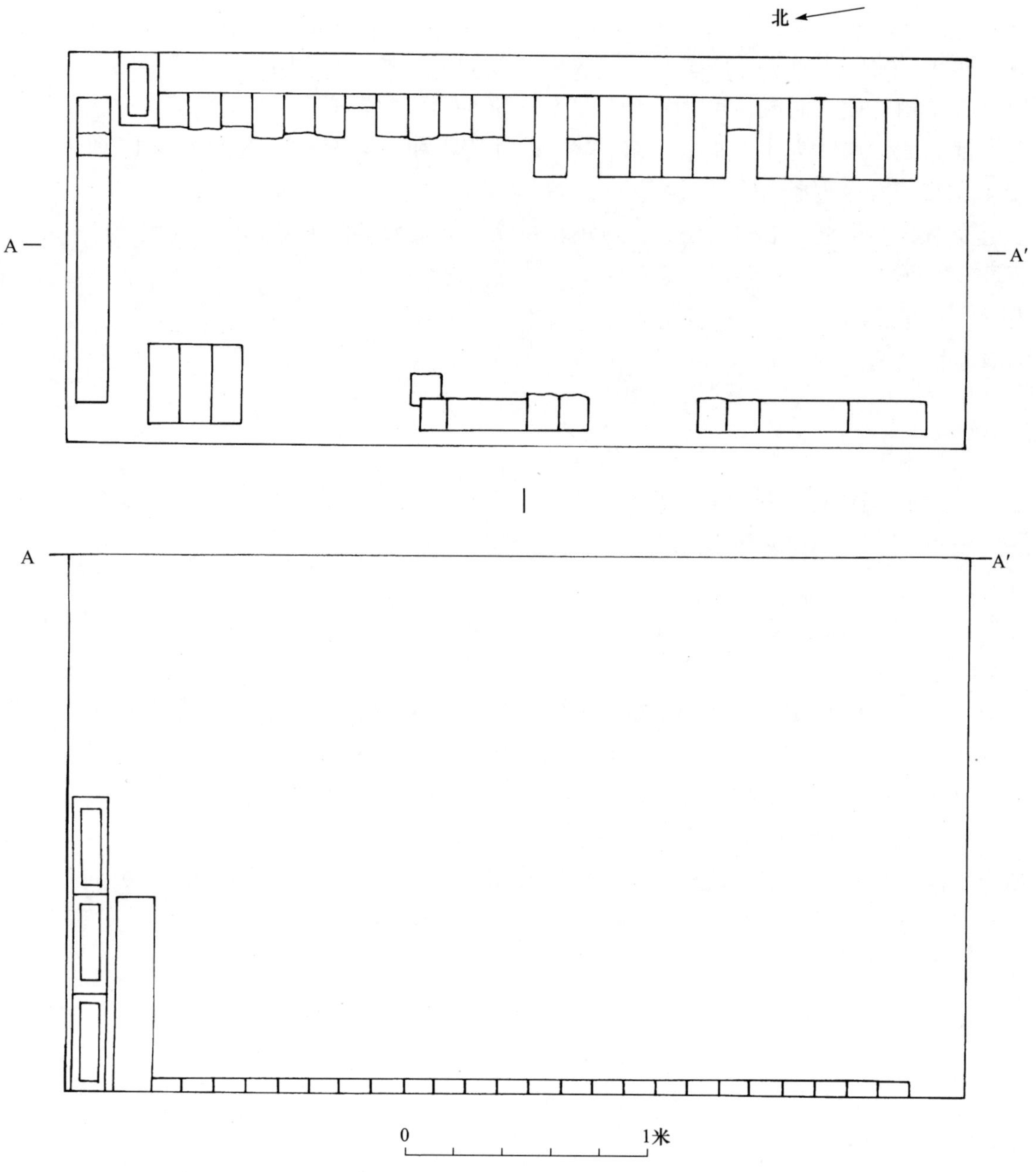

图二一　AM38 平、剖面图

7. AM41

位置　位于 AT0501 中部偏东。

层位关系　①→ AM41 →生土。

方向　20°。

形制与结构　长方形竖穴空心砖墓，平面呈长方形。墓长 360、宽 150、深 188 厘米（图二三）。

墓顶已坍塌，仅在墓室北部发现一块尺寸为 122 厘米 ×26 厘米 ×18 厘米的空心砖，推测墓顶可能为空心砖并排平铺而成。墓室东、西两壁为两层空心砖侧砌而成，尺寸为 109 厘米 ×44

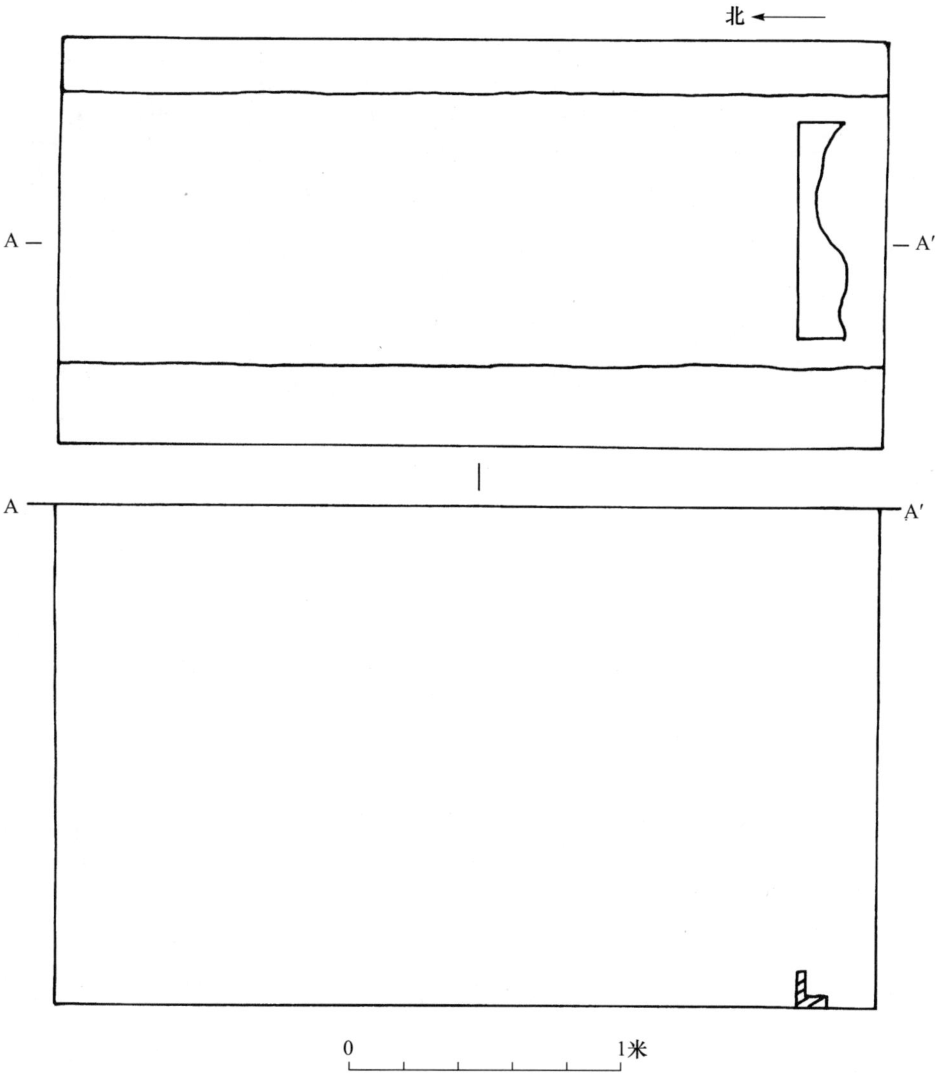

图二二 AM40平、剖面图

厘米 ×18 厘米；南壁为两块空心砖侧置叠放而成，尺寸为 122 厘米 ×43 厘米 ×13 厘米；北壁为一块空心砖侧砌而成，尺寸为 104 厘米 ×43 厘米 ×12 厘米。墓室东西壁北部各有两块竖立的空心砖与北壁形成一个头厢，宽 66、高 50、进深 70 厘米，内放随葬品，空心砖尺寸为 51 厘米 ×35 厘米 ×12 厘米。墓底为八块空心砖东西向平铺而成，尺寸为 124 厘米 ×43 厘米 ×12 厘米。

填土为褐色花土，结构疏松，土质较软较黏，夹杂大量白灰和空心砖碎块。

葬具 不详。

人骨 不详。

随葬器物 随葬品 9 件。陶罐 2 件，陶壶 2 件，陶鼎 1 件，陶盒 1 件，陶钵 3 件。

陶罐 2 件。AM41：1，泥质灰陶。口微侈，高领，鼓肩，上腹微鼓，下腹斜直，平底。肩、腹部饰数周凹弦纹。口径 13.2、底径 17.6、通高 32.4、腹径 27.2 厘米（图二四，1；图版一三，3）。AM41：2，泥质灰陶。侈口，方唇，矮束颈，球形圆腹，颈腹之间一道折棱，圜底。上腹对称饰一对桥形耳，上腹饰弦断绳纹，下腹饰交错绳纹。口径 16、通高 28、腹径 29.6 厘米（图二四，2；图版一三，4）。

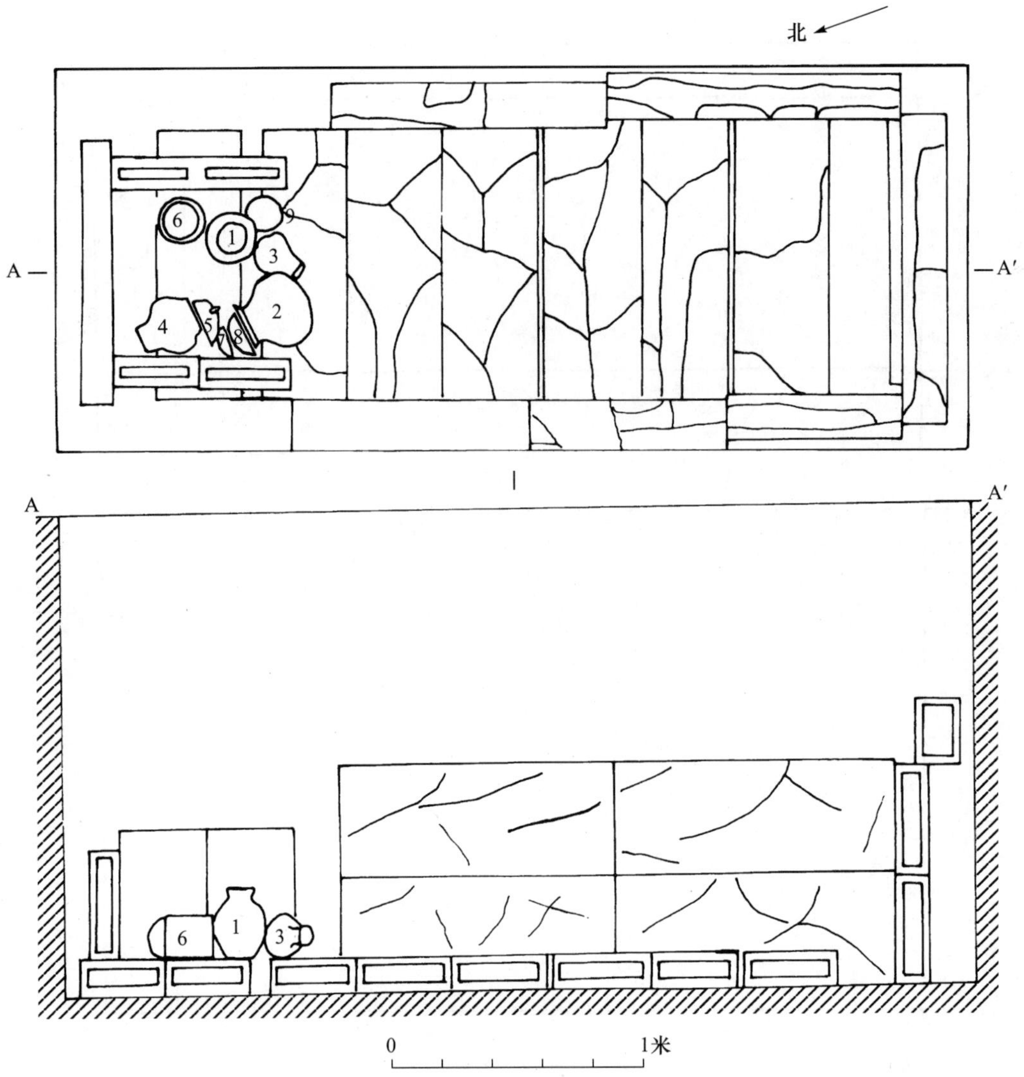

图二三　AM41 平、剖面图
1、2. 陶罐　3、4. 陶壶　5. 陶鼎　6. 陶盒　7～9. 陶钵

陶壶　2件。AM41：3，泥质褐陶。侈口，束颈，溜肩，垂腹，圈足外侈，器外壁施红彩。器盖子口内敛，方唇，近平顶。盖最大径11、高2.8厘米。口径10.8、底径8.8、通高18.4、腹径14厘米（图二四，6；图版一四，1）。AM41：4，泥质灰陶。直口，束颈，溜肩，垂鼓腹，假圈足。口径12.8、底径14.4、通高25.6、腹径24厘米（图二四，3；图版一四，2）。

陶鼎　1件。AM41：5，泥质红陶。鼎身敛口，圆唇，弧腹，圜底，三足呈兽蹄形，较高较细。上腹贴塑一对长方形耳，耳中心均有长方形镂孔。鼎盖为覆盘状，敞口，弧壁，平顶。口径19.2、通高17.6、腹径22.4、足高9.6厘米（图二四，4；图版一四，6）。

陶盒　1件。AM41：6，泥质红陶。盒身口内敛，弧腹较深，矮圈足。下腹部饰两周凹弦纹。口径16、底径9.6、通高13.8、腹径19.6厘米。盖呈覆碗状，敞口，弧壁，顶部有一周圈足状圆握。盖口径19.2、顶径8.8、高5.8厘米（图二四，7；图版一四，5）。

陶钵　3件。AM41：7，泥质灰陶。口微敛，上腹近直，下腹弧，微折，平底。口径13.6、底径8、通高6、腹径14.4厘米（图二四，8；图版一四，3）。AM41：8，泥质灰陶。敛口，上腹

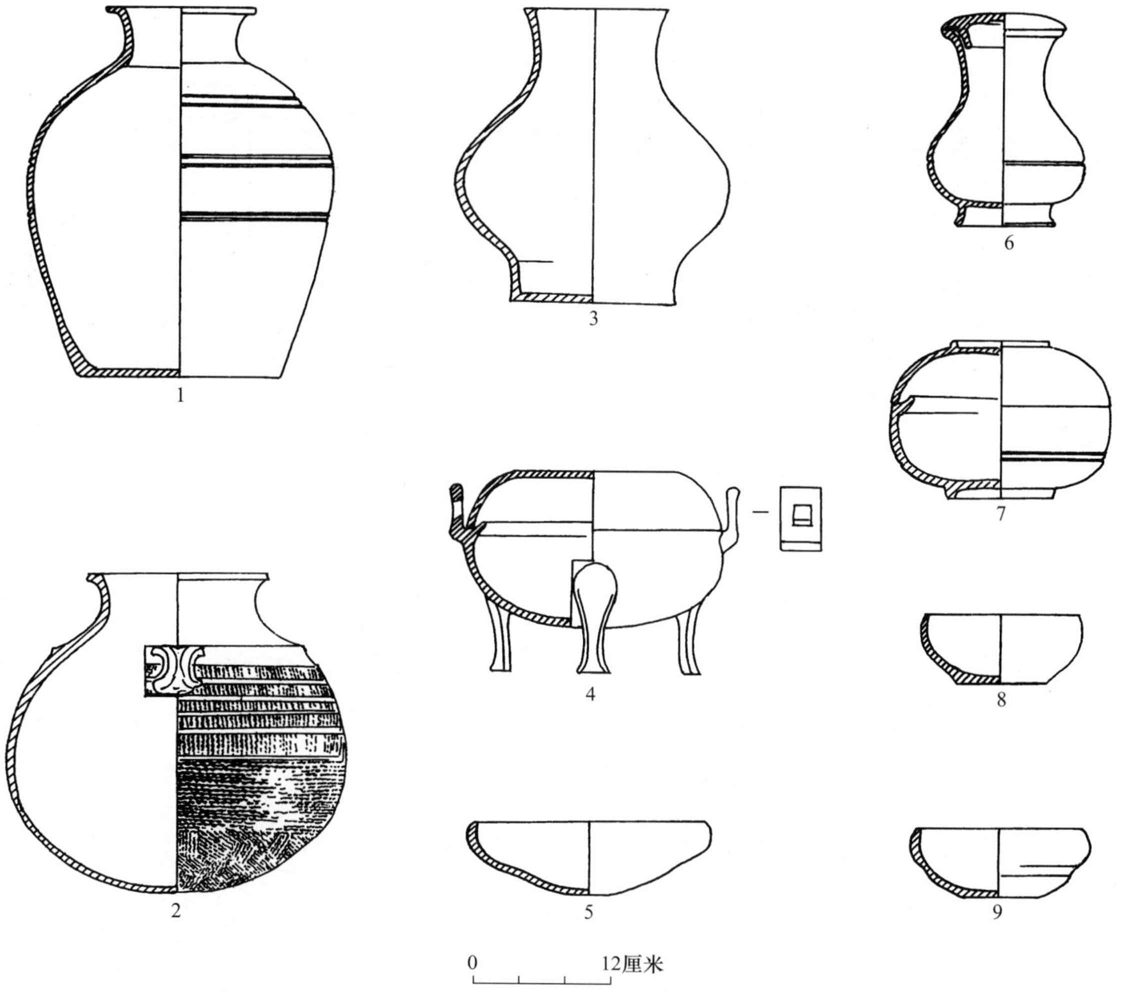

图二四　AM41出土陶器

1、2. 陶罐（AM41：1、AM41：2）3、6. 陶壶（AM41：4、AM41：3）4. 陶鼎（AM41：5）
5、8、9. 陶钵（AM41：9、AM41：7、AM41：8）7. 陶盒（AM41：6）

缓折，下腹略弧，平底。口径14.4、底径6.4、通高6、腹径16厘米（图二四，9；图版一四，4）。AM41：9，泥质灰陶。敛口，上腹近直，下腹弧收，圜底。口径20、通高6.4、腹径21.6厘米（图二四，5）。

8. AM45

位置　位于AT0303中部偏东。

层位关系　①→AM45→生土。

方向　10°。

形制与结构　长方形竖穴空心砖墓，平面呈长方形（图二五）。墓长390、宽160、深260厘米。墓室四壁与墓圹之间有8～30厘米的空隙。

墓顶已坍塌，形制结构不详。墓室东、西两壁为两层空心砖侧砌而成，尺寸为110厘米×43厘米×15厘米和110厘米×72厘米×15厘米；南壁为六块空心砖分三层，两两侧置叠放而成，

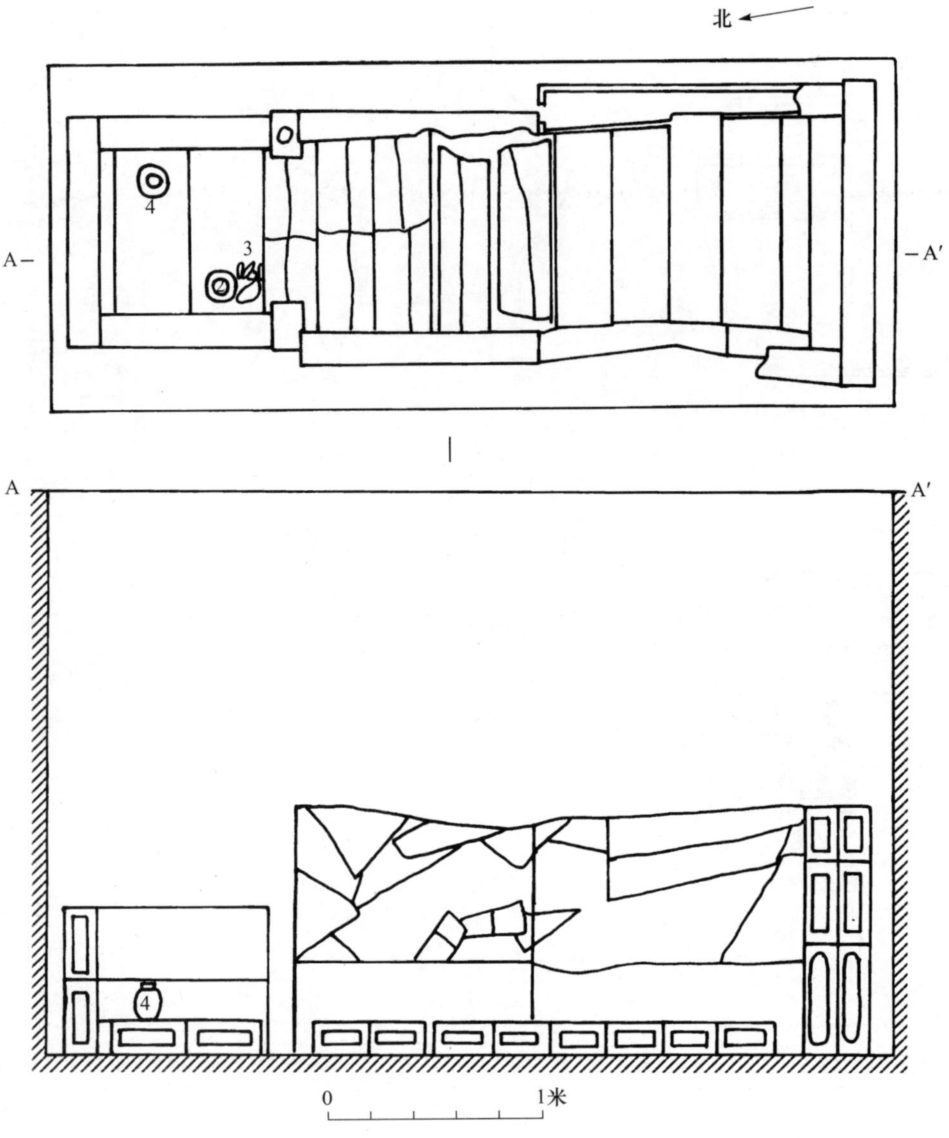

图二五　AM45 平、剖面图
1. 铜钱（填土）　2～4. 陶罐

尺寸为 142 厘米 ×50 厘米 ×15 厘米、142 厘米 ×39 厘米 ×15 厘米和 142 厘米 ×26 厘米 ×15 厘米；北壁为两块空心砖侧置叠放而成，尺寸为 106 厘米 ×34 厘米 ×15 厘米。墓室东西壁北部各有侧置叠放的空心砖与北壁形成一个头厢，宽 76、高 52、进深 80 厘米，空心砖尺寸为 80 厘米 ×34 厘米 ×15 厘米。头厢南部东西两侧各有一块空心砖门柱，尺寸为 62 厘米 ×22 厘米 ×15 厘米。墓底为十块空心砖东西向平铺而成，尺寸为 88 厘米 ×26 厘米 ×24 厘米和 88 厘米 ×35 厘米 ×24 厘米。

填土为褐白色花土，结构疏松，土质较软较黏，夹杂大量白灰和空心砖碎块。

葬具　不详。

人骨　不详。

随葬器物　随葬品 4 件（组）。铜钱 1 组 2 枚，陶罐 3 件。

陶罐　3 件。AM45：2，泥质灰陶。侈口，方唇，束颈，鼓肩，斜腹，平底。口径 9.6、底径 7.2、高 14、最大腹径 14.4 厘米（图二六，3；图版一五，4）。AM45：3，泥质灰陶。侈口，圆唇下垂，唇面有一周凹槽，小高领，鼓肩，斜腹微曲收，平底。肩上饰数周凹弦纹。口径 13.6、底径 17.6、高 28、最大腹径 34.4 厘米（图二六，2；图版一六，2）。AM45：4，泥质灰陶。盘口，束颈，鼓肩，上腹较鼓微耸，下腹斜收，平底。肩、腹部饰数周凹弦纹。口径 16.8、底径 11.2、高 33.6、最大腹径 24 厘米（图二六，1；图版一六，1）。

铜钱　2 枚。AM45：1，钱文不清，锈蚀严重。

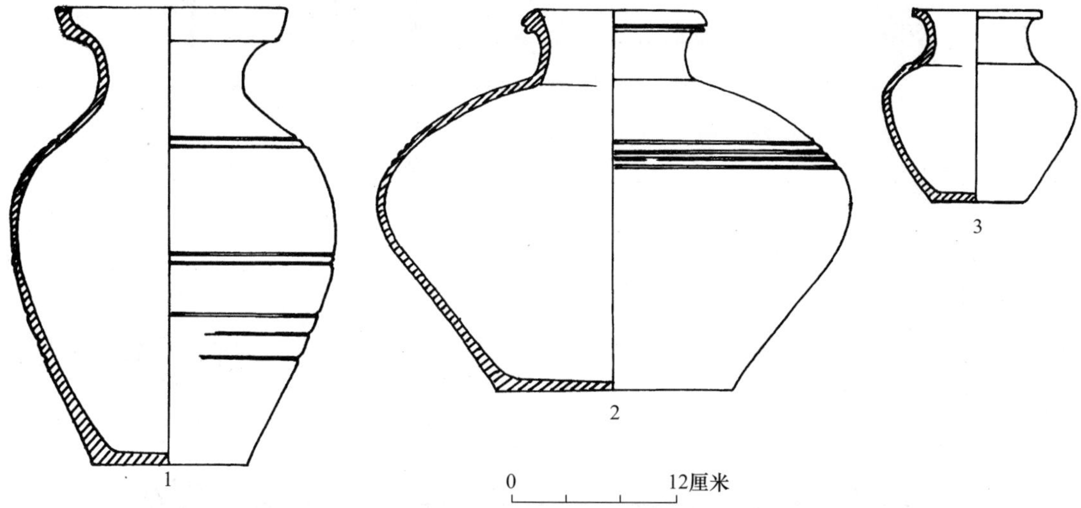

图二六　AM45 出土陶罐

1～3. 陶罐（AM45：4、AM45：3、AM45：2）

9. AM46

位置　位于 AT0302 中部偏南。

层位关系　①→ AM46 →生土。

方向　15°。

形制与结构　长方形竖穴空心砖墓，平面呈长方形（图二七）。墓长 305、宽 135、深 134 厘米。墓室四壁与墓圹之间有 3～19 厘米的空隙。

墓顶已坍塌，形制结构不详。墓室除了北壁外，其余三壁均用空心砖砌筑。东、西两壁均为两块空心砖双层侧砌而成，尺寸为 118 厘米 ×42 厘米 ×14 厘米。南壁为两块空心砖双层侧置叠放而成，上层空心砖尺寸为 105 厘米 ×22 厘米 ×14 厘米，下层尺寸为 105 厘米 ×38 厘米 ×14 厘米。东壁北部由一块空心砖竖放侧砌，尺寸为 54 厘米 ×32 厘米 ×14 厘米。西壁北部由两块空心砖呈双排竖放横砌，尺寸为 54 厘米 ×20 厘米 ×14 厘米。底部由七块空心砖东西向平铺而成，尺寸为 91 厘米 ×38 厘米 ×14 厘米、91 厘米 ×35 厘米 ×14 厘米和 91 厘米 ×28 厘米 ×14 厘米。

填土为褐白色花土，结构疏松，土质较软较黏，夹杂大量白灰和空心砖碎块。

葬具　不详。

人骨　不详。

随葬器物　随葬品 8 件。铁锛 1 件，铁錾 1 件，陶罐 3 件，陶钵 3 件。

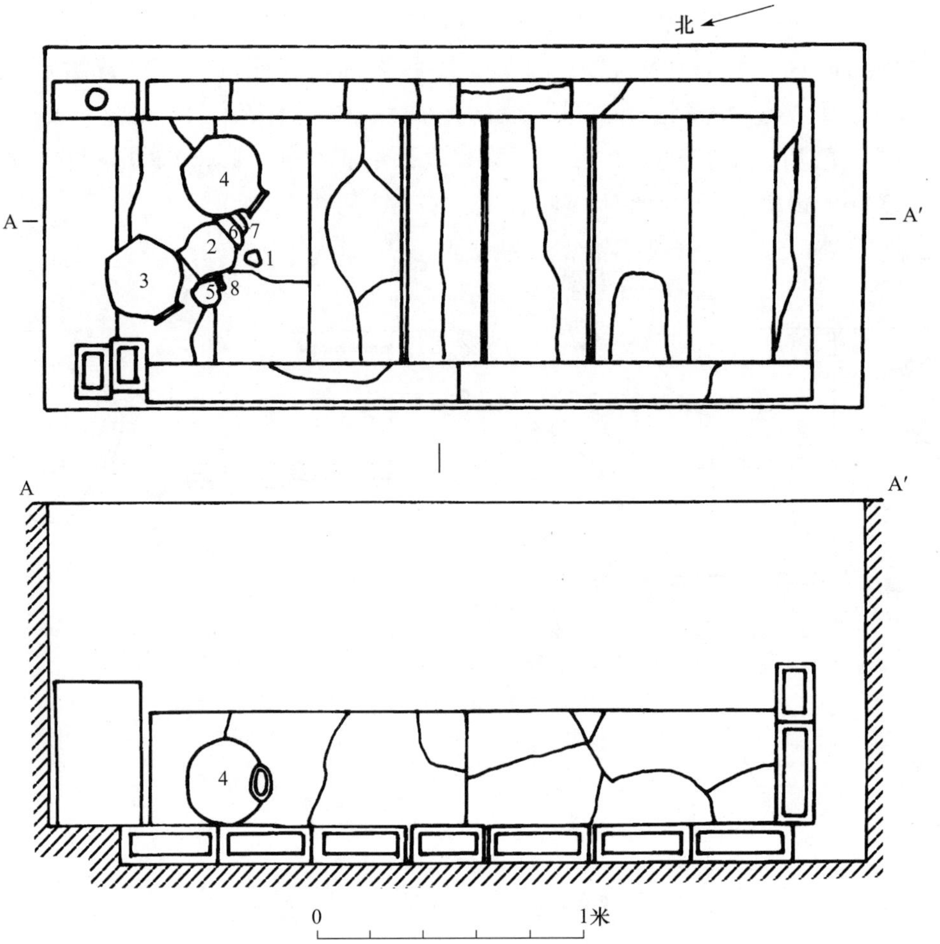

图二七　AM46平、剖面图
1. 铁锛　2. 铁鍪　3～5. 陶罐　6～8. 陶钵

陶罐　3件。AM46∶3，泥质灰陶。侈口，圆唇，唇面有一周凹槽，小高领，鼓肩，圆鼓腹，平底，肩部饰一周凹弦纹。口径13.6、底径14.4、高31.6、最大腹径31.8厘米（图二八，1；图版一六，3）。AM46∶4，泥质灰陶。侈口，圆唇，唇面有一道凹槽，小高领，鼓肩，圆鼓腹，平底。口径12.8、底径14.4、高29.2、最大腹径32.8厘米（图二八，2；图版一六，4）。AM46∶5，泥质灰陶。侈口，短束颈，扁鼓腹，平底。口径4.8、底径3.6、高6.8、最大腹径8厘米（图二八，6；图版一七，3）。

陶钵　3件。AM46∶6，泥质灰陶。敛口近直，尖唇，上腹近直，下腹斜收，平底。口径16、底径8、高6.4厘米（图二八，3；图版一七，4）。AM46∶7，泥质灰陶。敛口，圆唇，弧腹，平底。外壁面有两周凹痕。口径14.4、底径7.6、高5.8厘米（图二八，5；图版一七，2）。AM46∶8，泥质灰陶。敛口，方唇，弧腹，平底。口径12、底径6、高5.2厘米（图二八，4；图版一七，1）。

铁鍪　1件。AM46∶2，残。侈口，短束颈，扁圆腹，圜底，上腹有一对环形耳。口径14、高19.2、最大腹径22.4厘米（图二八，7；图版一七，5）。

铁锛　1件。AM46∶1，长方形，一面偏刃，上部中空成銎，銎口为长方形，一侧残。残长5.6厘米（图二八，8；图版一七，6）。

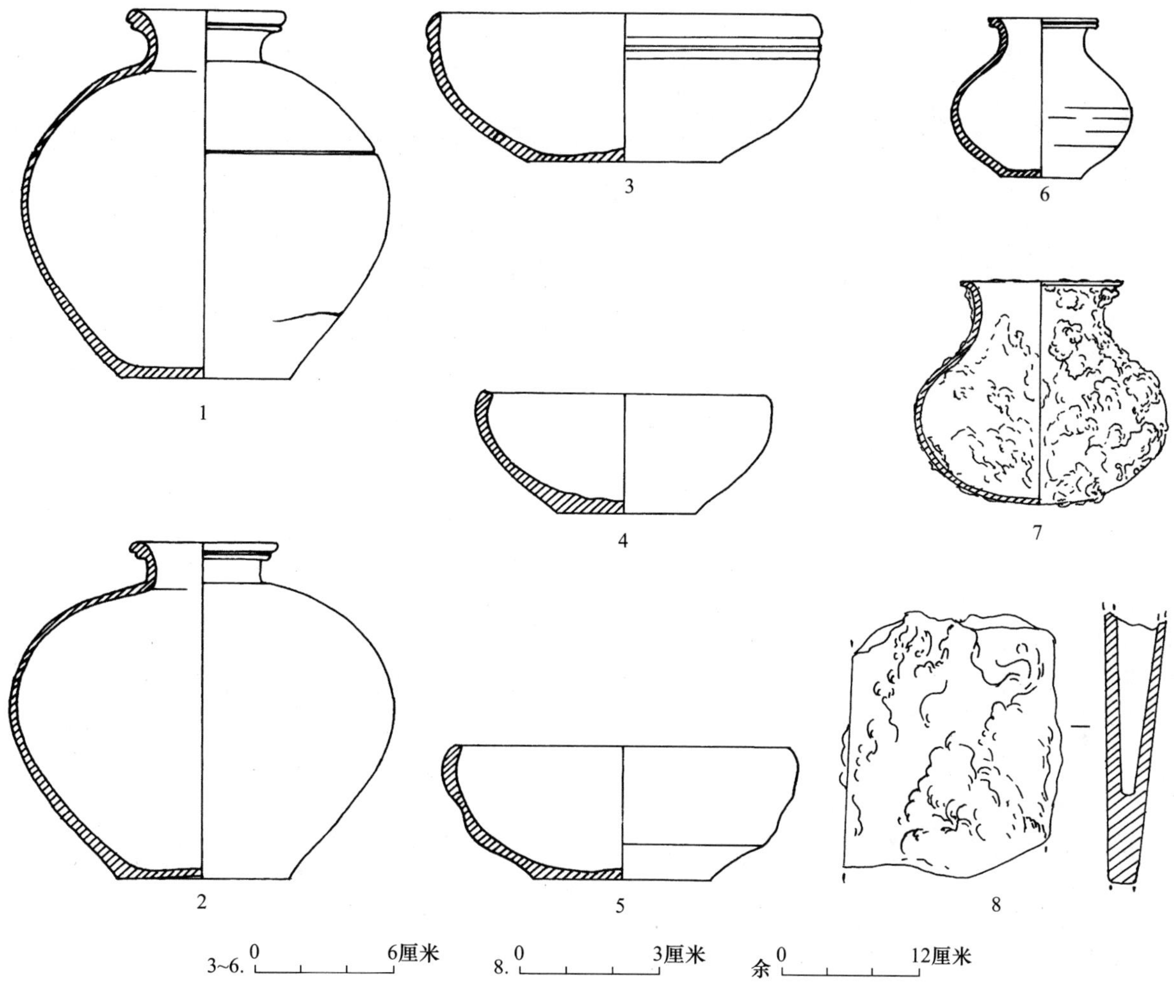

图二八 AM46出土器物

1、2、6. 陶罐（AM46：3、AM46：4、AM46：5） 3～5. 陶钵（AM46：6、AM46：8、AM46：7）
7. 铁鍪（AM46：2） 8. 铁锛（AM46：1）

10. AM48

位置 位于AT0602南部。

层位关系 ①→AM48→生土。

方向 10°。

形制与结构 长方形竖穴空心砖墓，平面呈长方形（图二九）。墓长345、宽140、深174厘米。

墓顶已坍塌，形制结构不详。墓室四壁破坏严重，形制结构不详，从残存情况看四壁可能为空心砖砌筑。墓室底部由八块空心砖东西向平铺而成，尺寸为116厘米×28厘米×14厘米。

填土为褐白色花土，结构疏松，土质较软较黏，夹杂大量白灰和空心砖碎块。

葬具 不详。

人骨 不详。

随葬器物 无。

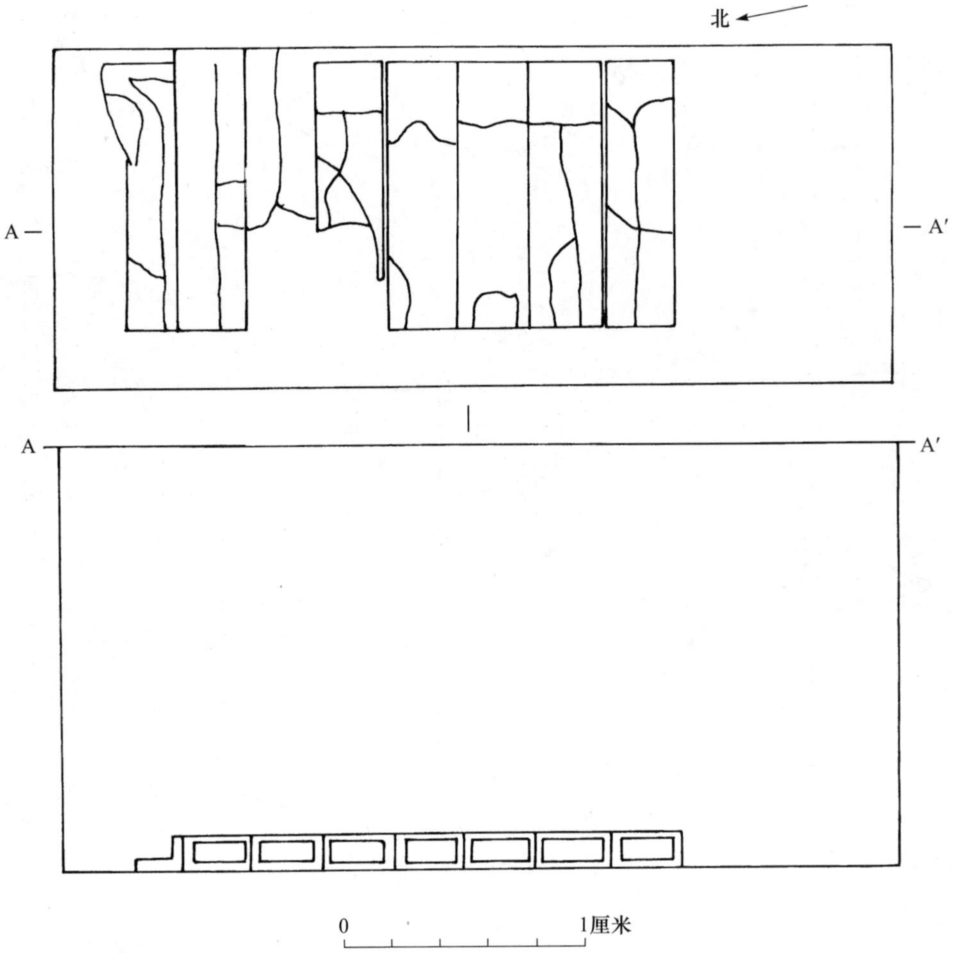

图二九　AM48平、剖面图

（三）砖室墓

11座。有AM3、AM6、AM21、AM23、AM26、AM29、AM31、AM37、AM39、AM43、AM47。

1. AM3

位置　位于AT1605西北部。

层位关系　①→AM3→生土。

方向　100°。

形制与结构　由斜坡墓道、墓门、甬道、墓室组成，通长1330厘米（图三〇；彩版二，1）。

墓道位于东部，平面呈长方形。墓口长640、宽144厘米；底坡长690、下端宽144厘米；深0～254厘米。

墓门宽147、高128、厚8～24厘米。由四块石板组成，分别为门板2扇和门柱2块。北门扇长118、宽52、厚8～12厘米；南侧门扇长128、宽55、厚10厘米；北门柱长110、宽20、厚17厘米；南门柱长124、宽24、厚19厘米。其中南北两扇石门正面刻画有朱雀和铺首图案，北侧门扇向墓室内错，门扇中间的空隙以小砖填塞，门扇两端各有一榫。

甬道，长 110、宽 110 厘米、深 0～254 厘米。甬道顶部陷落，形制不详。两壁砖砌，错缝平铺，南壁残存 10 或 11 层，北壁残存 4～6 层。底部铺砖三排，纵向并缝排列，两壁直接起于铺底砖之上。甬道北壁开一壁龛，宽 108、高 53、进深 82 厘米。

墓室平面呈长方形，长 472～486、宽 216～232 厘米。墓顶被破坏，从墓壁上残余的子母口砖推测为拱形券顶。墓室中间有一道东西向的砖砌隔墙将墓室分为南、北两室，隔墙残高 30～45、厚 32 厘米，在其偏东处有一缺口，可能为使两室相通而未筑砖墙。北室长 472～480、宽 86 厘米；南室长 472～486、宽 96～114 厘米。南、北、西三壁均为从第 14 层开始起券。南室东壁北侧有两块竖立的空心砖，尺寸为 110 厘米 ×40 厘米 ×15 厘米和 94 厘米 ×24 厘米 ×15 厘米。墓底铺砖，从残留的情况来看，为横向错缝平铺。

墓室北侧偏东开一耳室，宽 140、进深 64～76、高 53 厘米。

砖的尺寸分别为 31 厘米 ×12 厘米 ×6 厘米和 33 厘米 ×13 厘米 ×6 厘米。

填土为浅褐色花土，结构疏松，土质较软较黏，夹杂大量白色石灰块、料姜石和较多碎砖块。

葬具、人骨不详。

随葬器物　共 17 件，另有铜钱 19 枚。铜刀、铜饰、铁鐅、铁匕首、铁片各 1 件，陶仓 6 件，陶奁器盖 4 件，陶壶、器盖各 1 件。

陶仓　6 件。AM3：11，泥质灰陶。敛口，方唇，折肩，斜腹较深，平底。口径 10.4、底径 10.4、高 24、肩径 15.2 厘米（图三一，1；图版二，1）。AM3：16，泥质灰陶。直口，方唇，折肩，深直腹，平底。腹身饰四周凹弦纹。口径 6、底径 9.2、高 18.4、肩径 10.4 厘米（图三一，3；图版二，2）。AM3：18，泥质灰陶。敛口，斜方唇，折肩，深直腹，平底。腹部饰数周凹弦纹。口径 10、底径 12、高 24、肩径 14.8 厘米（图三一，2；图版二，3）。AM3：19，直口，方唇，折肩，深直腹，平底，腹身饰四周凹弦纹。口径 6.4、底径 8.8、高 18.4、肩径 14.4 厘米（图三一，4；图版二，4）。AM3：20，直口微敛，方唇，折肩，深直腹，平底，腹身饰数周凹弦纹。口径 5.6、底径 9.6、高 17.6、肩径 11.2 厘米（图三一，5；图版四，2）。AM3：21，口微敛，斜方唇，圆折肩，直腹，平底。腹身饰六道凹弦纹。口径 7.2、底径 8、高 16.4、肩径 10.4 厘米（图三一，6；图版四，3）。

陶奁器盖　4 件。形制基本相同。AM3：12，泥质灰陶。口微敛，圆唇，上腹直，下腹折弧，圜底。口径 20、高 15.6 厘米（图三一，7；图版三，2）。AM3：13，口径 20.8、高 14.4 厘米（图三一，8；图版三，3）。AM3：14，口径 20、高 15.2 厘米（图三一，10；图版三，4）。M3：15，口径 20.8、高 14.8 厘米（图三一，9；图版三，5）。

陶壶　1 件。AM3：17，泥质灰陶。侈盘口，高束颈，溜肩，鼓腹，假圈足。口径 15.2、底径 14.8、高 37.6、最大腹径 28 厘米（图三一，11；图版四，1）。

器盖　1 件。AM3：10，泥质红陶。母口，弧壁，盖顶塑立一禽鸟，头残，尾上翘。器身外侧施褐色玻璃质铅釉。盖径 13.6、通高 9.2 厘米（图三一，12；图版三，1）。

铜刀　1 件。AM3：5，刀身长条形，背刃皆直。断为两节。残长 17.2、宽 2 厘米（图三一，16；图版一，5）。

铜饰　1 件。AM3：7，扁圆的环形，环下有一长方形柄，柄头为草叶状。残长 5.5、宽 1.8～5 厘米（图三一，14；图版一，3）。

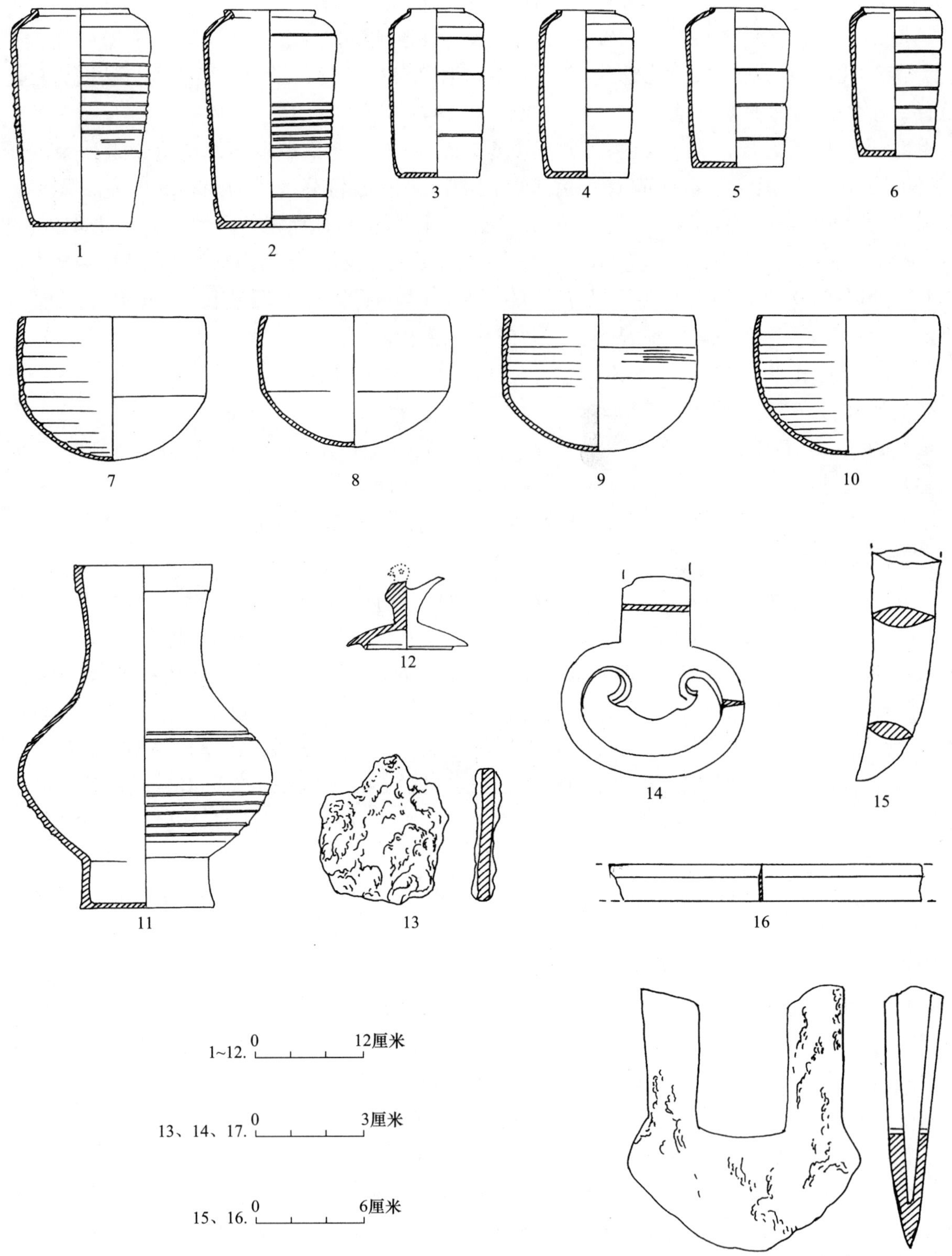

图三一　AM3 出土器物

1～6. 陶仓（AM3：11、AM3：18、AM3：16、AM3：19、AM3：20、AM3：21） 7～10. 陶奁器盖（AM3：12、AM3：13、AM3：15、AM3：14） 11. 陶壶（AM3：17） 12. 器盖（AM3：10） 13. 铁片（AM3：6） 14. 铜饰（AM3：7） 15. 铁匕首（AM3：1） 16. 铜刀（AM3：5） 17. 铁錾（AM3：9）

铁匕首　1件。AM3：1，器身中部向外弧凸，两侧均为刃，其中一刃直，另一刃前端斜杀成弧形。残长12.6厘米（图三一，15；图版一，6）。

铁片　1件。AM3：6，圆角方形，形制用途不明。残长4.1、残宽3.5厘米（图三一，13；图版一，4）。

铁錾　1件。AM3：9，器身为“凹”字形，中空，錾刃为半圆形。背呈斜坡状，腹平。残长7.3、宽6.4厘米（图三一，17；图版一，2）。

铜钱　19枚。AM3：2-1、2，AM3：4-1，AM3：8-1、2，“五铢”5枚，郭径在2.54～2.6厘米；AM3：8-3，“剪轮五铢”1枚，郭径为1.85厘米（图一六四，1～6）。

2. AM6

位置　位于AT1505东北和AT1605西北。

层位关系　①→AM6→生土。

方向　93°。

形制与结构　砖室墓，由斜坡墓道、封门和墓室组成，通长770厘米（图三二）。

墓道位于东部，口长450、宽114厘米；底坡长500、下端宽114厘米；深0～240厘米。

封门位于墓道和墓室连接处，为青石板，形状不规则，宽36～82、高100、厚2～10厘米。

墓室位于墓道西部，平面呈长方形，墓长320、宽114、深240厘米。墓顶已塌陷，形制不详，依据残存部分可推测为券顶。墓壁由砖错缝叠放而成，北壁存砖10层；南壁存砖8～11层；西壁存砖9层。

墓底有铺底砖，西部有四排砖为横向并缝平铺，其余为纵向并缝平铺。

青砖的尺寸为32厘米×13厘米×6厘米，壁砖的侧面饰有模印的纹饰，图案为对称的三角形，底砖为素面。

填土为褐色花土，结构疏松，土质较软较黏。填土中含有大量的碎砖块。

葬具　不详。

人骨　1具。保存较差，葬式、性别、年龄不详。

随葬器物　共9件（组）。位于墓室西部。铜钱1组2枚，陶壶1件，陶樽1件，煤精1件，银环1组2枚，琉璃珠1组2枚，铁刀1件，玻璃件1件，琉璃环1件。

陶壶　1件。AM6：2，泥质灰陶。盘口较大外侈，束颈，溜肩，鼓腹，平底。口径20、底径14.4、高34.4、最大腹径28.8厘米（图三三，1；图版四，4）。

陶樽　1件。AM6：3，泥质红陶。口微敛，圆唇，直腹略斜，底微大于口，平底微内凹。有三个蹄形足，足粗矮。器身素面，足外侧饰三道竖向凸楞。口径15.2、通高16.4、足高6.4、底径18厘米（图三三，5；图版五，1）。

煤精　1件。AM6：4，通身黑色，近正方形，无正反面之分，器中心稍隆起，前后各有一个长方形凸起，两侧中间各有一个凹口，凹口中心对穿一孔。经鉴定其材质为煤精。长1.9、宽1.5厘米（图三三，7）。

银环　2枚。AM6：5，1整1残。环细且小，表面氧化成黑色。可能为耳环。外径2厘米（图三三，3；图版五，4）。

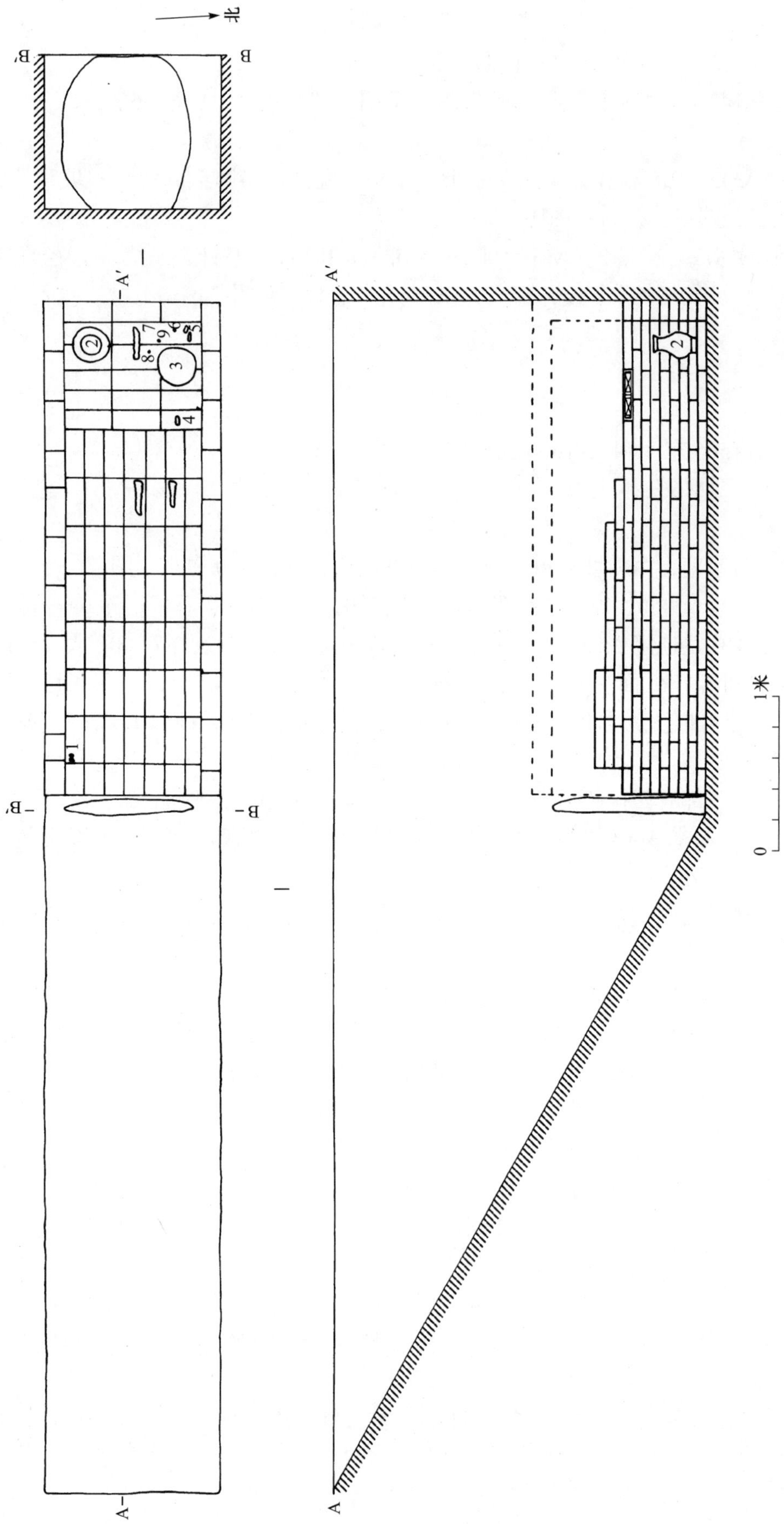

图三二　AM6平、剖面图

1. 铜钱　2. 陶壶　3. 陶樽　4. 煤精　5. 银环　6. 琉璃珠　7. 铁刀　8. 玻璃件　9. 琉璃环

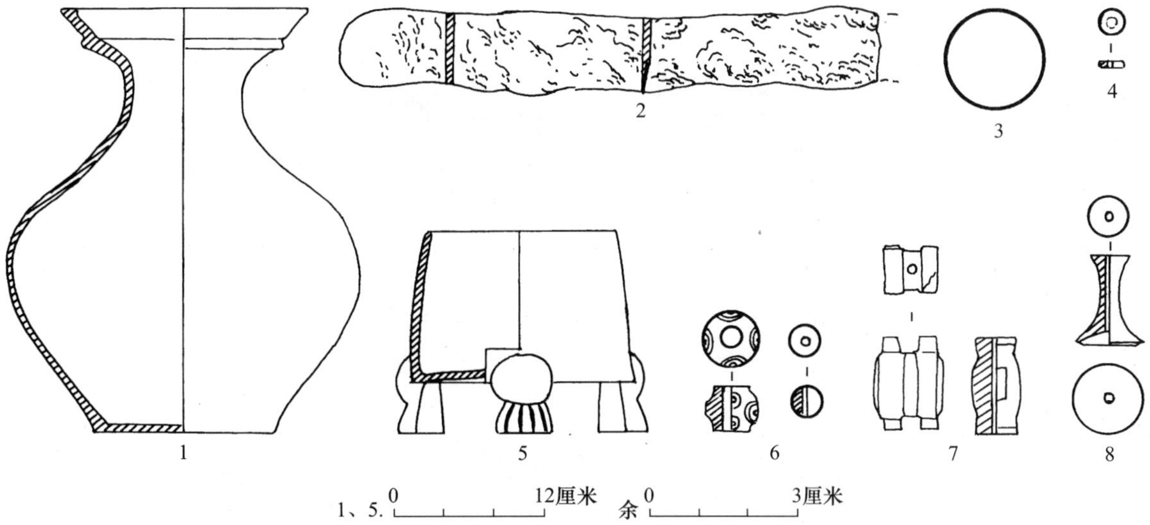

图三三 AM6出土器物

1. 陶壶（AM6∶2） 2. 铁刀（AM6∶7） 3. 银环（AM6∶5） 4. 琉璃环（AM6∶9） 5. 陶樽（AM6∶3） 6. 琉璃珠（AM6∶6） 7. 煤精（AM6∶4） 8. 玻璃件（AM6∶8）

琉璃珠 2枚。AM6∶6，一大一小。俗称蜻蜓眼，因通身嵌釉似蜻蜓的复视眼而得名。圆珠形，通体白色，器身布满圆形凹槽，槽内残留白色釉质，中间钻孔。蜻蜓眼最大径1.2、高0.9、素石径0.7厘米（图三三，6）。

铁刀 1件。AM6∶7，残，仅存刀身，直背直刃，背前端圆弧。残长10.9、宽1.4～1.7厘米（图三三，2；图版三，6）。

玻璃件 1件。AM6∶8，深蓝色，半透明。器形圆，上端小，下端大，腰细，如喇叭状，中心穿一孔。上端径0.8、下端径1.4、高1.8厘米（图三三，8）。

琉璃环 1件。AM6∶9，白色扁环，直径0.5厘米（图三三，4）。

铜钱 2枚。AM6∶1，钱文“五铢”，锈蚀严重。

3. AM21

位置 位于AT0707中部偏南。

层位关系 ①→AM21→生土。

方向 15°。

形制与结构 砖室墓，由斜坡墓道、封门和墓室组成，通长10米（图三四）。墓道位于北部，口长640、宽182～210厘米；底坡长662、下端宽182～210厘米；深0～165厘米。

封门位于墓道与墓室连接处，共有两道封门，中间间隔6厘米。第一道封门位于墓道内，由15层青砖错缝叠放而成，长203、宽13、高115厘米。第二道封门为三块空心砖并排竖立砌成，长90、宽11、高100厘米。封门均向墓室方向略有弧度。空心砖上饰有模印方格纹，尺寸为100厘米×30厘米×11厘米。

墓室位于墓道南部，平面呈长方形，墓长360、宽120、深165厘米。墓室结构较规整，墓顶为券顶，已残乱，从第18层开始起券，券高43厘米。墓壁为长方形砖错缝叠放而成，东、西两壁中部因被挤压向墓室方向弧凸。墓底有铺底砖，为东西纵向并排对缝平铺。券砖为子母

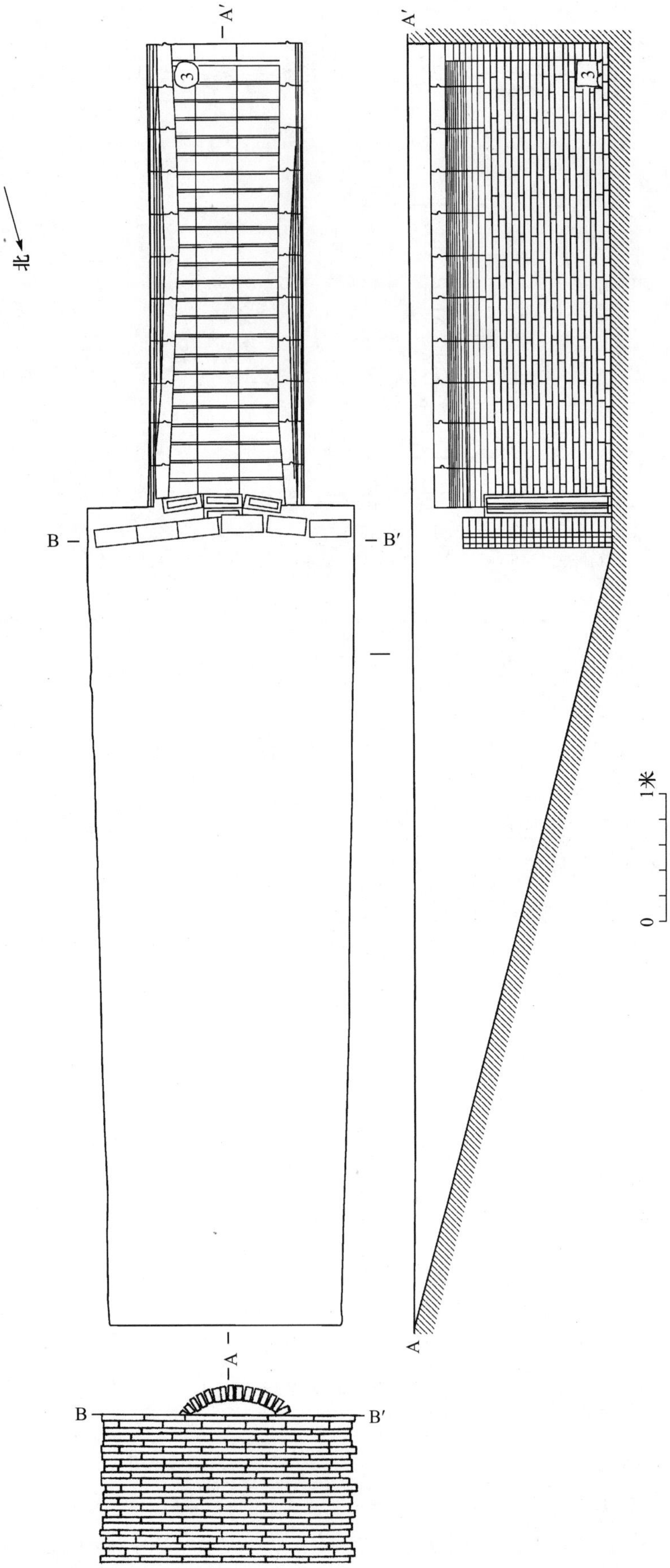

图三四　AM21平、剖面图

1. 铜钱（填土）　2. 铁勺（填土）　3. 陶樽

砖。壁砖的侧面饰有模印的纹饰，图案为对称的三角形，底砖为素面。

青砖的尺寸为32厘米 ×13厘米 ×5厘米。

填土为褐色花土，结构疏松，土质较软较黏。填土中含有料姜石和少量的碎砖块。

葬具　不详。

人骨　不详。

随葬器物　共3件（组）。铜钱1组8枚，铁勺1件，陶樽1件。

陶樽　1件。AM21∶3，泥质灰陶。直口微敞，圆唇，直腹较深，平底，三足呈蹄形，较粗矮。口径21.6、底径19.2、通高15.6、足高4.8厘米（图三五，1；图版五，2）。

铁勺　1件。AM21∶2，勺腹为圆锅形，圆柄斜直向上，末端渐扁渐宽。长15.6、勺腹宽3.6厘米（图三五，2；图版五，3）。

铜钱　8枚。AM21∶1-1、2，“货泉”2枚，郭径分别为2.2、2.23厘米（图一六四，7、8）。

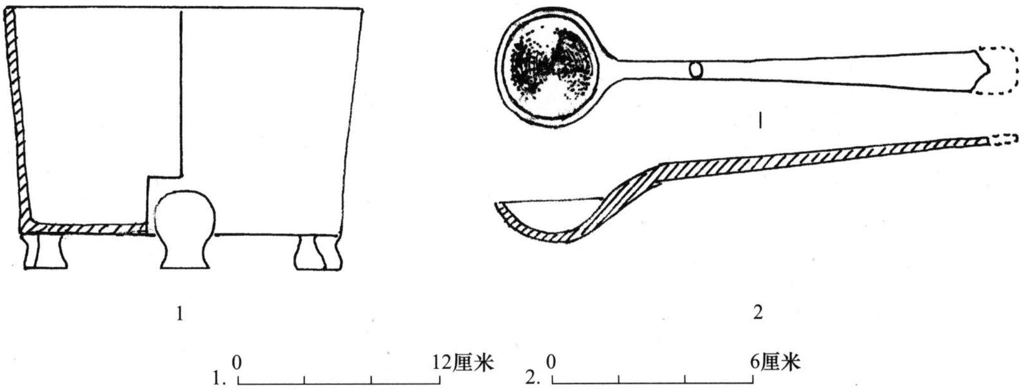

图三五　AM21出土器物

1. 陶樽（AM21∶3）　2. 铁勺（AM21∶2）

4. AM23

位置　位于AT0606东部和AT0706西部。

层位关系　①→ AM23 →生土。

方向　198°。

形制与结构　长方形竖穴砖室墓，平面呈长方形。墓长350、宽118～138、深220厘米（图三六）。

墓顶已坍塌，形制不详。墓室东、西、北三壁为青砖错缝叠放而成，南壁为青砖并缝侧砌而成。西壁存砖5～12层；东壁存砖12层；北壁存砖8层；南壁存砖2层。墓底为青砖东西向错缝平铺而成。壁砖直接起于铺底砖上。

青砖尺寸为28厘米 ×14厘米 ×6厘米和26厘米 ×14厘米 ×6厘米。

填土为褐色花土，结构疏松，土质较软较黏，夹杂大量白灰土和料姜石颗粒。

葬具　不详。

人骨　不详。

随葬器物　共4件。料器1件，陶罐2件，陶壶1件。

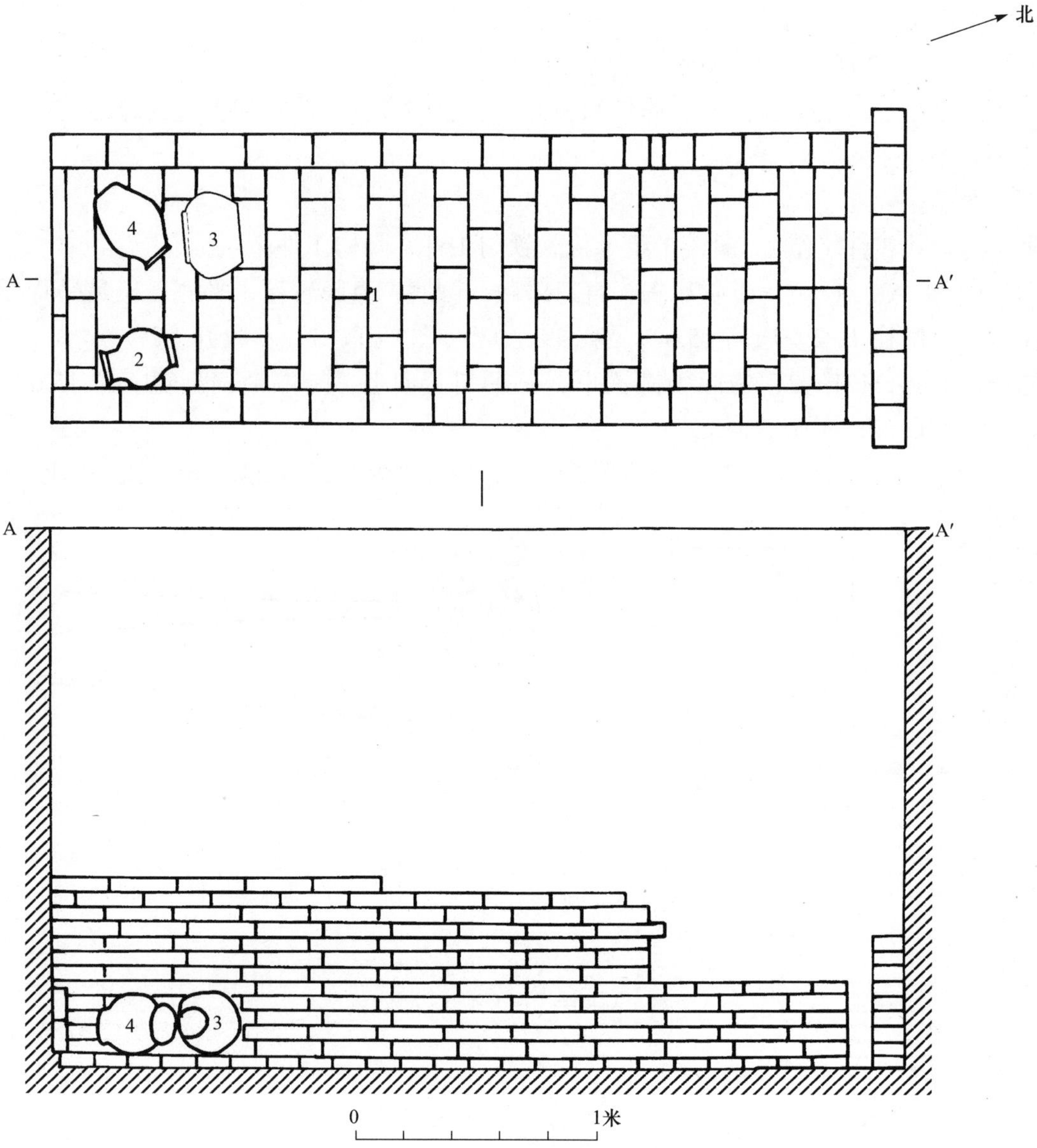

图三六　AM23平、剖面图
1. 料器　2. 陶壶　3、4. 陶罐

陶壶　1件。AM23：2，泥质灰陶。盘口，口沿下有一周凹槽，束颈，溜肩，圆鼓腹，假圈足。肩、腹部饰数周凹弦纹，上腹贴塑一对铺首衔环。器盖敞口，折沿，弧壁，漫圆顶。盖最大径15.2、高4厘米。壶口径16、底径13.6、通高35.2、最大腹径26.4厘米（图三七，1；图版七，1）。

陶罐　2件。AM23：3，泥质灰陶。微敛口，矮领，鼓肩，鼓腹，平底。肩部饰有凹弦纹。口径18.4、底径22.4、高21.6、最大腹径16.4厘米（图三七，4；图版七，6）。AM23：4，泥质灰陶。盘口，束颈，鼓肩，上腹较鼓，下腹斜直，假圈足。肩、腹部饰数周凹弦纹。口径16.8、底径11.2、高34.4、最大腹径24.8厘米（图三七，2；图版七，2）。

料器　1件。AM23：1，白色。近方形，背向上隆起，腹平。长2.2、宽2.1、最厚0.5厘米（图三七，3）。

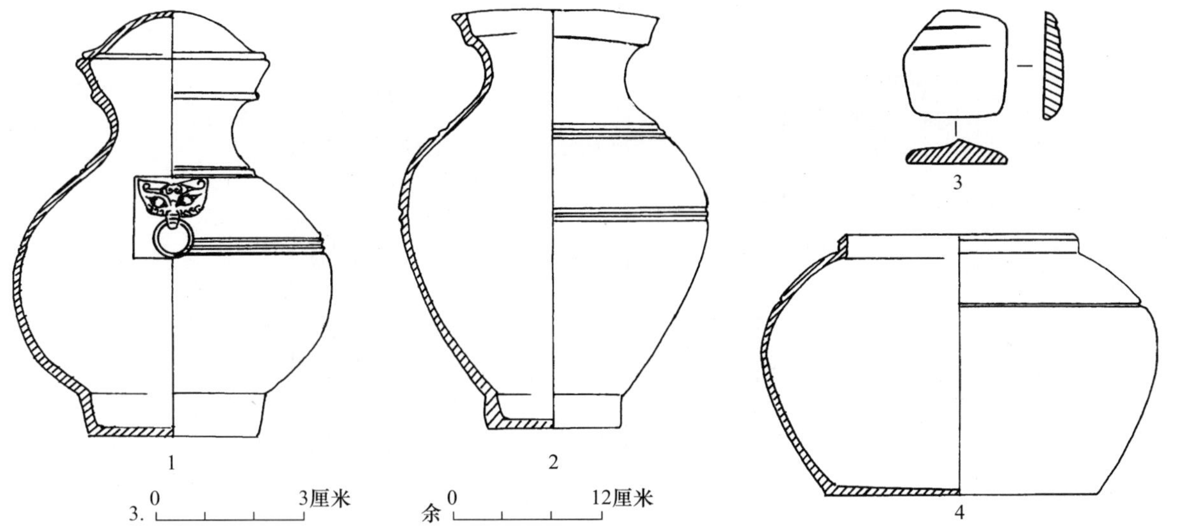

图三七　AM23出土器物

1. 陶壶（AM23：2）　2、4. 陶罐（AM23：4、AM23：3）　3. 料器（AM23：1）

5. AM26

位置　位于AT0605东南。

层位关系　①→AM26→生土。

方向　353°。

形制与结构　砖室墓，由斜坡墓道、封门和墓室组成，通长956厘米（图三八）。墓道位于北部，口长604、宽158厘米；底坡长632、下端宽158厘米；深0～180厘米。

封门位于墓道南端，由石板组成，仅余一块，呈不规则形，高108、宽83、厚4～8厘米。

墓室位于墓道南部，平面呈长方形，墓长352、宽132、深186厘米。墓顶已坍塌，形制结构不详，依据残存情况可推测为券顶。墓壁由青砖错缝叠放而成，东壁存砖7～10层，西壁存砖4～9层，北壁存砖9～11层。墓底有铺底砖，仅存南部和北部有砖，为错向平铺而成。

壁砖的尺寸为28厘米×12厘米×6厘米，底砖的尺寸为30厘米×13厘米×6厘米。

填土为黄褐色花土，墓室填土为红褐色花土，结构疏松，土质较软较黏。填土中含有料姜石和少量的碎砖块。

葬具　不详。

人骨　不详。

随葬器物　共3件。陶器盖1件，陶壶2件。

陶器盖　1件。AM26：1，泥质灰陶。母口，圆唇，斜壁微弧，平顶。口径15.2、底径4.8、高4.4厘米（图三九，3；图版八，3）。

陶壶　2件。AM26：2，泥质灰陶。盘口，束颈，溜肩，圆鼓腹，假圈足。肩、腹部饰数周凹弦纹。口径16、底径16、通高42.8、最大腹径28.4厘米（图三九，1；图版九，1）。AM26：3，泥质灰陶。盘口，束颈，斜肩，颈肩之间有一道折棱，圆鼓腹，下腹微曲收，平底，肩部饰两道凹弦纹。器盖敞口，平沿，斜壁，小平顶。盖最大径9.6厘米。壶口径8、底径8.8、通高19.2、最大腹径12.8厘米（图三九，2；图版九，2）。

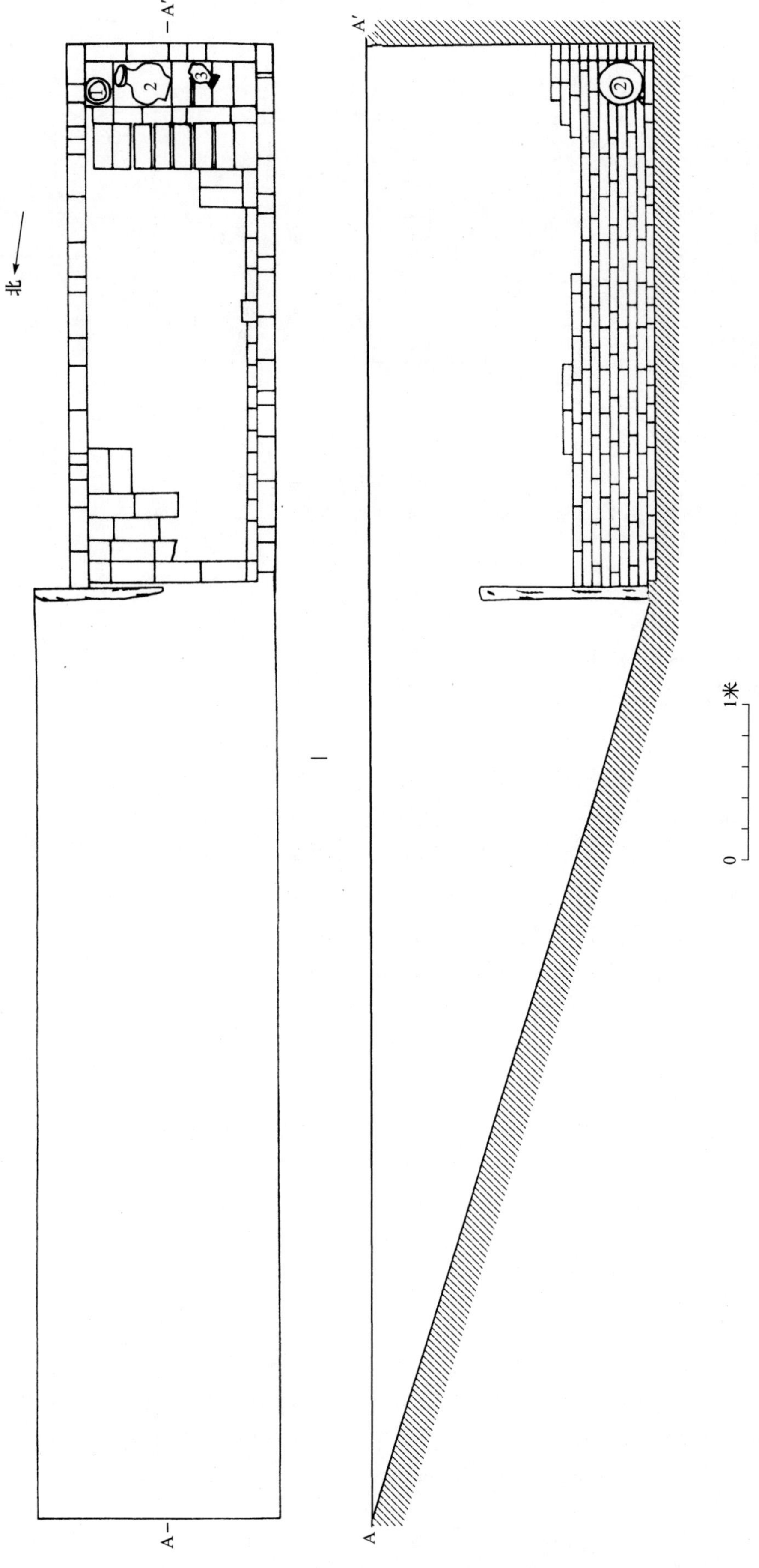

图二八　AM26平、剖面图
1. 陶器盖　2、3. 陶壶

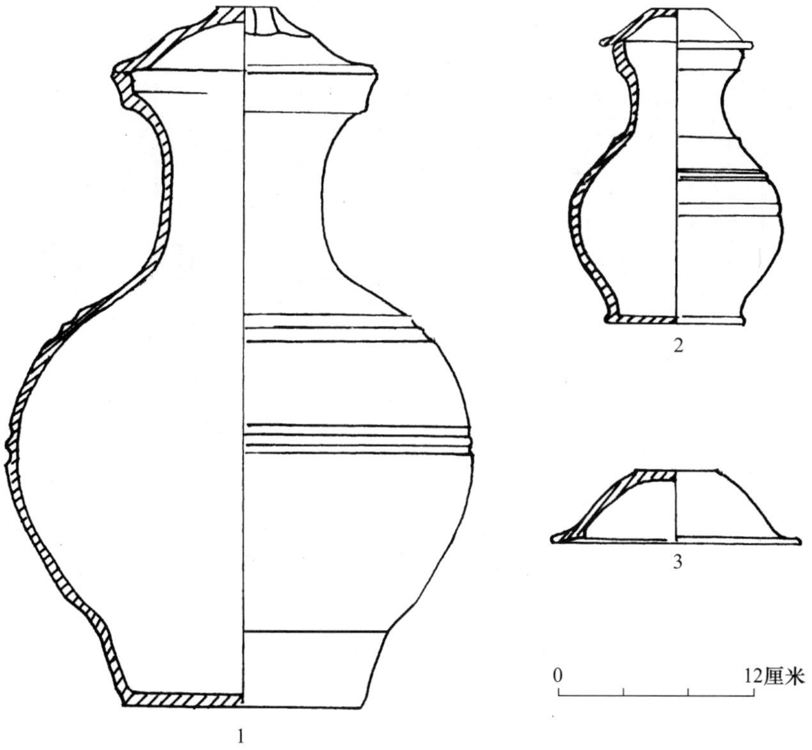

图三九 AM26 出土陶器

1、2. 壶（AM26：2、AM26：3） 3. 器盖（AM26：1）

6. AM29

位置 位于 AT0706 东南部。

层位关系 ①→ AM29 →生土。

方向 7°。

形制与结构 长方形竖穴砖室墓，平面呈长方形。墓长 302、宽 116、深 186 厘米（图四〇）。

墓顶已坍塌，形制不详。墓室四壁为青砖错缝叠放而成。西壁存砖 5～10 层；东壁存砖 5～10 层；北壁存砖 3 层；南壁存砖 5 层。墓底为青砖错向平铺而成。壁砖直接起于铺底砖上。

壁砖尺寸为 27 厘米 ×13 厘米 ×6 厘米，底砖尺寸为 28 厘米 ×14 厘米 ×6 厘米。

填土为褐色花土，结构疏松，土质较软较黏，夹杂大量白灰土和料姜石颗粒。

葬具 不详。

人骨 不详。

随葬器物 随葬品 5 件（组）。铜钱 1 组 2 枚，铜环 1 件，陶器盖 3 件。

陶器盖 3 件。AM29：3，泥质灰陶。覆碗状，母口，弧壁，平顶。外壁面有两圈凹痕。口径 15.2、高 3.4 厘米（图四一，1；图版一一，4）。AM29：4，泥质灰陶。覆碗状，母口，斜弧壁，外壁面微折，平顶。口径 14.8、高 3.6 厘米（图四一，3；图版一一，3）。AM29：5，泥质灰陶。母口，弧壁，外壁面有多处弧折，小平顶。口径 13.6、高 4.4 厘米（图四一，2；图版一一，2）。

铜环 1 件。AM29：2，环身小，较粗。最大环径 2、环厚 0.3 厘米（图四一，4）。

铜钱 2 枚。AM29：1，钱文“五铢”，锈蚀严重。

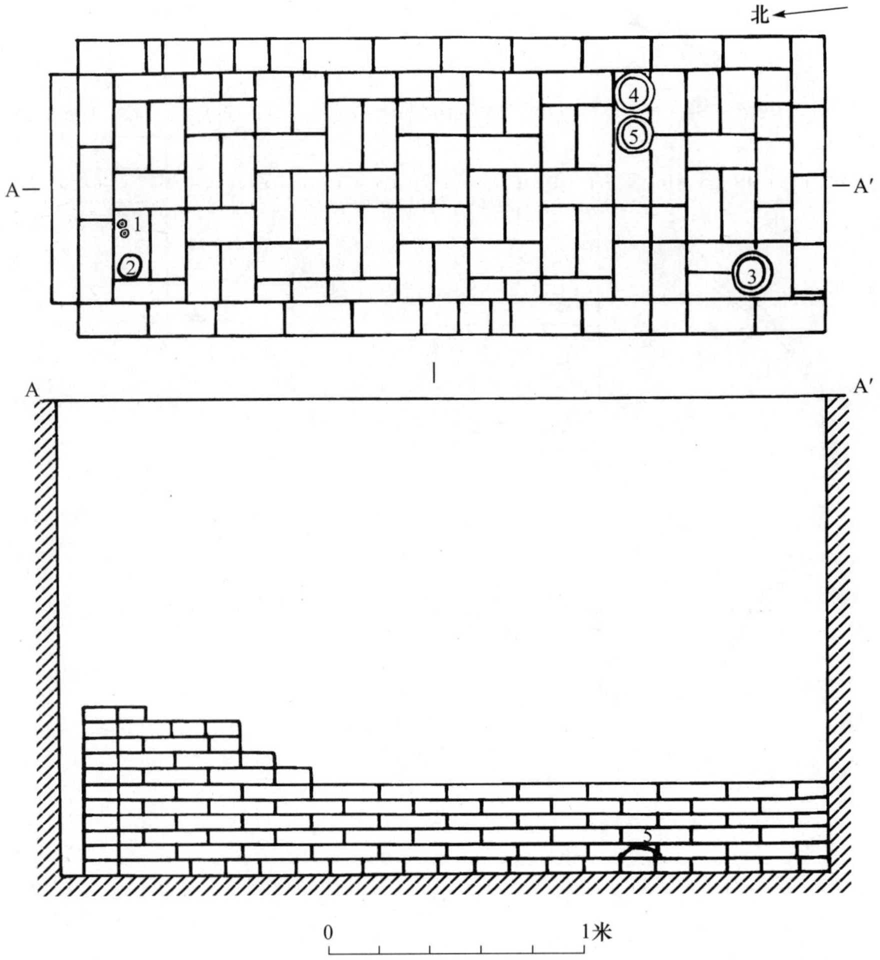

图四〇　AM29 平、剖面图

1. 铜钱　2. 铜环　3～5. 陶器盖

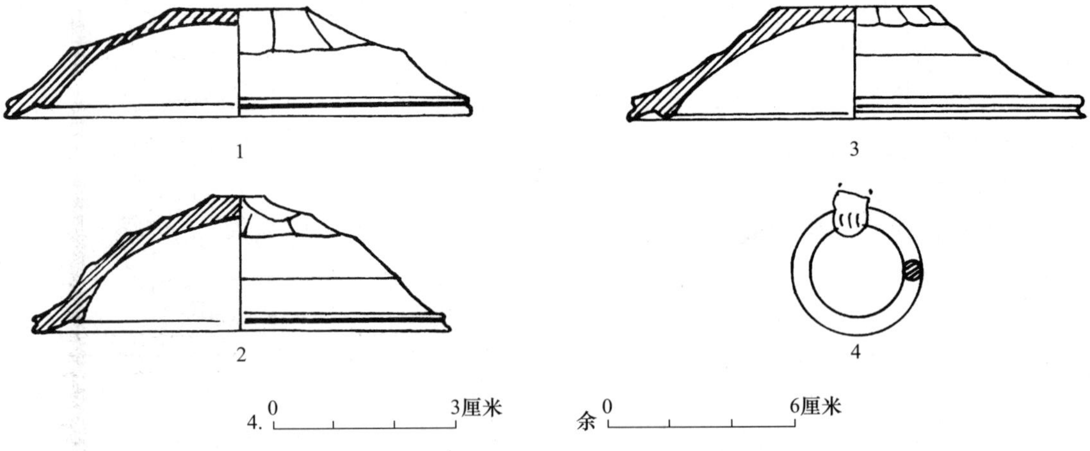

图四一　AM29 出土器物

1～3. 陶器盖（AM29∶3、AM29∶5、AM29∶4）　4. 铜环（AM29∶2）

7. AM31

位置　位于 AT0704 西北部。

层位关系 ①→ AM31 →生土。

方向 10°。

形制与结构 长方形竖穴砖室墓，平面呈长方形。墓长 276、宽 110～122、深 220 厘米（图四二；彩版二，4）。

墓顶已坍塌，形制不详。墓室东、西、南三壁为青砖错缝叠放而成，北壁为青砖并缝侧砌而成。西壁存砖 6～10 层；东壁存砖 8～9 层；北壁存砖 4 层；南壁存砖 8 层。墓底为青砖错向平铺而成。壁砖直接起于铺底砖上。

青砖尺寸为 27 厘米 ×12 厘米 ×7 厘米。

填土为褐色花土，结构疏松，土质较软较黏，夹杂大量白灰土和料姜石颗粒。

葬具 不详。

人骨 不详。

随葬器物 随葬品 6 件。铜洗 1 件，陶壶 5 件。

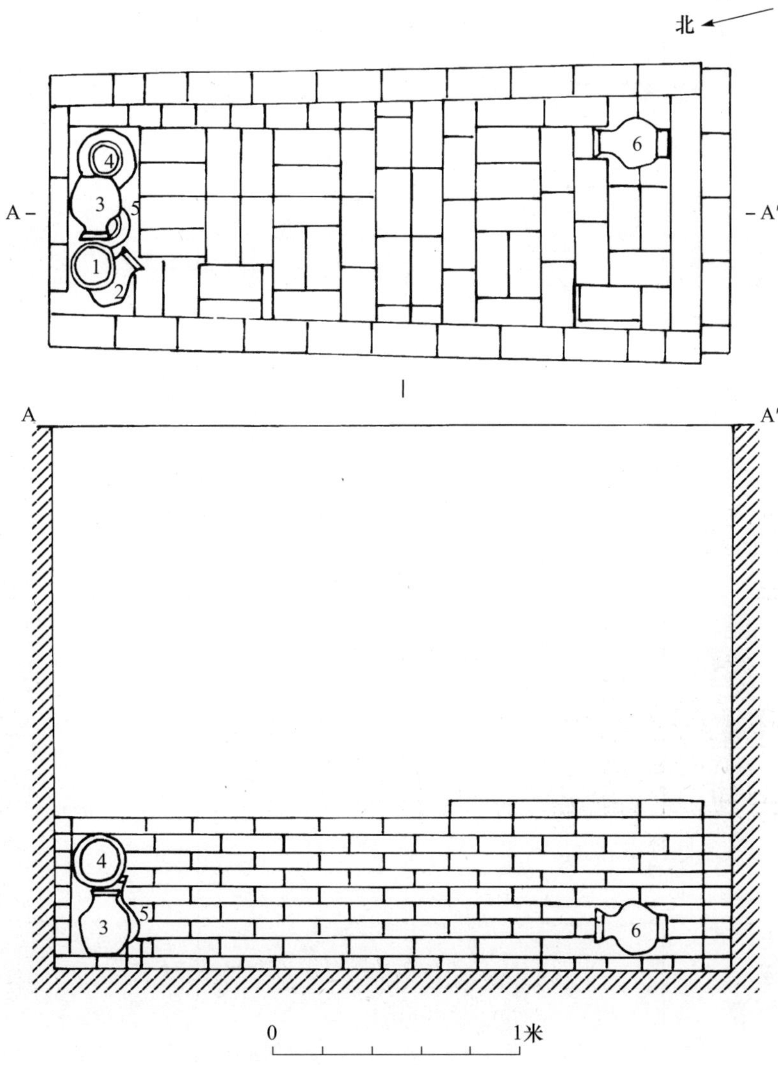

图四二 AM31 平、剖面图
1. 铜洗 2～6. 陶壶

陶壶　5 件。AM31∶2，泥质灰陶。侈盘口，束颈，溜肩，鼓腹，平底。肩、腹部各饰两道凹弦纹，肩部贴塑一对铺首衔环。口径 12.8、底径 11.2、高 25.6、最大腹径 22.4 厘米（图四三，2；图版一二，1）。AM31∶3，泥质灰陶。侈盘口，束颈，溜肩，鼓腹，平底。肩、腹部各饰两道凹弦纹，肩部贴塑一对铺首衔环。口径 12.8、底径 10.4、高 26.4、最大腹径 21.6 厘米（图四三，3；图版一二，2）。AM31∶4，泥质灰陶。侈盘口，束颈，溜肩，鼓腹，平底。肩、腹部各饰两道凹弦纹，上腹贴塑一对铺首衔环。口径 13.6、底径 12.8、高 25.6、最大腹径 22.4 厘米（图四三，5；图版一二，3）。AM31∶5，泥质灰陶。侈盘口，束颈，溜肩，鼓腹，下腹斜直，平底，肩、腹各饰两周凹弦纹，肩部对称贴塑一对铺首衔环。口径 14.4、底径 12.4、高 32.4、最大腹径 26.4 厘米（图四三，1；图版一二，4）。AM31∶6，泥质灰陶。侈盘口，束颈，溜肩，圆腹，平底。肩、腹部各饰两道凹弦纹，上腹贴塑一对铺首衔环。口径 13.6、底径 11.2、高 27.6、最大腹径 23.2 厘米（图四三，4；图版一三，1）。

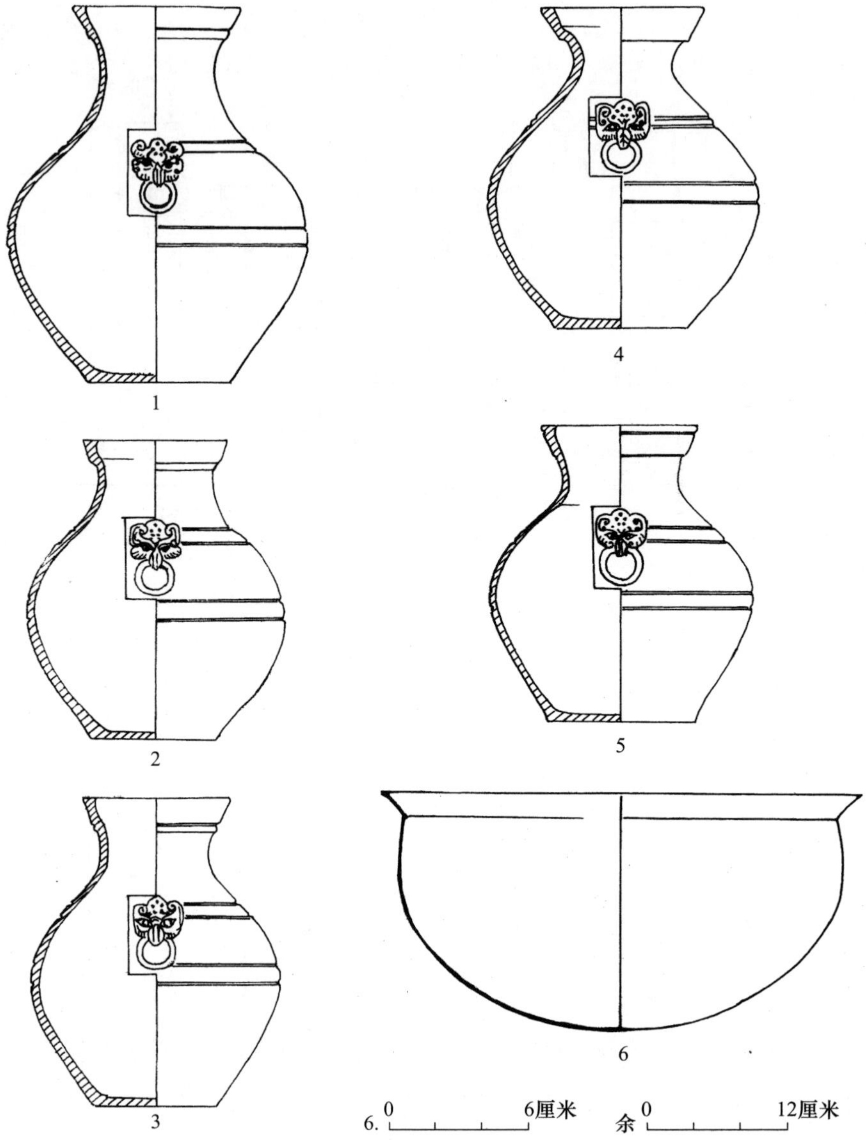

图四三　AM31 出土器物

1～5. 陶壶（AM31∶5、AM31∶2、AM31∶3、AM31∶6、AM31∶4）6. 铜洗（AM31∶1）

铜洗 1件。AM31：1，直口，斜折沿，弧腹，圜底。口径20.6、高10.2、最大腹径19.2厘米（图四三，6；图版一一，5）。

8. AM37

位置 位于AT0701西部。

层位关系 ①→AM37→生土。

方向 10°。

形制与结构 砖室墓，由竖井墓道、墓室和耳室组成，通长648厘米（图四四）。墓道位于北部，墓长294、宽170、深260厘米。

墓室位于墓道南部，平面呈长方形，墓长354、宽120、深260厘米。墓顶已坍塌，依据残存情况可推测为券顶。墓壁由青砖错缝叠放而成，东、西两壁均存砖7～18层，南壁存砖1～4层。墓室东壁偏北部有一耳室，长78、高82、进深84厘米。耳室为砖砌券顶，从11层开始起券，由15块砖纵向对缝券顶，券高35厘米。墓底有铺底砖，大部分已破坏，从现存痕迹推测为错缝平铺而成。壁砖直接起于铺底砖之上。

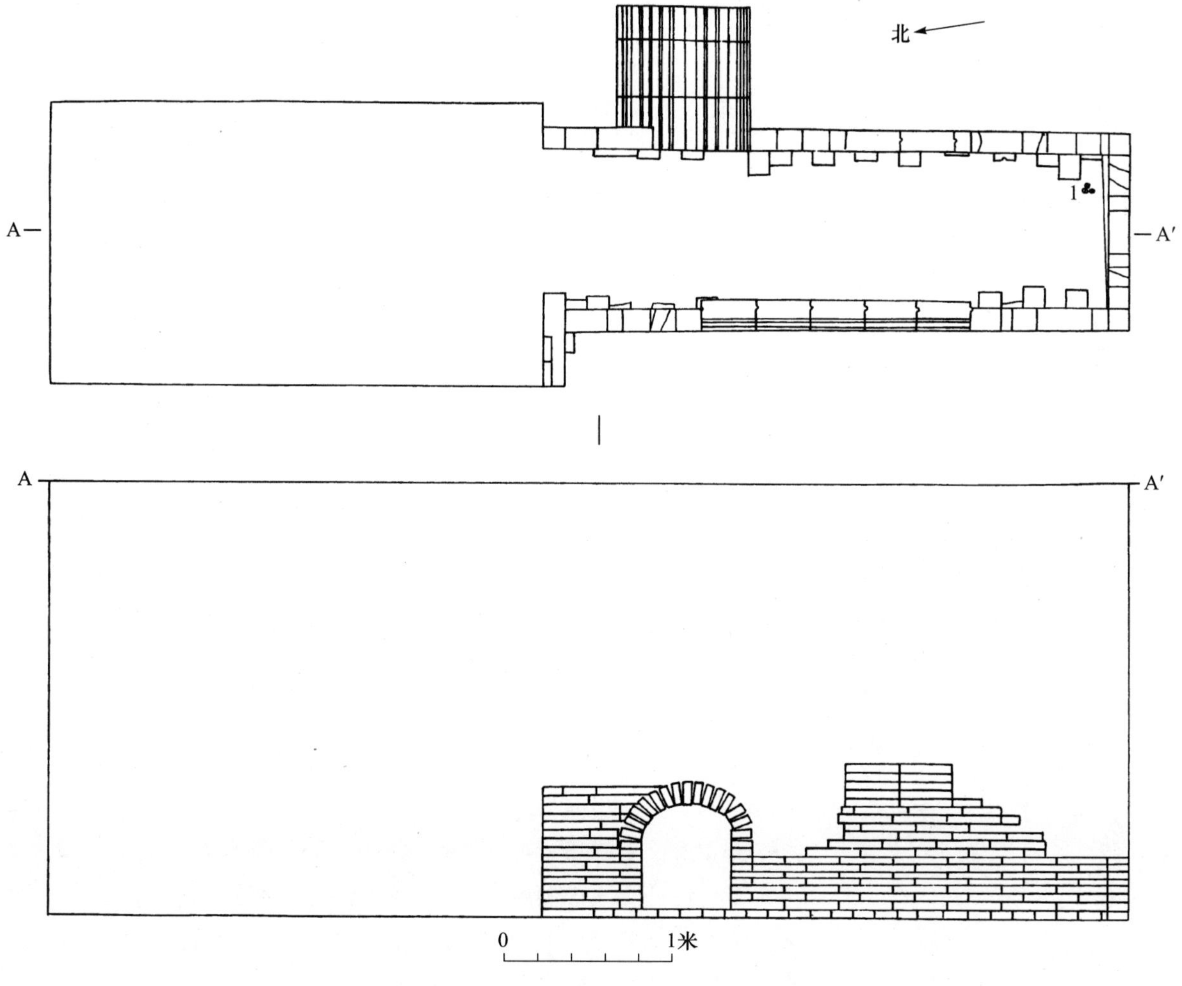

图四四 AM37平、剖面图
1. 铜钱 2. 陶壶（填土） 3. 陶釜（填土）

青砖的尺寸为 29 厘米 ×13 厘米 ×5 厘米（图四五）。

填土为褐白色花土结构疏松，土质较软较黏。填土中含有料姜石和少量的碎砖块。

葬具　不详。

人骨　不详。

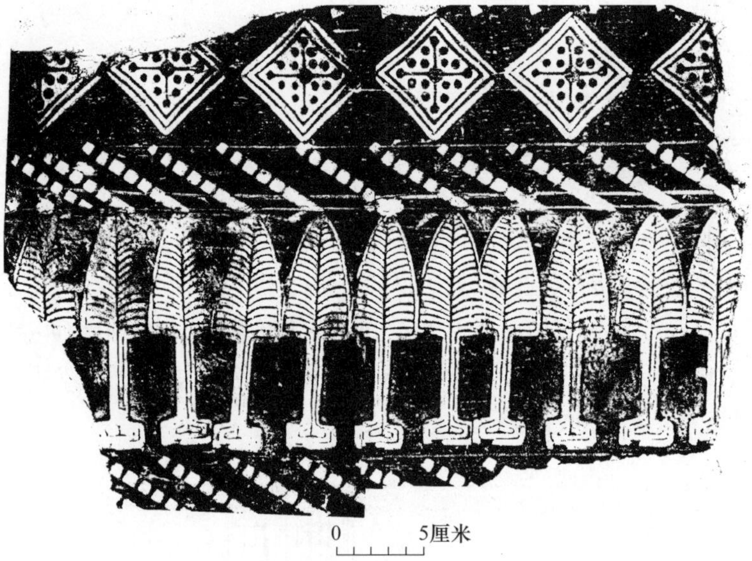

图四五　AM37 墓砖拓片

随葬器物　共 3 件（组）。铜钱 1 组 3 枚，陶壶 1 件，陶釜 1 件。

陶壶　1 件。AM37：2，泥质灰陶。盘口较大较深，束颈，溜肩，鼓腹，假圈足。肩部饰三周凹弦纹，上腹贴塑一对铺首衔环。口径 20.8、底径 10.4、高 38、最大腹径 28 厘米（图四六；图版一三，2）。

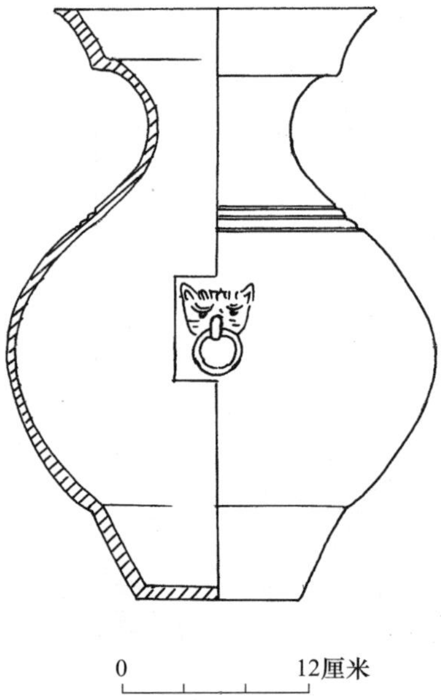

图四六　AM37 出土陶壶
陶壶（AM37 ：2）

陶釜　1 件。AM37：3，残，未修复。

铜钱　3 枚。AM37：1-1、2、3，钱文均为“大泉五十”，郭径在 2.68～2.85 厘米（图一六四，14～16）。

9. AM39

位置　位于 AT0602 中南部。

层位关系　①→ AM39 →生土。

方向　180°。

形制与结构　砖室墓，由斜坡墓道和墓室组成，通长 870 厘米（图四七）。墓道位于南部，墓道口长 325、宽 140 厘米；墓道底坡长 400、下端宽 140 厘米；深 0～230 厘米。

墓室位于墓道南部，墓室由前室和后室组成。前室平面近方形，长 275、宽 250、深 230 厘米。墓顶已坍塌，推测可能为穹隆顶。后室位于前室北部，平面呈长方形，长 270、宽 110、深 230 厘米。在前室发现一块青砖残块，后室发现两块青砖。

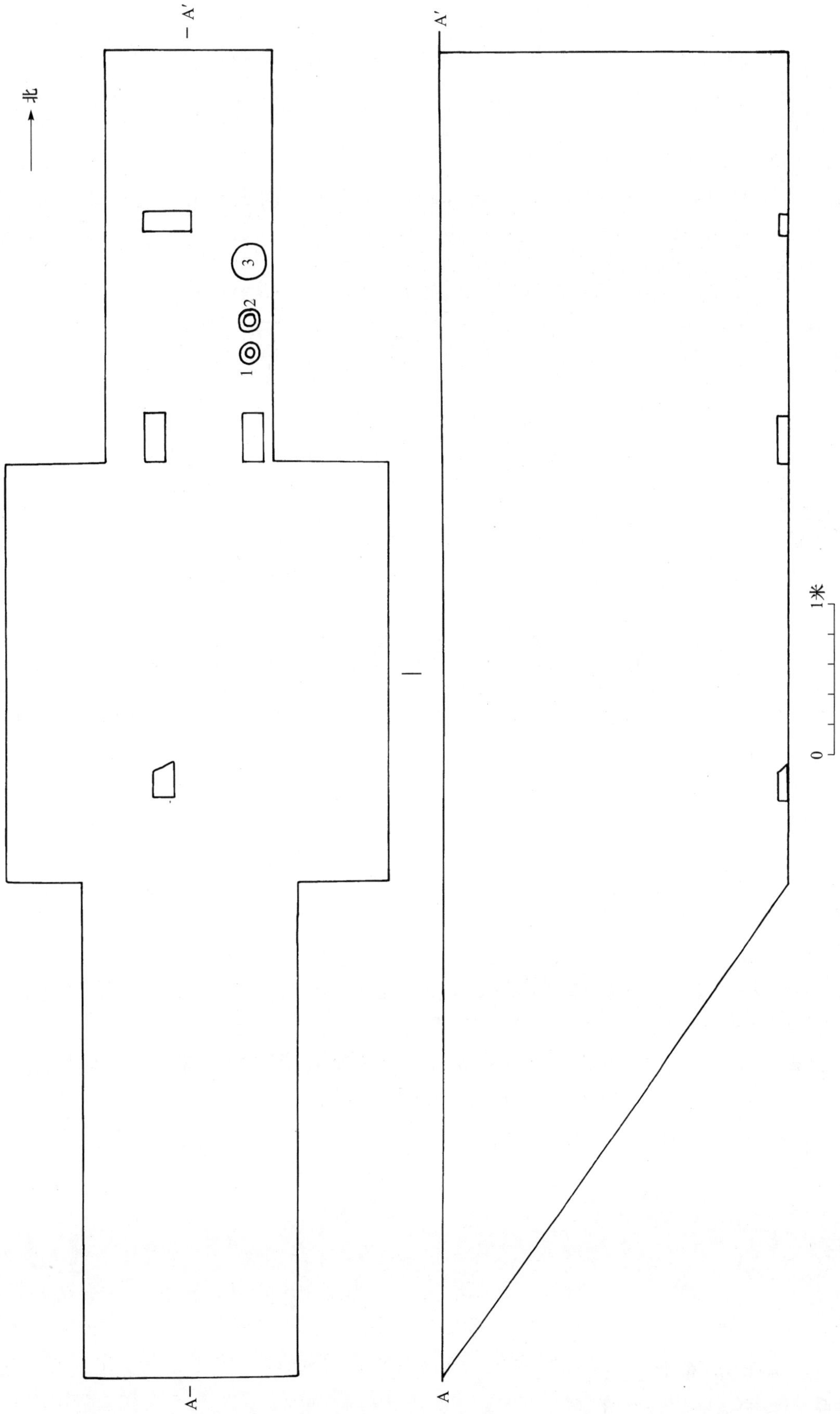

图四七 AM39平、剖面图
1、2. 陶仓 3. 陶奁器盖

青砖的尺寸为 32 厘米 ×14 厘米 ×6 厘米。

填土为褐白色花土，结构疏松，土质较软较黏。填土中含有料姜石和少量的碎砖块。

葬具　不详。

人骨　不详。

随葬器物　共 3 件。陶仓 2 件，陶奁器盖 1 件。

陶仓　2 件。AM39：1，泥质褐陶。直口，圆唇，折肩，深斜腹，小平底。口径 8.8、底径 8、高 25.2、肩径 13.6 厘米（图四八，1）。AM39：2，泥质灰陶。直口，方唇，折肩，斜腹，平底。口径 8、底径 8.4、高 18.8、肩径 14.4 厘米（图四八，2）。

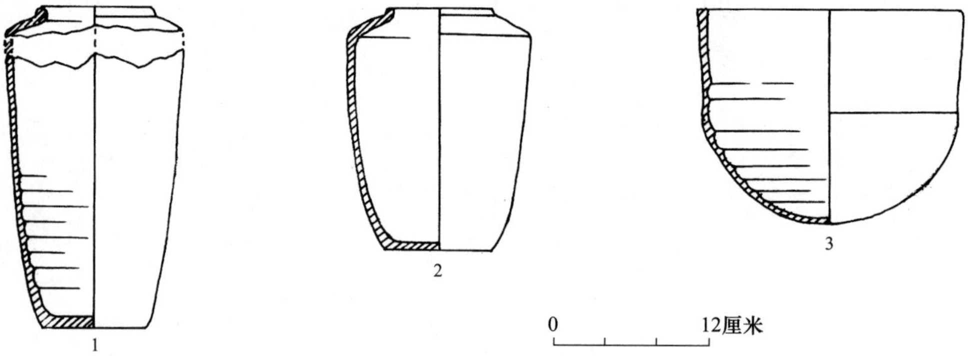

图四八　AM39 出土器物

1、2. 陶仓（AM39：1、AM39：2） 3. 陶奁器盖（AM39：3）

陶奁器盖　1 件。AM39：3，泥质褐陶。直口，方唇，直腹，深圜底。腹中饰一道凹弦纹。口径 20.8、高 16.8 厘米（图四八，3）。

10. AM43

位置　位于 AT0302 东北和 AT0402 西北。

层位关系　①→ AM43 →生土。

方向　100°。

形制与结构　砖室墓，由斜坡墓道和墓室组成，通长 804 厘米（图四九）。墓道位于东部，口长 484、宽 124 厘米；底坡长 540、下端宽 124 厘米；深 0～240 厘米。

墓室位于墓道西部，平面呈长方形。墓室长 320、宽 260、深 240 厘米。墓顶已坍塌，形制结构不详。四壁也基本被破坏，仅在墓底四周残余若干残砖。

填土为褐色花土，结构疏松，土质较软较黏。填土中含有料姜石和大量的碎砖块。

葬具　不详。

人骨　不详。

随葬器物　无。

11. AM47

位置　位于 AT0202 东南部。

层位关系　①→ AM47 →生土。

方向　90°。

形制与结构　砖室墓，由竖井墓道和墓室组成，通长456厘米（图五〇）。墓道位于东部，长116、宽90、深190厘米。

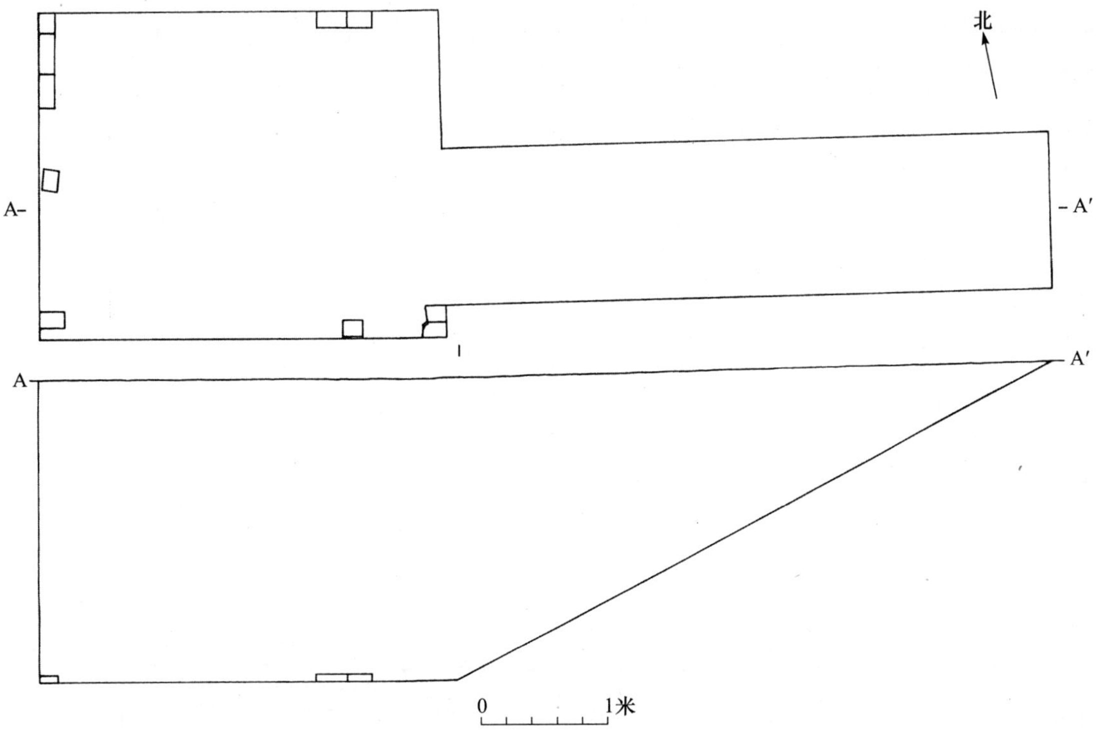

图四九　AM43平、剖面图

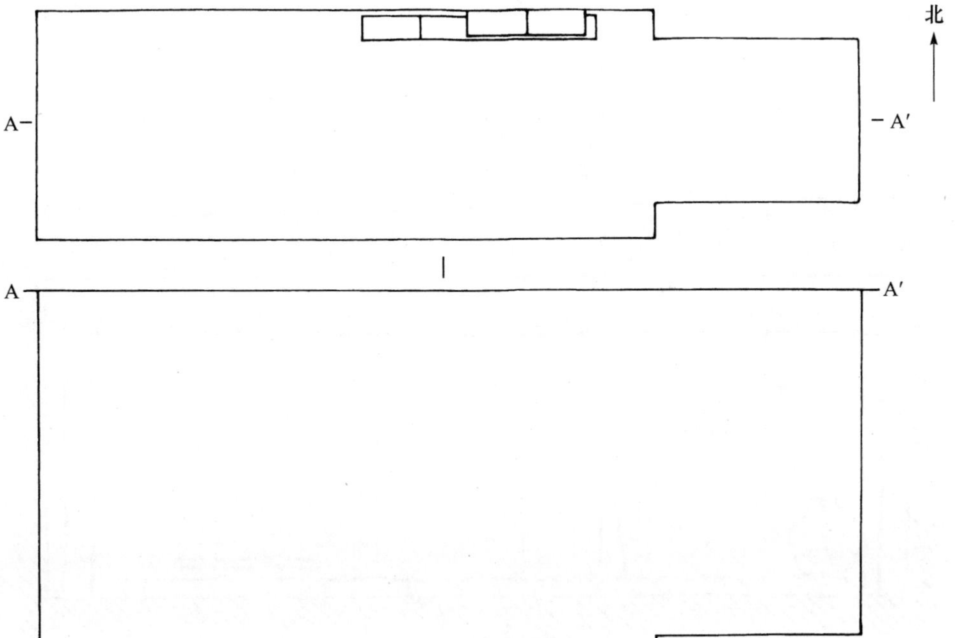

图五〇　AM47平、剖面图

墓室位于墓道西部，平面呈长方形，墓长340、宽126、深206厘米。墓顶已坍塌，形制结构不详。北壁靠近东侧底部有上下双层青砖错缝砌成，上层两块，下层四块。由现状可推断墓室四壁可能为青砖错缝侧砌而成。

青砖的尺寸为32厘米 ×13厘米 ×6厘米。

填土为褐白色花土，结构疏松，土质较软较黏，夹杂有料姜石和大量的碎砖块。

葬具　不详。

人骨　不详。

随葬器物　无。

（四）石室墓

1座。有AM24。

位置　位于AT0706南部。

层位关系　①→AM24→生土。

方向　175°。

形制与结构　长方形竖穴石室墓，平面呈长方形。墓长310、宽122～132、深114厘米（图五一；彩版二，3）。

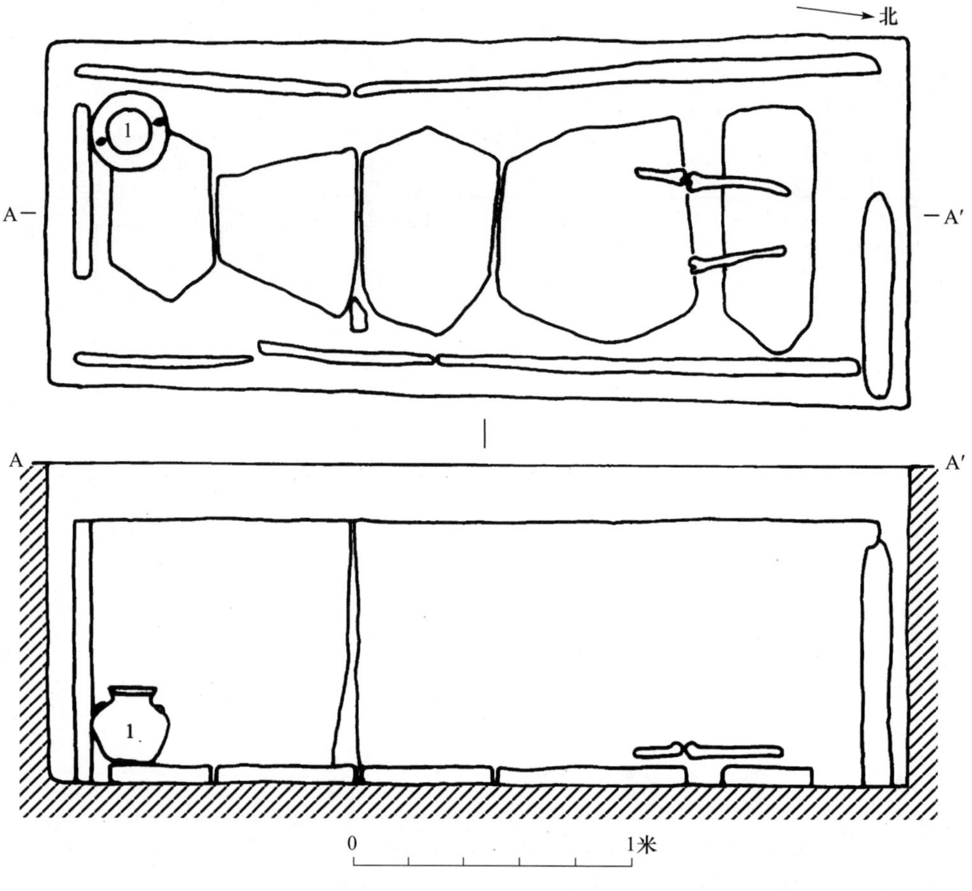

图五一　AM24平、剖面图

1. 陶罐

墓顶已坍塌，形制不详，推测可能为石板平铺而成。墓室四壁均为石板砌筑而成。南壁为一块石板竖置而成，长 94、宽 62、厚 6 厘米。西壁为两块大小不等的石板并排侧砌而成，较大的石板长 190、宽 94、厚 3～7 厘米；较小的石板长 100、宽 94、厚 2～5 厘米。北壁为一块石板竖置而成，长 88、宽 74、厚 2～10 厘米。西壁为两块大小不等的石板并排侧砌而成，较大的石板断裂成两块。较大的石板长 216、宽 94、厚 3～6 厘米较小的石板长 94、宽 65、厚 2～4 厘米。四壁石块距离土圹壁在 4～14 厘米。墓室底部也由石块平铺而成，平底，底部石块形状不规则，大小不一，长 50～88、宽 4～70、厚 6 厘米左右。

填土为褐色花土，结构疏松，土质较软较黏，夹杂大量白灰土和料姜石颗粒。

葬具　不详。

人骨　1 具。保存极差，葬式、性别、年龄不详。

随葬器物　共 1 件。陶罐 1 件。

陶罐　1 件。AM24：1，泥质灰陶。侈口，折沿，沿部折棱向外突出，方唇，唇面略凹。束颈，球形圆腹，圜底内凹，上腹对称饰一对桥形耳。上腹及中腹饰弦断绳纹，下腹至底饰交错绳纹。口径 16.8、底径 10.8、高 26、最大腹径 26.4 厘米（图五二；图版八，1）。

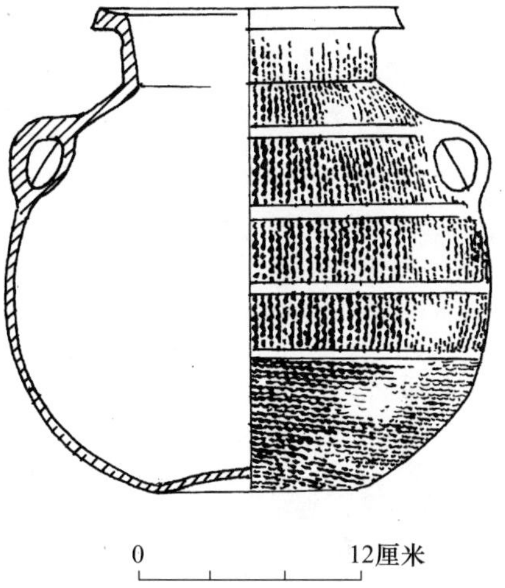

图五二　AM24 出土陶罐
陶罐（AM24：1）

（五）瓦棺

2 座。有 AW1、AW2。

1. AW1

位置　位于 AT1506 西部偏中。

层位关系　①→ AW1 →生土。

方向　25°。

形制与结构　长方形竖穴土圹墓，直壁，平底。长 124～128、宽 62、深 38 厘米（图五三）。

填土为褐白色花土，结构疏松，土质较软较黏，夹杂白色颗粒和料姜石块。

葬具　板瓦 2 块。

人骨　不详。

随葬器物　无。

2. AW2

位置　位于 AT1506 西部偏北。

层位关系　①→ AW2 →生土。

方向　23°。

形制与结构　长方形竖穴土圹墓，直壁，平底。长 156、宽 82、深 68 厘米（图五四）。填土为褐色花土，结构疏松，土质较软较黏，夹杂白色颗粒和料姜石块。

葬具　板瓦 2 块。

人骨　不详。

随葬器物　无。

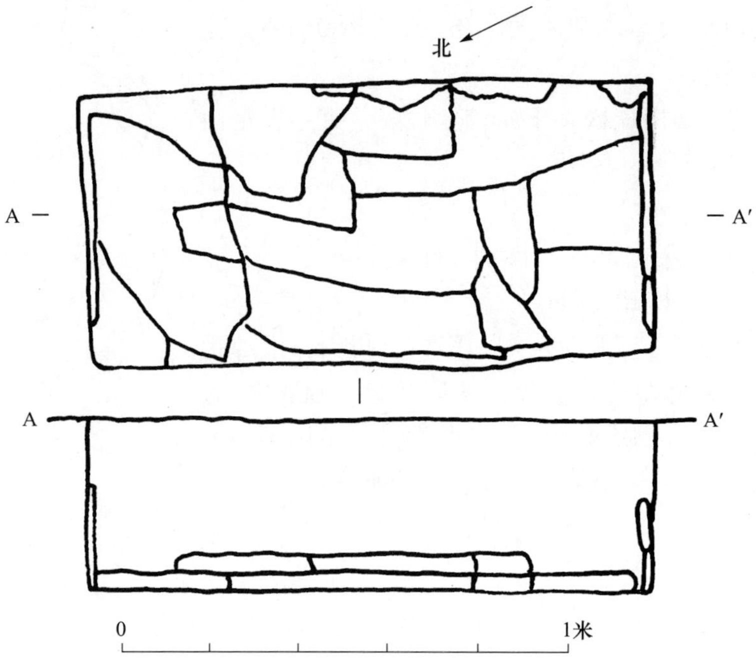

图五三　W1 平、剖面图

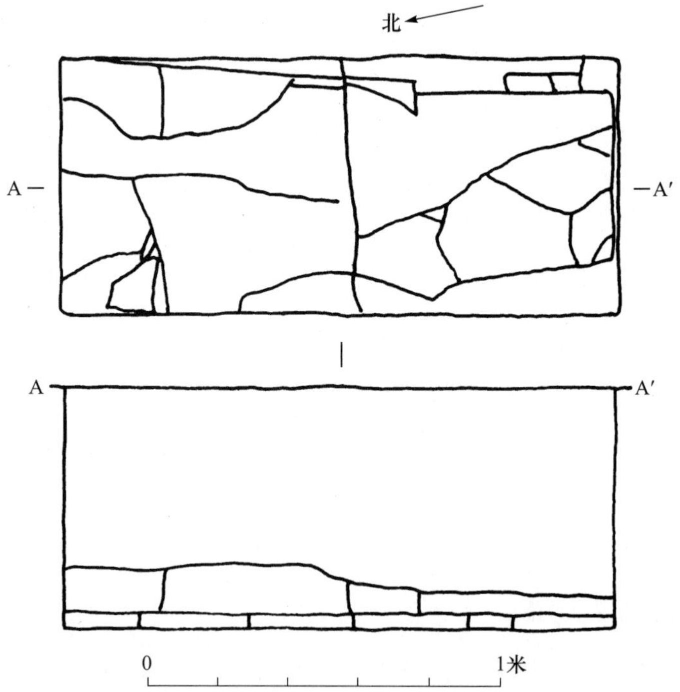

图五四　W2 平、剖面图

第二节 B 区墓葬

一、墓葬分布

B 区共发现 47 座汉代墓葬，大致分为八个片区：第一片区墓葬 2 座，第二片区墓葬 5 座，第三片区墓葬 22 座，第四片区墓葬 2 座，第五片区墓葬 5 座，第六片区墓葬 2 座，第七片区墓葬 4 座，第八片区墓葬 5 座（图五五）。

其中，除 BM45 打破 BM68、BM59 打破 BM65 外，其余墓葬之间均无打破或叠压关系，表明墓地埋葬具有一定的规划性。

二、墓葬形制与随葬品

B 区发现的 47 座墓葬中，有土坑墓 8 座，编号分别为 BM6、BM41、BM43、BM50、BM51、BM73、BM74、BM75；空心砖墓 11 座，编号分别为 BM19、BM40、BM44、BM54、BM60、BM66、BM67、BM69、BM70、BM71、BM72；砖室墓 28 座，编号分别为 BM4、BM8、BM9、BM10、BM32、BM35、BM36、BM37、BM38、BM42、BM45、BM46、BM47、BM48、BM49、BM52、BM53、BM56、BM57、BM58、BM59、BM61、BM62、BM63、BM64、BM65、BM68、BM76（具体位置见图五五）。

（一）土坑墓

有 BM6、BM41、BM43、BM50、BM51、BM73、BM74、BM75。

1. BM6

位置　位于 BT1512 中偏北。

层位关系　②→ BM6 →生土。

方向　22°。

形制与结构　长方形竖穴土坑墓，直壁，平底。墓口长 250、宽 115～124 厘米；墓底长 200、宽 56～64 厘米；深 86 厘米。墓底有生土二层台，二层台高 16、西壁生土台宽 22～26、东壁生土台宽 30～40、北壁生土台宽 20 厘米。北壁距地表 91 厘米处有 1 小龛，宽 88、进深 43、高 40 厘米。龛内置两陶罐（图五六）。

填土为褐白色花土，结构疏松，土质较软较黏。内含大量料姜石。

葬具　1 具木棺。棺痕残长 172、宽 52、高 20、厚 2 厘米。

人骨　1 具。保存较差，头向北，葬式不详。

随葬器物　随葬品为陶罐 2 件，均出于小龛内。

陶罐　2 件。BM6∶1，泥质灰陶。侈口，圆唇，束颈，肩微鼓，圆腹，下腹斜直，平底。

素面。口径 13.6、底径 11.2、高 27.6、最大腹径 24 厘米（图五七，1；图版一九，3）。BM6：2，泥质灰陶。侈口，圆唇，束颈，肩微鼓，圆腹，下腹斜直，平底。素面。口径 14.4、底径 11.2、高 30、最大腹径 26.4 厘米（图五七，2；图版一九，4）。

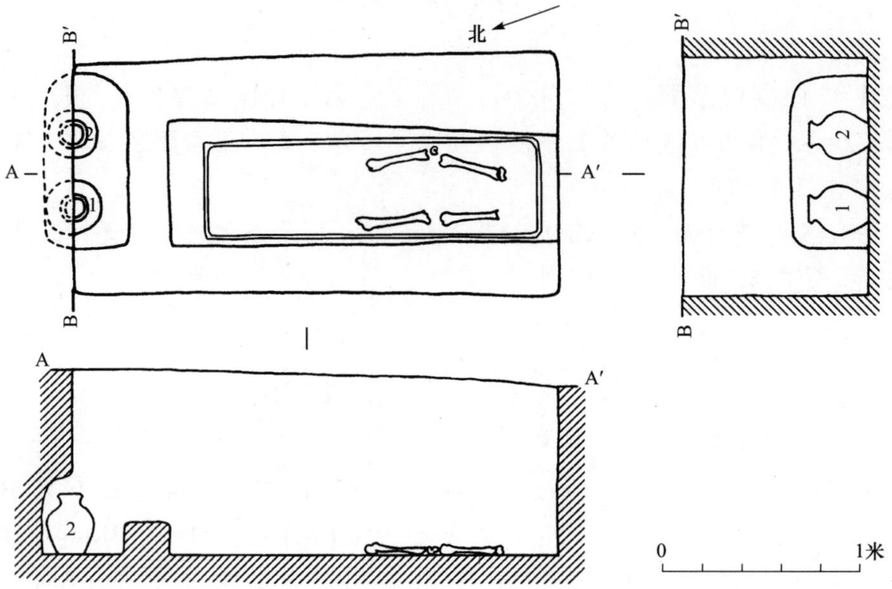

图五六　BM6 平、剖面图
1、2. 陶罐

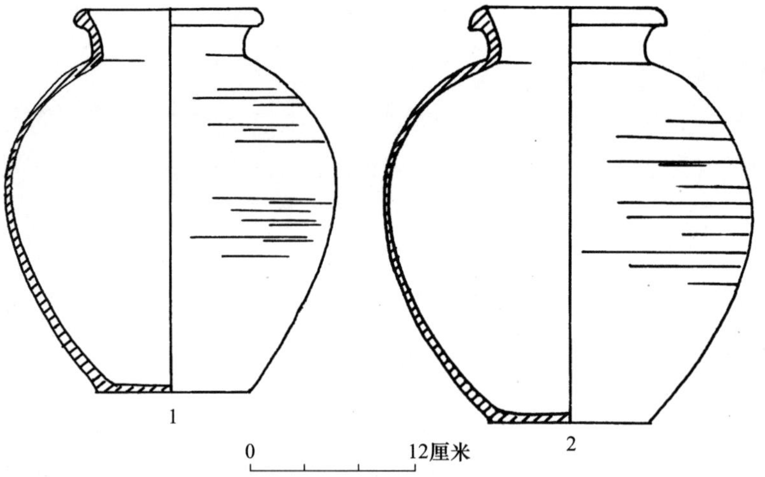

图五七　BM6 出土陶罐
1、2. 陶罐（BM6：1、BM6：2）

2. BM41

位置　位于 BT1323 西北部。

层位关系　②→ BM41 →生土。

方向　200°。

形制与结构　长方形竖穴土坑墓，由斜坡墓道、墓门和墓室组成，通长 813 厘米（图五八）。

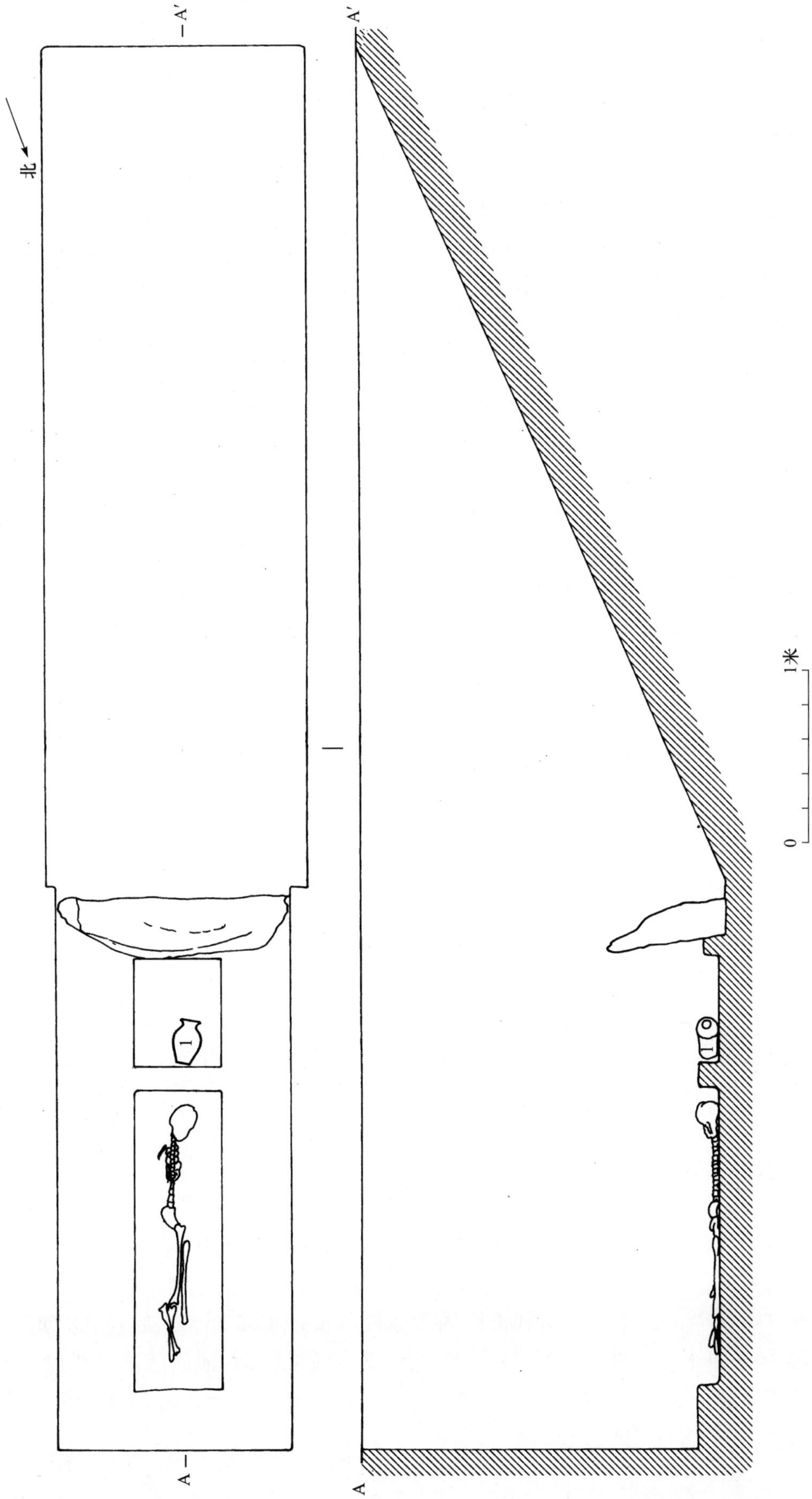

图五八 BM41平、剖面图
1. 陶罐

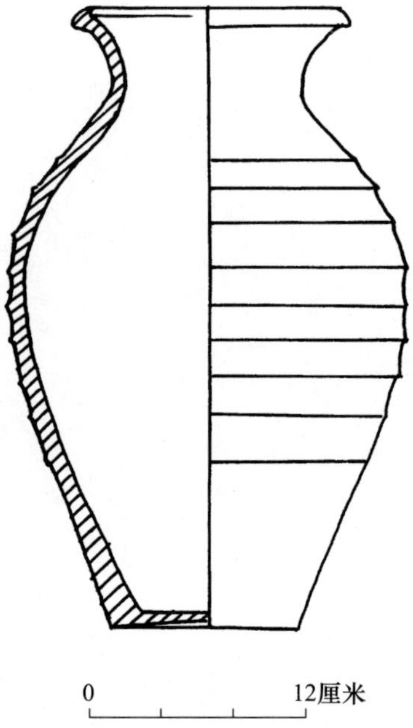

图五九　BM41 出土陶罐
陶罐（M41：1）

墓道位于南部，平面呈长方形。口长 487、宽 150 厘米；底坡长 530、下端宽 150 厘米；深 0～206 厘米。

墓门位于墓室南端，青石制成，不规则形，高 68、宽 132、厚 10～36 厘米。

墓室位于墓道北部，直壁平底，平面呈长方形。墓口长 326、宽 134 厘米；墓底长 172、宽 50 厘米；深 206 厘米。墓底有二层台，二层台高 12、北侧二层台宽 36、东侧二层台宽 44、西侧二层台宽 40 厘米。在墓室底部有一个长 50、宽 14、高 12 厘米的二层台将墓底分为两部分，北部放置人骨，南部放置随葬品。

填土为褐、白色花土，结构疏松，土质较软较黏，夹杂大量白灰和料姜石。

葬具　不详。

人骨　1 具。仰身直肢葬，头向南，面向东，男性，中年。

随葬器物　共 1 件。陶罐，位于墓室南部。

陶罐　1 件。BM41：1，泥质灰陶。侈口，圆唇，短束颈，溜肩，上腹较鼓，下腹斜收，平底。器身饰数周弦纹。口径 15.6、底径 10.4、高 34.4、最大腹径 22.4 厘米（图五九；图版三三，1）。

3. BM43

位置　位于 BT1123 西南和 BT1122 西北部。

层位关系　②→ BM43 →生土。

方向　193°。

形制与结构　长方形竖穴土坑墓，直壁平底，平面呈长方形。墓口长 228、宽 116～122 厘米；墓底长 188～190、宽 46～52 厘米；深 250 厘米（图六〇）。墓底有生土二层台，二层台高 30、北壁生土台宽 20～22、南壁生土台宽 16～20、西壁生土台宽 36～40、东壁生土台宽 30～34 厘米。在墓室南壁正中有一个壁龛，宽 50、高 40、进深 30 厘米，内置随葬品。

填土为褐、白色花土，结构疏松，土质较软较黏，夹杂大量白灰和料姜石。

葬具　不详。

人骨　不详。

随葬器物　陶罐，3 件，位于墓室南部壁龛内。

陶罐　3 件。BM43：1，泥质灰陶。侈口，外折沿，方唇，短束颈，斜肩，鼓腹，下腹斜直内收，平底。腹部饰三周凸弦纹。口径 11.2 厘米，底径 8.8 厘米，高 20 厘米，最大腹径 17.6 厘米（图六一，3；图版三三，3）。BM43：2，泥质灰陶。侈口，口沿内侧有一周凹痕，小高领，鼓肩，上腹较鼓，下腹斜收，平底。腹部饰四周凹弦纹。口径 12.8 厘米，底径 8.8 厘米，高 20 厘米，最大腹径 19.2 厘米（图六一，2；图版三四，4）。BM43：3，泥质灰陶。浅盘口，束颈，鼓肩，鼓腹，平底。器身饰数周凹弦纹。口径 18 厘米，底径 15.2 厘米，高 32.4 厘米，最大腹径 29.6 厘米（图六一，1；图版三四，3）。

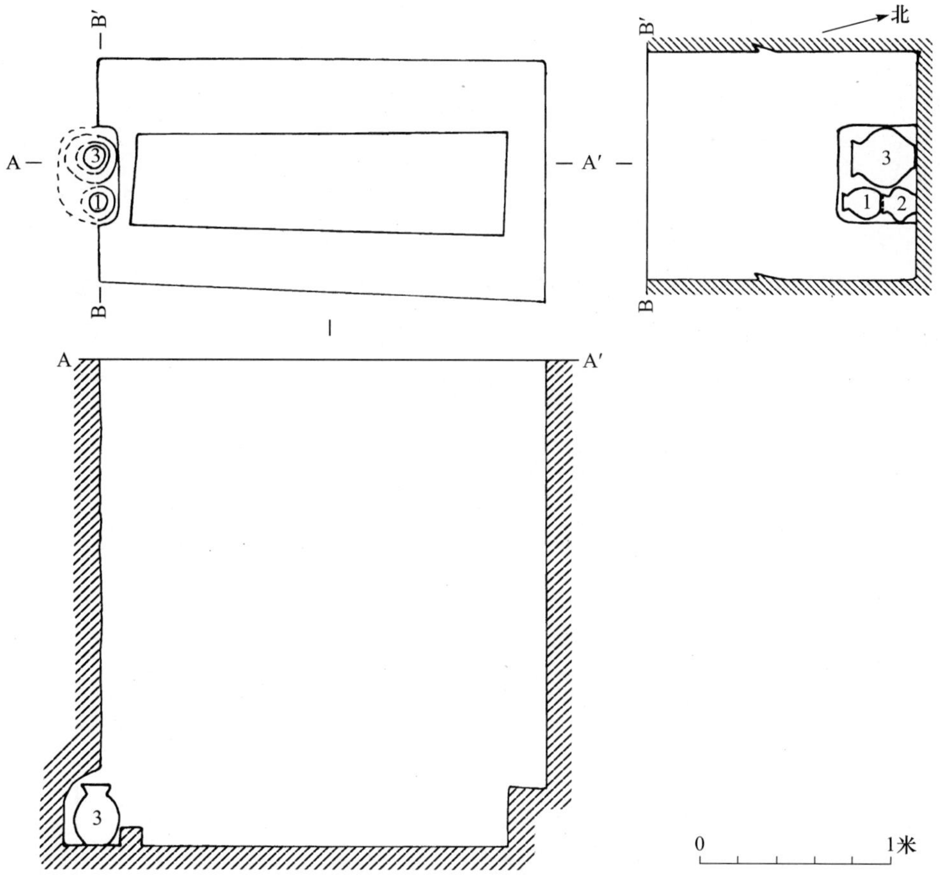

图六〇 BM43平、剖面图
1～3. 陶罐

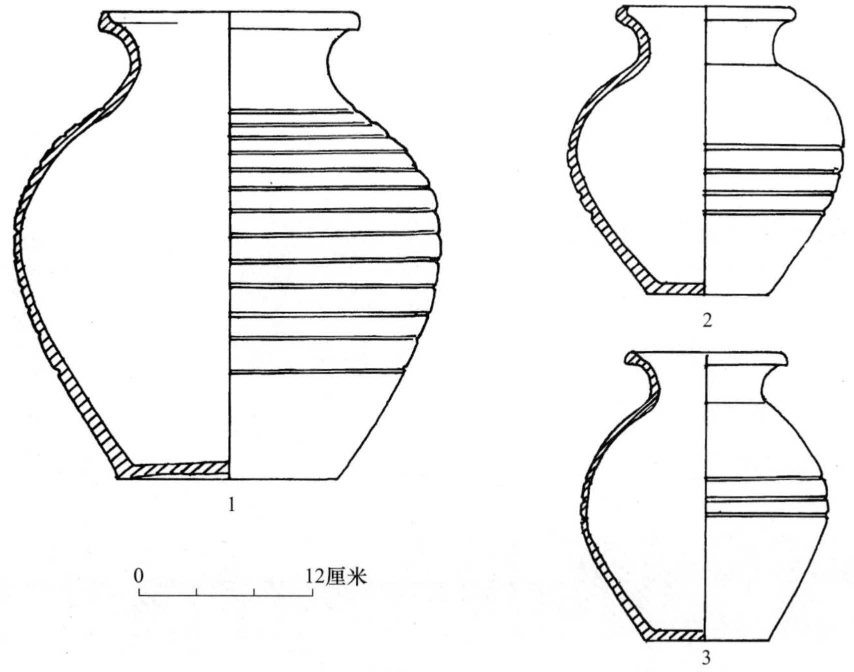

图六一 BM43出土器物
1～3. 陶罐（BM43：3、BM43：2、BM43：1）

4. BM50

位置　位于 BT0312 西部。

层位关系　②→ BM50 →生土。

方向　156°。

形制与结构　长方形竖穴土坑墓，直壁平底，平面呈长方形（图六二。墓口长 310、宽 183～187 厘米；墓底长 218、宽 53～56 厘米；深 220 厘米。墓底有生土二层台，二层台高 50 厘米。北侧二层台宽 20、南侧二层台宽 72、东侧二层台宽 56～60、西侧二层台宽 70～74 厘米。在二层台形成的墓底放置人骨和随葬品。

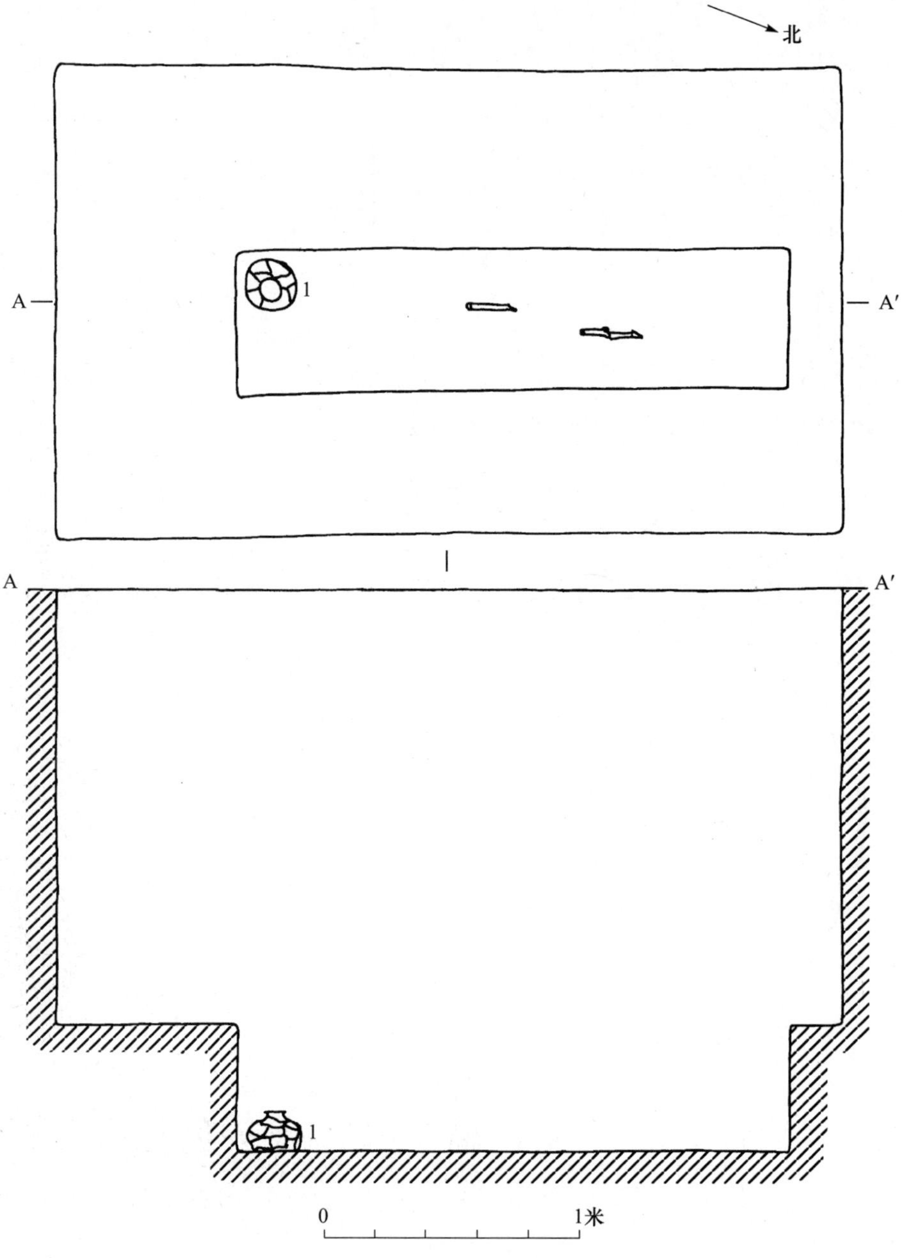

图六二　BM50 平、剖面图

1. 陶罐

填土为青白色花土，结构疏松，土质较软较黏，夹杂大量白灰和红烧土颗粒。

葬具 不详。

人骨 1具。葬式、性别、年龄等不详。

随葬器物 共1件。陶罐，位于墓室南部。

陶罐 1件。BM50∶1，未能修复。

5. BM51

位置 BT0312中部偏西。

层位关系 ②→BM51→生土。

方向 123°。

形制与结构 长方形竖穴土坑墓。直壁，平底。墓口长340、宽160厘米；墓底长184、宽60厘米；深200厘米（图六三）。有生土二层台，二层台高30厘米。北侧二层台宽60、南侧二

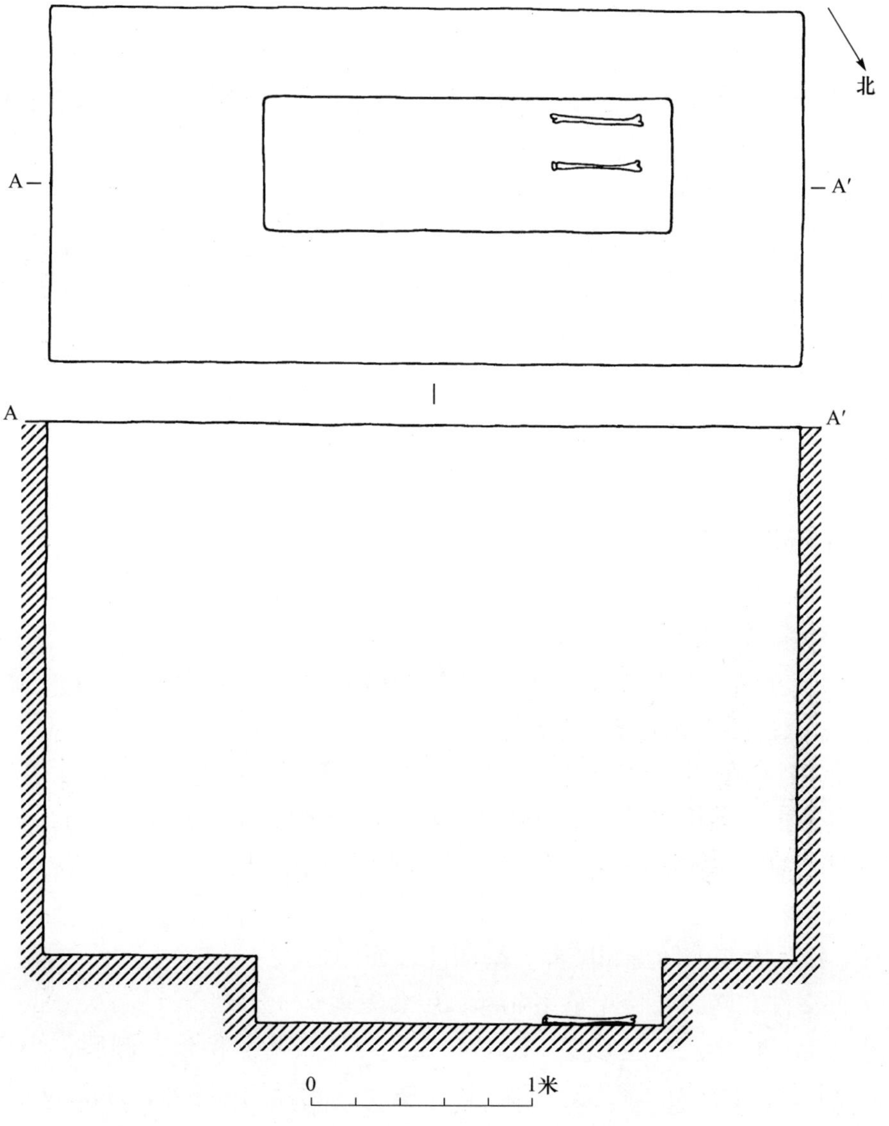

图六三 BM51平、剖面图

层台宽 96、东侧二层台宽 60、西侧二层台宽 40 厘米。在生土台形成的墓底放置人骨。

填土为青白色花土，结构疏松，土质较软，含大量料姜石等。

葬具　不详。

人骨　发现人骨 1 具，保存较差，头向南，葬式、年龄等不详。

随葬器物　无。

6. BM73

位置　位于 BT1119 中部偏北。

层位关系　②→ BM73 →生土。

方向　195°。

形制与结构　带斜坡墓道的长方形竖穴土坑墓，由墓道、墓室组成，通长 570 厘米（图六四）。

墓道位于南部，平面呈长方形。口长 320、宽 96 厘米；底坡长 346、下端宽 96 厘米；深 0～130 厘米。

墓室位于墓道北部，平面呈长方形。墓长 268、宽 250、深 230 厘米。墓室内有东、西两个墓圹。东墓圹长 250、宽 56～74 厘米；西墓圹长 250、宽 60～66 厘米。东、西墓圹两侧及中部均为二层台，二层台高 100、东侧二层台宽 36～46、中部二层台宽 80、西侧二层台宽 14～16 厘米。

填土为红褐色花土，结构疏松，土质较软较黏，夹杂大量白灰和料姜石。

葬具　不详。

人骨　不详。

随葬器物　无。

7. BM74

位置　位于 BT1019 北部。

层位关系　②→ BM74 →生土。

方向　3°。

形制与结构　长方形竖穴土坑墓，直壁平底，平面呈长方形。墓口长 240、宽 140 厘米；墓底长 190、宽 80 厘米；深 176 厘米。墓底有生土二层台，北部生土台宽 34、高 8 厘米；东部生土宽 30、高 32 厘米；南部生土台宽 20、高 36 厘米；西部生土台宽 32、高 32 厘米（图六五）。

填土为黄褐色花土，结构疏松，土质较软较黏，夹杂大量白灰土和料姜石。

葬具　墓底残留腐朽灰痕，推测葬具为木棺。残留棺痕呈长方形，长 190、宽 80、残高 40、厚约 4 厘米。

人骨　1 具。保存极差，仰身屈肢葬，头向北，面向上。

随葬器物　共 2 件。陶罐，位于墓室北部二层台上。

陶罐　2 件。BM74：1，未能修复。BM74：2，泥质灰陶。侈口，圆唇，小高领，肩微鼓，圆鼓腹，平底。肩、腹饰三周凹弦纹。口径 10.8 厘米，底径 9.6 厘米，高 22.4 厘米，最大腹径 20.8 厘米（图六六；图版五三，4）。

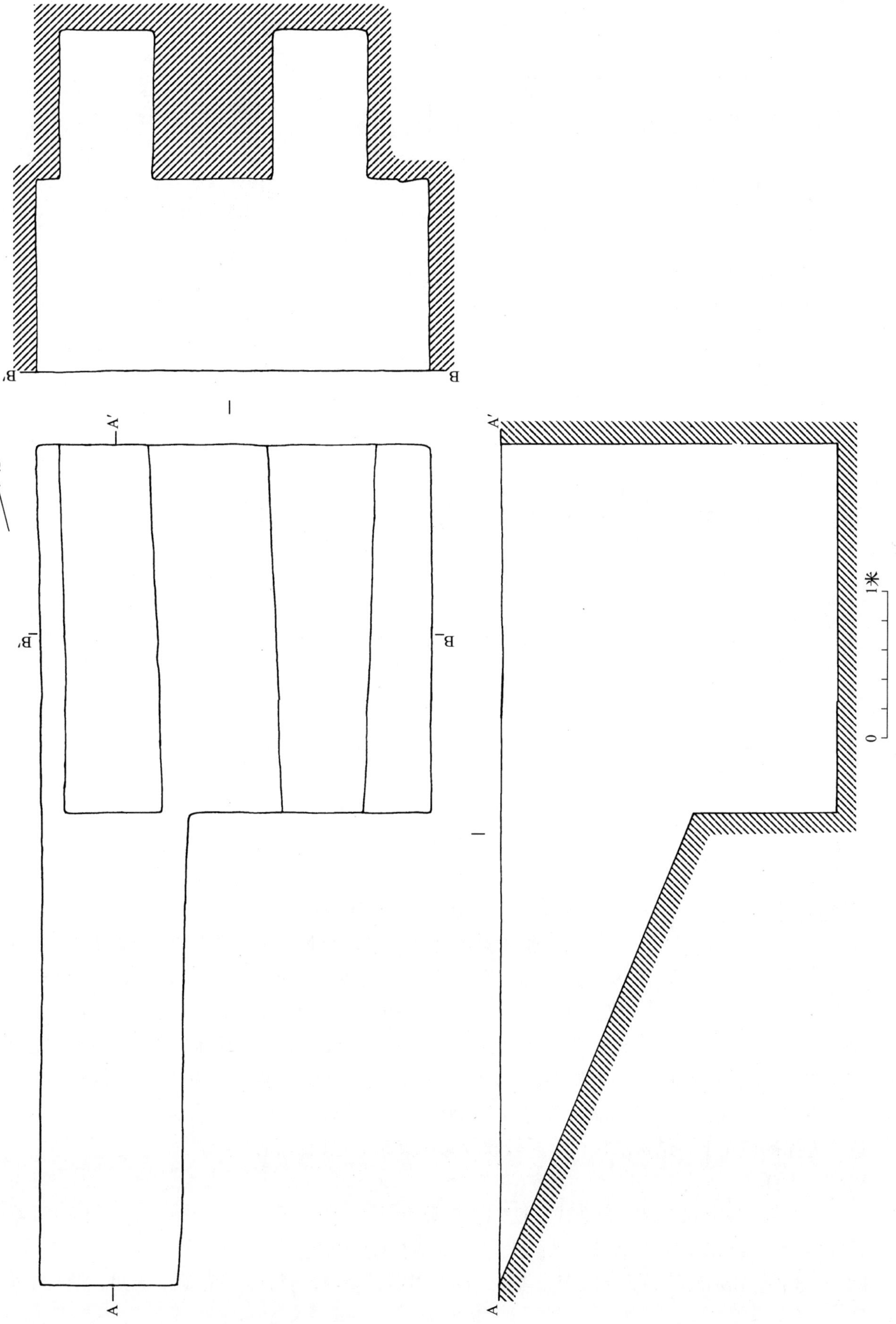

图六四 BM73平、剖面图

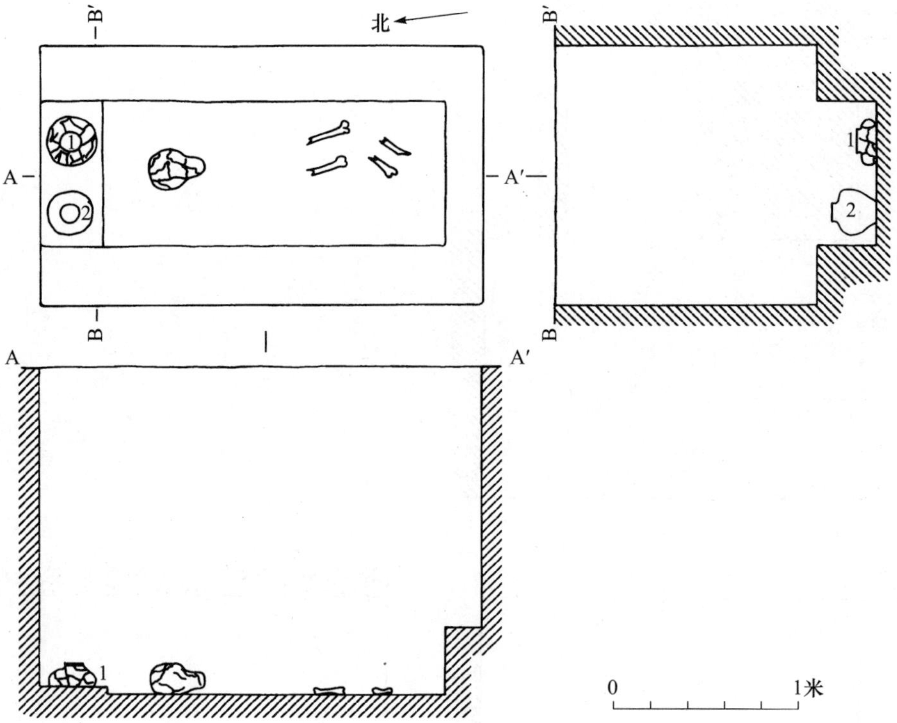

图六五　BM74 平、剖面图
1、2. 陶罐

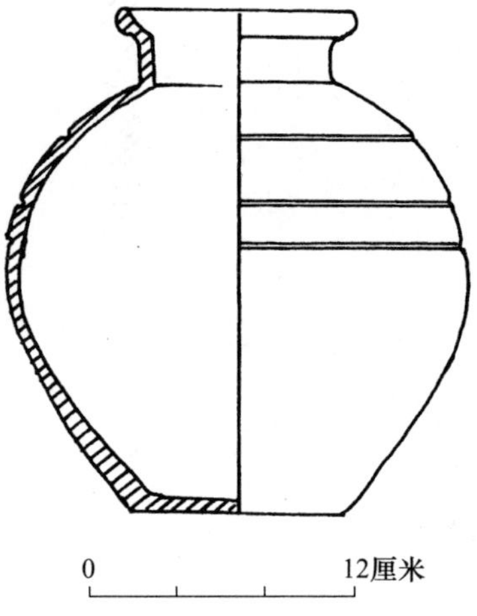

图六六　BM74 出土陶罐
陶罐（BM74：2）

8. BM75

位置　位于 BT1019 北部。

层位关系　②→ BM75 →生土。

方向　195°。

形制与结构　带斜坡墓道的长方形竖穴土坑墓，由墓道、墓室组成，通长 660 厘米（图六七）。

墓道位于南部，平面呈长方形。口长 398、宽 108 厘米；底坡长 460、下端宽 108、深 0～150 厘米。

墓室位于墓道北部，平面呈长方形。墓长 250～262、宽 260、深 200 厘米。墓室内有东、西两个墓圹。东墓圹长 192、宽 60 厘米；西墓圹长 190、宽 60 厘米。东、西墓圹两侧及中部均为二层台，二层台高 50、北侧二层台宽 6～24 厘米；东侧二层台宽 30 厘米；中部二层台宽 80 厘米；南侧二层台宽 14～39 厘米；西侧二层台宽 30 厘米。西墓圹北侧生土台内有一个壁龛，内置随葬品。壁龛为半椭圆形，长径 64、短径 48、台高 4 厘米。

填土为深褐色花土，结构疏松，土质较软较黏，夹杂大量白灰和料姜石。

葬具　不详。

人骨　2 具。保存状况极差，葬式、性别、年龄不详。

随葬器物　共 4 件。陶壶 3 件、铁削 1 件，均位于壁龛内。

陶壶　3 件。BM75：1，泥质灰陶。侈口，内缘微敛，束颈，溜肩，圆鼓腹，圈足，圈足中部

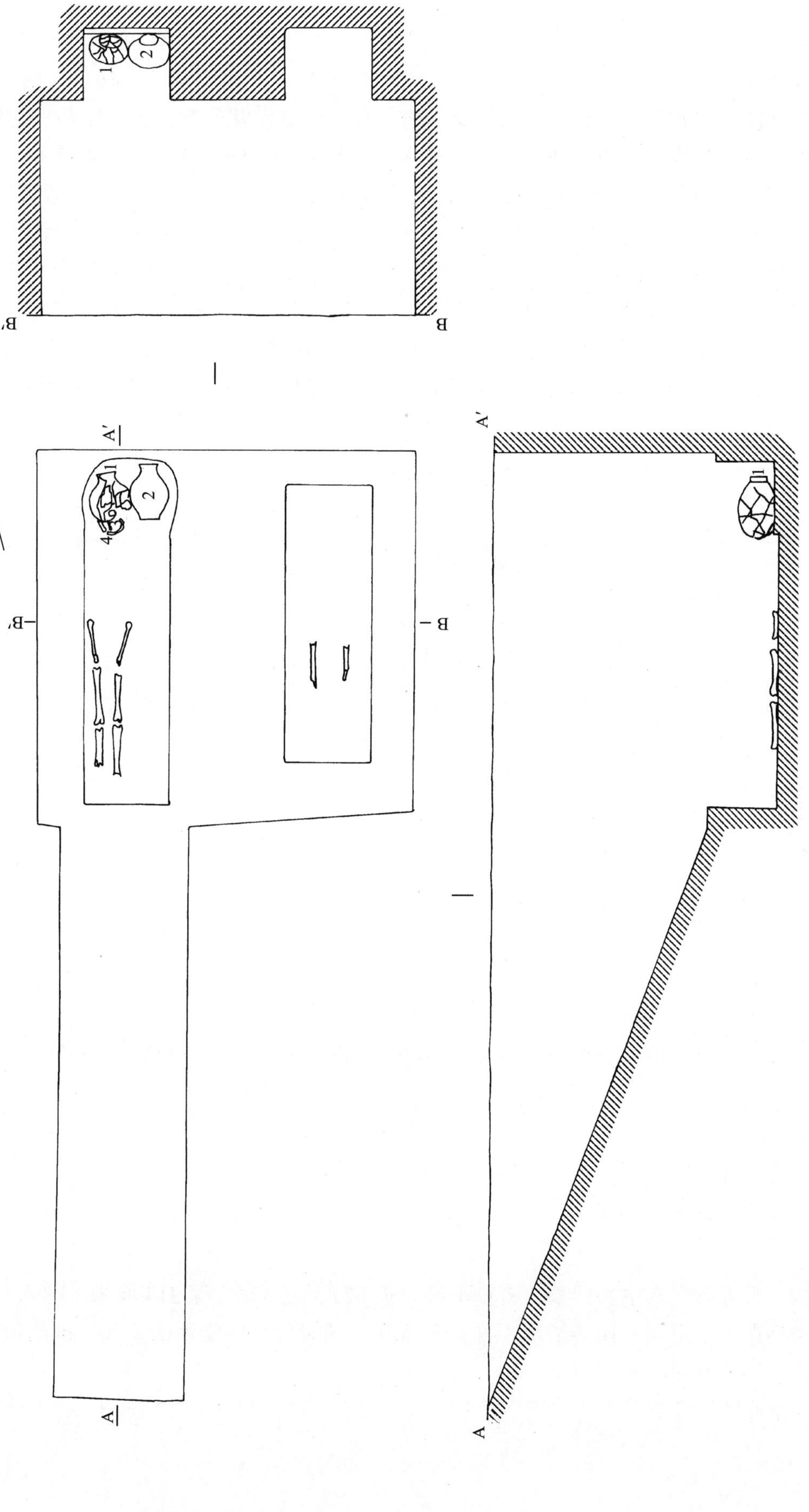

图六七　BM75 平、剖面图
1、2、4. 陶壶　3. 铁削

向外微鼓。肩部、中腹、下腹各饰两周弦纹，上腹贴塑一对铺首衔环。壶盖泥质灰陶，沿面微凹，斜壁，小平顶。盖最大径 19.2 厘米，高 3.6 厘米。器身口径 19.2 厘米，底径 19.2 厘米，通高 41.6 厘米，最大腹径 32 厘米（图六八，1；图版五四，3）。BM75：2，泥质灰陶。侈口，内缘微敛，束颈，溜肩，圆鼓腹，圈足较直。肩部、中腹及下腹各有一周宽带状凸起，上腹贴塑一对铺首衔环。壶盖泥质灰陶，覆碗状，沿面内凹，弧壁，平顶。盖最大径 17.6 厘米，高 4.4 厘米。器身口径 17.8 厘米，底径 19.2 厘米，通高 41.2 厘米，最大腹径 31.2 厘米（图六八，2；图版五四，4）。BM75：4，泥质灰陶。侈口，圆方唇，短束颈，溜肩，鼓腹，平底。腹部有一周宽带状凸起。壶盖泥质灰陶，覆碗状，平沿，沿面内凹，弧壁，漫圆顶。盖最大径 8 厘米，高 1.6 厘米。器身口径 8.2 厘米，底径 8 厘米，通高 16.8 厘米，最大腹径 13.6 厘米（图六八，3；图版五三，3）。

铁削　1 件。BM75：3，刀背、刃均直，仅刃部前端一小段略弧，与背相交呈尖。把手较刀身略窄，刀本呈一环，环为扁圆形。刀把手上有布条的朽痕。残长 24 厘米（图六八，4；图版五四，2）。

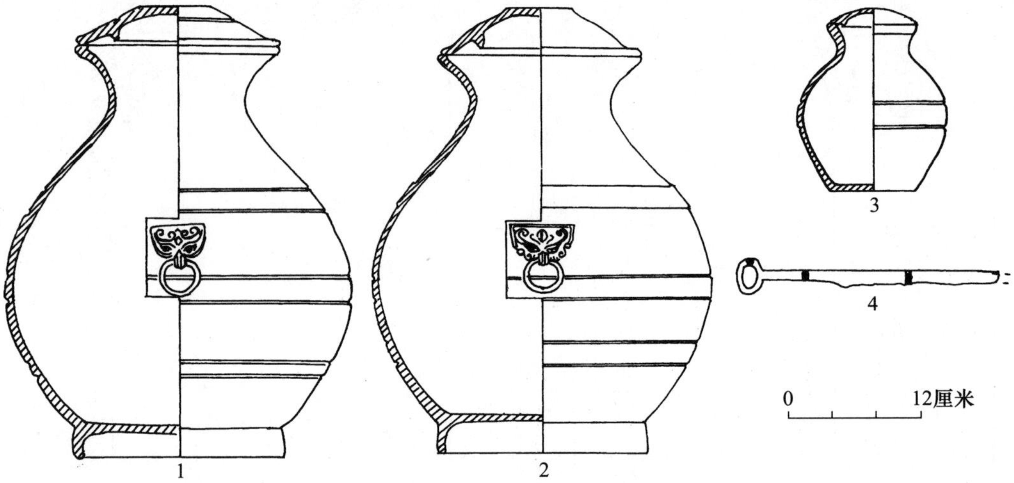

图六八　BM75 出土器物
1～3. 陶壶（BM75：1、BM75：2、BM75：4）4. 铁削（BM75：3）

（二）空心砖墓

有 BM19、BM40、BM44、BM54、BM60、BM66、BM67、BM69、BM70、BM71、BM72。

1. BM19

位置　位于 BT1113 西北部。

层位关系　②→ BM19 →生土。

方向　13°。

形制与结构　长方形竖穴空心砖墓，直壁平底。长 322、宽 126、深 214 厘米（图六九）。

墓室顶部破坏严重，形制及用砖情况不详，参考其他同时代、同类型的墓葬，推测顶部为平顶，即用空心砖东西向平铺于东西壁上。

墓室北壁和南壁见有残余空心砖，其中南壁 2 块，北壁 1 块。尺寸为 122 厘米 ×32 厘米 ×14 厘米。

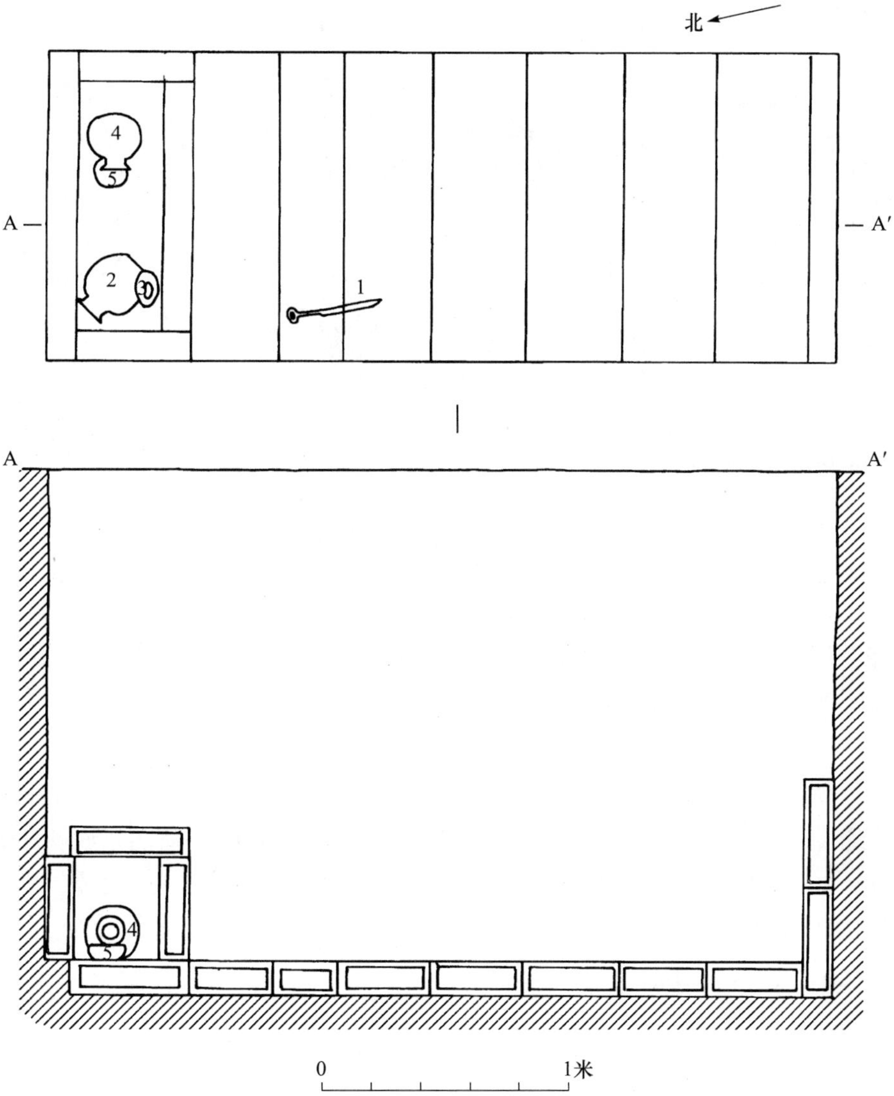

图六九 BM19平、剖面图
1. 铁刀 2. 陶罐 3、5. 陶钵 4. 陶瓮

墓底仅存5块空心砖，砖长122、宽34厘米。由于铺底砖破碎较严重，厚度不详，纹饰不清。

墓室北部为头厢，宽126、高42、进深48厘米，内置随葬品，由四块空心砖南北对称竖置，尺寸为126厘米 ×48厘米 ×12厘米和126厘米 ×42厘米 ×14厘米。

空心砖纹饰为方格“米”字形纹。

填土为褐、白色花土，结构疏松，土质较软较黏，夹杂大量白色石灰块、料姜石。

葬具 不详。

人骨 不详。

随葬器物 共5件。铁刀位于墓室西北角，其余均位于墓室北部头厢内。

陶罐 1件。BM19∶2，泥质灰陶。口微侈，方唇微垂，束颈，溜肩，鼓腹，下腹微曲内收，平底。肩腹平均分布四周弦纹。口径12厘米，底径15.2厘米，高30.8厘米，最大腹径25.6厘米（图七〇，1；图版二九，3）。

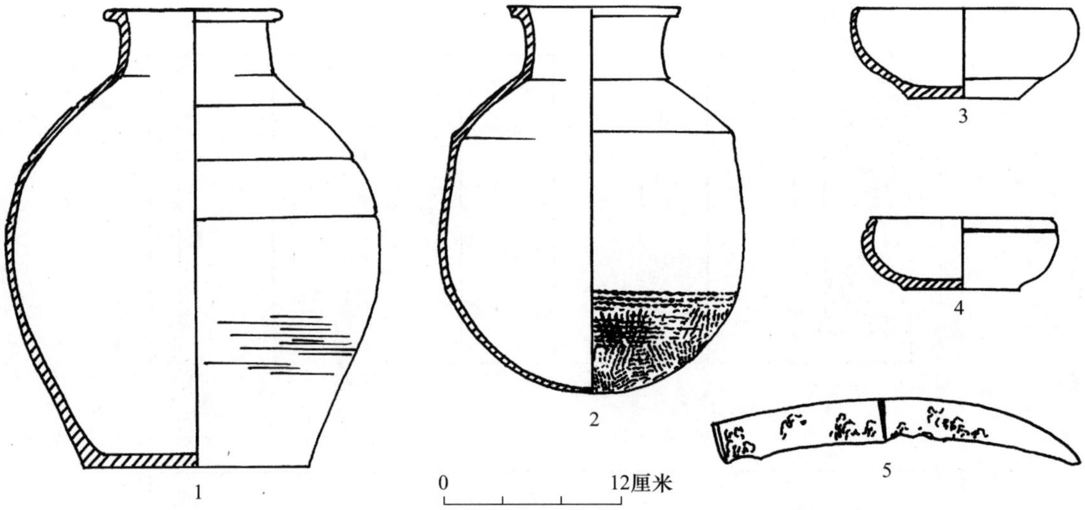

图七〇　BM19 出土器物

1. 陶罐（BM19：2） 2. 陶瓮（BM19：4） 3、4. 陶钵（BM19：3、BM19：5） 5. 铁刀（BM19：1）

陶瓮　1件。BM19：4，泥质灰陶。侈口，方唇，高直领，折肩，"U"形腹，圜底。肩腹相交处有一道明显折棱，下腹至底部饰交错绳纹。口径11.6厘米，高26厘米，最大腹径20.8厘米（图七〇，2；图版二九，4）。

陶钵　2件。BM19：3，泥质灰陶。敛口，圆唇，弧腹略深，下腹斜直，平底。口径14.4厘米，底径7.2厘米，高6厘米（图七〇，3；图版三〇，1）。BM19：5，泥质灰陶。敛口，尖圆唇，弧腹，平底。口径12厘米，底径8厘米，高4.8厘米（图七〇，4；图版三〇，2）。

铁刀　1件。BM19：1，器体弯曲，如新月状，前端尖窄，向后逐渐加宽。器身内侧有刃，外侧圆钝。残长24.4厘米（图七〇，5；图版三〇，6）。

2. BM40

位置　位于BT1222东部。

层位关系　②→BM40→生土。

方向　15°。

形制与结构　空心砖墓，由斜坡墓道、墓门和墓室组成，通长798厘米（图七一；彩版四，1）。

墓道位于北部，平面呈长方形。口长502、宽172厘米；底坡长528、下端宽172厘米；深80～236厘米。

墓门立于铺底砖最北端。长120、宽约102、厚18厘米。由5块空心砖组成，即门楣、门扇、门柱。门楣长120、宽18、厚16厘米。门扇由两块空心砖组成；其尺寸相同，均为宽45、高86、厚18厘米；主要纹饰为几何图案、兽首衔环、树和仪仗俑。门柱东西各一，尺寸相同，均为宽18、高86、厚15厘米；两门柱上纹饰主要为仪仗俑和树（图七二）。

墓室位于墓道南部，平面呈长方形，长296、宽140、深236厘米。墓顶由14块空心砖横放组成，部分破碎、断裂，但大部分保存完好，尺寸为112厘米×18厘米×16厘米。西壁空心砖已碎；东壁由四块空心砖两两侧放叠砌而成，其尺寸为112厘米×30厘米×12厘米；南壁由两

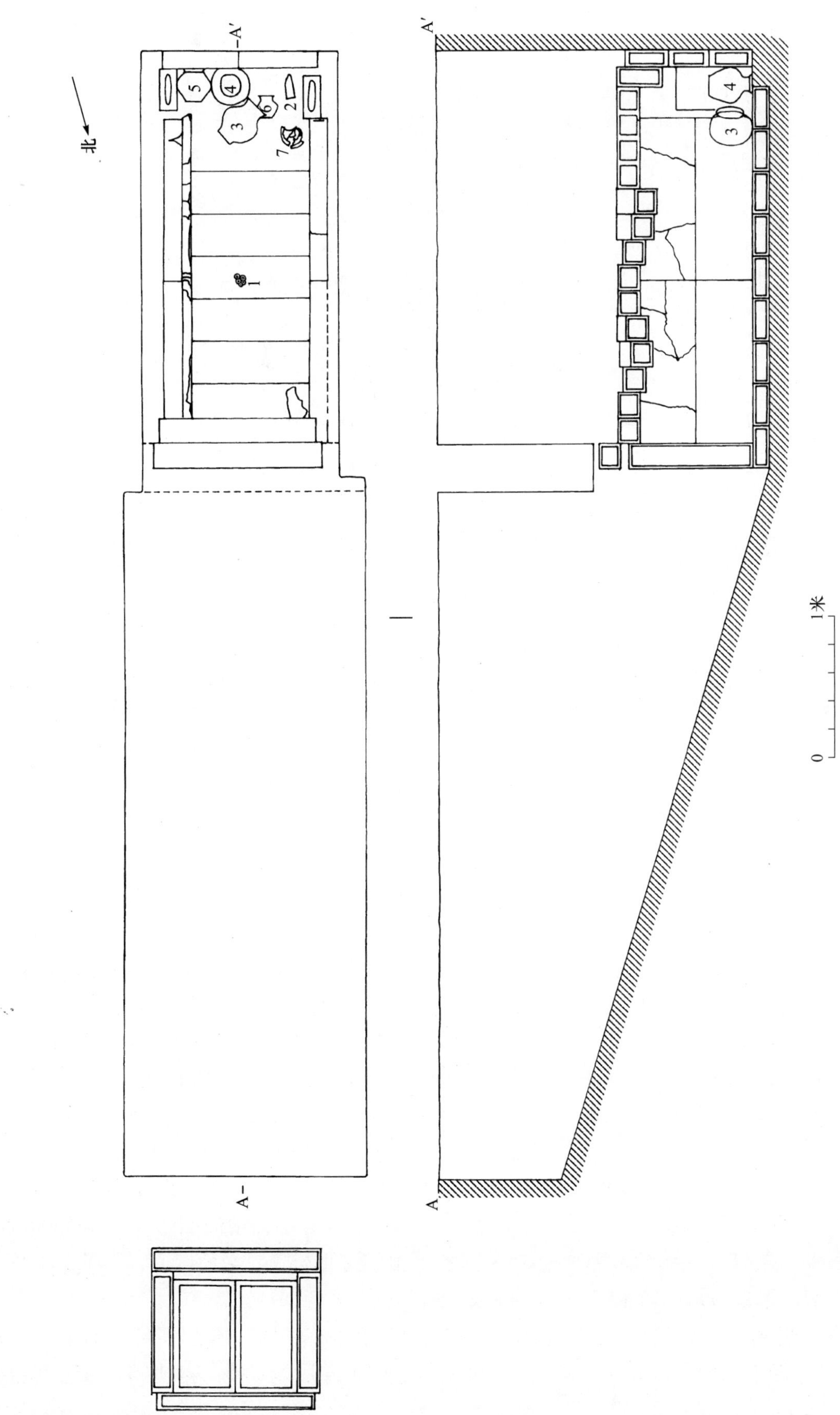

图七一　BM40平、剖面图

1. 铜钱　2. 铁刀柄　3、4、6. 陶壶　5. 陶罐　7. 铜洗

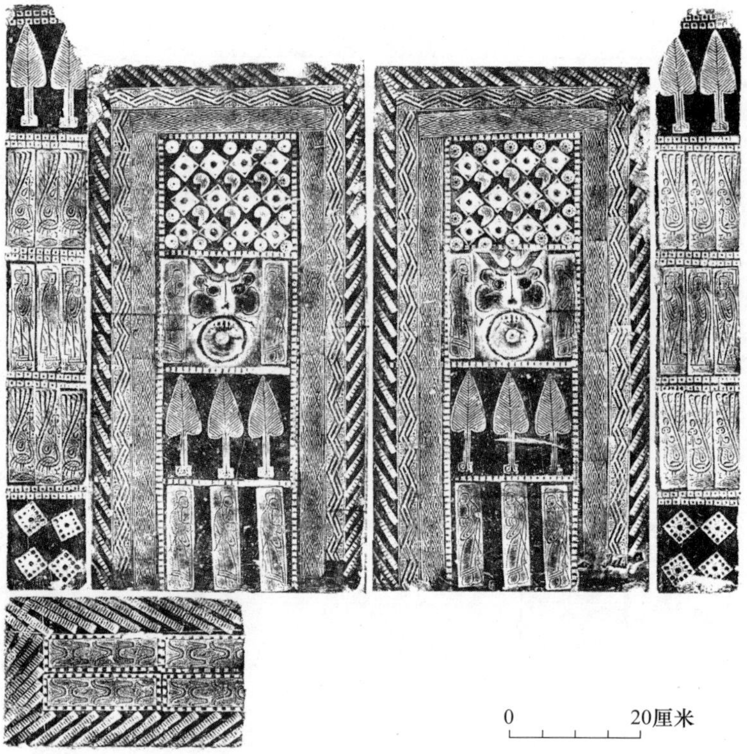

图七二　BM40 墓门画像拓片

块空心砖侧放叠砌而成，其尺寸为 112 厘米 ×45 厘米 ×12 厘米；南端头厢为东、西两侧各纵放一小块空心砖形成，其尺寸为 54 厘米 ×30 厘米 ×12 厘米。墓底铺底空心砖 9 块，尺寸为 112 厘米 ×30 厘米 ×12 厘米。

填土为褐、白色花土，结构疏松，土质较软较黏，夹杂大量白灰和料姜石。

葬具　不详。

人骨　不详。

随葬器物　共 7 件（组）。有陶器、铜器、铁器，另有钱文不详的铜钱 1 组 12 枚。铜钱位于墓室中部，铁刀柄位于墓室南部，陶壶位于墓室南部头厢，陶罐位于墓室东南角，铜洗位于墓室西南角。

陶壶　3 件。BM40∶3，泥质灰陶。盘口，短束颈，溜肩，鼓腹，下腹斜直内收，平底。肩部与腹部分别饰两周凹弦纹，上腹饰一对铺首衔环。口径 16 厘米，底径 12 厘米，高 34 厘米，最大腹径 26.4 厘米（图七三，1；图版三三，4）。BM40∶4，泥质灰陶。盘口，短束颈，溜肩，鼓腹，下腹斜直内收，平底。肩、腹部饰数周凹弦纹，上腹饰一对铺首衔环。口径 16 厘米，底径 16.8 厘米，高 34.8 厘米，最大腹径 28 厘米（图七三，4；图版三二，3）。BM40∶6，泥质灰陶。盘口，束颈，溜肩，鼓腹，下腹微曲收，平底。肩部与腹部分别饰两周凹弦纹。口径 9.6 厘米，底径 6.4 厘米，高 22.4 厘米，最大腹径 16.8 厘米。壶盖泥质灰陶，沿面内凹，斜壁，平顶。盖最大径 9.2 厘米，高 2.4 厘米（图七三，5；图版三二，1）。

陶罐　1 件。BM40∶5，泥质灰陶。盘口，方唇，唇部中央有一周凹痕，短束颈，溜肩，鼓腹，平底。肩、腹部饰数周凹弦纹。口径 12.8 厘米，底径 10.4 厘米，高 24.8 厘米，最大腹径 22.4 厘米（图七三，2；图版三二，2）。

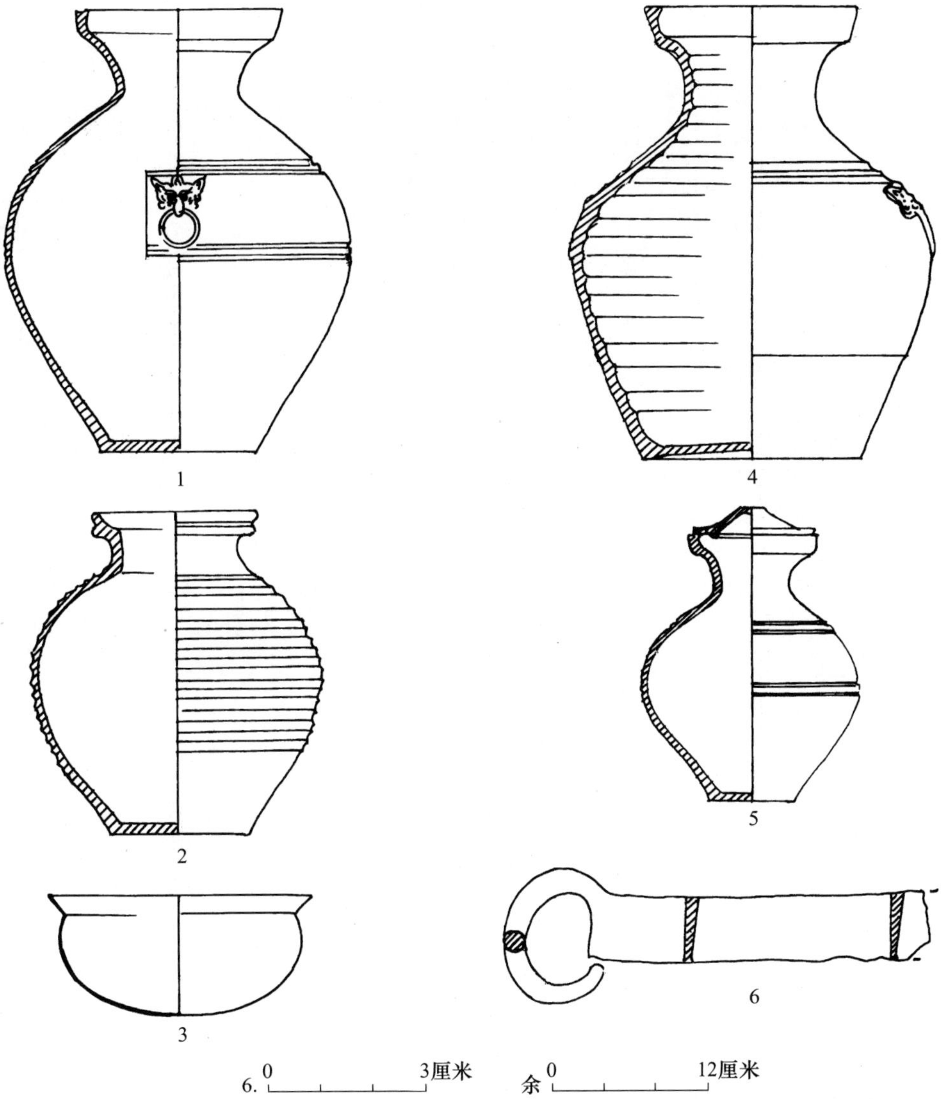

图七三　BM40 出土器物

1、4、5. 陶壶（BM40：3、BM40：4、BM40：6）2. 陶罐（BM40：5）
3. 铜洗（BM40：7）6. 铁刀柄（BM40：2）

铜洗　1 件。BM40：7，敞口，折沿，斜向上翘，半球形腹，圜底。器身极轻薄。口径 20 厘米，高 9.2 厘米（图七三，3；图版三二，6）。

铜钱　12 枚。BM40：1，均残，钱文不清，锈蚀严重。

铁刀柄　1 件。BM40：2，把手长条形，较窄，末端为扁环。残长 8.3 厘米，宽 1.2～2.6 厘米（图七三，6）。

3. BM44

位置　位于 BT1022 东南部。

层位关系　②→ BM44 →生土。

方向　17°。

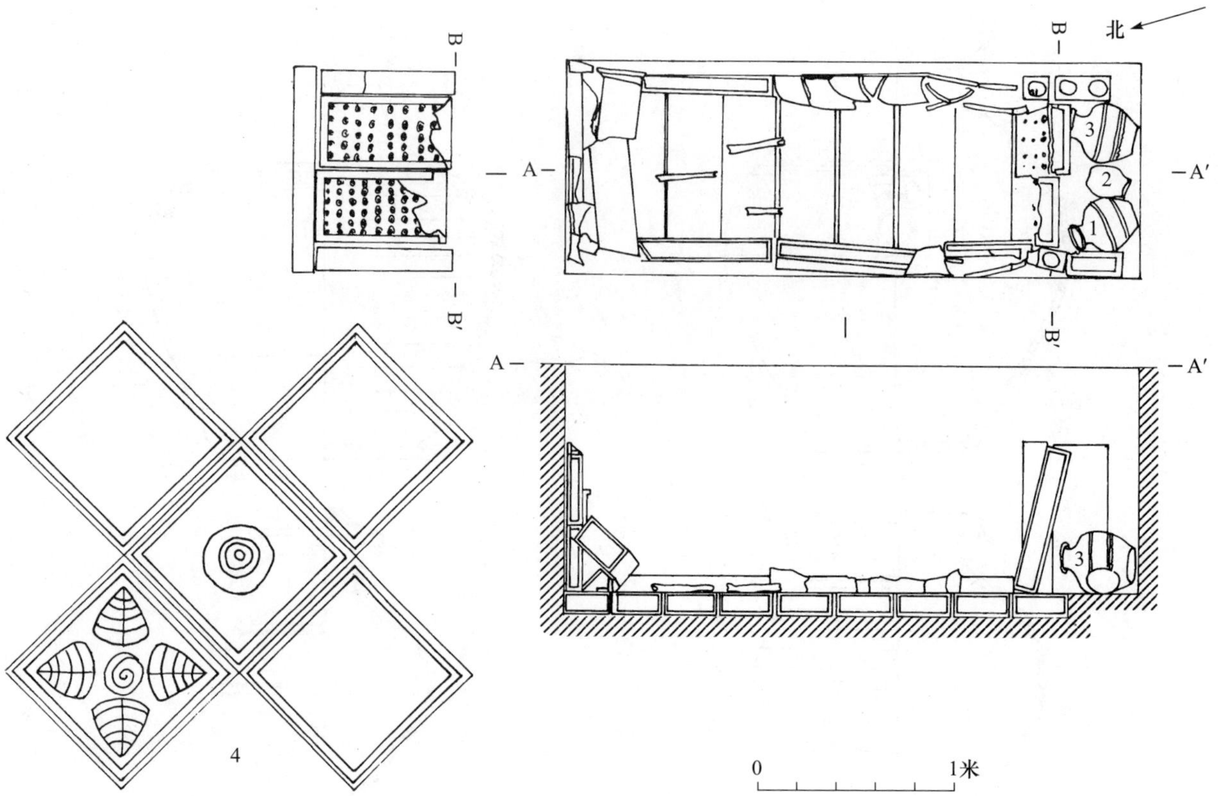

图七四　BM44 平、剖面图
1～3. 陶壶　4. 空心砖花纹

形制与结构　长方形竖穴空心砖墓，平面呈长方形。长 294、宽 110、深 128 厘米（图七四）。

墓顶和东西两壁的砖均已坍塌破碎，北部有一块条形空心砖斜靠在北壁上，推测应是墓顶塌陷的砖。墓室北壁保存较好，北壁为两块横向空心砖侧置叠放，根据残砖推测应为三块。尺寸为 96 厘米 ×36 厘米 ×8 厘米。墓室南部为一个头厢，宽 80、高 78、进深 66 厘米，内放随葬品。头厢由六块空心砖组成，头厢北壁由两扇门状空心砖竖置相扣，砖的北面一侧饰有乳丁纹和四叶纹，尺寸为 68 厘米 ×37 厘米 ×13 厘米；头厢东侧并排竖放两块空心砖，北侧砖尺寸为 70 厘米 ×28 厘米 ×13 厘米；南侧为 70 厘米 ×28 厘米 ×12 厘米。西壁尺寸与东壁相同。

墓底铺九块条形空心砖，尺寸为 106 厘米 ×28 厘米 ×12 厘米。头厢南端未铺底砖，为一个二层台，高 12、宽 36 厘米。

填土为深褐色花土，结构疏松，土质较软较黏，夹杂大量白灰和空心砖碎块。

葬具　不详。

人骨　仅发现 3 块肢骨。其他不详。

随葬器物　共 3 件陶壶，均位于墓室南部头厢内。

陶壶　3 件。BM44：1，泥质灰陶。侈口，内缘微敛，束颈，鼓肩，鼓腹，平底。肩部和腹部各饰一周较宽的带状突起，上腹饰一对贴塑的铺首衔环。壶盖泥质灰陶，覆碗形，子母口，斜方唇，斜壁，顶部有一周圆握。盖最大径 16.8 厘米，高 4.2 厘米。壶口径 16.8 厘米，底径 13.6 厘米，通高 38.4 厘米，最大腹径 31.2 厘米（图七五，2；图版三四，1）。BM44：3，泥质灰陶。

侈口，内缘微敛，沿部有一周凹痕，束颈，鼓肩，鼓腹，平底。肩部和腹部饰较宽的带状突起，上腹饰一对贴塑的铺首衔环。壶盖泥质灰陶，覆碗形，子母口，斜方唇，斜壁，顶部有一周圆握。盖最大径 20 厘米，高 4.8 厘米。壶口径 18.4 厘米，底径 13.6 厘米，通高 39.6 厘米，最大腹径 31.2 厘米（图七五，1；图版三五，1）。BM44：2，泥质灰陶。盘口，短束颈，溜肩，鼓腹，平底。口沿外侧向内微凹，下腹部斜向内收，上腹和腹中各饰一周较宽的带状突起。壶盖泥质灰陶，覆碗形，子母口，斜壁，顶部有一周圈足状圆握。盖最大径 10 厘米，高 2.4 厘米。壶口径 10 厘米，底径 7.2 厘米，通高 23.2 厘米，最大腹径 17.2 厘米（图七五，3；图版三四，2）。

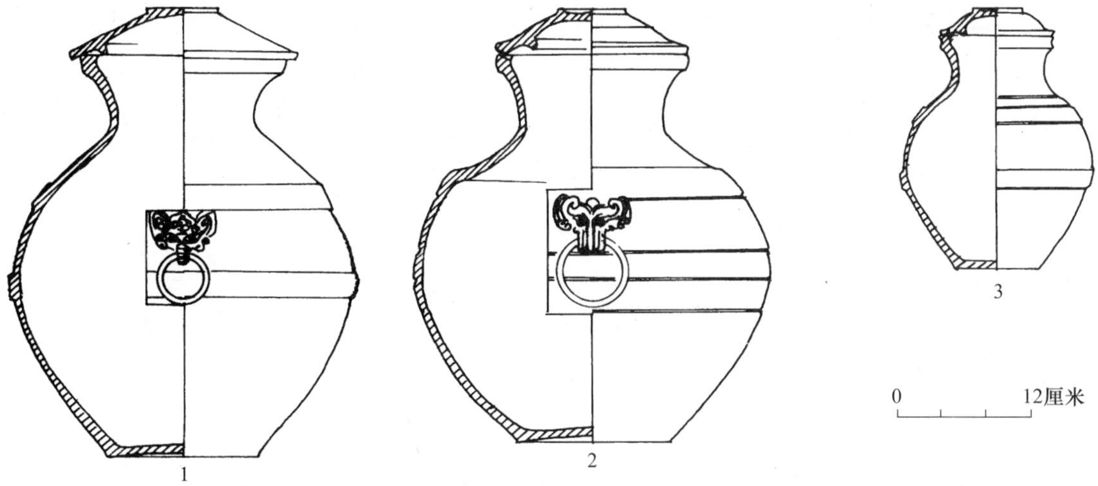

图七五 BM44 出土器物
1～3. 陶壶（BM44：3、BM44：1、BM44：2）

4. BM54

位置 位于 BT0623 东南部。

层位关系 ②→ BM54 →生土。

方向 15°。

形制与结构 长方形竖穴空心砖墓，直壁平底，平面呈长方形。长 256、宽 112～124、深 194 厘米（图七六）。

紧贴墓圹四周置空心砖，四壁均由两层空心砖侧置叠放而成，壁砖直接起于铺底砖之上。墓室东、西两壁空心砖的形制尺寸相同，为 116 厘米 ×46 厘米 ×14 厘米；南壁 124 厘米 ×42 厘米 ×13 厘米。

墓室长 256、宽 112～124、深 194 厘米。墓室北端有一头厢，宽 86、高 84、进深 74 厘米。头厢顶部仅存一块空心砖覆盖，东、西两侧分别竖置两块对称的空心砖，尺寸为 68 厘米 ×34 厘米 ×12 厘米。北端上下侧置横放两块空心砖，尺寸为 46 厘米 ×40 厘米 ×14 厘米。

墓底由 11 块空心砖平铺而成，尺寸有三种，使用较多的一种为 118 厘米 ×29 厘米 ×16 厘米，另两种分别为 118 厘米 ×24 厘米 ×16 厘米和 118 厘米 ×44 厘米 ×16 厘米。

填土为深褐色花土，结构疏松，土质较软较黏，夹杂大量白灰土和料姜石。

葬具 不详。

人骨 不详。

随葬器物　共4件。陶瓮2件和陶钵2件，均位于墓室北部头厢内。

陶瓮　2件。BM54：1，泥质灰陶。侈口，方唇略向下垂，唇中间有一周细凹槽，束颈，折肩，肩腹交接处有一周明显折痕，"U"形腹，圜底。腹中部有一周凹弦纹，下腹至底部为绳纹。口径14.8厘米，高32厘米，最大腹径30.8厘米（图七七，1；图版三九，6）。BM54：2，泥质灰

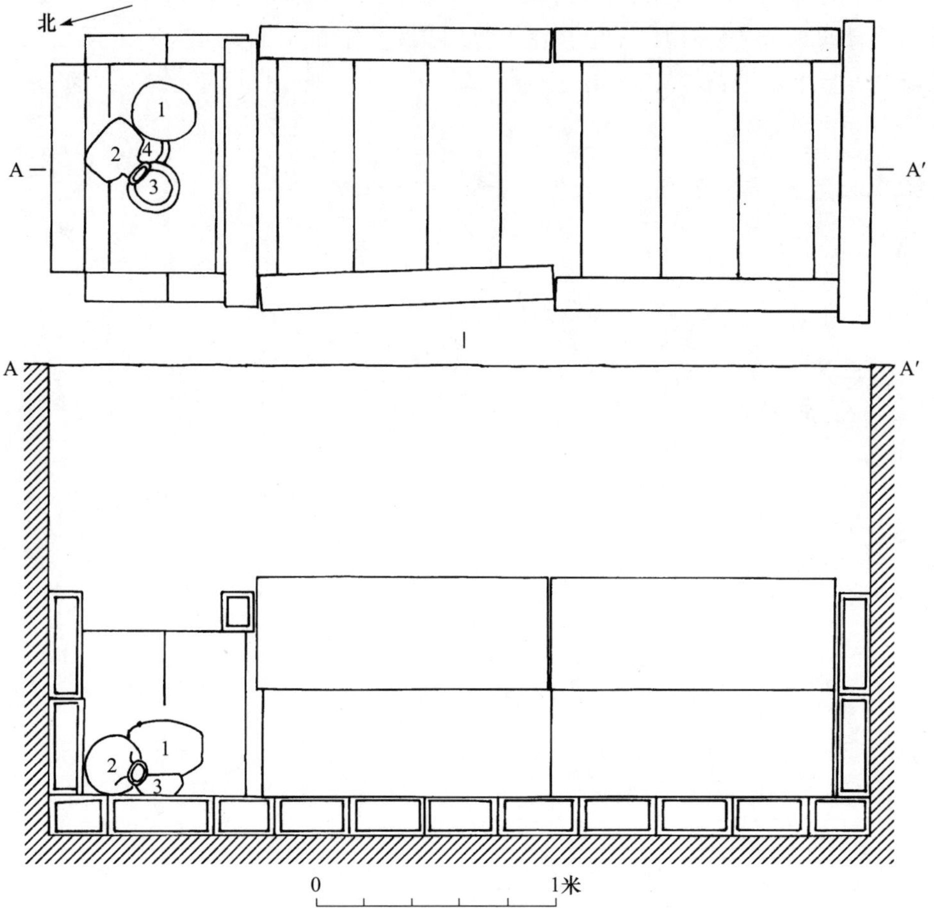

图七六　BM54平、剖面图

1、2. 陶瓮　3、4. 陶钵

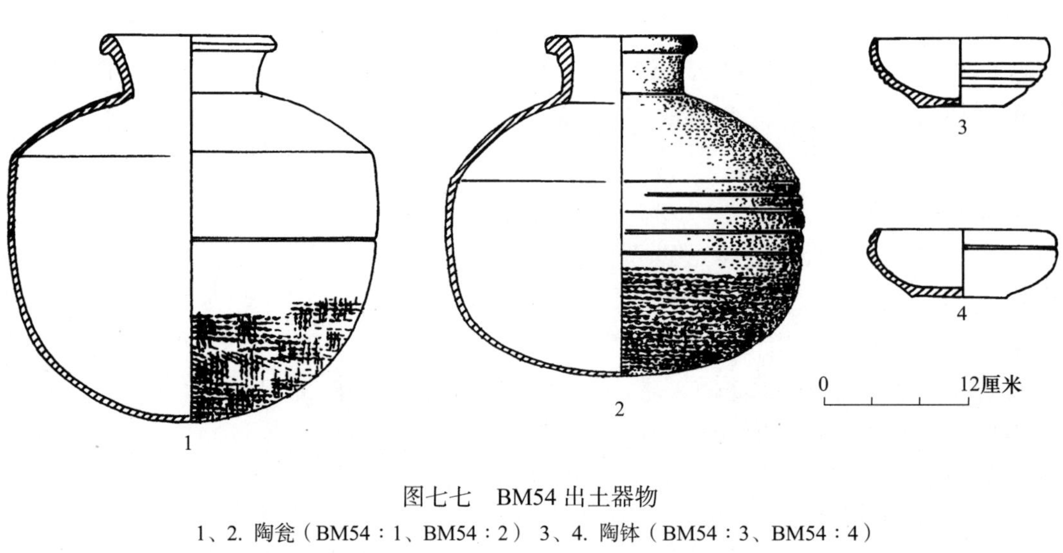

图七七　BM54出土器物

1、2. 陶瓮（BM54：1、BM54：2）　3、4. 陶钵（BM54：3、BM54：4）

陶。侈口，圆唇，唇中间有一周细凹槽，高直领，折肩，肩腹交接处有一周明显折痕，浅"U"形腹，圜底。上腹部饰数周凹弦纹，下腹至底部为绳纹。口径 12.4 厘米，高 28 厘米，最大腹径 29.6 厘米（图七七，2；图版三九，5）。

陶钵　2 件。BM54：3，泥质灰陶。敛口，尖唇，弧腹，平底。口径 14.4 厘米，底径 7.2 厘米，高 5.6 厘米（图七七，3；图版三九，4）。BM54：4，泥质灰陶。敛口，尖唇，弧腹，平底。口径 14.4 厘米，底径 8 厘米，高 5.6 厘米（图七七，4；图版三九，3）。

5. BM60

位置　位于 BT0402 中部偏西。

层位关系　②→ BM60 →生土。

方向　13°。

形制与结构　长方形竖穴空心砖墓，直壁平底，平面呈长方形。长 246、宽 94～108、深 200 厘米（图七八）。

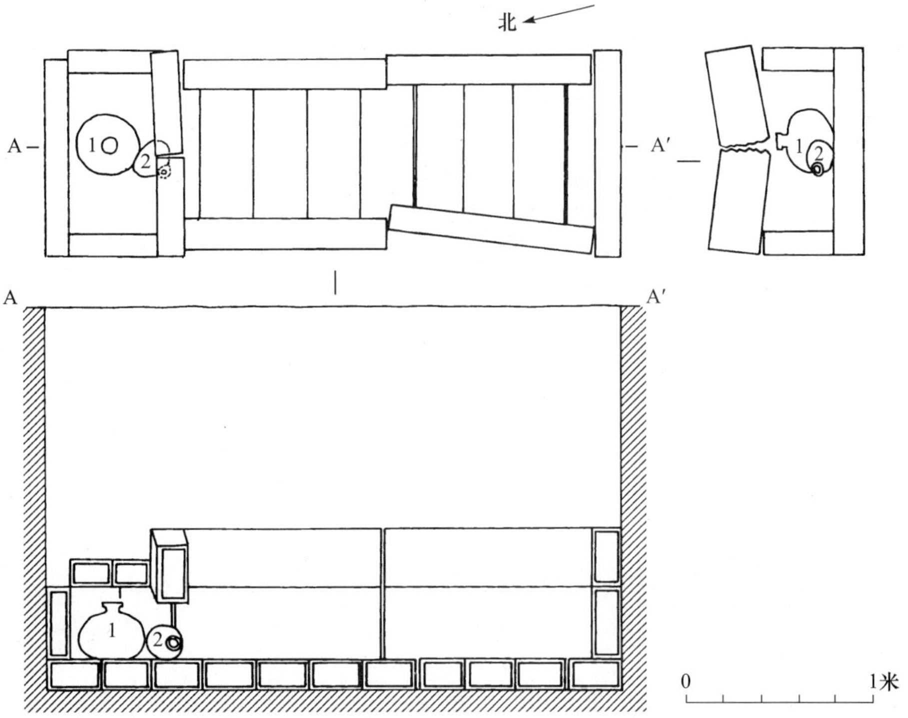

图七八　BM60 平、剖面图
1. 陶罐　2. 陶瓮

紧贴墓圹四周置空心砖，东、西、南三壁均由两层空心砖侧置叠放而成。墓室东、西两壁空心砖的形制尺寸相同，为 106 厘米 ×38 厘米 ×16 厘米和 106 厘米 ×30 厘米 ×16 厘米；南壁空心砖尺寸为 108 厘米 ×30 厘米 ×14 厘米和 108 厘米 ×38 厘米 ×14 厘米。底部是由 9 块空心砖平铺而成，尺寸为 68 厘米 ×28 厘米 ×16 厘米。

墓室北端有一头厢，宽 104、高 40、进深 54 厘米。头厢顶部由两块空心砖横放砌成，尺寸为 104 厘米 ×22 厘米 ×14 厘米。南壁为一块空心砖侧立砌筑，尺寸为 104 厘米 ×38 厘米 ×12 厘米。

填土为黄褐色花土，结构疏松，土质较软较黏，夹杂大量白灰土和料姜石。

葬具　不详。

人骨　不详。

随葬器物　共2件，均位于墓室北部头厢内。

陶罐　1件。BM60：1，泥质灰陶。侈口，方圆唇，束颈，斜肩，鼓腹，下腹斜直内收，平底。肩部饰两周凹弦纹。口径11.6厘米，底径9.6厘米，通高18.4厘米，腹径20.4厘米（图七九，2；图版四四，2）。

陶瓮　1件。BM60：2，泥质灰陶。侈口，圆唇，折肩，肩腹相交处有一道折棱，“U”形腹，圜底，下腹至底均饰绳纹。口径13.6厘米，通高29.2厘米，腹径29.2厘米（图七九，1；图版四五，1）。

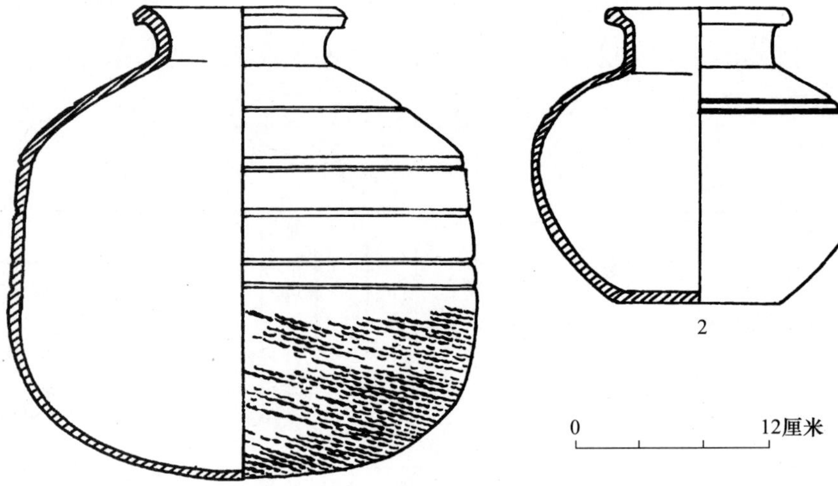

图七九　BM60出土陶器

1. 陶瓮（BM60：2）　2. 陶罐（BM60：1）

6. BM66

位置　位于BT1126西北、BT1127西南。

层位关系　②→BM66→生土。

方向　170°。

形制与结构　空心墓，由斜坡墓道、封门、墓室和东、西耳室组成，通长922厘米（图八〇）。

墓道位于南部，平面呈梯形。口长546、宽178～259厘米；底坡长580、下端宽178～260厘米；深60～160厘米。

封门位于墓道北端，破坏严重仅存西侧一块青砖，从残存痕迹可推测封门为青砖错缝叠放而成，长269、宽14、残高54厘米。

墓室平面呈长方形，长376、宽242、深160厘米。墓室顶部塌陷，结构不详。墓室为空心砖砌筑，因盗扰严重，四壁空心砖已损坏，仅余墓底空心砖。墓底由两排空心砖平铺而成，西侧有17块空心砖，东侧有16块空心砖，其尺寸为115厘米×22厘米×14厘米。墓底空心砖大多已破碎。

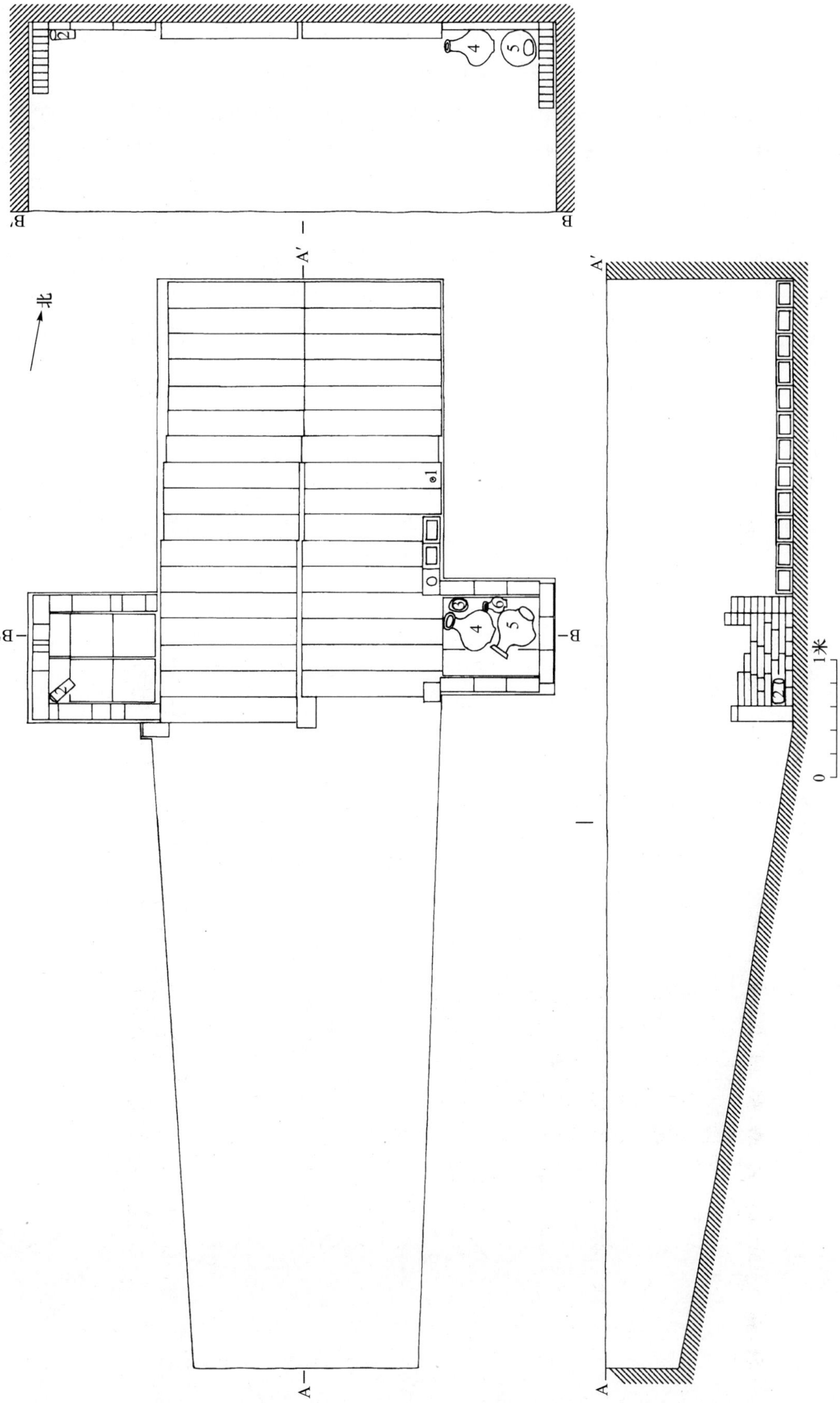

图八〇 BM66平、剖面图
1. 铜钱 2. 陶仓 3. 铜洗 4～6. 陶壶

在墓室东、西两壁南侧各有一个耳室。西侧耳室宽 78、高 60、进深 92 厘米。其北、西、南三壁均由 10 层青砖错缝砌筑而成，青砖尺寸为 28 厘米 ×14 厘米 ×6 厘米；底部为 6 块空心砖呈三排铺底，其尺寸为长 36 厘米 ×36 厘米 ×14 厘米。

东侧耳室宽 66、高 72、进深 82 厘米。其东、南两壁均由 12 层青砖错缝砌成，尺寸为 28 厘米 ×14 厘米 ×6 厘米；北壁由一块空心砖侧放砌筑而成，尺寸为 84 厘米 ×72 厘米 ×12 厘米；底部由两块空心砖平铺而成，南侧空心砖尺寸为 82 厘米 ×22 厘米 ×14 厘米，北侧空心砖长 82 厘米 ×45 厘米 ×14 厘米。

东耳室南壁外竖放一块空心砖，长 72、宽 16、厚 14 厘米。北壁外南北向三排竖放三个空心砖，尺寸为长 72、宽 22、厚 14 厘米。

填土为深褐色花土，结构疏松，土质较软较黏，夹杂大量料姜石。含有较多碎空心砖块。

葬具　不详。

人骨　不详。

随葬器物　共 6 件。铜钱出于墓室填土中；陶壶、铜洗位于东耳室内；陶仓位于西耳室内。

陶仓　1 件。BM66：2，泥质灰陶。侈口，折肩，直腹，平底。有四周弦纹将腹部平均分为四部分。器身口径 6.4 厘米，底径 8.4 厘米，高 20 厘米，肩径 10.4 厘米（图八一，2；图版四八，2）。

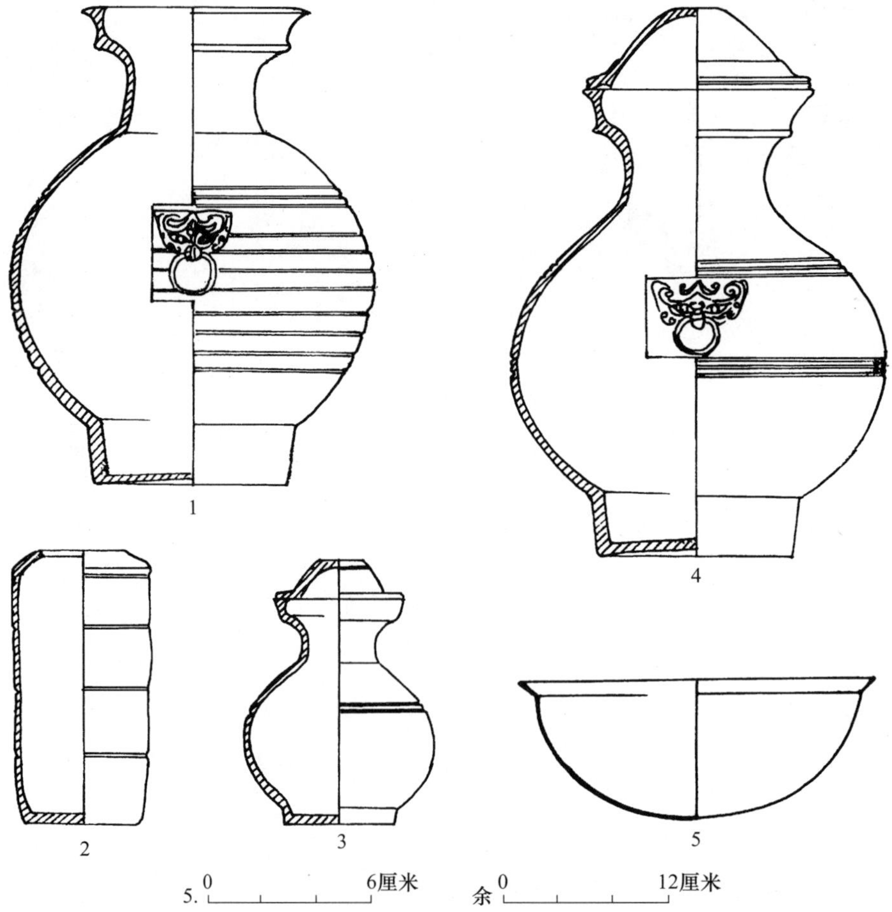

图八一　BM66 出土器物

1、3、4. 陶壶（BM66：4、BM66：6、BM66：5）2. 陶仓（BM66：2）5. 铜洗（BM66：3）

陶壶 3件。BM66：4，泥质灰陶。盘口，束颈，溜肩，圆腹，假圈足微内凹。肩部与腹部饰数周凸弦纹，颈肩相交处有一道折痕，上腹贴塑一对铺首衔环。器身口径16.8厘米，底径14.4厘米，高34.8厘米，最大腹径27.2厘米（图八一，1；图版四八，3）。BM66：5，泥质灰陶。盘口，束颈，溜肩，圆腹，假圈足微内凹。肩部与腹部分别饰三周凸弦纹，上腹贴塑一对铺首衔环。壶盖泥质灰陶，帽状，侈口，平沿，沿面内凹，斜壁，小平顶。盖最大径16厘米，高6厘米。器身口径16.8厘米，底径13.6厘米，通高40厘米，最大腹径27.2厘米（图八一，4；图版四八，4）。BM66：6，泥质灰陶。盘口，束颈，溜肩，鼓腹，假圈足。肩部饰两周凹弦纹。壶盖泥质灰陶，覆碗状，敞口，平沿，斜壁，平顶。盖最大径9.4厘米，高2.8厘米。器身口径9.6厘米，底径8厘米，通高19.2厘米，最大腹径14厘米（图八一，3；图版四八，1）。

铜洗 1件。BM66：3，敞口，斜折沿，弧腹，圜底。器身较轻薄。口径13厘米，高5厘米（图八一，5）。

铜钱 1枚。BM66：1，钱文为“五铢”，郭径为2.55厘米（图一六七，13）。

7. BM67

位置 位于BT1026西北、BT1027中南部。

层位关系 ②→BM67→生土。

方向 160°。

形制与结构 空心砖墓，由斜坡墓道、前室、后室和耳室组成，通长970厘米（图八二）。

墓道位于南部，平面呈长方形。口长522、宽126～152厘米；底坡长560、下端宽126～152厘米；深0～190厘米。

前室平面呈横长方形，长292、宽151、深190厘米。前室破坏严重，顶部塌陷，结构不详。墓室为空心砖砌筑，因盗扰严重，四壁空心砖已损坏。

后室长297、宽292、深190～206厘米。墓室中部有一个长297、宽55、高110厘米的生土台将墓室分为东、西两墓室。墓室破坏严重，顶部塌陷，结构不详。墓室为空心砖砌筑，因盗扰严重，四壁空心砖已损坏，仅余墓底空心砖。西墓室长297、宽117、深206厘米。北壁仅存一块侧砌的空心砖，尺寸为117厘米×60厘米×12厘米；西壁残存两块，东壁残存一块，均为宽60、厚12厘米。底部残存9块空心砖，为并缝平铺而成，尺寸为117厘米×26厘米×12厘米。东墓室长297、宽120、深190厘米。仅残存底部一块空心砖，尺寸为134厘米×26厘米×12厘米。

在墓室东、西两侧南部各有一个耳室。西侧耳室宽100、高88、进深60厘米。其北、西、南三壁均为空心砖砌成，已破坏完毕。

东侧耳室宽82、高90、进深116厘米。北、东、南三壁均由空心砖侧置砌成。南、北两壁各仅存一块空心砖，尺寸为84厘米×36厘米×12厘米；东壁由三块空心砖侧砌叠放而成，尺寸为长104厘米×30厘米×12厘米；底部由四块空心砖平铺而成，尺寸为106厘米×50厘米×10厘米。

填土为褐色花土，结构疏松，土质较软较黏，夹杂大量白色土块。含有较多碎空心砖块。

葬具 不详。

人骨 不详。

随葬器物 共4件。器盖、陶罐各2件，均位于东耳室内。

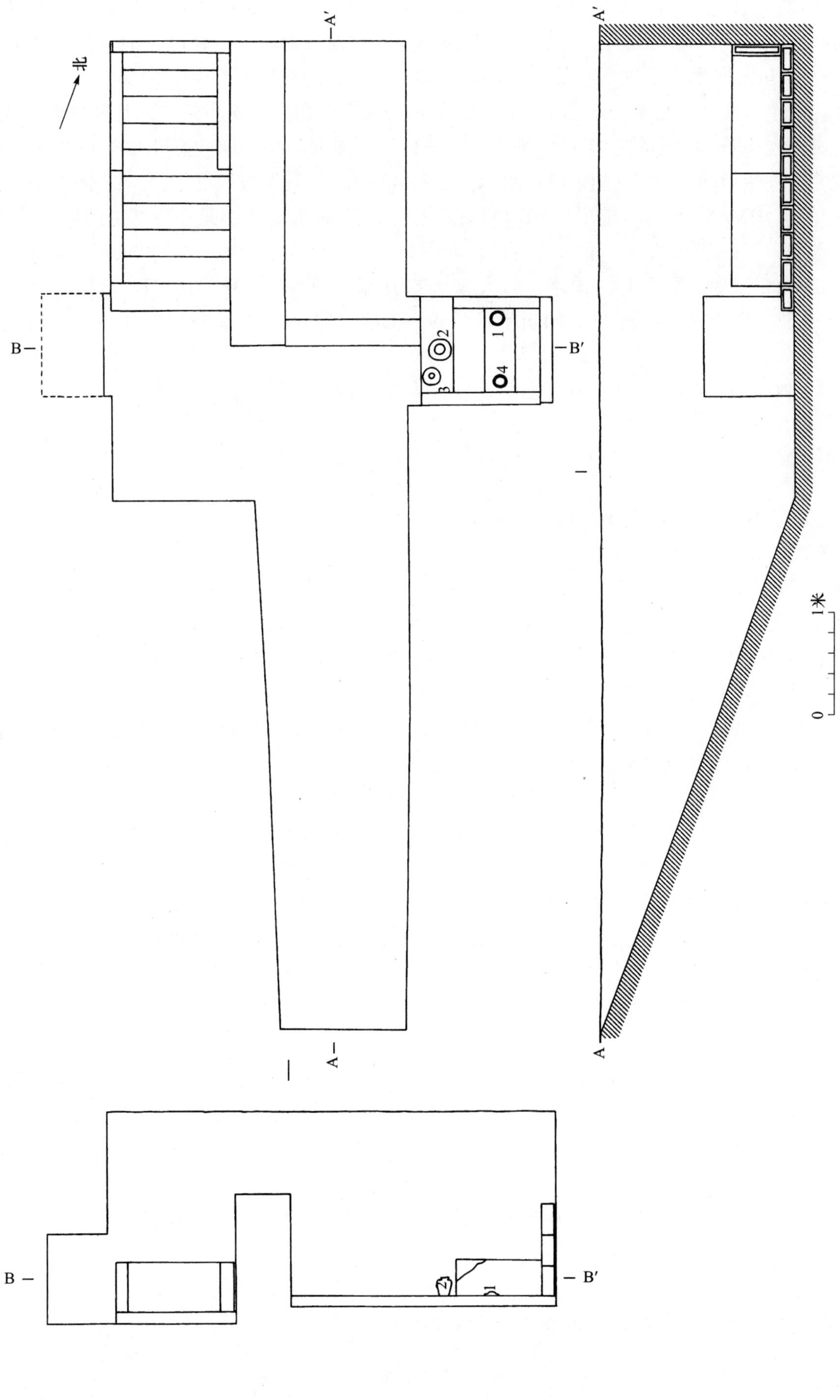

图八二　BM67平、剖面图
1、4. 陶器盖　2、3. 陶罐

器盖 2件。BM67∶1，泥质灰陶。覆碗状，敞口，平沿，斜壁，平顶。口径16厘米，底径4.4厘米，高4.4厘米（图八三，4；图版四九，6）。BM67∶4，泥质灰陶。敞口，平沿，斜壁，平顶。口径9.6厘米，底径3.2厘米，高2.6厘米（图八三，3；图版四九，5）。

陶罐 2件。BM67∶2，泥质灰陶。口、颈残，鼓肩，斜腹，平底。底径8.8厘米，残高23.6厘米，腹径22.4厘米（图八三，2）。BM67∶3，泥质灰陶。浅盘口，圆唇，束颈，鼓肩，上腹较鼓，下腹斜收，平底。口径14厘米，底径9.6厘米，通高25.2厘米，腹径21.6厘米（图八三，1；图版四九，4）。

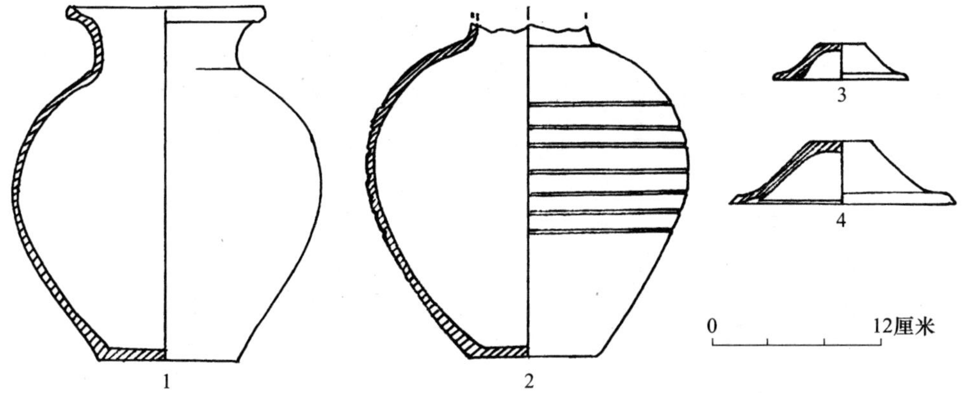

图八三 BM67出土器物

1、2. 陶罐（BM67∶3、BM67∶2） 3、4. 陶器盖（BM67∶4、BM67∶1）

8. BM69

位置 位于BT1121东南部、BT1120东北部。

层位关系 ②→BM69→生土。

方向 5°。

形制与结构 空心砖墓，由斜坡墓道、墓门和墓室组成，通长720厘米（图八四；彩版五，3）。

墓道位于北部，平面呈长方形。口长276、宽132～164厘米；底坡长324、下端宽132～164厘米；深0～160厘米。

墓门位于墓道南端，宽114、厚13、高78厘米。由4块空心砖组成，两门扇和两门柱，门扇尺寸为80厘米×40厘米×13厘米，门柱尺寸为80厘米×15厘米×13厘米。墓门位于墓底铺底空心砖之上。

墓室平面呈长方形。长444、宽168、深160厘米。东、西两壁之下有二层台，二层台高93、东侧二层台宽32、西侧二层台宽20厘米。南壁残存一块侧置的空心砖，尺寸为114厘米×38厘米×12厘米；北部东、西两侧各有一块竖置的空心砖，东侧空心砖尺寸为76厘米×28厘米×12厘米，西侧空心砖尺寸为78厘米×28厘米×12厘米。墓底由14块空心砖平铺而成，尺寸为116厘米×37厘米×13厘米。空心砖表面均饰模印菱形方格纹，纹心为凸起卷云纹。

填土为红褐色花土，结构疏松，土质较软较黏，夹杂大量白灰土和碎砖块。

葬具 不详。

人骨 不详。

随葬器物 共3件。其中1件陶壶位于墓室南部，另1件陶壶与1件陶器盖出于填土中。

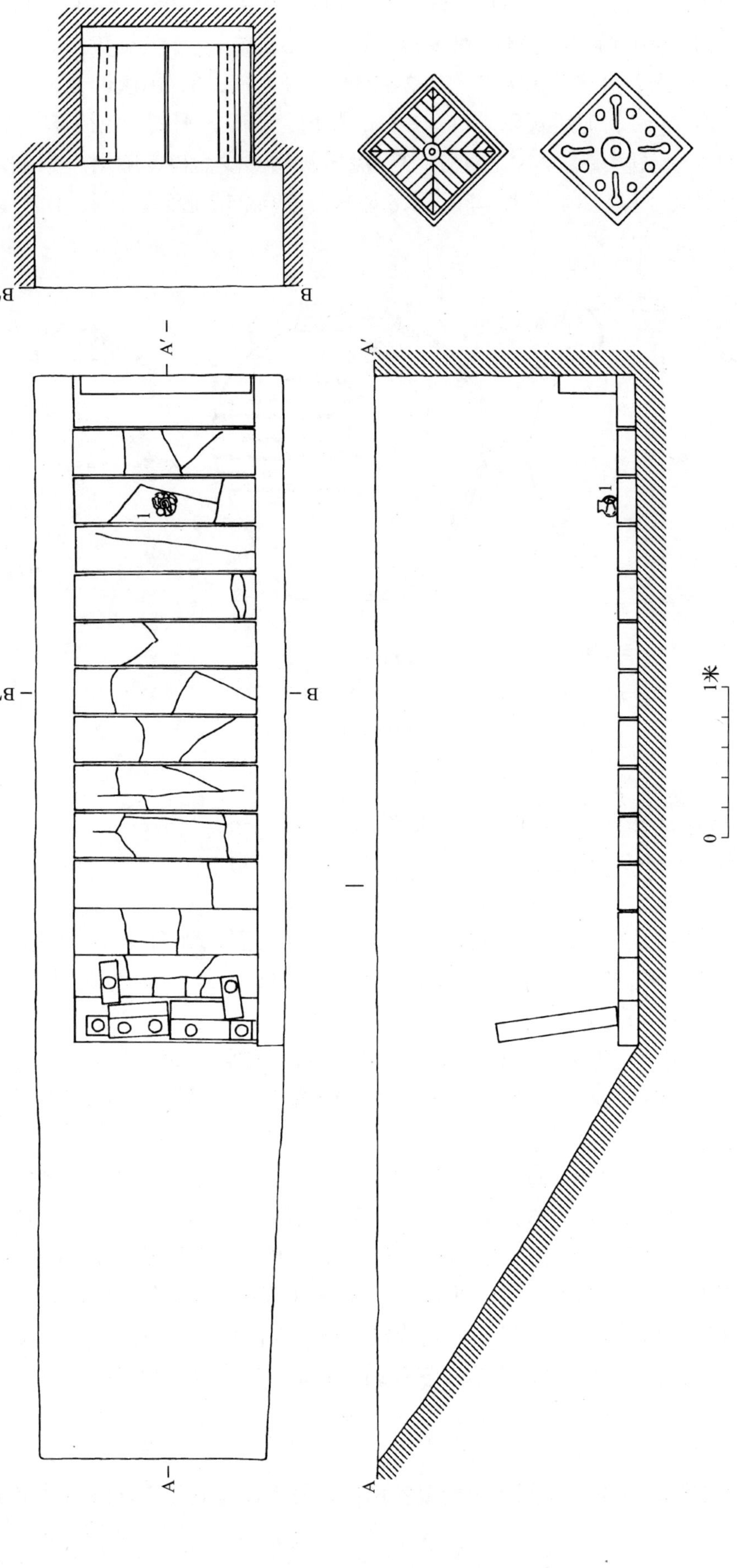

图八四　BM69平、剖面图
1. 陶壶　2. 陶壶（填土）　3. 陶器盖（填土）

陶壶 2件。BM69：1，泥质灰陶。浅盘口，方唇，短束颈，溜肩，鼓腹，圈足。肩部和腹部分别饰一周较宽的凸带。壶盖泥质灰陶，覆碗状，母口，方唇，弧壁，顶部有一周假圈足状圆握。盖最大径10.4厘米，高3.6厘米。器身口径10.4厘米，底径8.8厘米，通高20.4厘米，最大腹径15.6厘米（图八五，2；图版五〇，2）。BM69：2，泥质灰陶。盘口，方唇，束颈，溜肩，垂腹，圈足外侈。肩、中腹及下腹各饰一周带状凸起。上腹贴塑一对铺首衔环。壶盖泥质灰陶，覆碗状，母口，方唇，弧壁，顶部一周圆握呈圈足状。盖最大径19.2厘米，高5.6厘米。器身口径18.4厘米，底径16.8厘米，通高42厘米，最大腹径32.8厘米（图八五，1；图版五〇，3）。

器盖 1件。BM69：3，泥质灰陶。母口，方唇，斜壁，顶部一周圆握呈假圈足状。口径18.4厘米，底径6.4厘米，高5.2厘米（图八五，3）。

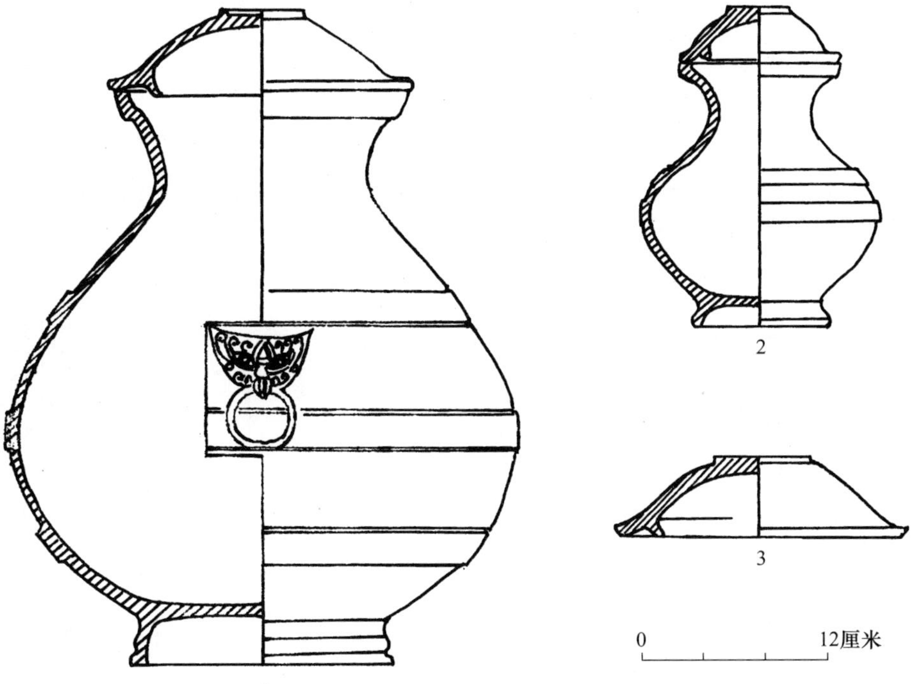

图八五 BM69出土器物

1、2. 陶壶（BM69：2、BM69：1） 3. 器盖（BM69：3）

9. BM70

位置 位于BT1220北部。

层位关系 ②→BM70→生土。

方向 285°。

形制与结构 长方形竖穴空心砖墓，口长430、宽160厘米；墓底长430、宽95～110厘米；深176厘米（图八六）。

墓室南、北两壁之下有生土二层台，北侧二层台高92、宽25～36厘米；南侧二层台高90、宽25～32厘米。墓顶保存状况较差，形制不详。墓室东、北、南三壁均为两层空心砖侧置叠放而成，南、北两壁空心砖尺寸相同，为113厘米×38厘米×12厘米；东壁空心砖尺寸为110厘米×36厘米×12厘米。西壁由4块空心砖南北对称竖置，尺寸为110厘米×36厘米×12厘米

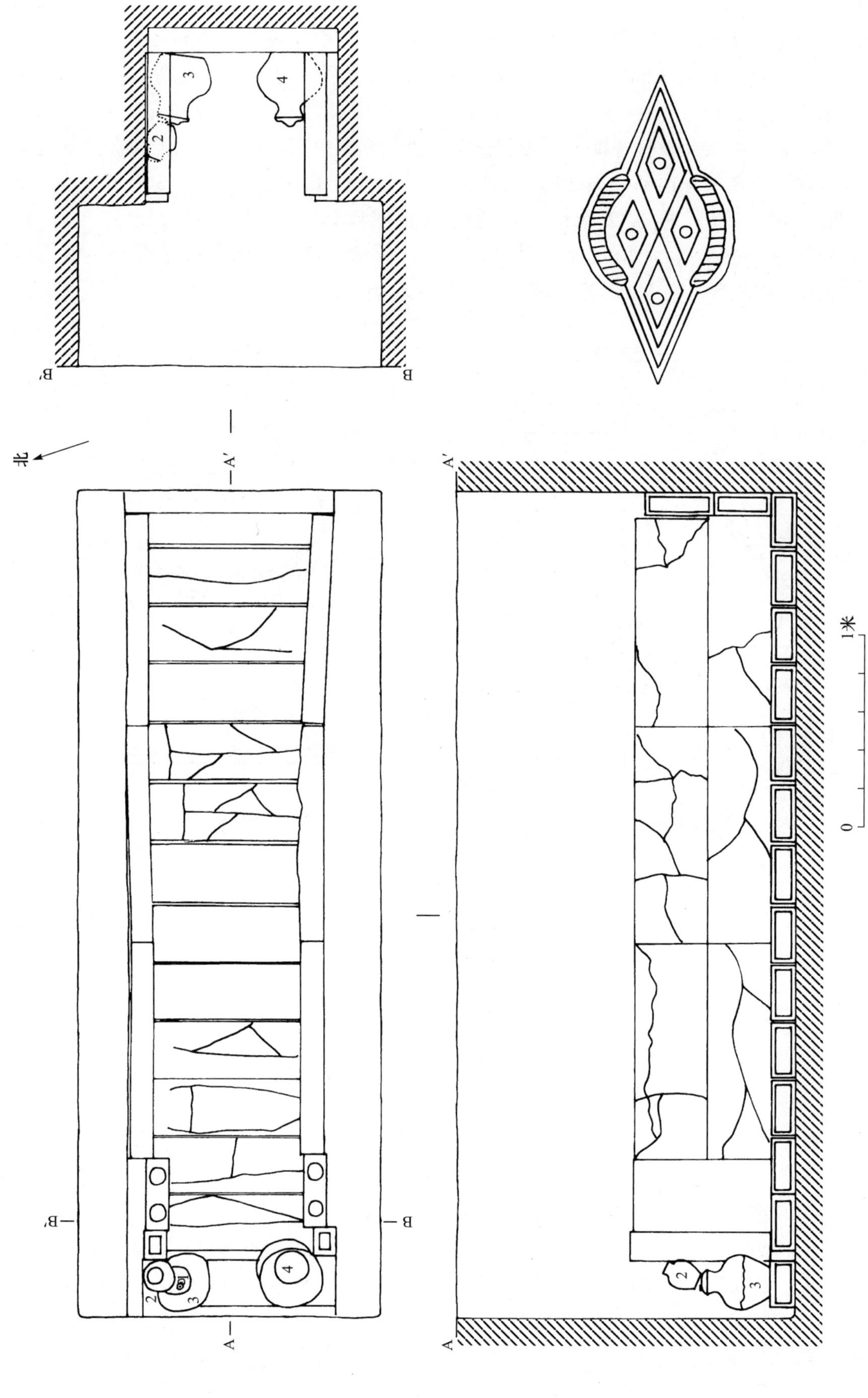

图八六　BM70 平、剖面图

1. 铜钱　2～4. 陶壶

和 113 厘米 ×38 厘米 ×12 厘米。墓室西端为头厢，宽 72～102、高 72、进深 82 厘米。内置随葬品，由两块空心砖南北竖置而成，尺寸为长 71 厘米 ×36 厘米 ×12 厘米和 73 厘米 ×15 厘米 ×12 厘米。墓底由 14 块空心砖平铺，尺寸为 110 厘米 ×29 厘米 ×13 厘米。空心砖表面均饰菱形方格模印纹。

填土为黄褐色花土，结构疏松，土质较软较黏，夹杂大量白灰土和碎空心砖块。

葬具 不详。

人骨 不详。

随葬器物 共 4 件（组），铜钱、陶壶均位于墓室西部头厢内。

陶壶 3 件。BM70：2，泥质灰陶。侈口，方唇，短束颈，溜肩，鼓腹，下腹斜直，平底。肩部与腹部分别饰一周较宽的带状凸起。口径 9.6 厘米，底径 8 厘米，高 20 厘米，最大腹径 16.8 厘米（图八七，3；图版五一，1）。BM70：3，泥质灰陶。侈口，平沿，内缘微敛，束颈，溜肩，鼓腹，圈足外侈。肩部、中腹及下腹各饰一周宽带状突起，上腹贴塑一对铺首衔环。壶盖泥质灰陶，覆碗状，母口，弧壁，圈足状圆握。盖最大径 16.8 厘米，高 4.8 厘米。器身口径 17.6 厘米，底径 18.4 厘米，通高 44 厘米，最大腹径 34 厘米（图八七，1；图版五〇，4）。BM70：4，泥质灰陶。侈口，平沿，内缘微敛，束颈，肩微鼓，圆鼓腹，圈足外侈。肩、中腹和下腹各饰一周带状凸起，上腹贴塑一对铺首衔环。器盖覆碗状，母口，斜壁，矮圈足状圆握。盖最大径 17.6 厘米，高 4 厘米。器身口径 18.4 厘米，底径 18.4 厘米，通高 42 厘米，最大腹径 30 厘米（图八七，2；图版五一，3）。

铜钱 1 组 2 枚。BM70：1-1、2，钱文为“五铢”，郭径均为 2.55 厘米（图一六七，14、15）。

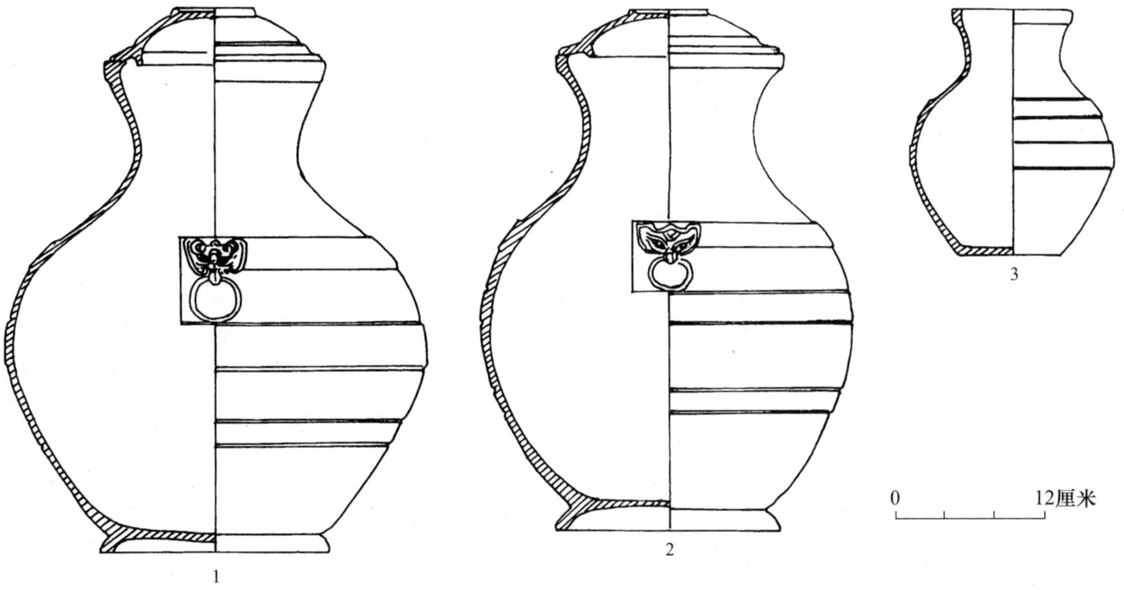

图八七 BM70 出土器物

1～3. 陶壶（BM70：3、BM70：4、BM70：2）

10. BM71

位置 位于 BT1219 中部偏北。

层位关系 ②→ BM71 →生土。

方向　5°。

形制与结构　长方形竖穴空心砖墓，墓长382、宽92、深150厘米（图八八）。

墓顶保存状况较差，形制不详。墓室仅东壁竖置两块空心砖，南侧空心砖残高28～37、宽36、厚15厘米；北侧空心砖残高44～47、宽28、厚13厘米。墓底由10块空心砖平铺，除最北端两块尺寸为47厘米×23厘米×13厘米，其他尺寸为47厘米×29厘米×13厘米。墓室北端底部未铺空心砖，应为头厢，宽92、高58、进深72厘米，放置随葬品。

填土为深褐色花土，结构疏松，土质较软较黏，夹杂大量白灰土和碎空心砖块。

葬具　不详。

人骨　不详。

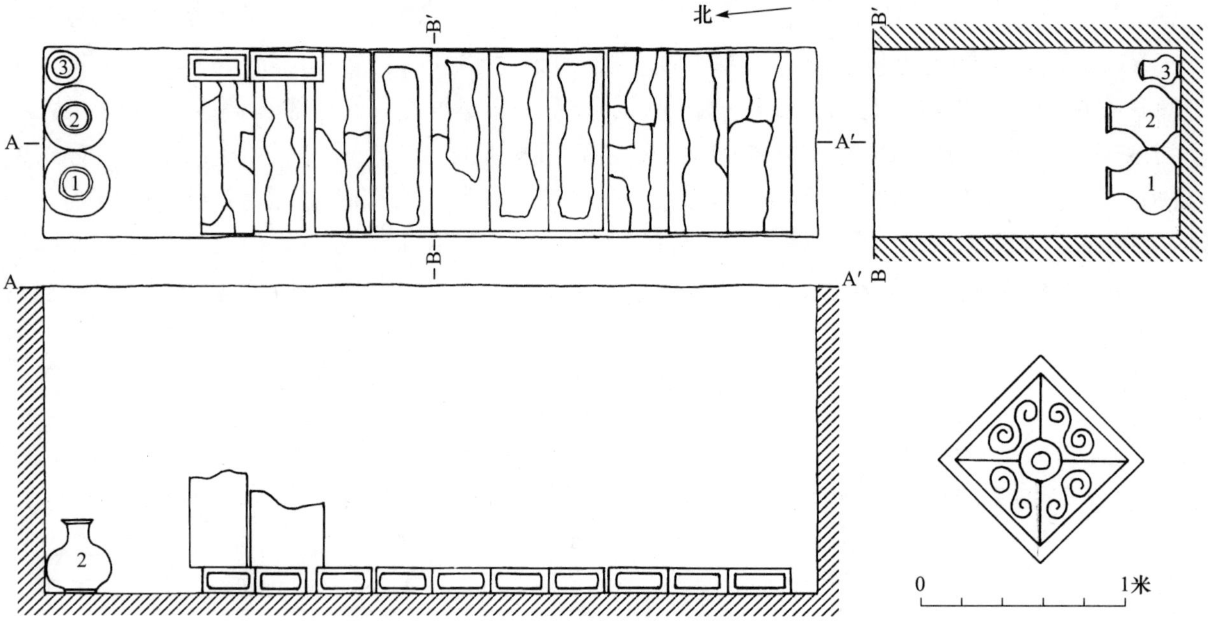

图八八　BM71平、剖面图

1～3. 陶壶

随葬器物　共3件，均为陶壶，位于墓室北部头厢内。

陶壶　3件。BM71∶1，泥质灰陶。侈口，方唇，束颈，溜肩，鼓腹，圈足外侈。肩部、中腹及下腹有一周宽带状凸起，上腹贴塑一对铺首衔环。壶盖泥质灰陶，覆碗状，微敛口，折沿，沿面微凹，斜壁，假圈足状圆握。盖最大径17.6厘米，高4厘米。器身口径17.2厘米，底径16.8厘米，通高40.4厘米，最大腹径32厘米（图八九，1；图版五一，4）。BM71∶2，泥质灰陶。侈口，方唇，束颈，溜肩，鼓腹，圈足外侈。肩部、中腹及下腹各饰一周宽带状凸起，上腹贴塑一对铺首衔环。壶盖泥质灰陶，覆碗状，微敛口，沿面微凹，斜壁，矮圈足状圆握。盖最大径17.6厘米，高4.2厘米。器身口径16.8厘米，底径16.8厘米，通高40.2厘米，最大腹径32厘米（图八九，2；图版五二，1）。BM71∶3，泥质灰陶。侈口，短束颈，溜肩，上腹圆鼓，下腹微曲收，小平底。腹部饰三周带状凸起。壶盖泥质灰陶，覆碗状，母口，斜壁，假圈足状圆握。盖最大径10.4厘米，高4.4厘米。器身口径10厘米，底径7.2厘米，通高20厘米，最大腹径16厘米（图八九，3；图版五一，2）。

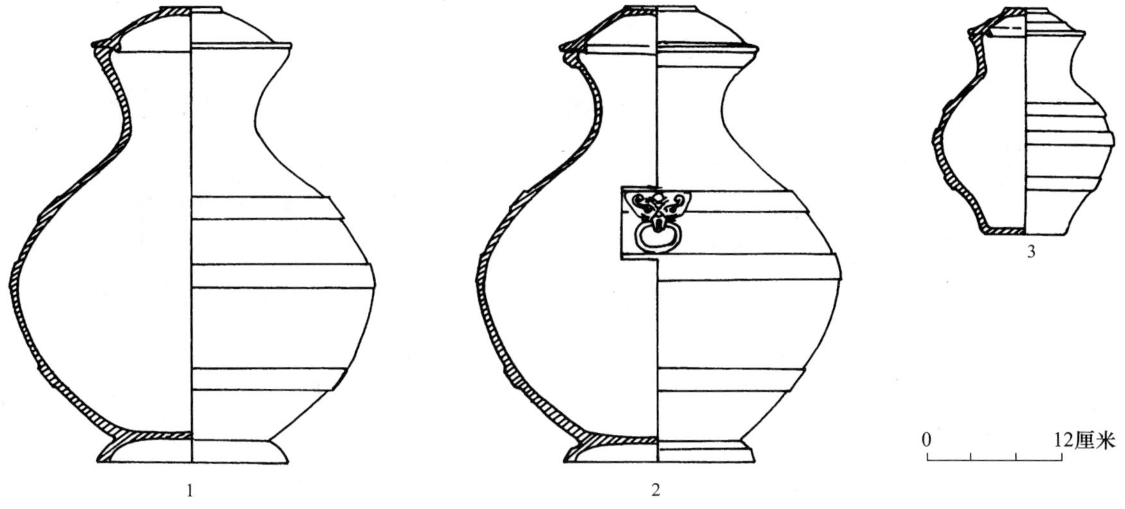

图八九　BM71出土器物
1～3. 陶壶（BM71：1、BM71：2、BM71：3）

11. BM72

位置　位于BT1219西北部。

层位关系　②→BM72→生土。

方向　0°。

形制与结构　长方形竖穴空心砖墓，口长500、宽116厘米；墓底长438、宽100厘米；深220厘米（图九〇；彩版五，4）。

墓室四壁之下有二层台，北侧二层台高106、宽48厘米；东侧二层台高84、宽8厘米；南侧二层台高84、宽14厘米；西侧二层台高84、宽8厘米。墓顶保存状况较差，仅在南侧二层台上残存两块侧砌的空心砖，推测可能为墓顶残存部分，尺寸为106厘米×22厘米×15厘米。墓室四壁为空心砖侧砌而成，尺寸有106厘米×22厘米×15厘米、122厘米×36厘米×13厘米、100厘米×36厘米×13厘米、99厘米×44厘米×17厘米四种。在墓室北端东、西两壁各有两块竖置的空心砖与北壁形成一个头厢放置随葬品，宽80、高56、进深74厘米，空心砖尺寸有残长47～49、宽43、厚13和残长45～47、宽30、厚13厘米。墓室底部为空心砖平铺而成，最南端空心砖尺寸为74厘米×15厘米×13厘米，其余空心砖尺寸完全相同，均为74厘米×30厘米×13厘米。

填土为深褐色花土，结构疏松，土质较软较黏。夹杂大量白灰土和碎空心砖块。

葬具　不详。

人骨　不详。

随葬器物　共7件。陶壶3件，铜洗1件，铜带钩2件，铁削1件，均位于墓室北部头厢内。

陶壶　3件。BM72：5，泥质灰陶。侈口，圆方唇，短束颈，溜肩，鼓腹，假圈足。肩部与腹部分别饰一周带状凸起，下腹饰四周凹弦纹，从颈部至下腹残留有红色彩绘花纹，内容不详。器盖泥质灰陶，母口，方唇，斜壁，矮圈足状圆握。器盖高2.4厘米，最大径6厘米。器身口径6厘米，底径9.6厘米，通高21.2厘米，最大腹径18厘米（图九一，2；图版五二，2）。BM72：6，泥质灰陶。侈口，方唇，束颈，溜肩，鼓腹，圈足外侈。肩部、中腹及下腹有一周宽带状凸起。

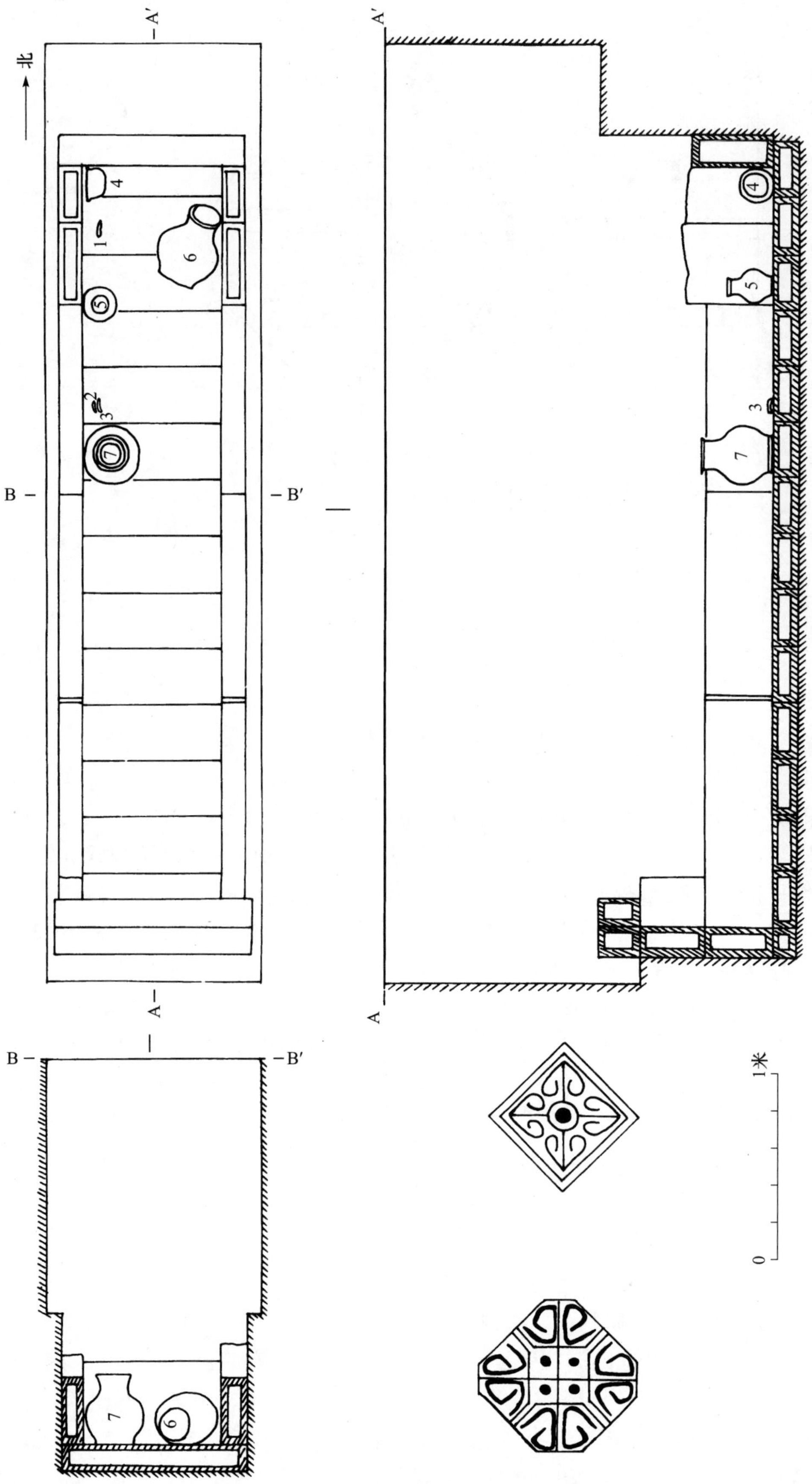

图九〇　BM72 平、剖面图
1. 铁削　2、3. 铜带钩　4. 铜洗　5～7. 陶壶

壶盖泥质灰陶，覆碗状，母口，斜直壁，矮圈足状圆握。盖最大径 18.4 厘米，高 4 厘米。器身口径 19.2 厘米，底径 19.2 厘米，通高 46.4 厘米，最大腹径 36.8 厘米（图九一，1；图版五二，3）。BM72∶7，泥质灰陶。侈口，方唇，束颈，溜肩，鼓腹，圈足外侈。肩部、中腹及下腹有一周宽带状凸起，中腹部带状凸起上饰一周箅点纹，上腹贴塑一对铺首衔环。壶盖泥质灰陶，覆碗状，母口，方唇，斜直壁，假圈足状圆握。盖最大径 18.4 厘米，高 3.6 厘米。器身口径 17.6 厘米，底径 19.2 厘米，通高 41.2 厘米，最大腹径 36.8 厘米（图九一，5；图版五二，4）。

铜带钩　2 件。BM72∶2，腹部较长，上部鼓起成弧形，背部一圆纽，钩方折，钩上有勒的痕迹。腹部饰两道凸起的花纹。长 3 厘米（图九一，3；图版五三，2）。BM72∶3，器形短小，器身近似蝌蚪状，钩呈方形。背下为椭圆形纽。素面。长 7 厘米（图九一，6）。

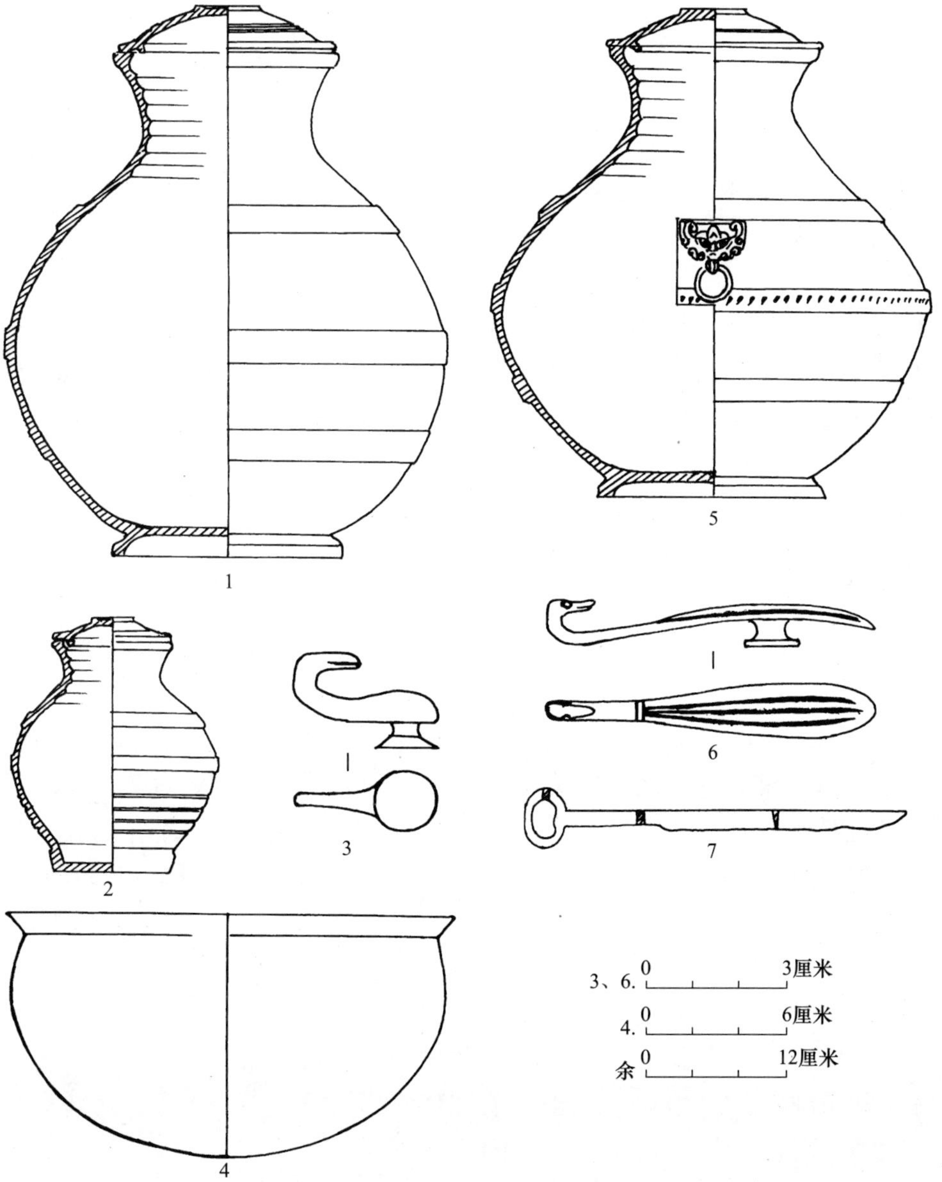

图九一　BM72 出土器物

1、2、5. 陶壶（BM72∶6、BM72∶5、BM72∶7）3、6. 铜带钩（BM72∶2、BM72∶3）4. 铜洗（BM72∶4）7. 铁削（BM72∶1）

铜洗　1件。BM72：4，口微敛，斜折沿，半球形腹，腹略深，圜底。口径18.8厘米，高10.2厘米，最大腹径18厘米（图九一，4；图版五三，1）。

铁削　1件。BM72：1，刀背、刃均直，仅在刀刃末端一小段斜杀呈弧形，把手较刀身略窄，刀首为扁圆形环，刀身上留有朽木的残迹，可知刀上应套有木鞘。残长32.4厘米（图九一，7；图版五四，1）。

（三）砖室墓

有BM4、BM8、BM9、BM10、BM32、BM35、BM36、BM37、BM38、BM42、BM45、BM46、BM47、BM48、BM49、BM52、BM53、BM56、BM57、BM58、BM59、BM61、BM62、BM63、BM64、BM65、BM68、BM76。

1. BM4

位置　位于BT1411东部和BT1511西部。

层位关系　②→BM4→生土。

方向　95°。

形制与结构　砖室墓，由斜坡墓道、甬道和前、后室组成。通长1208厘米（图九二）。墓道位于东部，平面呈长方形。口长626、宽114厘米；底坡长668、下端宽114、深0～262厘米。

墓道与前室之间为甬道，长94～100、宽60～67、深262厘米。甬道顶部陷落，形制不详，推测为拱形券顶，南壁余砖7层，北壁余砖8层，壁砖为错缝叠放砌筑。封门为小砖封门，单层错缝平砌，共17层，高51、宽104厘米。

前室平面呈长方形，长251～274、宽189～198、深262厘米。墓顶形制不详，推测为穹隆顶，四壁砖砌均为单层错缝平铺，仅在四角墓壁与顶相接处为竖置并缝砌成，南壁余砖10～14层，北壁存砖9～12层，前室与甬道的铺地砖相连，为“人”字缝平铺，砖壁直接立于铺地砖上。

后室平面呈长方形，长250～252、宽80～91、深256厘米，后室墓底高于前室6厘米。壁砖均为横向单层错缝平铺，南北两壁均为14层砖，高84厘米；西壁为21层砖，高126厘米，均为直接起于铺地砖上。墓顶为拱形券顶，除了最东排陷落外，其余保存完好，共7排，每排23块砖，并缝排列，南北两壁距墓底84厘米处起券，券高48厘米。墓底铺底砖为竖向并缝平铺。

砖的尺寸大致相当，为32厘米×12厘米×6厘米和33厘米×13厘米×6厘米。

填土为深褐色花土，结构疏松，土质较软较黏，夹杂大量白色石灰块、料姜石和碎砖块。

葬具　不详。

人骨　发现人骨1具，保存较差，头向西，葬式不详，已采集。

随葬器物　共10件。铁刀和陶磨出土于前室东南部的填土中；陶钵、陶磨盘、陶鸡、铜钱出于前室中；陶甑、陶仓、铜钱（计2件）出于后室中。

陶洗　1件。BM4：3，泥质灰陶。侈口，圆唇，短束颈，弧腹，圜底。上腹饰三周凹弦纹和三个铺首。口径21.6厘米，底径8.8厘米，高9.6厘米，最大腹径21.6厘米（图九三，7；图版一八，4）。

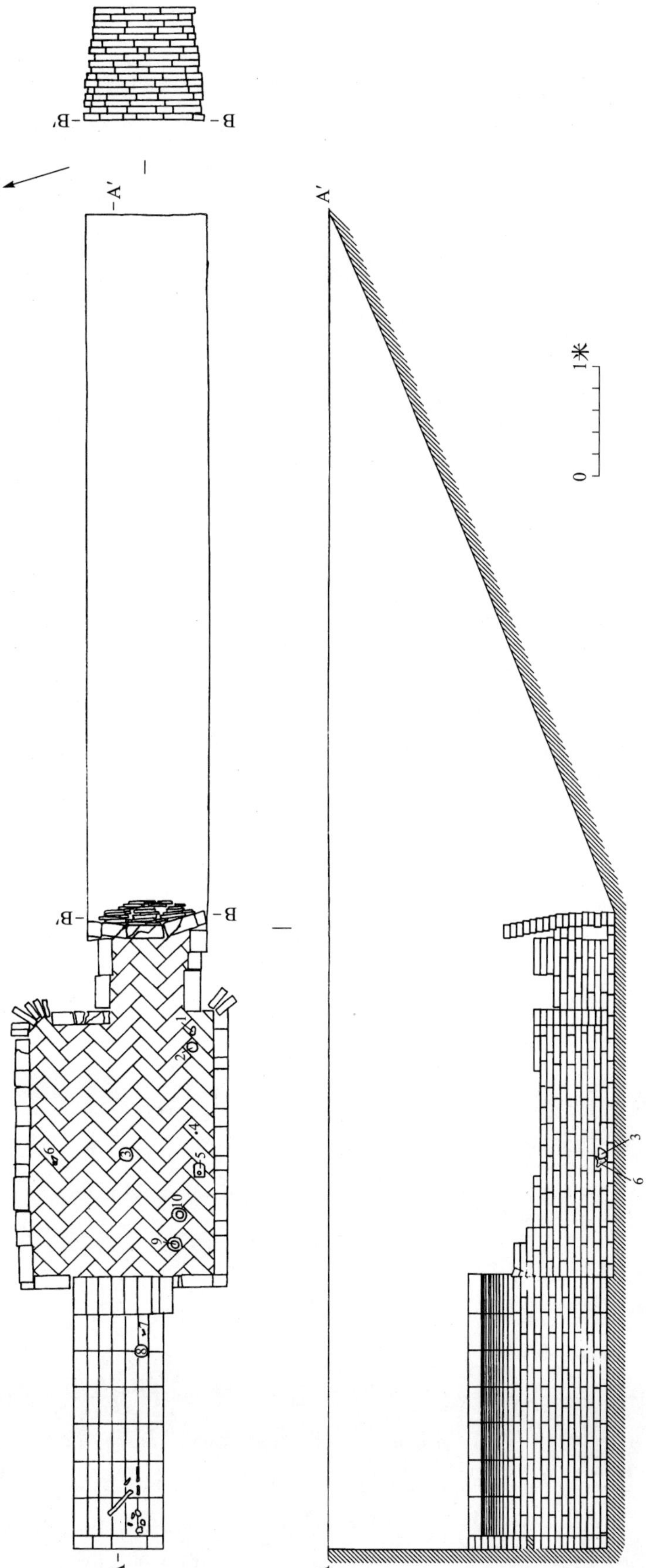

图九二 BM4平、剖面图

1. 铁刀（填土） 2、5. 陶磨盘（填土） 3. 陶洗 4、7. 铜钱 6. 陶鸡 8. 陶甑 9、10. 陶仓

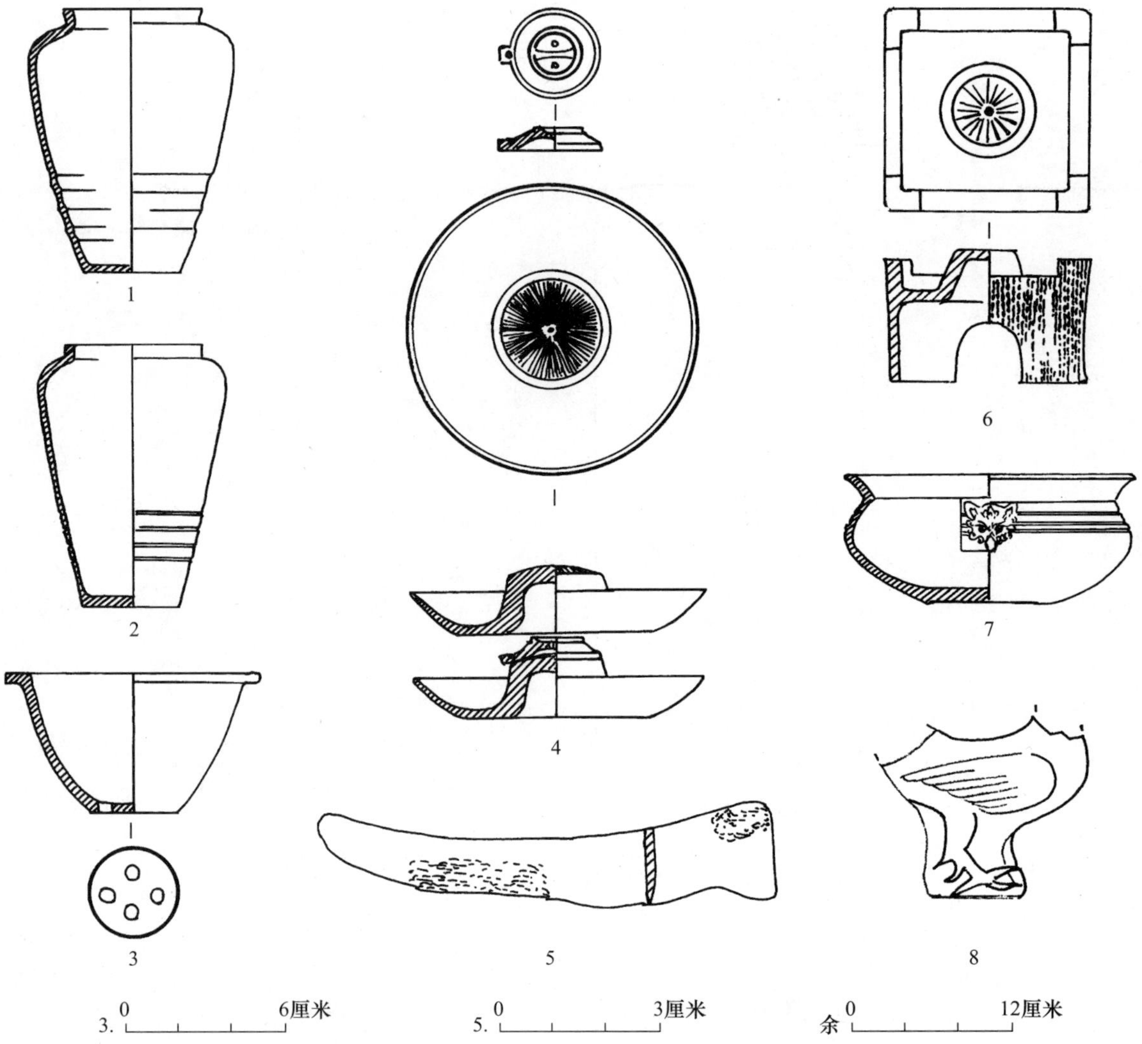

图九三　BM4 出土器物

1、2. 陶仓（BM4：9、BM4：10）3. 陶甑（BM4：8）4、6. 陶磨盘（BM4：2、BM4：5）
5. 铁刀（BM4：1）7. 陶洗（BM4：3）8. 陶鸡（BM4：6）

陶磨盘　2 件。BM4：2，泥质褐陶。敞口，斜壁，平底。盘中央向上隆起呈圆柱状，腹中空，顶部饰中心放射状的刻画线纹。磨盘口径 22 厘米，底径 13.6 厘米，通高 6 厘米（图九三，4；图版一八，1）。BM4：5，泥质灰陶。方形磨台。四边有向上凸起的护栏，磨台中央向上隆起呈圆柱体，中空，为磨扇，磨扇顶部中心有一圆形凸起，四周为放射状模印纹。磨台下有四个连裆曲尺形足。长 15.2 厘米，足高 4.4 厘米，通高 10 厘米（图九三，6；图版一八，5）。

陶鸡　1 件。BM4：6，泥质灰陶。头尾均残。残长 15.6 厘米，残高 13.2 厘米（图九三，8）。

陶甑　1 件。BM4：8，泥质灰陶。呈斗状，敞口，平折沿，方唇，弧腹，圜底。底部呈方块状分布四个小孔。口径 9.6 厘米，底径 3.2 厘米，高 5.2 厘米（图九三，3；图版一八，3）。

陶仓　2 件。BM4：9，泥质灰陶。口微侈，短颈，鼓肩，深斜腹，平底，底小于口。素面。口径 10.4 厘米，底径 7.2 厘米，高 19.6 厘米，肩径 15.2 厘米（图九三，1；图版一九，1）。BM4：10，泥质灰陶。口微侈，短颈，鼓肩，深斜腹，平底，底小于口。素面。口径 10.4 厘米，底径 7.2 厘米，高 19.6 厘米，肩径 14.4 厘米（图九三，2；图版一九，2）。

铁刀　1件。BM4：1，刀身略弯曲，刀背、刀刃均向内弧，前端尖窄。残长8.5厘米，宽0.3～1.8厘米，厚0.1～0.2厘米（图九三，5；图版一八，6）。

铜钱　5枚。BM4：4、7，可辨者有“五铢”1枚，郭径为2.6厘米（图一六五，1）。

2. BM8

位置　位于BT1512西部偏北。

层位关系　②→BM8→生土。

方向　195°。

形制与结构　砖室墓，由斜坡墓道和墓室组成，通长770厘米。墓道位于南部，平面呈长方形。口长480、宽136厘米；底坡长502、下端宽136厘米；深0～160厘米。

墓室平面呈长方形，长290、宽114～122、深160厘米。壁砖均为横向单层错缝平铺，东、西两壁均为9层砖，高55厘米；均为直接起于铺地砖上。墓顶为拱形券顶，保存完好，共10排，每排23块砖，并缝排列，砖缝中以楔形小砖填塞，南北两壁距墓底55厘米处起券，券高50厘米。墓底铺底砖为纵横并缝平铺。墓底北端未铺砖，为随葬品置放处（图九四）。

砖的尺寸大致相当，为28厘米×14厘米×6厘米。正面多饰有细绳纹。

填土为深褐色花土，结构疏松，土质较软较黏，夹杂大量白色石灰块、料姜石。墓室南端填土中含有较多碎砖块。

葬具　不详。

人骨　不详。

随葬器物　共4件。放置于墓室北端。陶壶3件，器盖1件。

陶壶　3件。BM8：1，泥质灰陶。盘口，束颈，溜肩，鼓腹较垂，圈足。肩、腹部饰数周弦纹，下腹饰绳纹。器盖泥质灰陶，敞口，圆唇，曲壁，漫圆顶。盖最大径15.2厘米，高3.2厘米。器身口径16厘米，底径14.4厘米，通高33.6厘米，最大腹径27.2厘米（图九五，2；图版二〇，1）。BM8：2，泥质灰陶。盘口，短束颈，溜肩，圆鼓腹较垂。肩、腹部饰数周弦纹。口径14.4厘米，底径11.2厘米，高28.8厘米，最大腹径25.6厘米（图九五，4；图版二〇，2）。BM8：3，泥质灰陶。盘口，短束颈，溜肩，耸腹，下腹斜直，外部纹饰呈莲花瓣状，平底。肩、腹部饰数周弦纹。器盖覆碗状，母口，弧壁，漫圆顶。盖最大径9.2厘米，高2.4厘米。器身口径8厘米，底径7.2厘米，通高15.6厘米，最大腹径11.2厘米（图九五，3；图版二〇，3）。

器盖　1件。BM8：4，泥质灰陶。覆碗状，侈口，方唇，弧壁，圆顶。口径17.6厘米，高5.6厘米（图九五，1；图版一八，2）。

3. BM9

位置　位于BT1512东部和BT1612西部。

层位关系　②→BM9→生土。

方向　175°。

形制与结构　砖室墓，由斜坡墓道、墓门、甬道和前室、双后室组成，通长1210、深240厘米（图九六）。墓壁均用34厘米×13厘米×6厘米的小砖单层错缝平砌而成（图九八；彩版三，1）。

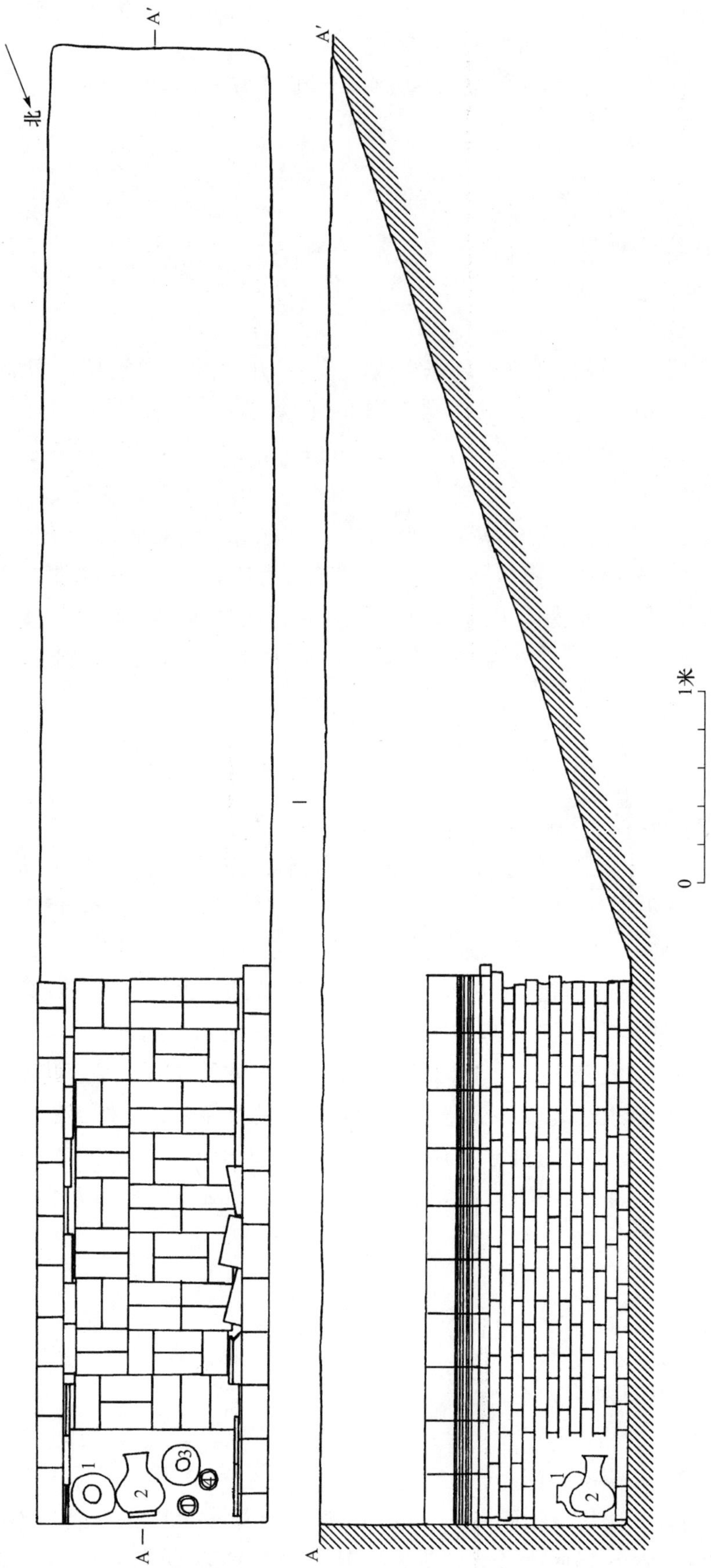

图九四　BM8平、剖面图

1～3. 陶壶　4. 器盖

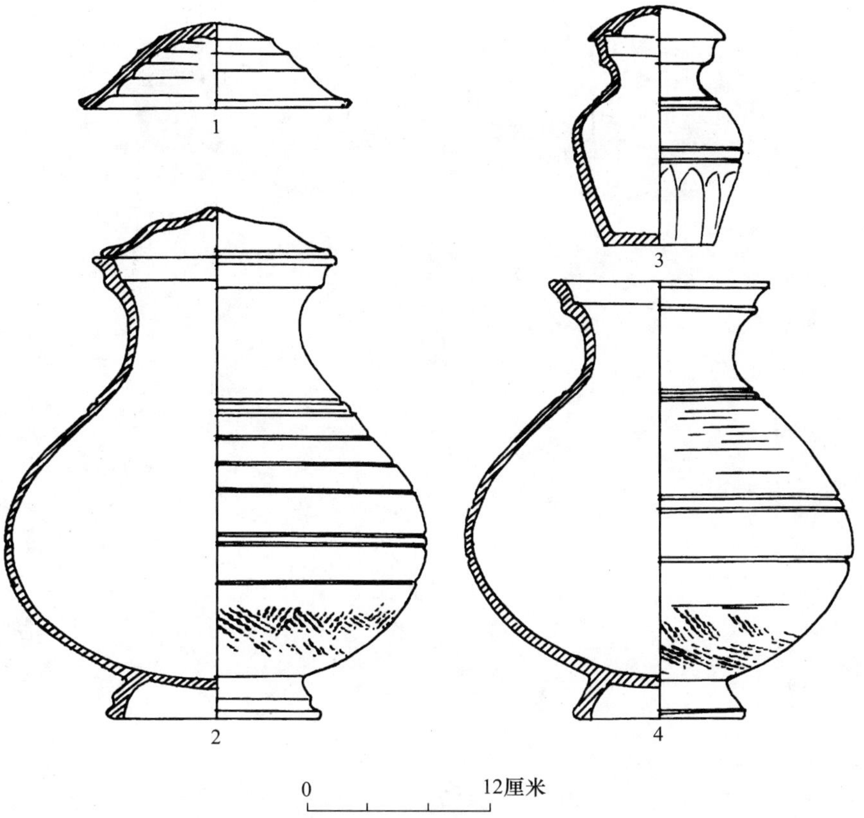

图九五　BM8出土陶器
1. 器盖（BM8：4）　2～4. 陶壶（BM8：1、BM8：3、BM8：2）

墓道平面近梯形，斜坡底。长572、宽114～165、底坡长612、深0～240厘米，坡度22°。

墓门宽152、高162、厚24厘米，由六块画像石组成，分别为门楣1块，门柱2根，门扉2扇，门槛1块。门楣长170、宽34、厚32～38厘米，其上雕刻有双龙回首交尾图案。两扇门扉规格相近，右门扉宽51、高110、厚16厘米；左门扉宽57、高110、厚16厘米。两门扉雕刻图案相同，上部朱雀，下部铺首衔环。两门柱尺寸相同，宽23、高105、厚28厘米，右门柱刻一执笏门吏，戴冠，着长袍，双手执笏，侧身恭立；左门柱刻一拥彗门吏，戴冠，着长袍，双手拥彗，侧身恭立。雕刻技法均为凿纹地浅浮雕，在图象轮廓外留下斜向平行的凿纹（图九七；彩版三，3）。门槛长166、宽32、厚16厘米。

甬道位于墓门与墓室之间，进深125、宽110、高114厘米。券顶，从第14层开始起券，券高37厘米。铺地砖东西向错缝平铺。随葬品罐、壶、灶、甑、奁、博山炉、碓坊等陶器放置于此。

前室平面呈长方形，南北长260、东西宽244～252厘米，顶部塌陷，残高86厘米。铺地砖为“人”字形排列。随葬品残存罐、壶、耳杯、熏炉、奁、案、仓、井、磨、圈厕等陶器及铁斧、铜洗、铜镜、五铢钱等。

双后室位于前室后部，东、西并列，券顶。除中间墓壁为一平一丁相间砌成外，其余墓壁为单层错缝平铺；铺地砖或纵向排列或横向错缝平铺。从第7层起券，券高34厘米。东室长224、宽92、高124厘米。西室长230、宽94、高124厘米。第7层起券，券高34厘米。

葬具　不详。

图九七　BM9 画像石墓门拓片

图九八　BM9 墓砖拓片

人骨　2具，东室一具为男性，头北，仰身直肢。随葬遗物有铜镜、铜钱、银指环、玻璃珠等；西室一具为女性，头南，仰身直肢。随葬遗物有耳杯、仓、奁等陶器及铜镜、铜扣、铜钱、银环、玻璃珠等。

随葬器物　出土随葬品共计49件（套），质地分陶、银、铜、铁、玻璃等5种，另有铜钱462枚。

陶器　共35件（套）。分为泥质灰陶和泥质黑陶两种，轮制，烧制火候较高。器类主要有壶、罐、仓、奁、樽、耳杯、熏炉、三足盘、案、磨、井、碓坊、甑、灶釜、圈厕等。

陶壶 5件。BM9∶5，泥质灰陶。侈口，平沿，宽方唇略呈盘状，高领束颈，垂鼓腹，假圈足，平底。颈部有两道凹弦纹。口径15.1、底径12、高38、最大腹径26.4厘米（图九九，3；图版二〇，4）。BM9∶28，泥质灰陶。侈口，平沿，高领束颈，垂鼓腹，假圈足，平底微凹。领部内侧有数周凸棱。口径15.3、底径14.3、高40、最大腹径28.8厘米（图九九，4；图版二二，4）。BM9∶11，泥质灰陶。敛口，平沿，内沿微敛，高领束颈，垂鼓腹，假圈足，平底微凹。口径15.3、底径12.7、高38.8、最大腹径27.2厘米（图九九，1；图版二二，3）。BM9∶29，口径14.9、底径13.3、高40.4、最大腹径28厘米（图九九，2；彩版八，2）。BM9∶6，口径15.2、底径11.2、高38、最大腹径26.4厘米（图九九，5；图版二二，1）。

三足盘 1件。BM9∶41，泥质灰陶。敞口，口沿四分向下切割，凸出四个子齿，腹壁斜收，下腹壁有一圆孔。大平底，底附扁平长方形三足。口径24、底径15.4、高11.6、足高4.4厘米（图九九，6；图版二五，5）。

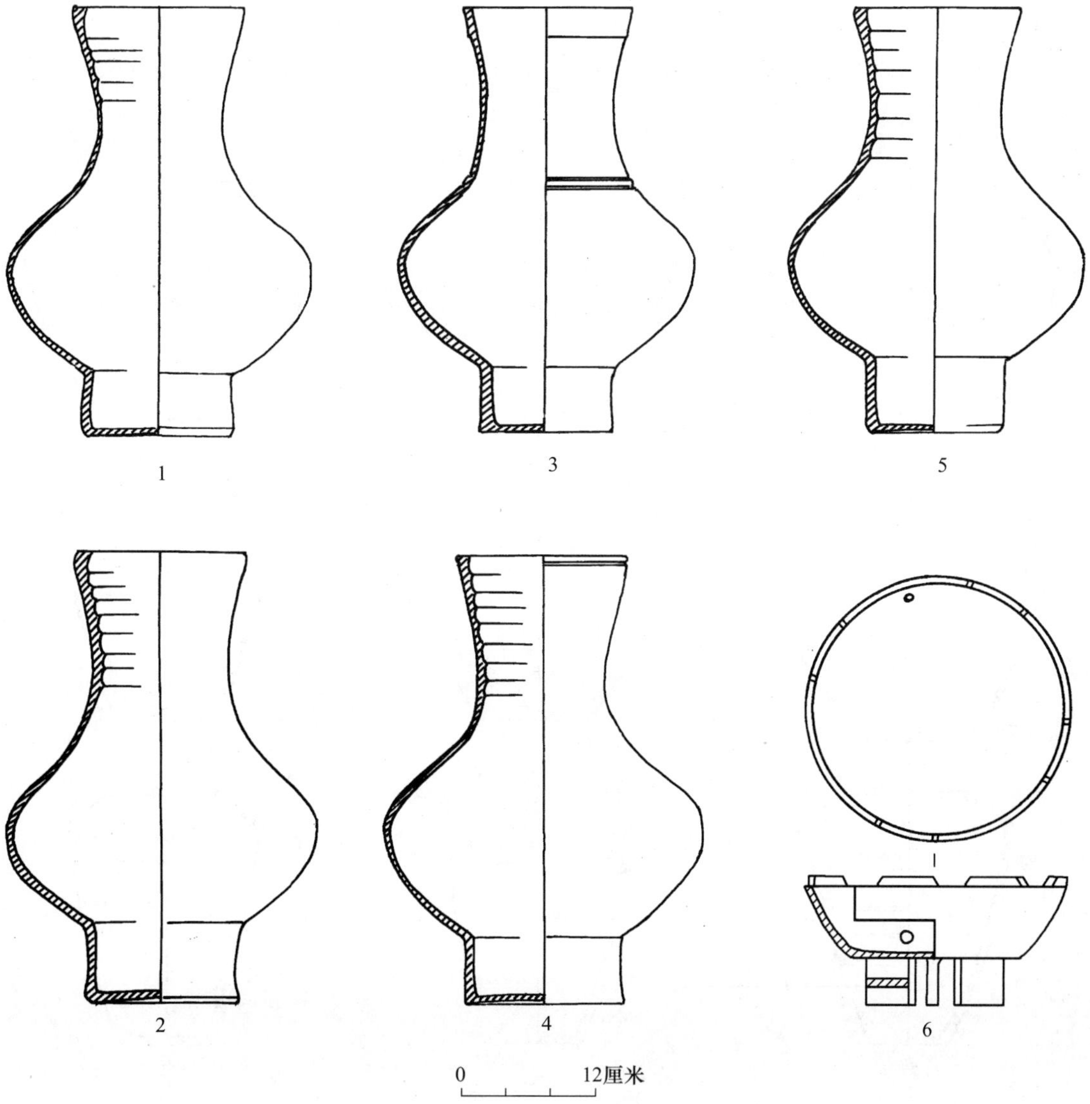

图九九 BM9出土陶器（一）

1～5. 陶壶（BM9∶11、BM9∶29、BM9∶5、BM9∶28、BM9∶6） 6. 三足盘（BM9∶41）

陶罐　5件。BM9：8，泥质灰陶。侈口，折沿，方唇，短束颈，鼓肩，弧腹，平底微凹。素面。口径14.9、底径8.6、高19.2厘米（图一〇〇，2；图版二三，2）。BM9：4，泥质灰陶。口微侈，折沿，平唇，内唇微敛，短颈，耸圆肩，斜弧腹。平底。素面。口径14.4、底径9.6、高19.6厘米（图一〇〇，1；图版二三，1）。BM9：36，口径13.5、底径10.8高20厘米（图一〇〇，4；彩版九，3）。BM9：34，口径13.6、底径9.6、高19.6厘米（图一〇〇，3；图版二三，4）。BM9：12，敛口，底部微凹。口径13.1、底径9、高21.6厘米（图一〇〇，5；图版二三，3）。

陶仓　5件。泥质灰陶。直口，方唇，矮直领，广折肩，深斜腹。BM9：13，小平底。腹部饰有六道凹弦纹。口径9.2、底径6.5、肩径16.8、高20.8厘米（图一〇〇，7；彩版八，1）。BM9：7，小平底。腹部饰有凹弦纹。口径10.4、底径8、肩径17.2、高20厘米（图一〇〇，6；图版二二，2）。BM9：44，小平底。腹部饰有凹弦纹。口径9.6、底径7.2、肩径16、高20.8厘米（图一〇〇，9；图版二五，3）。BM9：45，小平底。素面。口径9.4、肩径16.8、底径6.7、高20.8厘米（图一〇一，5；图版二五，2）。BM9：43，底部微凹。腹部饰有凹弦纹。口径9.2、底径6.9、肩径16、高22厘米（图一〇〇，8；图版二五，4）。

陶案　1件。BM9：19，泥质灰陶。圆角长方形浅盘状，平底，素面。长47.4、宽32、高2.4厘米（图一〇一，6；图版二六，4）。

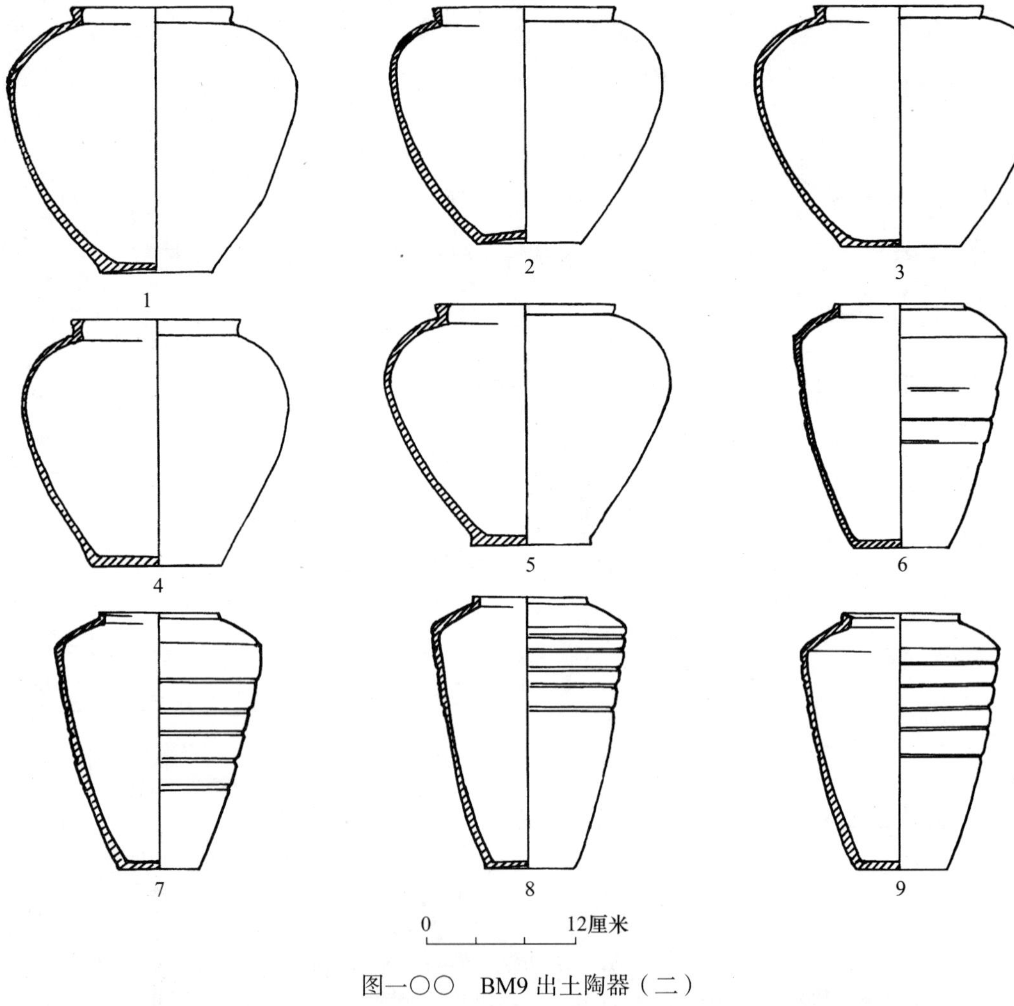

图一〇〇　BM9出土陶器（二）

1～5. 陶罐（BM9：4、BM9：8、BM9：34、BM9：36、BM9：12）　6～9. 陶仓（BM9：7、BM9：13、BM9：43、BM9：44）

图一〇一　BM9出土陶器（三）

1. 陶灶釜、陶甑（BM9：33、38） 2. 陶灶釜（BM9：38） 3. 陶樽（BM9：37） 4. 陶甑（BM9：33）
5. 陶仓（BM9：45） 6. 陶案（BM9：19）

灶釜　1套。泥质黑陶。BM9：38，灶身为长方体，中空，前端开一拱形灶门，其上设有挡火墙。灶台较平，中央为圆形火眼，上置一釜。火眼与挡火墙之间刻画一条鱼纹，挡火墙面刻画三角形纹。长30.8、宽19.3、通高14.6厘米。釜，微侈口，折沿，圆唇，折肩，斜腹，小平底，素面。口径7.2、底径4.6、高7.2厘米（图一〇一，2）。

陶甑　1件。BM9：33，泥质灰陶，敞口，平折沿，方唇，深弧腹，平底。底部分布有9个小孔。素面。口径19.2、底径5.2、高10.8厘米（图一〇一，4；图版二一，6）。

BM9：38灶釜与BM9：33陶甑有可能为一套组合（图一〇一，1；彩版九，6）。

陶耳杯　5件。泥质灰陶，杯身椭圆如船形，敞口，尖圆唇，薄饼状圈足。口沿两侧饰半月形耳。BM9：1，口径7.4～12.8、底径5.4～7.4、高4厘米（图一〇二，7；图版二一，1）。

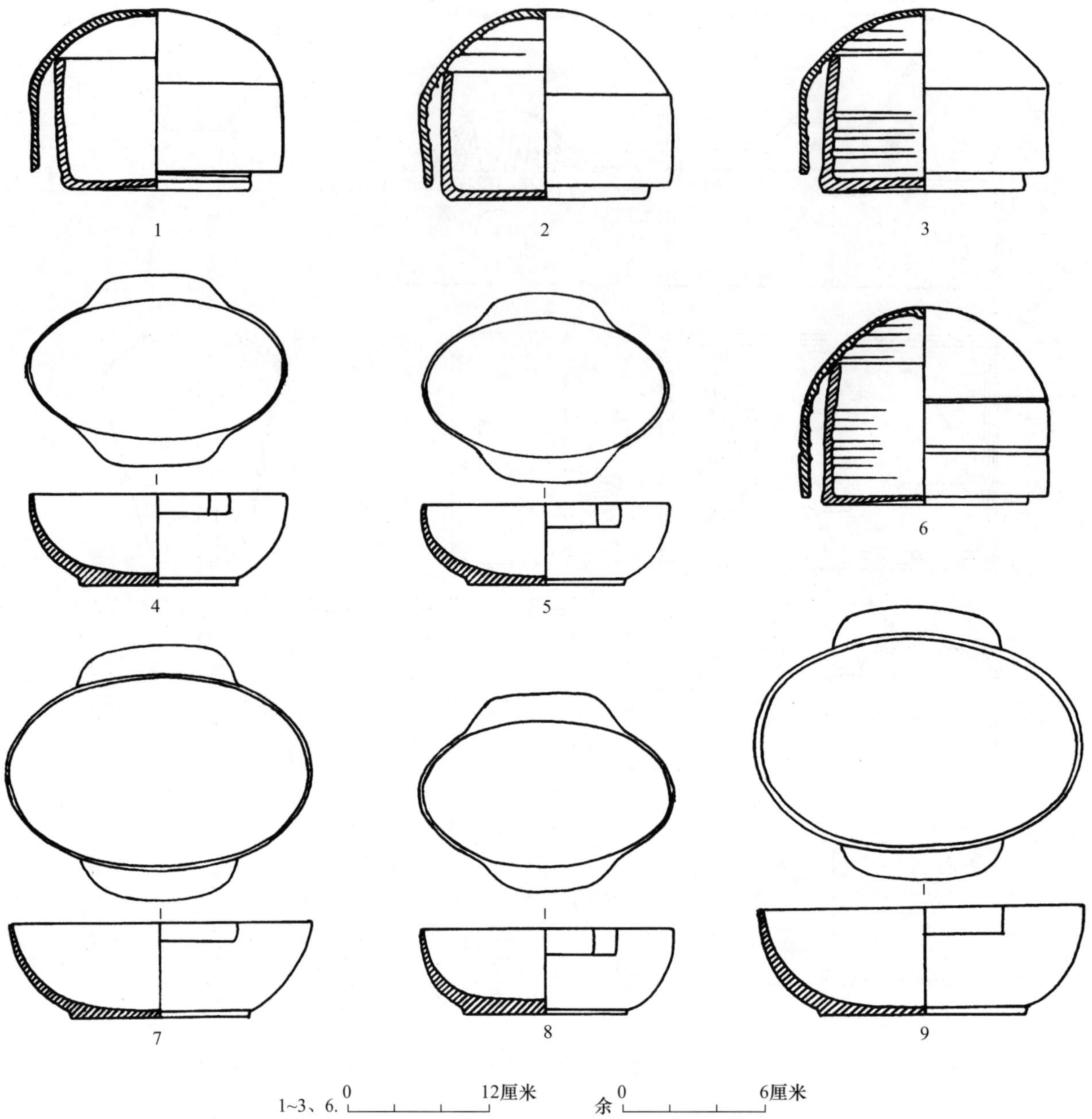

图一〇二　BM9 出土陶器（四）

1～3、6. 陶奁（BM9：16、26，BM9：10、25，BM9：57、58，BM9：30、40）

4、5、7～9. 陶耳杯（BM9：15、BM9：21、BM9：1、BM9：20、BM9：59）

BM9：59，口径 8.3～13.5、底径 6.2～8.5、高 4 厘米（图一〇二，9；图版二一，5）。BM9：15，口径 5.2～10.4、底径 4.6～6.5、高 3.8 厘米（图一〇二，4；图版二一，2）。BM9：21，口径 8～10.4、底径 4.6～6.8、高 3.4 厘米（图一〇二，5；图版二一，4）。BM9：20，口径 5.4～10.4、底径 4.4～6.7、高 3.6 厘米（图一〇二，8；图版二一，3）。

陶奁　4 件（套）。BM9：16、26，泥质灰陶。覆钵形器盖扣于圆筒形器身之上。器身直口或微敞，圆唇，直壁，平底微凹，素面。盖径 21.4、器身口径 17.1、底径 15.9、通高 15.2 厘米（图一〇二，1；图版二四，2）。BM9：10、25，盖径 20.8、器身口径 17.1、底径 16.9、通高 16 厘米（图一〇二，2；图版二四，1）。BM9：30、40，泥质灰陶。覆钵形器盖扣于圆筒形器身之上。

器身口微敛，圆唇，口小底大，斜直腹，平底微凹，内壁留有旋痕。器盖腹部饰有二道凹弦纹。盖径20.8、器身口径15.6、底径16.8、通高16.8厘米（图一〇二，6；图版二四，3）。BM9：57、58，盖径20.8、器身口径15.5、底径16.8、通高15.4厘米（图一〇二，3；彩版七，1）。

陶樽 1件。BM9：37，直口，圆唇，直腹，平底，底部有三个兽首足，素面。口径22、底径22.4、通高15.6、足高4.4厘米（图一〇一，3；图版二四，4）。

陶圈厕 1件。BM9：9，泥质灰陶。圈厕平面为长方形，由圈、厕两部分组成。圈体为正方形，门位于前墙正中，左右两角上方设有两个曲尺形遮檐，内置一头侧卧半面猪，长嘴，闭眼，卷尾，身长10.4、宽4.5厘米。厕所位于卷后墙右侧，人字坡悬山顶，厕内下方有椭圆形孔与圈相通，长方形厕门开在左山墙，门前有五级阶梯通往地面。圈长24.8、宽16.9、通高22、围墙高7.5厘米（图一〇三，1；彩版七，2）。

陶碓坊 1件。BM9：39，泥质灰陶，无顶三面围墙式作坊，平面为长方形，内仅存碓槽。长23.2、残宽15.2、高10.5厘米（图一〇三，2；图版二四，5）。

陶磨 1件。BM9：42，泥质灰陶。上扇呈覆钵状，顶面中央有两个对称的半月形槽，槽内各有一圆孔。下扇为粗矮的圆柱体，顶面微隆。无盘。通高13.2、底径19.5厘米（图一〇三，3；图版二四，6）。

陶熏炉 2件（套）。均泥质灰陶。

BM9：31、32、35为一套上、中、下三组合博山炉。下层，BM9：31，由炉盘和炉体组成。炉盘盆形，敞口，平折沿，浅折斜腹，平底。底部中央为斗形炉体，圆柱形中空柄承托钵形炉身，炉身子口，圆唇，深弧腹。炉身口径12、炉盘底径17.6、高21.2厘米。中层BM9：32，由圈足、炉盘和炉体组成。圈足呈喇叭状，底部内侧为母口，直接扣在下层炉身子口之上，表面模印凸起的山峦，间有六个圆形镂孔。炉盘敞口，微卷沿，浅斜腹。底部中央为斗形炉体，圆柱形中空柄承托钵形炉身，炉身子口，圆唇，深弧腹。炉身口径9.6、圈足径16.8、高23.6厘米。上层BM9：35，由圈足、炉盘和炉体组成。圈足呈喇叭状，底部内侧为母口，直接扣在中层炉身子口之上，表面镂有五个三角形孔。炉盘敞口，平折沿，方唇，浅弧腹。底部中央为蘑菇形炉体，炉身腹部有一镂孔，顶尖残。炉盘口径22.4、圈足径12.5、高20厘米（图一〇四，1；彩版八，3）。

BM9：24，仅剩顶层。由圈足、炉盘和炉体组成。圈足呈喇叭状，底部内侧为母口，表面模印凸起的山峦，间上下两排八个圆形镂孔。炉盘敞口，平折沿，方唇，浅弧腹。底部中央为蘑菇形炉体，炉盘口径24.8、圈足径16、高23.8厘米（图一〇四，2；彩版九，5）。

陶井 1件。BM9：23，泥质灰陶。直沿，圆形井栏突出，圆桶形井身，腰部微束，平底。口径13.5、底径11.2、高13.6厘米（图一〇四，3；图版二五，1）。

铜器 7件。器类有铜镜、铜洗、铜环、铜扣（计1件）等。

铜洗 1件。BM9：22，敞口，宽沿仰折，圆唇，弧腹较深，平底。上腹饰三周凸弦纹。口径26.4、底径12。1、高11.2厘米（图一〇四，4；图版二六，2）。

铜镜 4件。BM9：17、18、47朽蚀严重。BM9：46，圆形，圆纽，圆纽座，主题纹饰为两条背纽相向的飞龙，之外是一圈凸起的素环和栉齿纹，外缘为两周锯齿纹。直径9.2厘米（图一〇五，1；彩版七，4）。

铜扣 3枚。圆珠形，其上有环形小鼻。BM9：53，直径0.9厘米（图一〇五，7）。

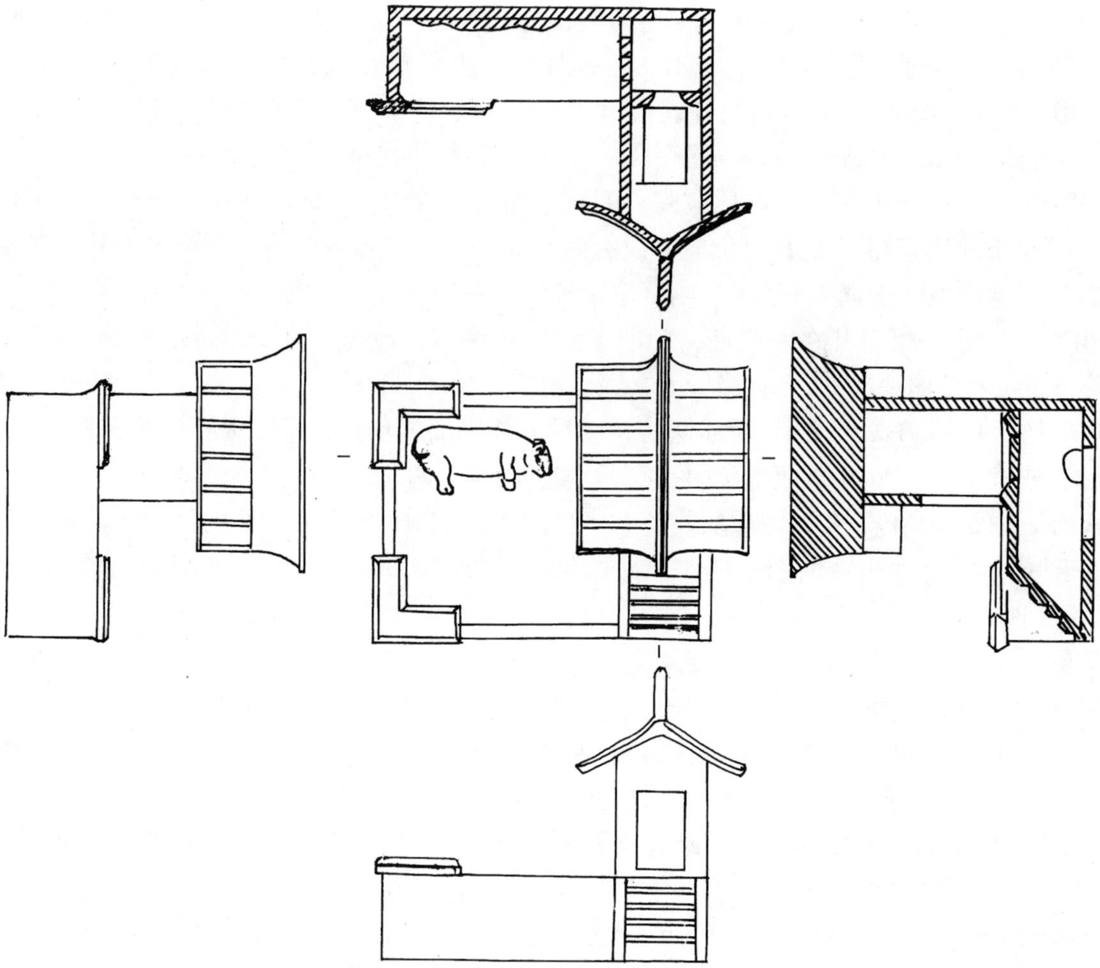

1

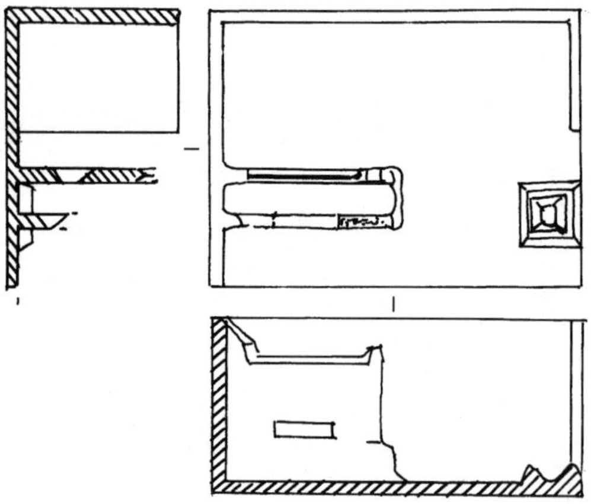

2

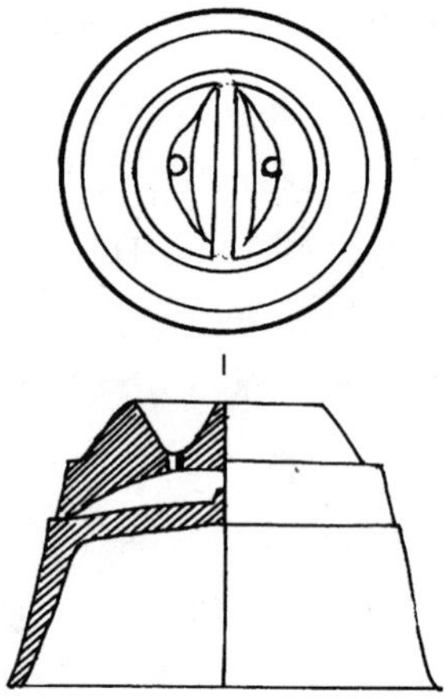

3

0　12厘米

图一〇三　BM9 出土陶器（五）

1. 陶圈厕（BM9：9）2. 陶碓坊（BM9：39）3. 陶磨（BM9：42）

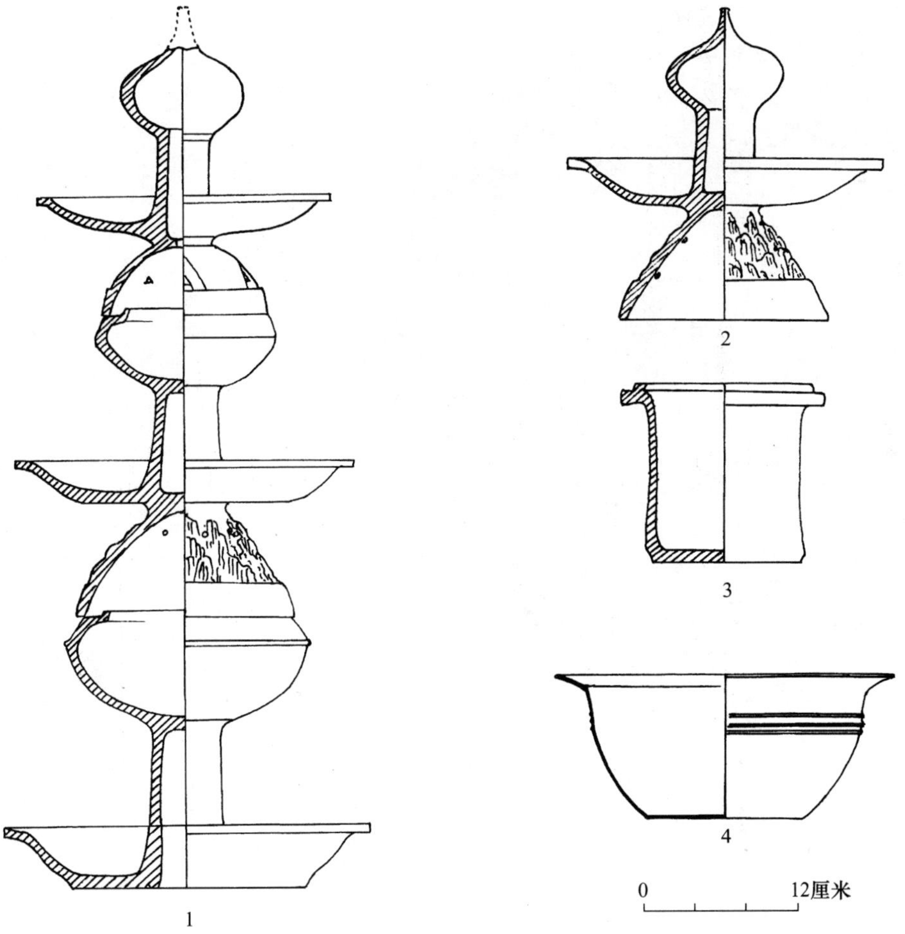

图一〇四 BM9 出土器物（六）

1. 陶熏炉（BM9：31 下、32 中、35 上） 2. 陶熏炉（BM9：24） 3. 陶井（BM9：23） 4. 铜洗（BM9：22）

铜环 1 件。BM9：27，环较细。外径 2.2、内径 1.9 厘米（图一〇五，8）。

玻璃器 3 件。BM9：55，珥珰，玻璃件，浅蓝色，半透明。须弥形，上端小，下端大，束腰，中心穿孔。口径 1、底径 1.2、高 1.1、孔径 0.2 厘米（图一〇五，3；彩版七，3）。BM9：56，玻璃珠，白色。六棱橄榄形，中心穿孔。高 0.9、最大径 0.7 厘米（图一〇五，4；彩版七，5）。BM9：54，玻砂，通体白色，圆柱体，器身饰八卦纹，中央对钻一孔。最大径 0.9、孔径 0.1、高 0.7 厘米（图一〇五，6；彩版七，6）。

银指环 1 件。BM9：51，发现时套在指节骨痕上。外环径 2、内环径 1.8 厘米（图一〇五，5）。

铁斧 1 件。BM9：3，器身束腰梯形，刃部弧形，长方形銎位于斧身中部，内有朽木痕迹。长 10.2、宽 5～7.1、厚 0.2～1.8 厘米；銎长 2.5、宽 0.5 厘米（图一〇五，2）。

铜钱 462 枚。钱文有“五铢”“货泉”“大泉五十”等，部分钱文不清。

五铢钱 458 枚。圆形，方穿，有边郭，背面有穿郭，穿之左右篆书“五铢”两字。“朱”字头方折、圆折或者圆折外撇。郭径 2.38～2.66、穿径 0.88～1.00 厘米，重量 2.08～3.79 克。标本 BM9：50-5，郭径 2.6、穿径 0.9 厘米，重量 3.44 克（图一六六，5）。BM9：50-2，郭径 2.48、穿径 0.92 厘米，重量 3.68 克（图一六六，2）。BM9：14-8，郭径 2.66、穿径 0.92 厘米，重量 2.56

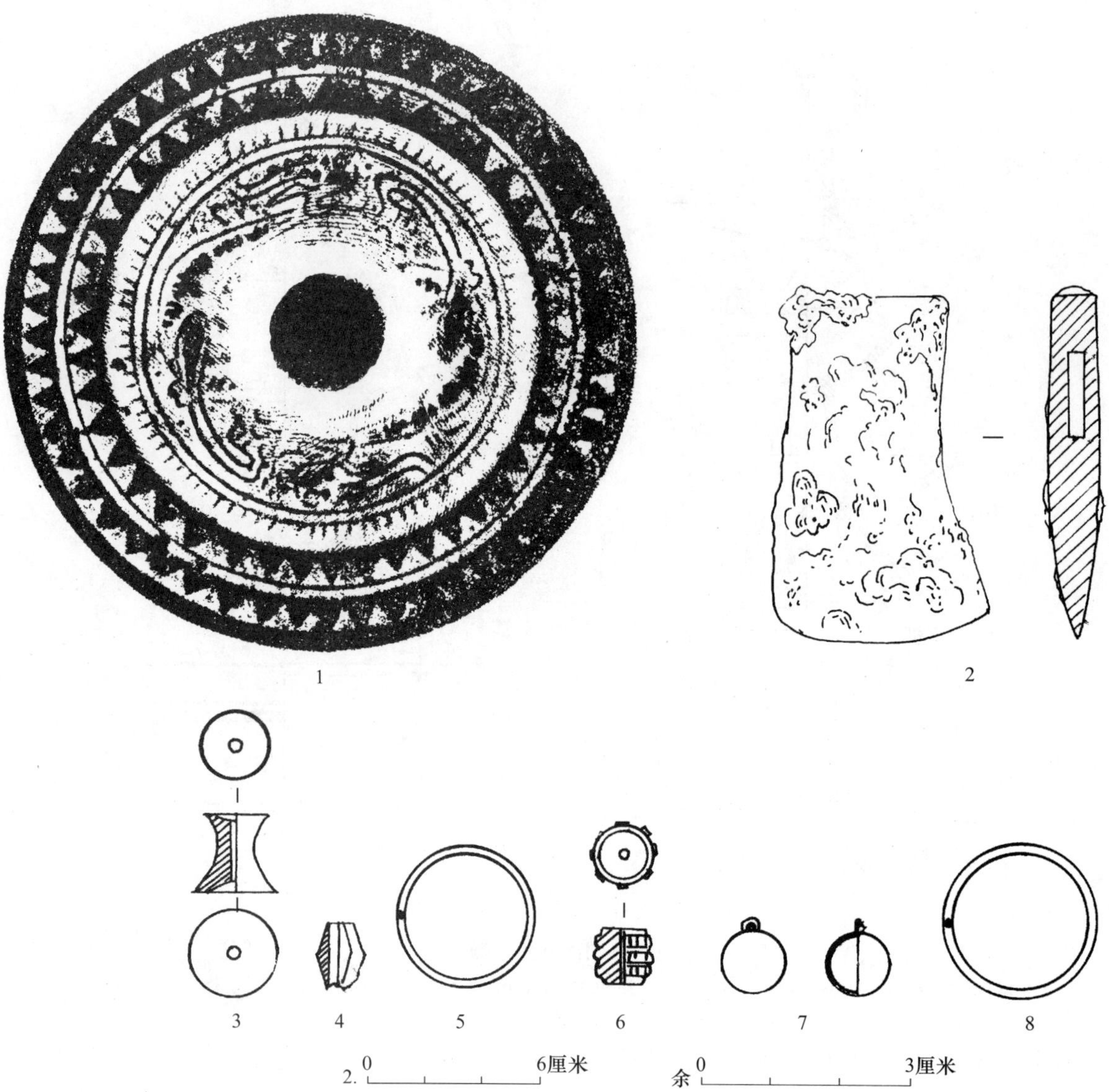

图一〇五　BM9出土器物（七）

1. 铜镜（BM9：46） 2. 铁斧（BM9：3） 3、4、6. 玻璃器（BM9：55、BM9：56、BM9：54） 5. 银指环（BM9：51） 7. 铜扣（BM9：53） 8. 铜环（BM9：27）

克（图一六五，9；图版二六，3）。

货泉　2枚。圆形，方穿，穿之两面有郭，穿之左右篆文“货泉”两字。BM9：50-24，郭径2.32、穿径0.7厘米，重量2.87克（图一六六，24）。BM9：14-14，郭径2.32、穿径0.62厘米，重量2.16克（图一六五，15）。

大泉五十　2枚。圆形，方穿，穿之两面有郭，穿之上下篆文“大泉”两字，左右有“五十”两字。M9：14-2，郭径2.78、穿径0.8厘米，重量6.06克（图一六五，3）；M9：52-1，郭径2.82、穿径0.75厘米，重量8.96克（图一六七，1）。

4. BM10

位置　位于BT1614南部。

层位关系　②→BM10→生土。

方向　95°。

形制与结构　砖室墓，由斜坡拐弯墓道、墓门、前甬道、前室、后甬道、后室组成，通长1176厘米（图一〇六；彩版三，2）。

墓道位于东部，平面近刀把形，口部向右弯曲，斜坡底。长442、宽130～140、斜坡长560、深0～256厘米。

墓门高164、宽142、厚22厘米。由6块画像石组成，即门楣1、门扉2、门柱2、门槛1块。门楣长176、宽44～50、厚20厘米，上刻有双龙交尾。门扉由两块石板组成，南侧宽56、高102～106、厚8厘米；北侧宽52、高104～108、厚8厘米。两扇门扉雕刻图案相同，上部朱雀，下部铺首衔环，边缘纹饰从外向内分别为平行短斜辐射纹、菱格纹和连弧纹。门柱南北各一，南侧宽22、高102、厚10厘米；北侧宽22、高104、厚10厘米。两门柱均刻有一位戴冠、着长袍、拱手相向而立的小吏。门槛长160、宽22、厚11厘米。画像均为阴刻线（图一〇七；彩版三，4）。门柱与墓道之间的空隙以碎砖填塞。

墓门与前室之间为前甬道，前甬道平面呈长方形，进深98、宽120、高96～120厘米。甬道顶部为拱形券顶，顶部残存两排砖券，每排21块砖，并缝排列。从墓底数16层开始起券，券高36厘米。壁砖均为横向单层错缝平铺，南北两壁均为15层砖，高90厘米；墓底铺地砖为错缝横向排列。

前室平面近方形，东西长244～252、南北宽242～248、残高134厘米。墓顶塌陷，形制不详。四壁砖砌均为单层错缝平铺，南壁最高22层砖，高112～130厘米；北壁最高有砖20层，高60～124厘米；东壁最高19层，高72～114厘米；西壁最高20层，高102～120厘米。砖壁直接立于铺地砖上。前室铺底砖为横向错缝排列平铺。

后甬道位于前室与后室之间，平面呈长方形，进深66、宽116厘米。券顶塌陷，残高144厘米。仅存最西一排砖，每排19块砖，券顶南侧，直接接于后室南壁。从墓底数12层开始起券，券高50厘米。四壁砌砖均为单层错缝平铺。铺底砖为横向错缝排列平铺。

后室平面呈长方形，长254～258、宽194厘米。墓顶塌陷，残高96厘米。壁砖均为横向单层错缝平铺，南壁最高存16层，高42～96厘米；北壁最高18层，高24～103厘米；东壁上部建于过洞上，存23层，高24～138厘米；西壁残砖16层，高48～96厘米。壁砖均为直接起于铺地砖上。墓顶塌陷，形制不详。墓底铺底砖已破坏，仅在东南角有数块残砖。从残砖块可知铺底砖为“人”字形排列。

砖的尺寸为32厘米×12厘米×6厘米。

填土为红、白色花土，结构疏松，土质较软较黏，夹杂大量白色石灰块、料姜石。含有较多碎砖块。

葬具　不详。

人骨　不详。

随葬器物　共16件（套）。陶器14件（套），铁器1件，另有铜钱1组5枚。

陶耳杯　2件。BM10：7，泥质灰陶。杯身椭圆如船形。敞口，方圆唇，平底，假圈足。两侧半月形耳。口径5.7～10.8厘米，底径5.6～6.7厘米，高3.4厘米。（图一〇八，5；图版二八，1）。BM10：9，泥质灰陶。杯身椭圆如船形。敞口，方圆唇，平底，假圈足。两侧半月形耳。口

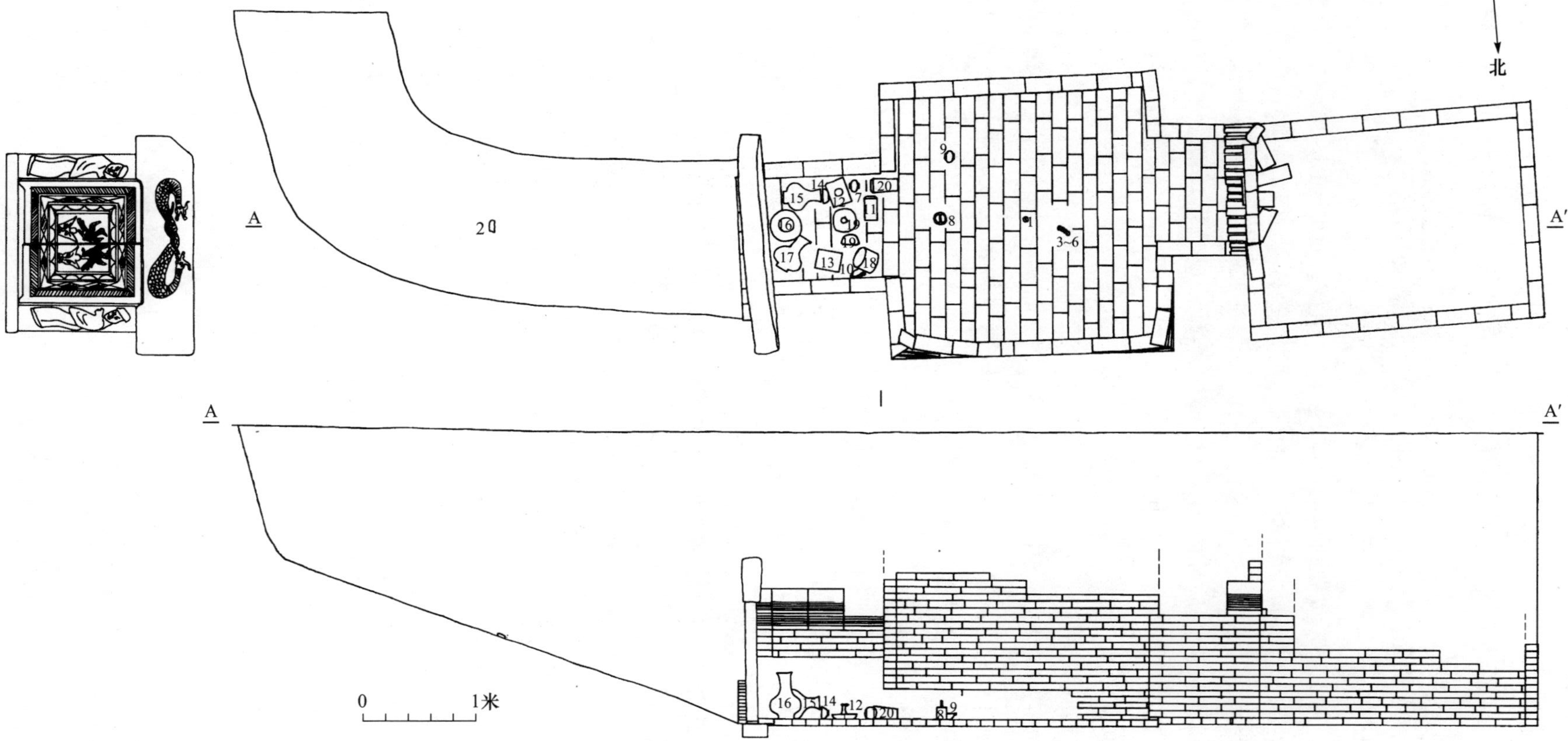

图一〇六　BM10平、剖面图

1、3～6. 铜钱　2. 铁刀　7、9. 耳杯　8. 陶井　10. 陶猪　11、20. 陶仓　12. 陶灶　13、18. 陶樽　14. 陶碗　15～17. 陶壶　19. 陶熏炉

图一〇七　BM10 石墓门画像拓片

径 7.6～13.1 厘米，底径 5.8～7.5 厘米，高 3.8 厘米（图一〇八，2；图版二八，2）。

陶碗　1 件。BM10：14，泥质灰陶。敞口，尖圆唇，弧腹，平底，假圈足。口沿处有一周凸弦纹。口径 17.6 厘米，底径 9.1 厘米，高 8.4 厘米（图一〇八，8；图版二八，5）。

陶壶　3 件。BM10：15，泥质灰陶。敛口，方唇，长束颈，鼓腹，假圈足，平底。素面。口径 15.8 厘米，底径 13.9 厘米，高 40 厘米，最大腹径 27.2 厘米（图一〇八，1；图版二七，1）。BM10：16；泥质灰陶。敛口，平沿，内沿微敛，高领束颈，垂鼓腹，假圈足，平底。素面。口径 15.2 厘米，底径 12.8 厘米，高 39.2 厘米，最大腹径 28 厘米（图一〇八，4；图版二七，4）。BM10：17，泥质灰陶。敞口，平沿，宽方唇略呈盘状，高领束颈，垂鼓腹，假圈足，平底。素面。口径 15.2 厘米，底径 13.6 厘米，高 39.2 厘米，最大腹径 27.2 厘米（图一〇八，7；图版二七，3）。

陶井　1 件。BM10：8，泥质灰陶。圆形井栏与圆筒形井身连为一体，井身内斜直壁，平底。井架部分残。口径 13.6 厘米，底径 10.4 厘米，残高 16.2 厘米（图一〇八，9）。

陶猪　1 件。BM10：10，泥质灰陶。母猪平躺状，哺乳六只小猪崽。长 11.4 厘米，宽 7 厘米（图一〇九，5；图版二八，6）。

陶仓　2 件。BM10：11，泥质灰陶。敛口，短沿，方唇，矮领内斜鼓肩，深斜腹，平底。腹部饰有凹弦纹。口径 8.4 厘米，底径 8.4 厘米，高 20.8 厘米，肩径 15.2 厘米（图一〇九，6；图版二七，2）。BM10：20，泥质灰陶。敛口，短沿，方唇，鼓肩，深斜腹，平底。腹部饰有凹弦纹。口径 9.5 厘米，底径 8.6 厘米，高 22 厘米，肩径 16.8 厘米（图一〇九，3；图版二九，1）。

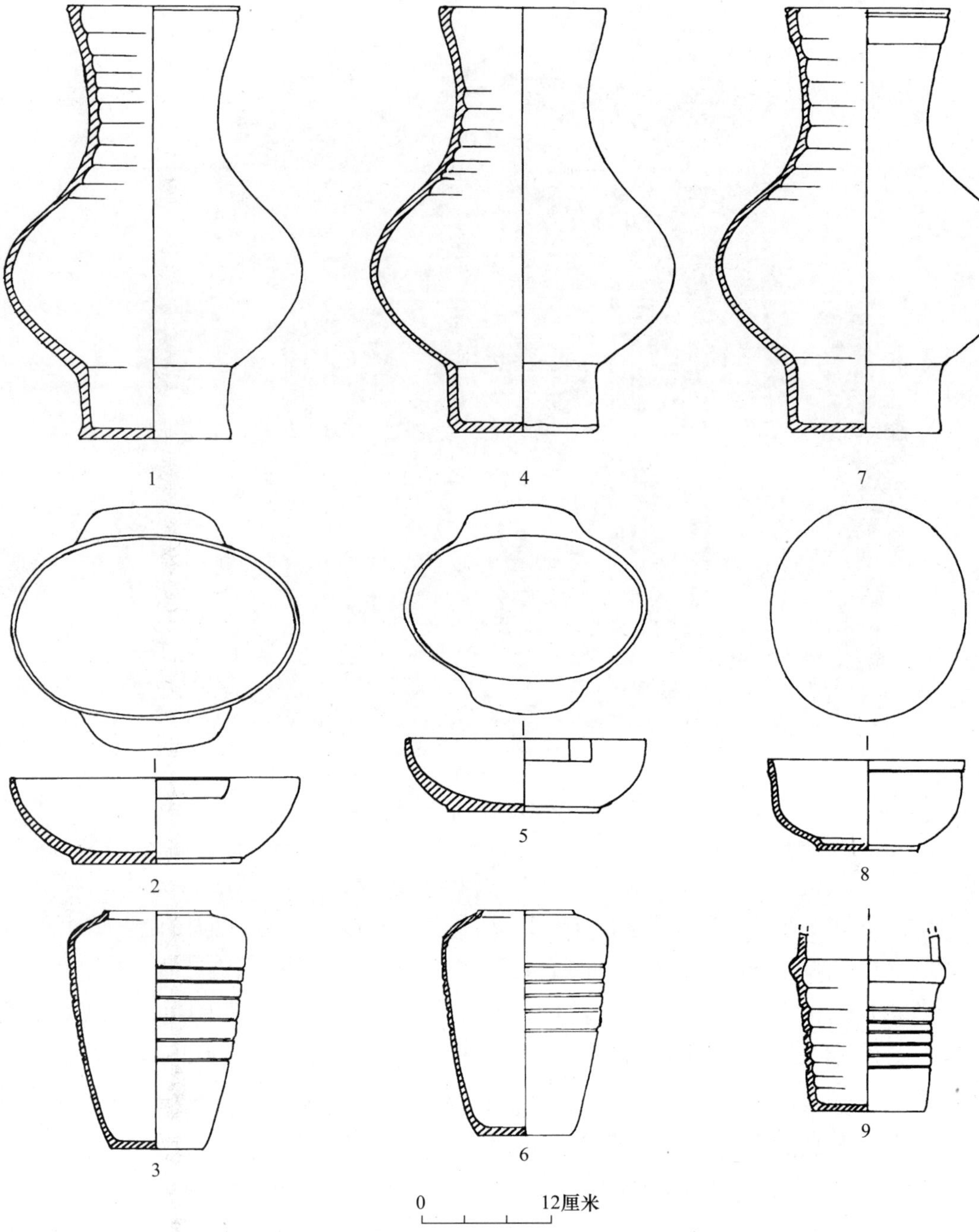

图一〇八　BM10 出土器物（一）

1、4、7. 陶壶（BM10：15、BM10：16、BM10：17）2、5. 陶耳杯（BM10：9、BM10：7）
3、6. 陶仓（BM10：20、BM10：11）8. 陶碗（BM10：14）9. 陶井（BM10：8）

陶灶　1 件。BM10：12，泥质灰陶。灶台呈长方体，中空，前端开一拱形灶门。灶台较平，前侧有一挡火墙，灶台中央为火眼。挡火墙外侧刻画三角纹，火眼后部刻画一条鱼纹，之后为三角形刻画纹，周边刻画凹弦纹。长 30.4 厘米，宽 20.8 厘米，通高 15.2 厘米（图一〇九，3；图版二六，1）。

陶樽（奁）　2 件。BM10：13，泥质灰陶。直口，尖圆唇，直壁，平底。腹部三周凹弦纹。口径 19.2 厘米，底径 18.4 厘米，高 13.2 厘米（图一〇九，1；图版二八，4）。BM10：18，泥质红陶。敛口，尖圆唇，腹微外斜呈口小底大，平底微内凹。腹部饰八道凹弦纹。口径 16 厘米，底径 17.2 厘米，高 12 厘米（图一〇九，2；图版二八，3）。

陶熏炉　1 件。BM10∶19，泥质灰陶。由炉盘、炉体和炉盖组成。炉盘呈盆形，敞口微折沿，方唇，浅斜腹，平底；盘中心柱形空心柄承托钵形炉身，炉身子口，圆唇，弧腹，圜底；炉盖尖帽形，母口，间有三角形镂孔。通高 27.4 厘米，底径 16.8 厘米，盘径 27.2 厘米（图一〇九，4；图版二九，2）。

铁刀　1 件。BM10∶2，锈蚀严重，长方形，单面刃。残长 7.8 厘米，宽 5 厘米，厚 0.2 厘米（图一〇九，6；图版二六，5）。

铜钱　5 枚。编号 BM10∶1、3、4、5、6，可辨者有“五铢”2 枚，郭径分别为 2.5、2.6 厘米（图一六七，2、3）。

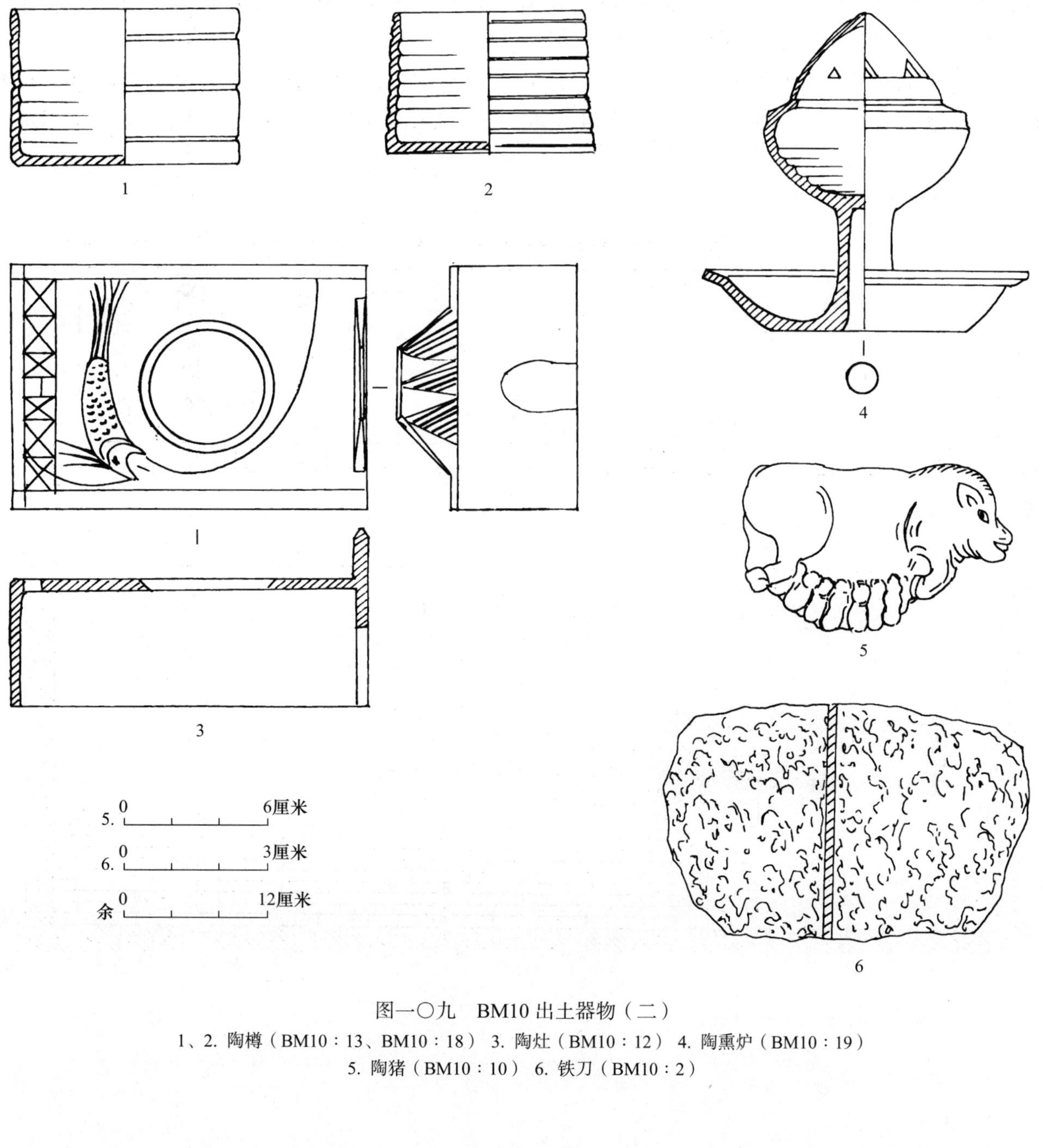

图一〇九　BM10 出土器物（二）

1、2. 陶樽（BM10∶13、BM10∶18）　3. 陶灶（BM10∶12）　4. 陶熏炉（BM10∶19）
5. 陶猪（BM10∶10）　6. 铁刀（BM10∶2）

5. BM32

位置　位于 BT0811 中南部。

层位关系　②→ BM32 →生土。

方向　20°。

形制与结构　砖室墓，由墓道和墓室组成，通长 493 厘米。墓道位于北部，长方形竖井墓道。口部东西 150、南北 120、深 196 厘米（图一一〇）。

墓室北端墓门处两侧各有一块条形空心砖作为立柱，立柱北侧似为封门砖，现仅存两侧的砖，中部均已塌陷。东侧 18 层砖，高 90 厘米；西侧 16 层，高 80 厘米。

墓室平面呈长方形，长 373、宽 126、深 196 厘米。墓顶塌陷，形制不详。墓室各砖壁也有所坍塌，东壁残存砖 6～9 层，西壁存砖 0～10 层，南壁存砖 8～10 层，均为单层错缝叠放向砌。墓底铺砖，错缝放置，保存较差。

空心砖的尺寸为 110 厘米 ×16 厘米 ×16 厘米。青砖的尺寸有两种，封门砖为 28 厘米 ×14 厘米 ×5 厘米；墓室内用砖为 46 厘米 ×14 厘米 ×6 厘米。砖的长侧面饰有模印的对三角纹饰。

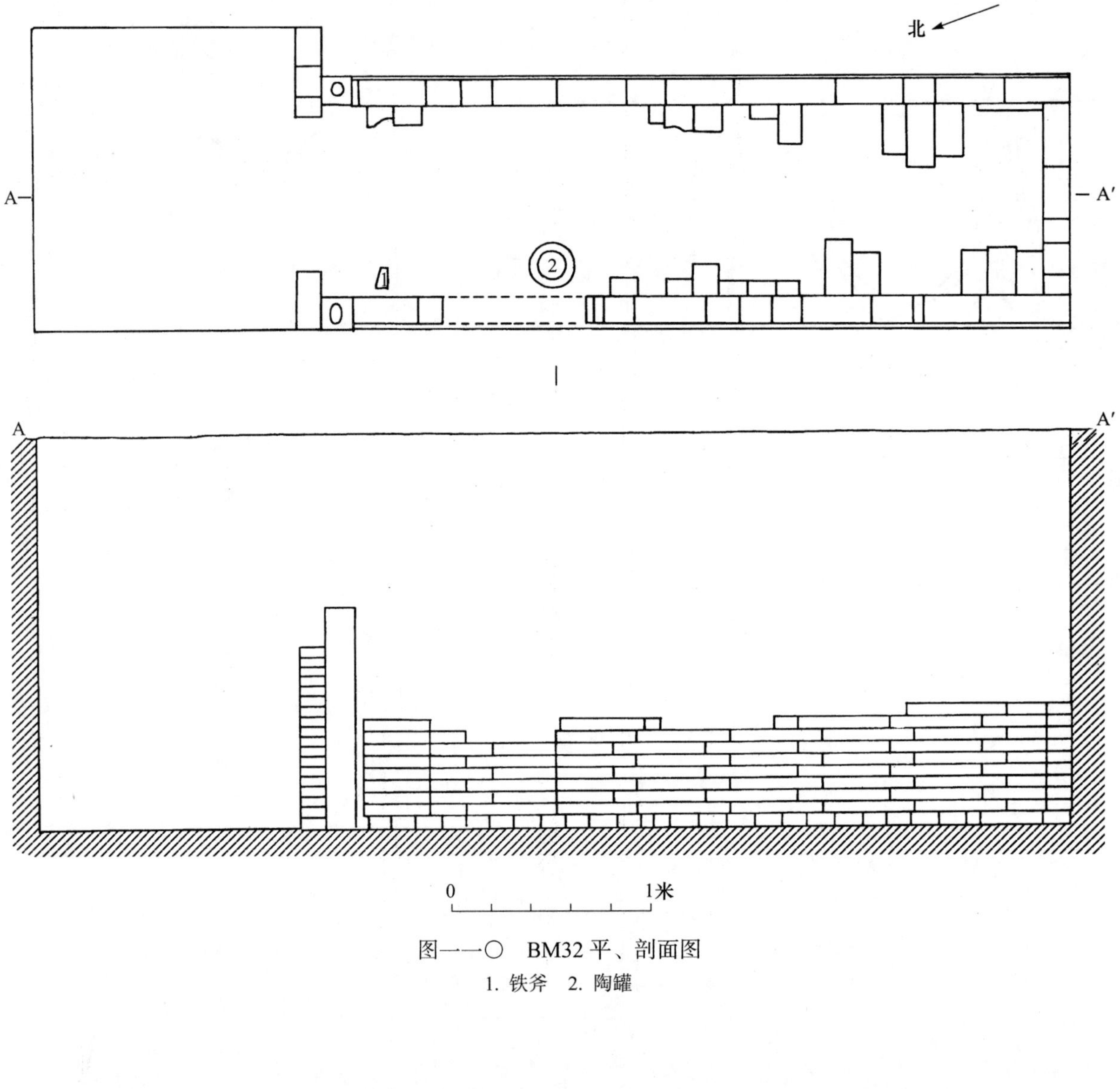

图一一〇　BM32 平、剖面图

1. 铁斧　2. 陶罐

填土为褐色花土，结构疏松，土质较软较黏。填土中含有大量的碎砖块。

葬具 不详。

人骨 不详。

随葬器物 共2件。铁斧发现于填土中，陶罐位于墓室北部。

陶罐 1件。BM32：2，泥质灰陶。母口外侈，方唇，下唇外撇，短斜颈，球形圆腹，圜底，上腹贴塑一对耳，器身饰弦断绳纹。未能修复。

铁斧 1件。BM32：1，近似梯形，刃部呈弧形，两角向外撇，背部及两侧较平整，銎身中部有一长方形銎。銎长4.2厘米，宽1厘米。长13.8厘米，宽4.8～7.6厘米，最厚2.2厘米（图一一一；图版三〇，4）。

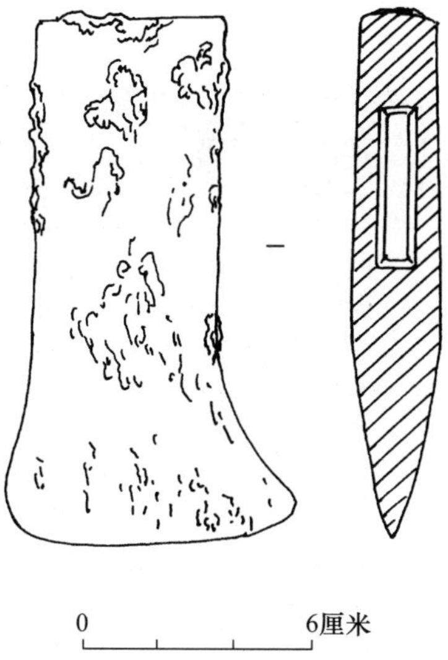

图一一一 BM32出土铁斧
铁斧（BM32：1）

6. BM35

位置 位于BT1312西部。

层位关系 ②→BM35→生土。

方向 206°。

形制与结构 砖室墓，由斜坡墓道、封门、甬道和墓室组成，通长953厘米（图一一二）。

墓道位于南部，平面呈长方形。口长542、宽80～94厘米；底坡长610、下端宽80～94、深0～264厘米。

封门位于墓道北端，长94、宽12～38、高110厘米。为小砖错缝平砌，封门砖向墓道处弧凸呈圆角形。

甬道位于封门北部，墓室南部，平面呈长方形，东西长94、南北宽87厘米。甬道顶为拱形券顶，从距墓底110厘米处开始起券。甬道壁为错缝平砌，底为“人”字形平铺。

墓室位于甬道北部，平面呈长方形。墓室长312、宽286、深268厘米。墓室顶为四角攒尖顶，从17层开始向斜上方进行攒尖。墓室壁砖为错缝平砌，底为“人”字形平铺。

砖的尺寸为34厘米 ×13厘米 ×6厘米。

填土为黄褐色花土，结构疏松，土质较软较黏，夹杂大量白灰和料姜石。含有较多碎砖块。

葬具 不详。

人骨 不详。

随葬器物 共12件。其中铁刀位于墓室填土中，陶磨、陶瓮、陶灶、陶猪位于甬道与墓室连接处，陶仓、陶井、陶甑、陶圈厕位于墓室南部。

陶瓮 1件。BM35：12，泥质灰陶。侈口，圆唇下垂，短束颈，斜折肩，肩腹之间有一道折棱，“U”形腹，圜底。下腹至底饰交错绳纹。口径13.2厘米，高28.8厘米，最大腹径27.2厘米（图一一三，1；图版三一，3）。

陶甑 1件。BM35：6，泥质灰陶。侈口，平沿，斜方唇，腹壁斜直内收，平底。底部呈梅花状分布五个小孔。素面。口径11.2厘米，底径3.2厘米，高6.8厘米（图一一三，3；图版三一，4）。

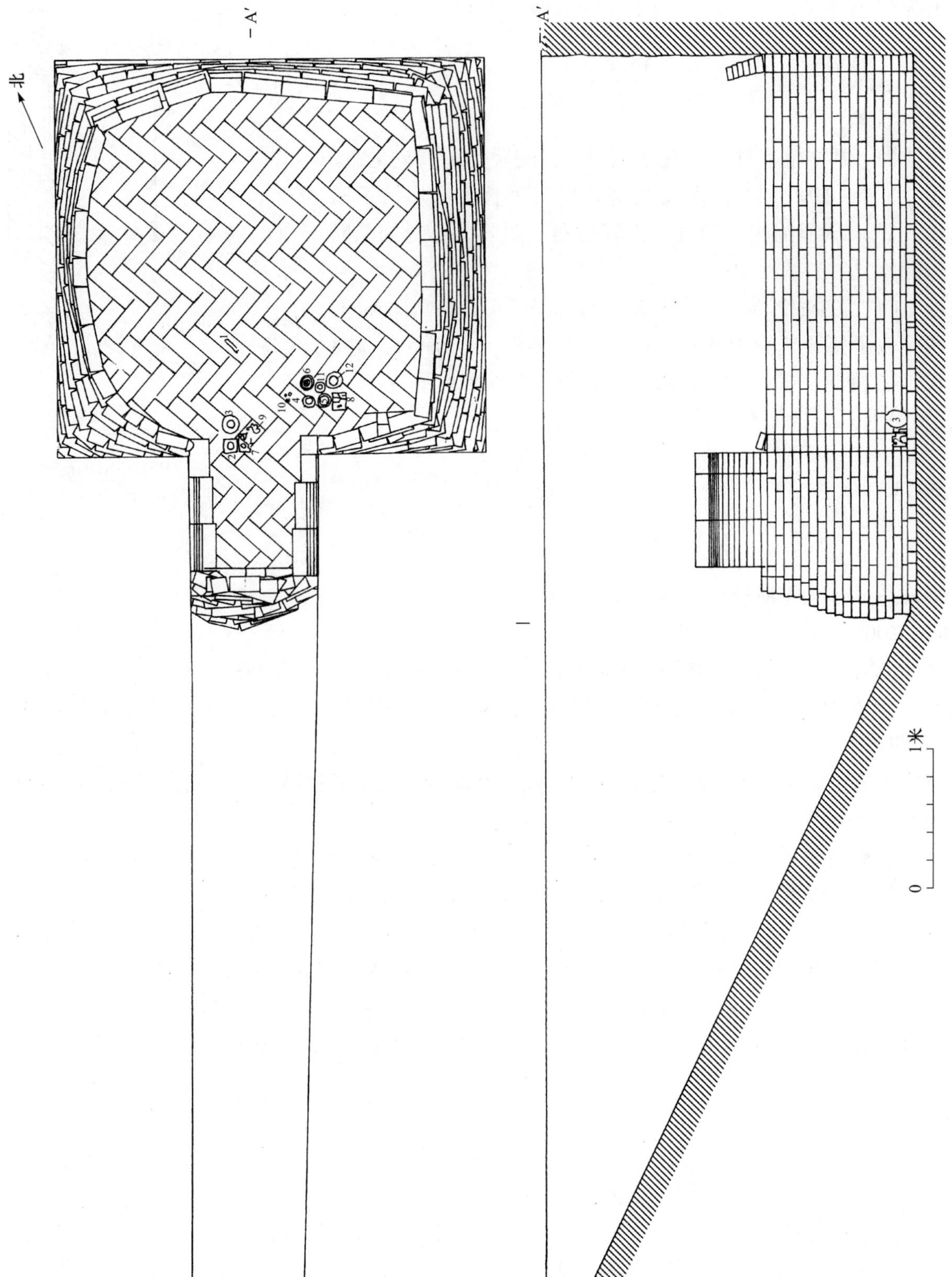

图一一二　BM35平、剖面图

1. 铁刀　2. 陶磨　3、4、11. 陶仓　5. 陶井　6. 陶甑　7. 陶灶　8. 陶圈厕　9. 陶猪　10. 铜钱　12. 陶瓮

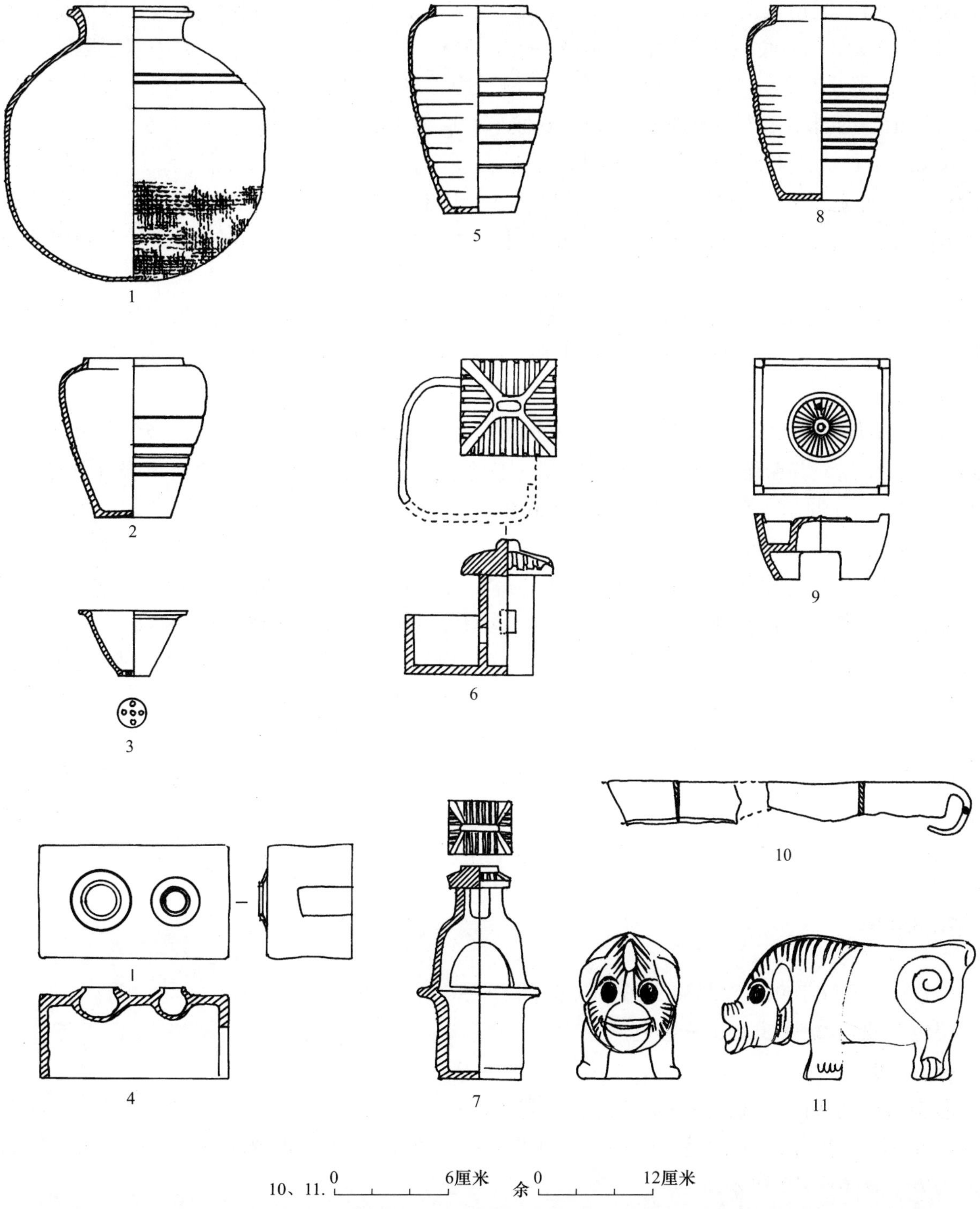

图一一三 BM35出土器物

1. 陶瓮（BM35：12） 2、5、8. 陶仓（BM35：4、BM35：11、BM35：3） 3. 陶甑（BM35：6） 4. 陶灶（BM35：7） 6. 陶圈厕（BM35：8） 7. 陶井（BM35：5） 9. 陶磨（BM35：2） 10. 铁刀（BM35：1） 11. 陶猪（BM35：9）

陶仓　3件。BM35∶3，泥质灰陶。直口微敛，方唇，矮领，耸肩，腹壁斜直内收，平底。腹部饰数周弦纹。口径11.2厘米，底径8.8厘米，高20.4厘米，肩径16厘米（图一一三，8）。BM35∶4，泥质灰陶。微敛口，方唇，矮领，耸肩，腹壁斜直内收，平底。腹部饰数周弦纹。口径10.4厘米，底径8厘米，高16.8厘米，肩径15.2厘米（图一一三，2；图版三一，2）。BM35∶11，泥质灰陶。直口，方唇，耸肩，斜弧腹，平底。腹内壁有9周凸棱，腹饰数周凹弦纹。口径10.4厘米，底径7.6厘米，高21.6厘米，肩径15.2厘米（图一一三，5）。

陶灶　1件。BM35∶7，泥质灰陶。形制不规整，长方体台，前侧开长方形火门。台面边沿微向上凸起，中间有两个火眼，一大一小，其上均置一釜。釜泥质灰陶，一大一小，形制粗糙，均为敞口，弧腹，圜底。长20厘米，宽12厘米，通高9.6厘米，灶门高5.6厘米（图一一三，4）。

陶井　1件。BM35∶5，泥质灰陶。歇山顶，模印瓦垄。方形井亭，圆拱形架，圆井沿，井身筒形，直腹，平底。素面。通高22.4厘米，底径8.8厘米，井身最大径12.8厘米（图一一三，7；图版三一，1）。

陶磨　1件。BM35∶2，泥质灰陶。方形磨台。四边有向上凸起的护栏，磨台中央向上隆起呈圆柱体，中空，为磨扇，磨扇顶部中心有一圆形凸起，四周为放射状模印纹。磨台下有四个曲尺形足。长14.4厘米，高6.8厘米，底长9.6厘米（图一一三，9；图版三〇，3）。

陶圈厕　1件。BM35∶8，泥质灰陶。通体近方形，圈栏为圆角方形，圆形平底。厕位于圈的一角，歇山顶，饰模印的瓦垄，厕身为长方体，前面开一长方厕形门，左侧有一方孔与圈相连。圈长15.2厘米，圈宽14.8厘米，圈墙高6厘米，通高14厘米（图一一三，6）。

陶猪　1件。BM35∶9，泥质灰陶。站立状，短嘴，直身挺背，尾向上翘，膘肥体壮，四肢健硕，鬃毛清晰可见。腹中空。长13.4厘米，宽5.4厘米，高7.6厘米（图一一三，11；图版三一，6）。

铁刀　1件。BM35∶1，前端残。残为两段，刀首为钩形，刃、背均向内弧，把手较窄。残长6.8～10.8厘米（图一一三，10；图版三〇，5）。

铜钱　1枚。BM35∶10，钱文不清，锈蚀严重。

7. BM36

位置　位于BT0911南部和BT0910北部。

层位关系　②→BM36→生土。

方向　9°。

形制与结构　砖室墓，由斜坡墓道、封门、墓室和耳室组成，通长860厘米（图一一四）。

墓道位于北部，平面呈长方形。口长490、宽150～178厘米；底坡长520、下端宽150～178、深0～172厘米。

封门位于墓道南端，封门砖仅存2层，封门东侧的砖保存比较完整，为上下并缝叠放。其南有一块竖置的条形空心砖，长53、宽20、厚14厘米。

墓室位于墓道南部，平面呈长方形。墓室长370、宽108、深172厘米。墓顶塌陷，形制不详。四壁砌砖，其中东壁余砖7～16层，南壁余砖16层，西壁余砖6～13层，均为错缝叠放，墓底铺砖，保存状况较差，从残留部分看为错缝平铺。

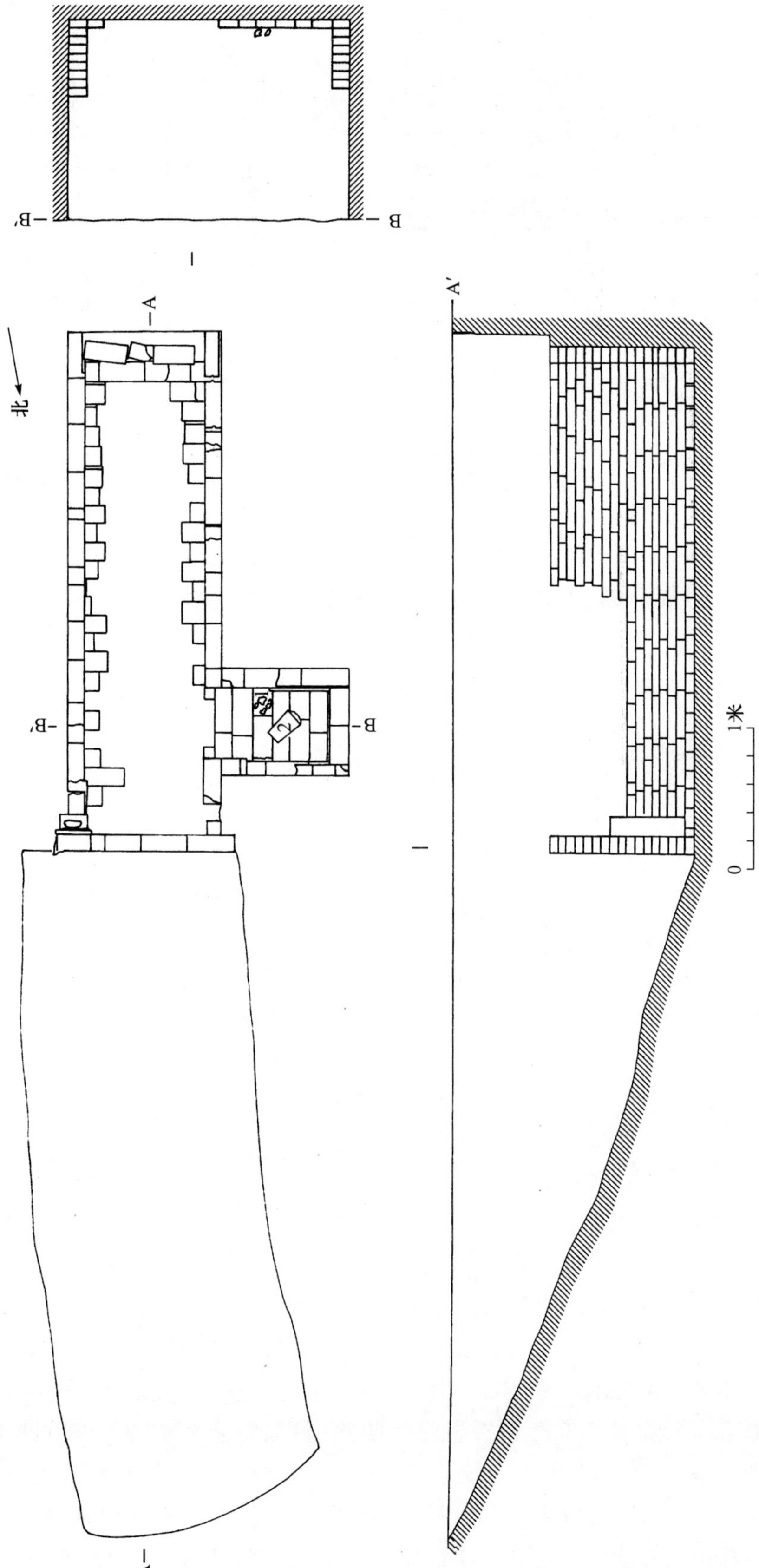

图一一四 BM36平、剖面图
1. 陶樽 2. 陶仓

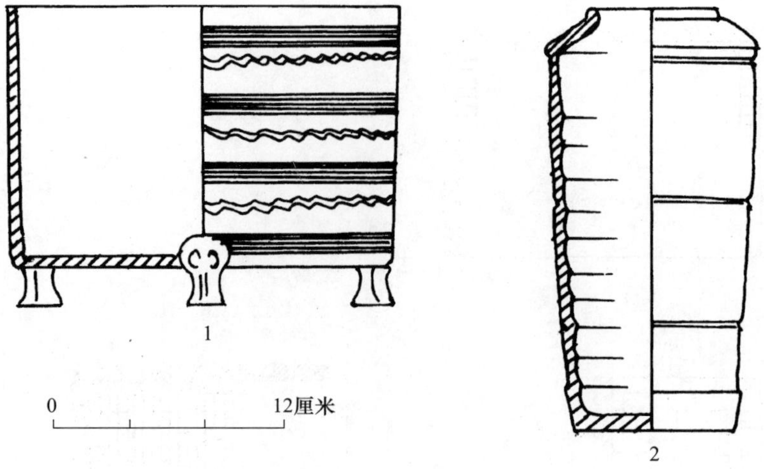

图一一五　BM36出土器物
1. 陶樽（BM36：1）2. 陶仓（BM36：2）

墓室西壁北端开一耳室，长90、宽76、深140厘米。耳室南壁余砖6层，东壁余5层，北壁余7层，墓壁砌砖均为错缝叠放，墓底铺砖为横向错缝平铺。

砖的尺寸为34厘米 ×14厘米 ×6厘米。

填土为褐色花土，结构疏松，土质较软较黏，夹杂大量白灰和料姜石。含有较多碎砖块。

葬具　不详。

人骨　不详。

随葬器物　共2件。均位于耳室内。

陶樽　1件。BM36：1，泥质灰陶。通体圆柱状，直口，方唇，直腹，平底。三足呈蹄形。通身施红彩，饰交错刻画的弦纹和水波纹。口径20厘米，底径19.2厘米，通高15.2厘米，足高3.6厘米（图一一五，1；图版三一，5）。

陶仓　1件。BM36：2，泥质灰陶。直口微侈，圆唇，矮领，折肩，斜直腹，平底。器壁饰三周凹弦纹。口径7.2厘米，底径8厘米，高21.6厘米，肩径10.4厘米（图一一五，2）。

8. BM37

位置　位于BT0810东南部。

层位关系　②→BM37→生土。

方向　20°。

形制与结构　砖室墓，由斜坡拐弯墓道、墓门和墓室组成（图一一六）。

墓道位于北部，斜坡墓道，向西北方向拐弯，上口长310、宽94～106厘米；底坡长320厘米、宽94～106厘米；深124厘米。

墓门位于墓室北部，由两扇长方形石板组成。西侧门扇高84、宽42、厚6厘米；东侧门扇高84、宽58、厚6厘米。

墓室位于墓道南部，平面呈长方形。墓室长272～280、宽132、深130厘米。墓顶塌陷，形制不详。四壁为小砖错缝叠放砌成，仅东、南两壁保存较好，均余砖12层，残高70厘米。墓底铺砖，保存较差。

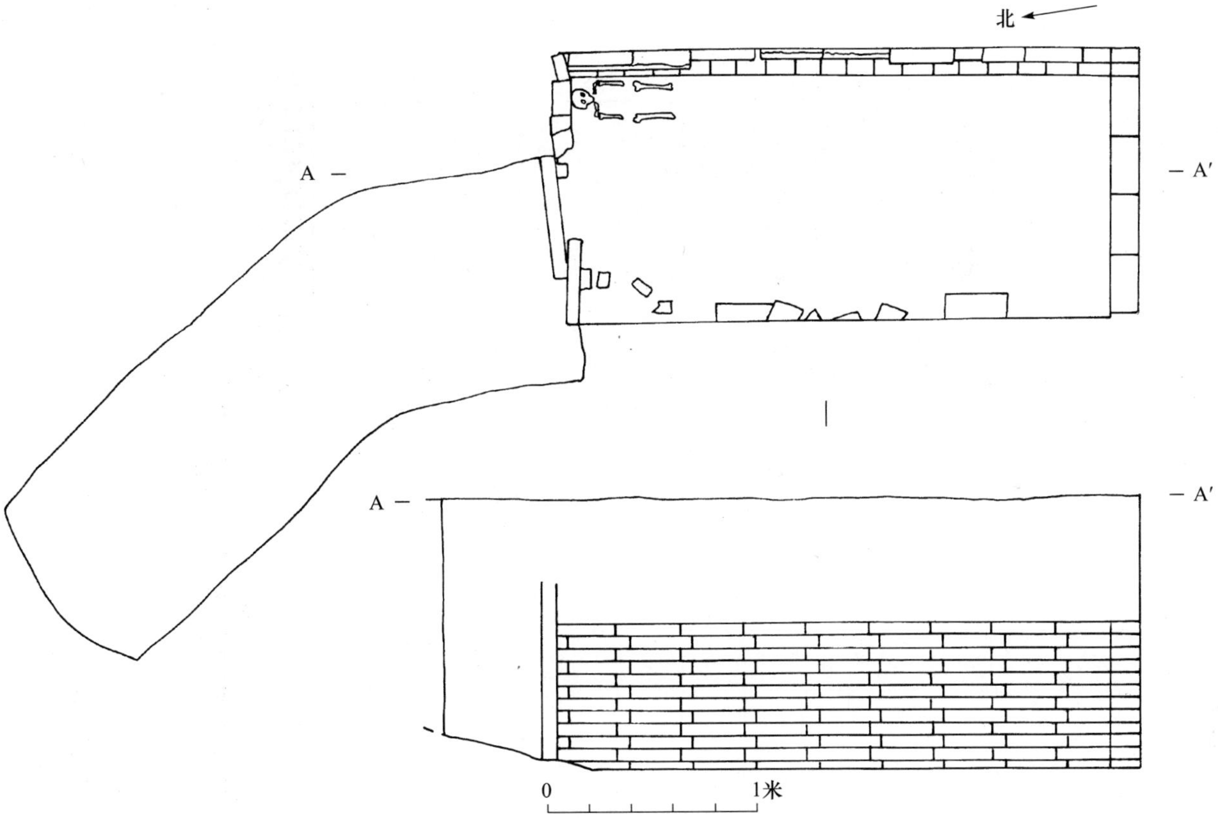

图一一六　BM37 平、剖面图

砖尺寸为 30 厘米 ×12 厘米 ×6 厘米。

填土为黄褐色花土，结构疏松，土质较软较黏，夹杂大量白灰和料姜石。含有较多碎砖块。

葬具　不详。

人骨　1 具。仰身直肢葬，头向北，面向上，性别、年龄不详。

随葬器物　无。

9. BM38

位置　位于 BT0911 南部和 BT0910 北部。

层位关系　②→ BM39 → BM38 →生土。

方向　12°。

形制与结构　砖室墓，由斜坡墓道、墓室组成，通长 778 厘米（图一一七）。

墓道位于北部，平面呈长方形。口长 398、宽 145 厘米；底坡长 420、下端宽 145 厘米；深 46～180 厘米。

墓室位于墓道南部，平面呈长方形。墓室长 380、宽 122～144、深 190 厘米。墓顶塌陷，形制不详。四壁砌砖，砖壁保存较差，东、南、西三壁存砖 1～2 层，为横向错缝叠放。墓底铺砖，保存较差。

填土为褐、白色花土，结构疏松，土质较软较黏，夹杂大量白灰和料姜石。含有较多碎砖块。

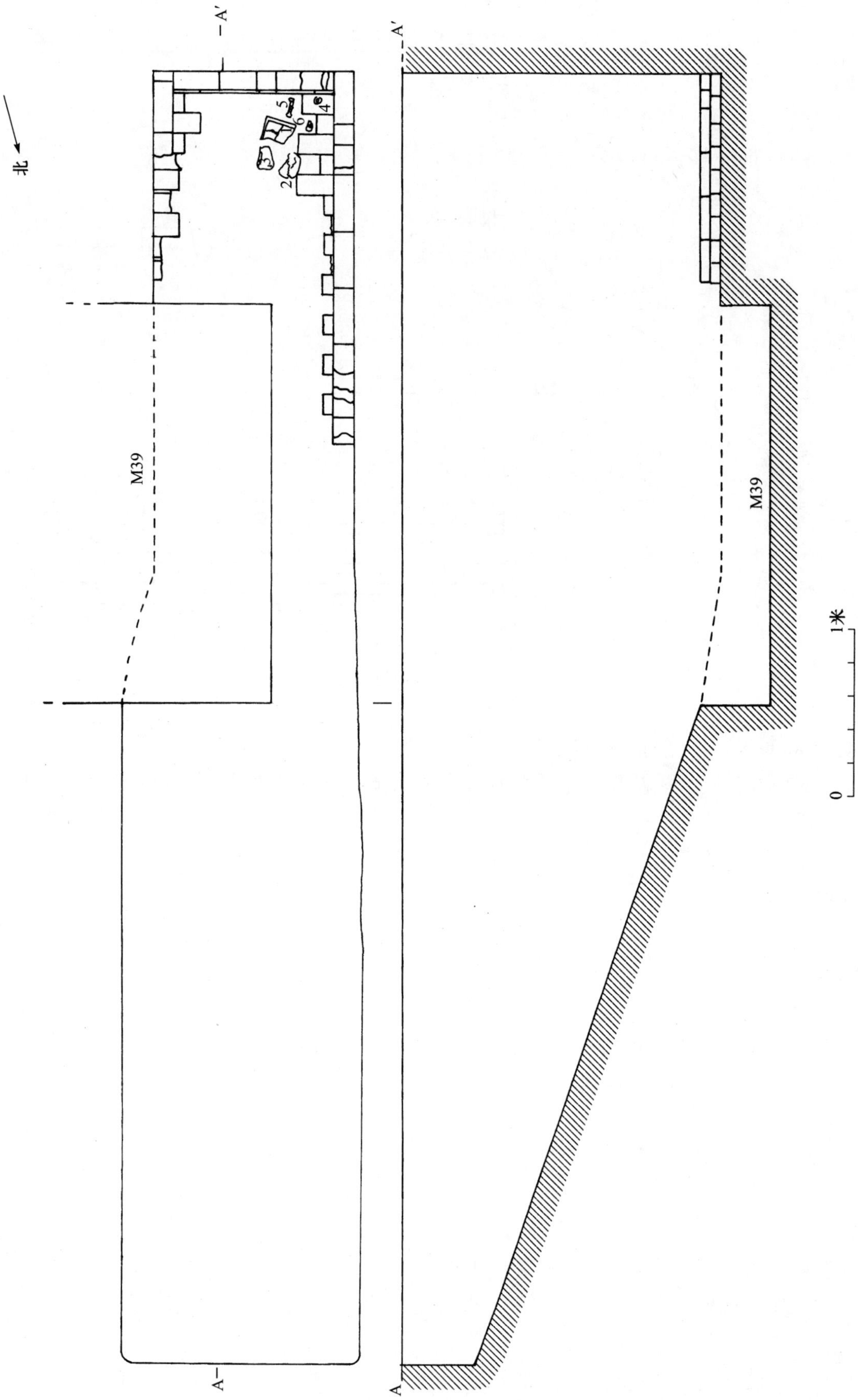

图一一七　BM38平、剖面图

1. 陶案　2. 陶盘　3. 陶仓　4. 铁钱　5、6. 器足　7. 陶奁器盖（填土）

葬具 不详。

人骨 不详。

随葬器物 共 7 件。均出土于墓室南部填土中。

陶盘 1 件。BM38：2，泥质灰陶。敞口，平沿，斜方唇，唇部中间有一周凹痕，斜直腹，平底。口沿及内壁饰满红色彩绘。口径 14.4 厘米，底径 6.4 厘米，高 2.4 厘米（图一一八，2；图版三二，4）。

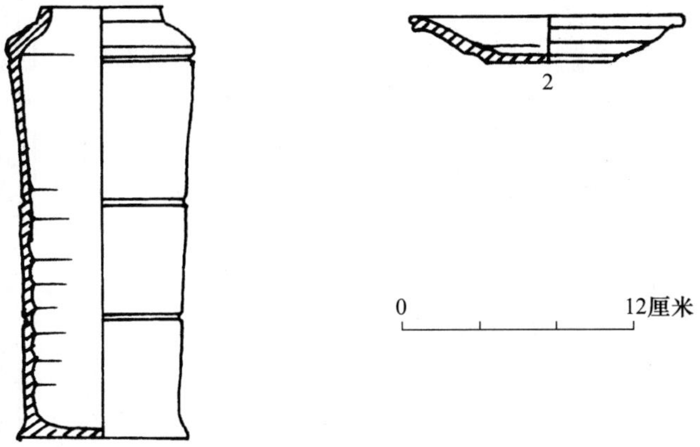

图一一八 BM38 出土器物
1. 陶仓（BM38：3） 2. 陶盘（BM38：2）

陶仓 1 件。BM38：3，泥质灰陶。直口，圆方唇，折肩，直壁，平底，壁上有三周凹弦纹。口径 6.4 厘米，底径 8.8 厘米，高 22.4 厘米，肩径 9.6 厘米（图一一八，1）。

陶奁器盖 1 件。BM38：7，泥质红陶，直口，方唇，上腹近直，下腹弧收，圜底。口径 23、器高 18 厘米（图版三二，5）。

器足 2 件。BM38：5，共 2 个，蹄足，矮粗，通身施红彩。BM38：6，共 5 个，2 整 3 残。蹄形，较细较长，通身施红彩，正面有三道凹弦纹。

陶案 1 件。BM38：1，泥质灰陶，饰有彩绘，未修复。

铁钱 1 枚。BM38：4，钱文不清，锈蚀严重。

10. BM42

位置 位于 BT1223 东部。

层位关系 ②→ BM42 →生土。

方向 196°。

形制与结构 砖室墓，由斜坡墓道、墓室组成，通长 795 厘米（图一一九）。

墓道位于南部，平面呈长方形。口长 444、宽 130 厘米；底坡长 474、下端宽 130 厘米；深 28～194 厘米。

墓室位于墓道北部，平面呈长方形。墓室长 351，宽 115，深 194 厘米。墓顶塌陷，形制不详。墓室四壁为青砖砌筑，由于盗扰严重，仅在南部靠近西壁处发现三块壁砖。墓室底部为青砖错缝平铺，仅残留有中部和北部的部分铺底砖。

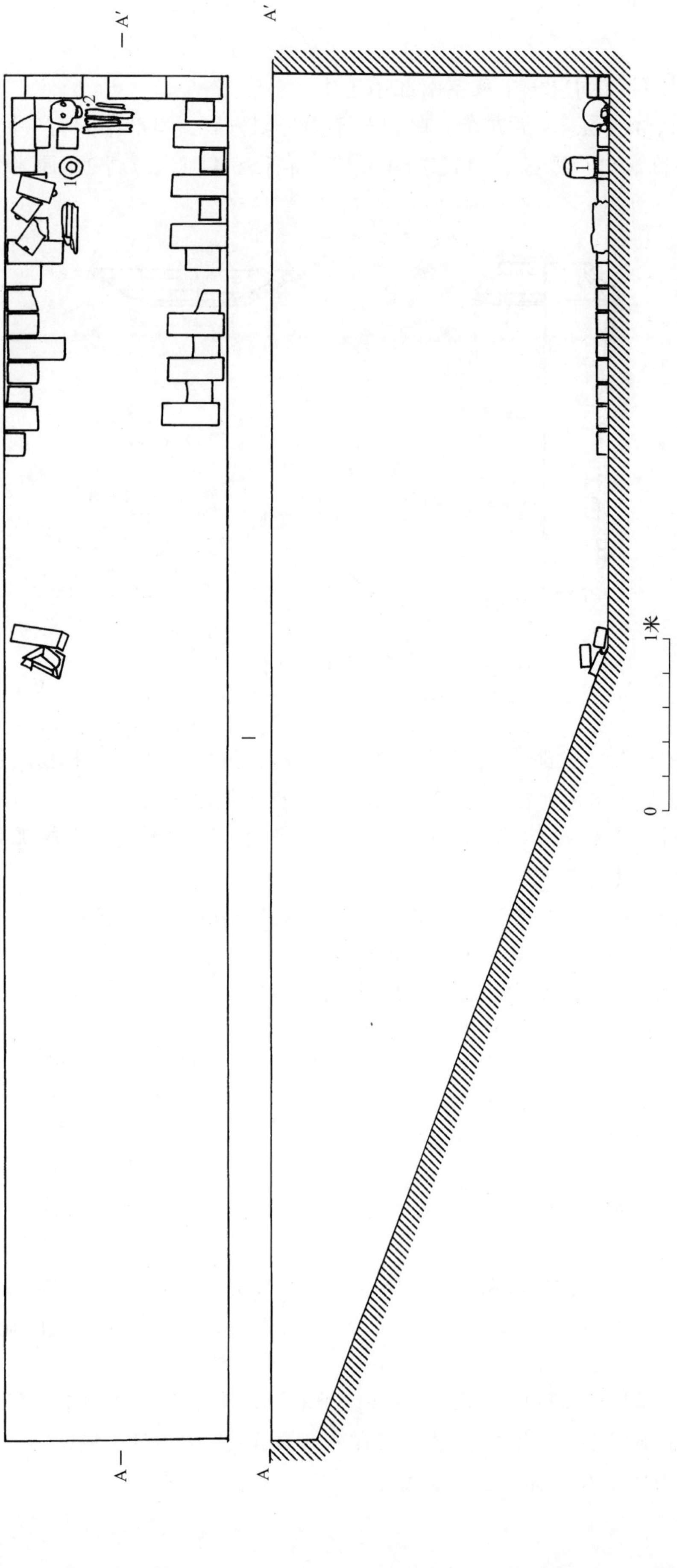

图一一九　BM42平、剖面图
1. 陶仓　2. 铜钱

青砖的尺寸为32厘米×13厘米×6厘米。青砖侧面模印有对三角纹饰（图一二〇、图一二一）。

填土为褐、白色花土，结构疏松，土质较软较黏，夹杂大量白灰和料姜石。含有较多碎砖块。

葬具　不详。

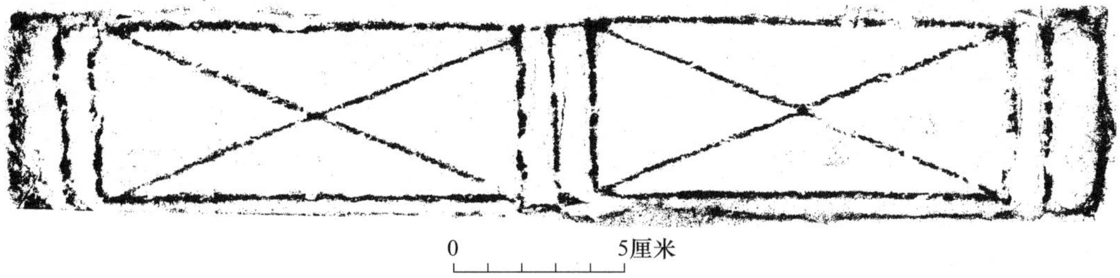

图一二〇　BM42墓砖拓片（一）

图一二一　BM42墓砖拓片（二）

人骨　1具。二次葬，头向西，面向上，性别、年龄不详。

随葬器物　共2件（组）。陶仓位于墓室西北角；铜钱位于肢骨上。

陶仓　1件。BM42：1，泥质灰陶。直口，矮领，折肩，斜直腹，平底。器壁饰三周凹弦纹。口径5.6厘米，底径8.8厘米，高19.2厘米，肩径11.2厘米（图一二二；图版三三，2）。

铜钱　1组3枚。BM42：2-1、2，“五铢”2枚。郭径分别为2.55、2.6厘米（图一六七，4、5）。

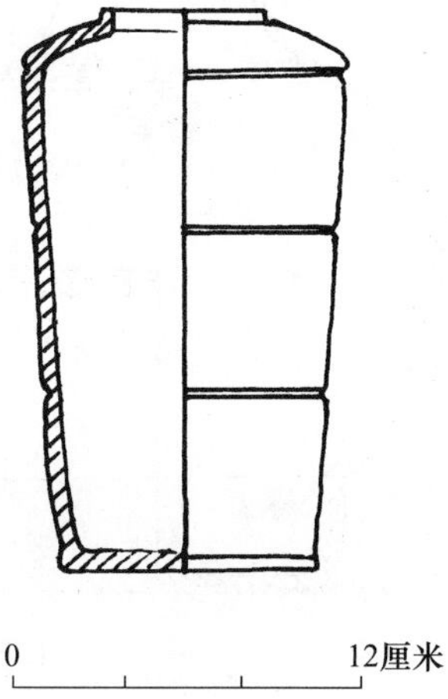

图一二二　BM42出土器物
陶仓（BM42：1）

11. BM45

位置　位于BT1021西北和BT1022西南部。

层位关系　②→BM45→BM68→生土。

方向　174°。

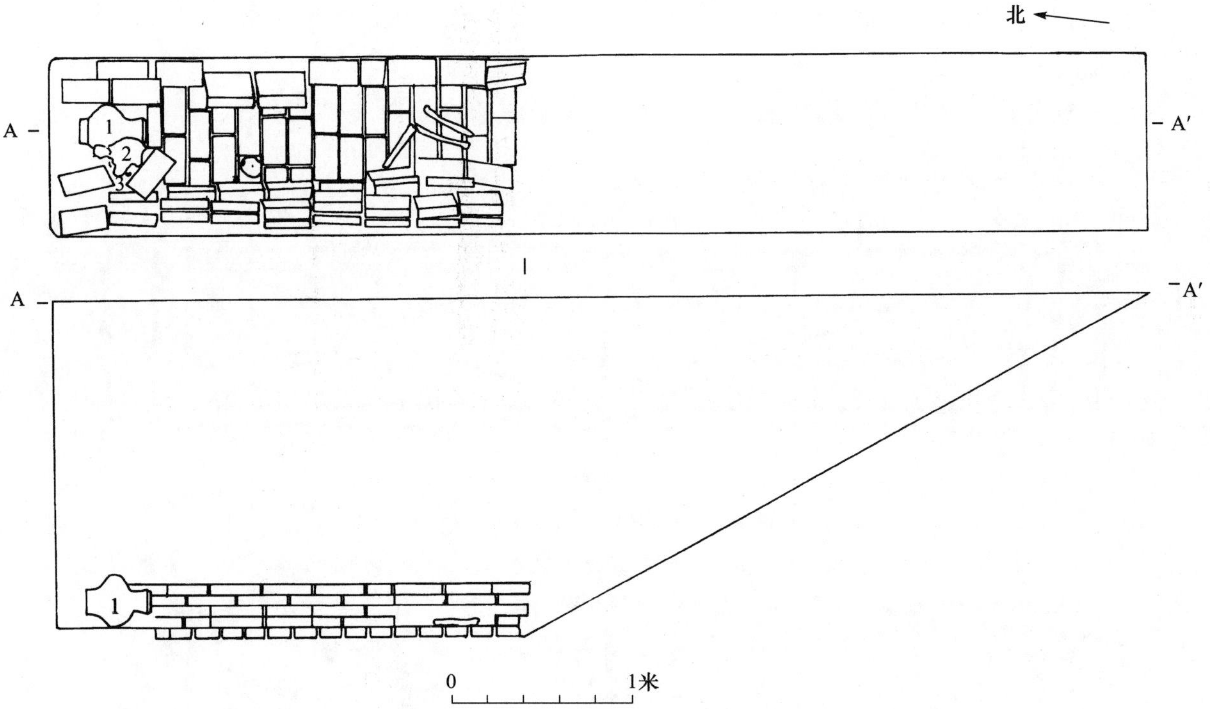

图一二三　BM45 平、剖面图

1. 陶壶　2. 陶罐　3. 铜钱

形制与结构　砖室墓，由斜坡墓道、墓室组成，通长 598 厘米（图一二三）。

墓道位于南部，平面呈长方形。口长 342、宽 98 厘米；底坡长 390、下端宽 98 厘米；深 0～186 厘米。

墓室位于墓道北部，平面呈长方形，长 256、宽 98、深 186 厘米。墓顶塌陷，形制不详。墓室四壁为青砖错缝叠放而成，东壁残存 4 层，西壁残存 3 层。墓室北壁未砌砖，底部是一个二层台，未铺砖。台高 6、宽 54 厘米。墓室底部为青砖错缝平铺而成。

青砖的尺寸为 26 厘米 × 12 厘米 × 6 厘米。

填土为褐、白色花土，结构疏松，土质较软较黏，夹杂大量白灰和料姜石。含有较多碎砖块。

葬具　不详。

人骨　1 具。头向北，面向、性别、年龄不详。

随葬器物　共 3 件（组），均位于墓室北部二层台上。

陶壶　1 件。BM45：1，泥质灰陶。盘口，束颈，溜肩，圆鼓腹，假圈足微内凹。肩部与腹部饰有数周弦纹；上腹贴塑一对铺首衔环。口径 16.8 厘米，底径 16.8 厘米，高 36.4 厘米，最大腹径 27.2 厘米（图一二四；图版三五，3）。

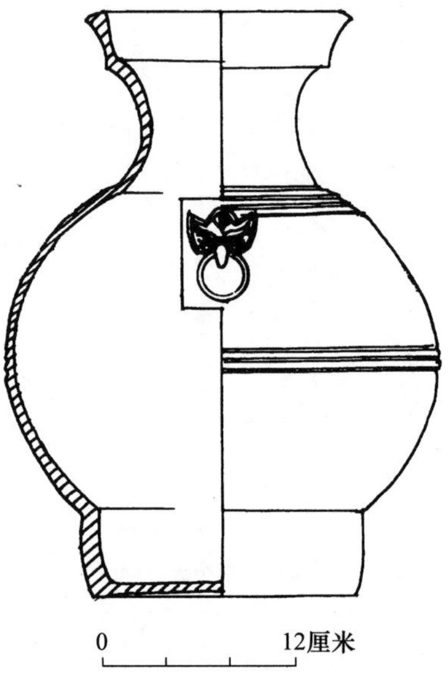

图一二四　BM45 出土陶壶

陶壶（BM45：1）

陶罐　1 件。BM45：2，泥质褐陶。盘口，高束颈，球形圆腹，假圈足，平底。上腹饰三周凹弦纹。未修复。

铜钱　1 组 2 枚。BM45：3-1，“五铢”1 枚，郭径为 2.38 厘米（图一六七，6）。

12. BM46

位置　位于BT1123东部。

层位关系　②→BM46→生土。

方向　203°。

形制与结构　砖室墓，由双斜坡墓道、前室和后室组成，南北长970、东西长866厘米（图一二五）。

墓道有2条，墓室南侧和东侧各1条。南侧墓道平面呈长方形。口长580、宽170～232厘米；底坡长532、下端宽170～232厘米；深74～224厘米。南墓道中央有一南北向的隔墙将其分为两个空间，隔墙高32～84、厚10、长310厘米。东侧墓道平面呈长方形。口长476、宽114～152厘米；底坡长480、下端宽114～152厘米；深52～224厘米。

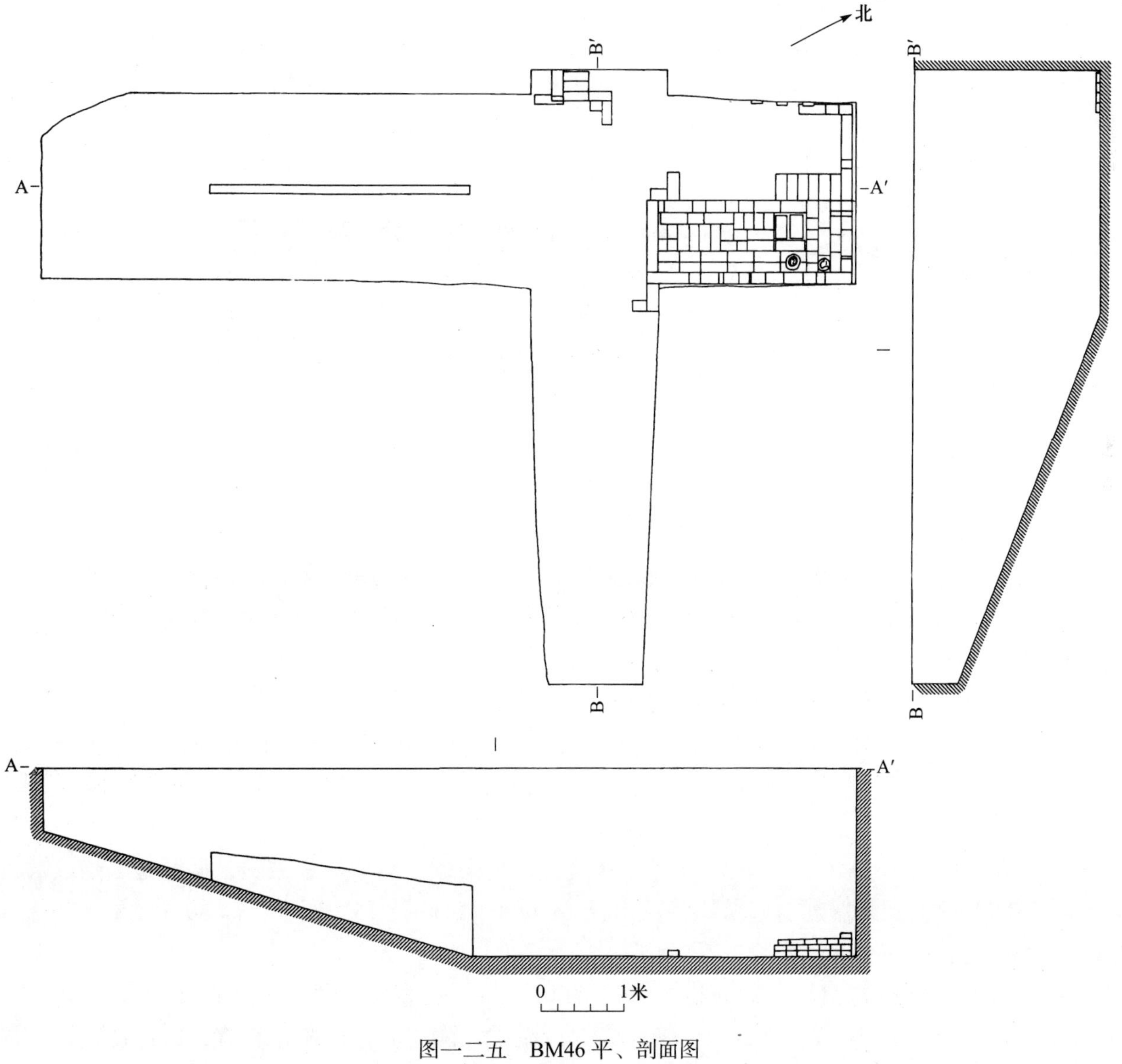

图一二五　BM46平、剖面图

1. 陶仓　2. 釉陶壶　3、4. 陶奁器盖（填土）

墓室近长方形，墓室长390、宽218～262、深224厘米。墓顶已坍塌，形制不详。四壁为青砖错缝叠放而成，现东壁残存11层，北壁残存13层。墓底的铺底砖仅有后室东部的被保存了下来，为青砖并缝纵横平铺。从墓室形状推测，墓室南部可能为前室，形状为横长方形，长162、宽282厘米；北部为后室，近方形，长226、宽218～226厘米。后室中央有一砖砌的矮隔墙，残存3层砖，由此推测后室可能分为东、西两个侧室。

青砖的尺寸为32厘米×14厘米×7厘米（图一二六，1、2）。

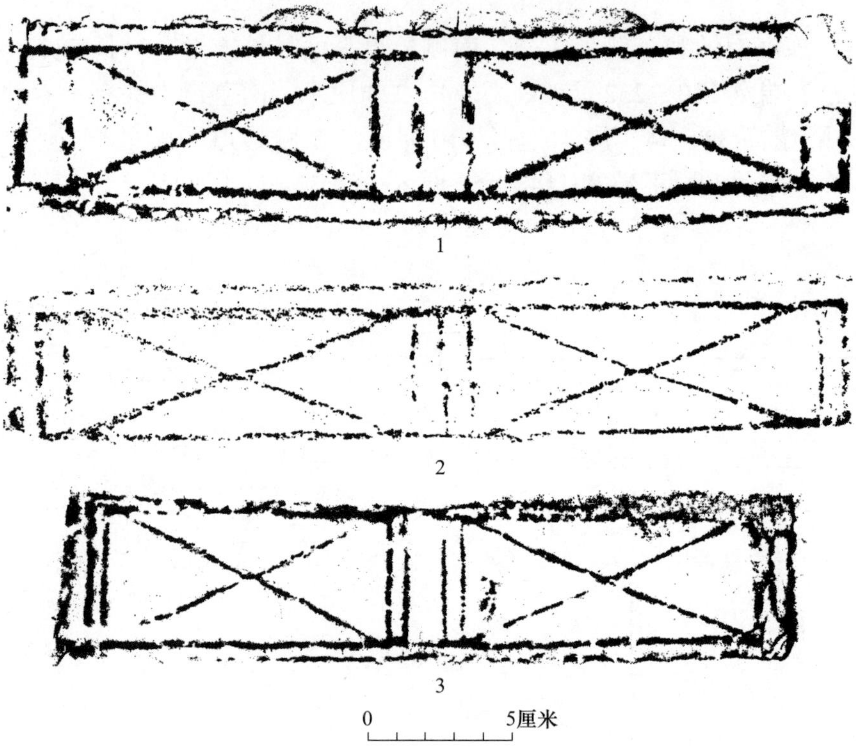

图一二六　BM46、BM47墓砖拓片

1、2. BM46墓砖拓片　3. BM47墓砖拓片

填土为褐色花土，结构疏松，土质较软较黏，夹杂大量白灰和料姜石。含有较多碎砖块。

葬具　木棺。因破坏严重，仅在前室底部发现部分棺灰的痕迹，形状大小难辨。

人骨　不详。

随葬器物　共4件，均位于后室东北角。

陶仓　1件。BM46∶1，泥质灰陶。直口微敛，方唇，折肩较圆，斜直腹，平底。腹壁饰数周凹弦纹。口径6.4厘米，底径8.8厘米，高19.2厘米，肩径11.2厘米（图一二七，4；图版三五，2）。

釉陶壶　1件。BM46∶2，泥质红陶。侈盘口，高束颈，溜肩，扁鼓腹，假圈足。肩、腹部各饰三道凹弦纹。器外壁通身施黄绿釉。口径14.4厘米，底径15.2厘米，高39.6厘米，最大腹径28厘米（图一二七，1；图版三五，4）。

陶奁器盖　2件。BM46∶3，泥质红陶。直口微敞，近直腹，圜底。口径22厘米，高18.2厘米（图一二七，3；图版三六，5）。BM46∶4，泥质红陶。直口微敞，直腹，腹部微内凹，圜底。内底有数周凸棱。口径24厘米，高18.2厘米（图一二七，2；图版三六，6）。

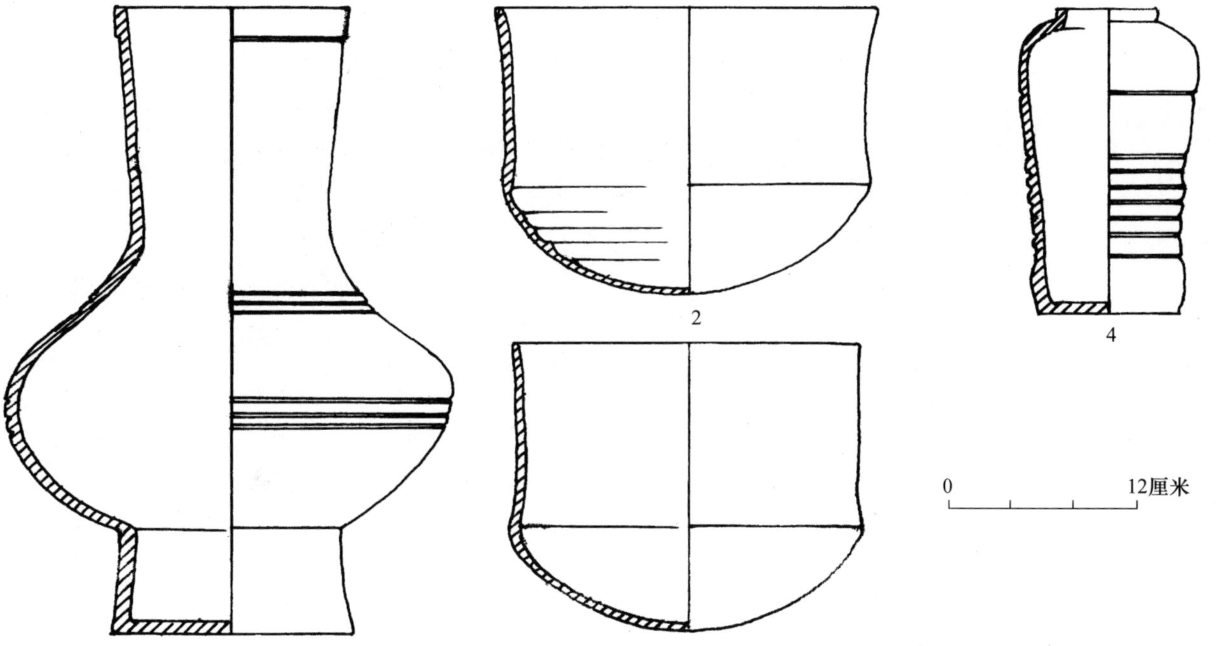

图一二七 BM46出土器物
1. 釉陶壶（BM46：2） 2、3. 陶奁器盖（BM46：4、BM46：3） 4. 陶仓（BM46：1）

13. BM47

位置 位于BT1223西北。

层位关系 ②→BM47→生土。

方向 16°。

形制与结构 砖室墓，由斜坡墓道、过洞和东、西墓室组成，通长692厘米（图一二八）。

墓道位于北部，平面呈长方形。口长328、宽128厘米；底坡长378、下端宽128厘米；深0～180厘米。

过洞，位于东西墓室之间，长282、宽72厘米。顶部已坍塌，形制不详。现仅存底部一些砖，为错向平砌。

墓室位于墓道南部，分为东西两个墓室，两墓室之间由过洞相连。其中东墓室长364、宽154、深180厘米；西墓室长364、宽128、深180厘米。墓室顶部被破坏，形制不详。仅在东墓室底部残留一些铺地砖，为错向平砌。

青砖的尺寸为26厘米×13厘米×5厘米（图一二六，3）。

填土为褐色花土，结构疏松，土质较软较黏，夹杂大量白灰和料姜石。含较多泥质彩绘陶片，不可修复。

葬具 不详。

人骨 不详。

随葬器物 无。

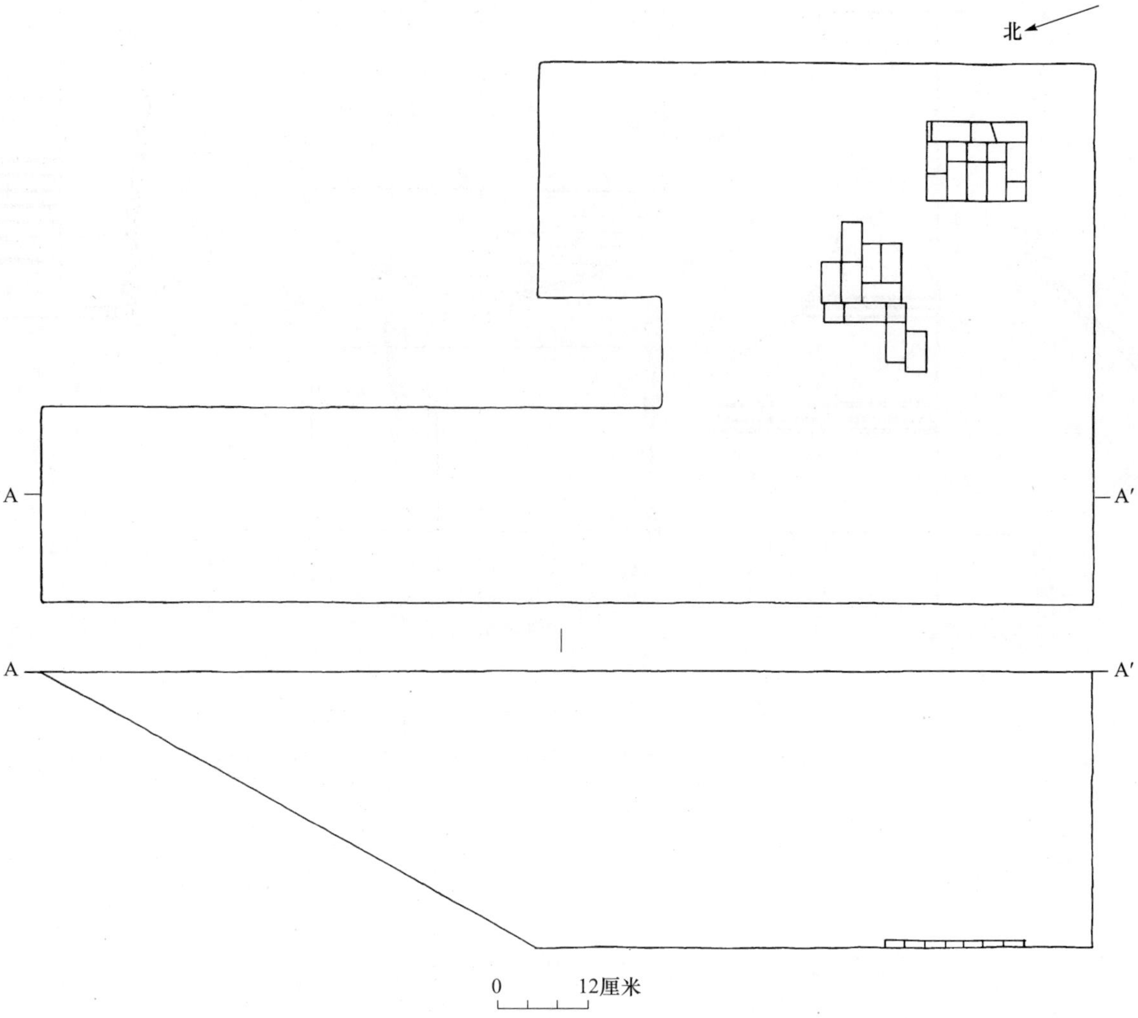

图一二八　BM47 平、剖面图

14. BM48

位置　位于 BT1124 中部偏南。

层位关系　②→ BM48 →生土。

方向　192°。

形制与结构　砖室墓，由斜坡墓道、墓门和墓室组成，通长 984 厘米（图一二九）。

墓道位于北部，平面呈长方形。口长 586、宽 156 厘米；底坡长 624、下端宽 156 厘米；深 0～200 厘米。

墓门长 124、宽约 117、厚 12 厘米。由六块画像石组成，即门楣、门扇、门柱、门槛。门楣长 97、宽 12、厚 12 厘米。门扇上刻画有树枝和铺首衔环（图一三〇）。

墓室长方形，墓口长 404、宽 154、深 210 厘米，直壁平底。墓顶坍塌，形制不详，推测为拱顶。墓壁为二层，外层为小砖砌，西壁存砖 19 层，残高 95 厘米，东壁存砖 18 层，残高 90 厘米，内层为空心砖所砌，但保存较差，仅余西壁北部的两块，南壁为单层空心砖砌成，墓底铺条形空心砖，共 12 块，空心砖的东侧或两侧又平铺一块小砖，间隔而铺。

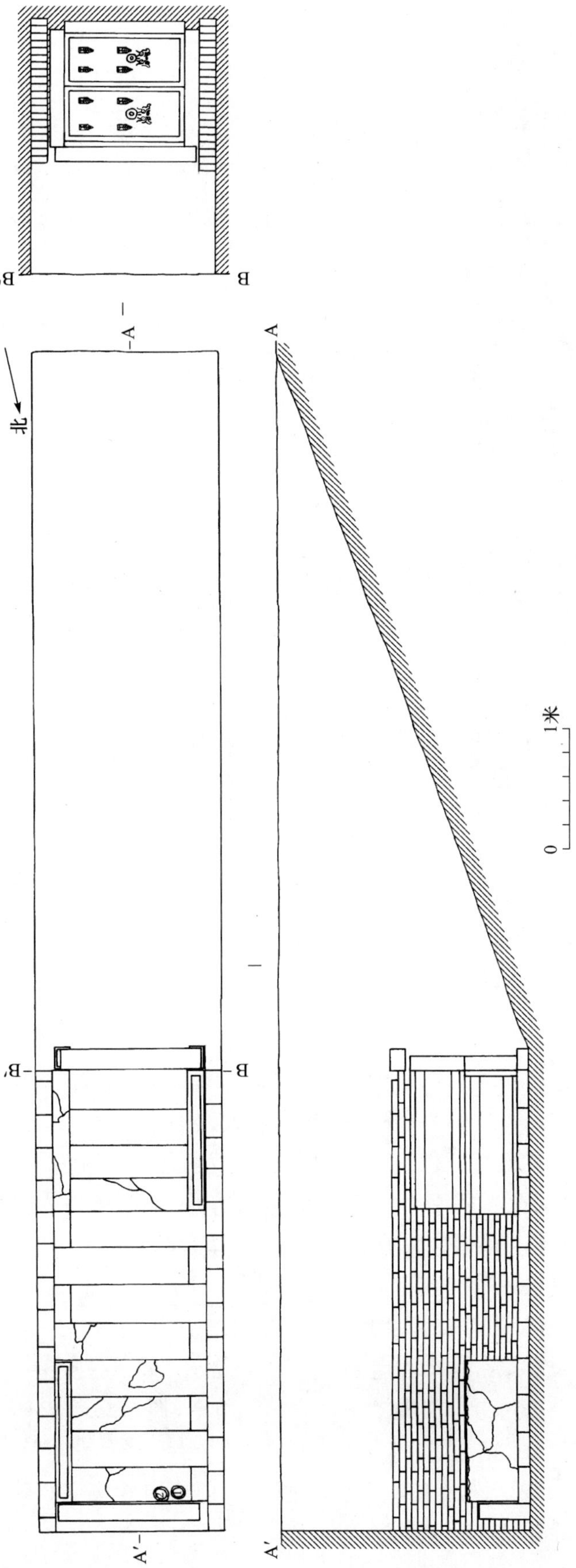

图一二九 BM48平、剖面图
1、2. 器盖

图一三〇　BM48 墓门门扇画像拓片

填土为深褐色花土，结构疏松，土质较软较黏，填土中包含有较多的碎砖块。

葬具　不详。

人骨　不详。

随葬器物　共 2 件器盖，均位于墓室南部。

器盖　2 件。BM48：1，泥质灰陶。覆碗形，母口，方唇，唇部中央有一周凹痕，斜壁，平顶。最大径 9.6 厘米，高 2 厘米（图一三一，2；图版三六，2）。BM48：2，泥质灰陶。覆碗形，母口，方唇，唇部中央有一周凹痕，斜壁，平顶。最大径 13.6 厘米，高 3.2 厘米（图一三一，1；图版三六，1）。

15. BM49

位置　位于 BT1124 西南、BT1123 西北和 BT1023 东北。

层位关系　②→ BM49 →生土。

方向　207°。

形制与结构　砖室墓，由斜坡拐弯墓道、墓门、前、后墓室和耳室组成，通长 652 厘米（图一三二；彩版四，2）。

墓道位于墓室南端，向西北拐弯。上口长 644 厘米，宽 170～190 厘米；底坡长 1080 厘米，宽 170～190 厘米；深 0～184 厘米。

墓门保存较差，残高 157、宽 186 厘米。门楣仅余半块，其上刻画有小吏执戟、狩猎图、双龙缠绕的图案。两侧门柱保存完整，高 129、宽 26、厚 14 厘米，门柱上也刻画图案，与门楣大致相同（图一三三）。门柱与墓圹之间以小砖填塞，共 4 块，东侧门柱被破坏，仅存填缝的小砖。门扇无存，门底部有三块竖置的小砖。

墓室位于墓道北部，分为前、后两个墓室。前室近方形，长 164、宽 130 厘米。东壁无存，仅剩半块残砖；西部开一耳室。墓底由六块较长的空心砖铺成，每块长 158、宽 24、厚 14 厘米。后室为长方形，长 248、宽 121 厘米。东、西、北三壁均遭到破坏。墓底铺 9 块空心砖，每块长约 112、宽 24～25、厚 14 厘米；最北端底部用两层小砖铺砌，高 14 厘米。

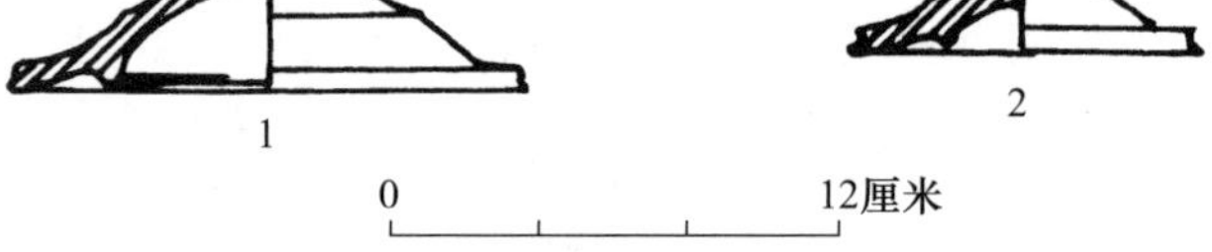

图一三一　BM48 出土器盖
1、2. 器盖（BM48：2、BM48：1）

耳室位于前室西侧，宽 112、进深 138、高 94 厘米。顶部由 6 块空心砖覆盖；耳室各壁均为两块空心砖侧置叠放；墓底铺四块空心砖。

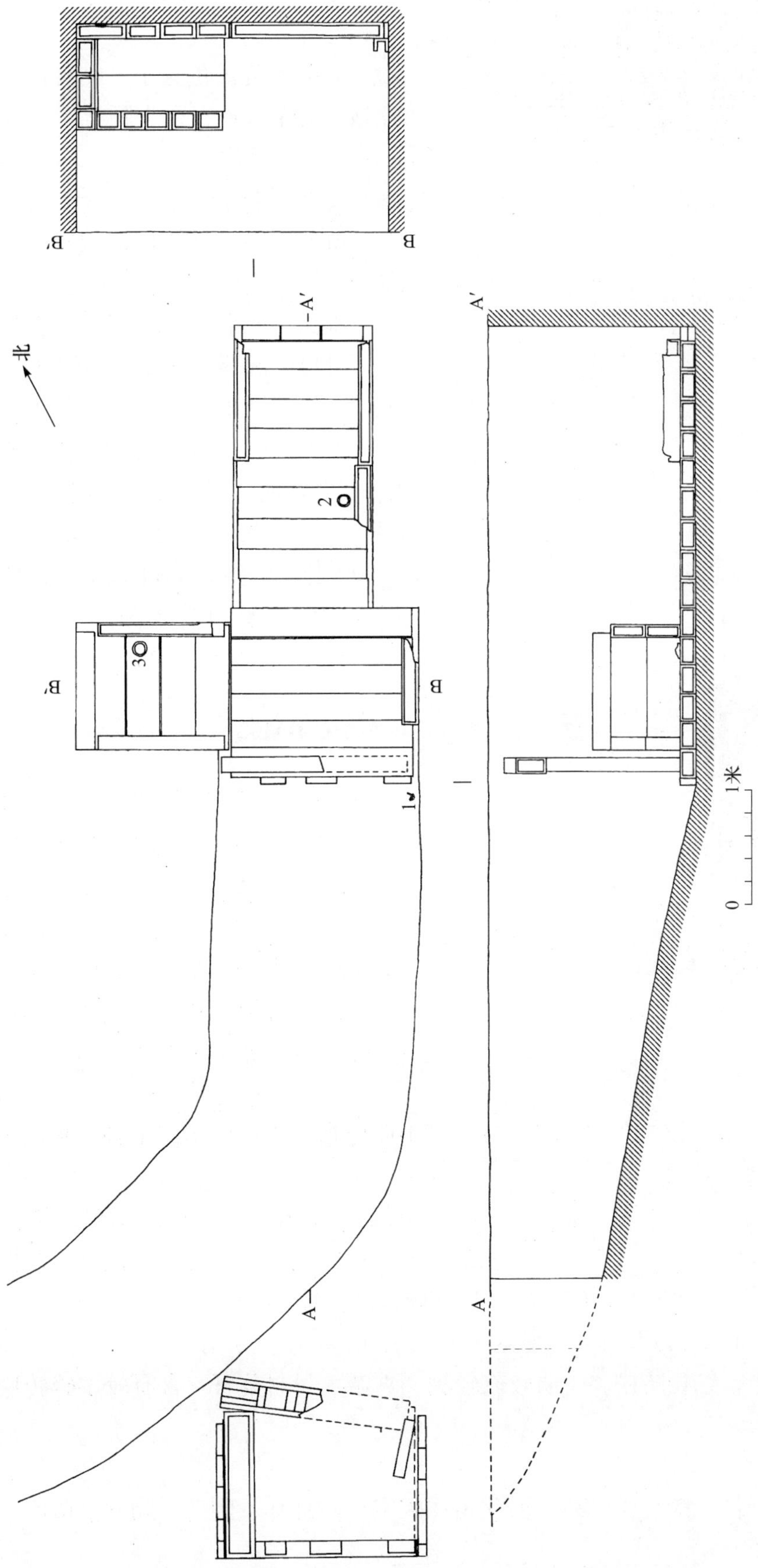

图一三二　BM49 平、剖面图
1. 铁鐅　2、3. 器盖

图一三三　BM49墓门画像拓片

青砖的尺寸为36厘米×13厘米×6厘米（图一三四）。

填土为黄褐色花土，结构疏松，土质较软较黏，夹杂大量青白土颗粒。含较多碎砖块。

葬具　不详。

人骨　不详。

随葬器物　共3件，铁鐅位于墓道中，陶器盖位于后室中部和耳室内。

器盖　2件。BM49：2，泥质灰陶。覆碗形，母口，圆唇，斜壁，漫圆顶。最大径16厘米，高3.6厘米（图一三五，13；图版三六，3）。BM49：3，泥质灰陶。覆碗形，母口，斜壁，漫圆顶。最大径16.4厘米，高3.2厘米（图一三五，23；图版三六，4）。

铁鐅　1件。BM49：1，器身为“凹”字形，中空，鐅刃为半圆形。背呈斜坡状，腹平。长7.7厘米，宽7厘米（图一三五，3）。

16. BM52

位置　位于BT0522东部和BT0622西部。

层位关系　②→BM52→生土。

方向　115°。

形制与结构　砖室墓，由斜坡墓道、封门和墓室组成，通长747厘米（图一三六）。

墓道位于东南部，平面呈长方形。口长435、宽120厘米；底坡长498、下端宽120厘米；深236厘米。

封门位于墓道北端，长120、宽20～41、高104厘米。为小砖错缝平砌，封门中部向墓道的方向弧凸，上部向墓室倾斜。

墓室平面呈长方形，长312、宽132～138、深236厘米。墓室顶部塌陷，结构不详，推测为拱顶。南部存砖13～14层，残高39～42厘米，西壁存砖25层，残高75厘米，北壁存砖13～15层，残高39～45厘米。墓底铺砖，为青砖错缝平铺。

砖的尺寸为34厘米×13厘米×6厘米（图一三九，1）。

填土为褐色花土，结构疏松，土质较软较黏，夹杂大量料姜石。含有较多碎砖块。

葬具　不详。

人骨　不详。

随葬器物　共9件。陶灶位于墓室西北角；陶案、陶耳杯、陶盂、陶井、陶磨、陶仓、筒瓦均位于封门砖西壁下。

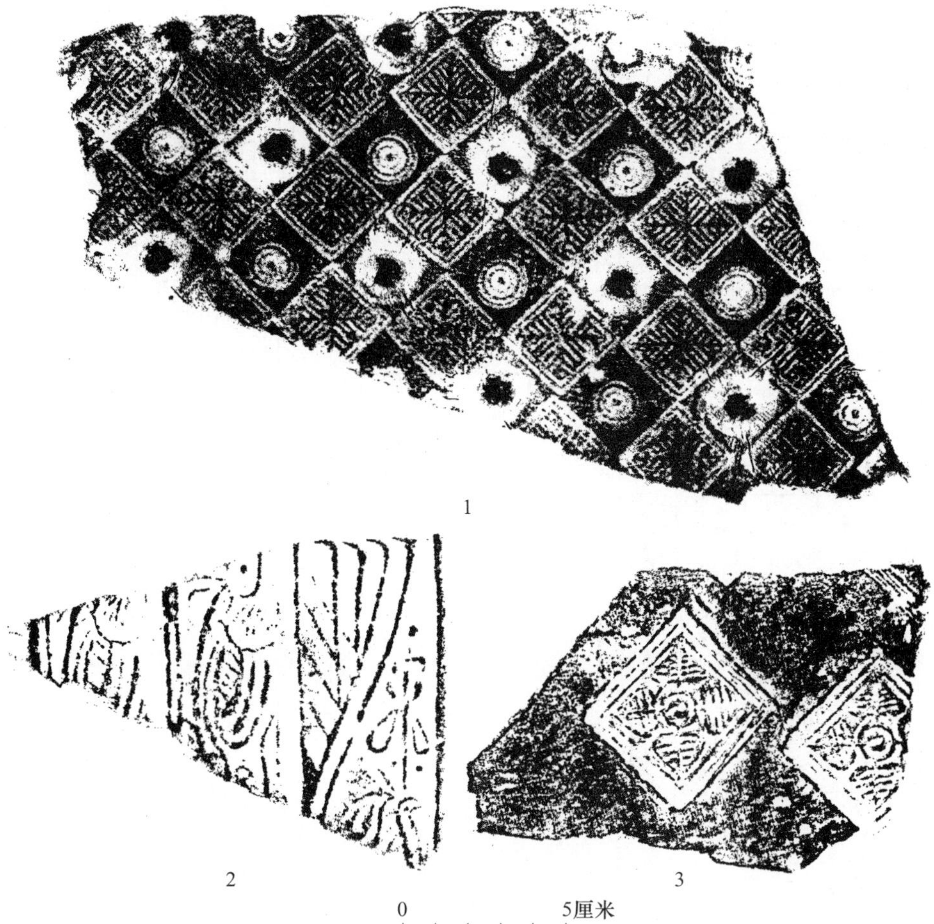

图一三四　BM49墓砖拓片

1～3.BM49墓砖拓片

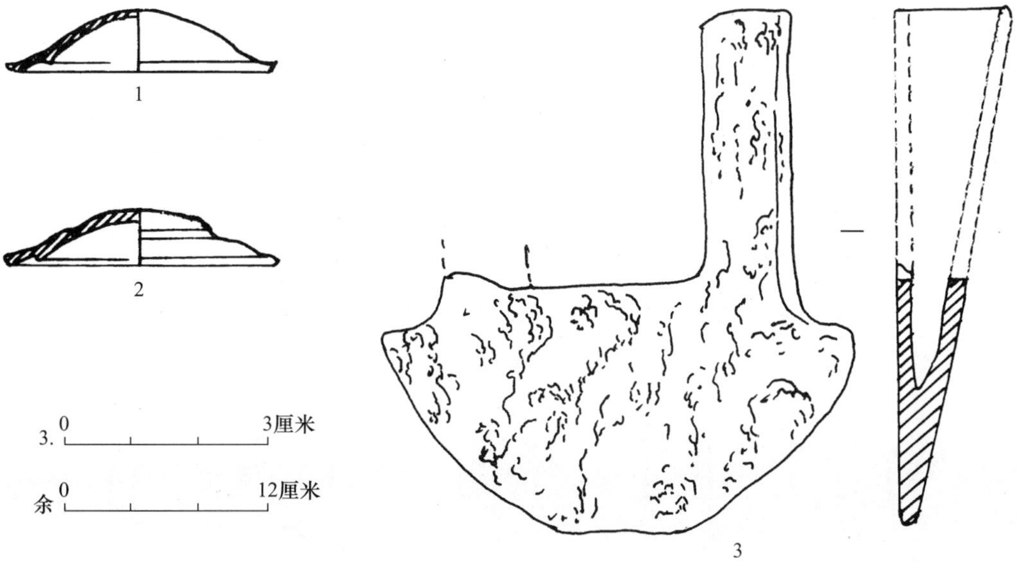

图一三五　BM49出土器物

1、2. 陶器盖（BM49：2、BM49：3）3. 铁鐅（BM49：1）

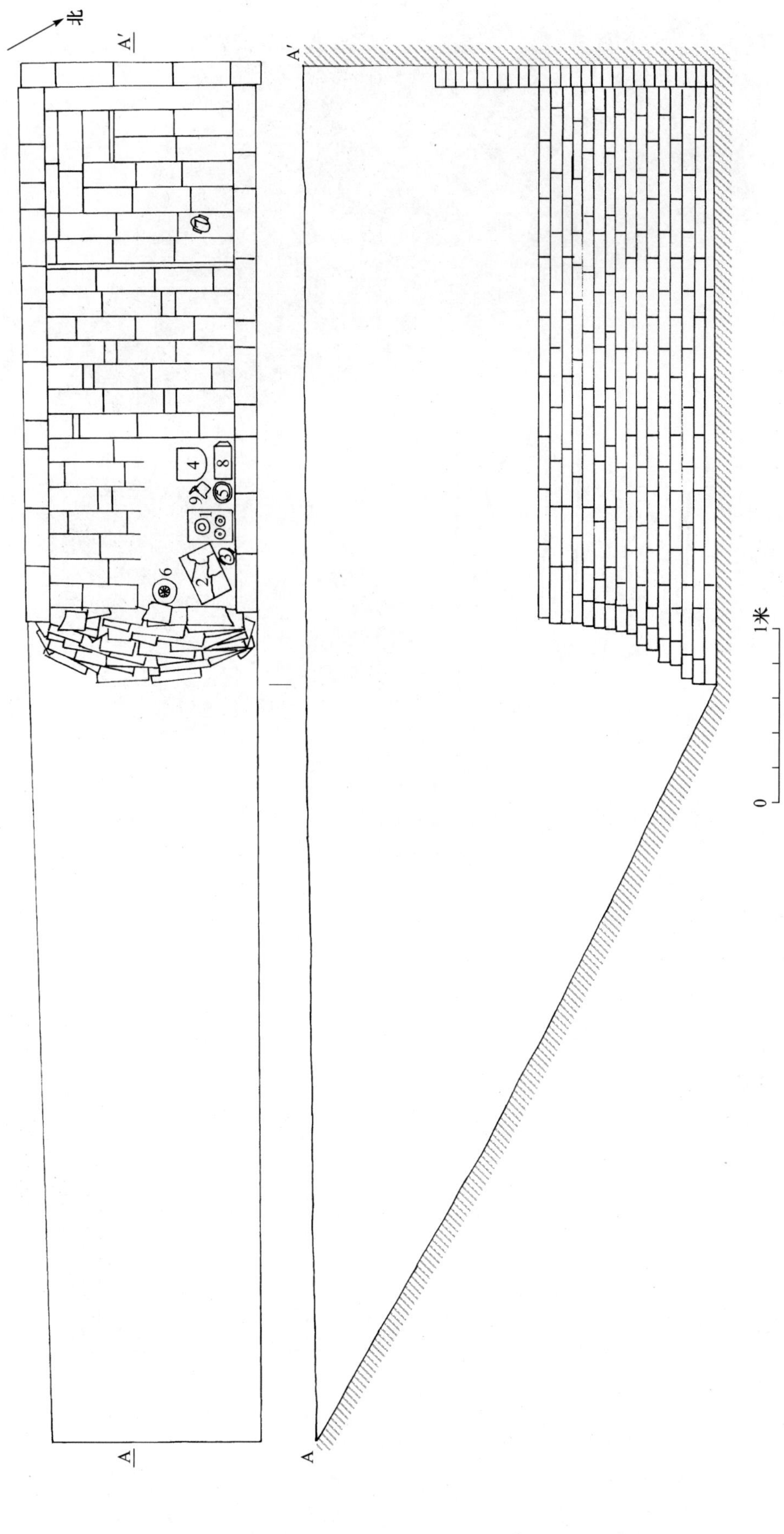

图一三六　BM52平、剖面图

1. 陶灶　2. 陶案　3、7. 陶耳杯　4. 陶奁器盖　5. 陶井　6. 陶磨　8. 陶仓　9. 筒瓦陶灶　1件。BM52∶1，泥质灰陶。长方形台体，前侧开拱形火门，上有梯形挡火墙。台面较平，其上贴塑三个釜，一大两小。灶台前侧有方格形的刻画纹。灶门高6.4厘米。长24.8厘米，宽16厘米，通高11.6厘米（图一三七，3；图版三七，5）。

陶案　1件。BM52∶2，泥质灰陶。四周有凸棱，平底。素面。长48.4厘米，宽30.8厘米，高1.6厘米（图一三七，1；图版三七，3）。

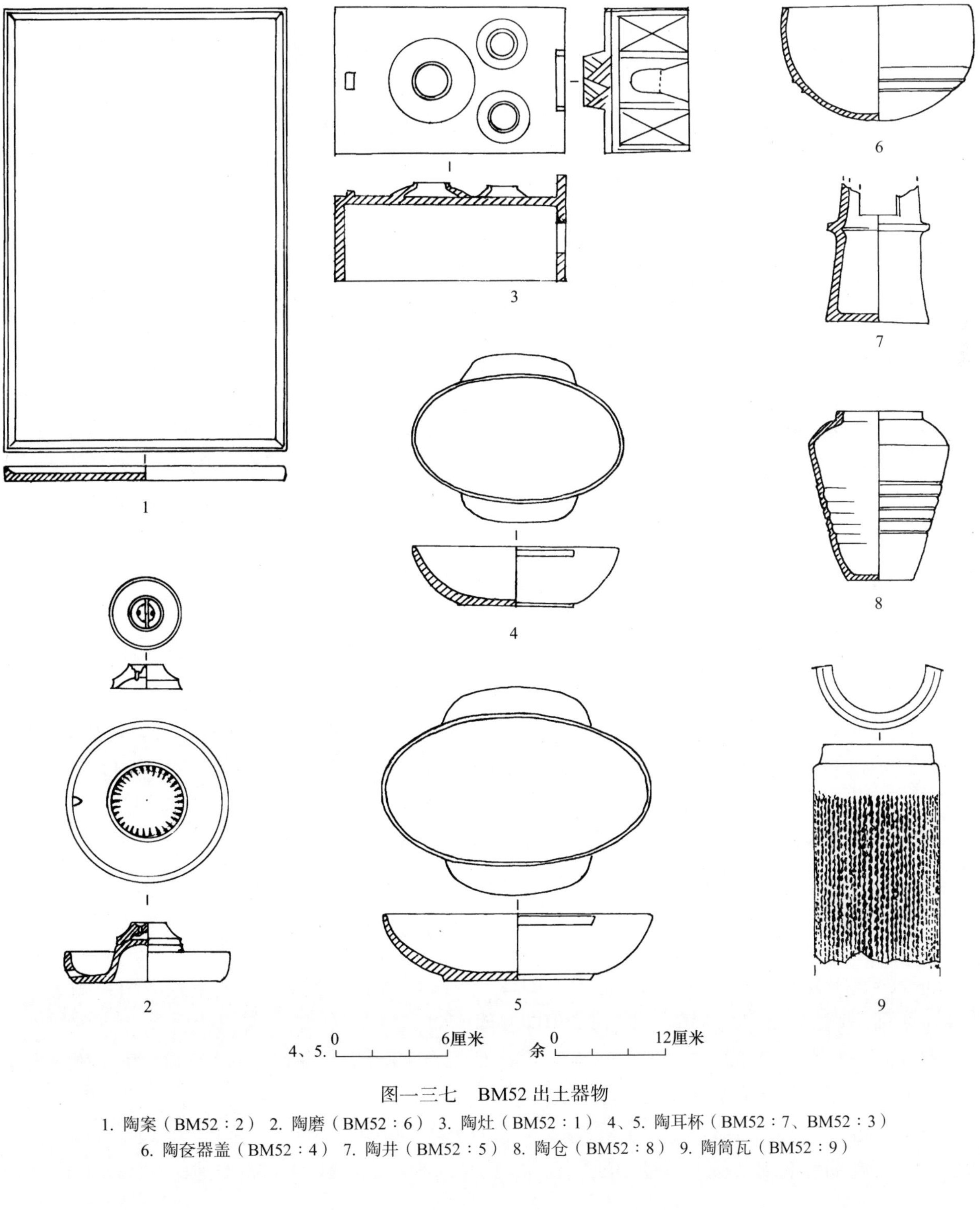

图一三七　BM52出土器物

1. 陶案（BM52∶2）2. 陶磨（BM52∶6）3. 陶灶（BM52∶1）4、5. 陶耳杯（BM52∶7、BM52∶3）
6. 陶奁器盖（BM52∶4）7. 陶井（BM52∶5）8. 陶仓（BM52∶8）9. 陶筒瓦（BM52∶9）

陶耳杯　2件。BM52：3，泥质灰陶。器身呈椭圆形船状，敞口，圆唇，弧腹，椭圆形平底，有皿座。器身两侧有新月形耳。长14.8厘米，宽11.4厘米，高3.6厘米，底径8厘米（图一三七，5；图版三七，1）。BM52：7，泥质灰陶。器身呈椭圆形船状，敞口，圆唇，弧腹，椭圆形平底，有皿座。器身两侧有新月形耳。长11.2厘米，宽9.2厘米，高3.2厘米，底径6.4厘米（图一三七，4；图版三七，2）。

陶奁器盖　1件。BM52：4，泥质灰陶。直口微敛，弧壁，圜底。口径20.8厘米，高12.4厘米（图一三七，6；图版三七，6）。

陶井　1件。BM52：5，泥质灰陶。残，仅剩井身，圆筒状，井沿向外突出，口大底小，斜直腹，平底。残高15.2厘米，底径11.2厘米（图一三七，7；图版三八，2）。

陶磨　1件。BM52：6，泥质灰陶。上扇中央有两个相对的半月形槽，槽内各有一个钻孔。下扇隆起，高出磨盘，盘敞口，斜腹，中间微凸，平底，下扇盘壁与盘底相连，腹中空。通高6.4厘米，底径16厘米，磨盘口径17.6厘米（图一三七，2；图版三七，4）。

陶仓　1件。BM52：8，泥质灰陶。直口，方唇，短折颈，折肩，深斜腹，小平底。素面。口径9.6厘米，底径7.2厘米，高18.4厘米，肩径15.2厘米（图一三七，8；图版三八，1）。

筒瓦　1件。BM52：9，残，饰绳纹。残长23.6厘米，宽14厘米（图一三七，9）。

17. BM53

位置　位于BT0623西部。

层位关系　②→BM53→生土。

方向　12°。

形制与结构　砖室墓，由斜坡墓道、前室和东、西后室组成，通长1098厘米（图一三八）。墓道位于北部，平面呈长方形。口长690、宽128厘米；底坡长750、下端宽128厘米；深280厘米。

墓室分为前、后室。前室平面呈横长方形，直壁平底，长408、宽242～326、深280厘米。前室顶部破坏严重，形制不详，仅余东壁下两排铺地砖，错缝平铺。后室分为东、西两室，东室长250、宽94、深280厘米；西室长238、宽114、深280厘米。东室东壁由7层青砖错缝平砌而成，其顶部破坏情况严重，形制不详。西室为券顶，从第12层起券，共有5排，每排21块青砖对缝券顶，券高38厘米。在东、西两室之间有一个高66、宽34厘米隔墙，共有11层青砖错缝砌筑。

砖的尺寸为34厘米×12厘米×6厘米（图一三九，2、3）。

填土为黄褐色花土，结构疏松，土质较软较黏，含有较多碎砖块。

葬具　不详。

人骨　不详。

随葬器物　共9件，均位于前室之中。陶耳杯、陶奁器盖、陶奁位于前室东南角；陶案、陶器盖位于前室南部；陶井、陶奁、陶仓位于前室西南角。

陶耳杯　1件。BM53：1，泥质灰陶。器身呈椭圆形船状，敞口，圆唇，弧腹，椭圆形平底，有皿座。器身两侧有新月形耳。未修复。

陶奁器盖　1件。BM53：2，泥质灰陶。直口微敛，圆唇，直腹，深圜底。上腹饰有一周凹弦纹，圜底内部有五周凸棱。口径20厘米，高16.4厘米（图一四〇，3；图版三八，5）。

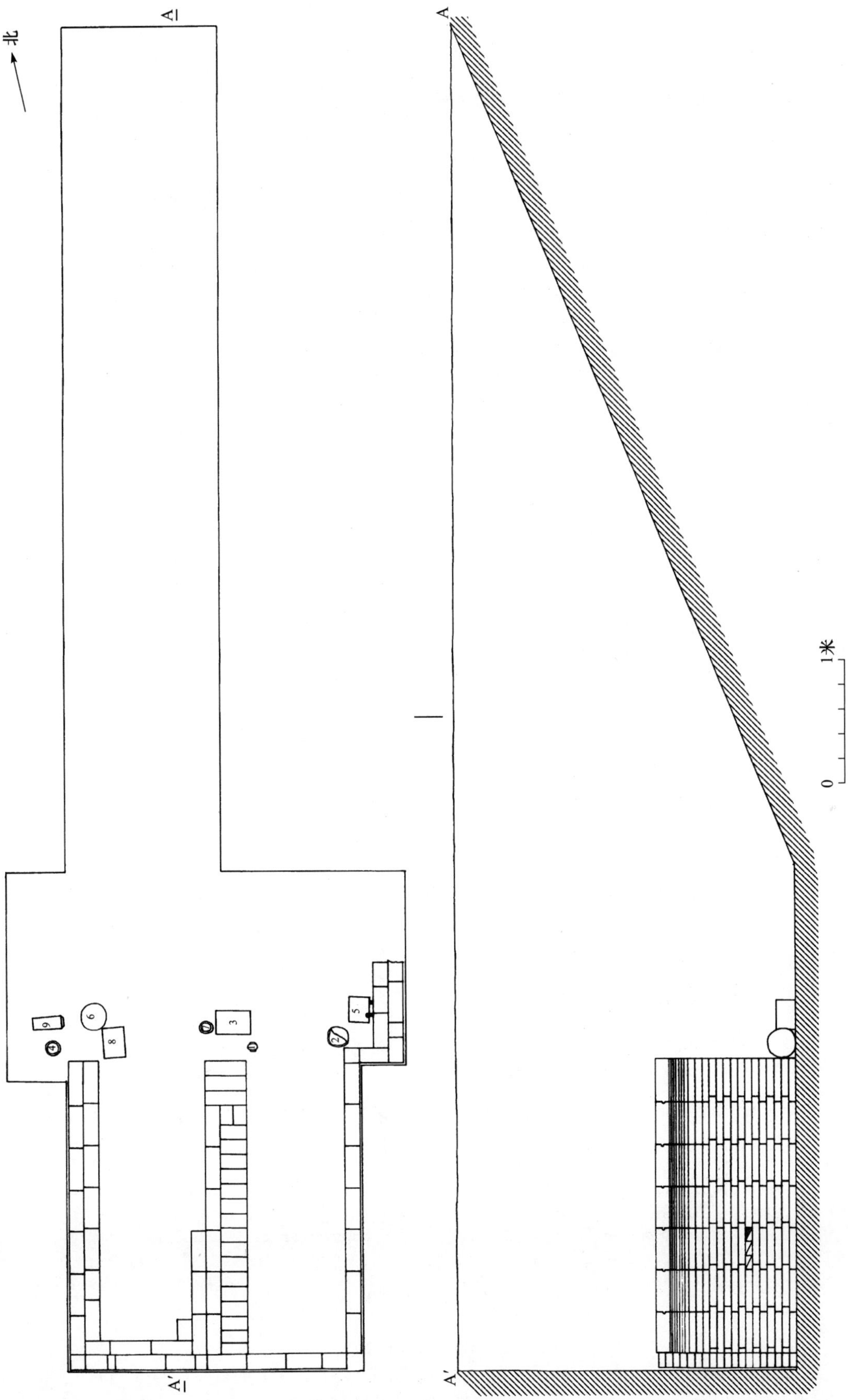

图一三八 BM53平、剖面图

1. 陶耳杯 2. 陶奁器盖 3. 陶案 4. 陶井 5、6、8. 陶奁 7. 陶器盖 9. 陶仓

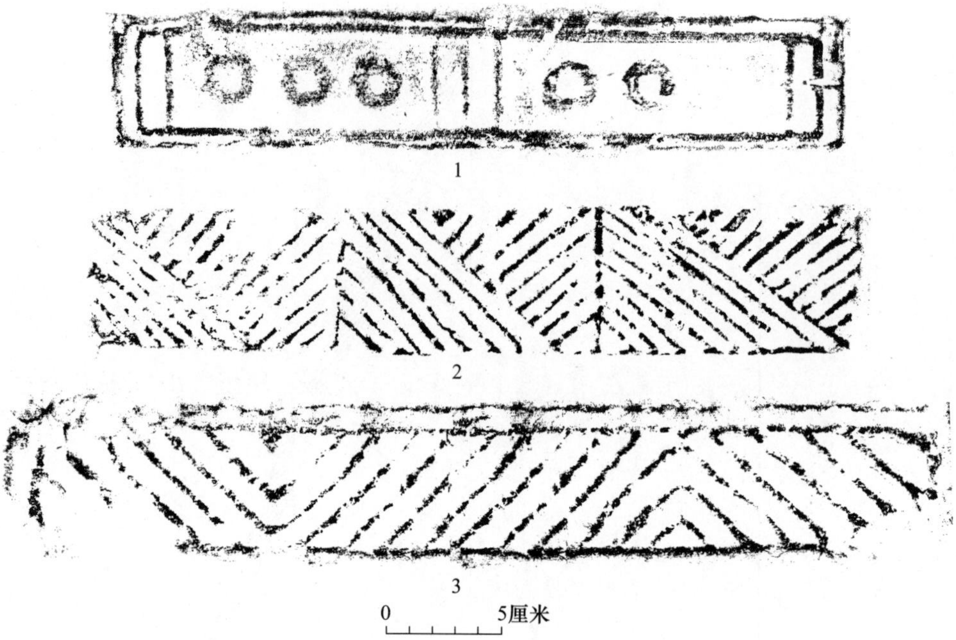

图一三九　BM52、BM53墓砖拓片
1. BM52墓砖拓片　2、3. BM53墓砖拓片

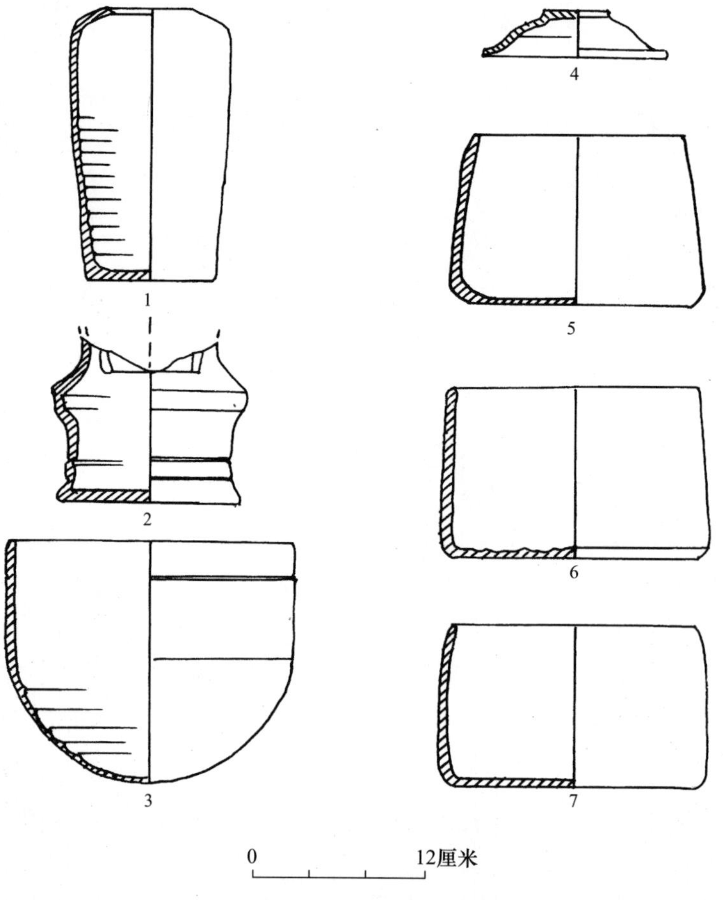

图一四〇　BM53出土器物
1. 陶仓（BM53：9）2. 陶井（BM53：4）3. 陶奁器盖（BM53：2）4. 陶器盖（BM53：7）
5～7. 陶奁（BM53：5、BM53：6、BM53：8）

陶井 1件。BM53：4，泥质灰陶。井架残，存井筒。圆形井沿向外折，井身呈束腰喇叭状，束腰靠上，平底。筒身下部饰两周凹弦纹。底径12.8厘米，残高11.2厘米，最大腹径13.6厘米（图一四〇，2）。

陶奁 3件。BM53：5，泥质灰陶。圆筒形器身，微敛口，圆唇，直腹，平底。口径14.4厘米，底径15.2厘米，高11.6厘米（图一四〇，5）。BM53：6，泥质灰陶。圆筒形器身，直口，圆唇，直腹，平底。口径16.8厘米，底径16.8厘米，高11.6厘米（图一四〇，6；图版三八，3）。BM53：8，泥质灰陶。圆筒形器身，微敛口，圆唇，直腹，平底。口径16.8厘米，底径16.8厘米，高11.2厘米（图一四〇，7；图版三八，4）。

陶器盖 1件。BM53：7，泥质灰陶。敞口，平沿，方唇，斜壁，假圈足状圆握。口径12.8厘米，顶径4.4厘米，高3.2厘米（图一四〇，4）。

陶仓 1件。BM53：9，泥质灰陶。敛口，无唇无颈，折肩，深腹，腹壁直，平底。素面。口径6.4厘米，底径8.8厘米，高18.8厘米，肩径11.2厘米（图一四〇，1）。

陶案 1件。BM53：3，未能修复。

18. BM56

位置 位于BT0724中部偏北。

层位关系 ②→BM56→生土。

方向 207°。

形制与结构 砖室墓，由斜坡墓道、封门、甬道、前室和后室组成，通长958厘米（图一四一；彩版四，3）。

墓道位于南部，平面呈长方形。口长552、宽126～134厘米；底坡长600、下端宽126～134厘米；深240厘米。

封门，位于甬道下偏南处，小青砖错缝叠放砌成。现仅存砖8层，宽108、厚14、残高40厘米。封门砖中部向南弧突。

甬道，位于墓道北部，宽108、高128、进深54厘米。东、西两壁为青砖错缝叠放而成，顶部南部券顶尚存，从第16层砖开始起券，券高58厘米。

墓室分为前、后室。前室平面呈横长方形，直壁平底，长172、宽120厘米。前室顶部已坍塌，形制不详。东、西两壁保存比较完好，东壁砌砖25层，高125厘米；西壁砌砖27层，高135厘米。墓底未铺砖。

后室平面呈长方形，直壁平底，长238、宽96厘米。保存较为完好，墓顶为拱顶，从墓底数第13块砖开始起拱，拱高58厘米。东、西两壁用青砖错缝叠放砌成，用砖13层，高65厘米。墓底为青砖横向错缝平铺砌成，壁砖直接立于底砖之上。

墓顶青砖为子母口砖，尺寸为40厘米×14厘米×6厘米；壁砖和底砖为条形砖，壁砖尺寸为40厘米×12厘米×5厘米，底砖尺寸为40厘米×14厘米×6厘米。青砖正面有拍印的绳纹，较长的侧面饰有模印纹饰（图一四二）。

墓室内填土为深褐色花土，结构疏松，土质较软较黏，含有较多白色高岭土颗粒；墓道内填土为红褐色，包含较多的料姜石颗粒。

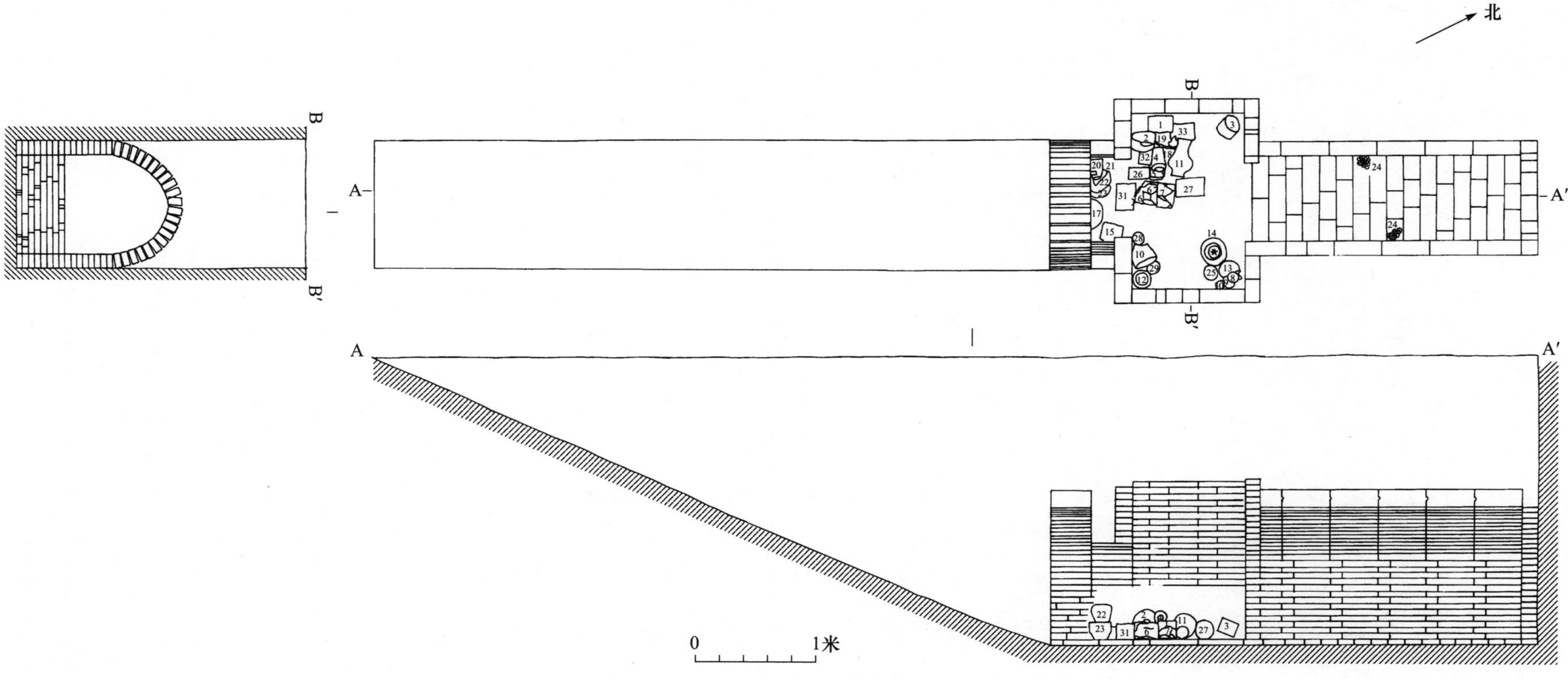

图一四一　BM56平、剖面图

1～3、6、8～10、15、16、18、20、21、23、26、27. 陶奁　4、5. 陶仓　7. 陶奁器盖　11. 陶瓶　12. 陶井　13. 陶圈　14. 博山炉　17、22. 陶罐　19. 陶壶　24. 铜钱　25、28～30. 器盖　31. 陶樽

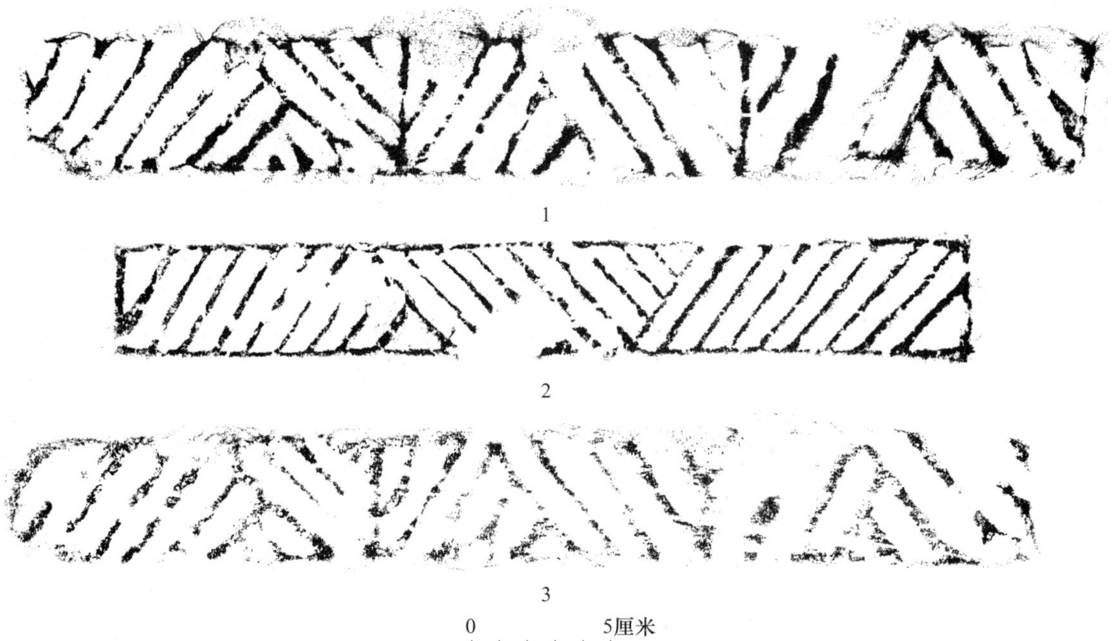

图一四二 BM56墓砖拓片

葬具 不详。

人骨 不详。

随葬器物 共25件（组）。陶奁、陶仓、陶瓶位于前室西南部；陶罐、陶井位于前室东南部；陶奁、陶圈、博山炉、器盖位于前室东北部；陶奁器盖、陶罐位于甬道北部（彩版四，4）；铜钱位于后室中部。

陶奁器盖 1件。BM56：7，泥质红陶。直口，方唇，直腹，圜底。口径21.6厘米，残高13.2厘米（图一四三，1）。

陶奁 9件（套）。BM56：1、6，泥质红陶。覆钵形器盖扣于圆筒形器身之上，器盖腹部饰有凹弦纹。器身直口，圆唇，直壁，平底。器身内壁留有旋转痕迹。盖径20.8厘米，器身口径19.2厘米，底径20厘米，通高20.4厘米（图一四三，9）。BM56：2、8，泥质灰陶。覆钵形器盖扣于圆筒形器身之上。器身微敛口，圆唇，直壁，平底。器身内壁留有旋转痕迹。素面。盖径21.6厘米，器身口径19.2厘米，底径19.2厘米，通高15.8厘米（图一四三，6；图版四〇，2）。BM56：9、23，泥质红陶。覆钵形器盖扣于圆筒形器身之上，器盖微敛口，方唇，近直壁，圜底。器身直口，圆唇，直壁，平底。器身内壁留有旋转痕迹。素面。盖径22.4厘米，器身口径17.2厘米，底径17.6厘米，通高18.4厘米（图一四三，3；图版四〇，3）。BM56：3、16，泥质灰陶。覆钵形器盖扣于圆筒形器身之上，器盖方唇，直壁。器身微敛口，圆唇，直壁，平底。器身内壁留有旋转痕迹，外壁饰有四周凹弦纹。盖径22厘米，器身口径18.4厘米，底径19.2厘米，通高16.4厘米（图一四三，7；图版四〇，1）。BM56：18、21，泥质灰陶。覆钵形器盖扣于圆筒形器身之上。器盖敛口，圆唇，直壁，圜底。器身敛口，圆唇，直壁，平底。器身内壁留有旋转痕迹。素面。盖径17.6厘米，器身口径15.2厘米，底径16.4厘米，通高16厘米（图一四三，5；图版四〇，5）。BM56：10、26，泥质灰陶。覆钵形器盖扣于圆筒形器身之上，器盖直口，方唇，外壁饰三周凹弦纹。器身敛口，圆唇，斜直壁，平底。器身内壁留有旋转痕迹。盖径 20.8 厘米，器身口径 15.2 厘米，底径 17.6 厘米，通高 16.8 厘米（图一四三，8；图版四〇，4）。BM56：27，泥质灰陶。微敛口，圆唇，腹壁斜直，上腹内收，腹底有一周明显折痕内收，平底。素面。口径 15.2 厘米，底径 17.6 厘米，高 12.8 厘米（图一四三，4；图版四二，3）。M56：20、32，泥质灰陶。覆钵形器盖扣于圆筒形器身之上，器盖直口，方唇，直腹，圜底。器身直口，圆唇，直壁，平底。外壁饰有三周凹弦纹。盖径 22.8 厘米，器身口径 20 厘米，底径 20.8 厘米，通高 19.2 厘米（图一四三，2；图版四〇，6）。BM56：15、33，泥质灰陶。覆钵形器盖扣于圆筒形器身之上，器盖方唇，近直壁，圜底，内壁留有旋转痕迹。器身直口，圆唇，直壁，平底。外壁饰有五周凹弦纹。盖径 23.2 厘米，器身口径 20 厘米，底径 19.2 厘米，通高 20 厘米（图一四三，10；彩版九，4）。

陶仓　2 件。BM56：4，泥质灰陶。直口，矮领，斜折肩，斜直腹，平底。肩腹之间有一道明显折痕。口径 8 厘米，底径 8.8 厘米，高 20.8 厘米，肩径 14.4 厘米（图一四四，3；图版四一，

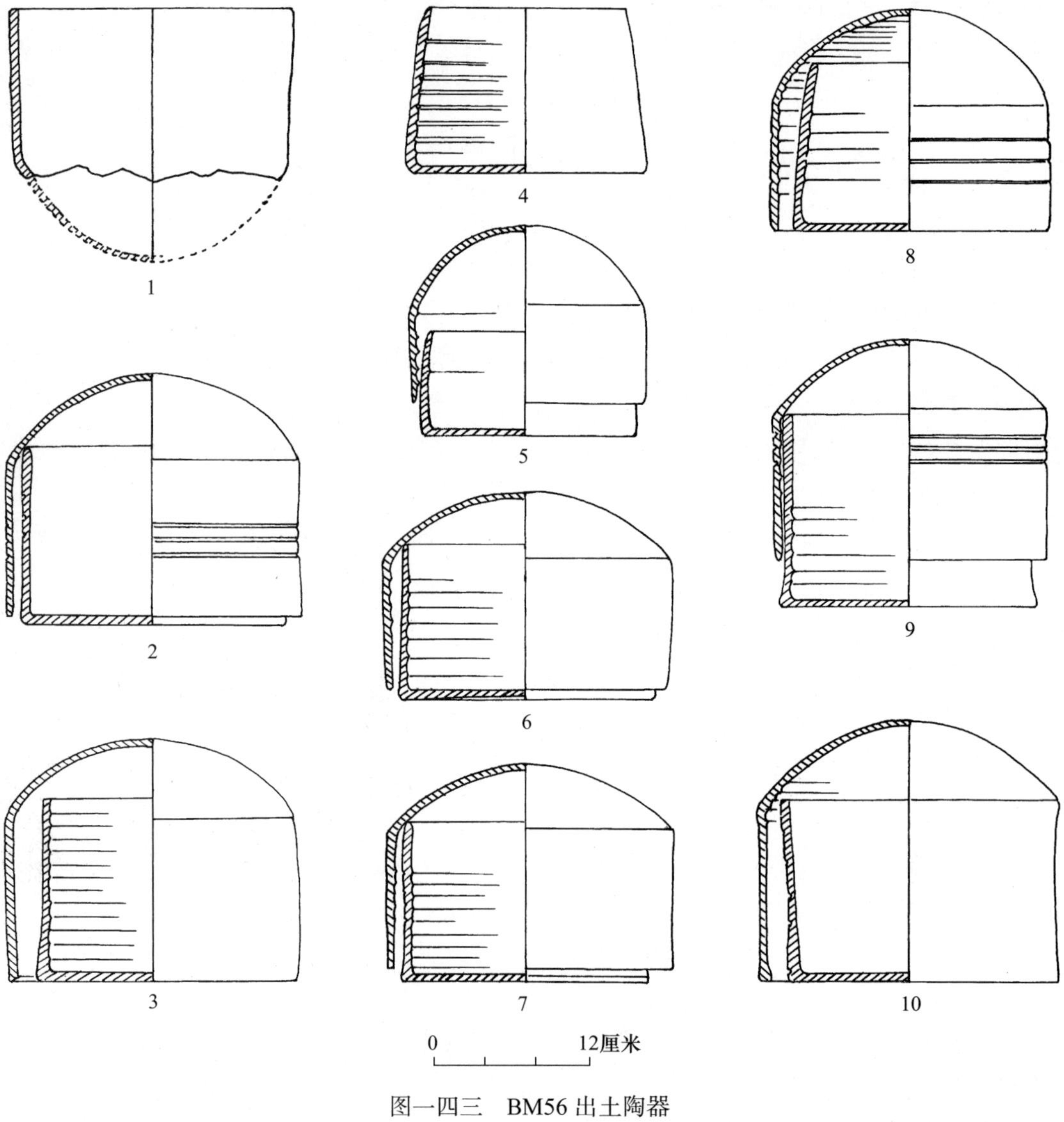

图一四三　BM56 出土陶器

1. 陶奁器盖（BM56：7）　2～10. 陶奁（BM56：20、32，BM56：9、23，BM56：27，BM56：18、21，BM56：2、8，BM56：3、16，BM56：10、26，BM56：1、6，BM56：15、33）

3）。BM56：5，泥质灰陶。直口，矮领，斜折肩，斜弧腹，平底。肩腹之间有一道明显折痕。口径 8 厘米，底径 9.6 厘米，高 22.4 厘米，最大腹径 15.6 厘米（图一四三，2；图版四一，4）。

陶樽　1 件。BM56：31，泥质褐陶。器身为圆筒状。口微敛，直腹，平底，底略大于口，三足呈蹄形，较矮。口径 16.8 厘米，底径 17.6 厘米，通高 13.2 厘米，足高 5.2 厘米（图一四四，6；图版四二，4）。

器盖　4 件。BM56：25，泥质灰陶。覆碗形，侈口，斜折沿，斜壁，平顶。最大径 14.4 厘米，高 3.6 厘米（图一四四，8；图版三九，2）。BM56：28，泥质灰陶。侈口，弧壁，弧顶。盖最大径 16 厘米，高 2.8 厘米（图一四四，9；图版三九，1）。BM56：29，泥质灰陶。侈口，弧壁，弧顶。最大径 16 厘米，高 2.2 厘米（图一四四，10；图版四二，6）。BM56：30，泥质灰陶。侈口，弧壁，弧顶。最大径 16.8 厘米，高 3.6 厘米（图一四四，11；图版四二，5）。

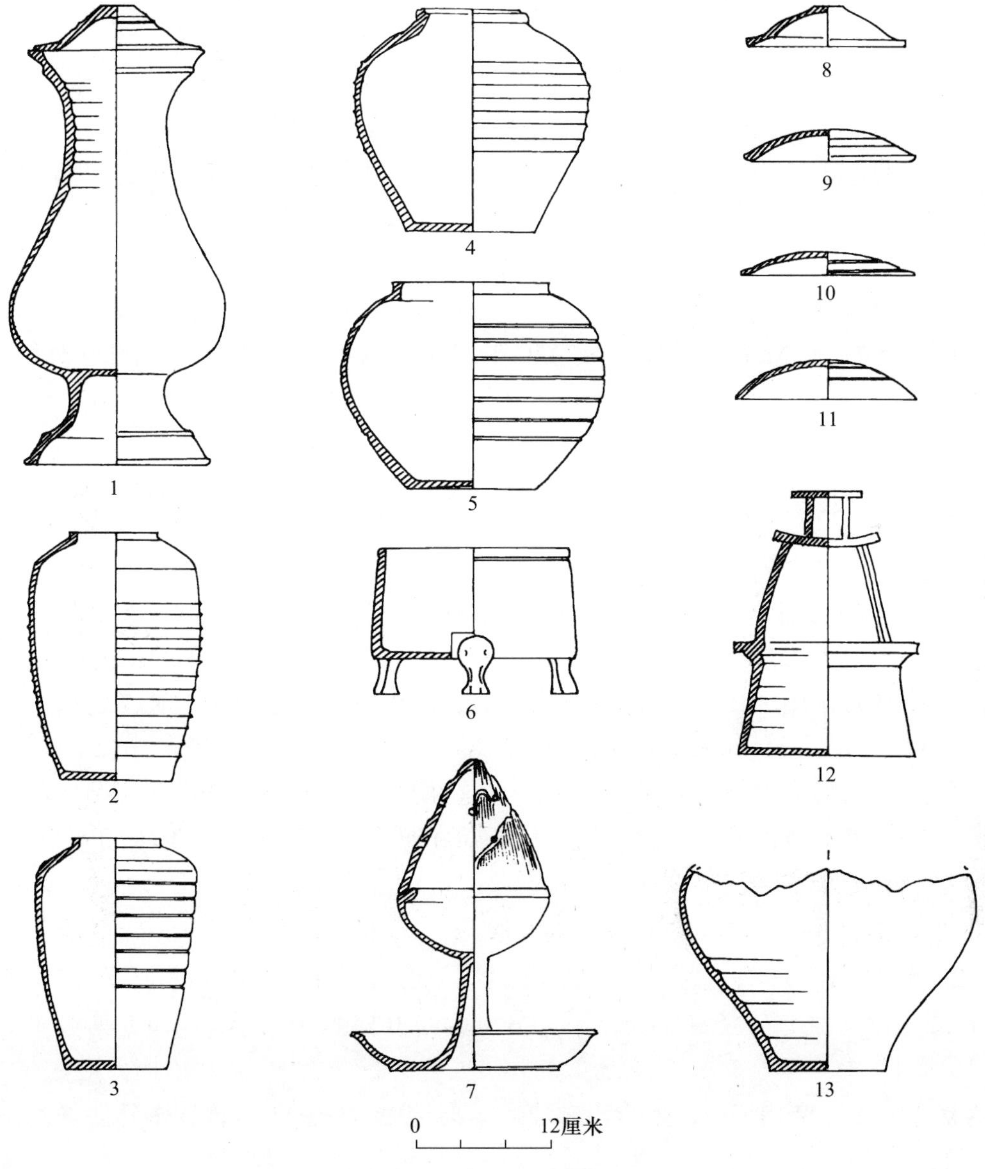

图一四四　BM56 出土器物

1. 陶瓶（BM56：11）　2、3. 陶仓（BM56：5、BM56：4）　4、5. 陶罐（BM56：17、BM56：22）　6. 陶樽（BM56：31）　7. 博山炉（BM56：14）　8～11. 器盖（BM56：25、BM56：28、BM56：29、BM56：30）　12. 陶井（BM56：12）　13. 陶壶（BM56：19）

博山炉　1件。BM56：14，泥质灰陶。炉体为子口圆唇，弧腹，炉体下为喇叭状柄，柄身较细。炉盘位于柄底部，敞口，折沿，方唇，斜腹略弧，平底。底中央和柄中空。炉盖近似圆锥体，模印山峦图案，四方各有一个钻孔。炉体口径13.6厘米。底径15.2厘米，通高28厘米，炉盘口径22.4厘米（图一四四，7；彩版九，1）。

陶瓶　1件。BM56：11，泥质灰陶。盘口，高束颈，溜肩，鼓腹，最大腹径向下，喇叭形高圈足，足底呈盘口状。口径16厘米，底径16.8厘米，通高41.2厘米，腹径19.2厘米。器盖覆碗状，敞口，折沿，方唇内凹，斜腹，小平底。盖最大径15.2厘米，高4厘米（图一四四，1；彩版八，4）。

陶罐　2件。BM56：17，泥质灰陶。子口，鼓肩，鼓腹微耸，下腹斜收，平底。口径10厘米，底径11.2厘米，高20厘米，最大腹径20.8厘米（图一四四，4；图版四一，1）。BM56：22，泥质灰陶。微敛口，方唇，鼓肩，鼓腹微耸，平底。口径14厘米，底径11.2厘米，高18.8厘米，最大腹径24厘米（图一四四，5；图版四一，2）。

陶壶　1件。BM56：19，泥质褐陶。上腹残，鼓腹，下腹斜收，平底。素面。内腹有六周凸棱。底径10.8厘米，残高18厘米，最大腹径27.2厘米（图一四四，13）。

陶井　1件。BM56：12，泥质灰陶。井架为梯形，井身平沿，斜腹外扩，平底。素面。内壁有四周凸棱。口径16.8厘米，底径16厘米，通高23.6厘米，井身高10厘米（图一四四，12；彩版九，2）。

陶圈　1件。BM56：13，未能修复。

铜钱　1组15枚。BM56：24-1，“剪轮五铢”1枚，郭径为1.98厘米（图一六七，7）。

19. BM57

位置　位于BT0725东南部、BT0724东北部。

层位关系　②→BM57→生土。

方向　26°。

形制与结构　长方形竖穴砖室墓，平面呈长方形。墓口长316、宽118厘米；墓底长316、宽78厘米；深210厘米。东、西两壁有生土二层台，二层台长316、宽20、高60厘米（图一四五）。

墓室顶部由12块空心砖平铺而成，尺寸为108厘米×22厘米×22厘米。墓室东、西两壁为青砖紧贴生土台错缝叠放而成，青砖有12层，高60厘米。墓底无砖。青砖尺寸为36厘米×10厘米×5厘米（图一四六）。

墓室北部有头厢，宽78、高50、进深60厘米，头厢顶部用三块空心砖平铺而成，尺寸为108厘米×22厘米×18厘米；墓室与头厢相接处用空心砖封住，尺寸为68厘米×50厘米×16厘米；头厢北侧为两块空心砖竖置而成，尺寸分别为130厘米×42厘米×14厘米和130厘米×22厘米×16厘米。

填土为褐色花土，结构疏松，土质较软较黏，夹杂大量白灰土。含较多碎砖块。

葬具　不详。

人骨　1具。破坏较为严重，葬式、性别、年龄不详。

随葬器物　共3件。陶樽1件和陶壶2件，均位于墓室北部头厢内。

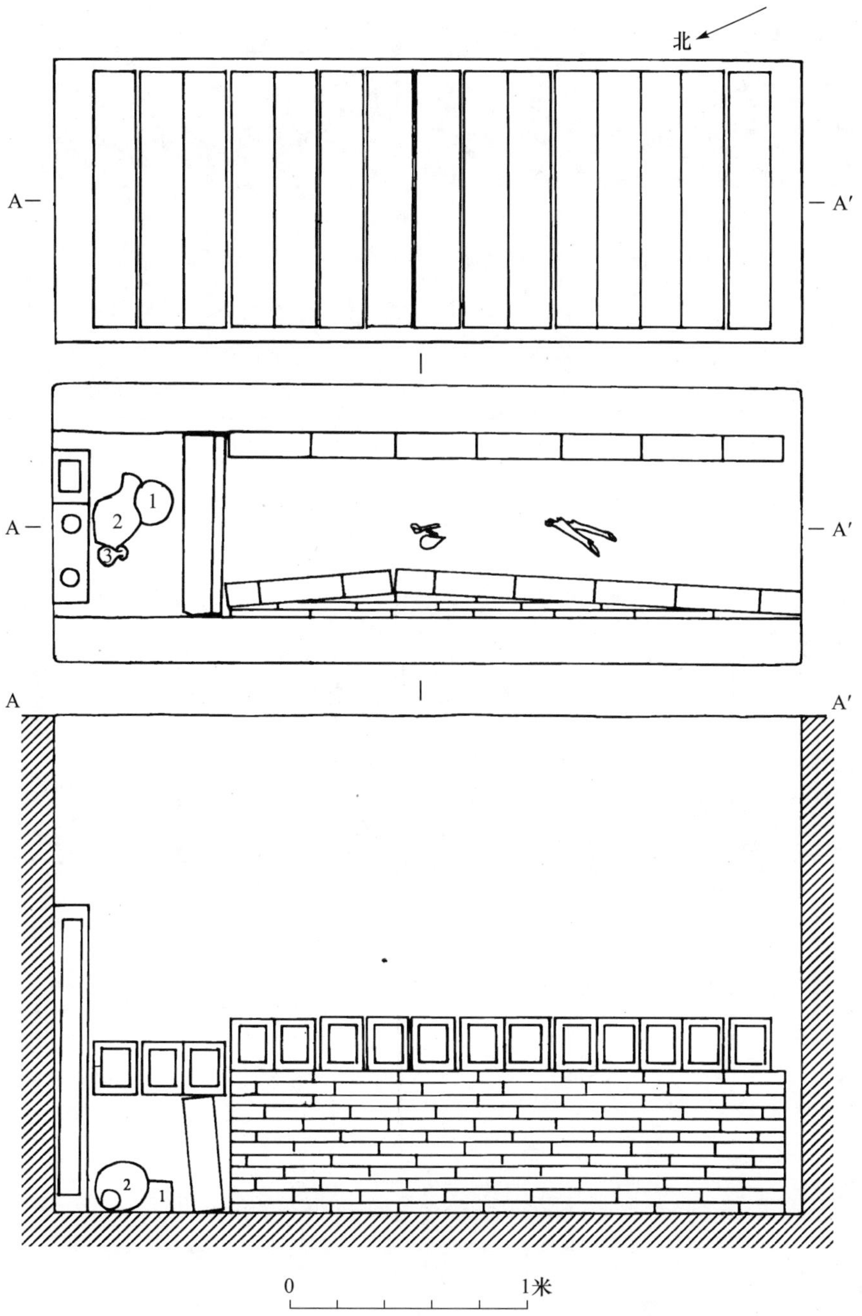

图一四五　BM57平、剖面图
1. 陶樽　2、3. 陶壶

陶樽　1件。BM57：1，泥质灰陶。直口，直壁，平底。有三个兽蹄形足。腹壁有四组弦纹。口径16.8厘米，底径16厘米，高17.6厘米，足高4.8厘米（图一四七，3；图版四二，2）。

陶壶　2件。BM57：2，泥质灰陶。侈盘口，高束颈，溜肩，圆鼓腹，平底。肩部和腹部饰数周凹弦纹，上腹饰一对贴塑铺首衔环。口径16.8厘米，底径15.2厘米，高34.4厘米，最大腹径27.2厘米（图一四七，1）。BM57：3，泥质灰陶。盘口，高束颈，溜肩，鼓腹，假圈足。肩部和腹部饰数周凹弦纹。口径10.4厘米，底径7.2厘米，高18厘米，最大腹径13.2厘米（图一四七，2；图版四二，1）。

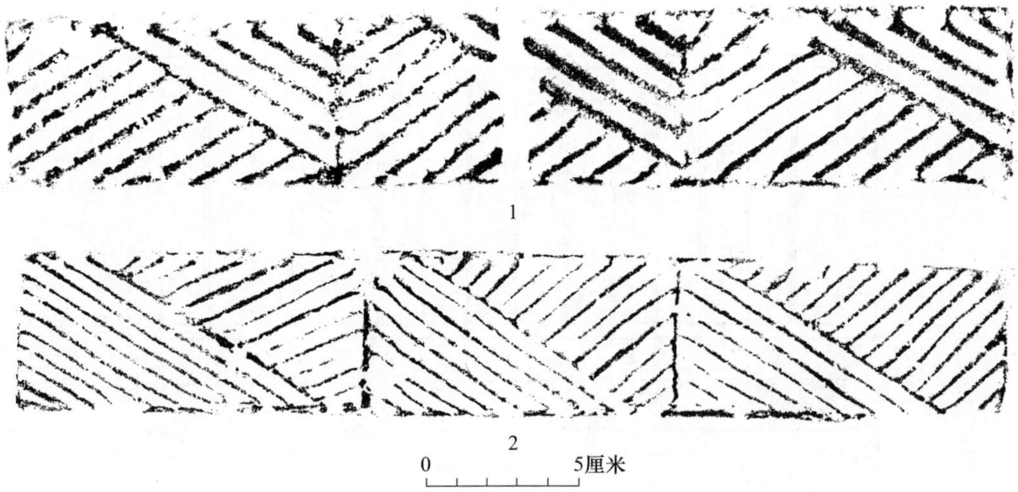

图一四六　BM57 墓砖拓片

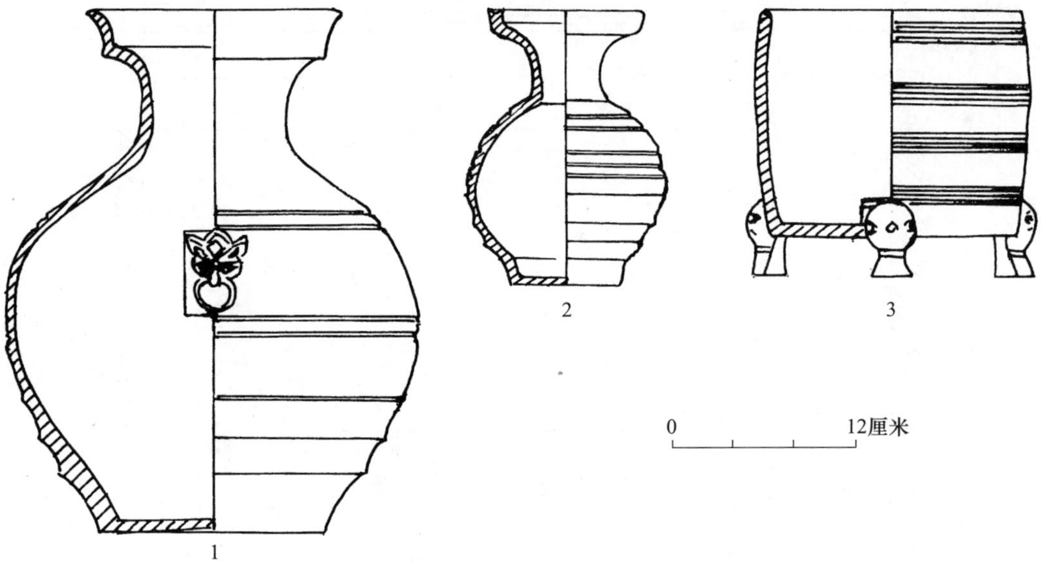

图一四七　BM57 出土器物

1、2. 陶壶（BM57：2、BM57：3）3. 陶樽（BM57：1）

20. BM58

位置　位于 BT1122 中南部。

层位关系　②→ BM58 →生土。

方向　198°。

形制与结构　砖室墓，由斜坡墓道、封门和东、西室组成，通长 858 厘米（图一四八）。

墓道位于南部，平面呈长方形。口长 466、宽 122 厘米；底坡长 532、下端宽 122 厘米；深 248 厘米。

封门，位于墓道北部。封门由空心砖和青砖分两排砌成，青砖为东西向纵向平砌而成，现残存 4 层，高 24 厘米。空心砖为立砌，尺寸为 102 厘米 × 30 厘米 × 15 厘米。空心砖两侧有两根横截面呈方形的空心砖作为立柱，尺寸为 102 厘米 × 15 厘米 × 14 厘米。

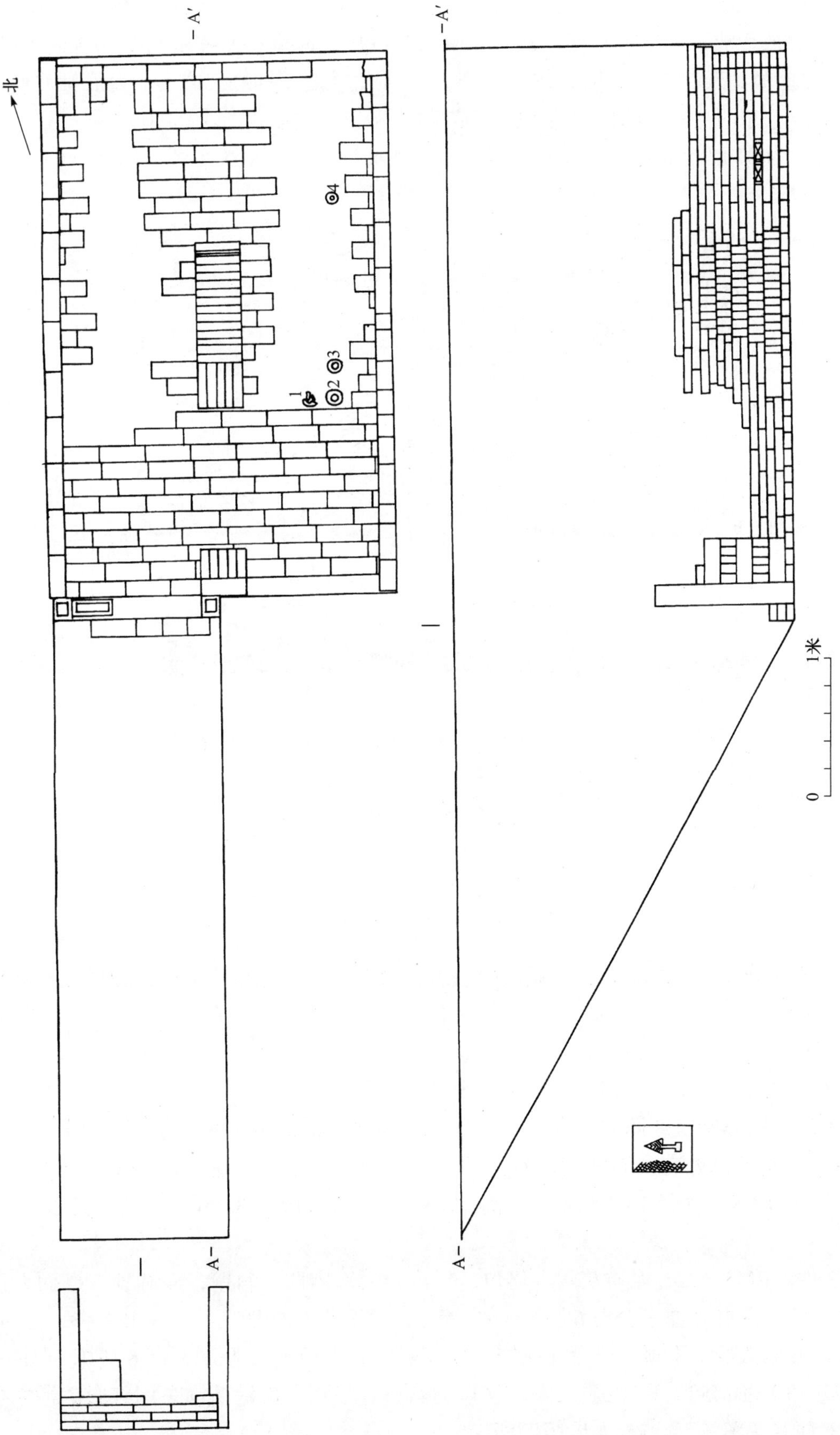

图一四八 BM58 平、剖面图
1. 陶壶 2～4. 器盖

墓室平面呈长方形，总长392、宽252、深248厘米。墓室顶部被破坏，形制不详。墓室四壁由青砖错缝叠放而成，东壁最高残存青砖14层，残高84厘米；西壁最高残存青砖15层，残高90厘米；北壁最高残存青砖5层，高30厘米。壁砖直接起于铺底砖之上。墓底铺底砖东西纵向错缝平铺而成。东西墓室之间由青砖侧放砌成墙相隔，隔墙宽30、残高70厘米。

青砖的尺寸为32厘米×12厘米×6厘米。青砖侧面饰一对三角纹（图一四九）。

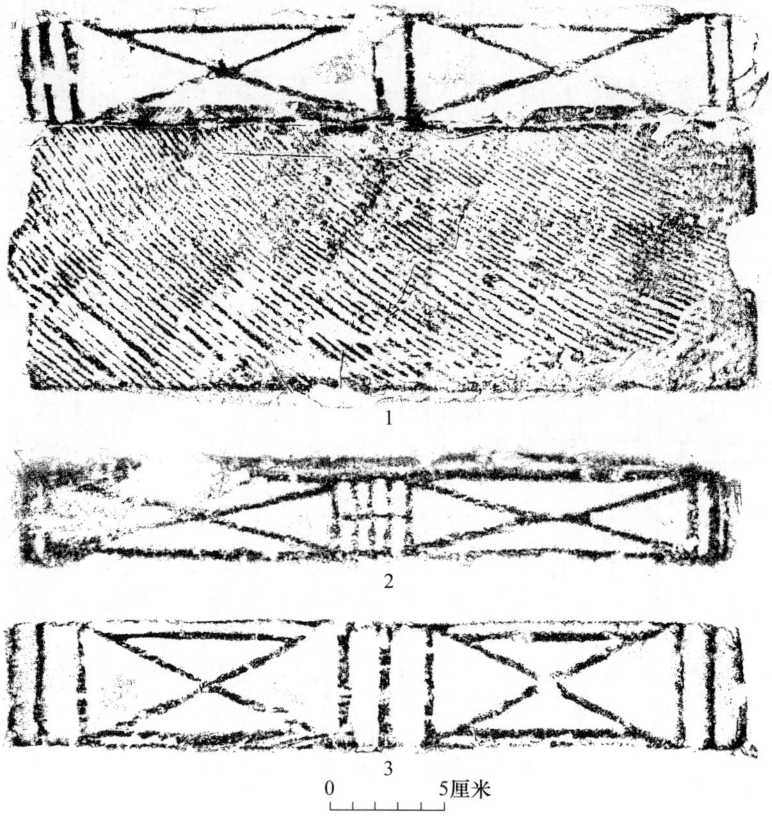

图一四九　BM58墓砖拓片

填土为黄褐色花土，结构疏松，土质较软较黏，含有较多白色高岭土颗粒和料姜石颗粒。

葬具　不详。

人骨　不详。

随葬器物　共4件陶器，均位于东墓室之内。

陶壶　1件。BM58∶1，泥质灰陶。盘口外侈，束颈，溜肩，鼓腹，假圈足。器盖覆碗形，侈口，弧壁，壁面近口处有一周凹槽，漫圆顶。器身饰满红彩。盖最大径21.6厘米，高4.8厘米。器身口径22厘米，底径15.2厘米，通高45.6厘米，最大腹径32厘米（图一五〇，1；图版四三，3）。

器盖　3件。BM58∶2，泥质灰陶。侈口，折沿，沿部内凹，斜壁，漫圆顶。壁面近口处饰数周凹弦纹。最大径19.2厘米，高6厘米（图一五〇，2；图版四四，4）。BM58∶3，泥质灰陶。侈口，斜壁，壁面微折，平顶。口沿外侧饰一周红彩。最大径19.2厘米，高6厘米（图一五〇，3；图版四四，3）。BM58∶4，泥质灰陶。侈口，斜壁，平顶。口沿部饰一周红彩。最大径19.6厘米，高5.6厘米（图一五〇，4；图版四四，5）。

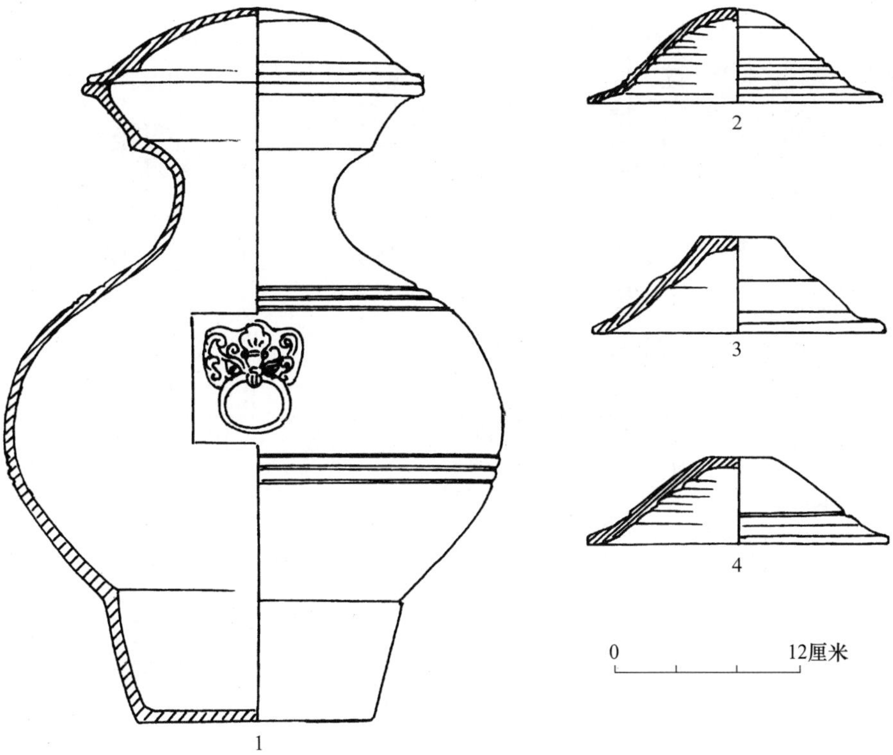

图一五〇　BM58出土器物
1. 陶壶（BM58：1）2～4. 器盖（BM58：2、BM58：3、BM58：4）

21. BM59

位置　位于BT1122东南部、BT1121东北部。

层位关系　②→BM59→BM65→生土。

方向　201°。

形制与结构　砖室墓，由斜坡墓道、前室、后室和耳室组成，通长1080厘米（图一五一）。

墓道位于南部，平面呈长方形。口长640、宽164～178厘米；底坡长676、下端宽164～178厘米；深190厘米。

墓室分为前、后室。前室位于墓道北端，平面近方形，直壁平底，长148、宽126、深190厘米。前室顶部塌陷，形制不详。墓壁仅在铺底砖上保留一两层，为错缝叠放；墓底青砖为“回”字形平铺。后室位于前室北部，平面呈长方形，长292、宽168厘米。后室顶部塌陷，形制不详。墓壁为双排青砖错缝叠放砌成，东壁残存青砖6层，高36厘米；西壁残存青砖7层，高42厘米。墓底为小砖东西向错缝平铺。

耳室位于前室东部，宽126、进深164厘米。顶部为券形，从第11层开始起券。墓室壁为错缝叠放平砌，存砖11层，高66厘米。墓底青砖为“回”字形平铺。

青砖的尺寸为28厘米×14厘米×6厘米。

填土为黄褐色花土，结构疏松，土质较软较黏，含有较多的白色高领土颗粒和料姜石颗粒。

葬具　不详。

人骨　不详。

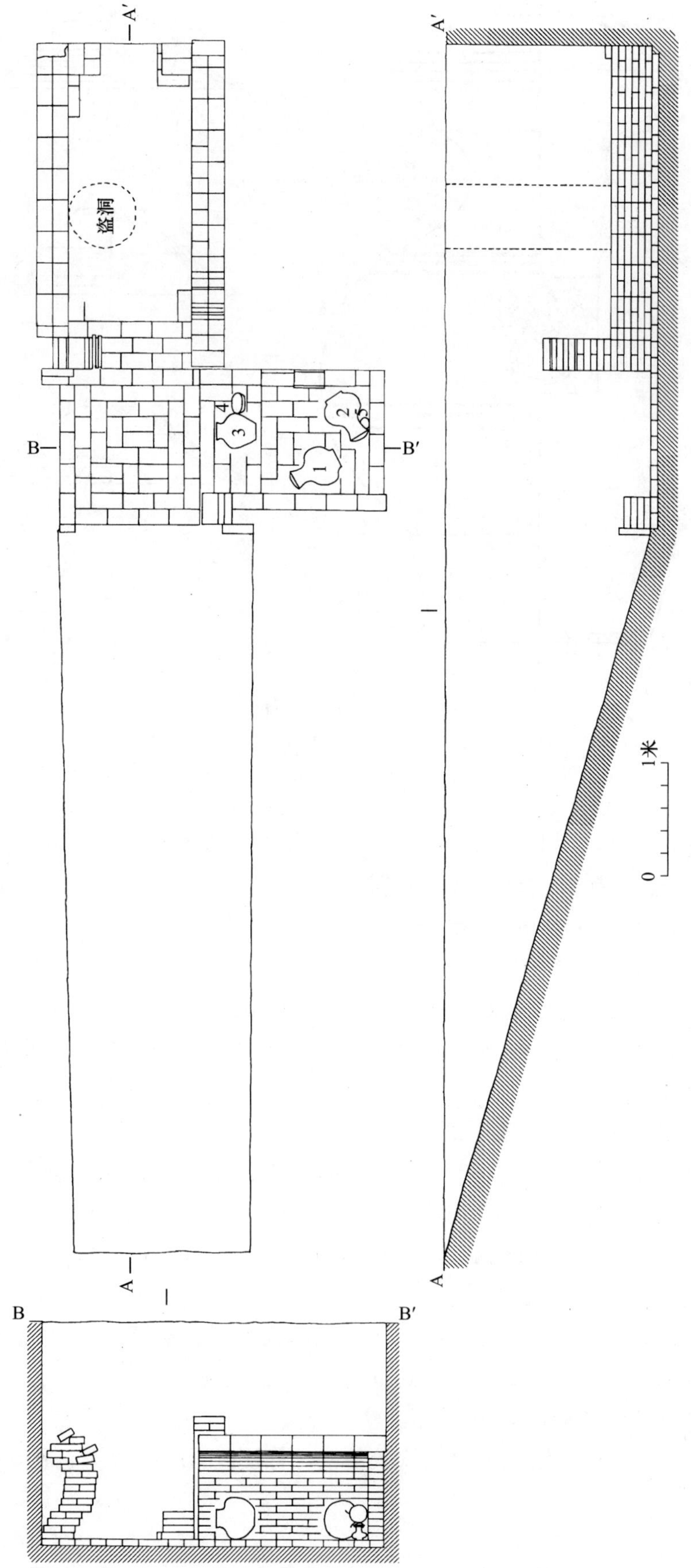

图一五一　BM59平、剖面图
1、2、5. 陶壶　3. 陶罐　4. 铜洗

随葬器物　共5件，均位于耳室之中。

陶壶　3件。BM59：1，泥质灰陶。盘口，束颈，溜肩，鼓腹，圈足微内收。肩部和腹部各饰两周凹弦纹，上腹饰一对贴塑铺首衔环。壶盖泥质灰陶，侈口，平沿，弧壁，平顶。盖最大径19.2厘米，高4厘米。口径19.2厘米，底径16.8厘米，通高44.4厘米，最大腹径33.6厘米（图一五二，3；图版四三，1）。BM59：2，泥质灰陶。盘口，束颈，溜肩，鼓腹，圈足内收。肩部和腹部分别饰两周凹弦纹，上腹饰一对贴塑铺首衔环。壶盖泥质灰陶，侈口，平沿，弧壁，平顶。盖最大径19.2厘米，高4厘米。口径19.2厘米，底径17.6厘米，通高44.8厘米，最大腹径34.4厘米（图一五二，5；图版四三，4）。BM59：5，泥质灰陶。盘口，口沿外侧有一周凹痕，束

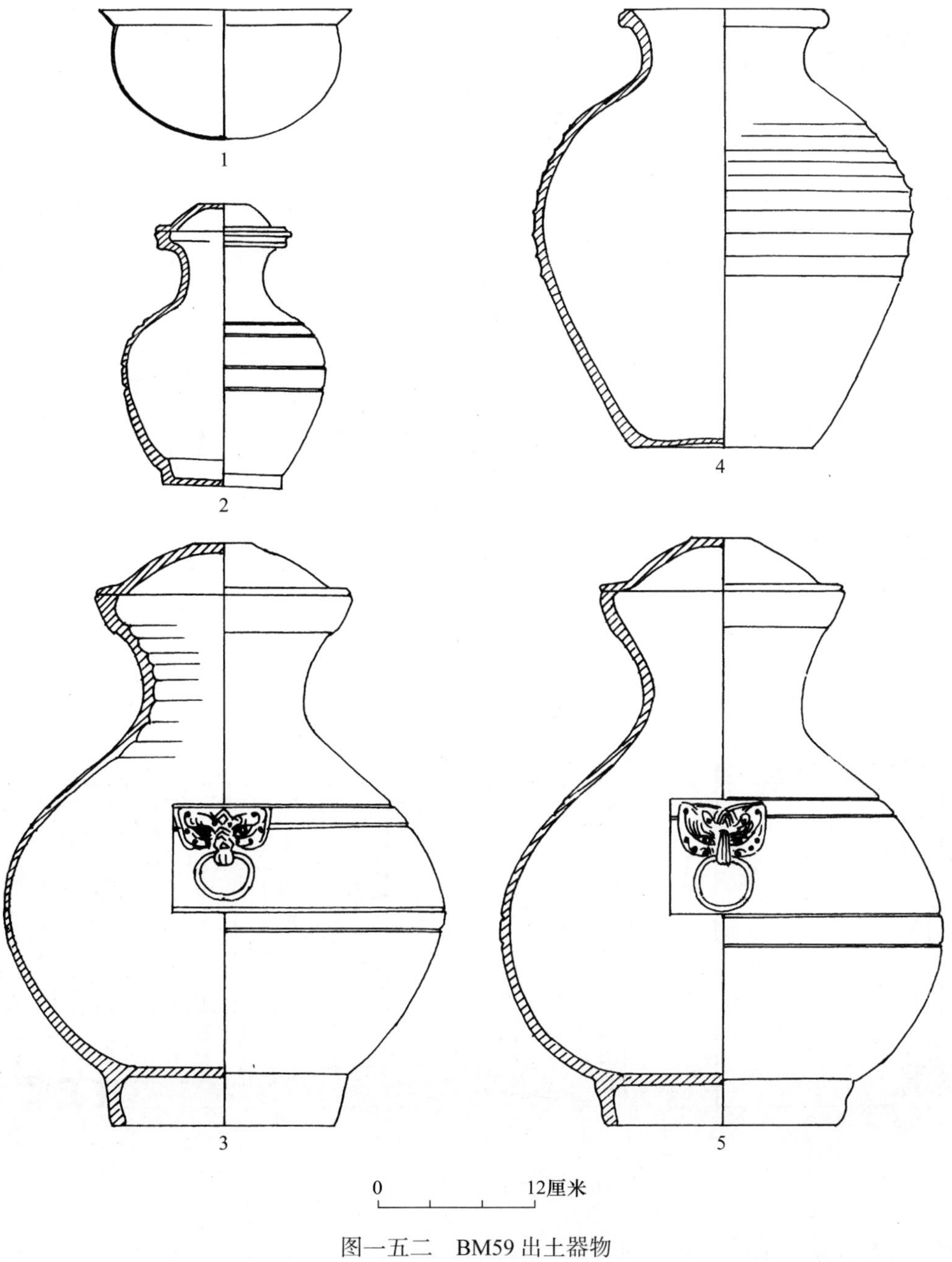

图一五二　BM59出土器物

1. 铜洗（BM59：4）　2、3、5. 陶壶（BM59：5、BM59：1、BM59：2）　4. 陶罐（BM59：3）

颈，溜肩，鼓腹，假圈足。肩部和腹部分别有一周带状突起，腹底处有一道折痕。器盖泥质灰陶，侈口，平沿，斜壁，平顶。盖最大径 10.2 厘米，高 2.2 厘米。口径 10.4 厘米，底径 8.8 厘米，通高 21.6 厘米，最大腹径 15.2 厘米（图一五二，2；图版四三，2）。

陶罐　1 件。BM59：3，泥质灰陶。侈口，束颈，溜肩，鼓腹微耸，平底。肩、腹饰数周弦纹。口径 16 厘米，底径 14 厘米，高 33.2 厘米，最大腹径 29.6 厘米（图一五二，4；图版四四，1）。

铜洗　1 件。BM59：4，敞口，斜折沿，弧腹，圜底。器身较轻薄。口径 19.2 厘米，高 10 厘米（图一五二，1；图版四四，6）。

22. BM61

位置　位于 BT0302 西南部。

层位关系　②→ BM61 →生土。

方向　4°。

形制与结构　长方形竖穴砖室墓，平面呈长方形。口长 308、宽 150 厘米；墓底长 290、宽 117 厘米；深 142 厘米（图一五三）。

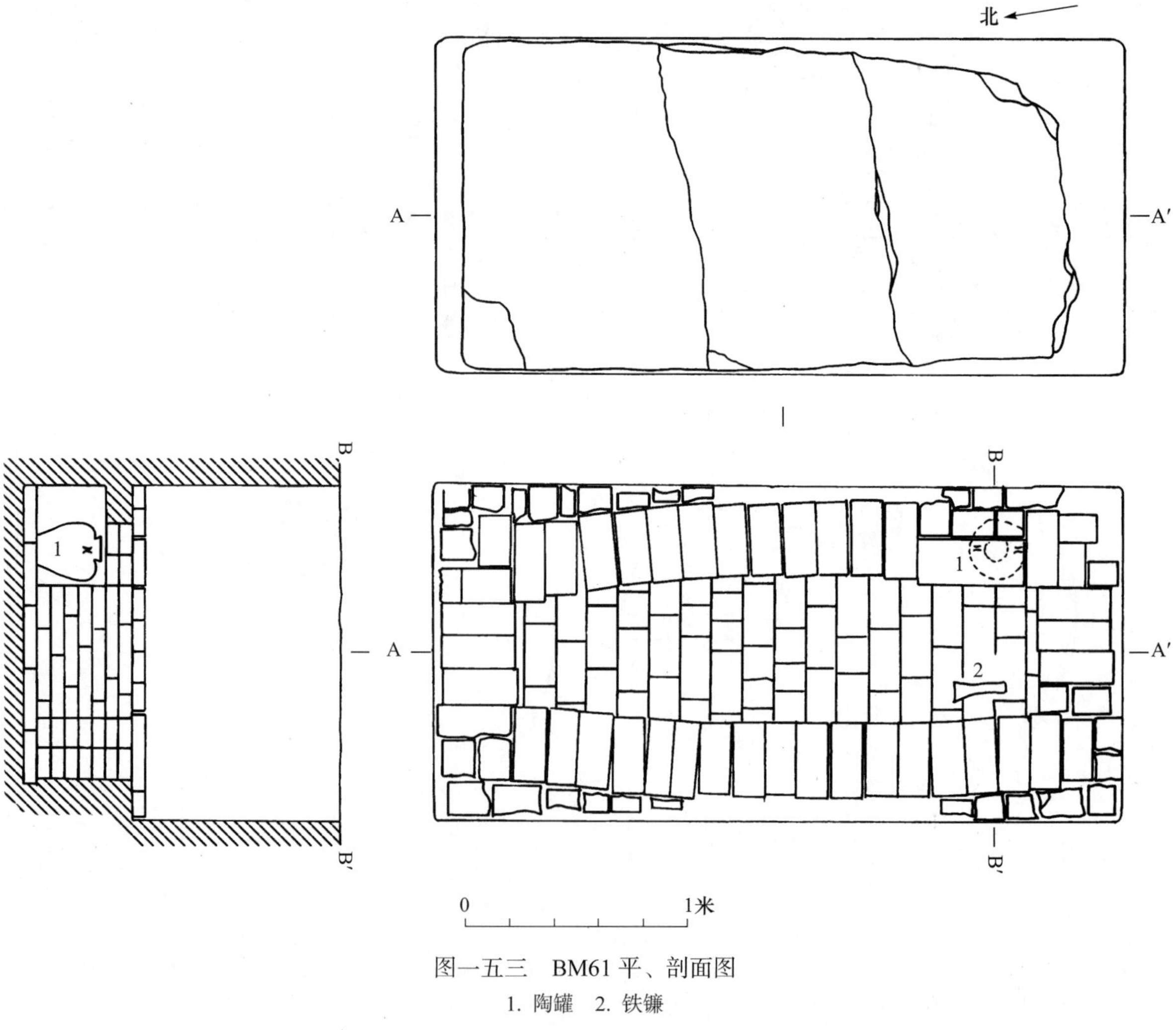

图一五三　BM61 平、剖面图
1. 陶罐　2. 铁镰

墓室顶部覆盖一块青石板，长 270、宽 122～146、厚约 14 厘米。墓室四壁砌小砖，形成一个两端略窄，中间较宽的船形空间。墓底铺砖，为错缝平铺。壁砖直接砌于铺地砖上，第一层为并缝排列，下面几层均为错缝平铺，壁砖有 9 层，高 54 厘米。在墓室东壁南端有一个壁龛，宽 134、高 36、进深 46 厘米。

青砖尺寸为 28 厘米 × 14 厘米 × 6 厘米，砖正面多拍印绳纹，侧面有素面，也有模印的对三角纹，但砖多为半块或小半块，推测其应为再次利用。

填土为深褐色花土，结构疏松，土质较软较黏，夹杂大量白灰土和料姜石。

葬具　不详。

人骨　不详。

随葬器物　共 2 件。双系陶罐位于壁龛内，铁镰位于墓室东南部。

陶罐　1 件。BM61：1，泥质灰陶。口残，鼓肩，下腹斜直内收，小平底。肩部饰一对耳。底径 8 厘米，残高 18.4 厘米，腹径 17.6 厘米（图一五四，1；图版四五，2）。

铁镰　1 件。BM61：2，直背，刃向内凹，前端窄，后端渐宽。残长 13.7 厘米，宽 2.8～3.8 厘米（图一五四，2；图版四五，5）。

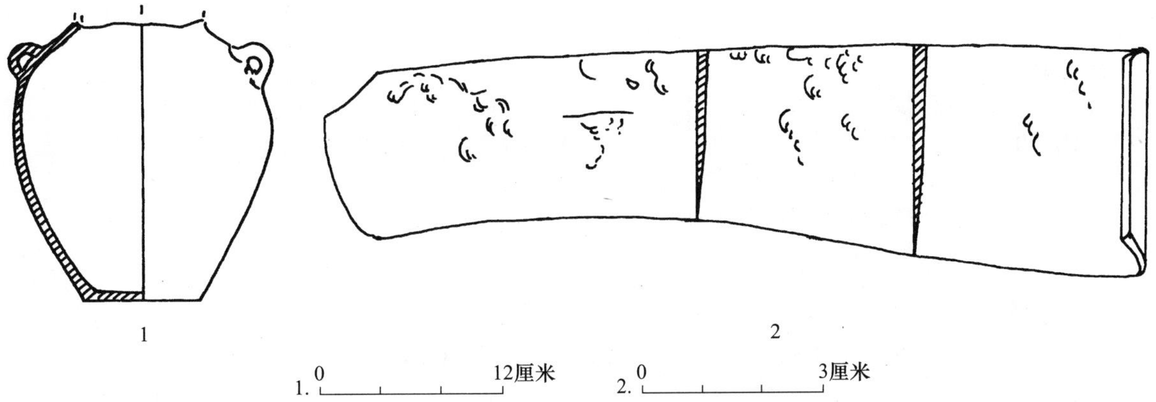

图一五四　BM61 出土器物

1. 陶罐（BM61：1）　2. 铁镰（BM61：2）

23. BM62

位置　位于 BT0303 西部、BT0203 东部、BT0202 东北、BT0302 西北。

层位关系　②→ BM62 →生土。

方向　190°。

形制与结构　砖室墓，由斜坡墓道、墓室组成，通长 1140 厘米（图一五五）。

墓道位于南部，平面呈长方形。墓道口长 718、宽 154 厘米；底坡长 750、下端宽 154 厘米；深 260 厘米。

墓室平面近长方形，直壁平底，墓室长 422、宽 260、深 260 厘米。仅在墓底中部和墓西壁下发现三块小砖。

青砖的尺寸为 32 厘米 × 14 厘米 × 6 厘米。

填土为褐、白色花土，结构疏松，土质较软较黏，含有较多料姜石颗粒。

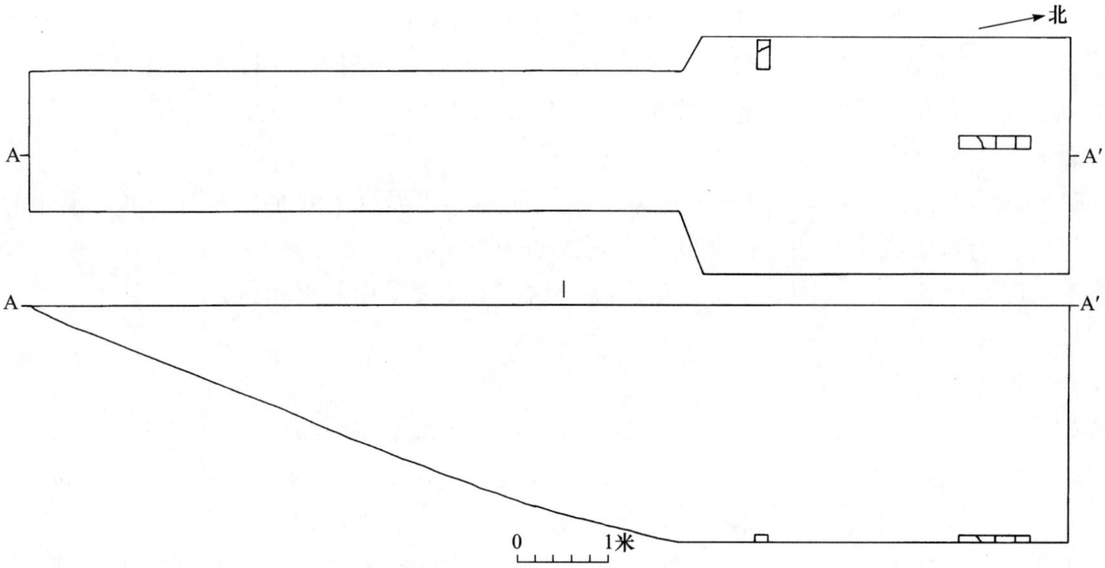

图一五五　BM62 平、剖面图

葬具　不详。

人骨　不详。

随葬器物　无。

24. BM63

位置　位于 BT0202 北部、BT0203 南部。

层位关系　②→ BM63 →生土。

方向　198°。

形制与结构　砖室墓，由斜坡墓道、墓室组成，通长 1070 厘米（图一五六）。

墓道位于南部，平面呈长方形。口长 712、宽 142 厘米；底坡长 760、下端宽 142 厘米；深 254 厘米。

墓室平面近长方形，直壁平底，墓室长 358、宽 304、深 254 厘米。仅在墓室西壁下发现三块小砖。

青砖的尺寸为 32 厘米 × 14 厘米 × 6 厘米。青砖正面模印细绳纹。

填土为褐、白色花土，结构疏松，土质较软较黏，含有较多料姜石颗粒。

葬具　不详。

人骨　不详。

随葬器物　无。

25. BM64

位置　位于 BT0103 东部、BT0203 西部。

层位关系　②→ BM64 →生土。

方向　3°。

形制与结构　砖室墓，由斜坡墓道、墓室和东西耳室组成，通长 1120 厘米（图一五七）。

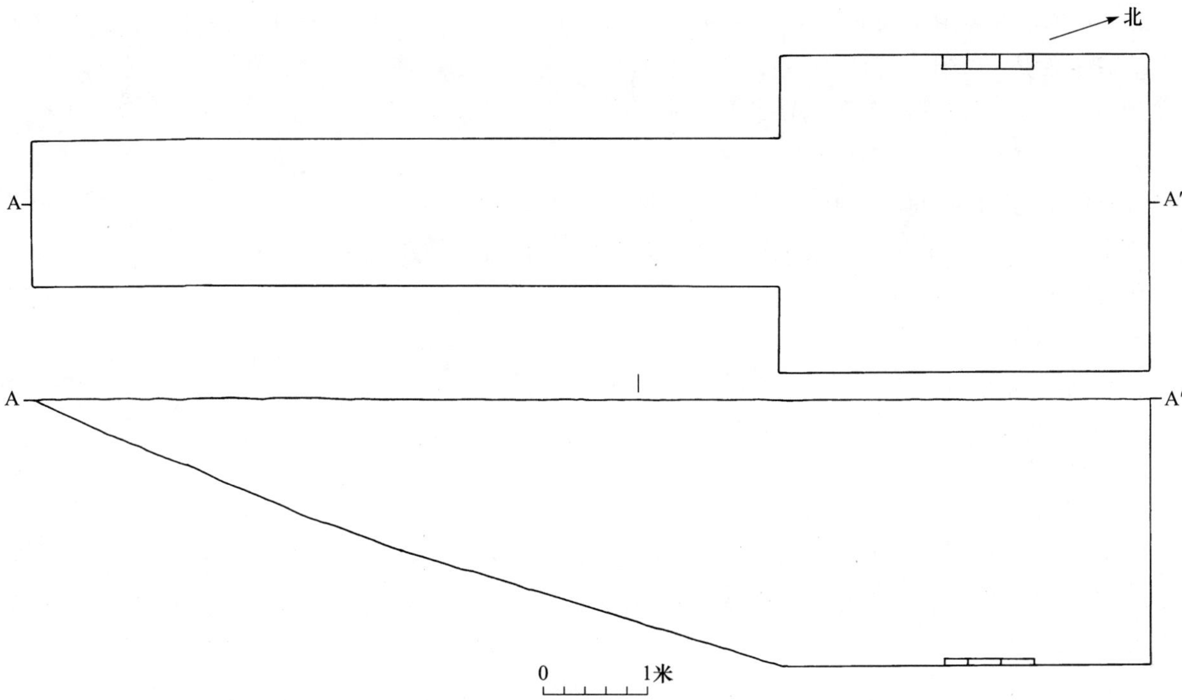

图一五六 BM63平、剖面图

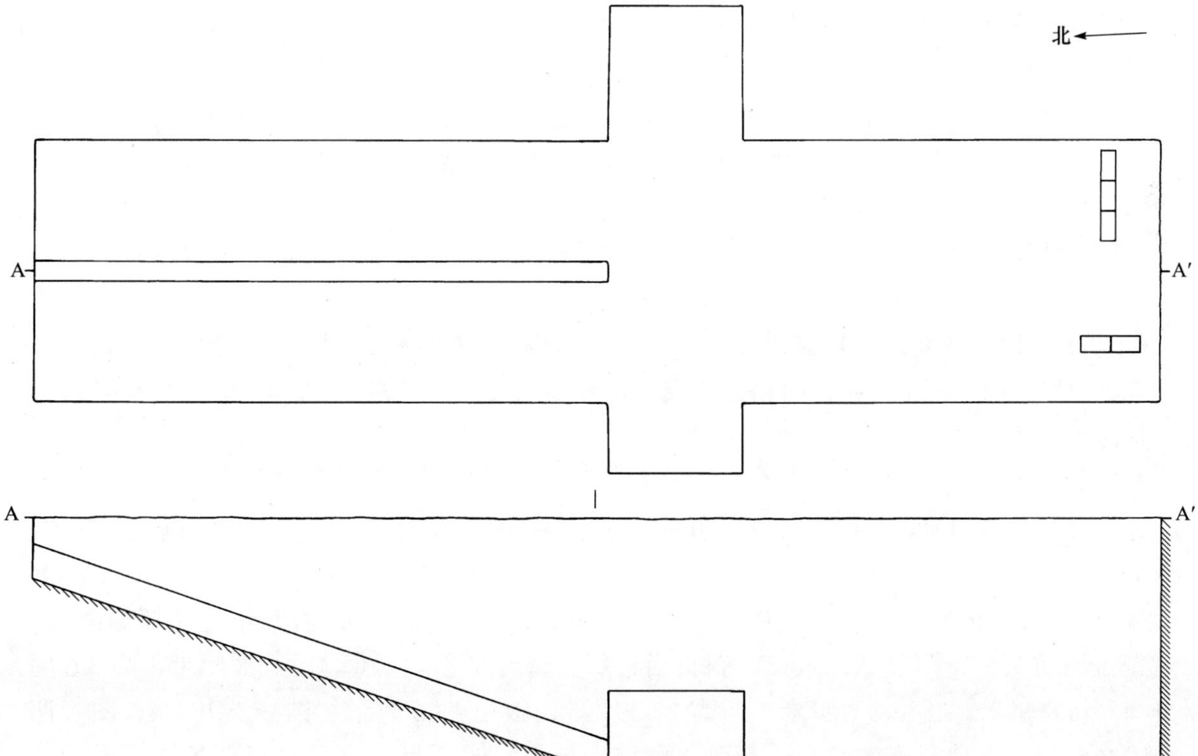

图一五七 BM64平、剖面图

墓道位于北部，平面呈长方形。口长 570、宽 260 厘米；底坡长 600、下端宽 260 厘米；深 60～250 厘米。在墓道中央有一生土台将其分为东西两部分，生土台长 600、厚 32、宽 20 厘米。

墓室平面近长方形，直壁平底，墓口长 550 厘米，宽 260 厘米；深 250 厘米。仅在墓室西壁下发现五块青砖。在墓室东西两壁北端各有一个耳室，东耳室宽 132、高 80、进深 134 厘米，西耳室宽 132、高 80、进深 70 厘米。

青砖的尺寸为 30 厘米 × 16 厘米 × 8 厘米。

填土为褐、白色花土，结构疏松，土质较软较黏，含有较多料姜石颗粒。

葬具　不详。

人骨　不详。

随葬器物　无。

26. BM65

位置　位于 BT1121 东部、BT1221 中部偏西。

层位关系　②→ BM59 → BM65 →生土。

方向　283°。

形制与结构　砖室墓，由斜坡墓道、墓门、墓室和耳室组成，通长 1004 厘米（图一五八）。

墓道位于西部，平面呈长方形。口长 604、宽 160～170 厘米；底坡长 630、下端宽 160～170 厘米；深 162 厘米。

墓门位于墓道东端，是由两块大青石板并排竖放而成。尺寸分别为高 118、宽 73、厚 16 厘米；高 86、宽 64、厚 12 厘米。

墓室平面呈长方形，长 340、宽 120、深 162 厘米。墓室顶部塌陷，结构不详。北、东、南三壁均为青砖错缝叠放而成。北壁残砖 8 层，高 48 厘米；南壁残砖 16 层，高 96 厘米；东壁残砖 7 层，高 42 厘米。墓底为青砖错缝平铺而成。

在墓室北壁西侧有一个耳室，宽 64、高 80、进深 114 厘米。耳室顶部横放两块青石；北、东、南三壁为青砖错缝叠放而成；耳室底部为青砖错缝平铺而成。

青砖的尺寸为 26 厘米 × 13 厘米 × 6 厘米和 28 厘米 × 13 厘米 × 6 厘米。

填土为褐、白色花土，结构疏松，土质较软较黏，夹杂大量料姜石。含有较多碎砖块。

葬具　不详。

人骨　不详。

随葬器物　共 11 件（组）。陶壶、陶罐、陶仓、铜洗、器盖均位于耳室中；铜钱、铁錾出土于墓室东北。

陶壶　2 件。BM65：1，泥质灰陶。盘口，束颈，溜肩，鼓腹，假圈足。肩部饰两周凹弦纹。壶盖泥质灰陶，覆盆状，敞口，斜折沿，斜直壁，平顶。盖最大径 8.8 厘米，高 3.6 厘米。器身口径 8.8 厘米，底径 8.8 厘米，通高 21.2 厘米，腹径 13.6 厘米（图一五九，6；图版四六，4）。BM65：2，泥质灰陶。盘口，束颈，溜肩，鼓腹，假圈足。肩部与腹部各饰两周凹弦纹，上腹贴塑一对铺首衔环。壶盖泥质灰陶，覆碗状，母口，弧壁，小平顶。盖最大径 12.8 厘米，高 4.8 厘米。器身口径 12.8 厘米，底径 14.4 厘米，通高 34.4 厘米，腹径 24.8 厘米（图一五九，8；图版四六，3）。

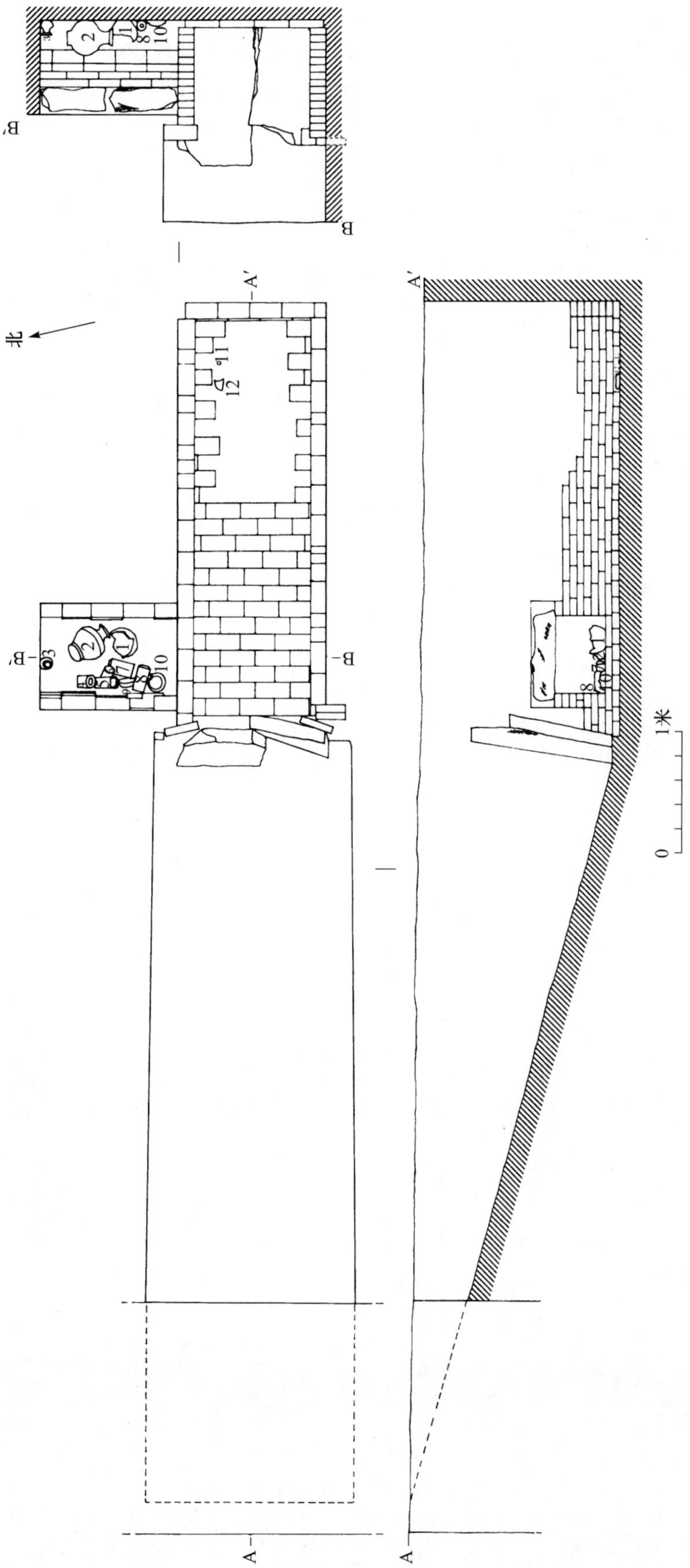

图一五八 BM65平、剖面图
1、2. 陶壶 3. 陶罐 4～8. 陶仓 9. 铜洗 10. 器盖 11. 铜钱 12. 铁鏊

陶罐　1件。BM65：3，泥质灰陶。子母口，双圆唇，束颈，溜肩，圆腹，肩部有一对耳鋬，圜底内凹。肩部与上腹部饰弦断绳纹，下腹饰绳纹。器盖（BM65：10），泥质灰陶。母口，沿面中部有一道凹槽，弧壁，漫圆顶。盖最大径16厘米，高3.2厘米。器身口径16.8厘米，底径12厘米，通高30.4厘米，腹径28厘米（图一五九，10；图版四六，1）。

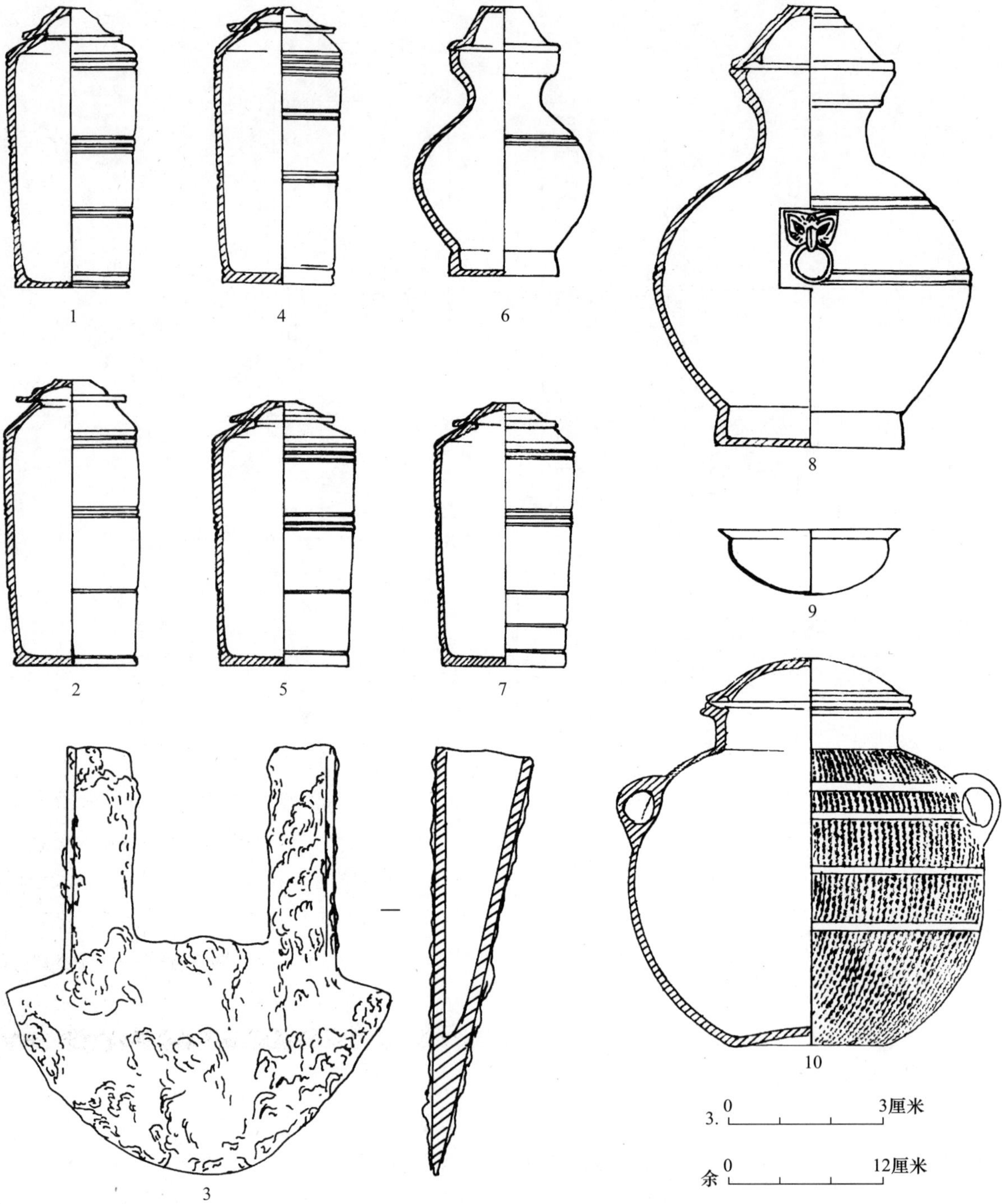

图一五九　BM65出土器物

1、2、4、5、7. 陶仓（BM65：6、BM65：5、BM65：4、BM65：7、BM65：8）　3. 铁錾（BM65：12）
6、8. 陶壶（BM65：1、BM65：2）　9. 铜洗（BM65：9）　10. 陶罐（BM65：3）

陶仓 5件。形制基本相近，BM65：4，泥质灰陶。敛口，斜方唇，折肩，斜直腹，平底。腹部饰数周凹弦纹。器盖侈口，平沿，弧壁，小平顶。盖最大径8.8厘米，高2厘米。身口径4.8厘米，底径8.8厘米，通高21.6厘米，肩径10厘米（图一五九，4；图版四六，2）。BM65：5，器盖最大径8.8厘米，高2厘米。器身口径5.6厘米，底径9.6厘米，通高22.4厘米，肩径10.4厘米（图一五九，2；图版四七，1）。BM65：6，器盖最大径8厘米，高2.6厘米。器身口径4.8厘米，底径8.8厘米，通高22厘米，腹径10.4厘米（图一五九，1；图版四七，2）。BM65：7，器盖最大径8厘米，高1.6厘米。器身口径4厘米，底径10.4厘米，通高20.8厘米，肩径11.2厘米（图一五九，5；图版四七，3）。BM65：8，器盖最大径8厘米，高2厘米。器身口径4厘米，底径9.6厘米，通高20.8厘米，肩径11.2厘米（图一五九，7；图版四七，4）。

铜洗 1件。BM65：9，敞口，斜折沿，弧腹，圜底。器身极轻薄。口径14.4厘米，高5.2厘米（图一五九，9；图版四五，3）。

铁鐅 1件。BM65：12，器身为“凹”字形，中空，鐅刃近似三角形，较弧。背呈斜坡状，腹平。长8.4厘米，宽7.5厘米（图一五九，3；图版四五，4）。

铜钱 1组20枚。BM65：11-3、4，“五铢”2枚，郭径为2.38、2.42厘米；BM65：11-1、2，“剪轮五铢”2枚，郭径分别为1.92、2.12厘米；BM65：11-5，“半两”1枚，郭径为2.04厘米（图一六七，8～12）。

27. BM68

位置 位于BT1021中部。

层位关系 ②→BM45→BM68→生土。

方向 15°。

形制与结构 砖室墓，由斜坡墓道、墓门和墓室组成，通长10米（图一六〇；彩版五，1）。

墓道位于北部，平面呈长方形。口长680、宽160厘米；底坡长700、下端宽160厘米；深206厘米。

墓门位于墓道南端，宽134、厚28、高122厘米。墓门由青砖和空心砖分两排砌成，青砖为东西向纵向平砌而成，现残存6层，高36厘米。空心砖共有六块，一门楣，两门扇，三立柱（其中一门柱位于两门扇中间）。门楣上由外及内雕有牛虎相搏、双龙纹、波浪纹，尺寸为134厘米×22厘米×16厘米；门扇上为铺首衔环图案和几何纹，尺寸为94厘米×36厘米×16厘米；两门柱由上至下为阁楼、仪仗、树形图案，尺寸分别为94厘米×17厘米×16厘米和94厘米×20厘米×16厘米（图一六一；彩版五，2）。

墓室平面呈长方形，长320、宽120、深206厘米。墓室壁砖均为横向单层错缝平铺，均为直接起于铺地砖上。东、西两壁均为14层砖，高84厘米；南壁为9层砖，高54厘米。墓顶为拱形券顶，部分坍塌，共9排，每排25块砖，并缝排列，砖缝中以楔形小砖填塞，南、北两壁距墓底90厘米处起券，券高不详。墓底铺底砖为错缝平铺而成。

青砖的尺寸为32厘米×12厘米×6厘米和28厘米×12厘米×6厘米。

填土为黄褐色花土，结构疏松，土质较软较黏，夹杂大量白灰和料姜石等。含有较多碎砖块。

葬具 不详。

人骨 不详。

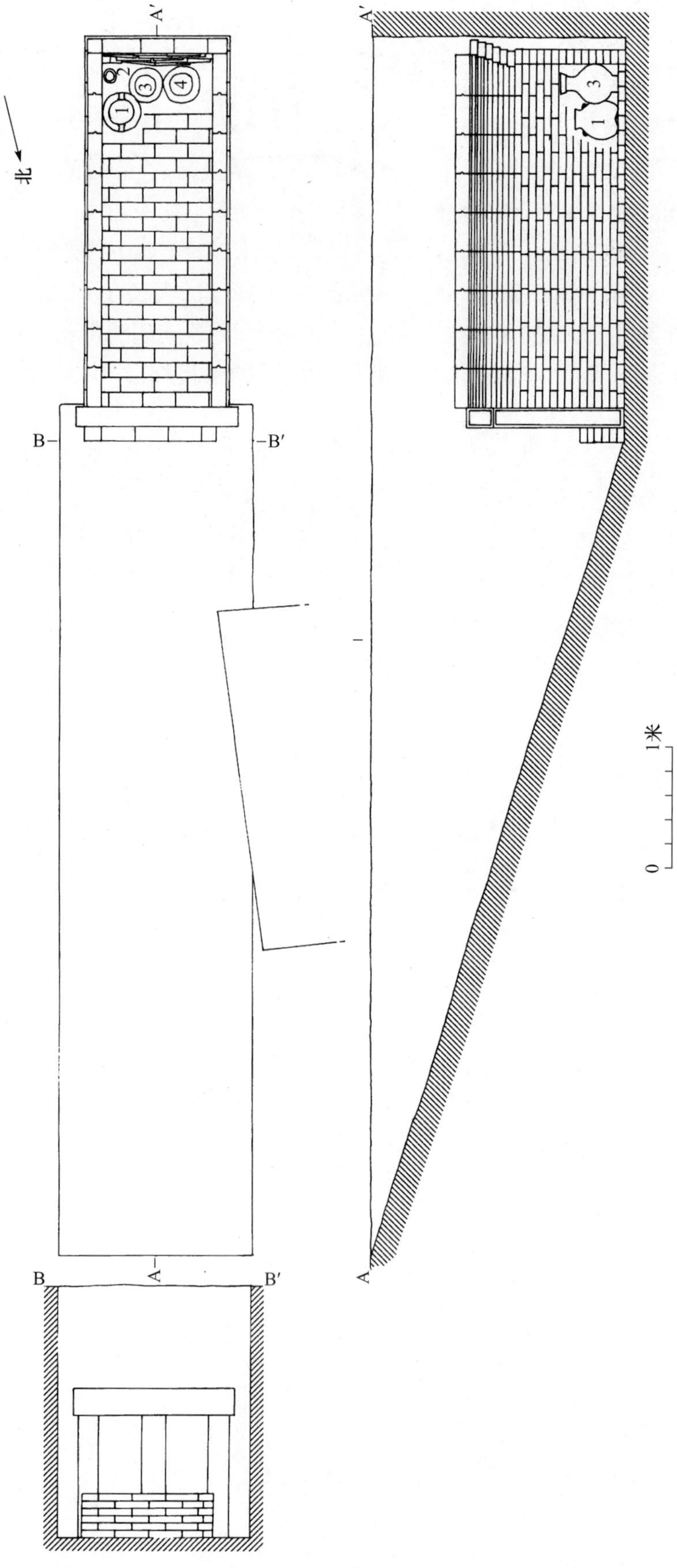

图一六〇　BM68平、剖面图
1. 陶罐　2～4. 陶壶

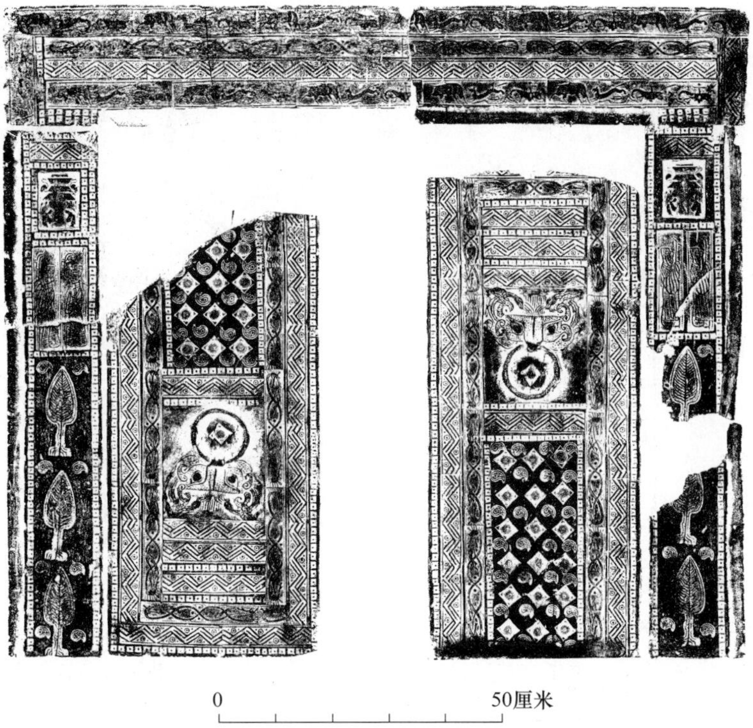

图一六一 BM68 墓门画像拓片

随葬器物 共 4 件。陶壶、陶罐均位于墓室南部。

陶罐 1 件。BM68∶1，泥质灰陶。侈口，唇面有一周凹槽，束颈，溜肩，圆腹，肩部有一对耳鋬，圜底微内凹。肩及上腹饰弦断绳纹，下腹饰绳纹。口径 17.6 厘米，底径 12 厘米，高 30 厘米，最大腹径 28 厘米（图一六二，2；图版四九，3）。

陶壶 3 件。BM68∶2，泥质灰陶。盘口，束颈，溜肩，垂鼓腹，假圈足。壶盖泥质灰陶，覆盆状，侈口，弧壁，平顶。盖最大径 9.2 厘米，高 2 厘米。器身口径 9.6 厘米，底径 8.4 厘米，通高 20.8 厘米，最大腹径 13.6 厘米（图一六二，4；图版五〇，1）。BM68∶3，泥质灰陶。盘口微外侈，束颈，溜肩，圆鼓腹，假圈足。肩部与腹部饰数周凹弦纹，上腹贴塑一对铺首衔环。壶盖泥质灰陶，侈口，折沿，弧壁，漫圆顶。盖最大径 16.4 厘米，高 4 厘米。器身口径 17.6 厘米，底径 14.4 厘米，通高 39.2 厘米，最大腹径 28 厘米（图一六二，1；图版四九，2）。BM68∶4，泥质灰陶。盘口，束颈，溜肩，圆鼓腹，假圈足。颈肩相交处有一道折痕，肩、腹部饰数周凹弦纹，上腹贴塑一对铺首衔环。壶盖泥质灰陶，侈口，折沿，弧壁，漫圆顶。盖最大径 16 厘米，高 3.2 厘米。器身口径 16.4 厘米，底径 14.8 厘米，通高 39.2 厘米，最大腹径 28.8 厘米（图一六二，3；图版四九，1）。

28. BM76

位置 位于 BT0919 东南部、BT1019 西南、BT0918 东北、BT1018 西北。

层位关系 ②→ BM76 →生土。

方向 195°。

形制与结构 砖室墓，由斜坡墓道、墓室组成，通长 10.2 米（图一六三）。

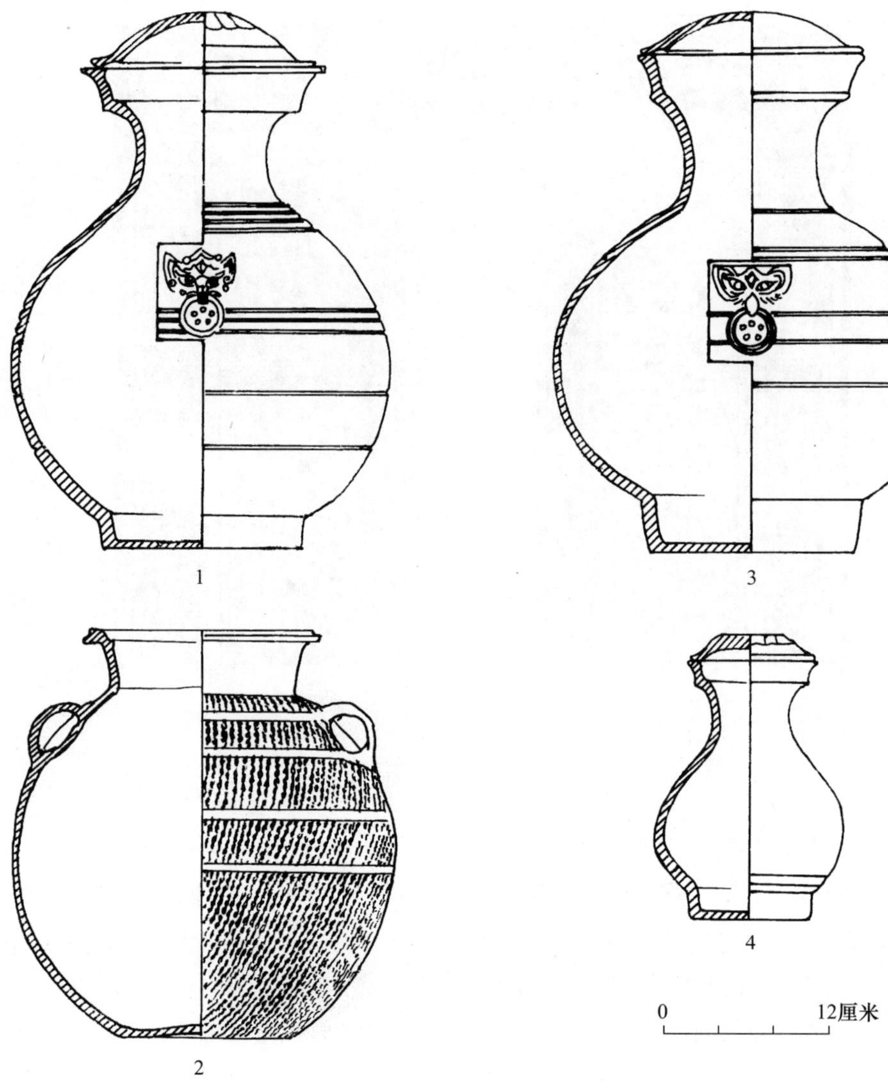

图一六二　BM68 出土器物
1、3、4. 陶壶（BM68：3、BM68：4、BM68：2）2. 陶罐（BM68：1）

墓道位于南部，平面呈长方形。口长 530、宽 352 厘米；底坡长 570、下端宽 352 厘米；深 210 厘米。

墓室平面为长方形，墓室长 490、宽 300～308、深 210 厘米，直壁平底。墓室中央有一面生土隔墙将其分成两个墓室，隔墙高 194～198、宽 40～60 厘米，隔墙中部偏南处缺失，使两个墓室相通。西墓室长 490、宽 120 厘米；东墓室长 490、宽 128 厘米。东墓室东壁中部有一耳室，宽 90、高 210、进深 62～70 厘米。该墓砖壁保存状况极差，仅在东墓室东壁偏南发现一小块青砖。

填土为褐、白色花土，结构疏松，土质较软较黏，夹杂大量白灰土和料姜石。

葬具　不详。

人骨　不详。

随葬器物　共 1 件。铜带钩，位于墓室中部。

铜带钩　1 件。BM76：1，已腐朽，无法提取。

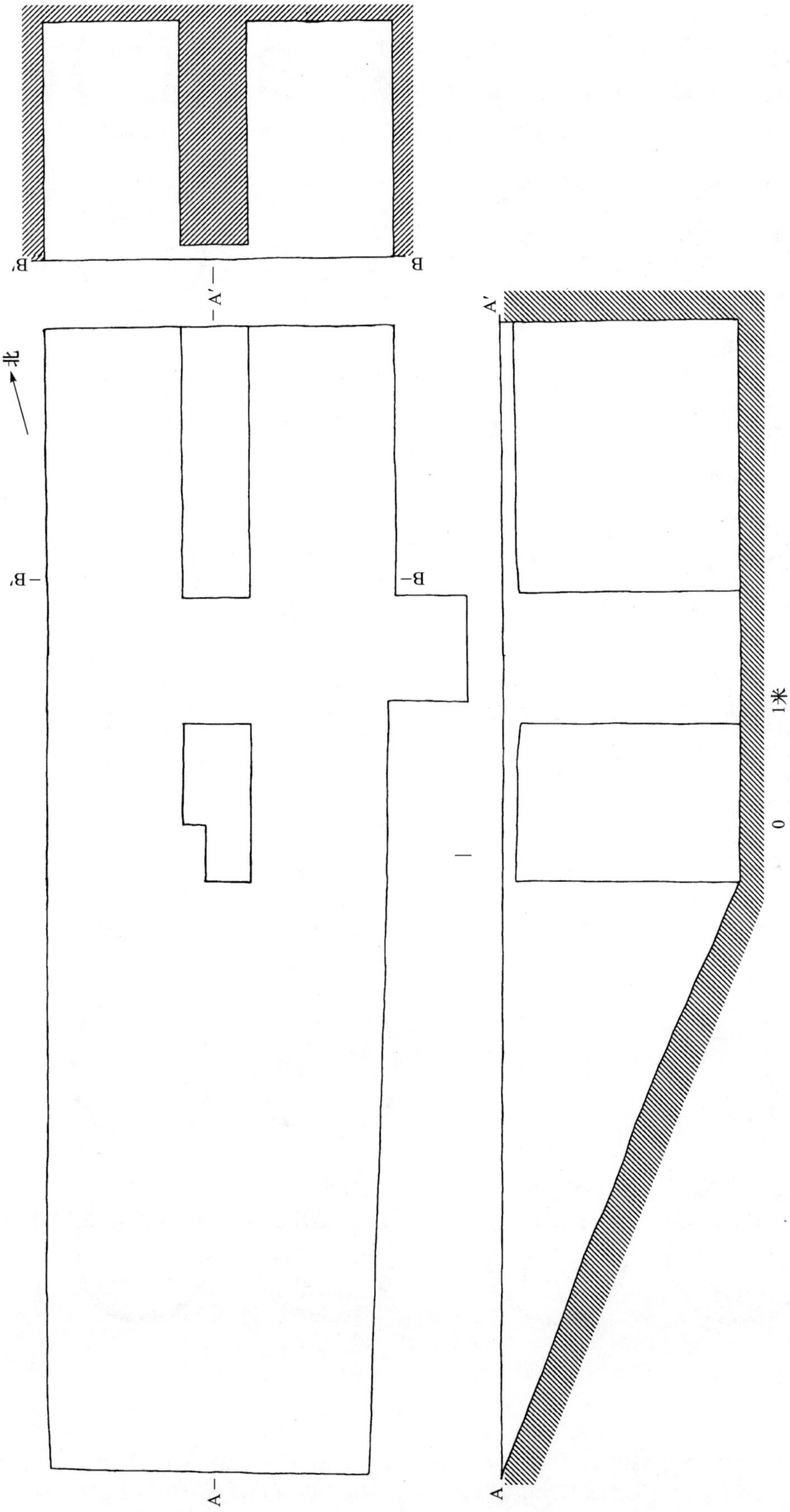

图一六三　BM76平、剖面图
1. 铜带钩（已朽）

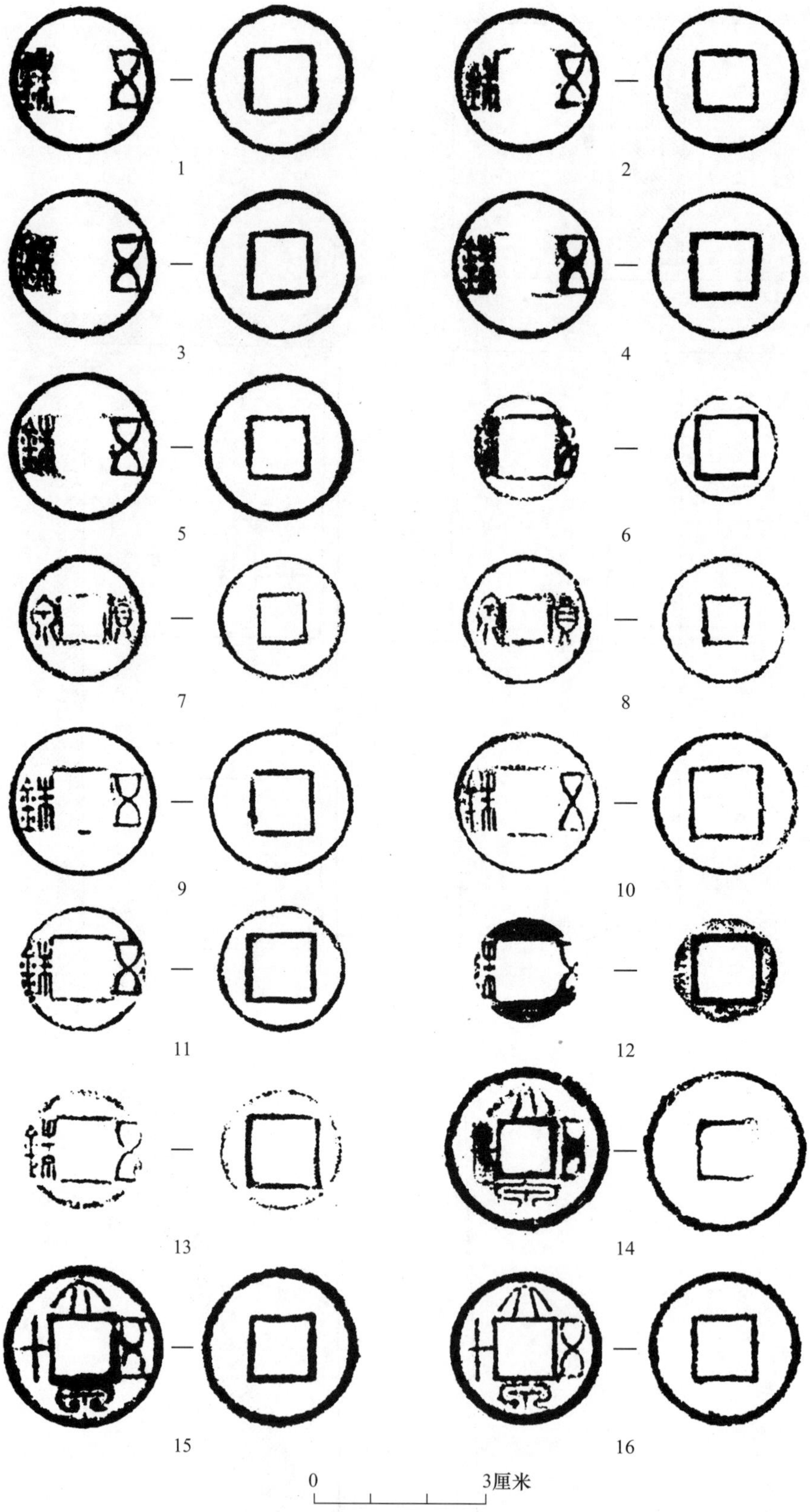

图一六四　宝丰廖旗营 A 区汉墓出土铜钱

1～6、9～13. 五铢钱（AM3∶2-1、AM3∶2-2、AM3∶4-1、AM3∶8-1、AM3∶8-2、AM3∶8-3、AM28∶2-1、AM28∶2-2、AM28∶2-3、AM28∶2-4、AM28∶2-5） 7、8. 货泉（AM21∶1-1、AM21∶1-2） 14～16. 大泉五十（AM37∶1-1、AM37∶1-2、AM37∶1-3）

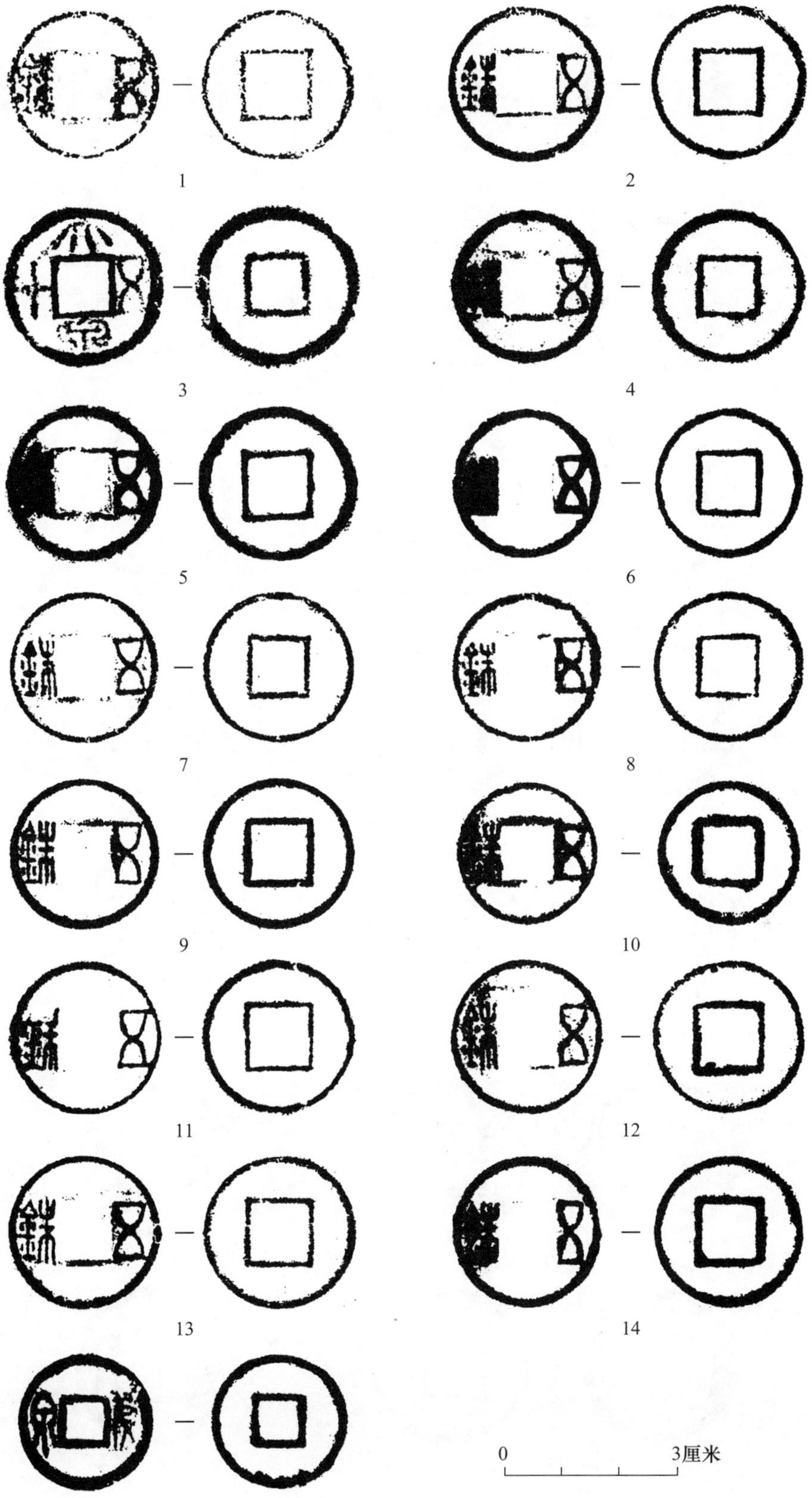

图一六五 BM4、BM9出土铜钱

1、2、4～14. 五铢钱（BM4：7-1、BM9：14-1、BM9：14-3、BM9：14-4、BM9：14-5、BM9：14-6、BM9：14-7、BM9：14-8、BM9：14-9、BM9：14-10、BM9：14-11、BM9：14-12、BM9：14-13） 3. 大泉五十（BM9：14-2） 15. 货泉（BM9：14-14）

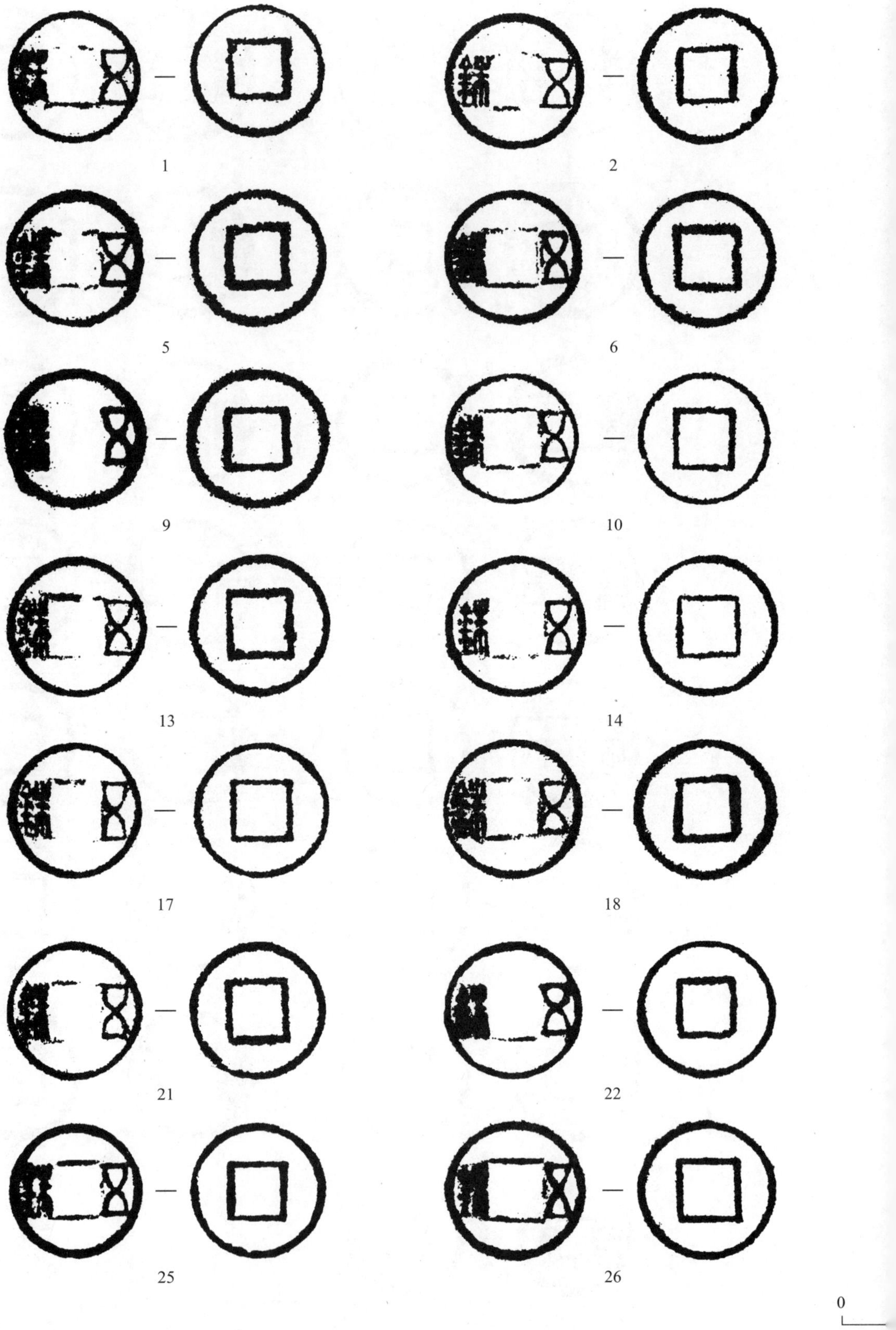

图一六六

1～23、25～28. 五铢（BM9：50-1、BM9：50-2、BM9：50-3、BM9：50-4、BM9：50-5、BM9：50-6、BM9：50-7、BM9：50-8、BM9：5
BM9：50-20、BM9：50-21、BM9：50-22、BM9：50-23、BM9：5

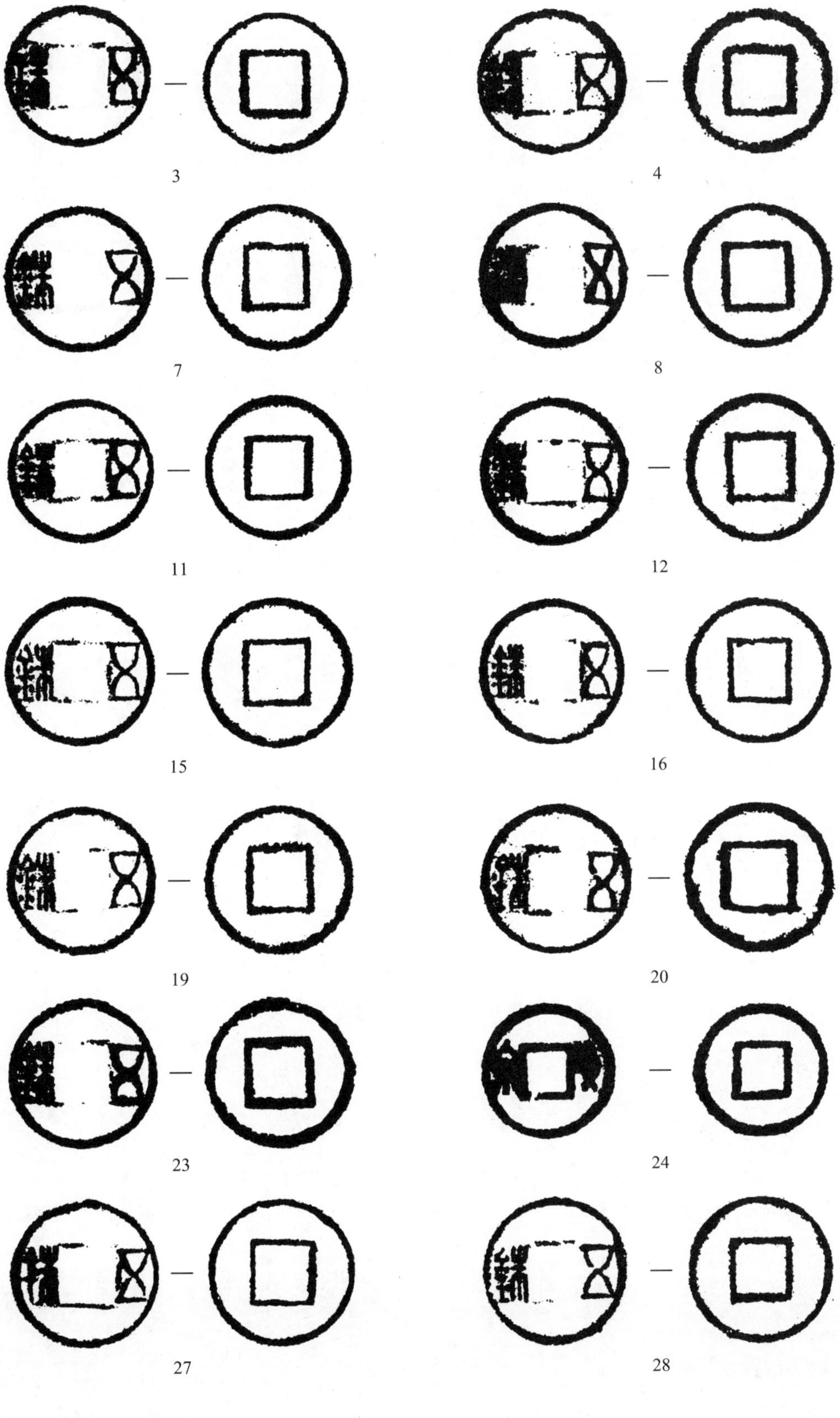

出土铜钱

9：50-10、BM9：50-11、BM9：50-12、BM9：50-13、BM9：50-14、BM9：50-15、BM9：50-16、BM9：50-17、BM9：50-18、BM9：50-19、9：50-26、BM9：50-27、BM9：50-28） 24. 货泉（BM9：50-24）

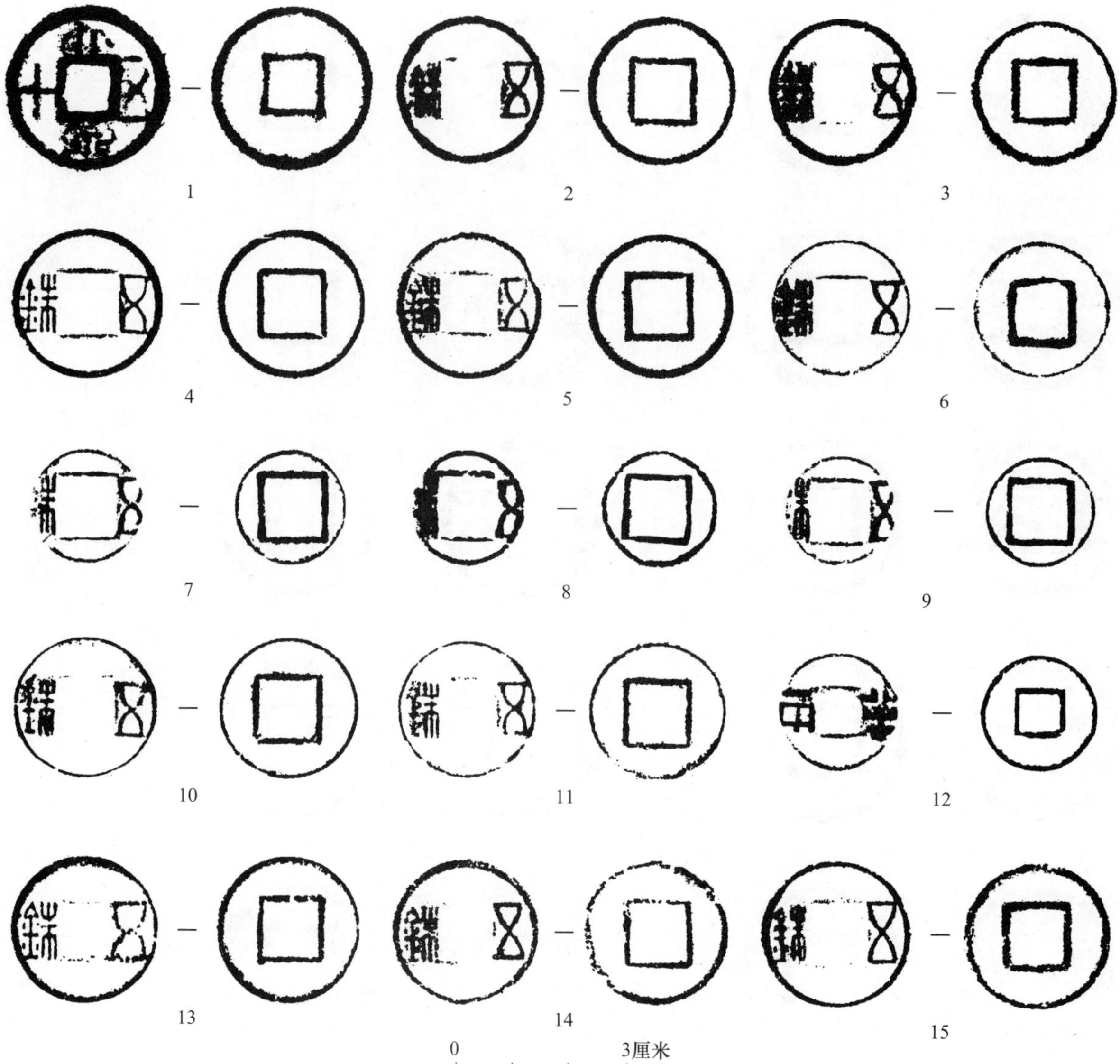

图一六七　宝丰廖旗营B区汉墓出土铜钱

1. 大泉五十（BM9：52-1）2～11、13～15. 五铢（BM10：1、BM10：3、BM42：2-1、BM42：2-2、BM45：3-1、BM56：24-1、BM65：11-1、BM65：11-2、BM65：11-3、BM65：11-4、BM66：1、BM70：1-1、BM70：1-2）12. 半两（BM65：11-5）

第三节　初 步 认 识

一、汉代墓葬随葬品的分类

廖旗营汉墓出土的随葬品主要以陶器为主，少量铜器、铁器。陶器以泥质陶器为主，釉陶器少见。陶器常见器类主要有鼎、盒、钫、壶、罐、模型壶、模型罐、钵、樽、奁、耳杯、仓、灶、井、磨等。根据典型器物和共存器物的不同及其在墓地的分布位置，暂把A区墓葬随葬器物分为7类（表一），B区墓地墓葬随葬器物分为7类（表二）。

1. A 区墓地

第一类，2 座。以鼎、盒等典型器物为主，或与钫、模型壶、小口高直领折肩圜底绳纹瓮等器物共存，或与双耳绳纹罐、小口高领鼓腹大平底罐、钵等器物共存。属于此类的墓葬有 AⅡAM22，AⅤAM41。

第二类，4 座。以圜底绳纹瓮为典型器物。根据典型器物形制及共存器物的不同暂分为两群：

a 群　2 座。以小口高领圜底绳纹瓮为典型器物，或与假圈足壶、钵等器物共存，或与模型瓮等器物共存。属于此群的墓葬有 AⅡAM25、AⅣAM42；

b 群　2 座。以大口无领圜底绳纹瓮为典型器物，或与小口高领鼓腹罐、横鼓腹大平底罐、钵共存；或与小口高领鼓腹罐、侈口束颈垂腹圜底绳纹釜、钵等器物共存。属于此群的墓葬有 AⅡAM27、AM28。

第三类，4 座。以平底壶为典型器物。根据典型器物形制及共存器物的不同暂分为两群：

a 群　2 座。或与铜洗共存，或与模型壶共存。属于此类的墓葬有 AⅡAM31、AM26。

b 群　2 座。与樽共存。属于此类的墓葬有 AⅢAM6。AⅡAM21 仅存 1 件樽，也归入此类。

第四类，2 座。以假圈足壶为典型器物，或与盘口罐、横鼓腹大平底罐等器物共存。属于此群的墓葬有 AⅡAM23、AⅤAM37。

第五类，3 座。以罐类随葬品为典型器物。根据典型器物形制及共存器物的不同暂分为两群：

a 群　1 座。以小口高领鼓肩罐为典型器物，与钵、模型罐、铁鍪等器物共存。属于此群的墓葬有 AⅣAM46。

b 群　2 座。以小口高领鼓肩罐为典型器物，或与盘口罐、模型罐等器物共存。属于此群的墓葬有 AⅣAM44、AM45。

第六类，2 座。以高束颈高假圈足壶、奁、仓等典型器物共存为主。属于此类的墓葬有 AⅢAM3、AⅤAM39。

第七类，1 座。以双耳绳纹罐为典型器物。属于此类的墓葬有 AⅡAM24。

另有 AⅡAM29 因仅残存器盖而暂不归入以上类别。

表一　A 区墓葬随葬器物分类表

分类	墓葬与分布区域	典型器物与共存器物组合
第一类	AⅡAM22 AⅤAM41	典型器物：鼎、盒 共存器物：钫、模型壶、小口高直领折肩圜底绳纹瓮，或双耳绳纹罐、小口高领鼓腹大平底罐、钵等
第二类	a 群：AⅡAM25 AⅣAM42	典型器物：小口高领圜底绳纹瓮 共存器物：假圈足壶、钵；或模型瓮
	b 群：AⅡAM27、AM28	典型器物：大口无领圜底绳纹瓮 共存器物：小口高领鼓腹罐、横鼓腹大平底罐、钵，或小口高领鼓腹罐、侈口束颈垂腹圜底绳纹釜、钵

续表

分类	墓葬与分布区域	典型器物与共存器物组合
第三类	a 群：AⅡAM26、AM31	典型器物：平底壶 共存器物：铜洗，或模型壶
	b 群：AⅢAM6、AⅡAM21	典型器物：平底壶 共存器物：樽
第四类	AⅡAM23 AⅤAM37	典型器物：假圈足壶 共存器物：盘口罐、横鼓腹大平底罐
第五类	a 群：AⅥAM46	典型器物：小口高领鼓肩罐 共存器物：钵、模型罐、铁鍪等
	b 群：AⅣAM44、AM45	典型器物：小口高领鼓肩罐 共存器物：盘口罐、模型罐等
第六类	AⅢAM3 AⅤAM39	典型器物：高束颈高假圈足壶、奁、仓 共存器物：铁犁铧
第七类	AⅡAM24	典型器物：双耳绳纹罐

表二　B 区墓葬随葬器物分类表

分类	墓葬与分布区域	典型器物与共存器物组合
第一类	a 群：BⅡBM54、BⅣBM19	典型器物：小口高直领折肩圜底绳纹瓮 共存器物：侈口高宽沿折肩圜底绳纹瓮、钵等，或鼓腹大平底罐、钵等
	b 群：BⅧBM60	典型器物：侈口高宽沿折肩圜底绳纹瓮 共存器物：束颈平底罐
第二类	BⅢBM70、BM71、BM72、BM75、BM59、BM69 及 BⅤBM8	典型器物：圈足壶 共存器物：模型壶、铜洗，或侈口束颈弦纹罐、模型壶、铜洗等
第三类	BⅢBM40、BM44、BⅡBM57	典型器物：平底壶 共存器物：模型壶，或模型壶、樽等
第四类	BⅢBM68、BM45、BM58	典型器物：假圈足壶 共存器物：模型壶、双耳绳纹罐等
第五类	a 群：BⅤBM6	典型器物：侈口罐、盘口罐 共存器物：侈口束颈弦纹罐，或模型罐等
	b 群：BⅢBM41、BM43、BM74 及 BⅠBM67	
第六类	BⅢBM42、BM65，BⅠBM66，BⅦBM36、BM38	典型器物：樽、桶形仓 共存器物：假圈足壶、双耳绳纹罐等
第七类	BⅢBM46，BⅡBM52、BM53、BM56，BⅣBM35，BⅤBM4、BM9、BM10	典型器物：高束颈假圈足壶、奁、耸肩仓 共存器物：灶、井、磨等模型明器

2. B 区墓地

第一类，3 座。以圜底绳纹瓮为典型器物，根据典型器物形制及共存器物的不同暂分为两群：

a 群　2 座。以小口高直领折肩圜底绳纹瓮为典型器物，或与侈口高宽沿折肩圜底绳纹瓮、钵等器物共存，或与鼓腹大平底罐、钵等器物共存。属于此群的墓葬分别有 BⅡBM54、BⅣBM19；

b 群　1 座。以侈口高宽沿折肩圜底绳纹瓮为典型器物，与束颈平底罐共存。属于此群的墓葬有 BⅧBM60。

第二类，7 座。以圈足壶为典型器物，与模型壶、铜洗等器物共存，或与侈口束颈弦纹罐、模型壶、铜洗等器物共存。属于此类的墓葬分别有 BⅢBM70、BM71、BM72、BM75、BM59、BM69 及 BⅤBM8。

第三类，3 座。以平底壶为典型器物，或与模型壶等器物共存，或与模型壶、樽等器物共存。属于此类的墓葬分别有 BⅢBM40、BM44 和 BⅡBM57。

第四类，3 座。以假圈足壶为典型器物，或与模型壶、双耳绳纹罐等器物共存。属于此群的代表墓葬有 BⅢBM68、BM45、BM58 等。

第五类，5 座。以罐为典型器物，根据典型器物形制及共存器物的不同暂分为两群：

a 群　1 座。以侈口罐为典型器物。属于此群的墓葬有 BⅤBM6。

b 群　4 座。以盘口罐为典型器物，或与侈口束颈弦纹罐等器物共存，或与模型罐等器物共存。属于此群的墓葬分别有 BⅢ区域的 BM41、BM43、BM74 及 BⅠBM67 等。

第六类，5 座。以樽、桶形仓等为典型器物，或与假圈足壶、双耳绳纹罐等器物共存。属于此类的墓葬有 BⅢBM65、BM42，BⅠBM66，BⅦBM36、BM38 等。

第七类，8 座。以高束颈假圈足壶、奁、耸肩仓为典型器物，或与灶、井、磨等模型明器共存。属于此类的墓葬有 BⅢBM46，BⅡBM52、BM53、BM56，BⅣBM35、BⅤBM4、BM9、BM10 等。

另有 BⅢBM48、BM49 及 BⅧBM61 因仅有器盖或器物不典型而无法将其归入上述类别。

二、典型随葬品的类型学探讨

在上述各类随葬品中，具有型、式划分意义的器物主要有陶壶、陶瓮、陶罐、陶樽、陶仓等。

陶壶　能够分型式的共 60 件。以器身高低为准，器高 25 厘米以上者称大壶，以下者称模型壶。

大壶　45 件。根据壶底差异分为圈足壶、假圈足壶、平底壶三类。

圈足壶　共 13 件。依据口、腹部及圈足的变化分为三式。

Ⅰ式：6 件。侈口，平沿，内缘微敛，鼓腹，“八”字形矮圈足，肩、腹饰宽带状凸弦纹。标本 BM71∶1，侈口，方唇，束颈，溜肩，鼓腹，圈足外侈。肩部、中腹及下腹有一周宽带状凸起，上腹贴塑一对铺首衔环。壶盖泥质灰陶，覆碗状，微敛口，折沿，沿面微凹，斜壁，假圈足状圆握。盖最大径 17.6 厘米，高 4 厘米。器身口径 17.2 厘米，底径 16.8 厘米，通高 40.4 厘米，最大腹径 32 厘米（图八九，1；图版五一，4）。BM71∶2、BM72∶6、BM72∶7、

BM70：3、BM70：4 等壶属此式。

Ⅱ式：3 件。与Ⅰ式相比，口部由平沿变为盘口，腹由鼓变垂。标本 BM69：2，盘口，方唇，束颈，溜肩，垂腹，圈足外侈。肩、中腹及下腹各饰一周带状凸起。上腹贴塑一对铺首衔环。壶盖泥质灰陶，覆碗状，母口，方唇，弧壁，顶部一周圆握呈圈足状。盖最大径 19.2 厘米，高 5.6 厘米。器身口径 18.4 厘米，底径 16.8 厘米，通高 42 厘米，最大腹径 32.8 厘米（图八五，1；图版五〇，3）。BM8：1、BM8：2 等壶属此式。

Ⅲ式：4 件。与Ⅱ式相比，圈足壁剖面由“八”字形变为直壁或微敛。标本 BM59：2，盘口，束颈，溜肩，鼓腹，圈足内收。肩部和腹部分别饰两周凹弦纹，上腹饰一对贴塑铺首衔环。壶盖泥质灰陶，侈口，平沿，弧壁，平顶。盖最大径 19.2 厘米，高 4 厘米。口径 19.2 厘米，底径 17.6 厘米，通高 44.8 厘米，最大腹径 34.4 厘米（图一五二，5；图版四三，4）。BM75：1、BM75：2、BM59：1 等壶属此式。

出土上述典型器物的墓葬多集中在 B Ⅲ区域的东南部，在同排墓葬中，出土Ⅰ式器物的墓葬多位于东部，出土Ⅱ式器物的墓葬位于出土Ⅰ式器物的墓葬之后而居于出土Ⅲ式器物的墓葬之前。与出土Ⅰ式器物墓葬同排的 BM75 出土了Ⅲ式器物，有可能是同辈份中年龄最小且寿命最长者（表三）。

假圈足壶　21 件。依据颈部不同分为矮束颈和高束颈两类（因未见两者在同一单位同时出现，故只能用类分之）。

矮束颈壶　11 件。根据圈足高低的变化分为二式。

Ⅰ式：9 件。直壁浅盘形假圈足。标本 BM66：5，盘口，束颈，溜肩，圆腹，假圈足微内凹。肩部与腹部分别饰三周凸弦纹，上腹贴塑一对铺首衔环。壶盖泥质灰陶，帽状，侈口，平沿，沿面内凹，斜壁，小平顶。盖最大径 16 厘米，高 6 厘米。器身口径 16.8 厘米，底径 13.6 厘米，通高 40 厘米，最大腹径 27.2 厘米（图八一，4；图版四八，4）。BM68：3、BM68：4、BM66：4、BM65：2、BM45：1、AM23：2、AM25：1、AM26：2 等壶属此式。

Ⅱ式：2 件。斜壁盆形小平底高假圈足。标本 BM58：1，盘口外侈，束颈，溜肩，鼓腹，假圈足。器盖覆碗形，侈口，弧壁，壁面近口处有一周凹槽，漫圆顶。器身饰满红彩。盖最大径 21.6 厘米，高 4.8 厘米。器身口径 22 厘米，底径 15.2 厘米，通高 45.6 厘米，最大腹径 32 厘米（图一五〇，1；图版四三，3）。AM37：2 壶属此式。

出土上述典型器物的墓葬主要分布在 B Ⅲ区域。BM58、BM68、BM45 三座墓葬同排分布，其中 BM68、BM45 相邻并列，BM58 西与 BM45 仅一座墓之隔。表明式别变化的年代跨度不会很长。也不排除辈分低，年龄长而去世早之可能。

高束颈壶　10 件。根据口部不同分为二型。

A 型　6 件。侈盘口。标本 BM46：2，侈盘口，高束颈，溜肩，扁鼓腹，假圈足。肩、腹部各饰三道凹弦纹。器外壁通身施黄绿釉。口径 14.4 厘米，底径 15.2 厘米，高 39.6 厘米，最大腹径 28 厘米（图一二六，1；图版三五，4）。BM9：5、BM9：28、BM10：15、BM10：17、AM3：17 均属此型。

B 型　4 件。侈口，平沿，内缘微敛。标本 BM9：6，口径 15.2 厘米，底径 11.2 厘米，高 38 厘米，最大腹径 26.4 厘米（图九九，5；图版二二，1）。BM9：11、BM9：29、BM10：16 均属此型。

A 型壶多出于 B Ⅴ、B Ⅲ区及 A Ⅲ区。

平底壶 11件。依据颈部不同分为二型。

A型 8件。侈口束颈。根据口、腹变化分为三式。

Ⅰ式：2件。侈口，平沿，内缘微敛，外缘方圆，鼓腹，整体矮胖。标本BM44∶1。侈口，内缘微敛，束颈，鼓肩，鼓腹，平底。肩部和腹部各饰一周较宽的带状突起，上腹饰一对贴塑的铺首衔环，壶盖泥质灰陶，覆碗形，子母口，斜方唇，斜壁，顶部有一周圆握。盖最大径16.8厘米，高4.2厘米。壶口径16.8厘米，底径13.6厘米，通高38.4厘米，最大腹径31.2厘米（图七五，2；图版三四，1）。BM44∶3也属此式。

Ⅱ式：5件。口部由侈口、平沿变成侈盘口，外下缘方圆，腹鼓或微垂或微耸。标本AM31：6，侈盘口，束颈，溜肩，圆腹，平底。肩、腹部各饰两道凹弦纹，上腹贴塑一对铺首衔环。口径13.6、底径11.2、高27.6、最大腹径23.2厘米（图四三，4；图版一三，1）。AM31∶2、AM31∶3、AM31∶4、AM31∶5也属此式。

Ⅲ式：1件。器身变得修长。标本BM40∶3，盘口，短束颈，溜肩，鼓腹，下腹斜直内收，平底。肩部与腹部分别饰两周凹弦纹，上腹饰一对铺首衔环。口径16厘米，底径12厘米，高34厘米，最大腹径26.4厘米（图七三，1；图版三三，4）。

B型 3件。侈盘口，高领。根据腹部变化分为三式。

Ⅰ式：1件。鼓肩。标本BM40∶4，盘口，短束颈，溜肩，鼓腹，下腹斜直内收，平底。肩、腹部饰数周凹弦纹，上腹饰一对铺首衔环。口径16厘米，底径16.8厘米，高34.8厘米，最大腹径28厘米（图七三，4；图版三二，3）。

Ⅱ式：1件。鼓腹。标本BM57∶2，侈盘口，高束颈，溜肩，圆鼓腹，平底。肩部和腹部饰数周凹弦纹，上腹饰一对贴塑铺首衔环。口径16.8厘米，底径15.2厘米，高34.4厘米，最大腹径27.2厘米（图一四七，1）。

Ⅲ式：1件。盘口变大外侈，垂腹。标本AM6∶2，盘口较大外侈，束颈，溜肩，鼓腹，平底。口径20、底径14.4、高34.4、最大腹径28.8厘米（图三三，1；图版四，4）。

平底壶出土比较零星，式别前后缺乏其地位在墓地中的布局关系（图一六八、图一六九）。

模型壶 可分型式的15件。按陶壶底部形制的差异可分为三型。

A型 2件。圈足。标本AM41∶3，侈口，束颈，溜肩，垂腹，圈足外侈，器外壁施红彩。器盖子口内敛，方唇，近平顶。盖最大径11厘米，高2.8厘米。口径10.8、底径8.8、通高18.4、腹径14厘米（图二四，6；图版一四，1）。BM69∶1也属此型。

B型 6件。假圈足。依据口部和假圈足的形制差别分为三式。

Ⅰ式：1件。侈口，圆方唇，矮假圈足。标本BM72∶5，侈口，圆方唇，短束颈，溜肩，鼓腹，假圈足。肩部与腹部分别饰一周带状凸起，下腹饰四周凹弦纹，从颈部至下腹残留有红色彩绘花纹，内容不详。器盖泥质灰陶，母口，方唇，斜壁，矮圈足状圆握。器盖高2.4厘米，最大径6厘米。器身口径6厘米，底径9.6厘米，通高21.2厘米，最大腹径18厘米（图九一，2；图版五二，2）。

Ⅱ式：2件。浅盘口。标本BM59∶5，盘口，口沿外侧有一周凹痕，束颈，溜肩，鼓腹，假圈足。肩部和腹部分别有一周带状突起，腹底处有一道折痕。器盖泥质灰陶，侈口，平沿，斜壁，平顶。盖最大径10.2厘米，高2.2厘米。口径10.4厘米，底径8.8厘米，通高21.6厘米，最大腹径15.2厘米（图一五二，2；图版四三，2）。BM66∶6属此式。

Ⅲ式：3 件。盘口变深，外侈。标本 BM65：1，盘口，束颈，溜肩，鼓腹，假圈足。肩部饰两周凹弦纹。壶盖泥质灰陶，覆盆状，敞口，斜折沿，斜直壁，平顶。盖最大径 8.8 厘米，高 3.6 厘米。器身口径 8.8 厘米，底径 8.8 厘米，通高 21.2 厘米，腹径 13.6 厘米（图一五九，6；图版四六，4）。BM68：2、BM57：3 属此式。

C 型　7 件。平底壶。根据口、腹、底的差别分三亚型。

Ca 型　3 件。大平底。根据口、腹不同分二式。

Ⅰ式：2 件。侈口，圆方唇，鼓腹，大平底。标本 BM75：4，侈口，圆方唇，短束颈，溜肩，鼓腹，平底。腹部有一周宽带状凸起。壶盖泥质灰陶，覆碗状，平沿，沿面内凹，弧壁，漫圆顶。盖最大径 8 厘米，高 1.6 厘米。器身口径 8.2 厘米，底径 8 厘米，通高 16.8 厘米，最大腹径 13.6 厘米（图六八，3；图版五三，3）。BM70：2 属此式。

Ⅱ式：1 件。盘口，耸肩。BM8：3，盘口，短束颈，溜肩，耸腹，下腹斜直，外部纹饰呈莲花瓣状，平底。肩、腹部饰数周弦纹。器盖覆碗状，母口，弧壁，漫圆顶。盖最大径 9.2 厘米，高 2.4 厘米。器身口径 8 厘米，底径 7.2 厘米，通高 15.6 厘米，最大腹径 11.2 厘米（图九五，3；图版二〇，3）。

Cb 型　3 件。小平底。根据口、腹不同分二式。

Ⅰ式：1 件。侈口，圆方唇，鼓腹微曲。标本 BM71：3，侈口，短束颈，溜肩，上腹圆鼓，下腹微曲收，小平底。腹部饰三周带状凸起。壶盖泥质灰陶，覆碗状，母口，斜壁，假圈足状圆握。盖最大径 10.4 厘米，高 4.4 厘米。器身口径 10 厘米，底径 7.2 厘米，通高 20 厘米，最大腹径 16 厘米（图八九，3；图版五一，2）。

Ⅱ式：2 件。盘口，鼓腹微曲。标本 BM40：6，盘口，束颈，溜肩，鼓腹，下腹微曲收，平底。肩部与腹部分别饰两周凹弦纹。口径 9.6 厘米，底径 6.4 厘米，高 22.4 厘米，最大腹径 16.8 厘米。壶盖泥质灰陶，沿面内凹，斜壁，平顶。盖最大径 9.2 厘米，高 2.4 厘米（图七三，5；图版三二，1）。BM44：2 属此式。

Cc 型　1 件。曲腹大平底。标本 AM26：3，盘口，束颈，斜肩，颈肩之间有一道折棱，圆鼓腹，下腹微曲收，平底，肩部饰两道凹弦纹。器盖敞口，平沿，斜壁，小平顶。盖最大径 9.6 厘米。壶口径 8、底径 8.8、通高 19.2、最大腹径 12.8 厘米（图三九，2；图版九，2）。

陶瓮　具有型式划分意义的 13 件。以器身高低为准，器高 25 厘米以上者称大瓮，25 厘米以下者称模型瓮。

大瓮　12 件。根据口与颈部的差别分为四型。

A 型　7 件。小口高直领折肩圜底绳纹瓮。根据肩、腹的变化分为三式。

Ⅰ式：3 件。折肩较锐，浅“U”形腹。标本 AM22：15，侈口，方唇，高直领，折肩，“U”形腹，上腹壁近直，下腹较弧，肩腹之间有明显的折棱。圜底，下腹至底饰交错绳纹。口径 13.2、高 25.6、最大腹径 28 厘米（图一四，1；图版七，4）。AM22：16、BM54：2 属此式。

Ⅱ式：2 件。折肩变钝，“U”形腹变深。标本 AM25：5，侈口，方唇，高直领，折肩，肩腹之间有折棱，“U”形腹，圜底，下腹至底饰交错绳纹。口径 11.2、最大腹径 19.2、通高 22.8 厘米（图八，1）。AM25：6 也属此式。

Ⅲ式：2 件。折肩更钝，“U”形腹变深微垂。标本 BM19：4，侈口，方唇，高直领，折肩，“U”形腹，圜底。肩腹相交处有一道明显折棱，下腹至底部饰交错绳纹。口径 11.6 厘米，高 26

厘米，最大腹径 20.8 厘米（图七〇，2；图版二九，4）。AM42：1 也属此式。

B 型 2 件。侈口高宽沿折肩圜底绳纹瓮。根据肩、腹的变化分为二式。

Ⅰ式：1 件。折肩较锐，“U”形腹。标本 BM54：1，侈口，方唇略向下垂，唇中间有一周细凹槽，束颈，折肩，肩腹交接处有一周明显折痕，“U”形腹，圜底。腹中部有一周凹弦纹，下腹至底部为绳纹。口径 14.8 厘米，高 32 厘米，最大腹径 30.8 厘米（图七七，1；图版三九，6）。

Ⅱ式：1 件。折肩变钝，“U”形腹微垂。标本 BM60：2，侈口，圆唇，折肩，肩腹相交处有一道折棱，“U”形腹，圜底，下腹至底均饰绳纹。口径 13.6 厘米，通高 29.2 厘米，腹径 29.2 厘米（图七九，1；图版四五，1）。

C 型 2 件。敛口矮领折肩圜底绳纹瓮。根据沿、肩、腹的变化分为二式。

Ⅰ式：1 件。卷沿，折肩较锐，“U”形腹。标本 AM28：7，敛口，卷沿，折肩，“U”形腹，圜底。中腹有一周凹弦纹，下腹及底部饰绳纹。口径 20.8 厘米，高 28.4 厘米，最大腹径 34.4 厘米（图一九，1；图版一〇，5）。

Ⅱ式：1 件。直沿，折肩变钝，“U”形腹微垂。标本 AM27：2，敛口，方唇，折肩，“U”形腹，圜底，下腹至底部饰斜向绳纹。口径 18.4 厘米，高 29.6 厘米，最大腹径 34.4 厘米（图一七，1；图版九，3）。

D 型 1 件。横椭圆腹，圜底。标本 AM42：2，侈口，口部内缘有一周凹痕，圆唇，唇面有一周凹痕，矮直领，溜肩，椭圆腹，圜底。肩腹相交处有一道明显的折痕，肩中部有一周凹弦纹和刻画文字，字符不详，腹部、底部饰交错绳纹。口径 13.6 厘米，高 32.4 厘米，最大腹径 36 厘米（图一〇，2；图版一五，1）。

模型瓮 1 件。标本 AM42：3，口微侈，矮直领，溜肩，球状圆鼓腹，圜底内凹。下腹至底饰斜向绳纹。口径 9.6 厘米，底径 6.4 厘米，高 15.6 厘米，最大腹径 15.2 厘米（图一〇，3；图版一五，3）。

陶罐 大小不一，以 25 厘米为界，器高在 25 厘米以上者称为大罐，25 厘米以下者称为模型罐。

大罐 24 件具有型式划分意义。根据口、颈的不同分为四型。

A 型 6 件。小口高领平底罐。根据腹、底部的不同分为二亚型。

Aa 型 2 件。鼓腹大平底罐。根据腹部及纹饰的变化分为二式。

Ⅰ式：1 件。下腹直内收，双弦纹规整。标本 AM41：1，口微侈，高领，鼓肩，上腹微鼓，下腹斜直，平底。肩、腹部饰数周凹弦纹。口径 13.2 厘米，底径 17.6 厘米，通高 32.4 厘米，腹径 27.2 厘米（图二四，1；图版一三，3）。

Ⅱ式：1 件。下腹微曲内收，单弦纹粗糙简化。标本 BM19：2，口微侈，方唇微垂，束颈，溜肩，鼓腹，下腹微曲内收，平底。肩腹平均分布四周弦纹。口径 12 厘米，底径 15.2 厘米，高 30.8 厘米，最大腹径 25.6 厘米（图七〇，1；图版二九，3）。

Ab 型 4 件。小高领鼓肩罐。根据腹部变化分为三式。

Ⅰ式：2 件。圆鼓腹。标本 AM46：3，侈口，圆唇，唇面有一周凹槽，小高领，鼓肩，圆鼓腹，平底，肩部饰一周凹弦纹。口径 13.6 厘米，底径 14.4 厘米，高 31.6 厘米，最大腹径 31.8 厘米（图二八，1；图版一六，3）。AM46：4 也属此式。

Ⅱ式：1 件。鼓肩，斜收腹。标本 AM44：2，侈口，方唇，小高领，鼓肩，斜直腹，小平底。口径 11.6 厘米，底径 12.8 厘米，高 23.2 厘米，最大腹径 27.2 厘米（图一二，2）。

Ⅲ式：1 件。鼓肩，微曲收腹。标本 AM45：3，侈口，圆唇下垂，唇面有一周凹槽，小高领，鼓肩，斜腹微曲收，平底。肩上饰数周凹弦纹。口径 13.6 厘米，底径 17.6 厘米，高 28 厘米，最大腹径 34.4 厘米（图二六，2；图版一六，2）。

B 型　4 件。侈口罐。根据颈部不同分为二亚型。

Ba 型　2 件。侈口罐。标本 BM6：2，侈口，圆唇，束颈，肩微鼓，圆腹，下腹斜直，平底。素面。口径 14.4 厘米，底径 11.2 厘米，高 30 厘米，最大腹径 26.4 厘米（图五七，2；图版一九，4）。BM6：1 也属此式。

Bb 型　2 件。侈口束颈弦纹罐。根据腹部变化分为二式。

Ⅰ式：1 件。鼓腹微耸。标本 BM59：3，侈口，束颈，溜肩，鼓腹微耸，平底。肩、腹饰数周弦纹。口径 16 厘米，底径 14 厘米，高 33.2 厘米，最大腹径 29.6 厘米（图一五二，4；图版四四，1）。

Ⅱ式：1 件。鼓腹修长微耸。标本 BM41：1，侈口，圆唇，短束颈，溜肩，上腹较鼓，下腹斜收，平底。器身饰数周弦纹。口径 15.6 厘米，底径 10.4 厘米，高 34.4 厘米，最大腹径 22.4 厘米（图五九，1；图版三三，1）。

C 型　9 件。敛口矮领罐。根据腹、底部不同分为二亚型。

Ca 型　2 件。横鼓腹大平底罐。根据腹、底部的变化分为二式。

Ⅰ式：1 件。横鼓腹微耸，腹径大于通高，腹部较深，底径大于口径。标本 AM27：1，直口，方唇，鼓肩，鼓腹，平底。肩、腹部饰数周凹弦纹。口径 16 厘米，底径 19.2 厘米，高 24.4 厘米，最大腹径 35.2 厘米（图一七，2；图版九，4）。

Ⅱ式：1 件。腹部变浅。标本 AM23：3，微敛口，矮领，鼓肩，鼓腹，平底。肩部饰有凹弦纹。口径 18.4 厘米，底径 22.4 厘米，高 21.6 厘米，最大腹径 16.4 厘米（图三七，4；图版七，6）。

Cb 型　7 件。耸腹小平底罐。根据腹、底部的变化分为二式。

Ⅰ式：2 件。鼓腹微耸，腹径与通高基本相等，肩、腹之比变小，腹部变深，底径与口径基本相等。标本 BM56：22，微敛口，方唇，鼓肩，鼓腹微耸，平底。口径 14 厘米，底径 11.2 厘米，高 18.8 厘米，最大腹径 24 厘米（图一四四，5；图版四一，2）。BM56：17 属此式。

Ⅱ式：5 件。耸肩，腹径小于通高，深腹，底径小于口径，小平底。标本 BM9：8，侈口，折沿，方唇，短束颈，鼓肩，弧腹，平底微凹。素面。口径 14.9 厘米，底径 8.6 厘米，高 19.2 厘米（图一〇〇，2；图版二三，2）。BM9：4、BM9：12、BM9：34、BM9：36 属此式。

D 型　5 件。盘口罐。根据形制不同分为三亚型。

Da 型　1 件。假圈足盘口罐。标本 AM23：4，盘口，束颈，鼓肩，上腹较鼓，下腹斜直，假圈足。肩、腹部饰数周凹弦纹。口径 16.8 厘米，底径 11.2 厘米，高 34.4 厘米，最大腹径 24.8 厘米（图三七，2；图版七，2）。

Db 型　2 件。深盘口罐。根据腹部变化分为二式。

Ⅰ式：1 件。鼓腹，体形矮胖。标本 BM40：5，盘口，方唇，唇部中央有一周凹痕，短束颈，溜肩，鼓腹，平底。肩、腹部饰数周凹弦纹。口径 12.8 厘米，底径 10.4 厘米，高 24.8 厘米，最大腹径 22.4 厘米（图七三，2；图版三二，2）。

Ⅱ式：1 件。腹微耸，体形修长。标本 AM45：4，盘口，束颈，鼓肩，上腹较鼓微耸，下腹斜收，平底。肩、腹部饰数周凹弦纹。口径 16.8 厘米，底径 11.2 厘米，高 33.6 厘米，最大腹径 24 厘米（图二六，1；图版一六，1）。

Dc　2 件。浅盘口罐。根据腹部变化分为二式。

Ⅰ式：1 件。鼓腹。标本 BM43∶3，浅盘口，束颈，鼓肩，鼓腹，平底。器身饰数周凹弦纹。口径 18 厘米，底径 15.2 厘米，高 32.4 厘米，最大腹径 29.6 厘米（图六一，1；图版三四，3）。

Ⅱ式：1 件。腹微耸。标本 BM67∶3，浅盘口，圆唇，束颈，鼓肩，上腹较鼓，下腹斜收，平底。口径 14 厘米，底径 9.6 厘米，通高 25.2 厘米，腹径 21.6 厘米（图八三，1；图版四九，4）。

双耳绳纹罐　4 件。根据底部变化分为三式。

Ⅰ式：1 件。圜底。标本 AM41∶2，侈口，方唇，矮束颈，球形圆腹，颈腹之间一道折棱，圜底。上腹对称饰一对桥形耳，上腹饰弦断绳纹，下腹饰交错绳纹。口径 16、通高 28、腹径 29.6 厘米（图二四，2；图版一三，4）。

Ⅱ式：1 件。平底。标本 BM68∶1，侈口，唇面有一周凹槽，束颈，溜肩，圆腹，肩部有一对耳鋬，圜底微内凹。肩及上腹饰弦断绳纹，下腹饰绳纹。口径 17.6 厘米，底径 12 厘米，高 30 厘米，最大腹径 28 厘米（图一六二，2；图版四九，3）。

Ⅲ式：2 件。凹底。标本 BM65∶3，子母口，双圆唇，束颈，溜肩，圆腹，肩部有一对耳鋬，圜底内凹。肩部与上腹部饰弦断绳纹，下腹饰绳纹。器盖（BM65∶10）泥质灰陶，母口，沿面中部有一道凹槽，弧壁，漫圆顶。盖最大径 16 厘米，高 3.2 厘米。器身口径 16.8 厘米，底径 12 厘米，通高 30.4 厘米，腹径 28 厘米（图一五八，10；图版四六，1）。AM24∶1 也属此式。

模型小高领弦纹罐　3 件。有式别变化。

Ⅰ式：1 件。圆鼓腹。标本 BM74∶2，侈口，圆唇，小高领，肩微鼓，圆鼓腹，平底。肩、腹饰三周凹弦纹。口径 10.8 厘米，底径 9.6 厘米，高 22.4 厘米，最大腹径 20.8 厘米（图六六，1；图版五三，4）。

Ⅱ式：2 件。耸腹。标本 BM43∶2，侈口，口沿内侧有一周凹痕，小高领，鼓肩，上腹较鼓，下腹斜收，平底。腹部饰四周凹弦纹。口径 12.8 厘米，底径 8.8 厘米，高 20 厘米，最大腹径 19.2 厘米（图六一，2；图版三四，4）。BM40∶5 也属此式。

陶樽　5 件。根据纹饰变化分为二式。

Ⅰ式：3 件。器身饰弦纹或＋水波纹，兽面足。标本 BM36∶1，直口，方唇，直腹，平底。三足呈蹄形。通身施红彩，饰交错刻画的弦纹和水波纹。口径 20 厘米，底径 19.2 厘米，通高 15.2 厘米，足高 3.6 厘米（图一一五，1；图版三一，5）。BM57∶1、BM56∶31 也属此式。

Ⅱ式：2 件。器身及足部为素面。标本 AM21∶3，直口微敞，圆唇，直腹较深，平底，三足呈蹄形，较粗矮。口径 21.6、底径 19.2 厘米，通高 15.6 厘米，足高 4.8 厘米（图三五，1；图版五，2）。AM6∶3 也属此式。

陶仓　共 34 件。根据腹部的差别分为二型。

A 型　14 件。腹剖面呈桶形。根据口、腹之变化分为二式。

Ⅰ式：10 件。口径较小，直筒腹。标本 BM65∶4，敛口，斜方唇，折肩，斜直腹，平底。腹部饰数周凹弦纹。器盖侈口，平沿，弧壁，小平顶。盖最大径 8.8 厘米，高 2 厘米。器身口径 4.8 厘米，底径 8.8 厘米，通高 21.6 厘米，肩径 10 厘米（图一五九，4；图版四六，2）。BM65：5、BM65：6、BM65：7、BM65：8、BM66：2、AM3：16、AM3：19、AM3：20、AM3：21 均属此式。

Ⅱ式：4 件。口径变大，肩径稍大于底径，腹稍斜。标本 BM42：1，直口，矮领，折肩，斜直腹，平底。器壁饰三周凹弦纹。口径 5.6 厘米，底径 8.8 厘米，高 19.2 厘米，肩径 11.2 厘米（图一二二，1；图版三三，2）。BM46：1、BM38：1、BM36：2 属此式。

B 型　20 件。腹剖面呈梯形。根据肩、底的变化分为三式。

Ⅰ式：2 件。微耸肩，大平底，肩径与底径之比大于二分之一。标本 AM3：18，敛口，斜方唇，折肩，深直腹，平底。腹部饰数周凹弦纹。口径 10 厘米，底径 12 厘米，高 24 厘米，肩径 14.8 厘米（图三一，2；图版二，3）。AM3：11 属此式。

Ⅱ式：8 件。耸肩，肩径与底径之比近于二分之一。标本 BM56：4，直口，矮领，斜折肩，斜直腹，平底。肩腹之间有一道明显折痕。口径 8 厘米，底径 8.8 厘米，高 20.8 厘米，肩径 14.4 厘米（图一四四，3；图版四一，3）。BM56：5、BM35：3、BM35：4、BM35：11、BM53：9、AM39：1、AM39：2 等属此式。

Ⅲ式：10 件。口径变大，肩径与底径之比小于二分之一。标本 BM9：43，口径 9.2 厘米，底径 6.9 厘米，肩径 16 厘米，高 22 厘米（图一〇〇，8；图版二五，4）。BM9：7、BM9：13、BM9：44、BM9：45、BM10：11、BM10：20、BM4：9、BM4：10、BM52：8 均属此式。

上述典型器物的型、式划分主要是根据器物形态的变化及其所在墓葬单位在墓地中的分布位置来进行的。由于大部分典型器物的前后序列不够完善，加之数量不足，故其式别的划分会存在一定的局限性。虽然我们利用了墓葬单位在墓地中的分布位置这一客观的相对关系，尽量增加其客观属性，但其主观因素仍难以排除，请读者自酌。

三、分　　期

根据随葬品组合的差别及典型器物型、式的变化，尤其结合墓葬在墓地中的分布位置，暂将本次发掘的汉墓分为四期十段 20 组。

第一期　10 座（AM22、AM41、AM42、BM19、BM54、BM60、AM46、AM44、AM45、BM6）。随葬品以鼎、壶、AⅠ式小口高直领折肩圜底绳纹瓮、小口高领平底罐为核心。根据器物组合不同分为三段。

第一段　2 座（AM22、AM41）。器物组合主要为鼎、盒、壶、钫、AⅠ式小口高直领折肩圜底绳纹瓮、Ⅰ式双耳绳纹罐、AaⅠ式鼓腹大平底罐、敛口平底钵等。

其中，AM22 位于 AⅡ区中西部，AM41 位于 AⅤ区西南部，其他区域不曾见此组合（图一六八）。故暂将其归为第 1 组。

第二段　4 座（AM42、BM19、BM54、BM60）。器物组合以侈口高宽沿折肩圜底绳纹瓮为核心，组合器物主要有模型瓮、敛口平底钵等。根据圜底绳纹瓮式别的变化，暂分为两组。

第 2 组　1 座（BM54）。随葬品以 AⅠ式小口高直领折肩圜底绳纹瓮、BⅠ式侈口高宽沿折肩圜底绳纹瓮为核心，组合器物主要有敛口平底钵等。

第 3 组　3 座（AM42、BM19、BM60）。随葬品以 AⅢ式小口高直领折肩圜底绳纹瓮或 BⅡ

式侈口高宽沿折肩圜底绳纹瓮为核心，组合器物主要有模型罐或AaⅡ式鼓腹大平底罐、敛口平底钵等。

第3组与第2组墓葬之间不存在同区域分布关系。

第三段 4座（AM46、AM44、AM45、BM6）。随葬品以小口高领平底罐为核心，不见其他区域。根据其在墓地中的分布位置别也分为两组。

第4组 2座（AM46、BM6）。随葬品以AbⅠ式小高领鼓肩罐、Ba型侈口罐为核心，器物组合有钵、铁錾等。

第5组 2座（AM44、AM45）。随葬品以AbⅡ式小高领鼓肩罐为核心，器物组合有壶或DbⅡ式深盘口罐、模型罐等。

AM46位于AⅣ区第一排正中，AM44、AM45则分布在其后的第三排（图一六八）。

之所以将此4座墓葬归入第三段，一是因为BM6位于BⅤ区，与第四段第7组BM8左右并列，根据BⅢ区东早西晚的分布规律（见第6组、第7组）BM6当早于BM8；二是本段出土的小高领鼓肩罐不见其他段组，与南阳牛王庙西汉早中期墓葬中的小口瓮形态相近[①]。

第二期 15座。随葬品以壶为核心，器物组合主要有模型壶等。根据随葬品组合的差别分为三段。

第四段 7座。随葬品以圈足壶为核心。根据典型器物式别变化分为两组。

第6组 3座（BM71、BM72、BM70）。随葬品以Ⅰ式圈足壶为核心，组合器物有BⅠ、CaⅠ、CbⅠ式模型壶等。

本组墓葬主要分布于BⅢ区南部第二排和第三排的东部（图一六九）。

第7组 4座（BM69、BM75、BM8、BM74）。随葬品以Ⅱ式、Ⅲ式圈足壶为核心，组合器物有CaⅡ式模型壶。BM74随葬Ⅰ式模型小高领弦纹罐，且与BM75东西并列，故暂归此组。

第7组的BM75与第6组的BM71、BM72同排，有可能属同辈中年龄偏小、丧葬时间偏晚者（图一六九）。BM75位于BⅢ区南部第二排西段，东与BM74并列。BM69则分布于BⅢ区第三排的中部，与第6组的BM70东西相邻（图一六九）。

第五段 3座。随葬品以平底壶为核心，组合器物主要有模型壶等。根据平底壶式别的变化分为两组。

第8组 1座（BM44）。随葬品以AⅠ式平底壶为核心，组合器物有CbⅡ式模型壶等。

该墓葬分布于BⅢ区第四排的中部，其前排东南有第7组的BM69，不排除属同辈早丧者（图一六九）。

第9组 2座（AM31、AM26）。随葬品以AⅡ式平底壶核心，组合器物有Cc型模型壶。

其中，AM31分布于AⅡ区南部第一排东端，AM26分布于其后的第二排中西部，东侧为AM27、AM28，西侧为AM25（图一六九）。

第六段 5座。随葬品以假圈足壶为核心，组合器物主要有Ⅱ式双耳绳纹罐、BⅢ式模型壶等。根据假圈足壶式别的变化分为两组：

第10组 3座（AM25、BM68、BM45）。随葬品以Ⅰ式矮束颈假圈足壶为核心，组合器物

① 南阳市文物考古研究所：《南阳牛王庙汉墓考古发掘报告》，文物出版社，2011年，第27页。

主要有Ⅱ式双耳绳纹罐、BⅢ式模型壶等。

第11组　2座（AM37、BM58）。随葬品以Ⅱ式矮束颈假圈足壶为核心。

上述墓葬中，BM68、BM45左右并列位于BⅢ区第四排西端，东隔BM44是BM58。

第三期　8座。随葬品以罐为核心。根据罐的形制和组合不同，暂分为两段。

第七段　5座（BM59、BM40、BM43、BM41、BM67）。随葬品以Bb型侈口罐、D型盘口罐为核心，器物组合主要有Ⅲ式圈足壶、AⅢ式平底壶、侈口束颈鼓腹模型罐等。根据其在墓地中的分布位置暂分为两组。

第12组　3座（BM59、BM40、BM43）。随葬品以BbⅠ式侈口束颈弦纹罐、DbⅠ式盘口罐、DcⅠ式盘口罐为核心。

第13组　2座（BM41、BM67）。随葬品以BbⅡ式侈口束颈弦纹罐、DcⅡ式盘口罐为核心。

BM40、BM59位于BⅢ区中部第四排的东部，西邻同排第六段第11组的BM58。BM43位于BM58之后的西北部。BM67位于BⅢ区之北的BⅠ区（图一六九）。

第八段　3座。随葬品以横鼓腹大平底罐为核心。根据其在墓地中的分布位置分为两组。

第14组　2座（AM27、AM28）。随葬品以CaⅠ式横鼓腹大平底罐为核心，器物组合主要有CⅠ、CⅡ式敛口矮领折肩圜底绳纹瓮，钵，小口高领鼓腹模型罐等。

第15组　1座（AM23）。随葬品以CaⅡ式横鼓腹大平底罐为核心器物组合主要有Da型假圈足盘口罐、Ⅰ式矮束颈假圈足壶等。

AM27位于AⅡ区第二排中部，AM23位于AM27后排（图一六八）。

第四期　19座。随葬品以仓、樽、高束颈假圈足壶、奁为核心。根据组合不同分为两段。

第九段　9座（BM65、BM66、BM57、BM36、BM38、BM42、AM21、AM24、AM6）。随葬品以A型仓、樽为核心。根据仓、樽形制变化及在墓地中分布位置不同，暂分为三组。

第16组　3座（BM65、BM66、AM24）。随葬品以AⅠ式仓为核心，器物组合主要有Ⅰ式矮束颈假圈足壶、Ⅲ式双耳绳纹罐等。

第17组　4座（BM42、BM36、BM38、BM57）。随葬品以AⅡ式仓、Ⅰ式樽为核心。

第18组　2座（AM21、AM6）。随葬品以Ⅱ式樽为核心。

BM65分布于BⅢ区第三排第四段第7组BM69之后，位于第四排第七段第12组BM59、BM40之前（图一六九）。

AM24位于第八段第15组AM23西侧，AM21位于AM24之后（图一六八）。

第十段　10座（BM52、BM53、BM56、BM35、BM4、BM9、BM10、BM46及AM3、AM39）。随葬品以高束颈假圈足壶、奁为核心。根据器物组合分为两组。

第19组　2座（BM46、AM3）。随葬品组合有A型高束颈假圈足壶、奁、AⅡ式仓、BⅠ式仓等。

第20组　8座（BM52、BM53、BM56、BM35、BM4、BM9、BM10及AM39）。随葬品组合有A型、B型高束颈假圈足壶，奁，BⅡ式仓，BⅢ式仓等。

上段墓葬中，第19组的BM46位于BⅢ区第六排中部，东隔BM47是第九段第17组BM42。

表四　A、B 区墓葬分期对应表

期	段	组	随葬器物组合	典型墓葬	
				A 区	B 区
一	一	1	鼎、盒、壶、钫、AⅠ式小口高直领折肩圜底绳纹瓮、Ⅰ式双耳绳纹罐、AaⅠ式鼓腹大平底罐、敛口平底钵	AM22、AM41	
	二	2	AⅠ式小口高直领折肩圜底绳纹瓮、BⅠ式侈口高宽沿折肩圜底绳纹瓮、敛口平底钵		BM54
		3	AⅢ式小口高直领折肩圜底绳纹瓮、BⅡ式侈口高宽沿折肩圜底绳纹瓮、模型罐、AaⅡ式鼓腹大平底罐、敛口平底钵	AM42	BM19、BM60
	三	4	AbⅠ式小高领鼓肩罐、Ba 型侈口罐、钵、铁錾等	AM46	BM6
		5	AbⅡ式小高领鼓肩罐、壶、DbⅡ式深盘口罐、模型罐等	AM44、AM45	
二	四	6	Ⅰ式圈足壶，BⅠ、CaⅠ、CbⅠ式模型壶		BM70、BM71、BM72
		7	Ⅱ式、Ⅲ式圈足壶，CaⅡ式模型壶，Ⅰ式模型小高领弦纹罐		BM8、BM69、BM74、BM75
	五	8	AⅠ式平底壶、CbⅡ式模型壶		BM44
		9	AⅡ式平底壶、Cc 型模型壶	AM26、AM31	
	六	10	Ⅰ式矮束颈假圈足壶、Ⅱ式双耳绳纹罐、BⅢ式模型壶	AM25	BM45、BM68
		11	Ⅱ式矮束颈假圈足壶	AM37	BM58
三	七	12	BbⅠ式侈口束颈弦纹罐、DbⅠ式盘口罐、DcⅠ式盘口罐		BM40、BM43、BM59
		13	BbⅡ式侈口束颈弦纹罐、DcⅡ式盘口罐		BM41、BM67
	八	14	CaⅠ式横鼓腹大平底罐，CⅠ式、CⅡ式敛口矮领折肩圜底绳纹瓮，钵，小口高领鼓腹模型罐	AM27、AM28	
		15	CaⅡ式横鼓腹大平底罐、Da 型假圈足盘口罐、Ⅰ式矮束颈假圈足壶	AM23	
四	九	16	AⅠ式仓、Ⅰ式矮束颈假圈足壶、Ⅲ式双耳绳纹罐	AM24	BM65、BM66
		17	AⅡ式仓、Ⅰ式樽		BM36、BM38、BM42、BM57
		18	Ⅱ式樽	AM6、AM21	
	十	19	A 型高束颈假圈足壶、奁、AⅡ式仓、BⅠ式仓	AM3	BM46
		20	A 型、B 型高束颈假圈足壶，奁，BⅡ式仓，BⅢ式仓	AM39	BM4、BM9、BM10、BM35、BM52、BM53、BM56

此外，尚有 16 座墓葬（A 区 9 座，B 区 7 座）未出土随葬器物。BM32、BM50、BM61 出土陶罐均不可修复，BM76 仅出土 1 铜带钩，AM29、BM48、BM49 仅出土陶器盖或铜钱等。故对这些墓葬未进行分期研究。

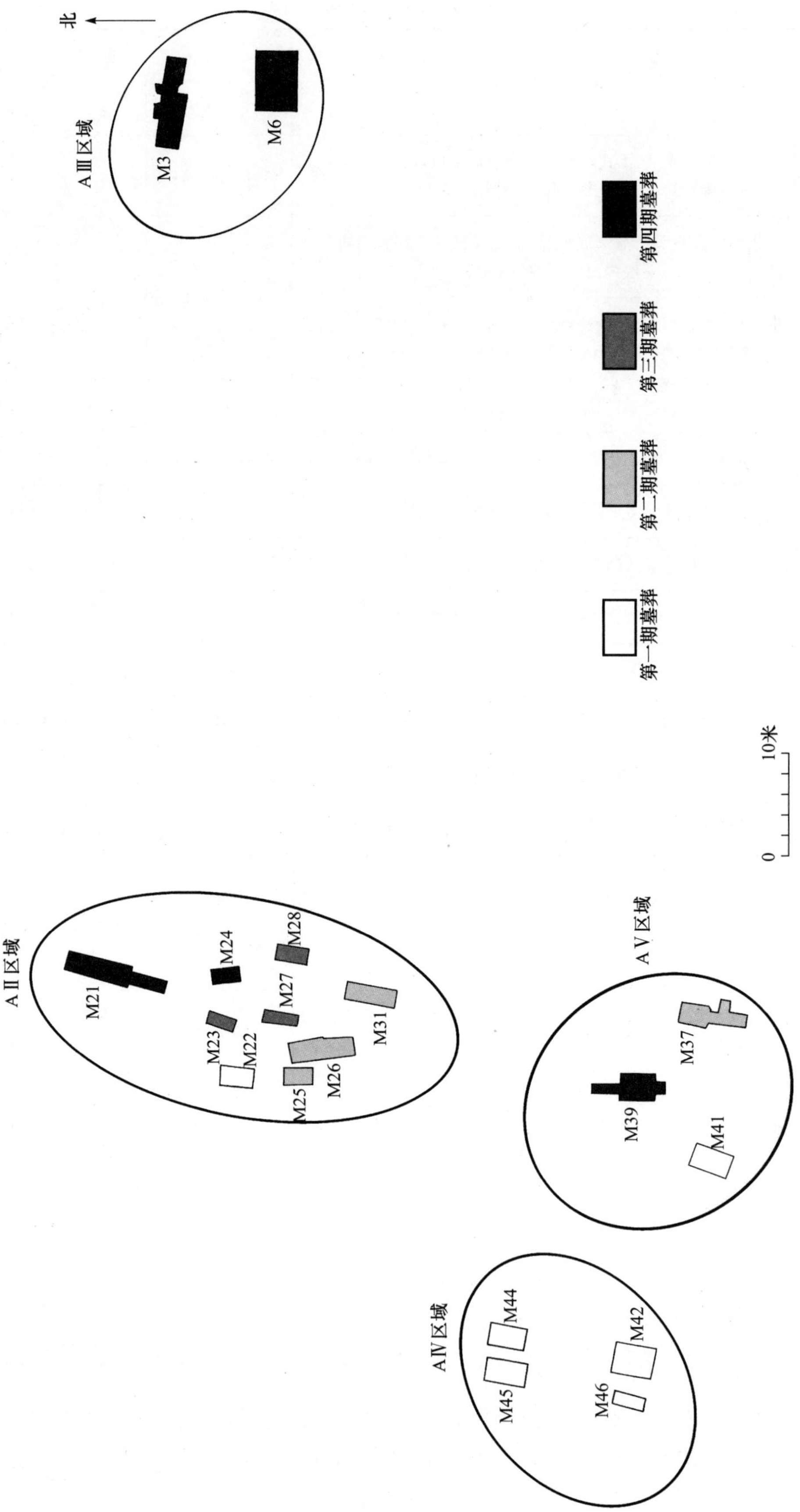

图一六八　A区墓葬期别分布图

四、各期墓葬的年代

因缺乏绝对年代资料，加之典型器物的式别序列不甚完备，故墓葬在墓地中的分布位置也应是其年代推断的重要依据。

在本次发掘的墓葬中，相对分布集中且前后左右又有期、段、组之别的主要是BⅢ区和AⅡ区。其中，BⅢ区自南向北涉及第二期第四段第6组BM71、BM72、BM70，第7组BM69、BM75、BM74，第五段第8组BM44，第六段第10组BM68、BM45，第11组BM58，第三期第七段第12组BM59、BM40、BM43，第13组BM41，第四期第九段第16组BM65，第17组BM42及第十段第19组BM46等单位（图一六九）。从典型器物的式别变化看，分布在墓地南部的墓葬年代较早，墓地北部的墓葬年代相对较晚。其间第二期第四段第6组BM70随葬有西汉五铢，其钱文与南阳丰泰墓地出土西汉昭帝时期AaⅡ式五铢钱文形态相近[①]，本组墓葬的年代当不早于西汉昭帝时期。第二期第六段第11组BM58随葬的假圈足壶与AM37随葬的假圈足壶形制相同，后者随葬有“大泉五十”，其年代不早于新莽时期。第四期第九段第16组BM65随葬有半两、五铢和剪轮五铢，年代不早于东汉顺帝时期[②]。

AⅡ区中，第一期第一段第1组AM22位于西北部，第二期第五段第9组AM31、AM26位于AⅡ区最南部，第六段第10组AM25位于AM26西侧、AM22南侧，第三期第八段第14组AM27、AM28位于AM26东侧，第15组AM23位于AM22东侧。其间第三期第八段第14组AM28随葬有五铢和剪轮五铢。另外，位于AM23北部，也是AⅡ区最北部的AM21仅随葬有货泉（图一六八）。

据上则可大体推断，第一、二期属西汉时期，其最后的第六段第11组年代约为新莽时期。第三、四期基本属东汉时期。具体年代如下。

第一期第一段第1组AM22和AM41出土器物的组合主要为鼎、盒、壶，这类核心组合流行于整个西汉时期。其中，AM41：5鼎、AM41：6盒与南阳牛王庙西汉早期后段的M1：4鼎、M1：6盒形态相近[③]。AM22：14钫与南阳丰泰墓地西汉早期墓M97陶钫（M97：4）形制近似[④]。故该组墓葬年代应在西汉早期，或早期偏后。

第二段第2组BM54：2随葬的典型器物AⅠ式小口高直领折肩圜底绳纹瓮与南阳丰泰墓地西汉早期M171：1AⅡ式无耳高领折沿罐形制相近[⑤]，第3组BM60：2随葬的典型器物BⅡ式侈口高宽沿折肩圜底绳纹瓮与平顶山黑庙墓地西汉早期M41：3形态相近[⑥]。尤其两段墓葬中共有AⅠ式小口高直领折肩圜底绳纹瓮、敛口钵等器物。故该段墓葬年代应略晚于第一段，或互有

① 河南省南阳市文物考古研究所、武汉大学历史学院考古系：《南阳丰泰墓地》，科学出版社，2011年，第191-192、223页。

② 徐承泰、范江欧美：《东汉五铢钱的分期研究》，《文物》2010年第10期，第66-67页。

③ 南阳市文物考古研究所：《南阳牛王庙汉墓考古发掘报告》，文物出版社，2011年，第8页。

④ 河南省南阳市文物考古研究所、武汉大学历史学院考古系：《南阳丰泰墓地》，科学出版社，2011年，第101页。

⑤ 河南省南阳市文物考古研究所、武汉大学历史学院考古系：《南阳丰泰墓地》，科学出版社，2011年，第108页。

⑥ 河南省文物局：《平顶山黑庙墓地》，科学出版社，2014年，第105页。

交叉。

第三段 AM46：3、AM46：4 小高领鼓肩罐与平顶山黑庙墓地西汉早期 M27：2 罐形态相近[①]。AM45：3 小高领鼓肩罐与南阳牛王庙西汉中期 M41：7 瓮形态相近[②]。本段墓葬年代暂确定为西汉中期早段偏前。

第二期第四段第 6 组 BM70 出土的Ⅰ式圈足壶（BM70：3、BM70：4）、CaⅠ式模型壶（BM70：2）与平顶山黑庙墓地西汉中期早段 M22：1、M22：2、M22：3 陶壶组合、形态相近。BM71、BM72 出土的Ⅰ式圈足壶与顶山黑庙墓地西汉中期早段 M18 出土大壶形态近同，CbⅠ式模型壶与平顶山黑庙墓地西汉中期早段 M32 同类器物形态近同[③]。故本组年代大致可确定在西汉中期早段偏后。

第 7 组 BM75 出土的Ⅲ式圈足壶（BM75：1、BM75：2）、CaⅠ式模型壶（BM75：4）与平顶山黑庙墓地西汉中期后段 M26 同类器物形态近同。且 BM75 与第 4 组 BM71、BM72 同属一排（图一六九），故其年代应前后相连贯，大致在西汉中期后段偏前。

第五段第 8 组 BM44 出土的 AⅠ式平底壶（BM44：1、BM44：3）与平顶山黑庙墓地西汉中期早段期墓 M6：1、M6：2 陶壶形制近似[④]。由于 BM44 位于同区第 1 组墓葬之后，故我们把本组的墓葬年代也确定在西汉中期后段偏后（图一六九）。

第 9 组 AM31：5、AM31：6AⅡ式平底壶分别与平顶山黑庙墓地第二期 M46：1、M46：2、M49：1 壶形态近同[⑤]。尽管平顶山黑庙墓地第二期的年代被发掘者确定为西汉中期，但根据 AM31 在 AⅡ区位于第四期 AM21（出有货泉）之前的布局关系，我们将本组墓葬年代确定在西汉晚期前段。

第六段第 10 组 BM68：3、BM68：4Ⅰ式矮束颈假圈足壶分别与平顶山黑庙墓地第二期 M8：1、M40：1、M40：2 壶形态近同，BM68：2 模型壶与平顶山黑庙墓地 M40：3 小壶形态近同[⑥]。本组墓葬的年代确定在西汉晚期后段。

第 11 组 BM58：1 壶、AM37：2 壶分别与平顶山黑庙墓地西汉晚期墓 M30：1、M30：2 壶形态相近[⑦]，AM37 和平顶山黑庙墓 M30 皆出土有“大泉五十”，故本组墓葬年代当为新莽时期。

第三期第七段随葬品比较杂乱。首先是各种弦纹罐开始出现；其次是圈足壶、平底壶基本上都进入了晚期形态。其中，BM41：1 侈口束颈弦纹罐与禹州新峰墓地新莽时期的 M457：3 形态相近[⑧]。根据本段墓葬在墓地中的分布位置，暂将其年代确定为东汉早期。

第八段墓葬中，AM28 随葬有剪轮五铢，AM27 随葬的 CaⅠ式横鼓腹大平底罐与南阳丰泰

① 河南省文物局：《平顶山黑庙墓地》，科学出版社，2014 年，第 71 页。

② 南阳市文物考古研究所：《南阳牛王庙汉墓考古发掘报告》，文物出版社，2011 年，第 93 页。

③ 河南省文物局：《平顶山黑庙墓地》，科学出版社，2014 年，第 59、45、82 页。

④ 河南省文物局：《平顶山黑庙墓地》，科学出版社，2014 年，第 70、18 页。

⑤ 河南省文物局：《平顶山黑庙墓地》，科学出版社，2014 年，第 115、124 页。

⑥ 河南省文物局：《平顶山黑庙墓地》，科学出版社，2014 年，第 24、101 页。

⑦ 河南省文物局：《平顶山黑庙墓地》，科学出版社，2014 年，第 77 页。

⑧ 河南省文物局：《禹州新峰墓地》，科学出版社，2013 年，第 209、355 页。

第五期即新莽时期M293随葬的Bb型Ⅰ式无耳矮直领无沿罐形态相近①。AM23位于AM27之后排，其年代应与前者相距不远。故本段墓葬年代约相当于东汉顺帝时期。

第四期第九段典型器物以桶形仓、樽为代表，尤其是樽在以前的墓葬中还不曾见到。虽然BM42：1仓、AM21：3樽分别与平顶山黑庙墓M34：3仓、M34：5樽形态相近②，但根据BM65随葬剪轮五铢的实际，也把本段墓葬的年代确定为东汉顺帝时期。

第四期第十段墓葬中，随葬的高束颈假圈足壶、奁及罐、三足盘、耳杯、甑、灶、熏炉、案、磨、仓、井、碓坊、圈厕等组合常见于中原东汉中期以后的墓葬中③，但高束颈假圈足壶、奁、罐、耳杯、多层熏炉等器物在一座墓葬中成组出现的例子并不多见。BM9中的高束颈假圈足壶、熏炉、奁、罐等与荥阳河王水库东汉中期M1、M6中的同类器物形制相近④；高束颈假圈足壶、陶仓分别与洛阳烧沟汉墓所出东汉中晚期之交的Ⅲ、Ⅳ型陶壶、Ⅲ型陶仓形制相近⑤，相近的器物还见于洛阳苗南新村528号东汉中期墓⑥，罐、仓、奁还分别与南阳丰泰墓地东汉中期M305Bb型Ⅲ式罐、M12A型Ⅴ式仓、M12Ⅲ式奁形制相近⑦；BM9：50-2、BM9：50-5的五铢钱文与东汉桓帝时期的五铢钱文相近⑧。故该段墓葬的年代当属东汉中期偏晚阶段⑨。

五、墓地规划与排列方法探讨

（一）A区墓地规划与排列

A区墓地发现的墓葬大致可以分为5个区域。

AⅠ区域墓葬1座，为AM9，因无随葬品而未加入分期。

AⅡ区域墓葬11座。其中，AM22为第一期第一段第1组；AM31、AM26为第二期第五段第9组；AM25为第六段第10组；AM27、AM28为第三期第八段第14组，AM23为第15组；AM24为第四期第九段第16组，AM21为第18组。AM29、AM30因随葬品特征不明或没有随葬品而无法归入上述期别。

AⅢ区域墓葬4座。其中，AM6为第四期第九段第18组；AM3为第十段第19组。未分期墓葬2座，为W1、W2。

---

① 河南省南阳市文物考古研究所、武汉大学历史学院考古系：《南阳丰泰墓地》，科学出版社，2011年，第114页及图一五六（二）。

② 河南省文物局：《平顶山黑庙墓地》，科学出版社，2014年，第87页。

③ 中国科学院考古研究所：《洛阳烧沟汉墓》，科学出版社，1959年，第240-241页，图一〇一。

④ 河南省文化局文物工作队：《河南荥阳河王水库汉墓》，《文物》1960年第5期。

⑤ 中国社会科学院考古研究所：《洛阳烧沟汉墓》，科学出版社，1959年，第104、113、123页。

⑥ 李献奇、司马俊堂：《洛阳苗南新村528号汉墓发掘简报》，《文物》1994年第7期。

⑦ 河南省南阳市文物考古研究所、武汉大学历史学院考古系：《南阳丰泰墓地》，科学出版社，2011年，第115、121、135页。

⑧ 徐承泰、范江欧美：《东汉五铢钱的分期研究》，《文物》2010年第10期。

⑨ 郑州大学历史学院考古系等：《河南宝丰县廖旗营墓地东汉画像石墓》，《考古》2016年第3期。

AⅣ区域墓葬 6 座。其中，AM42 属第一期第二段第三组。AM46 为第一期第三段第 4 组，AM45、AM46 为第 5 组；AM43、AM47 无随葬品而未分期。

AⅤ区域墓葬 6 座。其中，AM41 为第一期墓葬；AM37 为第二期第六段第 11 组；AM39 为第四期第十段第 20 组墓葬。AM38、AM40、AM48 无随葬品而未分期。

根据以上期、段、组的划分不难看出，AⅤ区多为第一期墓葬，AⅡ区域内第二、三、四期墓葬较多，AⅢ区主要为第四期墓葬。表明其墓地总体布局有可能存在西南方向辈分高、东北方向辈分低之规划。而在区域之内，则有可能存在前尊后卑之规划（图一六八）。

（二）B 区墓地规划与排列

B 区汉墓分布区域大致可划分为 8 个区域。

BⅠ区墓葬 2 座。其中，BM67 属第三期第七段第 13 组；BM66 属第四期第九段第 16 组。

BⅡ区墓葬 5 座。BM54 属第一期第二段第 2 组；BM57 属第四期第九段第 17 组；BM52、BM53、BM56 属第四期第 10 段第 20 组。

BⅢ区墓葬 22 座。以第二期墓葬最多，共 10 座。其中，BM70、BM71、BM72 属第二期第四段第 6 组，BM69、BM74、BM75 属第二期第四段第 7 组，BM44 属第二期第 5 段第 8 组，BM45、BM68 属第二期第 6 段第 10 组，BM58 属第 6 段第 11 组。第三期 4 座。其中，BM40、BM43、BM59 属第三期第七段第 12 组；BM41 属第三期第七段第 13 组。第四期 3 座。其中，BM65 属第四期第九段第 16 组；BM42 第九段第 17 组；BM46 属第十段第 19 组。另有 BM47、BM48、BM49、BM73、BM76 等 5 座墓葬因无随葬品而未归入期别。

BⅣ区墓葬 2 座，BM19 属第一期第二段第 3 组；BM35 属第四期第十段第 20 组。

BⅤ区墓葬 5 座。其中，BM6 属第一期第三段第 4 组；BM8 属第二期第四段第 7 组；BM4、BM9、BM10 属第四期第十段第 20 组。

BⅥ区墓葬 2 座。即 BM50、BM51 因无随葬品而未归入期别。

BⅦ区墓葬 4 座。其中，BM36、BM38 属第四期第九段第 17 组。BM32、BM37 因无随葬品而未进行分期。

BⅧ区墓葬 5 座。BM60 属第一期第二段第 3 组。其余 4 座墓葬因无随葬品而未进行分期，分别为 BM61、BM62、BM63、BM64。

根据以上期、段、组的划分不难看出，除 BⅡ、BⅣ、BⅤ、BⅧ区有少量第一、二期墓葬外，第二、三期墓葬多集中在 BⅢ区，第四期墓葬则比较集中在 BⅢ区北部、BⅡ区西北部和 BⅤ区东南部。BⅣ、BⅤ区墓葬分别以西北方向为尊、BⅡ区、BⅧ区则以东南方向为尊，BⅢ区则以南方为尊。表明 B 区墓地有可能非为一个家族所有，不同家族的尊卑方向规划不一（图一六九）。

六、墓 葬 方 向

A 区 28 座汉墓中，带墓道的有 9 座，主要为第二、四期。第二期 2 座，方向在 0°～45° 的墓葬 1 座，316°～360° 的墓葬 1 座。第四期墓葬 4 座，方向在 0°～45° 的墓葬 1 座，墓葬方向在 46°～135° 的 2 座，方向在 136°～225° 的墓葬 1 座。未进行分期的墓葬 3 座，方向在 226°～315° 者

1座，方向46°～135°的墓葬2座。由以上数据可以看出，同一时期内的墓葬，其方向也不一致。

从A区带墓道的墓葬方向来看，第二期墓葬以北向为主。第四期墓葬则北、东、南向皆有。

A区无墓道的墓葬19座，以第一、三期墓葬为主。第一期墓葬6座，方向在0°～45°者有5座，方向136°～225°的墓葬1座。第二期墓葬2座，方向在0°～45°。第三期墓葬3座，方向在0°～45°者1座，方向在136°～225°者2座。第四期墓葬仅见1座，方向在136°～225°。未分期墓葬7座，方向在0°～45°者6座，方向在136°～225°者1座。由以上数据分析可知，第一、二期墓葬以北向为主，见有南向者，第三期墓葬以南向为主，第四期墓葬南向1座。未分期墓葬中也以北向占绝大多数。

A区无墓道的墓葬，其方向比较单一，仅见北向和南向，且以北向为大宗。

整体来看，A区第一、二期墓葬大部分不带墓道，仅见2座带墓道的墓葬，属于第二期。墓向以北向为主，南向者很少，不见东、西向墓葬。第三期墓葬3座，均无墓道，方向以南向为主，见有北向。第四期墓葬5座，以带墓道为主，仅见1座无墓道的墓葬，墓向以南向和东向为主。

经综合分析，A区墓葬方向在226°～315°者1座，约占3.6%；46°～135°者4座，约占14.3%；136°～225°者6座，约占21.4%；316°～360°及0°～45°者17座，约占60.7%。据此，A地点墓葬方向以北向为主，南向次之，东、西向者极少。

B区47座汉墓中，带墓道的墓葬共33座。包含第二期墓葬6座，方向在0°～45°者2座；136°～225°者4座。第三期墓葬4座，方向见有北向、南向。其中，方向在0°～45°者1座；136°～225°者3座。第四期墓葬13座。其中，方向在0°～45°者3座；46°～135°者3座；226°～315°者1座；136°～225°者6座。未分期墓葬10座，方向在0°～45°者4座；136°～225°者6座。

通过对以上数据进行分析发现，带墓道的33座墓葬中，第二期墓葬方向以北向和南向为主。第三期墓葬见有北向、南向。第四期墓葬以南向为主，东向、北向次之。通过综合分析可知，B区带墓道的33座墓葬中，以南向者占大多数，次为北向，东、西向者很少。

B区无墓道的墓葬14座，以第一、二期墓葬为主。第一期墓葬4座，方向在0°～45°者4座。第二期墓葬5座，方向在0°～45°者4座，方向在270°～315°者1座。第三期墓葬1座，方向在180°～225°。第四期墓葬1座，方向在0°～45°。未分期墓葬3座，方向分别为156°、123°和4°。由此看出，无墓道的墓葬均以北向占绝大多数，其中有见南向、东向者，但数量很少。经综合分析，B区无墓道的14座墓葬，方向以北向为大宗，南向和东向者很少。

B区第一期墓葬总共4座，均不带墓道，墓向以北向为主。第二期墓葬共11座，以带墓道的墓葬为主。墓向以北向为主，南向次之，西向者较少。第三期墓葬5座，带墓道的墓葬数量多于无墓道的墓葬。方向以南向稍多，次为北向。第四期墓葬14座，仅有1座无墓道的墓葬，方向以南向稍多，次为东向、北向者。

B区47座汉墓中，方向在0°～45°者20座，约占42.6%；46°～135°者4座，约占8.5%；136°～225°者21座，约占44.7%；226°～315°者2座，约占4.3%。由统计数据可以看出，虽然在不同时期不同墓向所占比例稍有变化，但总的来看，B区的汉墓以南向者居多，次为北向，而东、西向者较少。

从墓葬的分布区域上看，以墓葬分布比较集中的AⅡ区域、BⅢ区域为代表进行分析。其他区域因墓葬数量较少，墓葬期别不完整，故无法进行系统科学地统计。

AⅡ区域内墓葬 11 座，包括第一期墓葬 1 座，为南向；第二期墓葬 3 座，均为北向；第三期墓葬 3 座，为北向者 1 座，南向者 2 座；第四期 2 座，北向者 1 座，南向者 1 座。未分期墓葬 2 座（表五）。

表五　A 区墓葬墓向统计表

区域	分期	墓葬编号	墓道	方向（°）
AⅠ	无	AM9	阶梯墓道	265
AⅡ	一	AM22	无	185
	二	AM25	无	0
	二	AM26	斜坡墓道	353
	二	AM31	无	10
	三	AM23	无	198
	三	AM27	无	190
	三	AM28	无	10
	四	AM21	斜坡墓道	15
	四	AM24	无	175
	无	AM30	无	195
	无	AM29	无	7
AⅢ	四	AM3	斜坡墓道	100
	四	AM6	斜坡墓道	93
	无	W1	无	25
	无	W2	无	23
AⅣ	一	AM42	无	10
	一	AM44	无	10
	一	AM45	无	10
	一	AM46	无	15
	无	AM43	斜坡墓道	100
	无	AM47	竖井墓道	90
AⅤ	一	AM41	无	20
	二	AM37	竖井墓道	10
	四	AM39	斜坡墓道	180
	无	AM38	无	10
	无	AM40	无	0
	无	AM48	无	10

BⅢ区域内墓葬共22座，包括第二期墓葬10座，北向者6座，南向者3座，西向者1座；第三期墓葬4座，北向者1座，南向者3座；第四期墓葬3座，为南向2座，西向者1座。未分期墓葬5座（表六）。

表六　B区墓葬墓向统计表

区域	分期	墓葬编号	墓道	方向（°）
BⅠ	三	BM67	斜坡墓道	160
	四	BM66	斜坡墓道	170
BⅡ	一	BM54	无	15
	四	BM57	无	26
	四	BM52	斜坡墓道	115
	四	BM53	斜坡墓道	12
	四	BM56	斜坡墓道	207
BⅢ	二	BM44	无	17
	二	BM45	斜坡墓道	174
	二	BM58	斜坡墓道	198
	二	BM68	斜坡墓道	15
	二	BM69	斜坡墓道	5
	二	BM70	无	285
	二	BM71	无	5
	二	BM72	无	0
	二	BM74	无	3
	二	BM75	斜坡墓道	195
	三	BM40	斜坡墓道	15
	三	BM41	斜坡墓道	200
	三	BM43	无	193
	三	BM59	斜坡墓道	201
	四	BM42	斜坡墓道	196
	四	BM46	双斜坡墓道	203
	四	BM65	斜坡墓道	283
	无	BM47	斜坡墓道	16
	无	BM48	斜坡墓道	192
	无	BM49	斜坡拐弯墓道	207
	无	BM73	斜坡墓道	195
	无	BM76	斜坡墓道	195

续表

区域	分期	墓葬编号	墓道	方向（°）
B Ⅳ	一	BM19	无	13
	四	BM35	斜坡墓道	206
B Ⅴ	一	BM6	无	22
	二	BM8	斜坡墓道	195
	四	BM4	斜坡墓道	95
	四	BM9	斜坡墓道	175
	四	BM10	斜坡拐弯墓道	95
B Ⅵ	无	BM50	无	156
	无	BM51	无	123
B Ⅶ	四	BM36	斜坡墓道	9
	四	BM38	斜坡墓道	12
	无	BM32	竖井墓道	20
	无	BM37	斜坡拐弯墓道	20
B Ⅷ	一	BM60	无	13
	无	BM61	无	4
	无	BM62	斜坡墓道	190
	无	BM63	斜坡墓道	198
	无	BM64	斜坡墓道	3

由于第一期墓葬仅1座，墓向不具代表性，在此对其不讨论。通过对统计数据的分析可以发现，在这两个区域内，第二期墓葬均以北向为主，见有西向和南向。第三期墓葬，两区域内均以南向者居多。第四期墓葬以南向为主。这显示出从第二期墓葬到第四期墓葬，其方向由多样性向一致性靠拢，即由第二期的北向为主，见有西向、南向，演变为第四期的南向为主。这或许对东汉以后墓葬普遍坐北朝南有所启示。

综合分析，该地区汉代墓葬共75座。其中A区28座，其中进行分期的有18座，B区47座，其中进行分期的有34座（表七）。第一期墓葬共10座，均无墓道，随葬品以鼎、壶、AⅠ式小口高直领折肩圜底绳纹瓮、小口高领平底罐为核心。A区第一期墓葬共6座，B地点第一期墓葬4座，其中第一期第一段A区墓葬共2座，方向在0°～45°者的有1座，方向在136°～215°者有1座。第一期第二、三段墓葬方向均在0°～45°，共8座，其中第二段A区墓葬1座，B区墓葬3座，第三段A区3座，B区1座。由此可见在第一期第一段时墓葬方向有南向和北向，且不带墓道，到第一期第二、三段时，墓向均为北向，墓葬方向较为单一，仍保留不带墓道的特点。

表七 A、B区各期墓葬方向统计表

期	段	组	随葬器物组合	墓葬编号		墓道	方向（°）
				A区	B区		
一	一	1	鼎、盒、壶、钫、AⅠ式小口高直领折肩圜底绳纹瓮、Ⅰ式双耳绳纹罐、AaⅠ式鼓腹大平底罐、敛口平底钵	AM22		无	185
				AM41		无	20
	二	2	AⅠ式小口高直领折肩圜底绳纹瓮、BⅠ式侈口高宽沿折肩圜底绳纹瓮、敛口平底钵		BM54	无	15
		3	AⅢ式小口高直领折肩圜底绳纹瓮、BⅡ式侈口高宽沿折肩圜底绳纹瓮、模型罐、AaⅡ式鼓腹大平底罐、敛口平底钵	AM42		无	10
					BM19	无	13
					BM60	无	13
	三	4	AbⅠ式小高领鼓肩罐、Ba型侈口罐、钵、铁鍪等	AM46		无	15
					BM6	无	22
		5	AbⅡ式小高领鼓肩罐、壶、DbⅡ式深盘口罐、模型罐等	AM44		无	10
				AM45		无	10
二	四	6	Ⅰ式圈足壶，BⅠ、CaⅠ、CbⅠ式模型壶		BM70	无	285
					BM71	无	5
					BM72	无	0
		7	Ⅱ式、Ⅲ式圈足壶，CaⅡ式模型壶，Ⅰ式模型小高领弦纹罐		BM8	斜坡墓道	195
					BM69	斜坡墓道	5
					BM74	无	3
					BM75	斜坡墓道	195
	五	8	AⅠ式平底壶、CbⅡ式模型壶		BM44	无	17
		9	AⅡ式平底壶、Cc模型壶	AM26		斜坡墓道	353
				AM31		无	10
	六	10	Ⅰ式矮束颈假圈足壶、Ⅱ式双耳绳纹罐、BⅢ式模型壶	AM25		无	0
					BM68	斜坡墓道	15
					BM45	斜坡墓道	174
		11	Ⅱ式矮束颈假圈足壶	AM37		竖井墓道	10
					BM58	斜坡墓道	198
三	七	12	BbⅠ式侈口束颈弦纹罐、DbⅠ式盘口罐、DcⅠ式盘口罐		BM40	斜坡墓道	15
					BM43	无	193
					BM59	斜坡墓道	201
		13	BbⅡ式侈口束颈弦纹罐、DcⅡ式盘口罐		BM41	斜坡墓道	200
					BM67	斜坡墓道	160
	八	14	CaⅠ式横鼓腹大平底罐，CⅠ式、CⅡ式敛口矮领折肩圜底绳纹瓮，钵，小口高领鼓腹模型罐	AM27		无	190
				AM28		无	10
		15	CaⅡ式横鼓腹大平底罐、Da型假圈足盘口罐、Ⅰ式矮束颈假圈足壶	AM23		无	198

续表

期	段	组	随葬器物组合	墓葬编号		墓道	方向（°）
				A 区	B 区		
四	九	16	A Ⅰ式仓、Ⅰ式矮束颈假圈足壶、Ⅲ式双耳绳纹罐	AM24		无	175
					BM65	斜坡墓道	283
					BM66	斜坡墓道	170
		17	A Ⅱ式仓、Ⅰ式樽		BM36	斜坡墓道	9
					BM38	斜坡墓道	12
					BM42	斜坡墓道	196
					BM57	无	26
		18	Ⅱ式樽	AM6		斜坡墓道	93
				AM21		斜坡墓道	15
	十	19	A 型高束颈假圈足壶、奁、A Ⅱ式仓、B Ⅰ式仓	AM3		斜坡墓道	100
					BM46	双斜坡墓道	203
		20	A 型、B 型高束颈假圈足壶，奁，B Ⅱ式仓、B Ⅲ式仓	AM39		斜坡墓道	180
					BM4	斜坡墓道	95
					BM9	斜坡墓道	175
					BM10	斜坡拐弯墓道	95
					BM35	斜坡墓道	206
					BM52	斜坡墓道	115
					BM53	斜坡墓道	12
					BM56	斜坡墓道	207

第二期墓葬共 15 座，随葬品以壶为核心，器物组合主要有模型壶。第二期第四段，A 区未有墓葬分布，B 区墓葬有 7 座。墓葬方向 0°～45° 者有 4 座，其中有 3 座均无墓道，1 座带有斜坡墓道。墓葬方向在 136°～225° 者有 2 座，均带有斜坡墓道。墓葬方向在 226°～315° 者有 1 座，且不带墓道。第五段墓葬有 3 座，方向在 0°～45° 者有 2 座，均无墓道，316°～360° 的墓葬 1 座，带有斜坡墓道。第六段墓葬有 5 座，方向在 0°～45° 者有 3 座，其中一座无墓道，另外两座分别带有竖井墓道和斜坡墓道。方向在 136°～225° 者有 2 座，均带有斜坡墓道。由此可见，第二期第四段墓葬方向以北向为主，南向次之，有西向出现。但是为北向者的墓葬出现带有斜坡墓道的现象，而为南向者的墓葬均带有斜坡墓道，西向者墓葬不带墓道。第五段时，墓葬方向均为北向，北向者的墓葬以不带墓道为主。第六段的墓葬方向以北向居多，南向较少。北向者的墓葬，以带墓道为主，且出现竖井墓道的墓葬，南向者的墓葬均带有斜坡墓道。说明这一时期的墓葬方向仍以北向为主，南向次之，少有西向出现，带墓道的墓葬略多于无墓道的墓葬，墓葬方向由单一性向多样性发展。

第三期墓葬共 8 座，随葬品以罐为核心。第三期第七段，A 区未有墓葬分布，B 区墓葬有 5 座，方向在 0°～45° 者有 1 座，带有斜坡墓道，方向在 136°～225° 者有 4 座，仅有 1 座不带墓道。第八段，B 区未分布墓葬，A 区有墓葬 3 座，均不带墓道。方向在 0°～45° 者有 1 座，方向在136°～225°者有2座。该时期墓葬方向以南向居多，且带墓道与不带墓道的墓葬也基本持平。

第四期墓葬共19座，随葬品以仓、樽、高束颈假圈足壶、奁为核心。第四期第九段，A区墓葬有3座，B区墓葬有6座，墓葬方向在0°～45°者有4座，有3座带有斜坡墓道，仅有1座不带墓道。方向在46°～135°者有1座，并带有斜坡墓道。226°～315°者1座，并带有斜坡墓道。136°～225°的墓葬有3座，其中仅有1座无墓道，另2座带有斜坡墓道。第四期第十段，A区墓葬有2座，B区墓葬有8座。墓葬方向在0°～45°者有1座，且带有斜坡墓道。方向在46°～135°者有4座，均带有墓道，其中有3座为斜坡墓道，1座为斜坡拐弯墓道。方向在136°～225°的墓葬有5座，其中有4座带有斜坡墓道，1座带有双斜坡墓道。第四期第九段的墓葬方向以北向和南向为主，少量的东、西向，且多带有墓道。第十段的墓葬方向以南向为主，东向次之，北向较少，且多带有墓道，墓道形式多样，如双斜坡墓道和拐弯斜坡墓道。

未分期的墓葬共有23座，其中A区10座，B区13座（表八）。其中方向在0°～45°的墓葬有11座，无墓道的有7座，带斜坡墓道的墓葬有3座，带竖井墓道的墓葬有1座，均分布在B区，无墓道的墓葬仅有1座在B区，其他6座分布在A区。方向46°～135°者有3座，其中无墓道的墓葬有1座，分布在B区，另2座带有斜坡墓道和竖井墓道，分布在A区。方向在136°～225°者的墓葬有8座，其中无墓道的有2座，带斜坡墓道的有5座，带斜坡拐弯墓道的有1座，仅有1座无墓道的墓葬分布在A区，其余均在B区。方向在226°～315°的墓葬有1座，带有阶梯墓道，分布在A区。由此可见未分期的墓葬，多以北向为主，南向次之，西向、东向较少。北向者以不带墓道者为主，并且主要分布在A区，南向者以斜坡墓道为主，多分布在B区。西向、东向者数量较少，以带墓道的墓葬为主，分布在A区，并且墓道形式呈多样化的特点。

表八 A、B区未分期墓葬方向统计表

分期	墓葬编号		墓道	方向（°）
	A区	B区		
无	AM9		阶梯墓道	265
无	AM30		无	195
无	AM29		无	7
无	W1		无	25
无	W2		无	23
无	AM43		斜坡墓道	100
无	AM47		竖井墓道	90
无	AM38		无	10
无	AM40		无	0
无	AM48		无	10

续表

分期	墓葬编号		墓道	方向（°）
	A区	B区		
无		BM47	斜坡墓道	16
无		BM48	斜坡墓道	192
无		BM49	斜坡拐弯墓道	207
无		BM73	斜坡墓道	195
无		BM76	斜坡墓道	195
无		BM50	无	156
无		BM51	无	123
无		BM32	竖井墓道	20
无		BM61	无	4
无		BM37	斜坡拐弯墓道	20
无		BM62	斜坡墓道	190
无		BM63	斜坡墓道	198
无		BM64	斜坡墓道	3

七、形制与结构

（一）墓葬形制

根据平面形状的不同，可将这批墓葬分为两类。第一类为带墓道的墓葬，共42座，其中第二期墓葬8座，第三期墓葬4座，第四期墓葬17座，未分期墓葬13座。依据墓道形制不同，又可分为斜坡墓道、斜坡拐弯墓道、竖井墓道和阶梯墓道四种。

斜坡墓道35座，有单、双墓道之分。单斜坡墓道34座，包含第二期墓葬7座，第三期墓葬4座，第四期墓葬15座，未分期墓葬8座。双斜坡墓道仅1座，为第四期墓葬BM46。

斜坡拐弯墓道3座，包含第四期墓葬1座，未分期墓葬2座。

竖井墓道3座，第二期墓葬1座，未分期墓葬2座。

阶梯墓道1座，为AM9，未分期。

由以上数据可知，带墓道的墓葬中，第三期墓葬所占比例较小，为9.5%，且墓道形制单一，均为单斜坡墓道。第二、四期墓葬绝大多数带有墓道，且墓道形制比较多样，以斜坡墓道为主，见有竖井墓道、斜坡拐弯墓道。

第二类为无墓道的竖穴土坑墓，共33座。根据建筑材料的不同可分土坑墓、空心砖墓、砖室墓、石室墓、瓦棺葬等。

土坑墓8座，包含第一期墓葬3座，第二期墓葬2座，第三期墓葬1座，未分期墓葬2座。

空心砖墓 17 座，包含第一期墓葬 7 座，第二期墓葬 4 座，第三期墓葬 2 座，未分期墓葬 4 座。

砖室墓 5 座，包含第二、三、四期墓葬各 1 座，未分期墓葬 2 座。

石室墓 1 座，属于第四期墓葬。

瓦棺葬 2 座，未分期。

在 33 座无墓道的墓葬中，第一期墓葬 10 座，主要为空心砖墓。第二期墓葬 7 座，以空心砖墓居多，土坑墓次之，砖室墓较少。第三期墓葬 4 座，以空心砖墓为主，见有砖室墓、土坑墓。第四期墓葬 2 座，砖室墓、石室墓各 1 座。另有 10 座墓葬未分期。

综合来看，第一、二期墓葬均以无墓道的空心砖墓为主，第二期墓葬形制较第一期丰富，土坑墓数量增多，成为仅次于空心砖墓的主要墓形。第三期以空心砖墓居多，土坑墓和砖室墓也占有一定比例。第四期均为砖室墓，且带有墓道者居多，墓道形制以斜坡式为主，见有竖井墓道。不见空心砖墓与土坑墓。

（二）墓葬结构

汉墓中留有二层台的有 17 座墓葬，其位置大致有三种情况：①位于墓室东、西或南、北两侧；②位于墓室四壁或北、东、西三壁；③位于墓室一侧（或南或北）。另外在东、西两侧设二层台的墓葬中，也见有墓室中部留二层台的情况。留有二层台的墓葬集中在第二、三期，以第二期为主，其位置变化规律不甚明显。

有耳室的墓葬共 9 座，以第四期墓葬较多。第二期墓葬有 AM37，第三期墓葬有 BM59、BM67，第四期墓葬 AM3、BM36、BM65、BM66。其中 AM3、BM66、BM67 各有 2 个耳室，AM37、BM36、BM59、BM65 均只有 1 个。另有 2 座墓葬未分期，即 BM49、BM64。

有壁龛的墓葬 4 座。其中，BM61 的壁龛位于墓主身侧的墓壁上，其余墓葬的壁龛则多位于墓主头端（表九）。

表九　廖旗营墓地汉墓壁龛统计表

墓葬	方向	位置	尺寸（厘米）	备注	期别
BM6	22°	位于墓主头端墓壁上	宽 88、高 40、进深 43	为放置器物，对墓壁进行简单地掏挖	一
BM75	195°	西墓圹北侧生土台内	宽 48、高 64、进深 54		二
BM43	193°	位于墓主头端	宽 50、高 40、进深 30	为放置器物，对墓壁进行简单地掏挖	三
BM61	4°	位于东壁偏南侧	宽 134、高 36、进深 46		无

（三）墓葬尺寸

墓葬平面呈长方形，多数直壁平底。墓室长 190～900 厘米，宽 60～308 厘米，墓室面积 1.52～21.34 平方米。甬道长 54～126 厘米，宽 87～253 厘米，深 88～138 厘米。墓道长 116～1080 厘米，宽 80～352 厘米。墓口距地表在 30～70 厘米，墓深 144～350 厘米。

八、葬具与葬式

75 座汉代墓葬中，有 2 座瓦棺墓，还有 1 座墓葬为单棺。其余 72 座墓葬则未发现葬具痕迹。

除 57 座墓内未发现人骨、13 座墓内因人骨腐朽过甚而无法辨认葬式外，其余墓葬大部分为单人葬。其中仰身直肢葬 3 座，占可辨认葬式的 60%。此外有仰身屈肢葬 1 座，二次葬 1 座。

第四节　汉 代 窑 址

窑址　1 座，即 AY1。

位置　AT0106 中部偏南。

层位关系　①→ AY1 →生土。

方向　203°。

形制与结构　现存部分分为工作面、火门、火膛、火道、窑室、窑壁和烟道，总长 730 厘米（图一七〇）。

工作坑位于窑室北部，平面形状不规则，近似五边形。斜壁，平底。口长 320、宽 208～252 厘米；底长 297、宽 188～210 厘米；深 110～125 厘米。

火门上部被破坏，残余部分呈长方形，高 125、宽 56、进深 28 厘米。火门底部铺两层砖。

火膛平面呈半圆形，平底，长 180、宽 70、深 172 厘米。

窑室平面呈马蹄状，长 406、宽 283、深 132 厘米。窑床与火膛相接处铺一层砖，四块。窑室中部和南部为窑床，长 178～226、宽 180～186 厘米。

窑室四壁分界明显，窑壁上部向内略倾斜，由于受热，在窑壁内侧形成一层蓝色的烧结面，厚 6～10 厘米；外侧为红烧土，厚 19～28 厘米。

窑室顶部塌陷，从残余窑壁的倾斜情况看可能为穹隆顶。

火道位于窑室两侧，直径在 7～12 厘米。

烟道位于窑室南部，有三个，横截面近似正方形，边长约 40 厘米，烟道四壁为红色烧结面，厚 8～26 厘米。

窑室内填土为黄褐色，夹杂较多红烧土块，少量蓝色烧结体。结构疏松，土质较软。含有少量筒瓦、板瓦和残砖块。火膛内堆积疏松，含有大量炉渣。

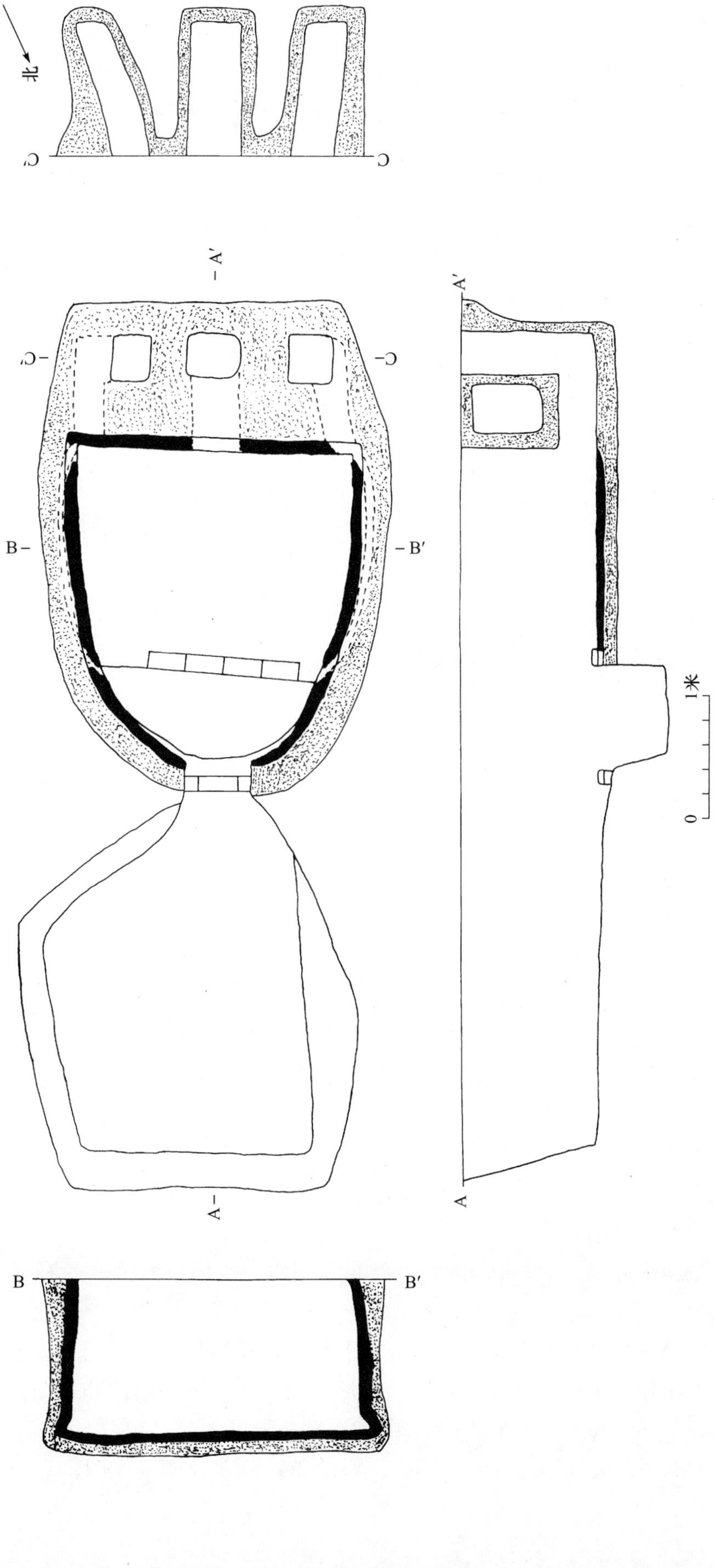

图一七〇 AY1平、剖面图

第二章　宋代遗存

宋代遗存，包括窑址2座，即AY2、AY3；灰坑1座，即AH1；宋墓18座（附表二），其中A区15座（图一七一），即AM4、AM5、AM7、AM8、AM10、AM11、AM12、AM13、AM14、AM15、AM16、AM17、AM18、AM19、AM20；B区3座，即BM2、BM5、BM39（图一七二）。

第一节　宋代墓葬

一、A区墓葬

（一）分布

主要分布于A区西北部，有少量几座分布于A区东部。

（二）形制与随葬品

1. AM4

位置　位于AT1505中部偏北。

层位关系　①→AM4→生土。

方向　180°。

形制与结构　长方形竖穴土坑墓，直壁平底。墓长276、宽56～70、深170厘米。墓室南宽北窄（图一七三）。

填土为褐色花土，结构疏松，土质较软较黏。内含料姜石颗粒。

葬具　不详。

人骨　1具。仰身直肢葬，头向南，面向上，性别、年龄不详。

随葬器物　共发现3件（组）随葬品。陶罐1件，出于头骨南部；铜腰带，1组12枚，盆骨附近；铜钱1组2枚，头骨西侧。

陶罐　1件。AM4：3，泥质灰陶。口残，鼓肩，斜腹，平底。素面。底径8、残高16、最大腹径16厘米（图一七四，1）。

铜腰带　12枚。AM4：1，方形4枚，均为上下两扇榫卯相扣，中部挖空为长方形。半圆形5枚，上下两页榫卯相扣，中部挖空为长方形。拱形2枚，为上下两扇榫卯相扣，其中一枚套一扁环。长1.8～4.6、厚0.5～0.8厘米（图一七四，2；图版五五，2）。

铜钱　2枚。AM4：2-1，钱文“开元通宝”，郭径2.45厘米（图二〇四，3）。

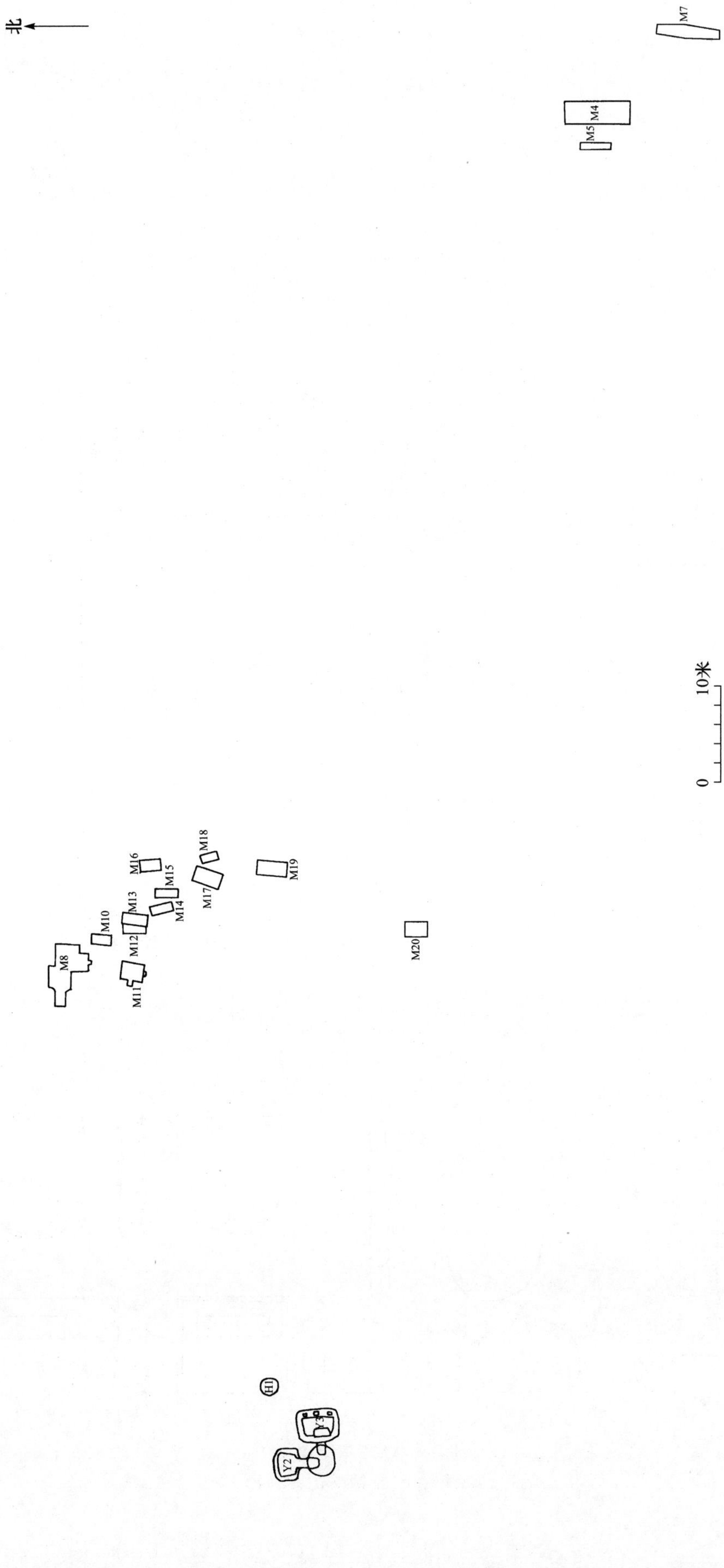

图一七一 A区宋代遗存分布示意图

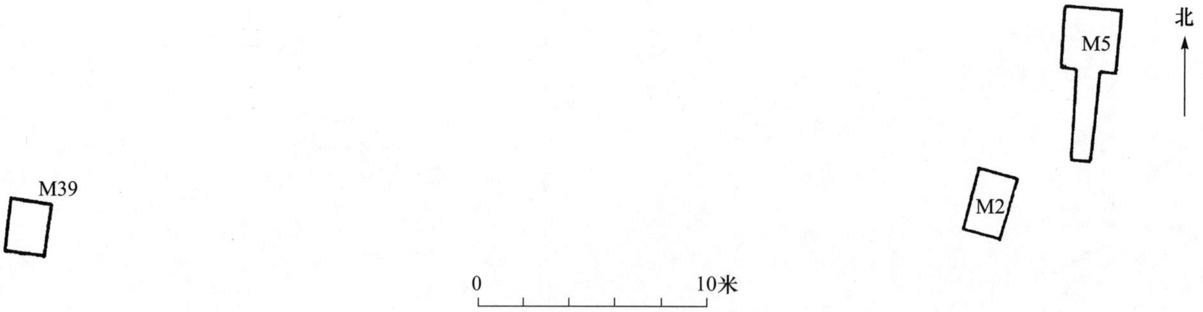

图一七二　B 区宋墓分布示意图

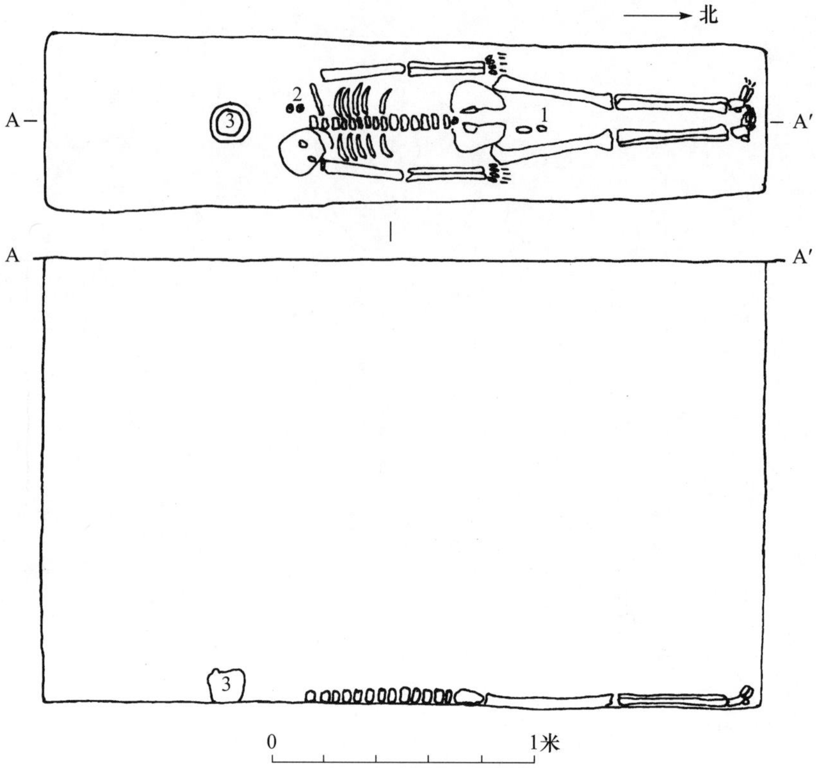

图一七三　AM4 平、剖面图
1. 铜腰带　2. 铜钱　3. 陶罐

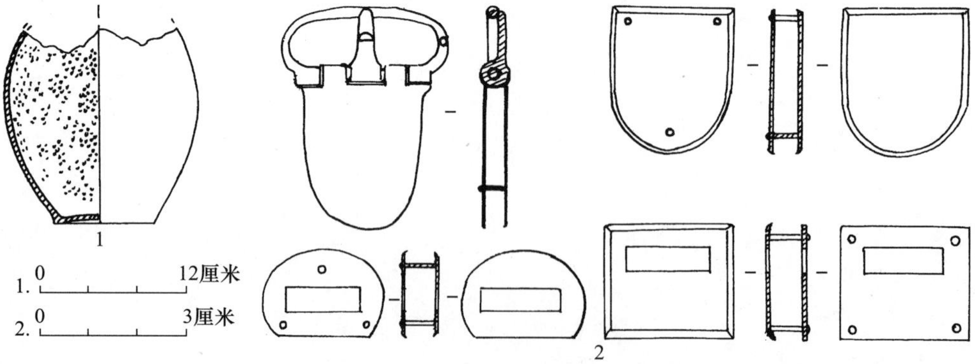

图一七四　AM4 出土器物
1. 陶罐（AM4：3）　2. 铜腰带（AM4：1）

2. AM5

位置　位于 AT1505 西部。

层位关系　①→ AM5 →生土。

方向　180°。

形制与结构　长方形竖穴土坑墓，直壁平底。墓长 260、宽 64、深 180 厘米（图一七五）。填土为褐色花土，结构疏松，土质较软较黏。

葬具　不详。

人骨　1 具。保存较差，葬式、性别、年龄不详。

随葬器物　共发现 1 件随葬品。铁镰刀 1 件，位于腿骨之间。

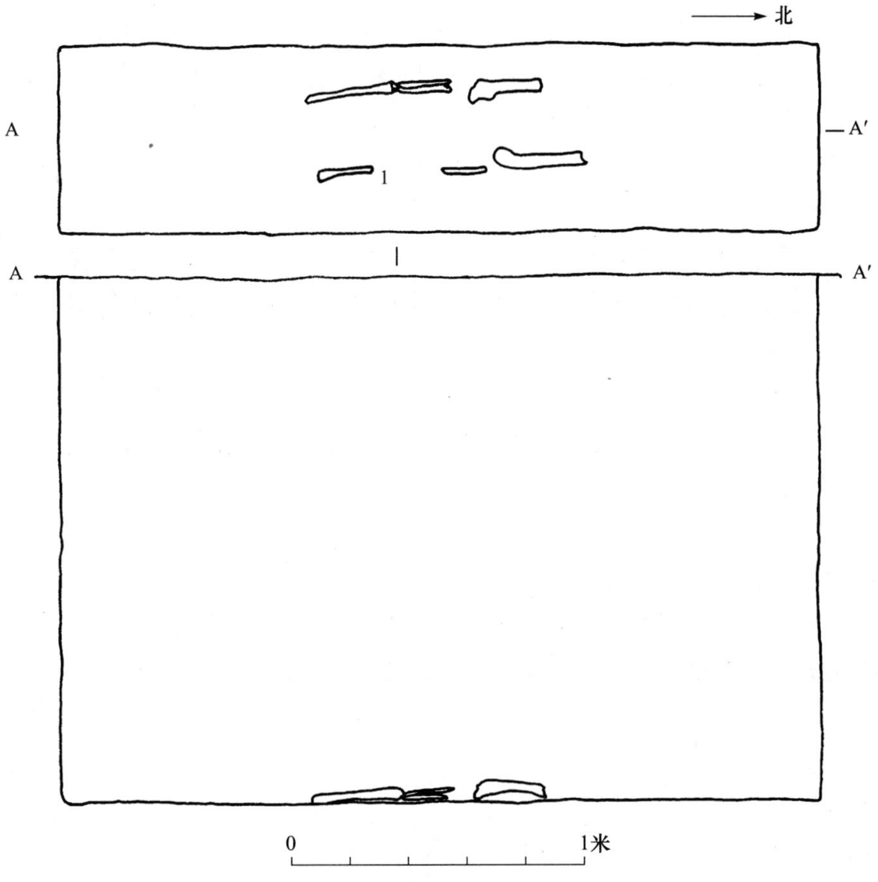

图一七五　AM5 平、剖面图

1. 铁镰刀

铁镰刀　1 件。AM5∶1，器形弯曲，前端尖窄，向后逐渐加宽。内侧有刃，前端较薄，后面粗钝。长 22.4、宽 2～3.8 厘米（图一七六；图版五五，3）。

3. AM7

位置　位于 AT1604 中部偏西。

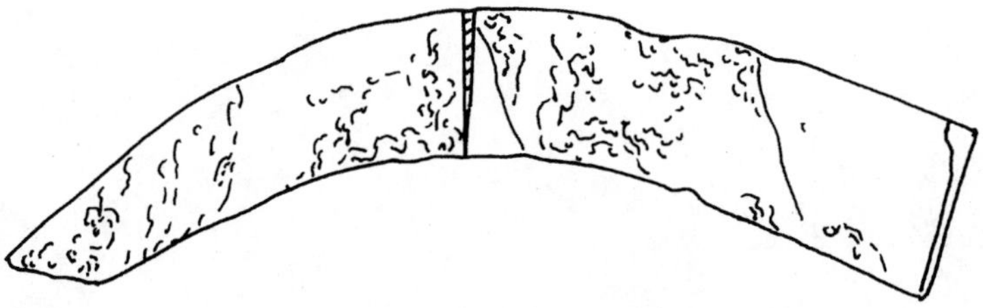

图一七六　AM5 出土铁镰刀

铁镰刀（AM5：1）

层位关系　①→ AM7 →生土。

方向　185°。

形制与结构　砖室墓，由斜坡墓道、封门和墓室组成，通长 685 厘米（图一七七）。墓道位于南部，平面呈梯形。口长 338、宽 94～142 厘米；底坡长 392、下端宽 94～142 厘米；深 190 厘米。

封门位于墓道北端，长 142、宽 30～68、高 102 厘米。为 17 层小砖错缝叠放而成，封门砖向墓道处弧凸呈圆角形。

墓室位于墓道北部，平面呈梯形，长 283～287、宽 98～142、深 190 厘米。墓顶已塌陷，形制不详，依据残存部分可推测为券顶。墓壁由青砖错缝叠放而成，从 11 层开始内收。底部有铺底砖，错向平铺，仅余 5 排。

砖的尺寸为 30 厘米 × 15 厘米 × 6 厘米。

填土为褐色花土，结构疏松，土质较软较黏，夹杂大量白灰和料姜石。含有较多碎砖块。

葬具　不详。

人骨　不详。

随葬器物　铜钱 3 枚，位于墓室北部。

铜钱　3 枚。AM7：1-1，可辨者有“宋元通宝”1 枚，郭径为 2.5 厘米（图二〇四，4）；AM7：1-2，“绍圣元宝”1 枚，郭径为 2.48 厘米（图二〇四，5）。

4. AM8

位置　位于 AT0611 南部。

层位关系　①→ AM8 →生土。

方向　270°。

形制与结构　砖室墓，由斜坡墓道和墓室组成，通长 660 厘米。墓道位于西部，平面呈长方形。口长 340、宽 162～170 厘米；底坡长 368、下端宽 162～170、深 0～140 厘米（图一七八）。

墓室分为两部分，主室和侧室。主室平面呈长方形，长 330、宽 160、深 160 厘米；侧室平面呈“凸”字形，北宽南窄，长 316、宽 48～328、深 190 厘米。南侧底部对缝平铺青砖，现仅残存 4 排。青砖尺寸为长 28、宽 14、厚 6 厘米；长 14、宽 12、厚 6 厘米。

砖的尺寸为 28 厘米 × 14 厘米 × 6 厘米和 14 厘米 × 12 厘米 × 6 厘米。

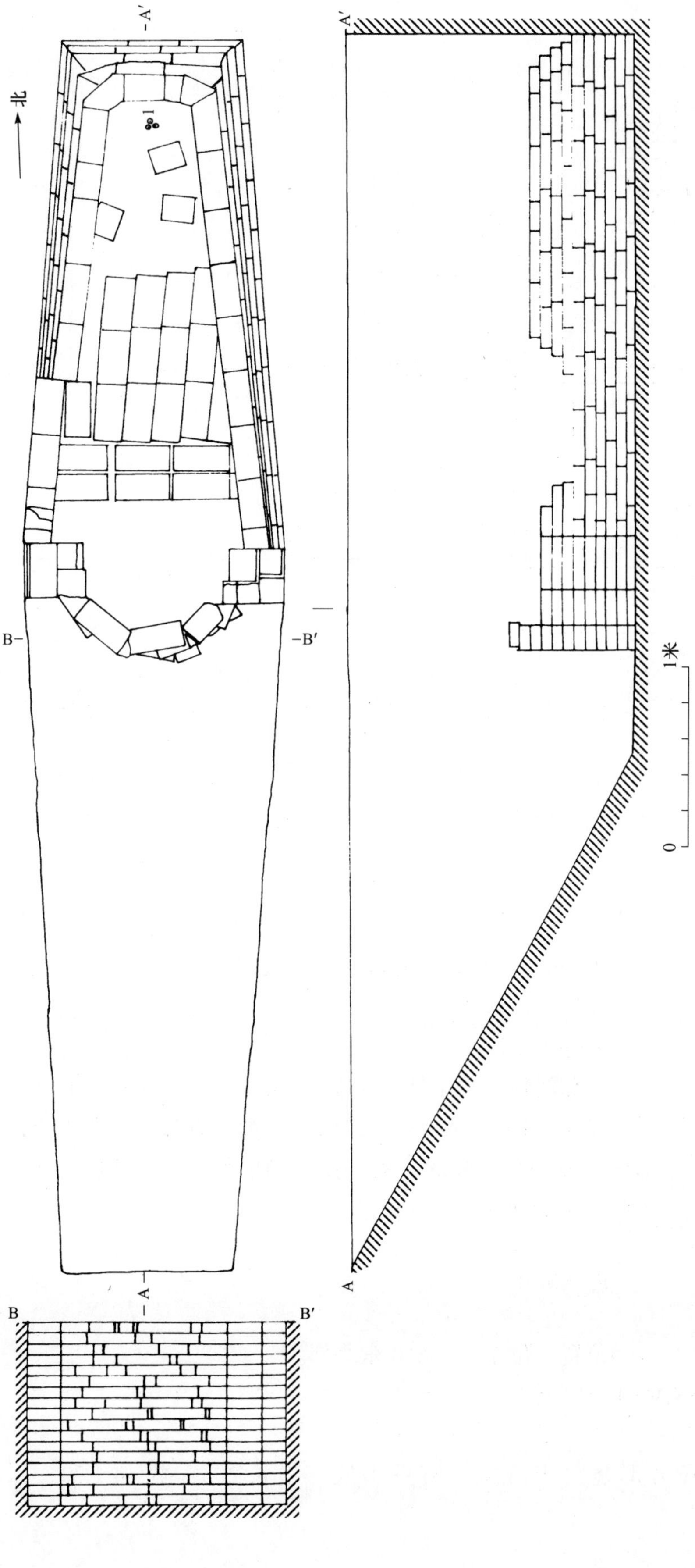

图一七七　AM7平、剖面图
1. 铜钱

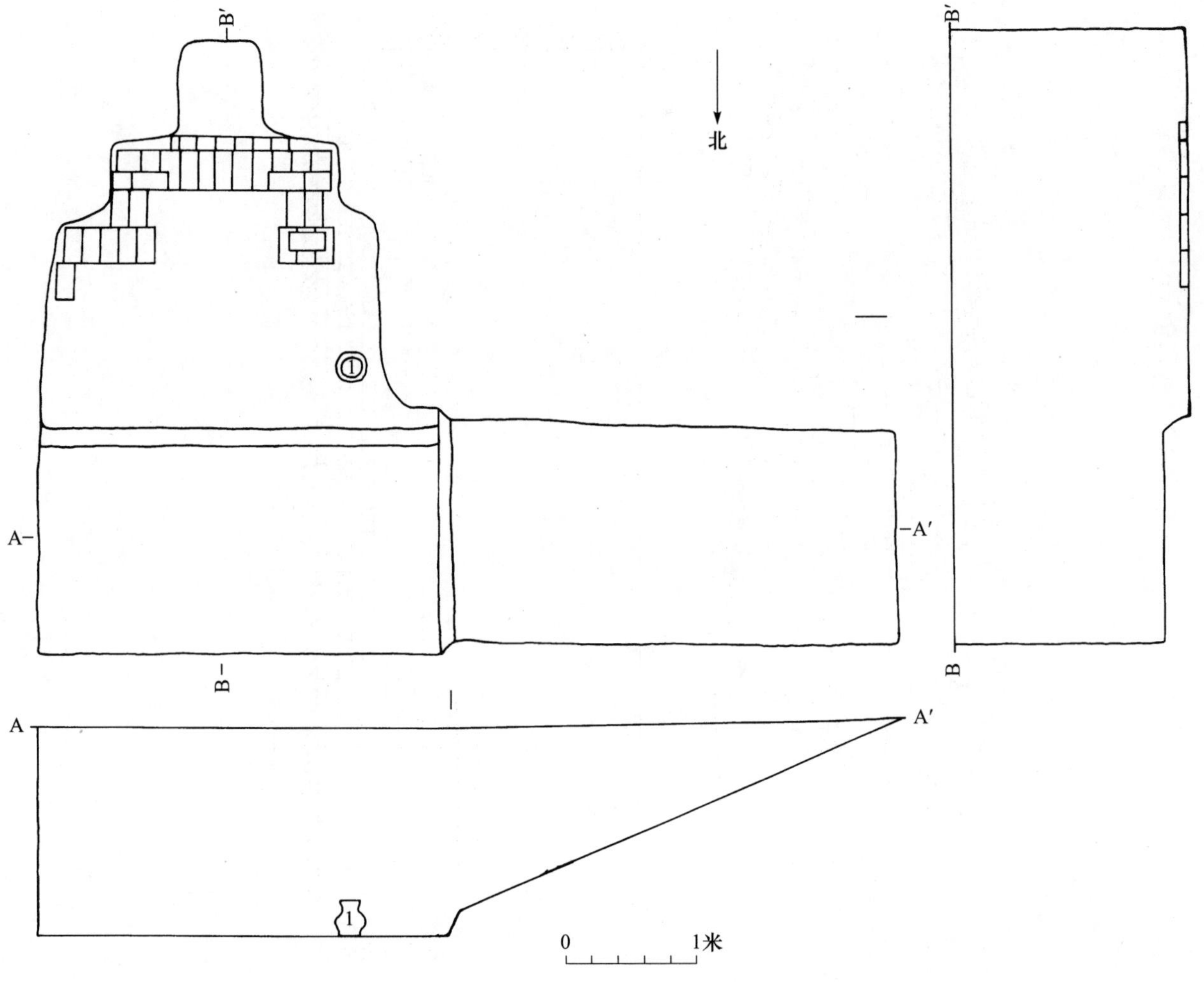

图一七八　AM8 平、剖面图
1. 瓷壶

填土为红褐色花土，结构疏松，土质较软较黏，夹杂大量白灰和料姜石。含有较多碎砖块。

葬具　不详。

人骨　不详。

随葬器物　共 1 件。瓷壶 1 件，位于侧室西北部。

瓷壶　1 件。AM8：1，白胎白釉。直口，折沿，圆唇，直颈，瓜棱形腹，矮圈足，圜底。器外壁施满白釉。口径 10、底径 5.6、高 12、最大腹径 13.2 厘米（图一七九）。

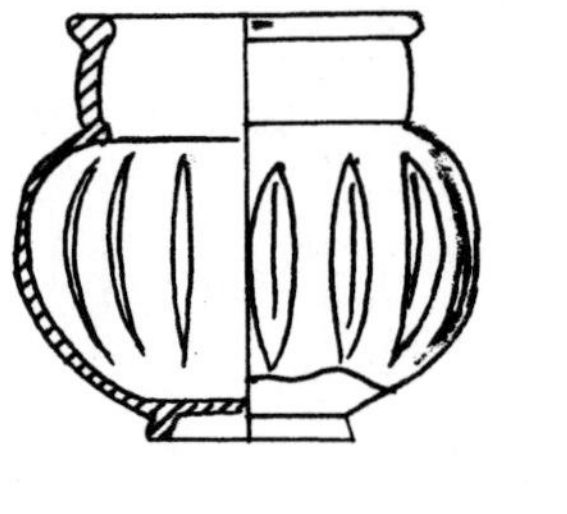

图一七九　AM8 出土瓷壶
瓷壶（AM8：1）

5. AM10

位置　位于 AT0610 东北部。

层位关系　①→ AM10 →生土。

方向　5°。

形制与结构　长方形竖穴土坑墓，直壁平底。墓长 205、宽 64～70、深 180 厘米（图一八〇）。

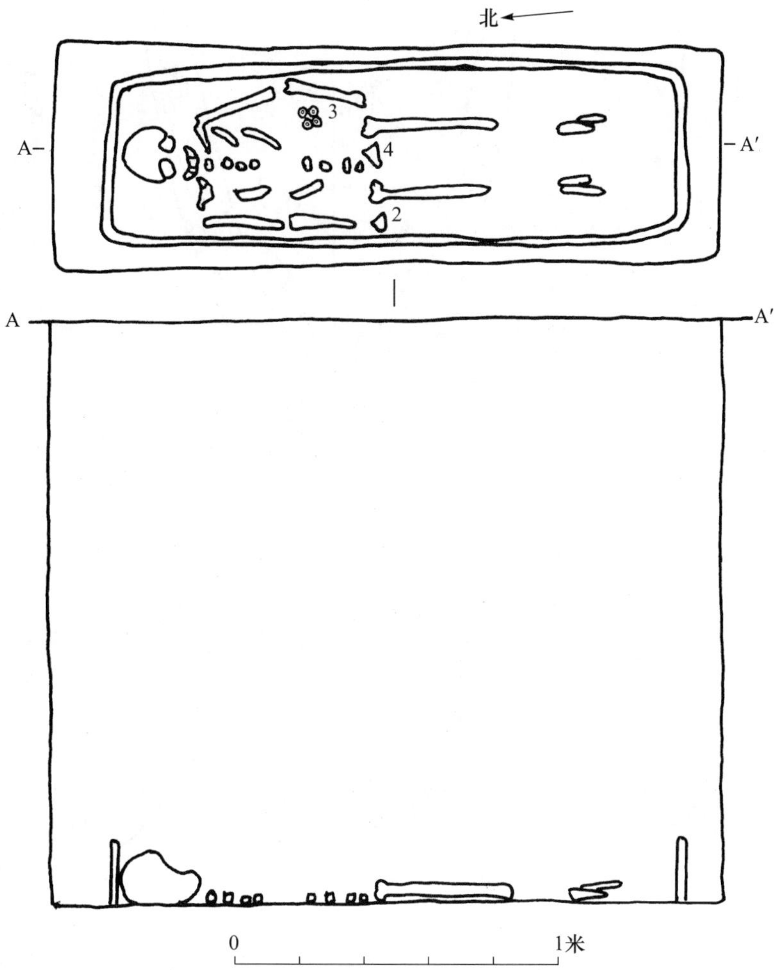

图一八〇　AM10平、剖面图
1. 陶杯（填土）　2、4. 铁犁铧　3. 铜钱

填土为褐、白色花土，结构疏松，土质较软较黏。内含炭粒和烧土颗粒。

葬具　1具木棺。棺痕长178、宽48～56、高20、残厚2～4厘米。

人骨　1具。仰身直肢葬，头向北，面向上，男性，40～50岁。

随葬器物　共发现4件（组）随葬品。陶杯1件，墓室北侧填土中；铁犁铧2件，右手手骨和盆骨处；铜钱1组4枚，左手手臂处。

陶杯　1件。AM10∶1，泥质黑陶。口微敛，圆唇，弧腹，圈足外侈，平底。素面。口径8.4、高8.4、底径5.6、最大腹径10.4厘米（图一八一，1；图版五五，4）。

铁犁铧　2件。AM10∶2，器身近三角形，口部内凹呈“V”形，背向外折成直脊，腹部外拱为弧形，且有两个钻孔。高8.6、宽9.6厘米（图一八一，3；图版五五，5）。AM10∶4，器身近似等腰三角形，中部向上折起。残长12.6厘米（图一八一，2；图版五五，6）。

铜钱　4枚。AM10∶3-1，钱文为“天圣元宝”，郭径为2.4厘米（图二〇四，6）。

6. AM11

位置　位于AT0610西南部。

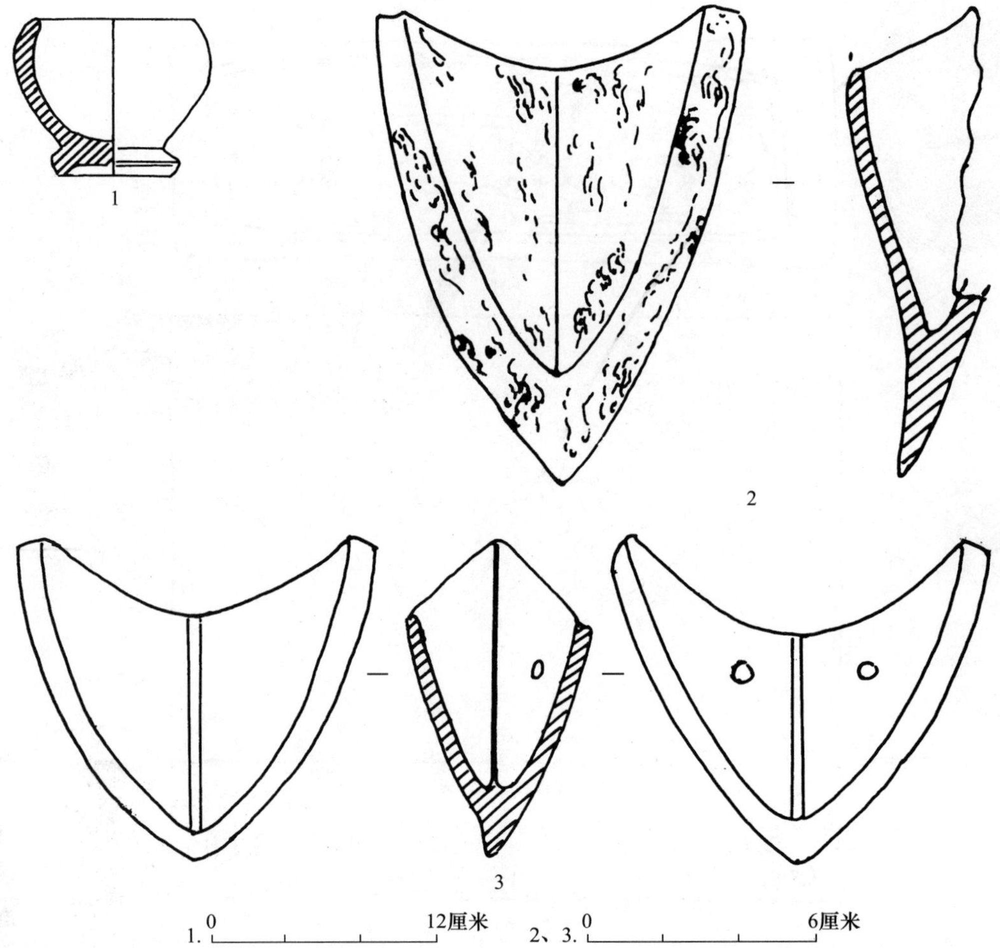

图一八一　AM10出土器物

1. 陶杯（AM10：1）　2、3. 铁犁铧（AM10：4、AM10：2）

层位关系　①→ AM11 →生土。

方向　190°。

形制与结构　长方形砖室墓，由墓室和耳室组成，通长254厘米。墓室长254、宽150～174、深114厘米（图一八二；彩版一〇，1）。墓室顶部塌陷，形制不详。四壁为青砖错缝叠放而成，南、北两壁均为15层青砖砌成，东壁为13层青砖砌成，西壁为19层青砖砌成。因年代久远，壁砖倾斜。

西壁正中有一长方形耳室，四壁均为砖砌，部分倾斜。高74、宽54～68、进深88厘米。

青砖的尺寸为28厘米×14厘米×5厘米。

填土为褐黄色花土，结构疏松，土质较软较黏，夹杂大量料姜石。含有较多碎砖块。

葬具　不详。

人骨　不详。

随葬器物　共2件（组）。铜钱1组2枚，墓室西南部；瓷碗1件，墓室西南部。

瓷碗　1件。AM11：2，白胎白釉。敞口，圆唇，弧腹，圈足，底微圜。器内施满釉，外部施釉不到底。碗底有五个支钉痕。口径16.8、底径6、高5.8厘米（图一八三；图版五六，1）。

铜钱　2枚。AM11：1-1，“元丰通宝”1枚，郭径为2.5厘米（图二〇四，7）。

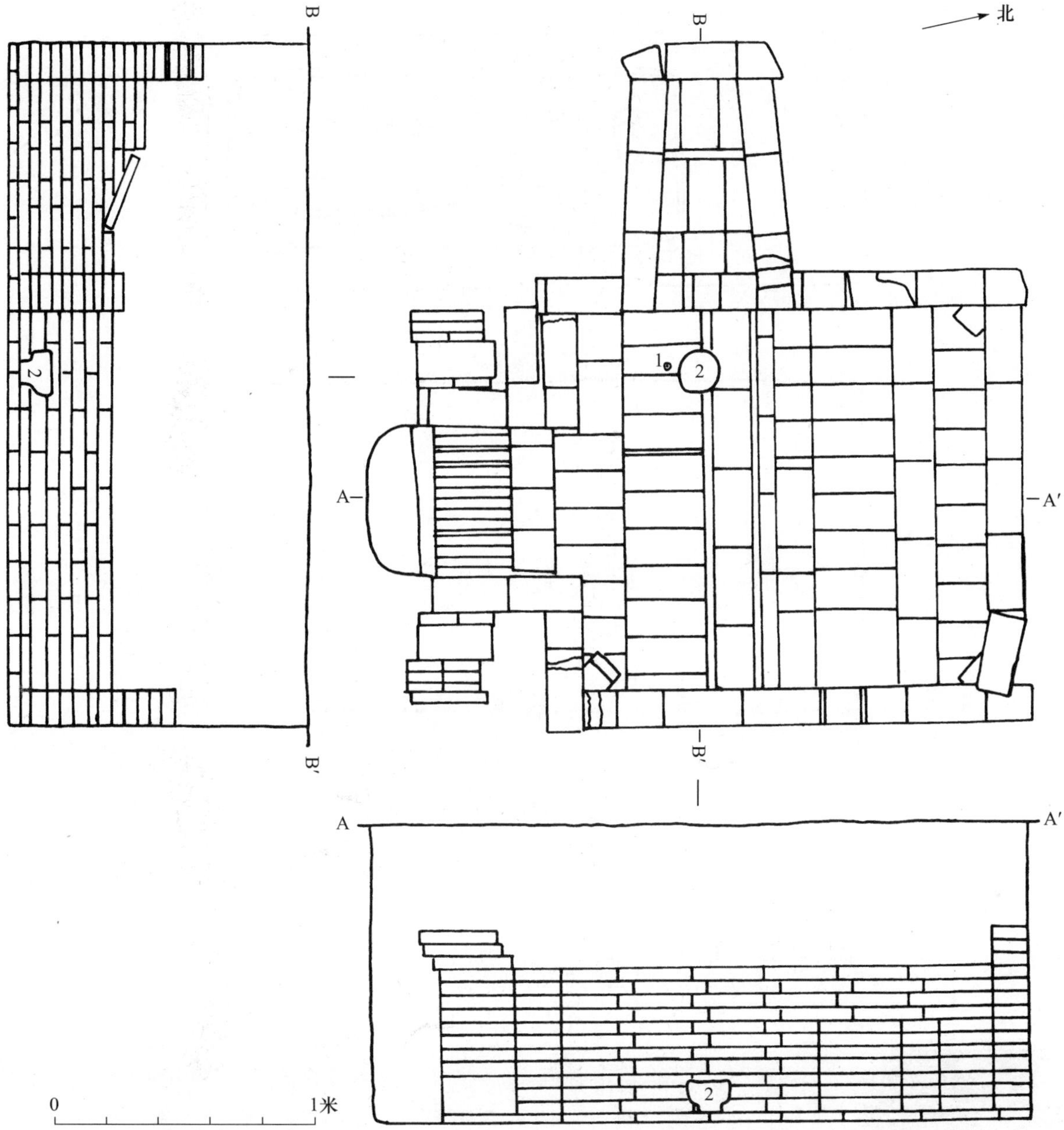

图一八二　AM11 平、剖面图
1. 铜钱　2. 瓷碗

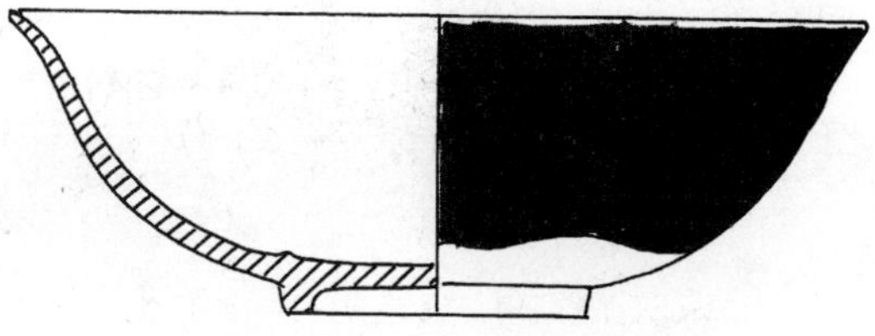

图一八三　AM11 出土瓷碗
瓷碗（AM11∶2）

7. AM12

位置　位于 AT0610 东部。

层位关系　①→ AM12 →生土。

方向　0°。

形制与结构　长方形竖穴土坑墓，直壁平底。墓长 225～230、宽 83～88、深 116 厘米（图一八四）。

填土为黄褐色花土，结构疏松，土质较软较黏。内含炭粒和烧土颗粒。

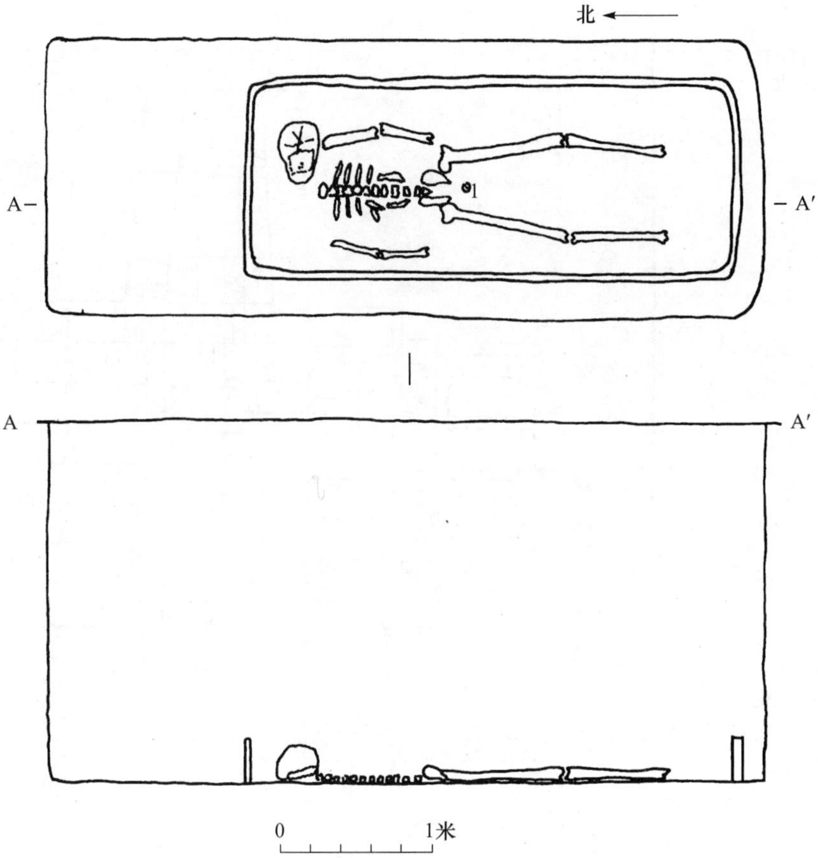

图一八四　AM12 平、剖面图
1. 铜钱　2. 瓷罐（填土）

葬具　1 具木棺。棺痕长 158、宽 64、高 14、残厚 2 厘米。

人骨　1 具。仰身直肢葬，头向北，面向上，性别、年龄不详。

随葬器物　共发现 2 件随葬品。铜钱 1 枚，位于人骨盆骨处；瓷罐 1 件，位于头骨处。

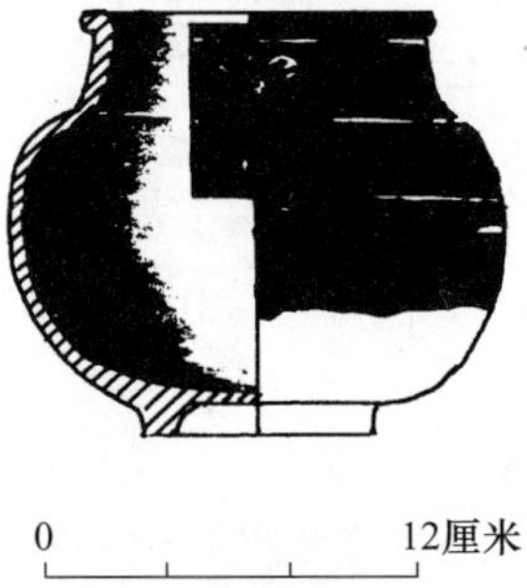

图一八五　AM12 出土瓷罐
瓷罐（AM12：2）

瓷罐　1 件。AM12：2，泥质红褐胎；内壁施满紫色釉，外部施釉至下腹部，釉面布有白点。直口，圆唇，短斜颈，球形圆腹，圈足微外侈，圜底。颈部有一对三角形耳。口径 11.2、底径 7.2、高 13.6、最大腹径 16 厘米（图一八五；图版五六，3）。

铜钱　1 枚。AM12：1，钱文为“祥符元宝”，郭径为 2.45 厘米（图二〇四，8）。

8. AM13

位置　位于 AT0610 东部、AT0710 西部，与 AM12 相邻。

层位关系　①→ AM13 →生土。

方向　7°。

形制与结构　长方形竖穴土坑墓，直壁平底。墓长 262、宽 90～102、深 108 厘米（图一八六）。

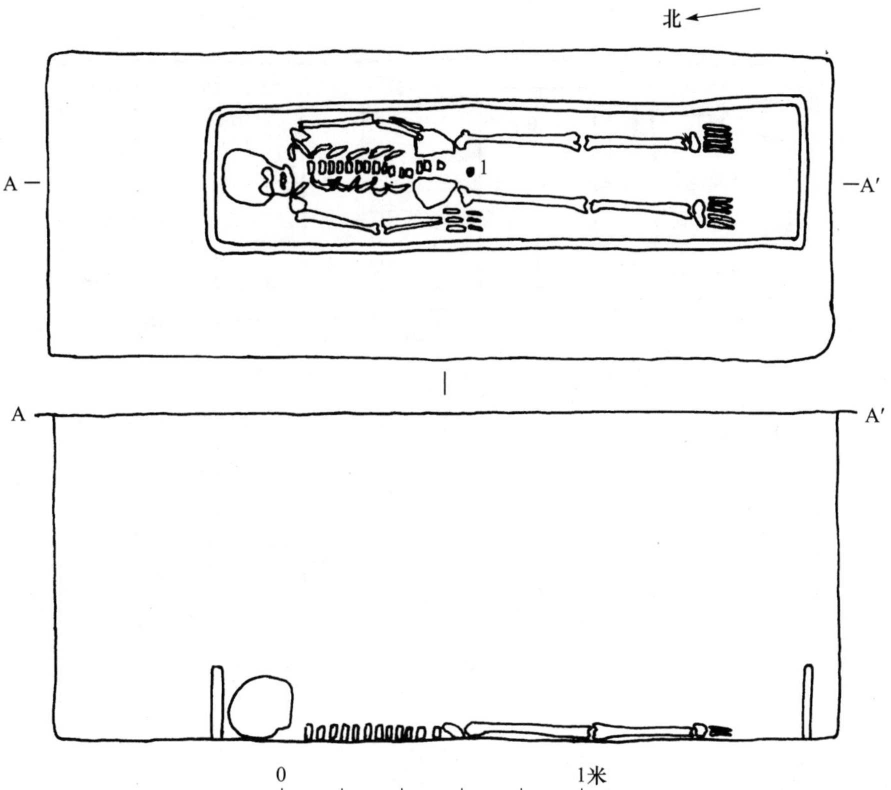

图一八六 AM13 平、剖面图
1. 铜钱 2. 陶罐（填土）

填土为黄褐色花土，结构疏松，土质较软较黏。内含炭粒和烧土颗粒。

葬具 1具木棺。棺痕长202、宽48～52、高24、残厚2～4厘米。

人骨 1具。仰身直肢葬，头向北，面向上，性别、年龄不详。

随葬器物 共发现2件（组）随葬品。铜钱1组3枚，位于人骨盆骨处；陶罐1件，出土于填土中。

陶罐 1件。AM13：2，泥质灰陶。口颈残，鼓肩，斜腹，平底，肩上有一对环状耳。素面。底径8、残高11.2、最大腹径16厘米（图一八七）。

铜钱 3枚。AM13：1-1，钱文分别为“嘉祐元宝”1枚，郭径为2.35厘米（图二〇四，10）；AM13：1-2，“祥符元宝”1枚，郭径为2.45厘米（图二〇四，11）；AM13：1-3，“皇宋元宝”1枚，郭径为2.35厘米（图二〇四，12）。

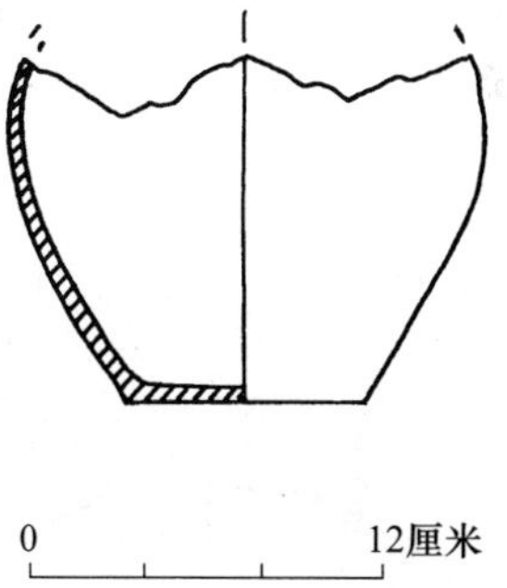

图一八七 AM13出土陶罐
陶罐（AM13：2）

9. AM14

位置 AT0710西南。

层位关系 ①→ AM14 →生土。

方向 167°。

形制与结构 长方形竖穴砖室墓。墓室长220、宽64～76、深110厘米（图一八八）。墓顶

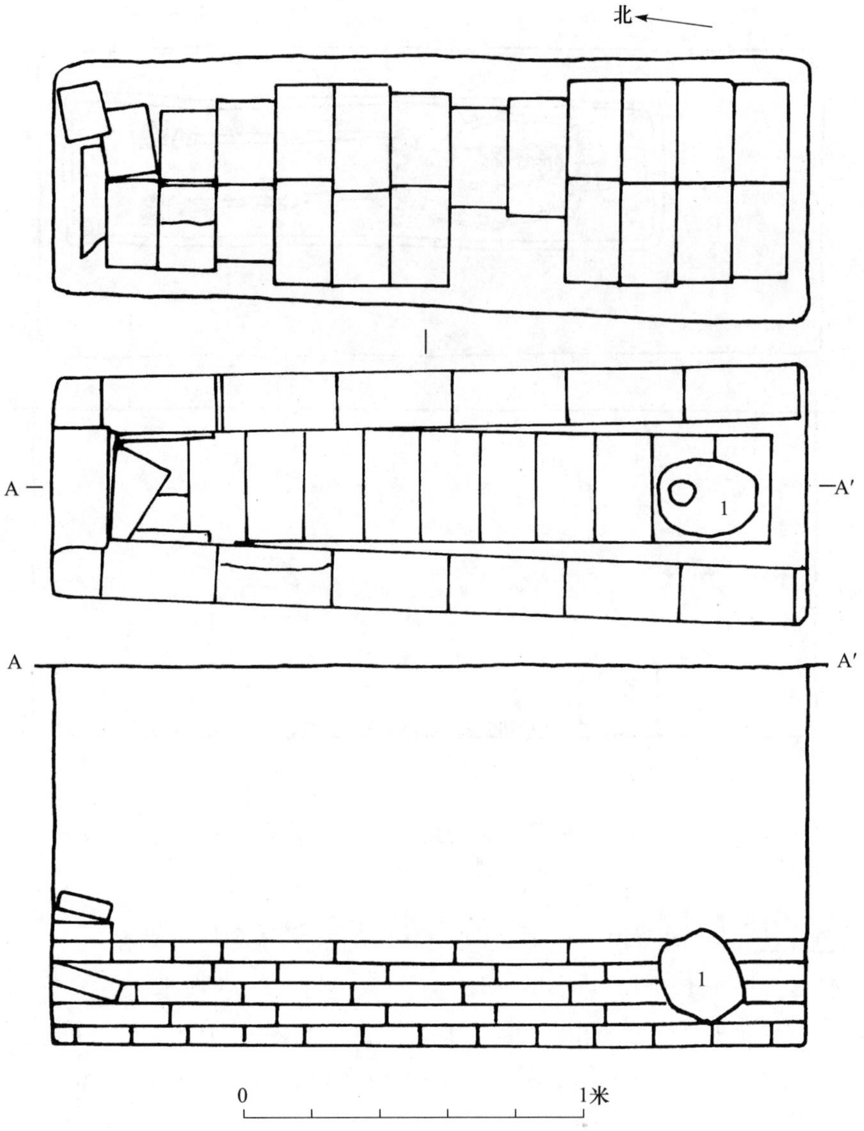

图一八八　AM14 平、剖面图
1. 陶罐

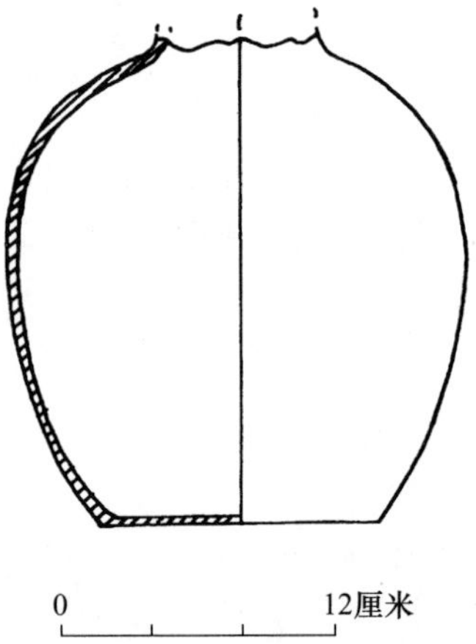

图一八九　AM14 出土陶罐
陶罐（AM14：1）

为平顶，由两排青砖并排平铺而成。墓室四壁均为青砖错缝叠放而成，由于墓葬被盗扰，北壁现存 6 层青砖，高 46 厘米；东、西、南三壁均残存 5 层青砖，高 30 厘米。墓底由 1 排青砖平铺而成。

青砖的尺寸为 32 厘米 × 17 厘米 × 6 厘米。

填土为褐黄色花土，结构疏松，土质较软较黏，夹杂大量料姜石。含有较多碎砖块。

葬具　不详。

人骨　不详。

随葬器物　共 1 件。陶罐 1 件，位于墓室南部。

陶罐　1 件。AM14：1，泥质灰陶。口颈残，圆腹，平底，素面。底径 12、残高 5.8、最大腹径 20.4 厘米（图一八九）。

10. AM15

位置 AT0710 西南。

层位关系 ①→ AM15 →生土。

方向 0°

形制与结构 长方形竖穴土坑墓，直壁平底。墓长 246、宽 66～86、深 116 厘米（图一九〇）。

填土为褐色花土，结构疏松，土质较软较黏。内含大量白土颗粒和炭屑。

葬具 1 具木棺。棺痕长 190、宽 45～59、高 16、残厚 4～6 厘米。

人骨 1 具。仰身直肢葬，头向北，面向上，性别、年龄不详。

随葬器物 无。

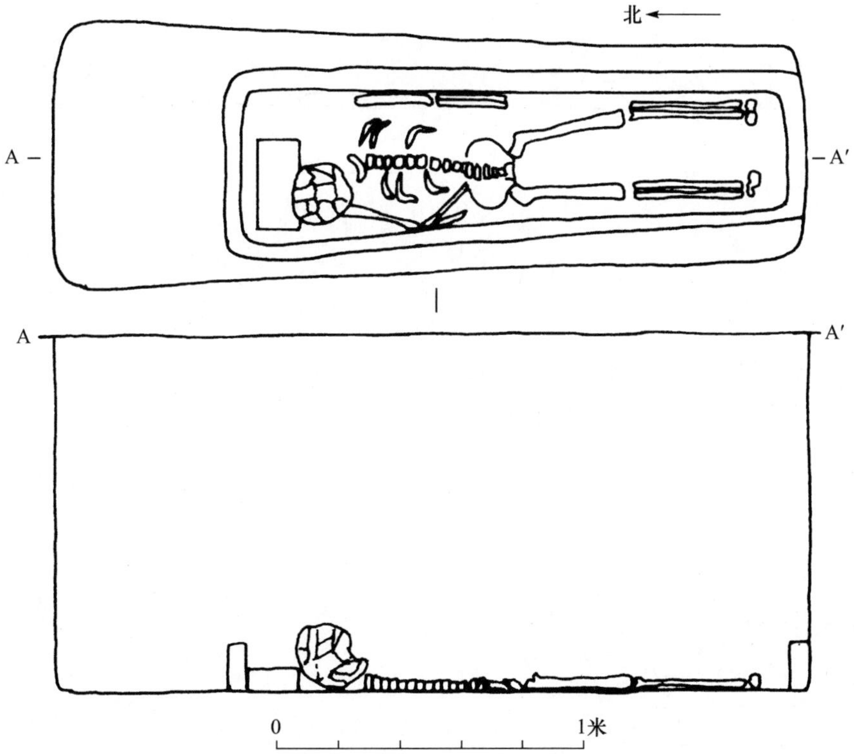

图一九〇 AM15 平、剖面图

11. AM16

位置 AT0710 南部。

层位关系 ①→ AM16 →生土。

方向 355°。

形制与结构 长方形竖穴土坑墓，直壁平底。墓长 240、宽 78～84、深 86 厘米（图一九一）。

填土为褐色花土，结构疏松，土质较软较黏。内含大量白土颗粒和炭屑。

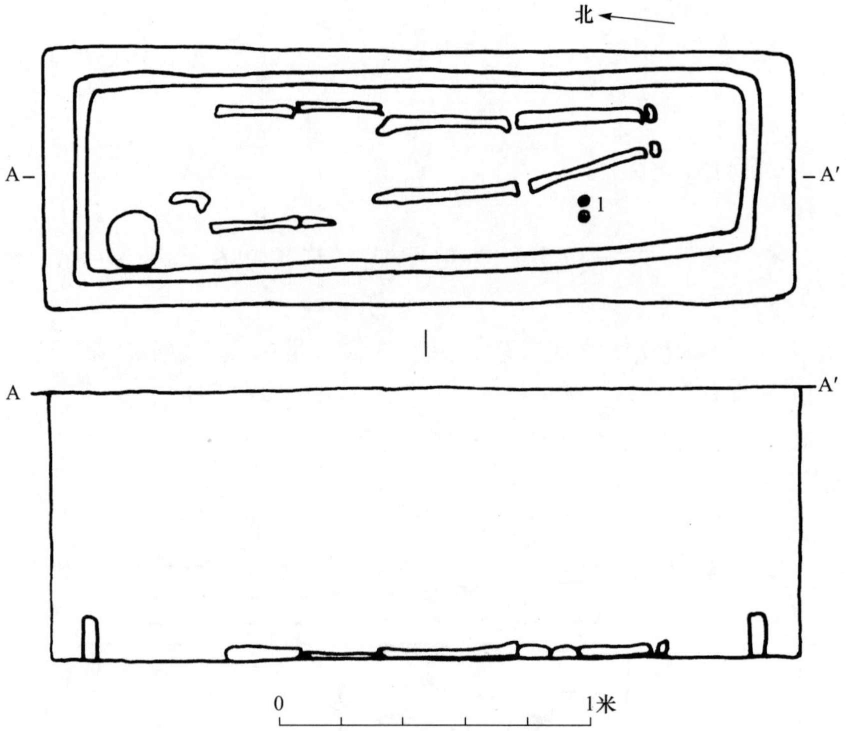

图一九一　AM16 平、剖面图
1. 铜钱

葬具　1 具木棺。棺痕长 220、宽 54～66、高 14、残厚 4～6 厘米。

人骨　1 具。仰身直肢葬，头向北，面向上，性别、年龄不详。

随葬器物　随葬铜钱 2 枚，人骨左腿骨西南处。

铜钱　2 枚。钱文不清，锈蚀严重。

12. AM17

位置　AT0709 中部。

层位关系　①→ AM17 →生土。

方向　20°。

形制与结构　长方形竖穴砖室墓。墓室长 224、宽 50～100、深 146 厘米（图一九二）。墓顶已坍塌，形制结构不详。墓室四壁均为青砖错缝叠放而成，因年代久远，四壁已倾斜，被扰乱。四壁顶部均用残砖砌成，北壁残存 8 层青砖，高 40 厘米；南壁残存 7 层青砖，高 35 厘米；东、西两壁残存 4 层青砖，高 20 厘米。底部未铺砖，在北壁之下靠内侧放置随葬品。

青砖的尺寸为 30 厘米 × 14 厘米 × 5 厘米。

填土为褐色花土，结构疏松，土质较软较黏，夹杂大量料姜石。含有较多碎砖块。

葬具　不详。

人骨　1 具。仰身直肢葬，头向北，面向上，性别、年龄不详。

随葬器物　3 件，另有铜钱 88 枚，位于胸骨和墓室西南部；瓷罐和瓷碗各 1 件，位于墓室西北；铁刀 1 件，位于头骨西侧。

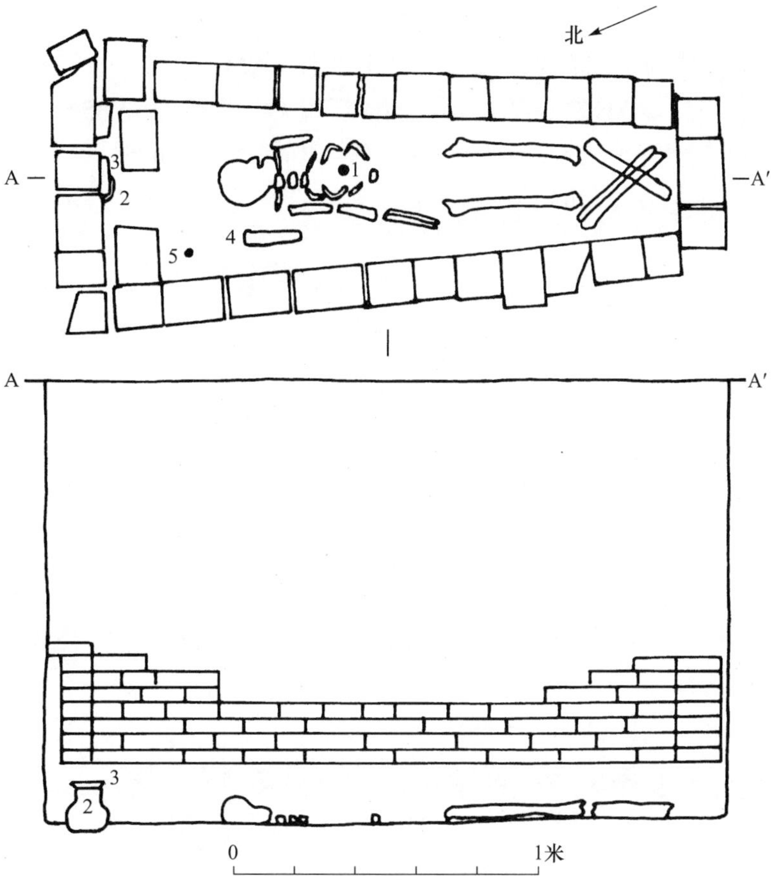

图一九二　AM17平、剖面图
1、5. 铜钱　2. 瓷罐　3. 瓷碗　4. 铁刀

瓷罐　1件。AM17∶2，白胎黑釉。口微敛，圆唇，直颈，鼓肩，圆腹，圈足，圜底。颈肩处贴塑双耳。器外壁下腹以上均施釉，器内壁施满釉，唇部未施釉。口径14.4、底径8、高14.4、最大腹径18厘米（图一九三，2；图版五六，4）。

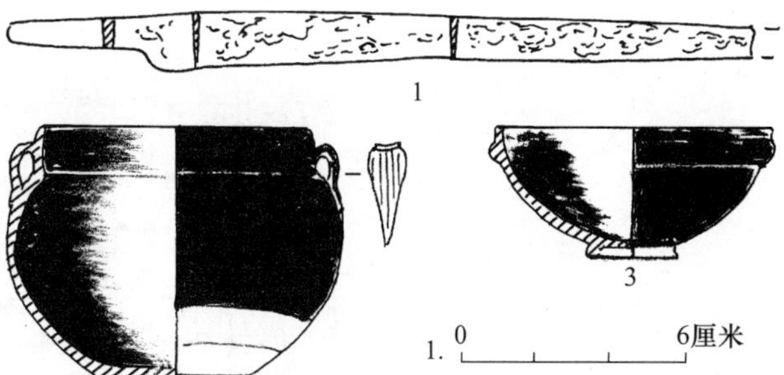

图一九三　AM17出土器物
1. 铁刀（AM17∶4）2. 瓷罐（AM17∶2）3. 瓷碗（AM17∶3）

瓷碗　1件。AM17∶3，白胎青釉。直口，圆唇，折肩，弧腹，圈足微侈，圜底。器外壁除圈足及底外，均施青釉。器内壁施满釉。口径14.8、底径4.8、高6.8厘米（图一九三，3；图版五六，2）。

铁刀　1件。AM17∶4，直背直刃，仅在刀刃末端一小段斜杀成弧形。前端窄，向后逐渐变宽。把手较窄。刀身有朽木的痕迹，应套有木鞘。残长20厘米（图一九三，1；图版五六，6）。

铜钱　88枚。AM17∶1-1，“开元通宝”1枚，郭径为2.4厘米；AM17∶1-2，“宣和通宝”1枚，郭径为2.4厘米；AM17∶1-3，“崇宁通宝”1枚，郭径为3.5厘米；AM17∶1-4，“天圣元宝”1枚，郭径为2.5厘米；AM17∶1-5、6，“景德元宝”2枚，郭径为2.4、2.5厘米；

AM17：1-7，“治平元宝”1枚，郭径为2.4厘米；AM17：1-8，“绍圣元宝”1枚，郭径为2.35厘米；AM17：1-9，“天禧通宝”1枚，郭径为2.4厘米；AM17：1-10，“元祐通宝”1枚，郭径为2.4厘米；AM17：1-11、AM17：5-3，“熙宁重宝”2枚，郭径为2.85、3.25厘米；AM17：1-12，“至道元宝”1枚，郭径为2.45厘米；AM17：1-13，“熙宁元宝”1枚，郭径为2.4厘米；AM17：5-1，“建炎通宝”1枚，郭径为2.98厘米；AM17：5-2“绍兴通宝”1枚，郭径为2.9厘米（图二〇四，13～28）。

13. AM18

位置　位于AT0709中部。

层位关系　①→AM18→生土。

方向　165°。

形制与结构　长方形竖穴砖室墓。墓室长166、宽72～80、深54厘米（图一九四）。墓室顶部为一块灰白色石板铺成，石板北部已断裂。墓室四壁均为青砖错缝叠放而成，因年代久远，四壁已倾斜，被扰乱。北壁下部由三排青砖立砌而成，其上部为青砖错缝叠放而成，高48厘米；东、西、南三壁为7层青砖砌成，高35厘米。底部铺底砖为青砖并缝平铺而成。

青砖的尺寸为30厘米×14厘米×5厘米。

填土为褐色花土，结构疏松，土质较软较黏，夹杂大量料姜石颗粒。

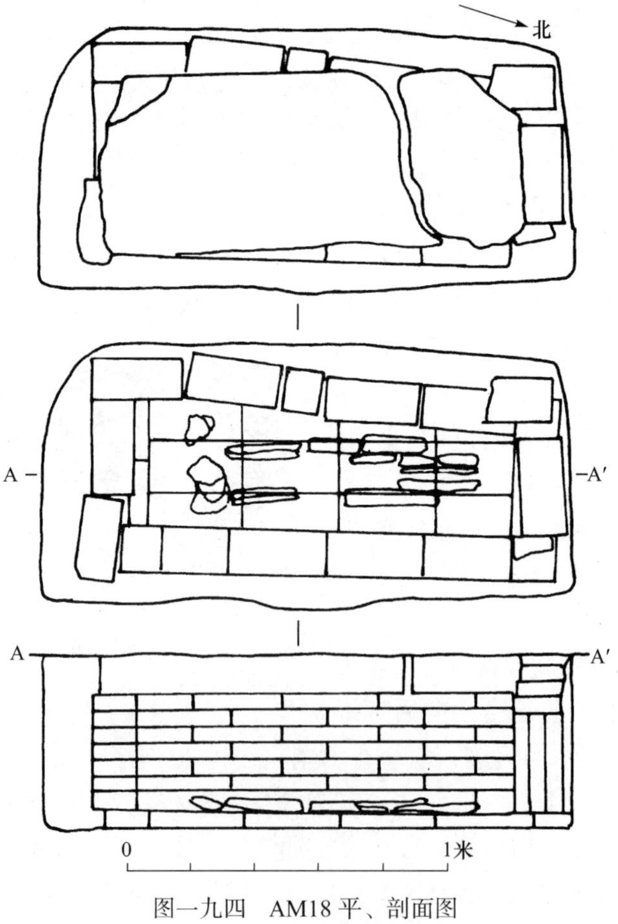

图一九四　AM18平、剖面图

葬具　不详。

人骨　1具。仰身直肢葬，头向南，面向上，男性，少年。

随葬器物　无。

14. AM19

位置　AT0709南部。

层位关系　①→AM19→生土。

方向　185°。

形制与结构　长方形竖穴砖室墓。墓室长304、宽90～137、深126厘米（图一九五）。墓顶已坍塌，形制结构不详。墓室四壁均为砖块错缝叠放而成，因年代久远，四壁已倾斜，被扰乱。南、北两壁下部均为砖块错缝叠放而成，其最顶部一层为砖块平砌成半圆形，共有砖块19层，高90厘米；东、西两壁为砖块错缝叠放而成，共19层，高90厘米。墓室底部仅在北部有两块砖东西向并列平铺，其余均无铺底砖。

砖的尺寸为28厘米×14厘米×5厘米和28厘米×14厘米×4厘米。

填土为褐色花土，结构疏松，土质较软较黏，夹杂大量料姜石颗粒和碎砖块。

葬具　不详。

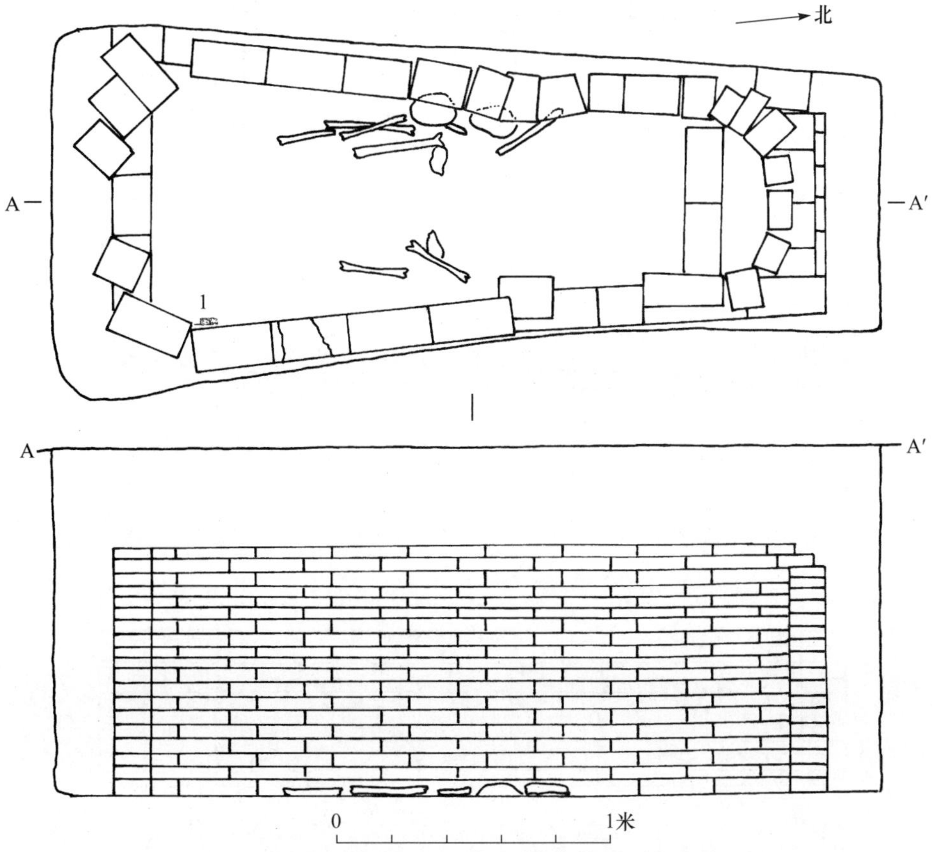

图一九五　AM19平、剖面图

1. 铁刀

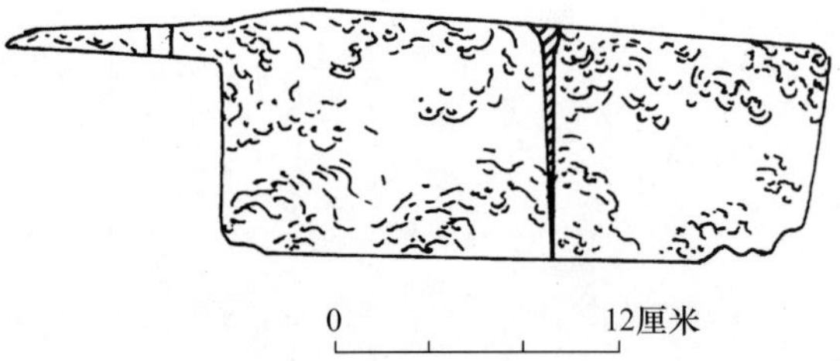

图一九六　AM19 出土铁刀

铁刀（AM19：1）

人骨　2具。二次葬，头向北，面向下，年龄不详。

随葬器物　共1件。铁刀1件，出土于墓室填土中。

铁刀　1件。AM19：1，刀身为长方形片状。刀刃弧，刀背略向上拱，尖锥形把手。通长34.8厘米（图一九六；图版五七，2）。

15. AM20

位置　AT0607东部。

层位关系　①→AM20→生土。

方向　0°。

形制与结构　长方形竖穴砖室墓。墓室长243、宽84～118、深110厘米（图一九七）。墓顶已坍塌，形制结构不详。墓室四壁均为砖块错缝叠放而成，因年代久远，四壁已倾斜，被扰乱。四壁砖块共10层，高50厘米。壁砖多为不规则形，残砖较多，有红砖和蓝砖两种。墓室底部无铺底砖。

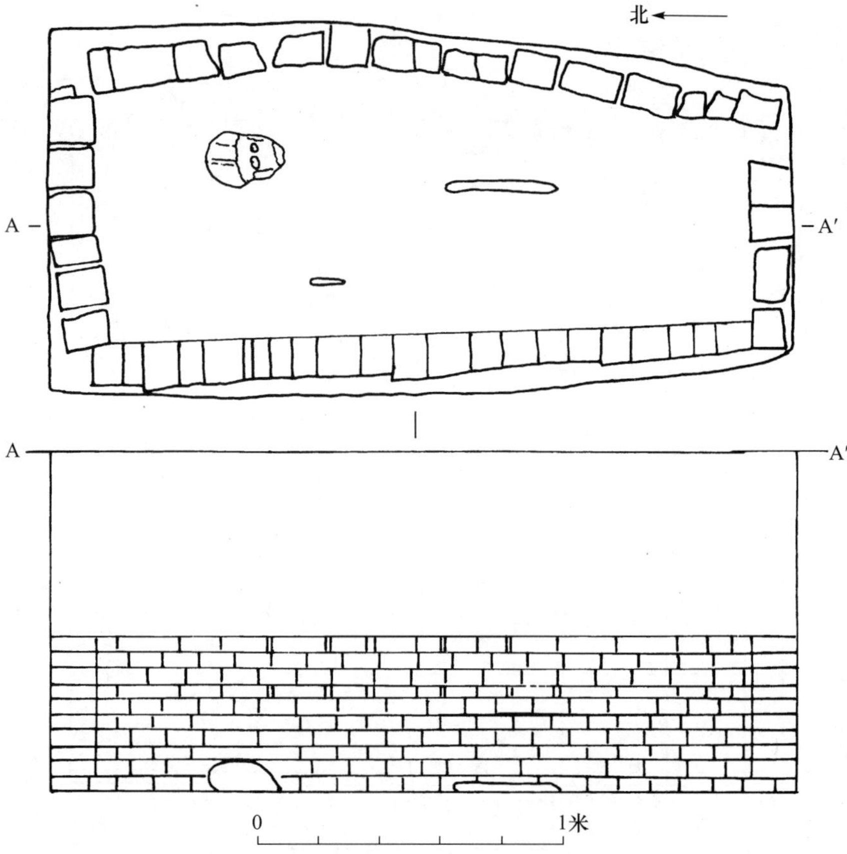

图一九七　AM20平、剖面图

1. 铁剑柄（填土）　2. 铜钱（填土）

填土为褐色花土，结构疏松，土质较软较黏，夹杂大量料姜石颗粒和碎砖块。

葬具 不详。

人骨 1具。仰身直肢葬，头向北，面向上，性别、年龄不详。

随葬器物 共2件（组）。铁剑柄1件，铜钱1组2枚，均出土于墓室填土中。

铁剑柄 1件。AM20：1，近似长方形，两侧尖，中间弧凸，末端呈椭圆形的托。残长7.5、宽2.6～3.8、厚1～1.7厘米（图一九八；图版五六，5）。

铜钱 2枚。AM20：2-1，“绍圣元宝”1枚，郭径为2.4厘米（图二〇四，9）。

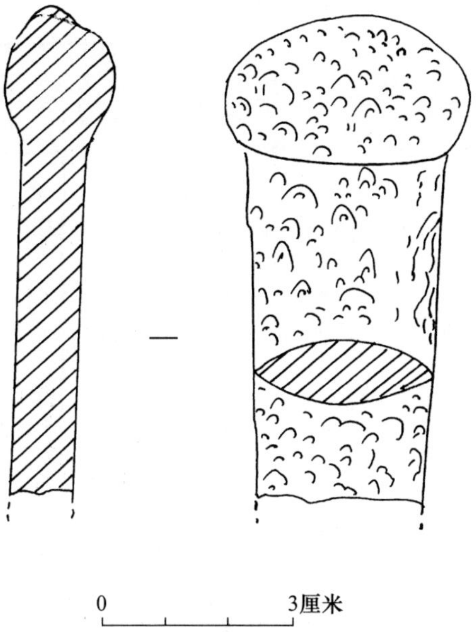

图一九八 AM20出土铁剑柄
铁剑柄（AM20：1）

二、B区墓葬

1. BM2

位置 位于BT1310东北。

层位关系 ②→BM2→生土。

方向 15°。

形制与结构 长方形竖穴土坑墓，斜壁，平底。墓口长252～270、宽148～172厘米；墓底长196、宽60～88厘米；深150厘米（图一九九）。有生土二层台。二层台高40厘米，南壁生土台宽13～15、西壁生土台宽23～30、东壁生土台宽30～47、北壁生土台宽41～52厘米。

填土为褐、白色花土，结构疏松，土质较软较黏。内含大量白灰料姜等。

葬具 不详。

人骨 已朽。

随葬器物 共发现2件（组）随葬品，均出于墓室西北角。

铜钱 2枚。BM2：1-1，钱文为“政和通宝”1枚，郭径为2.48厘米（图二〇四，1）；BM2：1-2，“元丰通宝”1枚，郭径为2.48厘米（图二〇四，2）。

板瓦 2块。未能修复。

2. BM5

位置 位于BT1411中偏北。

层位关系 ②→BM5→生土。

方向 185°。

形制与结构 阶梯墓道单室砖墓，直壁，平底。由阶梯墓道、甬道和墓室组成，通长426厘米（图二〇〇；彩版一〇，2）。阶梯墓道位于墓室南部，上口长180、宽58～60、距地表深35厘

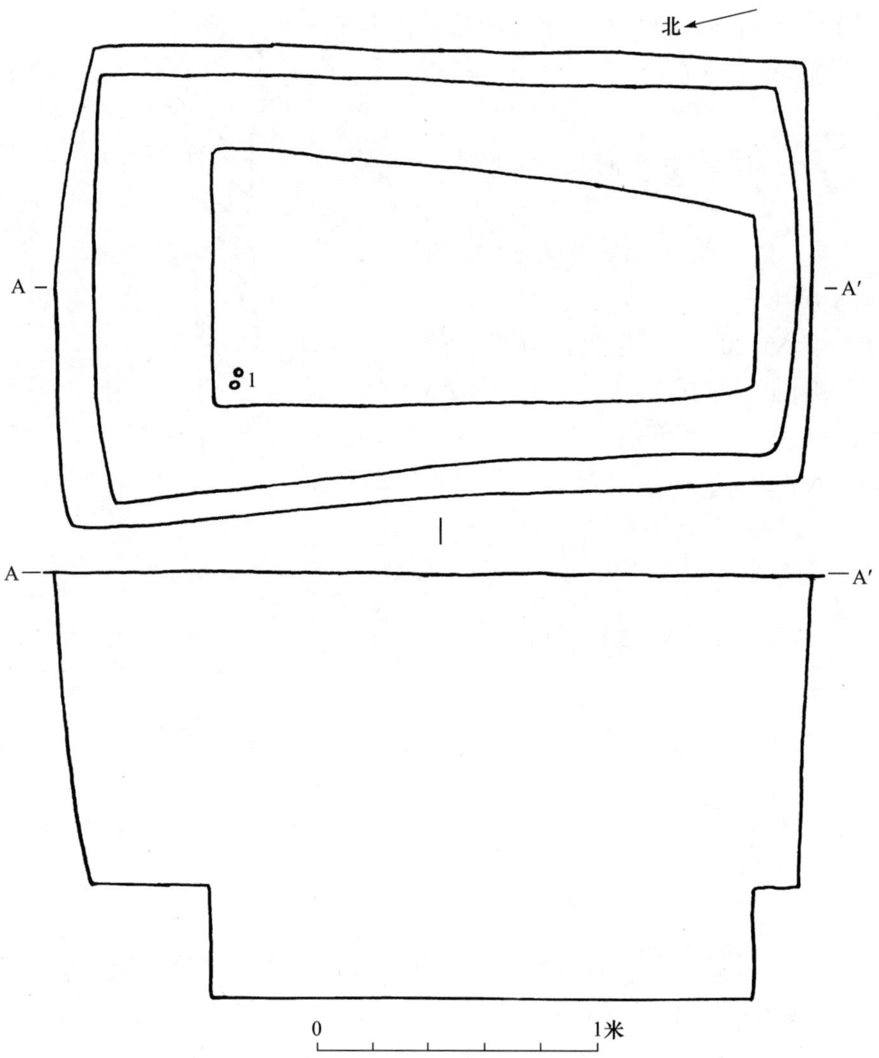

图一九九　BM2平、剖面图

1. 铜钱　2. 板瓦（填土）

米。底坡长217、宽58～60、深24～120厘米。底坡有6个台阶，第一个台阶长58、宽30、高16厘米；其余皆为长60、宽30、高16厘米。

甬道南北长48、东西宽58～60、深120厘米。

墓室东西长124～144、南北宽168、深120厘米。墓室呈圆角方形，为砖雕仿木构建筑，墓顶被破坏，形制不详。墓室北壁中间为一扇门，原带有彩绘，门两侧为两扇直棂窗，北壁残余17层砖；墓室西壁中间为一张桌子，两侧为两把带靠背的椅子，西壁残余22层砖；墓室东壁为一张床和一张桌子，东壁残余18层砖。墓室四角带有角柱，四个角柱下分别有2块平铺的垫砖，砖角朝向墓室内部，角柱由四排砖组成，两侧的两排砖竖放，中间的两排下部砖立放，上部砖竖放。墓底靠近北壁部分有一层铺砖形成的棺床，有5排共30块砖，自北向南除了第四排砖南北向平铺外，其余四排都是东西向平铺。

填土为褐、白色花土，结构疏松，土质较软较黏。内含大量白灰料姜等。

葬具　不详。

人骨　1具，保存较差，头向西，面向上；为二次葬；性别、年龄不详。

随葬器物　共发现2件随葬品。瓷碗1件，出于墓室西南填土中；铁片1件，出于人骨南侧棺床。

瓷碗　1件。BM5：1，白胎，透明釉。敞口，圆唇，弧腹，圈足，平底。口径20.8厘米，底径6.8厘米，高8.4厘米（图二〇一，1）。

铁片　1件。BM5：2，方形。器身薄，近片状。残长8.2厘米，宽6厘米（图二〇一，2）。

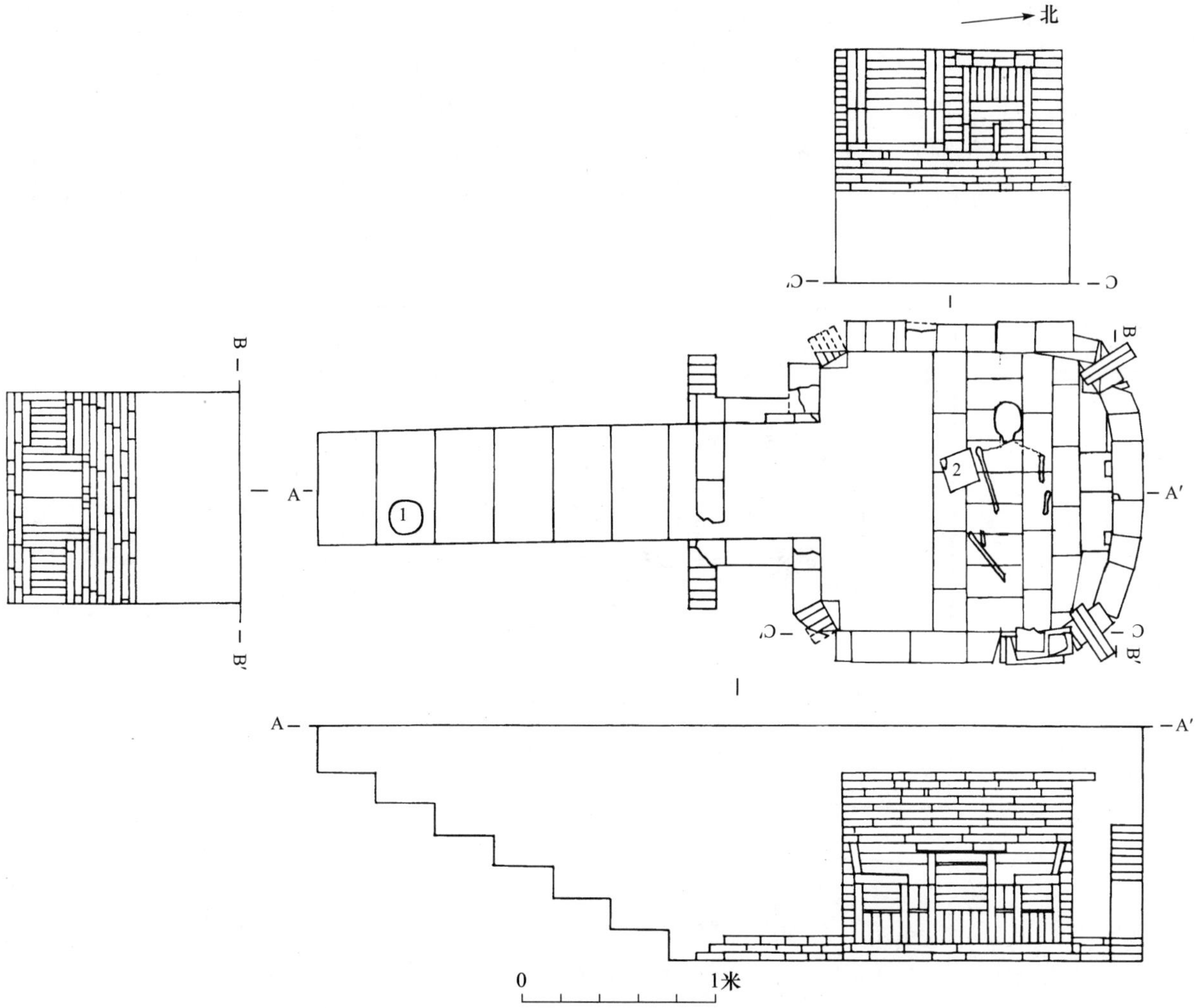

图二〇〇　BM5平、剖面图

1. 瓷碗　2. 铁片

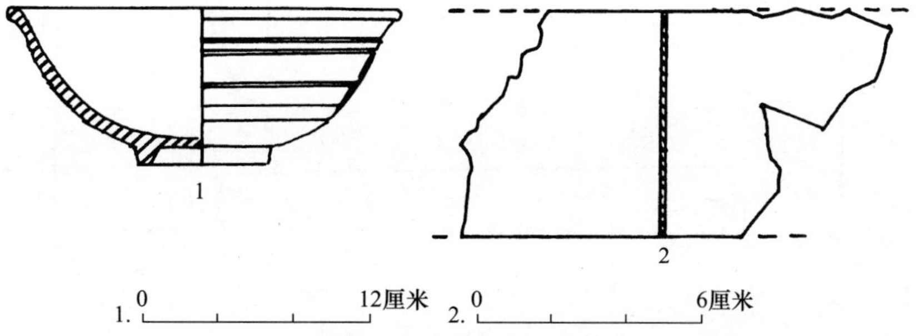

图二〇一　BM5出土器物

1. 瓷碗（BM5：1）　2. 铁片（BM5：2）

3. BM39

位置　位于 BT0910 东北。

层位关系　②→ BM39 → BM38 →生土。

方向　7°。

形制与结构　长方形竖穴土坑墓，直壁，平底。墓长 240、宽 152～166、深 160 厘米（图二〇二）。

填土为褐白色花土，结构疏松，土质较软较黏。夹杂大量碎石子。

葬具　一棺。棺痕长 164、宽 42～54、残高 20、残厚 4 厘米。

人骨　2 具。东侧仰身直肢葬，头向北，性别年龄不详。西侧仅残存两段骨头，其余不详。

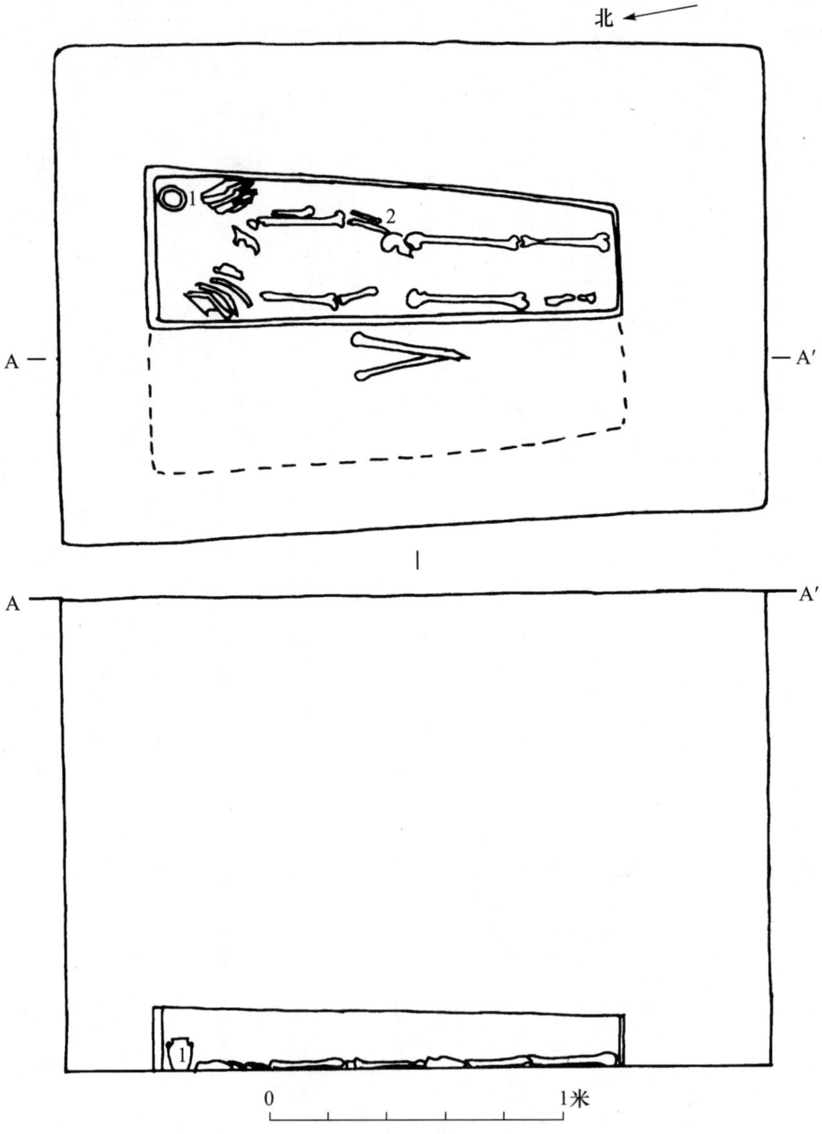

图二〇二　BM39 平、剖面图

1. 瓷罐　2. 铜钱

随葬器物 共发现2件（组）随葬品。瓷罐，1件，出土于头骨东北部；铜钱，1组3枚，出土于东侧人骨盆骨下。

瓷罐 1件。BM39：1，侈口，圆唇，直颈，溜肩，鼓腹，圈足，平底。下腹与底部交接处有一周凹槽，颈部有一对耳鋬，腹部、颈部及双鋬施黑褐釉，内部施满黑褐釉，口部未施釉。口径6.4厘米，底径5.2厘米，高11.2厘米，最大腹径8厘米（图二〇三；图版五七，1）。

铜钱 3枚。BM39：2，钱文“元丰通宝”，锈蚀严重。

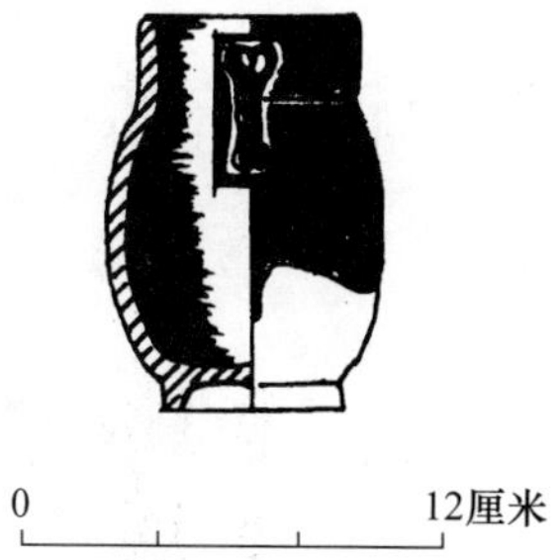

图二〇三 BM39出土瓷罐
瓷罐（BM39：1）

第二节 宋代窑址及灰坑

一、窑 址

宋代窑址2座，即AY2、AY3（图一七一）。

1. AY2

位置 AT0108北部。

层位关系 ①→AY2→生土。

方向 350°。

形制与结构 现存部分分为工作面、火门、火膛、窑室。总长665厘米（图二〇五）。

工作坑位于窑室南部，平面形状近椭圆形，直壁平底，长径312、短径260、深80～150厘米。北部有一凹坑，斜壁，斜坡状底。

火门呈喇叭状，宽65～102、进深86、深150～162厘米，直壁，斜坡状底，北低南高。

火膛平面呈长方形，长128、宽68、深162～166厘米，直壁，近平底。火膛中上部有砖砌成的窑箅，砖为券砖，每排之间有空隙。砖长32厘米。

窑室平面呈圆角长方形，东西长302、南北进深270、深80厘米。直壁，平底。窑顶塌陷，形制不详。窑壁仅存底部，有红烧土和草拌泥组成，厚14～44厘米，窑壁内侧有烧结面，呈蓝色，厚2～8厘米。

未发现烟道和火道痕迹。

窑室内填土为褐色土，夹杂较多红烧土块、炭粒、残砖块及少量陶片等，结构疏松，土质较软。火膛内堆积疏松，含有大量炉渣。

2. AY3

位置 AT0108中部。

层位关系 ①→AY3→生土。

方向 80°。

形制与结构 现存部分分为工作面、火门、火膛、窑室、烟道。总长680厘米（图二〇六）。

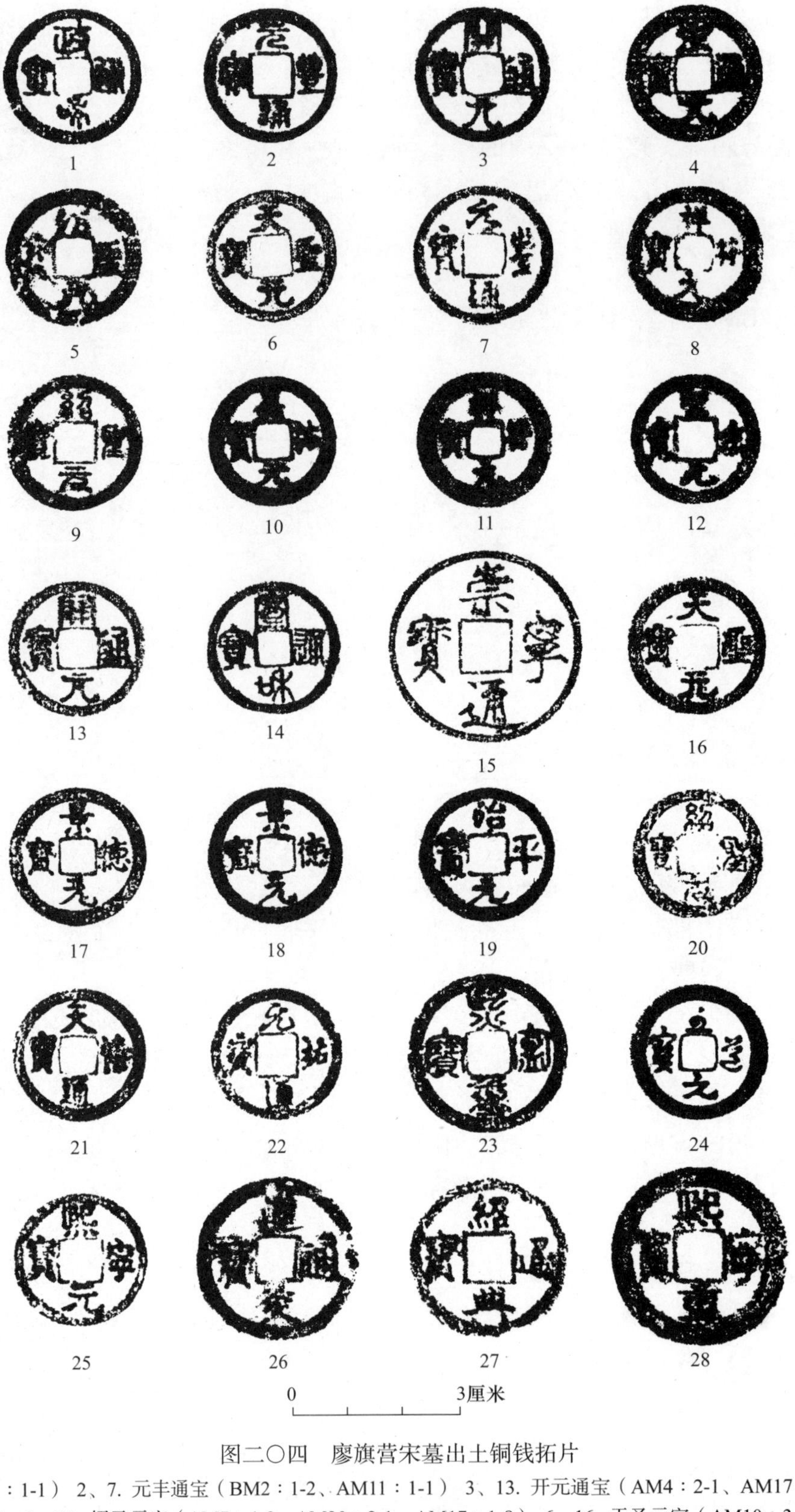

图二〇四　廖旗营宋墓出土铜钱拓片

1. 政和通宝（BM2：1-1） 2、7. 元丰通宝（BM2：1-2、AM11：1-1） 3、13. 开元通宝（AM4：2-1、AM17：1-1） 4. 宋元通宝（AM7：1-1） 5、9、20. 绍圣元宝（AM7：1-2、AM20：2-1、AM17：1-8） 6、16. 天圣元宝（AM10：3-1、AM17：1-4） 8、11. 祥符元宝（AM12：1、AM13：1-2） 10. 嘉祐元宝（AM13：1-1） 12. 皇宋元宝（AM13：1-3） 14. 宣和通宝（AM17：1-2） 15. 崇宁通宝（AM17：1-3） 17、18. 景德元宝（AM17：1-5、AM17：1-6） 19. 治平元宝（AM17：1-7） 21. 天禧通宝（AM17：1-9） 22. 元祐通宝（AM17：1-10） 23、28. 熙宁重宝（AM17：1-11、AM17：5-3） 24. 至道元宝（AM17：1-12） 25. 熙宁元宝（AM17：1-13） 26. 建炎通宝（AM17：5-1） 27. 绍兴通宝（AM17：5-2）

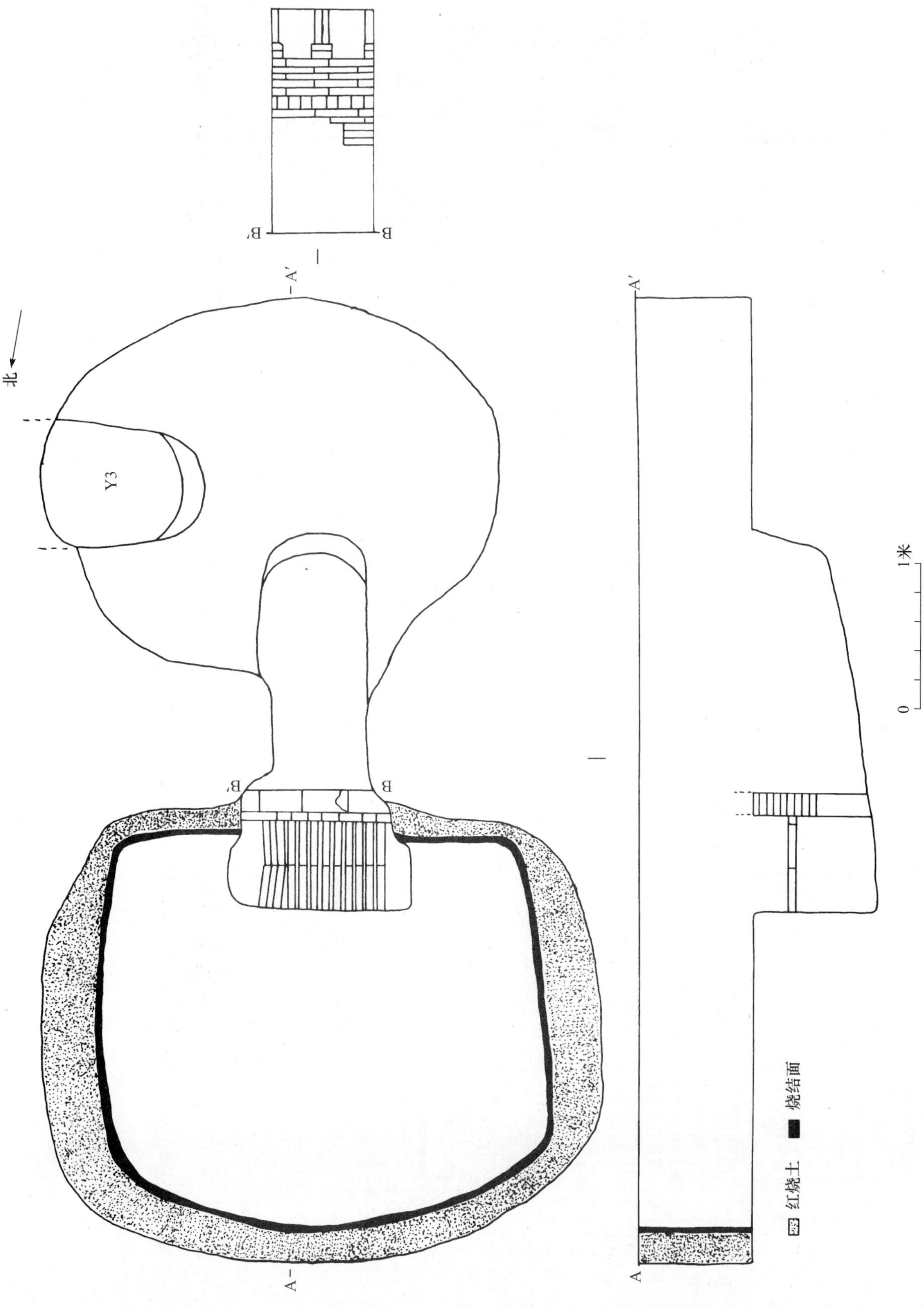

图二〇五 AY2平、剖面图

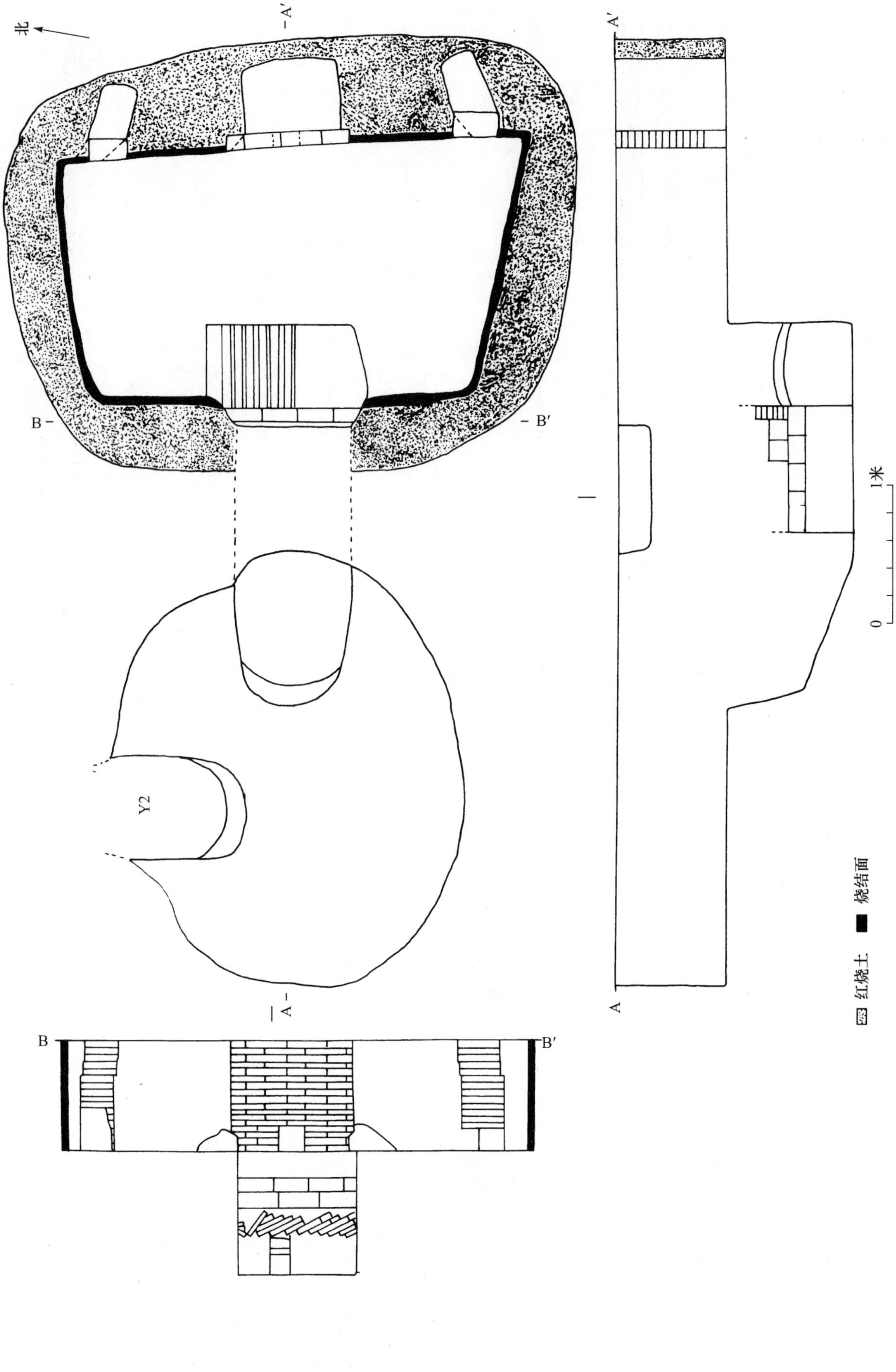

图二〇六　AY3平、剖面图

工作坑位于窑室西部，同时位于AY2的南部，也为AY2工作坑。平面形状近椭圆形，直壁平底。长径312、短径260、深80～150厘米。北部有一凹坑，斜壁，斜坡状底。

火门为过洞式，高146、进深86、宽86厘米，下部残留有砖，先平铺，中间有一层为倾斜侧砌，然后再平砌，砖的尺寸不一，残高70厘米。

火膛平面近长方形，长118、宽60厘米，直壁平底，火膛底距窑室底深90厘米。火膛内有窑箅，由石条砌成，仅存北半部，相互有空隙，石条尺寸不一，形状不规则，长度为60厘米。

窑室位于东部，平面近梯形，进深186、南北长264～340、残高80厘米。直壁平底，窑顶塌陷，形制不详。从残存窑壁推测为穹隆顶。窑壁由红烧土和草拌泥组成，厚34～78厘米，有烧结面，厚3～8厘米。窑室内未发现火道痕迹，窑室底部有烧结面。

烟道位于窑室东部，共有三个烟道，与窑室相连接处均为砖平砌而成，中间的较大，横截面呈长方形，长72、进深63、残高80厘米。烟道底部有三个通道与窑室相连，中间通道呈方形，两侧为不规则形。北端烟道呈平行四边形，长40、宽26厘米。烟道与窑室通道截面呈长方形，南端烟道平面呈平行四边形。砖砌通道呈方形，烟道长46、宽28厘米。

窑室内填土为褐色土，夹杂较多红烧土块、炭粒、残砖块及少量陶片等，结构疏松，土质较软。火膛内堆积疏松，含有大量炉渣，出土1件瓷碗。

瓷碗 1件。AY3：1，灰白胎，白釉，器内施满釉，外壁施半釉。敞口，圆唇，唇下方有一周凹槽，弧腹，圈足，圜底。口径20、底径7、高7.2厘米（图二〇七；图版五五，1）。

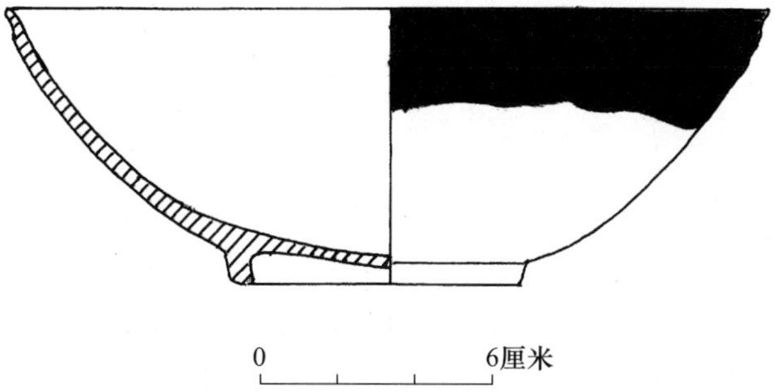

图二〇七 AY3出土瓷碗
瓷碗（AY3：1）

二、灰 坑

宋代灰坑1座，为AH1。

位置 AT0208西北部。

层位关系 ①→ AH1 →生土。

方向 90°。

形状结构 平面呈圆形，结构较规整，直壁平底。坑直径180、深90厘米（图二〇八）。

填土及包含物 填土呈褐、白色，结构致密，土质较硬。内含少量炭粒和红烧土颗粒等。出土1件残瓷罐。

瓷罐 1件。AH1：1，黑釉，未能修复。

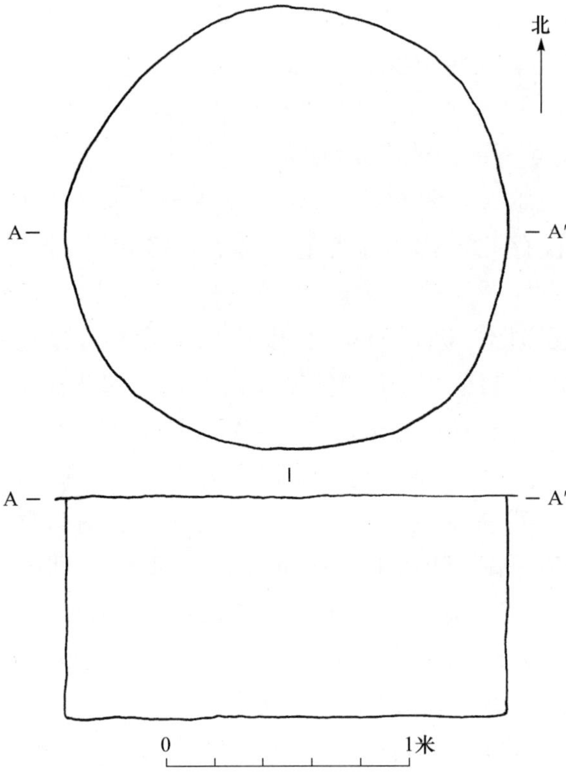

图二〇八　AH1 平、剖面图

第三节　初 步 认 识

AY2、AY3 位于 A 区发掘区的西部偏北，两窑共用 1 个工作坑，故应为同时期遗存。AY3 出土的瓷碗（AY3：1）与宝丰县李坪村古墓[①]和鲁山段店窑址[②]出土的瓷碗形制相似，宝丰县李坪村古墓年代为北宋末，故 AY3 年代应为北宋时期。另 H1 出土有 1 件瓷罐，且与 AY2、AY3 距离较近，推断 AH1 与两窑之间为共存关系，或与窑址取水等生产活动相关。

发掘的宋代墓葬主要集中在 A 区北部，另外个别墓葬分布在 A 区东南部和 B 区发掘区南部偏东。墓葬形制可分砖室墓和土坑墓两种，土坑墓 11 座，砖室墓 8 座。砖室墓中除 AM8 为双室墓外，其余均为单室砖墓，另 BM5 为雕砖仿木结构。

宋墓随葬品主要以瓷器为主，个别墓葬随葬有陶罐和铜钱。出土的瓷碗（AM11：2、AM17：3）与宋太宗元德李后陵[③]出土的白瓷碗（AM1：010）形制接近，出土的瓷罐（AM12：2、AM17：2）与河南泌阳县宋墓出土的瓷罐[④]（M1：2）形制相同，故上述墓葬时代应为宋代。AM10、AM15、AM16、AM18、AM19、AM20 与 AM12、AM14、AM17 距离较近，方向较为一致，其时代不会相差很远。

---

① 河南省文物考古研究所：《河南省宝丰县李坪村古墓》，《华夏考古》1995 年第 4 期。

② 赵青云、王忠民、赵文军：《河南鲁山段店窑的新发现》，《华夏考古》1988 年第 1 期。

③ 河南省文物研究所、巩县文物保管所：《宋太宗元德李后陵发掘报告》，《华夏考古》1988 年第 3 期。

④ 驻马店市文物考古管理所：《河南泌阳县宋墓发掘简报》，《华夏考古》2005 年第 2 期。

第三章　明代墓葬

明墓 13 座（附表三），均分布于 A 区，即 AM32、AM33、AM35、AM36、AM49、AM50、AM51、AM52、AM53、AM54、AM55、AM56、AM57（图二〇九）。

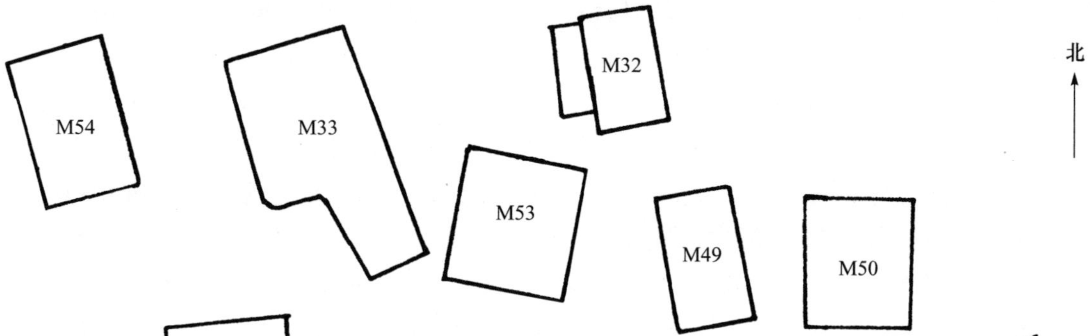

图二〇九　A 区明墓分布示意图

第一节　墓葬形制与随葬品

依据 13 座墓葬的形制不同，可以分为三型，即三棺墓 2 座（AM35、AM57），双棺墓 8 座（AM32、AM33、AM36、AM50、AM52、AM53、AM54、AM56），单棺墓 3 座（AM49、AM51、AM55）。

一、三 棺 墓

1. AM35（李真夫妇墓）

位置 AT0603 中部偏西。

层位关系 ①→ AM35 →生土。

方向 355°。

形制与结构 长方形竖穴土圹墓，墓圹长 380、宽 360、深 252 厘米（图二一〇）。

由一座砖室墓和两座浇浆墓室东西排列组成，系二次建成，砖室墓晚于浇浆墓室。三室均为长方形。

西室为砖结构，顶盖为一块长方形石板，尺寸为长 290、宽 117～120、厚 16～17 厘米。墓室长 288、宽 139、深 78～80 厘米。四壁及底部均用青砖砌筑，四壁由 13 层青砖错缝砌筑而成，底部是由青砖纵横交错平铺而成。墓室北壁正中有一个壁龛，长 36、宽 28、进深 16 厘米；墓室东壁正中有一个壁龛，长 31、宽 14、进深 16 厘米。

中室和东室为浇浆墓室，顶盖为一块长方形浇浆板，长 290、宽 160～222、厚 6～27 厘米。内壁平整光滑。中室和东室尺寸相同，均为长 176、宽 90～94、深 58、底厚 10 厘米。墓室南部竖立一合石质墓志。

填土为褐色花土，结构疏松，土质较软较黏，夹杂大量白色土块和料姜石。

人骨 1 具。保存极好，仰身直肢葬，头向北，面向上，女，年龄不详。

随葬器物 铜钱 32 枚，西侧墓室西北部。

铜钱 32 枚。AM35：1-1，“熙宁元宝”1 枚，郭径为 2.4 厘米（图二四二，1；图版五九，2）。

墓志 1 合。出土于墓室南部，青石质。志盖与志身尺寸相同均为高 60、宽 60、厚 10 厘米（图二一一）。志盖 4 行，满行 4 字，篆书；志文 32 行，满行 30 字，楷书。按墓志照录如下[①]：

志盖：明壽官李 / 公孺人樊 / 氏合葬墓 / 誌銘盖石

志文：大明壽官李公孺人樊氏合葬墓誌銘

鄉貢進士南陽張景純文粹撰文

鄉貢進士南陽謝在汝止篆盖

鄉貢進士寶豐劉奎應文書丹

弘治己未秋九月十日壽官李公卒于家卜以是冬十二月十有二日啓厥配 / 孺人壙以塟（葬）其子太學生瀛以自著狀泣血請銘景純忝在鄉邦不敢以膚謭 / 辭按狀公諱真字伯正其先山西潞州人曾祖均寶洪武初移家于汝州父信 / 以子春為府庠生随家南陽成化乙未割汝州置寶豐縣今又為寶豐人公蚤 / 知力學祇服庭訓涉獵書史尤精於陰陽方技事父母以孝聞兄春性甚嚴公 / 事之唯謹雖（虽）居家貧瘁務在極力營辦以供日費使得專攻以卒所業後官至 / 行唐令公自立産業以祖父所遺悉以讓兄勤儉自律不事奢靡不數年而家 / 益饒聞人有急（辄）加周賉無吝色且甲（卑）以自牧與物無忤被其容接者咸德之 / 處家一遵文公家禮不少違越成化丙戌鄉人援例輸粟以取冠带公獨謂所 / 親曰財力有

---

① 文中墓志录文中的异体字、碑别字、简体字照录，行与行间以“/”别之。下同。

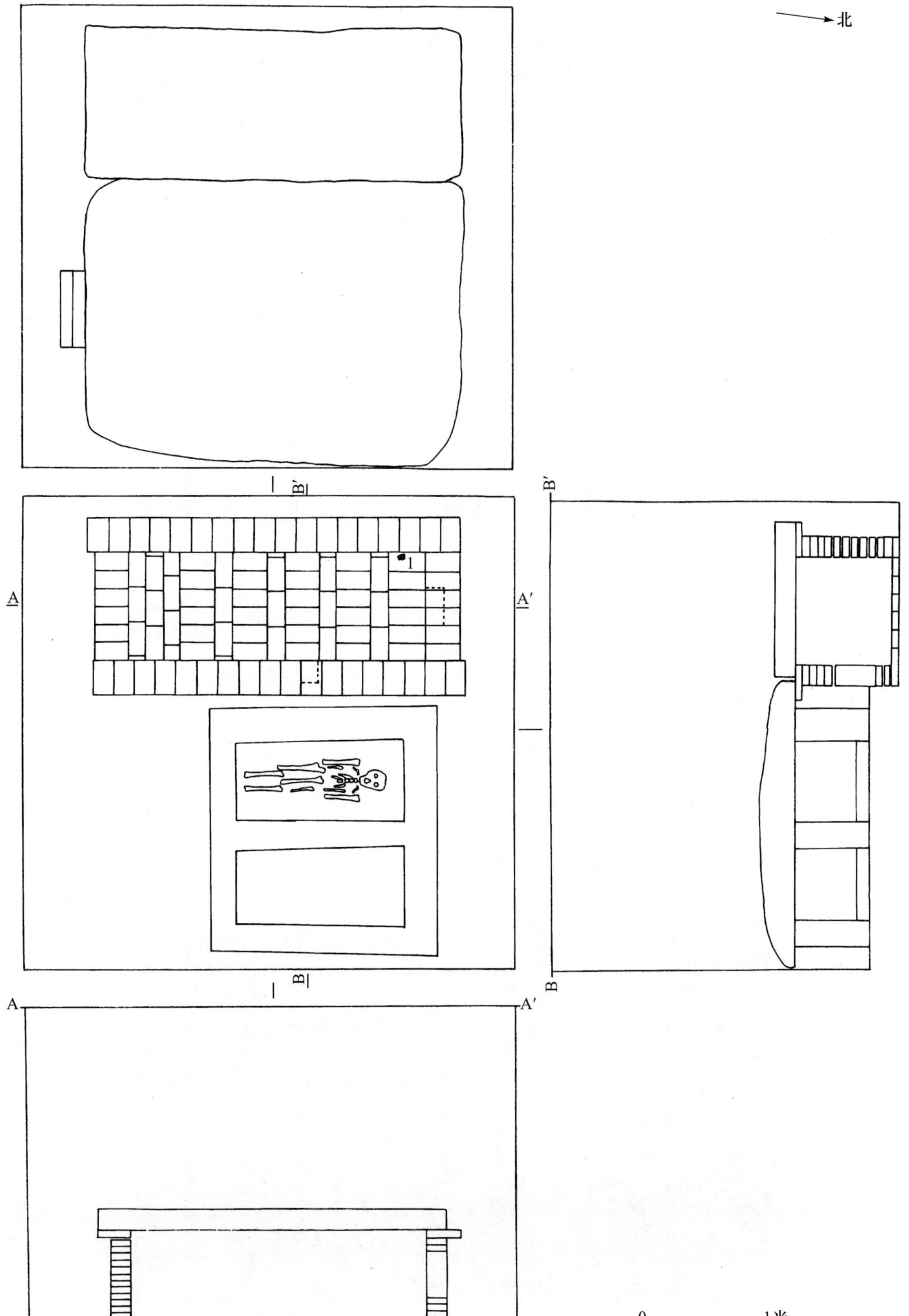

图二一〇　AM35平、剖面图
1. 铜钱

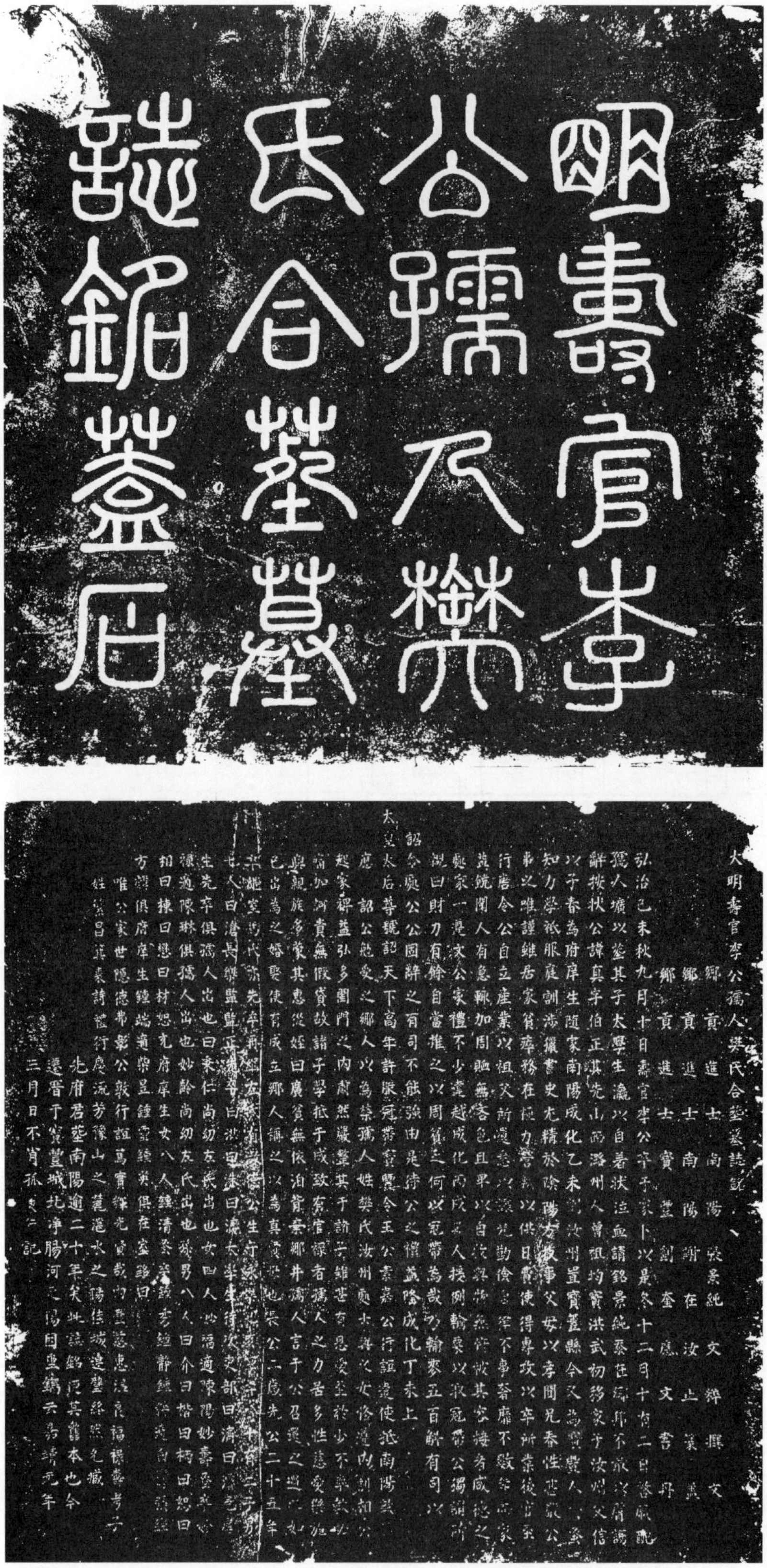

0　　30厘米

图二一一　AM35 墓志拓片

餘自當推之以周貧乏何以冠帶為哉乃輸麥五百斛有司以/詔命處公公固辭之有司不能強由是待公之禮益隆成化丁未上/太皇太后尊號詔天下高年許服冠帶寶豐令王公素嘉公行誼遣使抵南陽敦請/應詔公勉受之鄉人以為榮孺人姓樊氏汝州處士興之女恪遵内訓相公/起家裨益弘多閨門之内肅然嚴整其于諸子雖（虽）甚有恩愛至於少不率教必/痛加訶責無假貸故諸子學抵于成致有官禄者孺人之力居多性慈愛樂施/與親族多蒙其惠從姪曰廣貧無依泊背棄鄉井孺人言于公召還之遇之如/己出為之婚娶使有成立鄉人稱之以為真賢母也長公二歲先公二十五年/卒繼室馬氏亦先卒再繼左氏有淑德公生于永樂己亥享年八十有二子男/七人曰滄長樂監監正先卒曰洪曰洙曰瀛太學生待次吏部曰躋曰濬邑庠/生先卒俱孺人出也曰秉仁尚幼左氏出也女四人妙福適陳陽妙壽蚤卒妙/禄適陳琳俱孺人出也妙齡尚幼左氏出也孫男八人曰介曰楷曰柄曰恕曰/相曰棟曰懋曰材恕充府庠生女八人鍾清蚤卒鍾秀鍾静鍾粹適白鸞張經/方麟俱府庠生鍾端適柴昱鍾靈鍾英俱在室銘曰/唯公家世隐德弗彰公敦行誼篤實輝光賢哉内壼慈惠温良福禄壽考子/姓繁昌箕裘詩禮衍慶流芳豫山之麓□水之陽佳城連壁終然允臧/先府君塟（葬）南陽逾二十年矣此誌銘廼其舊本也今/遷厝于寶豐城北净腸河之陽因重鐫云嘉靖元年/三月日不肖孤秉仁記。

2. AM57

位置　AT0702 东南部。

层位关系　①→ AM57 →生土。

方向　85°。

形制与结构　长方形竖穴土圹墓，直壁平底。墓圹长 390、宽 340、深 162～170 厘米（图二一二）。

填土为褐白色花土，结构疏松，土质较软较黏，夹杂大量白色土块和料姜石。

葬具　3 具石棺。石棺顶部以一块长方形顶盖覆盖，顶盖均为白灰浇浆而成。西室顶盖长 300、宽 120～122、厚 22 厘米；中室顶盖长 314、宽 108～126、厚 15 厘米；东室顶盖长 280、宽 98～108、厚 15 厘米。

石棺均为石板相互扣合而成。西室长 274、宽 120～134、深 92 厘米；中室长 280～300、宽 114～124、深 95 厘米；东室长 270～282、宽 113～121、深 95 厘米。其中东室和中室中部共用一块石板。

西室底部由青砖纵横平铺而成，青砖尺寸为 30 厘米 × 15 厘米 × 6 厘米；中室底部由青砖纵向并缝平铺而成，青砖尺寸为 32 厘米 × 15 厘米 × 6 厘米和 29 厘米 × 15 厘米 × 6 厘米；东室底部由青砖横错缝向平铺而成，青砖尺寸为 28 厘米 × 14 厘米 × 6 厘米和 24 厘米 × 14 厘米 × 6 厘米。

在西室南壁左上部有一个长 32～38、厚 12、高 30 厘米的盗洞；中室底部南、北两侧各有一个长 91 厘米，宽 29 厘米的盗洞。中室的盗洞是从墓圹外打洞到底部。

人骨　不详。

随葬器物　共 7 件（套），另有铜钱 59 枚。

位于东室的有：金环 1 件，东室南部；铜镜 1 面，东室西南部；铜钱 37 枚，东室东南部；锡罐 1 件，东室南部；银耳勺 1 件，东室南部。

位于中室的有：瓷罐 1 件，中室南部；铜钱 16 枚，中室南部；银戒指 5 枚，中室南部。

图二一二　AM57平、剖面图

1. 金环　2. 铜镜　3、5、8、11. 铜钱　4. 锡罐　6. 银耳勺　7、10. 瓷罐　9. 银戒指

位于西室的有：瓷罐 1 件，西室南部；铜钱 6 枚，西室南部。

瓷罐　2 件。AM57：7，侈口，圆沿，直颈，鼓腹，圈足，平底。颈部有一对耳鋬。素面。上腹、中腹、颈部及双鋬施酱色釉，内部施满釉，口部未施釉。口径 7.2、底径 6.4、高 8、腹径 11.6 厘米（图二一三，1；彩版一二，6）。AM57：10，侈口、圆沿、直颈、圆腹、圈足、平底、颈部有一对耳鋬，通体饰弦纹，上腹、颈部及双鋬饰酱色釉，内部饰满釉，口部未施釉。口径 10.4、底径 7.2、高 18、腹径 15.2 厘米（图二一三，2）。

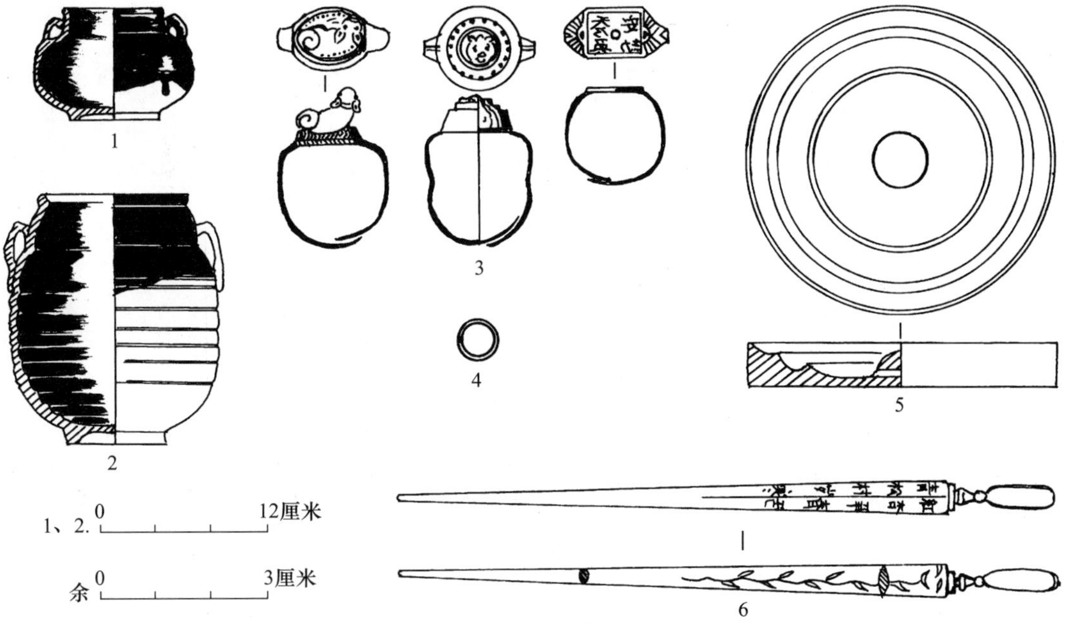

图二一三　AM57 出土器物

1、2. 瓷罐（AM57：7、AM57：10）　3. 银戒指（AM57：9）　4. 金环（AM57：1）
5. 铜镜（AM57：2）　6. 银耳勺（AM57：6）

铜镜　1 面。AM57：2，平面呈圆形，圆形纽座，纽座其外是两圈凸起的素环。直径 5.6、厚 0.8 厘米（图二一三，5；图版六一，2）。

金环　1 件。AM57：1，金质，圆形。直径 0.8、环径 0.15 厘米（图二一三，4；彩版一四，4）。

银耳勺　1 件。AM57：6，银质，耳勺呈扁平弯曲状，勺柄呈三棱状，正面棱部装饰枝叶，背面棱部分别饰文字“青松耐岁寒”“红杏争春□”。长 12 厘米（图二一三，6；彩版一五，1）。

银戒指　1 套 5 枚。AM57：9，3 整 2 残。①银质，环成椭圆状，外部有扁平状突起，突起上有铭文“安然秀气”，环上刻画有云纹。②银质，环成椭圆状，外部有环状突起，突起外围饰一周圆点纹，内部装饰一个兽头。③银质，环成椭圆状，外部有环状突起，突起外部有三周斜线装饰，内部装饰一只卧地歪头长啸的狮子。最大径 1.8～2.9 厘米（图二一三，3；彩版一五，2）。

锡罐　1 件。AM57：4，未能修复。

铜钱　59 枚。分布在 4 个地点。AM57：3-1，“正隆元宝”1 枚，郭径为 2.5 厘米；AM57：3-2、3、5、8，AM57：8，“政和通宝”5 枚，郭径在 2.4～2.9 厘米；AM57：3-4、7，“宣和通宝”2 枚，郭径为 2.35、2.7 厘米；AM57：3-9、10，“大观通宝”2 枚，郭径为 2.4 厘米；AM57：3-6，“太平通宝”1 枚，郭径为 2.5 厘米（图二四二，6～16）。

二、双 棺 墓

1. AM32

位置 位于 AT0704 南部。

层位关系 ①→ AM32 →生土。

方向 350°。

形制与结构 长方形竖穴砖室墓和土坑墓，为双人同穴异室（图二一四）。西墓室为竖穴土坑墓，直壁平底。墓长 220、宽 64～68、深 126 厘米。东墓室为砖室墓。墓室平面呈长方形，长 320、宽 160、深 210 厘米。墓室顶部以一块石板作顶盖，石板长 270、宽 90～126、厚 6 厘米。在石板中部有两排青砖并列放置，一排 7 块青砖并列竖放，另一排仅有西部 2 块青砖并列竖放，

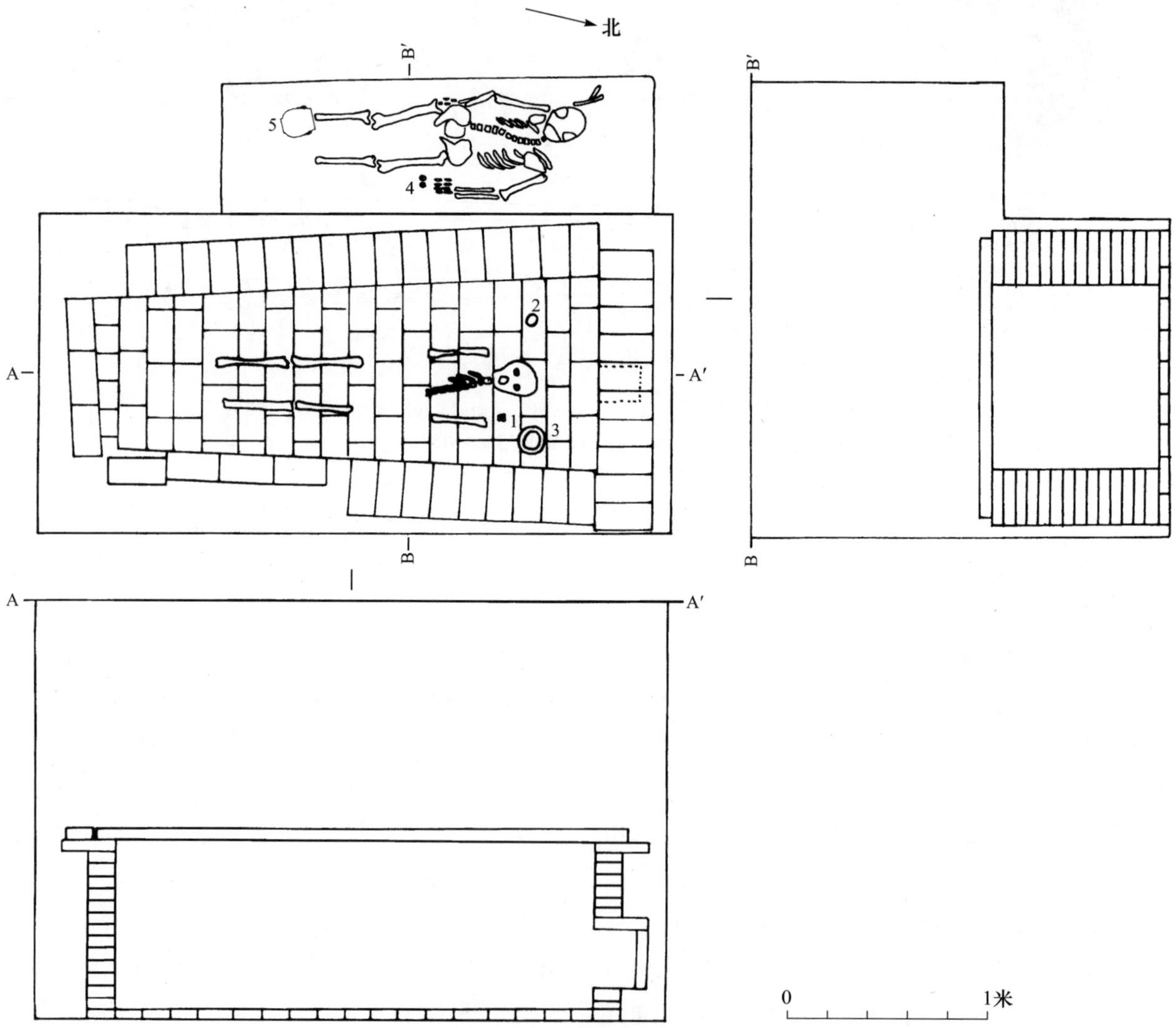

图二一四 AM32 平、剖面图
1、4. 铜钱 2. 铜镜 3、5. 瓷罐

石板东侧偏南有7块青砖南北向横放。墓室四壁及底部皆为青砖砌筑。墓室四壁为12层青砖错缝叠放而成，高85厘米。在北壁中部有一个壁龛，长30、宽18、进深21厘米。

青砖的尺寸为27厘米×14厘米×6厘米和27厘米×18厘米×6厘米。

填土为黄褐色花土，结构疏松，土质较软较黏，夹杂大量白色土块和料姜石。含有较多碎砖块。

葬具 不详。

人骨 东西墓室各1具。仰身直肢葬，头向北，面向上，性别、年龄不详。

随葬器物 共10件。铜钱7枚，铜镜1件，瓷罐2件。

瓷罐 2件。AM32∶3，侈口，圆沿，直颈，鼓腹，圈足，平底。颈部有一对耳錾。上腹、颈部及双錾饰酱色釉，内部饰满釉，口部未施釉。口径8、底径6.4、高12.4、腹径10.4厘米（图二一五，2；彩版一二，1）。AM32∶5，敛口，圆唇，束颈，颈中部向外弧凸，圆腹，矮圈足，平底。颈部贴塑双耳。器外壁颈、上腹及双耳施黑釉。器内壁施满褐釉。口径11.2、底径7.2、高16.4、最大腹径14.4厘米（图二一五，1；图版五八，4）。

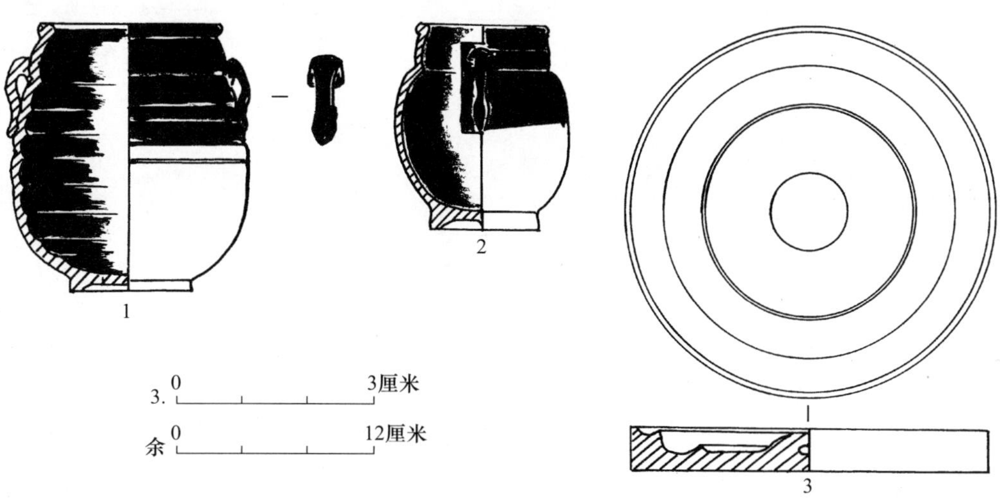

图二一五 AM32出土器物

1、2. 瓷罐（AM32∶5、AM32∶3） 3. 铜镜（AM32∶2）

铜镜 1件。AM32∶2，平面呈圆形，圆形纽座，纽座底部有一个穿孔，纽座外是两圈凸起的素环。直径5.7、厚0.7厘米（图二一五，3；彩版一三，1）。

铜钱 7枚。AM32∶1，4枚。钱文不清，锈蚀严重。AM32∶4，3枚。钱文为“景祐元宝”，郭径为2.40厘米。

2. AM33（李古民墓）

位置 位于AT0604南部。

层位关系 ①→AM33→生土。

方向 160°。

形制与结构 斜坡墓道刀形墓，通长630厘米（图二一六；彩版一一，1、2）。墓道平面呈

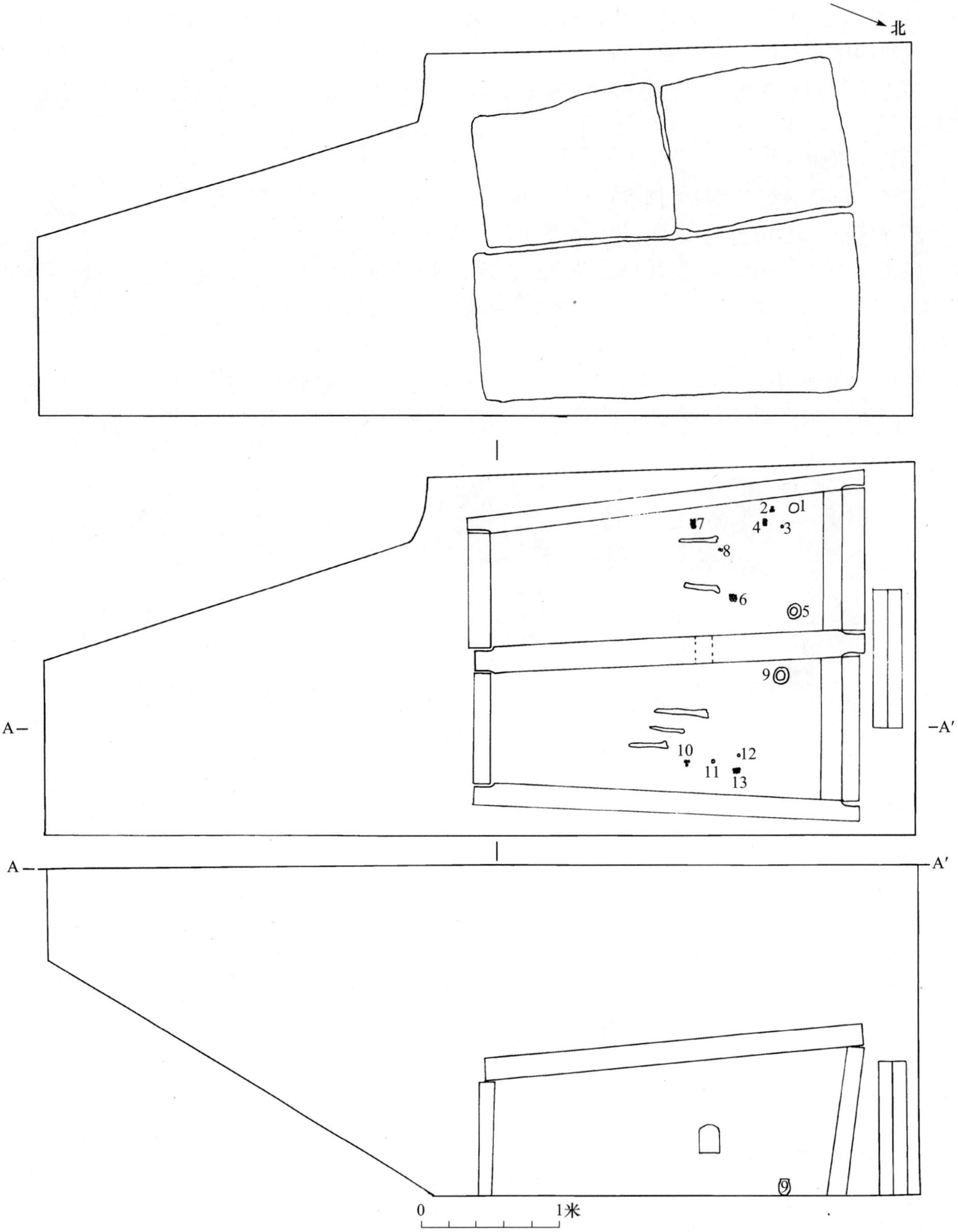

图二一六　AM33 平、剖面图

1. 铜镜　2. 银戒指　3. 琥珀坠　4. 银帽饰　5. 瓷罐　6、7、10、12. 铜钱
8. 银戒指　9. 瓷罐　11. 铜扣　13. 银饰

梯形，位于墓室南端。口长 280、宽 130～220 厘米；底坡长 330、下端宽 130～220 厘米；深 66～236 厘米。

墓室平面近长方形，直壁平底，长 350、宽 260～270、深 236 厘米。墓室北部竖立一合石质墓志。

填土为黄褐色花土，结构疏松，土质较软较黏，夹杂大量白色土块和料姜石。

葬具　2 具石棺。墓室中置 2 具石棺，棺顶部各以一块石板覆盖，西部石棺顶盖破碎成两块，尺寸为长 252～266、宽 96～110、厚 18 厘米；东部石棺顶盖完整，尺寸为长 268～274、宽 106～128、厚 18 厘米。西侧石棺长 286、宽 112～132、深 86～110 厘米；东侧石棺长 282、宽 114～136、深 86～110 厘米。两棺中部共用一块石板，该石板中间有一拱门形小洞连通两棺，洞高 21、宽 14 厘米。棺底没有石板。墓室北部竖立一合石质墓志。

人骨　2 具。保存极差，葬式、性别、年龄不详。

随葬器物　共 9 件（组），另有铜钱 74 枚。

位于西侧棺室的有：铜镜 1 面，棺室西北部；银戒指 5 枚，棺室西北部；琥珀坠 1 件，棺室西北部；银饰 11 枚，棺室西北部；瓷罐 1 件，棺室东北部；铜钱 70 枚，棺室东、西两侧。

位于东侧棺室的有：瓷罐 1 件，棺室西北部；铜钱 4 枚，棺室东侧中部；铜扣 1 件，棺室东侧中部；银饰 10 枚，棺室东侧中部。

瓷罐　2 件。AM33：5，侈口，圆沿，直颈，圆腹，圈足，平底。颈部有一对耳鋬，最大腹径在下部。通体饰弦纹，上腹、中腹、颈部及双鋬饰酱色釉，内部饰满酱色釉。口径 6、底径 4.8、高 12、腹径 8 厘米（图二一七，1）。AM33：9，侈口，圆沿，直颈，腹微鼓，圈足，平底。颈部有一对耳鋬，最大腹径在上部。通体饰白釉，内部口部饰釉。口径 7.2、底径 5.4、高 12、腹径 7.6 厘米（图二一七，2）。

铜镜　1 面。AM33：1，鸳鸯戏水镜。圆形，圆纽，纽座外环绕中心分布一周短斜线；其外一周正北、南、西各有一对鸳鸯，鸳鸯中间以一个圆环状突起分隔，东部有南北向铭文“张家造”；在外为一周短斜线装饰；最外为素面廓。直径 7.6 厘米（图二一七，4；彩版一三，2）。

铜扣　1 件。AM33：11，铜质，平面形状呈圆形，内部有一个圆形穿孔。直径 2 厘米（图二一七，3；图版五八，1）。

银戒指　2 组 5 枚。AM33：2，3 枚。银质，环呈椭圆状，外部有环状突起，突起上有花瓣状纹饰。最大径 2.3 厘米（图二一七，7；图版五八，6）。AM33：8，2 枚银质，环呈椭圆状，外部有环状突起，突起内镶嵌有兽头。最大径 1.7 厘米（图二一七，5；图版五八，5）。

银饰　2 组。1 组 11 件。AM33：4，银质，整体形状呈花枝状。长 3.4～7.2 厘米（图二一七，9；彩版一三，3）。1 组 10 件。AM33：13，银质，平面形状呈圆形，内部为梅花孔状。直径 0.8 厘米（图二一七，6；彩版一三，4）。

琥珀坠　1 件。AM33：3，坠珠呈圆球状，暗红色，有两个穿孔；坠子为银质，坠底为梅花状，各瓣均有短细线装饰，坠顶部盘旋三周呈孔状。直径 2.1、长 3.3 厘米（图二一七，8；图版五八，3）。

铜钱　74 枚。钱文不清，锈蚀严重（图版五八，2）。

墓志　1 合。出土于墓室北部，青石质，志盖与志身尺寸相同，均为高 96、宽 100、厚 10 厘米（图二一八）。志盖 3 行，满行 3 字，篆书；志文 38 行，满行 34 字，楷书。录文如下：

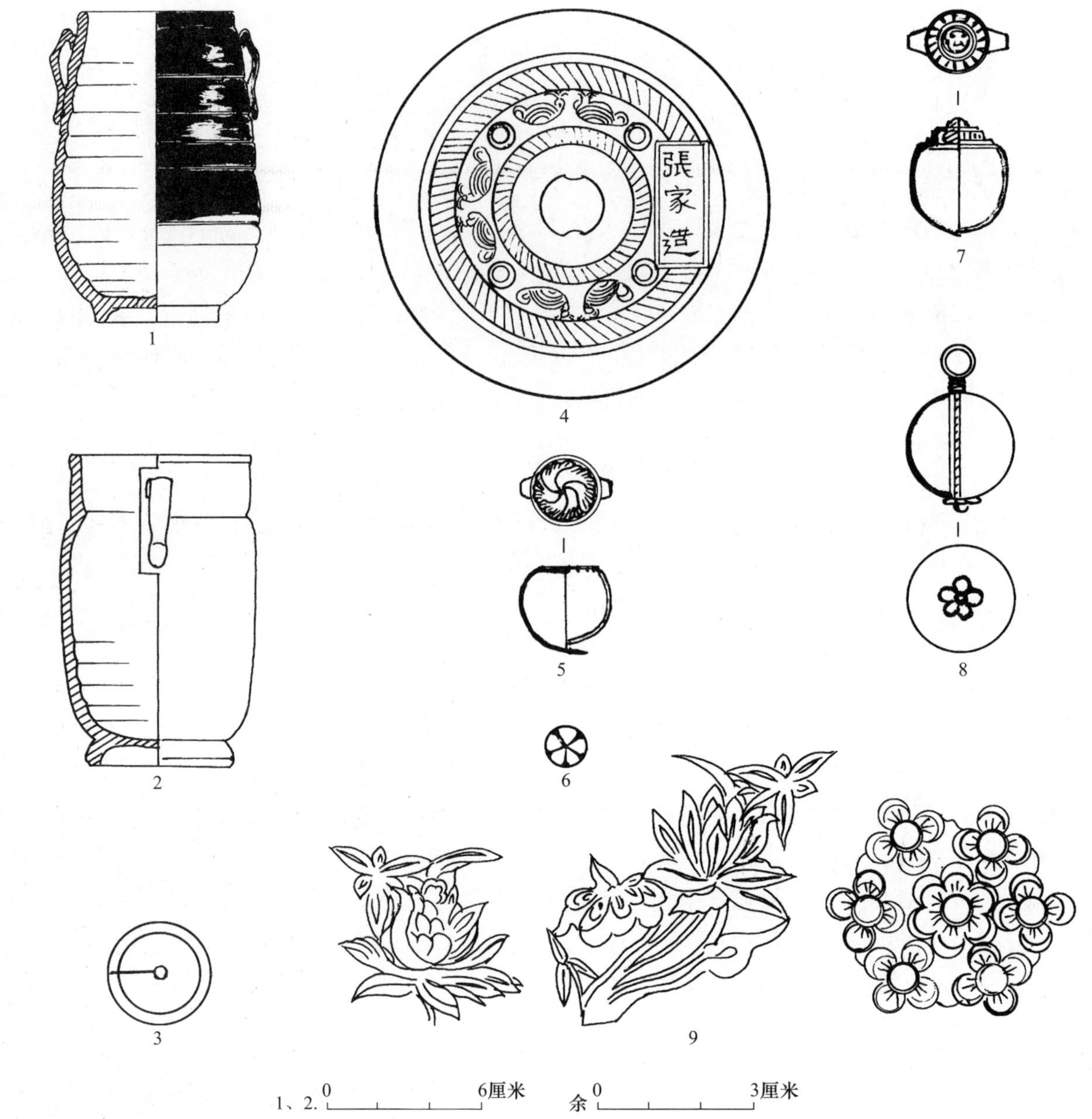

图二一七　AM33 出土器物

1、2. 瓷罐（AM33：5、AM33：9）3. 铜扣（AM33：11）4. 铜镜（AM33：1）5、7. 银戒指（AM33：8、AM33：2）6、9. 银饰（AM33：13、AM33：4）8. 琥珀坠（AM33：3）

志盖：故顯考/李公府/君墓誌

志文：故顯考李公墓誌

寶豐縣鄉進士男李持衡撰

寶豐縣儒學廪膳生員姪李持巳書

寶豐縣儲英孫婿劉俊卿篆

萬曆二十一年八月十四我父李公偶遘疾於家忽忽棄兒等去母子兄弟暨諸妹諸孫/朝夕哀號催裂五内今将窆我父懿行安忍没没相與議及於誌亦不敢遽（遽）祈名筆兒含/悲誌之按譜中吾家原籍晋潞始均寶祖徙之汝由汝遷南陽由南陽移寶豐遂家焉高/祖諱真素稱長厚有積行因而慶流後裔

0　30厘米

图二一八　AM33 墓志拓片

生我曾祖七人有声施太學有名標金榜吾家/自是頗稱詩禮族矣曾祖諱瀛由歲薦官至海州同知祖諱恕由歲薦官至寧津司訓娶/祖母衛氏生我父三人長伯諱古器充南陽庠廩員七入秋閔人咸望其継登金祖未就/卒季叔諱古士由歲薦官至清豐二尹亦先卒仲即我父父諱古民字夢助别號龍石非/不同伯叔肆力儒業第運值蹇滞小就為陰陽訓術雖（虽）不能涉泮遊芹亦能脩身口行述/自宛時家業凋敝祖暨長伯惟知閉户讀書内外事務計算營辦父獨以身當之奔口服/役曾不憚劳以故祖伯得以卒業成均列名儒林数禩间口事我祖往返都問計及寒舘/衝風履霜拮据萬態有不可勝紀者寧津廻吾叔尚幼口同舍居叔素號英儒有奮翼志/一切家政毫不肯干令専心力學竟舉明經列仕籍光昭我烈祖我父夾輔之力良不可/誣及就訓術微職衔宇長少皆曰此儒家裔也咸厚遇之即歷来邑主熟知口慎不決事/務常付以處分公家營建常令以督造每每以古君子嘉焉方今吾邑金城之固休績亦/炳炳在目公務暇惟知嚴课兒輩肄業即盛寒酷暑一不肯少縱偷安今乃得以厠列科/名若我父者亦可謂孝以事親忠以事君敬以事兄友以愛弟義方教子者矣数十年来/徜徉林壑之間坐觀家道之成且兄弟子姓衣冠濟濟翕翕怡怡常自幸曰父母俱存兄/弟無故誠有若子輿所稱一樂者兒数舉不第方萌宦念猶然再畾（图）一倖倘沾/皇恩謀迎養且希封誥之榮胡期棄我母捨兒孫而長逝耶娶母丁氏生我輩四人長兄持/法充邑庠生娶保安州學正田公同之女継娶九江府知事何公東井之女承祖命奉事/長伯俱如制終六年之喪已誌伯父母之穴今猶得戴蔴執杖哀供子道嗚呼父伯父叔/伯子叔子其義一也因併誌之次即持衡丙子舉人娶開平衛經歷王公綱之女又次持/載娶邑人巨族石近仁之女又次持重充邑廩員娶邑庠生丁公濟武之女女三長曰二/姐適邑廩生劉贄次三姐適魯邑選貢賈蔚然又次四姐適邑儲俊楊文光孫男十曰襲/吉娶貢士朱君維翰之女曰永吉娶邑庠生趙君亷（廉）之女曰常吉娶邑庠生董君承召之/女曰泰吉娶邑庠生白君永立之女俱法出曰貞吉娶興縣令徐公子自明之女衡出曰/静吉聘邑庠生赵君亷（廉）之女曰用吉曰丕吉俱幼載出曰亨吉聘禮部儒士劉君貢之女/曰通吉尚幼重出孫女八五姐適邑庠生劉正化之子劉文華先卒法出三姐適邑庠生/劉君賀之子劉俊卿十姐聘於邑人序班蕭君愚之子蕭世德衡出曰五姐聘於邑廩生/衛君可居之子衛我朝曰二姐尚幼載出曰大姐亦幼重出曰夏姐尚幼法側室出曰冬/姐尚幼衡側室出父生於正德十一年四月二十二日計卒之日享年七十八歲亦云逾/古希矣且有子有女有孫有孫女紛紛竹立襲我父餘休衍我父支泒如月恒如日升咼/其有極擇吉於二十二年十二月十七日塟（葬）於祖塋之北自度可無遺憾於地下也不孝/男持衡揮淚自撰。

3. AM36（李恕夫妇墓）

位置　AT0702 东北部和 AT0703 东南部。

层位关系　①→ AM36 →生土。

方向　350°。

形制与结构　长方形竖穴土圹墓，直壁平底。墓圹长 334、宽 320、深 304 厘米（图二一九；彩版一一，3）。

填土为褐白色花土，结构疏松，土质较软较黏，夹杂大量白色土块和料姜石。

葬具　2 具石棺。石棺顶部各以一块石板覆盖，西部石棺顶盖长 274～288、宽 92～114、厚 26 厘米。在墓室北壁之下有一合墓志。东部石棺顶盖长 288～298、宽 104～116、厚 26 厘米。在墓室南壁之下有一合墓志。

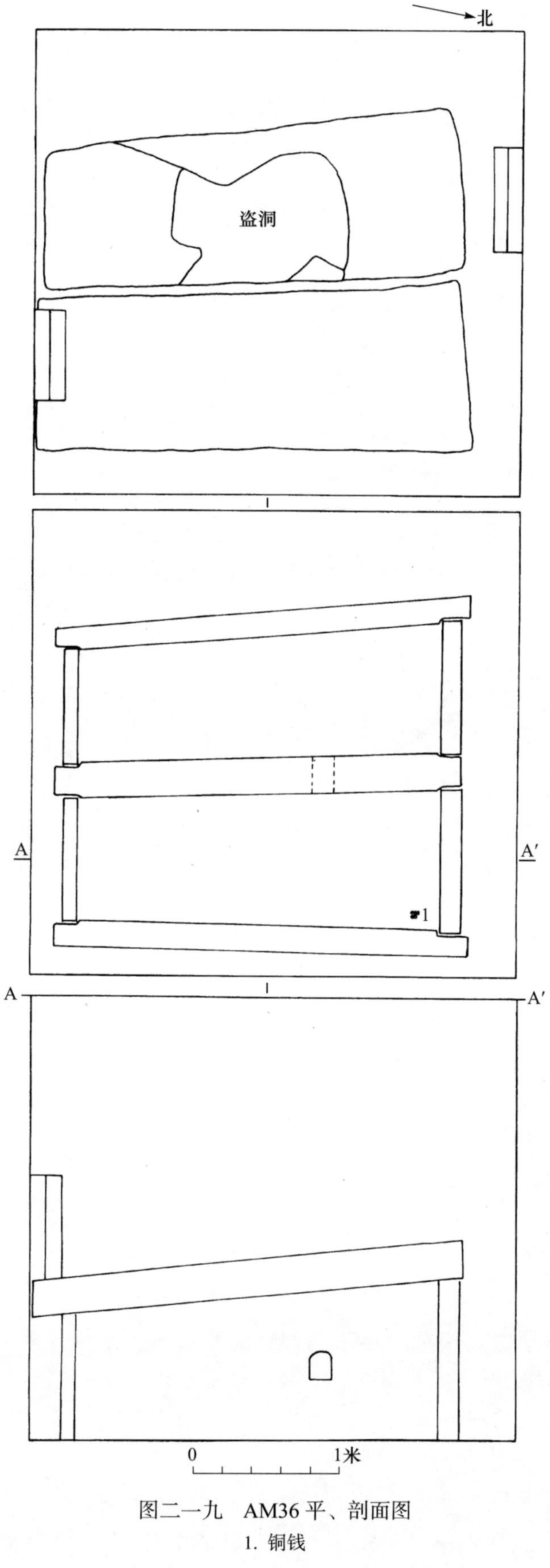

图二一九　AM36平、剖面图
1. 铜钱

西侧石棺长272～284、宽114～130、深86～110厘米；东侧石棺长273～284、宽123～138、深86～110厘米。两棺中部共用一块石板，该石板中间有一拱门形小洞连通两棺，洞高20、宽15厘米。棺底没有石板。

人骨　不详。

随葬器物　共1件。铜钱5枚，东侧棺室东北部。

铜钱　5枚。钱文不清，锈蚀严重。

墓志　2合。西侧墓志出土于墓室北壁之下，志盖、志身正面相对竖立，用一道铁箍相束。青石质，志盖与志身尺寸相同均为高65、宽72、厚10厘米（图二二〇）。志盖2行，满行6字，篆书；志文28行，满行28字，楷书。录文如下：

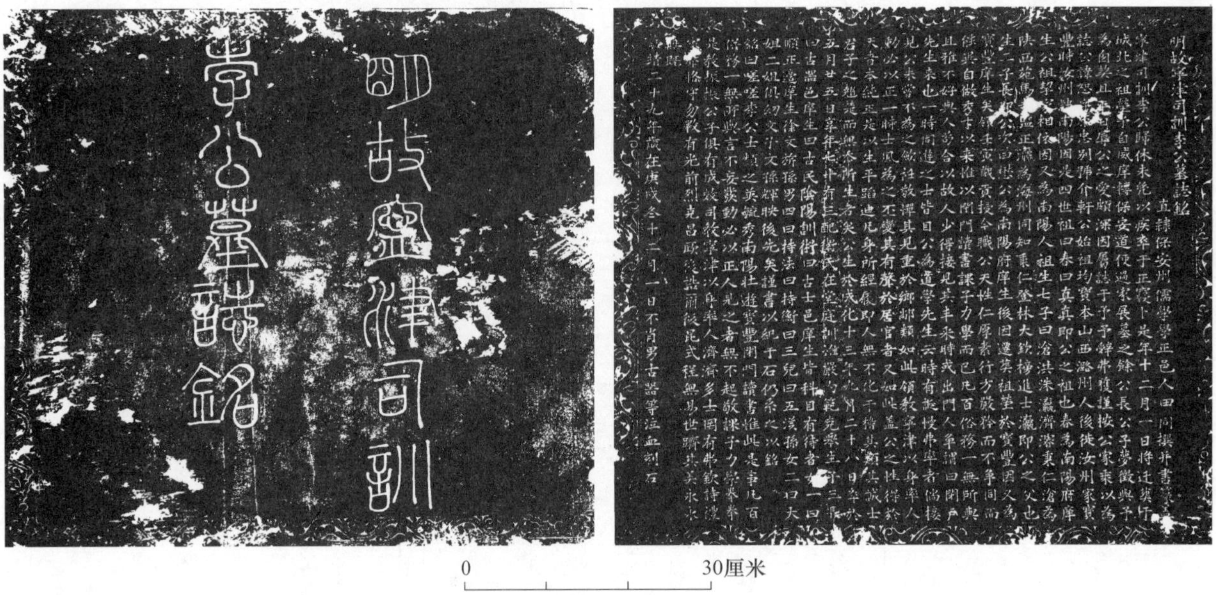

图二二〇　AM36墓志拓片（一）

志盖：明故寧津司訓 / 李公墓誌銘

志文：明故寧津司訓李公墓誌銘

直隸（隸）保安州儒學學正邑人田同撰并書篆盖

寧津司訓李公歸休未幾以疾卒于正寢卜是年十二月一日将迁葜（葬）于 / 城北之祖塋予自威庠轉保安道便過家展墓之餘公長公子夢徵與予 / 為囟契且平日辱公之愛頗深因屬誌于予予辤（辞）弗獲謹按公家乘以為 / 誌公諱恕字原忠别號介軒公始祖均寶本山西潞州人後徙汝州家寶 / 豊時汝州隸南陽因是四世祖曰春曰真真即公之祖也春爲南陽府庠 / 生公祖挈家相依因又爲南陽人祖生七子曰滄洪洙瀛濟濬秉仁滄為 / 陝西苑馬寺監正瀛為海州同知秉仁登林大欽榜進士瀛即公之父也 / 生二子長即公次曰懋公為南陽府庠生後因遷葬祖塋於寶豐因又為 / 寶豐庠生矣領壬寅歲貢授今職公天性仁厚素行方嚴矜而不爭同而 / 能異自做秀才以来惟以閉門讀書課子力學而已凡百俗務一無所與 / 且雅不好与人茍合以故人少得接見其丰采時或出門人爭謂曰閉户 / 先生来也一時同遊之士皆目公為道學先生云時有誕慢弗率者倘接 / 見公未嘗不為之斂衽敬憚其見重於鄉□類如此領教寧津以身率人 / 動必以正一時士風為之丕變其有聲於居官者又如此盖公之性得於 / 天者本純正是以生平蹈迪凡身所經履即人無不化于稽（稽）其類其誠士 / 君子之翹楚而無忝所生者矣公生

於成化十三年九月二十八日卒於／五月廿五日享年七十有三配衛氏在堂庭訓惟嚴内範克舉生子三長／曰古器邑庠生曰古民陰陽訓術曰古士邑庠生皆科目有待者女一曰／順正適庠生徐文旂孫男四曰持法曰持衡曰三兒曰五漢孫女二曰大／姐二姐俱幼文子文孫輝映後先矣謹書以紀于石仍系之以銘／銘曰嗟嗟李公士類之英毓秀南陽壮遊寶豐閉門讀書惟此是事凡百／佮（俗）務一無所與言不妄蕟（發）動必以正人見之者無不起敬課子力學拳拳／是教振振公子俱有成效司教寧津以身率人濟濟多士罔有弗欽詩禮／家聲恪守勿斁有光前烈克昌厥後誥爾後昆式程無易世躋其美永永／無既／嘉靖二十九年歳在庚戌冬十二月一日不肖男古器等泣血刻石。

东侧墓志出土于墓室南壁之下，志盖、志身正面相对竖立，用一道铁箍相束。青石质，志盖与志身尺寸相同，均为高62、宽62、厚11厘米（图二二一）。志盖3行，满行4字，篆书；志文24行，满行25字，楷书。录文如下：

志盖：介軒李公／孺人衛氏合／葬墓誌銘

志文：明故介軒李公孺人衛氏合葬墓誌銘

致直隸（隸）保安州學正事邑人朴庵田同撰並書篆

介軒李公孺人衛氏卜吉合葜（葬）于城北之祖塋令冢嗣清泉子偕／弟龍石子中嵩子以誌銘屬今余與清泉中嵩蓋通家乇且與公／並游膠庠後先筮仕辱公之愛頗厚知公頗深故不敢辭先是按／公之家乘其㔺（世）系族譜與之出處行實已于公誌悉矣兹不復今／孺人後公十三年而終禮不可以無誌孺人迺吾邑鄉進士衛公／永昌之女乇生而靈異賦性端嚴自適李氏孝事舅姑先意承顔／躬執妇道二人咸□（以）子婦得人自嘉及其終也執爱惟謹又誠又／敬養生送死始終如一故當時以孝婦稱者内外罔聞雖其恪慎／克孝固介軒公之所事而其賛襄維持孺人之德（德）□夛（多）且内則惟／嚴子婦上事際兢業㒵持稍有不遂輙面（面）斥之不少貸雖至今／猶初入門時閨門之内肅肅雍雍吾邑□家法之嚴者率以孺人／為稱首男三長曰古器邑庠生娶藺氏仲曰古民訓術官娶丁氏／季曰古士庠生娶袁氏行將貢于朝女一曰貞絜適監生徐文旂／指日筮仕孫男七曰持法庠士器所出也曰持衡曰持載民所出／也曰持心曰持久士所出也行六行七以初離襁抱尚未名彬彬／濟濟女三長曰大姐配庠生

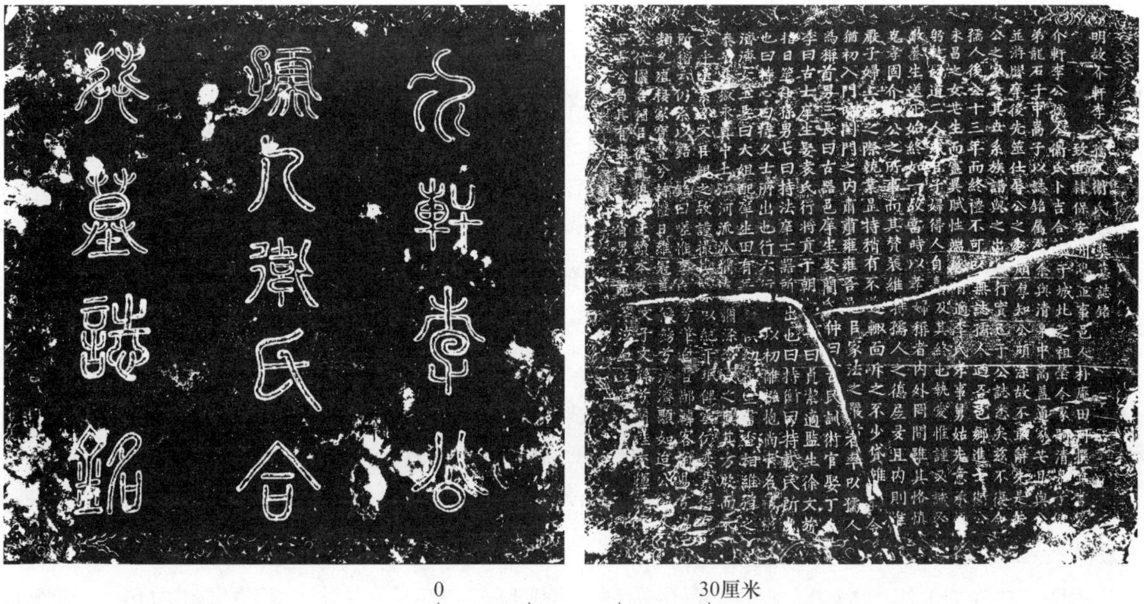

图二二一　AM36墓志拓片（二）

田有年餘俱幼在室書香相維猶之 / 泰華喬獄永奠中土江河流泒彌遠彌深李氏之興其方殷而未 / 艾乎予素不文□（以）親之故謹撮其槩以紀于珉俾雲仍奕業得有 / 所稽云仍系以銘銘曰嗟惟李氏兮肇自晋鄗轉客南陽兮湯 / □允殖秽家寶豊兮詩禮日維冠盖儷餙兮濟濟顒如迨公孺人 / 兮伉儷名楫□（以）德（德）配德（德）兮迓續本支文子文孫兮蘭桂交輝流 / 芳百嵒（世）兮曷其有極不肖男古器等泣血立石。

4. AM50

位置　AT0703 东北部和 AT0803 西北部。

层位关系　①→ AM50 →生土。

方向　0°。

形制与结构　长方形竖穴土圹墓，直壁平底。墓圹长 350、宽 270、深 210 厘米（图二二二）。

填土为褐白色花土，结构疏松，土质较软较黏，夹杂大量白色土块和料姜石。

葬具　2 具石棺。石棺顶部各以一块长方形石板覆盖，西部石棺顶盖尺寸为长 328、宽 108～120、厚 10 厘米；东部石棺顶盖尺寸为长 326、宽 104～124、厚 10 厘米。

西侧石棺的尺寸为长 280、宽 116～126、深 78～90 厘米；东侧石棺的尺寸为长 280、宽 116～136、深 78～90 厘米。两棺中部共用一块石板，该石板中间偏南处有一拱门形小洞连通两棺，洞高 22、宽 14 厘米。棺底没有石板。

人骨　1 具。葬式、性别、年龄不详。

随葬器物　共 8 件（组）。

西侧棺室出土的有：铜镜 1 面，位于棺室东北部；铜钱 3 枚，位于棺室东北部；瓷罐 1 件，位于棺室西北部。

东侧棺室出土的有：铜钱 5 枚，位于棺室东北部；铜镜 1 面，位于棺室东北部；银坠 1 件，位于棺室东北部；银戒指 1 件，位于棺室东北部；玛瑙珠 1 组 7 颗，位于棺室东北部；瓷罐 1 件，位于棺室东北部。

瓷罐　2 件。AM50∶3，侈口、圆沿、直颈、鼓腹、圈足、平底、颈部有一对耳錾，最大腹径在中部，通体施酱色釉，内部施满釉。口径 11.2、底径 7.2、高 16、腹径 14.8 厘米（图二二三，2）。AM50∶9，侈口、圆沿、直颈、鼓腹、圈足、平底、颈部有一对耳錾，最大腹径在中部，通体饰弦纹，颈部、上腹部及耳錾施酱色釉，口部未施釉，内部施满釉。口径 10.4、底径 6.8、高 16.8、腹径 14.4 厘米（图二二七，1）。

铜镜　2 面。AM50∶1，平面呈圆形，圆柱形纽座，素面。直径 6.6 厘米（图二二七，7；图版五九，4）。AM50∶5，平面呈圆形，圆柱形纽座，纽座上有铭文“□□小造”，素面。直径 7.4 厘米（图二二三，6；图版五九，3）。

银坠　1 件。AM50∶6，银质，坠珠呈圆球状，坠子与坠珠为镶嵌而成，坠底呈梅花状，坠顶部弯曲盘旋呈孔状。径 1.2、长 2 厘米（图二二三，3；图版五九，1）。

银戒指　1 件。AM50∶7，银质，环呈椭圆状，顶部有扁平状突起，突起上装饰有五瓣花朵状。最大径 2 厘米（图二二三，4）。

玛瑙珠　7 颗。1 组 AM50∶8，平面呈圆形，中间有一穿孔。其中，2 颗呈红白色，直径 1.2 厘米；1 颗呈黑色，直径 0.8 厘米；4 颗呈白色，直径 0.7～0.8 厘米（图二二三，5；彩版一三，5）。

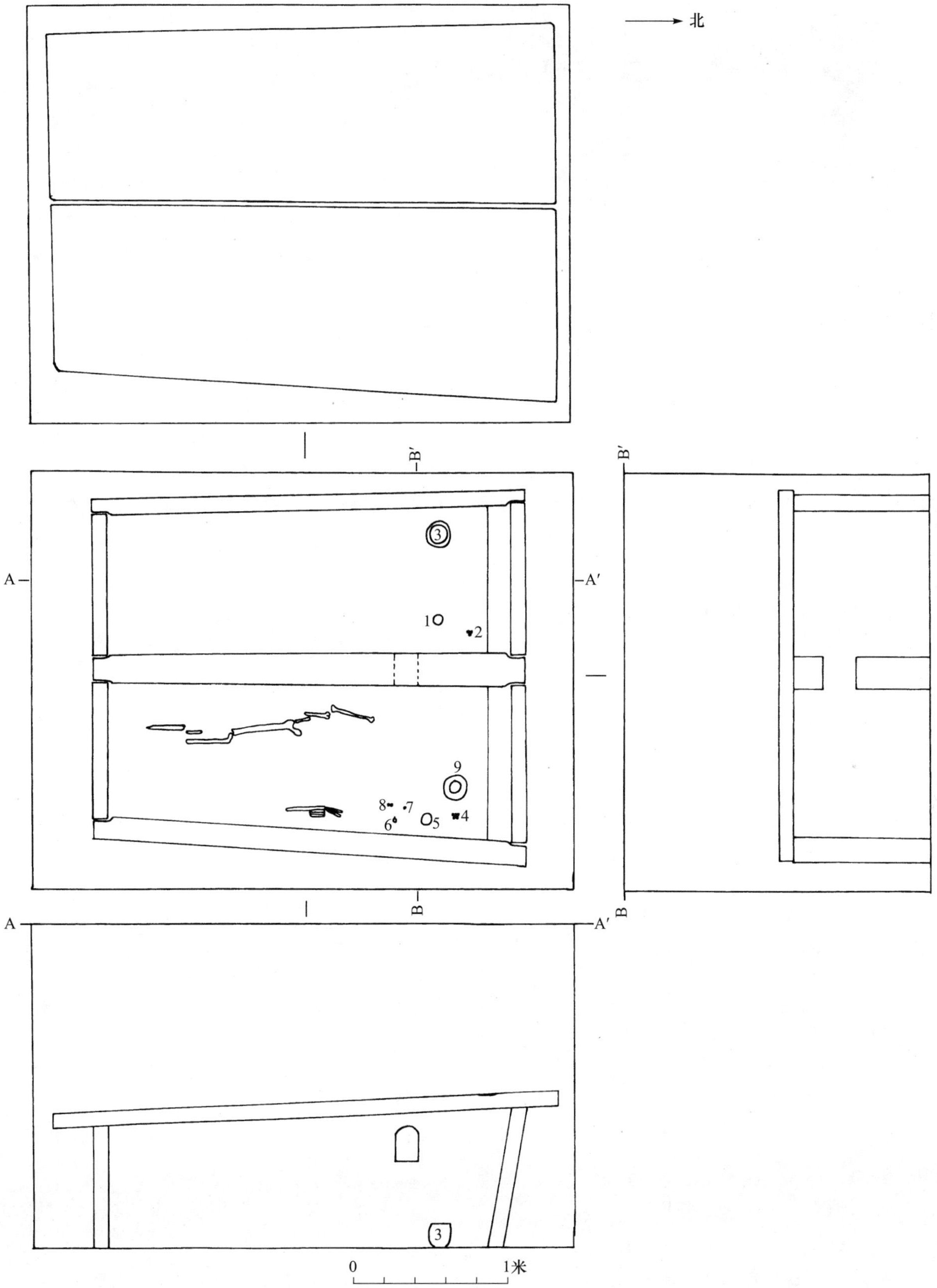

图二二二 AM50平、剖面图

1、5. 铜镜 2、4. 铜钱 3、9. 瓷罐 6. 银坠 7. 银戒指 8. 玛瑙珠

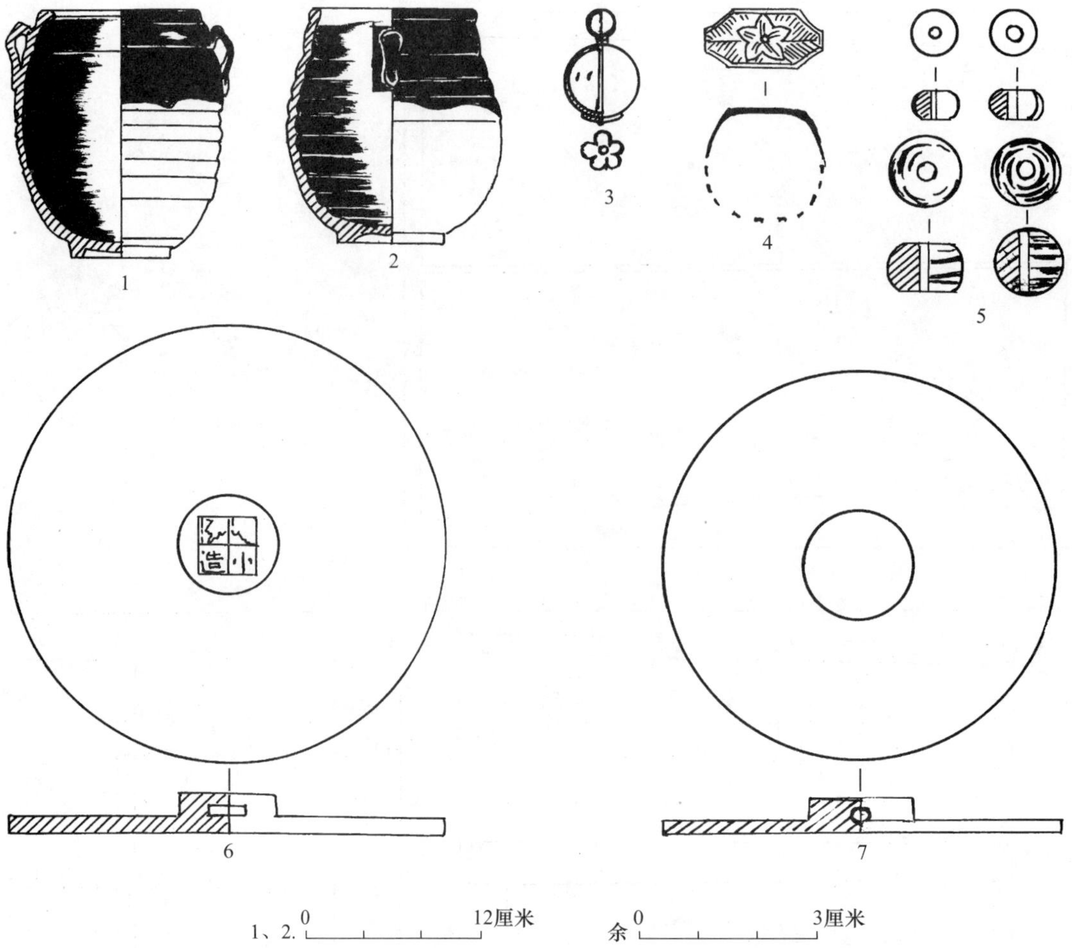

图二二三　AM50出土器物

1、2. 瓷罐（AM50：9、AM50：3） 3. 银坠（AM50：6） 4. 银戒指（AM50：7）
5. 玛瑙珠（AM50：8） 6、7. 铜镜（AM50：5、AM50：1）

铜钱　8枚。钱文不清，锈蚀严重。

5. AM52（李瀛夫妇墓）

位置　AT0602东北部。

层位关系　①→ AM52 →生土。

方向　10°。

形制与结构　长方形竖穴土圹，直壁平底。墓长360、宽340、深220厘米（图二二四；彩版一一，4）。

墓室顶部有一块长方形顶盖，三合土（以石灰、细沙石、糯米汁拌和而成）构筑，尺寸为长径316、短径308、厚8～30厘米。

墓室长316、宽288、深92厘米。墓室中间被一堵墙隔开分成东西两室，其中东室内长230、宽74～92、深92厘米；西室内长230、宽68～78、深92厘米。墓室及隔墙用三合土构筑，其砌法是用木板夹筑，木板之间填三合土夯筑成墙，后将木板除去，在墙壁上仍留有木质夹

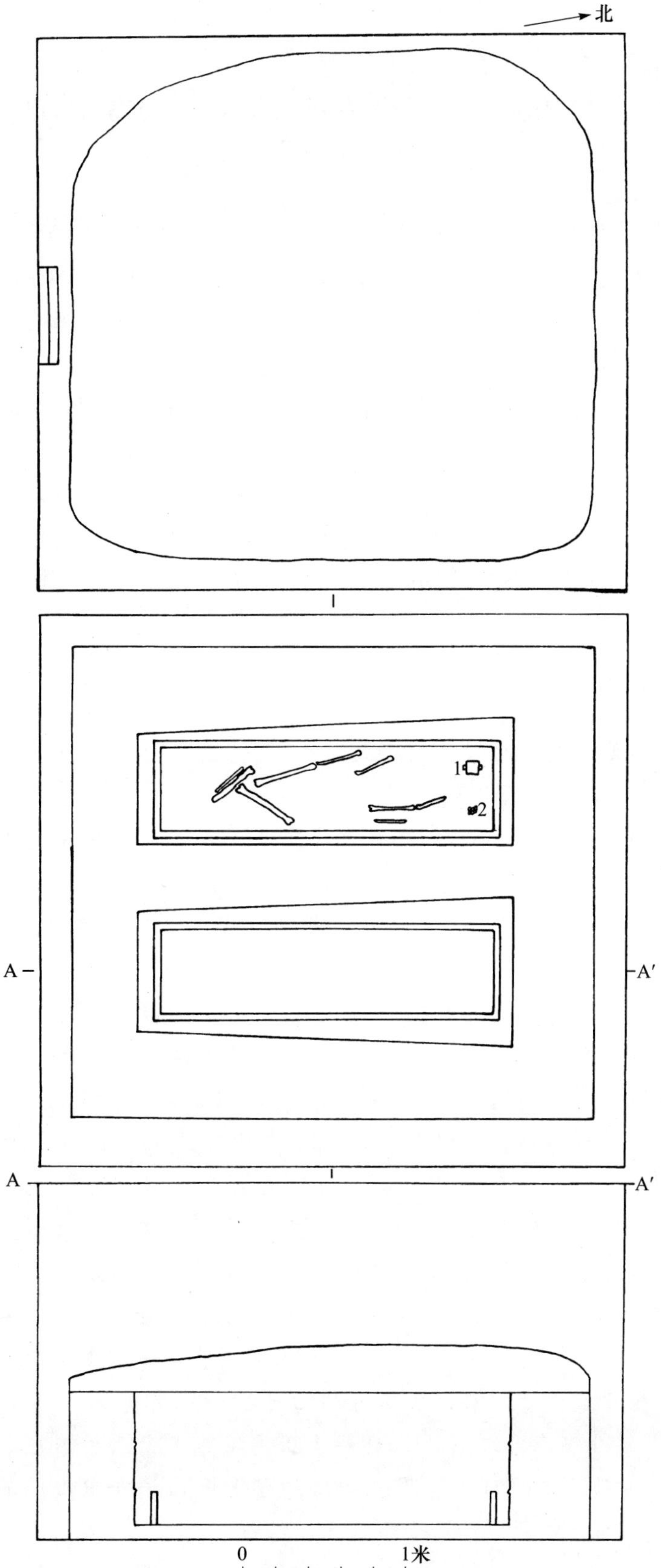

图二二四　AM52平、剖面图
1. 铜饰　2. 铜钱

板印痕。墓室四壁厚40～54、隔墙宽32～41厘米。墓底亦用三合土砌成，厚10厘米，上面铺一层草木灰。在南壁中部之下仅靠顶盖处有一合墓志。

填土为褐白色花土，结构疏松，土质较软较黏，夹杂大量白色土块和料姜石。

葬具　木棺2具。皆已朽没，仅存朽痕。东西两侧棺室形制结构相同，皆为长212、棺痕残宽60～62、残深20厘米。

人骨　1具。西侧棺室内发现人骨残段，保存状况极差，葬式、性别、年龄不详。

随葬器物　共2件（组）。铜饰1件，西侧棺室西北部；铜钱1组30枚，西侧棺室东北部。

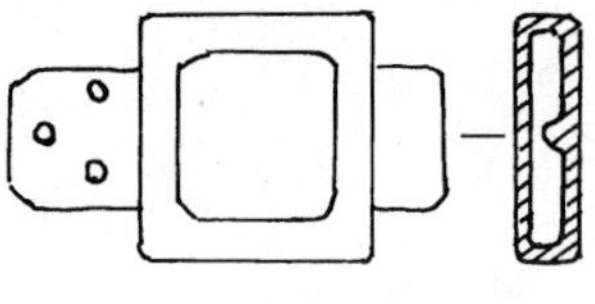

图二二五　AM52出土铜饰
铜饰（AM52：1）

铜饰　1件。AM52：1，有上下两部分构成，上部部件形状为方形，其正中有一个方形镂空装置；下部为横长方形，头端较长部分有三个凸起状乳丁呈三角形分布。长6.6、宽2.2～3.8厘米（图二二五；图版六〇，6）。

铜钱　30枚。钱文不清，锈蚀严重（图版六〇，5）。

墓志　1合。出土于墓室南壁中部，青石质，志盖与志身尺寸相同均为高57、宽60、厚6厘米（图二二六）。志盖4行，满行4字，篆书；志文29行，满行30字，楷书。录文如下：

志盖：□□州同/□□公暨/安人柴氏/合葬之墓

志文：大明海州同知李公暨夫人柴氏遷塟（葬）墓誌銘

鄉貢進士南陽王鴻漸撰

鄉貢進士南陽廳（廉）明篆盖

海州同知李公旣（既）卒之五年夫人柴氏亦卒孤哀子恕等將奉夫人及公柩自/南陽遷塟（葬）于汝州之寶豐盖公先世山西潞州人元末遷于寶豐㫖汝州隸南/陽有諱信者公之祖也子充府庠生挈家相依卒遂塟（葬）于南陽及公三世皆祔/塟（葬）焉已而公弟鄉進士秉仁謂寶豐乃首丘之地而去南陽三百餘里往来上/冢艱于兼（兼）及乃謀遷祔于寶豐之先塋恕承命惟董以嘉靖元年四月二日啓/壙奉公及夫人柩往祔焉恕以状來乞銘且致進士君之命曰必丐王君銘而/先人之志慰矣予固讓不獲乃徵状而書之公諱瀛字渊之父諱真妣樊氏左/氏生七子公行居四由太學生釋褐同知海州能以善政佐其長海州稱治且/兼專粮儲收受以法運兊以㫖軍民稱便舊例海州惕濟（桃）源水夫二千餘名/到吏朘削為奸人不堪命□請每年夫出餐錢顧役視往年所費十減四五而/□□奔命□□□□□□□□（誉）上下同詞嘗（尝）送部使者至沙河鎮遇劇賊百餘/□□□□向偵知□□□□避且嘆曰此海州好官人也至今州人有政服民/□□化强暴之謡公□□毋孝遇昆弟友撫子姪慈處耶黨謙（谦）與柴夫人相敬/□□于白首未嘗（尝）有変色動容之憾夫人尤能以禮相公夫人乃故贈禮部尚/□命蘭之女今大司空昇之姑也自歸李氏動循矩則事舅姑人稱為孝婦相/□于人稱為賢妻撫子姪人稱為慈母公之在海州也每勤以恤孤弱撫良善/□儒紳崇□校為先故公政誉發聞人謂得内助之力云公生于正統十二年/十二月初四日卒于正悳（德）十二年八月二十八日享年六十又八夫人生于正/統十三年十二月十六日卒于正悳（德）十六年四月十七日享年七十又一遷塟（葬）/于嘉靖元年四月二十一日生二男三女曰恕娶衞氏曰懋女曰鍾静適郡人/知縣張經曰鍾粹適府庠生方麟曰鍾靈適寶豐庠生衞奎孫男三曰古器曰古/民曰古風孫女一曰順正銘曰/日吉㫖良爰啓公藏利有攸遷往祔其先先冢纍纍公骨始歸/既離（离）復（复）合人神具樂列辭幽墟匪諛匪誣萬斯千年永保無虞/愚婿府庠生方麟書丹/郡人李淮鐫石。

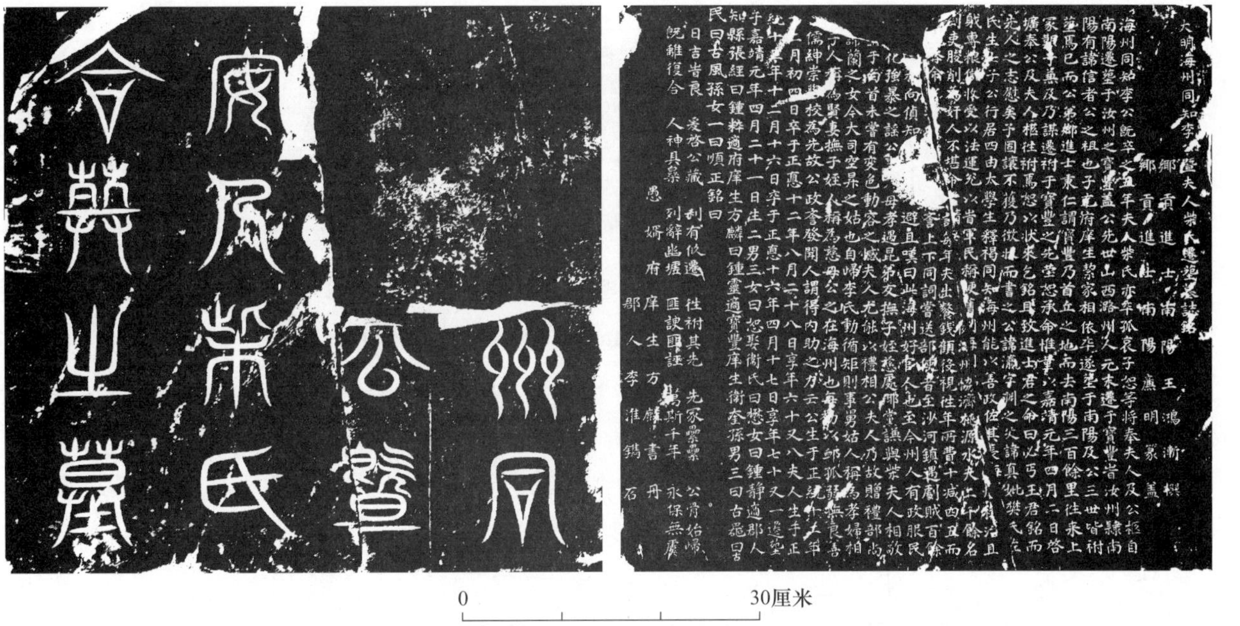

图二二六 AM52墓志拓片

6. AM53（丁氏墓）

位置 AT0703西北部。

层位关系 ①→AM53→生土。

方向 190°。

形制与结构 长方形竖穴土圹，直壁平底。墓圹长370、宽330、深195厘米（图二二七）。

墓室顶部有两块长方形顶盖，东侧顶盖为三合土（以石灰、细沙石、糯米汁拌和而成）结构，尺寸为长336、宽138～174、厚15～24厘米。西侧顶盖为一块长方形石板，平面呈长方形，尺寸为长306、宽130～134、厚24厘米。

墓室长319～324、宽274～316、深83～113厘米。墓室中间被一堵墙隔开分成两室，其中东室内长276、宽96～110、深83～113厘米；西室内长280、宽92～112、深83～113厘米。墓室及隔墙用三合土构筑，其砌法是用木板夹筑，木板之间填三合土夯筑成墙，后将木板除去，在墙壁上仍留有木质夹板印痕。墓室四壁厚18～32、隔墙宽50厘米。东室墓底亦用三合土砌成，厚10厘米，上面铺一层草木灰；西室墓底用17排青砖错缝平铺而成，青砖尺寸分别为29厘米×15厘米×5厘米、25厘米×15厘米×5厘米和29厘米×9厘米×5厘米。在西侧墓室南部正中有一合墓志。

填土为褐白色花土，结构疏松，土质较软较黏，夹杂大量白色土块和料姜石。

葬具 2具木棺。木棺皆已朽没，仅存朽痕。东侧棺痕长220、宽80、厚8～10、残深10厘米；西侧棺痕长232、宽81～84、厚8～10、残深10厘米。

人骨 不详。

随葬器物 共11件（组）。

西侧棺室出土的有：锡罐1件，位于棺室东南部；金耳坠2件，位于棺室西南部；金饰2件，位于棺室西南部；银戒指3枚，位于棺室南部；铜钱8枚，位于棺室南部。

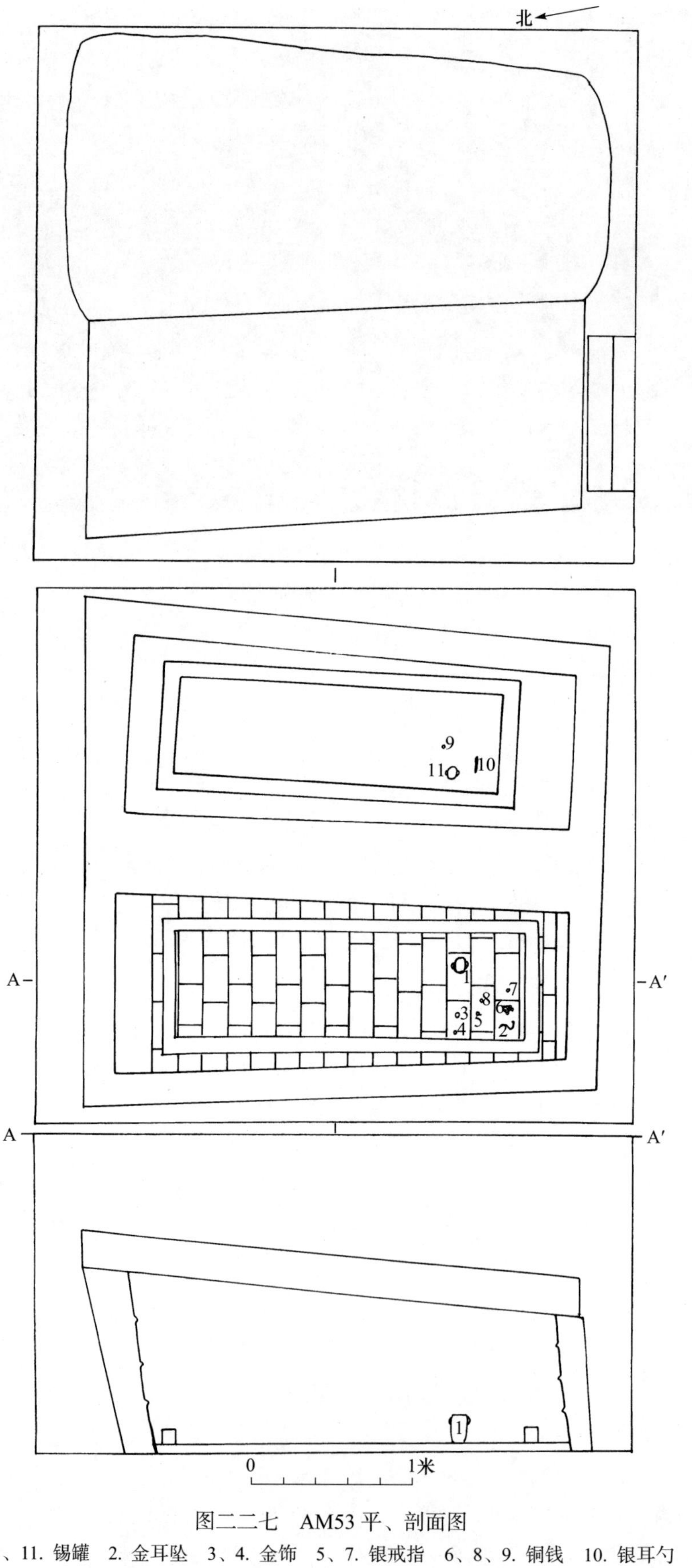

图二二七　AM53平、剖面图
1、11. 锡罐　2. 金耳坠　3、4. 金饰　5、7. 银戒指　6、8、9. 铜钱　10. 银耳勺

东侧棺室出土的有：铜钱5枚，位于棺室西南部；银耳勺1件，位于棺室西南部；锡罐1件，位于棺室西南部。

锡罐　2件。AM53：1，侈口、尖圆唇、弧腹、平底、颈部有一对鸟形耳鋬，素面。口径9.2、底径7.6、高16.6、腹径9.2厘米（图二二八，1；图版六〇，1）。AM53：11，未能修复。

金耳坠　2件。AM53：2，金质，整体形状呈"S"形，坠呈葫芦形，由三层组成，下层为八瓣瓜棱形，脐部饰五叶纹样；中层为四方形，每面饰六瓣梅花；上层为瓜蒂形。长4.9厘米（图二二八，4；彩版一四，1）。

金饰　2件。AM53：3，金质。整体形状呈八边形，中间凸，四周低。中部一周菊瓣纹将整体纹饰分为内、外两区，内区顶部为变形葵花，下部为蝴蝶，外区为一周花卉纹样。最大径3.6厘米（图二二八，2；彩版一四，2）。AM53：4，形制与AM53：3相同（彩版一四，3）。

银戒指　3枚。AM53：5，银质。环呈椭圆状，环上饰有云纹，外部有环状突起，突起最下部为一周斜线装饰，外围饰一周圆点纹，内部装饰一个兽头。最大径2.7厘米（图二二八，3；图版六〇，3、4）。AM53：7，形制与AM53：5相同（图版六〇，2）。

银耳勺　1件。AM53：10，银质。勺部呈扁圆形，柄部由上至下逐渐变细，剖面呈圆形，无装饰纹样（图二二八，5；图版六一，4）。

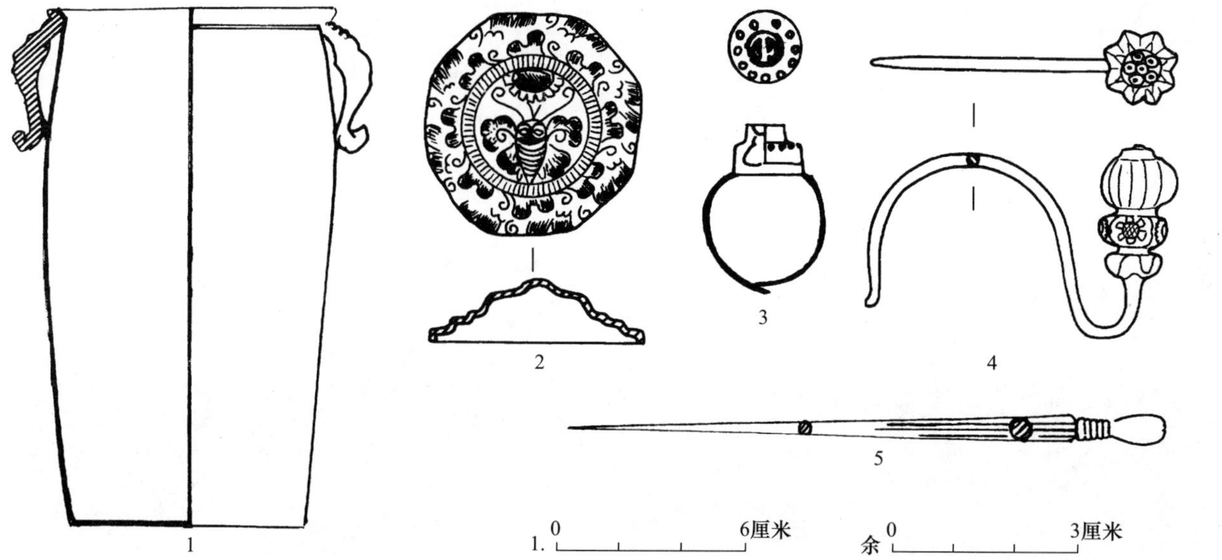

图二二八　AM53出土器物

1. 锡罐（AM53：1）　2. 金饰（AM53：3）　3. 银戒指（AM53：5）
4. 金耳坠（AM53：2）　5. 银耳勺（AM53：10）

铜钱　1组13枚。钱文不清，锈蚀严重。

墓志　1合。出土于西侧墓室南部正中，青石质，志盖与志身尺寸相同，均为高96、宽96、厚15厘米（图二二九）。志盖4行，满行5字，篆书；志文30行，满行28字，楷书。录文如下：

志盖：勑封承德郎/顯考李公母/太安人丁氏/合塟（葬）墓誌銘

志文：勑封承德郎顯考李公暨母太安人丁氏合塟（葬）墓誌銘

寶豐縣鄉官原任山西太原府通判

勅封承德郎男李持衡撰

寶豐縣儒學廩膳生員姪李持已書

寶豐縣儒學廩膳生員男李持重篆

我母丁氏於萬曆二十九年四月初五以疾終於家兒等朝夕哀號恨不/能以身代玆将與我父合葵（葬）安可無誌按母乃吾邑名族龍慶州吏目丁/公運之孫女歸吾父甫一旬有六嘗聞之諸尊人云我母年雖（虽）幼冲識實/老練賦性端嚴存心仁愛一切家政能諳理之適吾家自宛遷豐内無斗/積升儲外無應門五尺井辛茹苦賛助我父以仰事我祖父母靡不當意/及随任寧津往返跋涉獨擔其劳雖（虽）未能相我父振聲文囿亦能不墜家/業後生我兄弟四人義方訓誨督課勤懇竟使長兄遊泮季弟食廩兒亦/叨辱科名焉是時父母之心若為少慰然望子之心曷其有極常諄諄然/訓之曰汝不觀七祖之登金乎何可以今日自足奈兒不肖未能也遷延/二十餘年不獲已苟就一職判太原府事分理鴈門曾迎母至代不三月/間遂思家歸里後更調老營二載適當考績與沾/恩命我父贈為承德郎我母封為太安人矣雖未獲崇階峻秩以我十室之邑/觀之頗亦稱足是後宦情漸冷毫無覬覦之私遂起休致之念即解綬歸/田得以時瞻母顔戯彩稱觴樂供子職也非所謂一日養不以三公換乎/胡為乎未幾一紀母偶感一疾竟不起矣嗟哉痛哉玆與我父合葬父先/母卒家世邑里之詳子姓班列之次已先誌之無容多賛矣但經及八年/之久中有事變不一生斋日煩又不能不序及之也長兄法卒衡之女三/姐卒後又生孫男四孫女二孫男曰遇吉曰趍吉曰聚吉衡出曰正吉載/出孫女曰八姐曰九姐兄法出俱幼母生於嘉靖五年三月十四日計卒/之年享年七十六歲葬在卒之年十二月二十七日也/銘曰/大哉至哉世稱乾坤我父我母同此洪恩/累行積德慶流厥後兒叨科名貤封並受/壽雖不齊俱逾古稀福則相媲允矣伉儷/峩峩先塋二魂同藏萬億斯年悠久無疆。

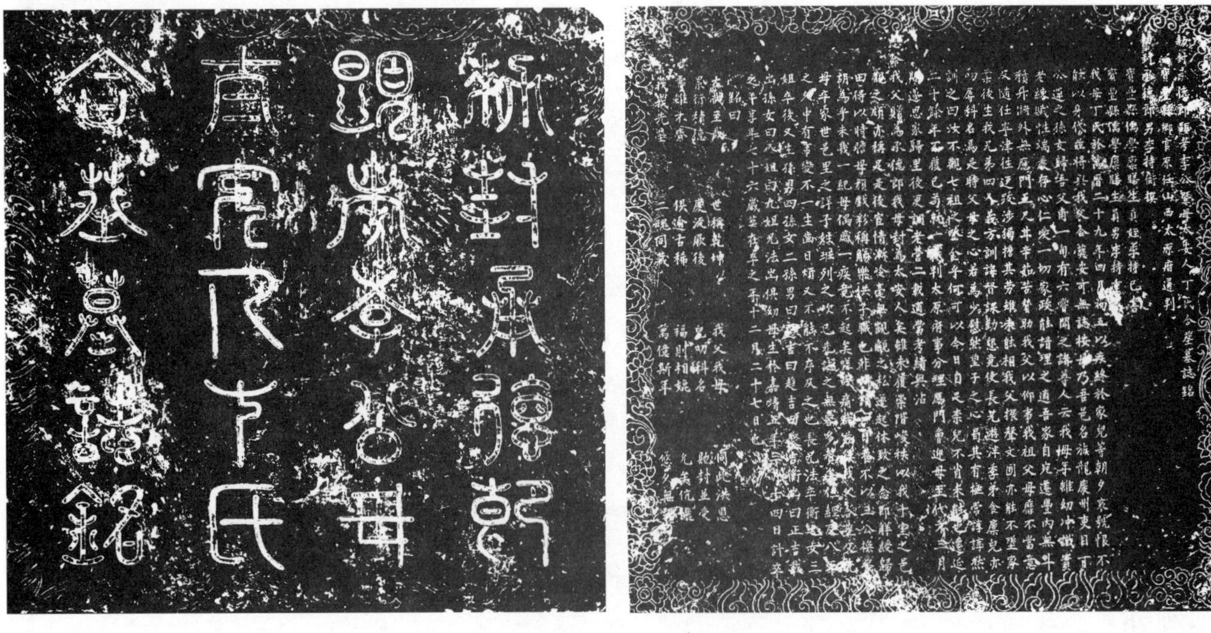

0　30厘米

图二二九　AM53 墓志拓片

7. AM54（李梯夫妇墓）

位置 AT0504东南部。

层位关系 ①→AM54→生土。

方向 345°。

形制与结构 长方形竖穴土圹，直壁平底。墓圹长350、宽260、深206厘米（图二三〇；彩版一一，5）。在墓室南壁中部有一合墓志。

填土为褐色花土，结构疏松，土质较软较黏，夹杂大量白色土块和料姜石。

葬具 2具石棺。石棺顶部各以长方形石板覆盖，西部石棺顶盖为两块石板构成，北侧石板长128～135、宽100～110、厚20厘米；南侧石板长168、宽105～114、厚20厘米。东部石棺顶盖为一块石板（中间有裂纹），长278、宽98～117、厚20厘米。

西侧石棺长278、宽108～132、深88～91厘米；东侧石棺长278、宽117～124、深88～91厘米。两棺中部共用一块石板，该石板中间有一拱形小洞连通两棺，洞高28、宽15厘米。东西两棺室均有石板铺底，石板厚20厘米。

人骨 2具。东侧棺室人骨保存较好，头向北，面向东，侧身屈肢，性别女，年龄为中年。西侧棺室人骨保存较差，仅剩部分腿骨，男性，葬式、年龄不详。

随葬器物 共4件（组）。

西侧棺室出土的有：铜钱14枚，位于棺室西北部；银耳勺1件，位于棺室西北部；瓷罐1件，位于棺室东北部。

东侧棺室出土的有：铜钱10枚，位于棺室北部；瓷罐1件，位于棺室北部。

瓷罐 2件。AM54∶3，侈口，圆沿，直颈，鼓腹，圈足，平底。颈部有一对耳鋬，最大腹径在中部。上腹部饰弦纹，颈部、上腹、中腹及耳鋬施酱色釉，口部未施釉，内部施满釉。口径9.6、底径7.2、高16.4、腹径14厘米（图二三一，1；彩版一二，2）。AM54∶5，侈口，圆沿，直颈，鼓腹，圈足，平底。颈部有一对耳鋬，最大腹径在中部。通体饰弦纹，颈部、上腹、中腹及耳鋬施酱色釉，口部未施釉，内部施满釉。口径9.6、底径6.4、高16.8、腹径14厘米（图二三一，2；彩版一二，3）。

银耳勺 1件。AM54∶2，银质，耳勺已残，勺柄呈扁平状，其正面、背面顶部均装饰有简单的花草图案。残长14.6厘米（图二三一，3；图版六一，3）。

铜钱 1组24枚。AM54∶1、AM54∶4，钱文可辨者有“治平元宝”1枚，郭径为2.4厘米（图二四二，2）；“元丰通宝”1枚，郭径为2.4厘米（图二四二，3）。

墓志 1合。出土于墓室南壁中部，青石质，志盖与志身尺寸相同均为高56、宽54、厚12厘米（图二三二）。志盖3行，满行4字，篆书；志文27行，满行25字，楷书。录文如下：

志盖：皇明李公/孺人秦氏/吉茔（葬）墓誌

志文：三祖李公暨三祖母合葬墓誌銘

孫鄉進士持衡譔

婿後學劉光啟書

余三祖李公萬曆二十一年十二月二十九日以疾卒於家三祖/母於次年七月初六日亦以疾卒今將合葬叔時芳命余銘余家/固非著姓亦頗稱詩禮門第按譜中覩記先世原係潞州人有均/

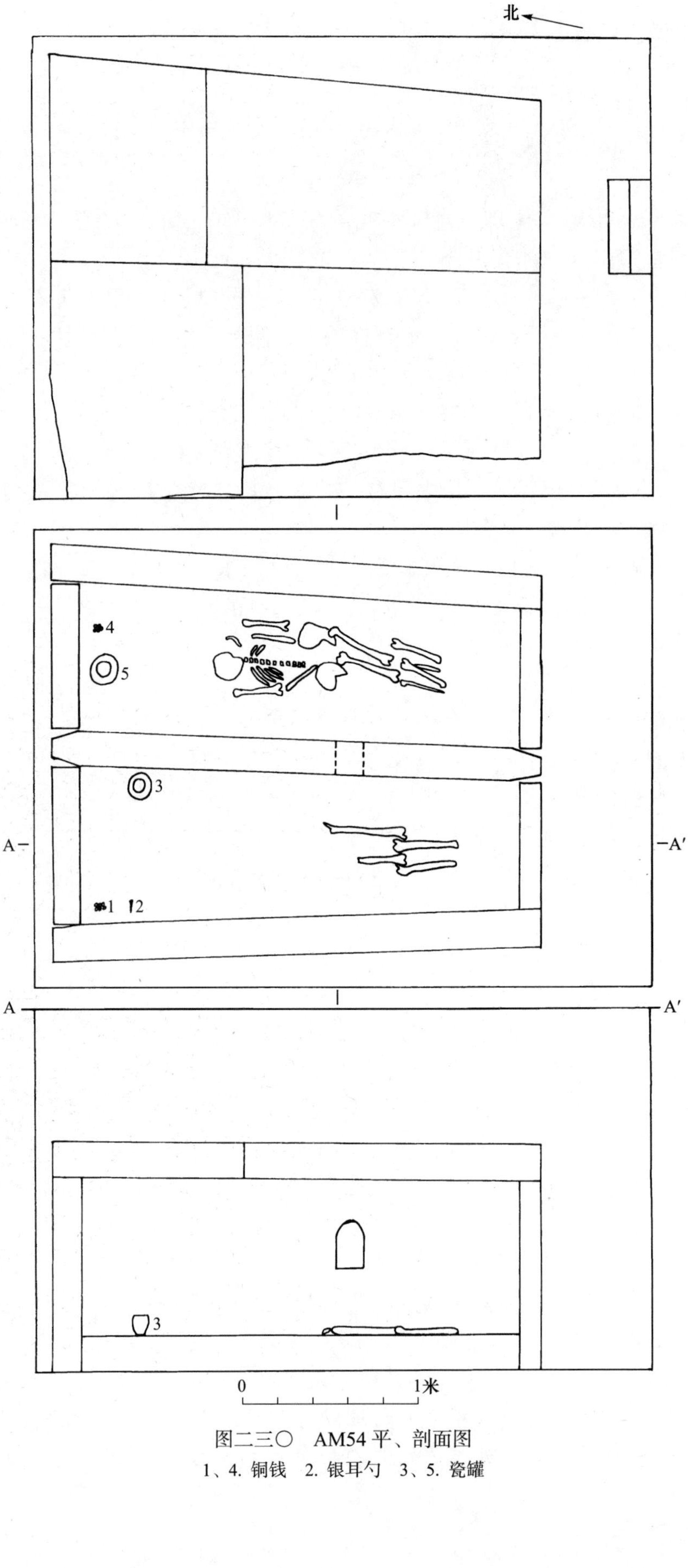

图二三〇　AM54平、剖面图
1、4. 铜钱　2. 银耳勺　3、5. 瓷罐

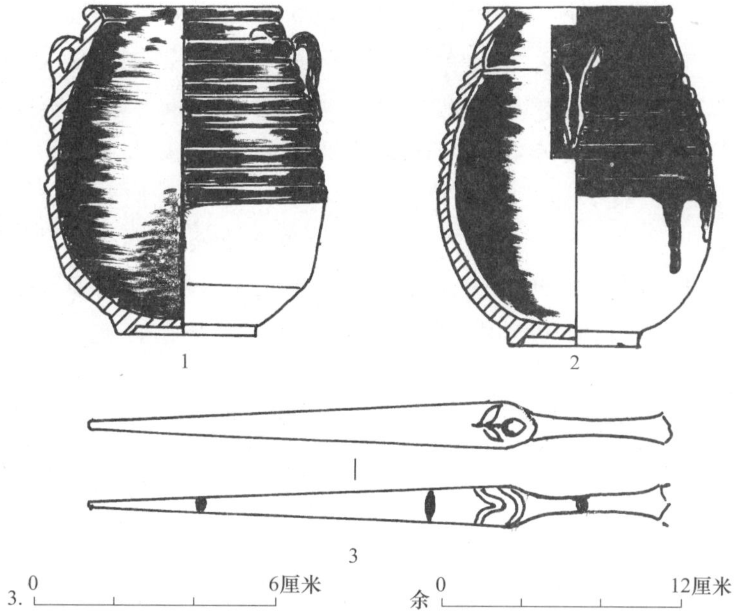

图二三一 AM54出土器物

1、2. 瓷罐（AM54：3、AM54：5） 3. 银耳勺（AM54：2）

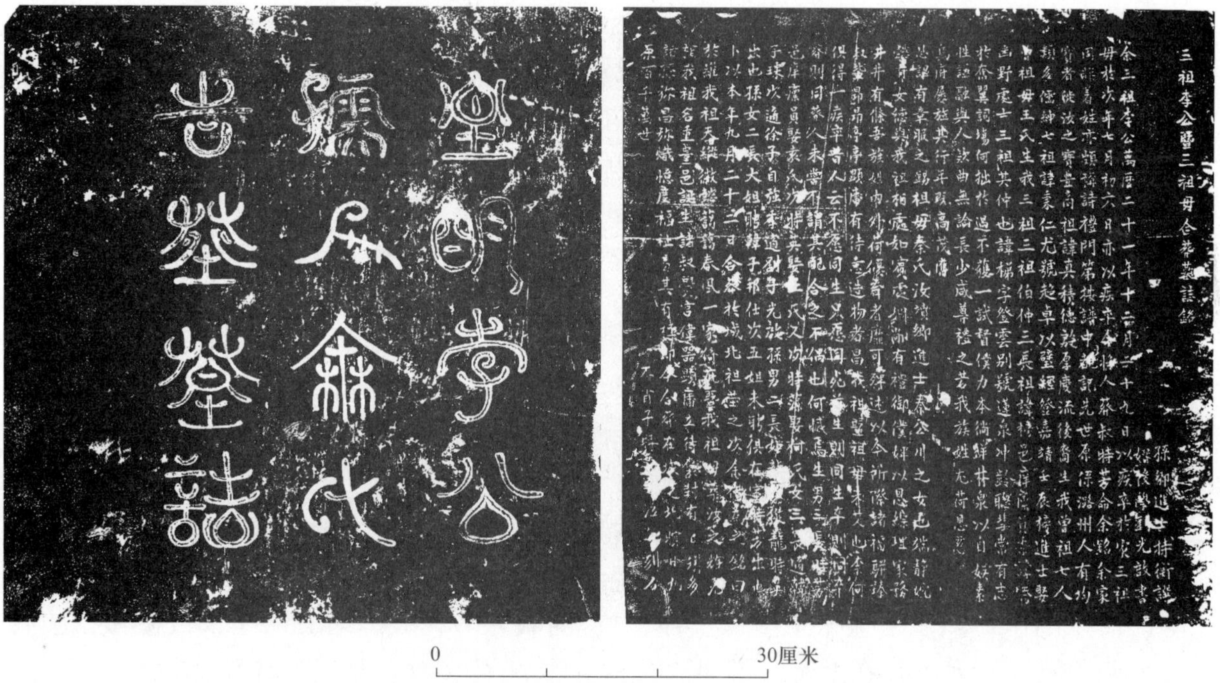

图二三二 AM54墓志拓片

寶者徙汝之寶豊高祖諱真積德殷厚慶流後裔生我曾祖七人 / 類多儒紳七祖諱秉仁尤號超卓以壁經登嘉靖壬辰榜進士娶 / 曾祖母王氏生我三祖三祖伯仲三長祖諱榜邑庠廩員季諱橋 / 峀（幽）野處士三祖其仲也諱梯字登雲别號蓮泉冲齡聰彗常有志 / 於奮翼詞場何拙於遇不獲一試督僕力本徜徉林泉以自娱素 / 性謙（谦）融與人欵無論長少咸尊禮之若我族姓尤荷恩慈 / 烏府屢旌其行年既高茂膺 / 恩詔有章服之錫祖母秦氏汝墳鄉進士秦公川之女也端静婉 / 懿有女

德與我祖相處如賓處媚□有禮御僕婢以恩綜理家務/井井有條吾族姓内外荷優育者靡可殫述以今所際諸福駢臻/叔輩昂昂亭亭顯庸有待意造物者昌我祖暨祖母未艾也奈何/俱得一疾卒昔人云不愿同生只愿同死玆生則同生卒則同卒/葬則同葬人未嘗不謂其配合之偶也何憾焉生男三長時芳/邑庠廪員娶袁氏次時英娶王氏又次時藻娶何氏女三長適韓/子珠次適徐子自強（强）季適劉子光啟孫男二長如龍次從龍時英/出也孫女二長大姐聘韓子邦仕次五姐未聘俱在室時芳出也/卜以本年九月二十二日合葬於城北祖塋之次余借為之銘曰/於維我祖天縱徽懿藹藹春風一家倚庇暨我祖母萃汝之輝克/相我祖名重豊邑誕生諸叔黌宫偉器顯庸立待褒封有日矧多/諸孫弥昌弥熾憶度福祉曷其有極即今合葬在城之北瞑目九/原百千萬世不孝子時芳泣血刻石。

8. AM56（李古器夫妇墓）

位置　AT0802 西部。

层位关系　①→ AM56 →生土。

方向　350°。

形制与结构　长方形竖穴土圹墓，墓圹长 380、宽 348、深 204～226 厘米（图二三三）。

墓室为白灰浇浆双室墓，平面近长方形，长 330、宽 294～312、深 74～95 厘米。墓室顶部有一块圆方形顶盖覆盖，顶盖亦为白灰浇浆而成，长 240～362、宽 210～330、厚 10～18 厘米。两室均为近长方形，内壁平整光滑。东室长 330、宽 156～160、深 74 厘米；西室长 330、宽 90～123、深 95 厘米。墓底亦为白灰浇浆而成，厚 10 厘米。在墓室南壁正中有一合墓志。

填土为褐、白色花土，结构疏松，土质较软较黏，夹杂大量白色土块和料姜石。

人骨　不详。

葬具　2 具木棺。两室木棺皆已朽没，仅存朽痕。东、西两侧木棺尺寸相同，均为长 240、宽 80、厚 10、残深 14 厘米。

随葬器物　共 6 件（组）。

位于西侧棺室的有：铜钱 9 枚，棺室西北部；瓷罐 1 件，棺室西北部。

位于东侧棺室的有：银戒指 1 件，棺室东北部；瓷罐 2 件，棺室西北和东南部；铜钱 30 枚，棺室东北部和北部；铁犁铧 1 件，棺室东北部。

瓷罐　3 件。AM56：2，侈口，圆沿，直颈，圆腹，圈足，平底。颈部有一对耳錾。上腹和中腹饰弦纹，上腹、颈部及双錾施灰褐釉，内部施满灰褐釉，口部未施釉。口径 9.2、底径 6.4、高 16、腹径 12 厘米（图二三四，1；图版六一，6）。AM56：4，口微侈，圆唇，高领，腹微鼓，最大腹径在上部，圈足，平底。颈部有一对耳錾。通体施黑褐釉，底部未施釉，内部施满釉。口径 8、底径 6.4、高 15.2、腹径 11.2 厘米（图二三四，2；彩版一二，5）。AM56：5，圈足，平底。底部及下腹部未施釉，内部施满褐釉。底径 11.2、残高 6.4 厘米（图二三四，3）。

铁犁铧　1 件。AM56：7，器身近三角形，口部内凹呈“V”形，背向外折成直脊，腹部外拱为弧形。长 22、宽 19.2 厘米（图二三四，5；图版六一，5）。

银戒指　1 枚。AM56：3，银质，环呈椭圆状，外部有环状突起，突起上有四周斜线装饰（图二三四，4；图版六一，1）。

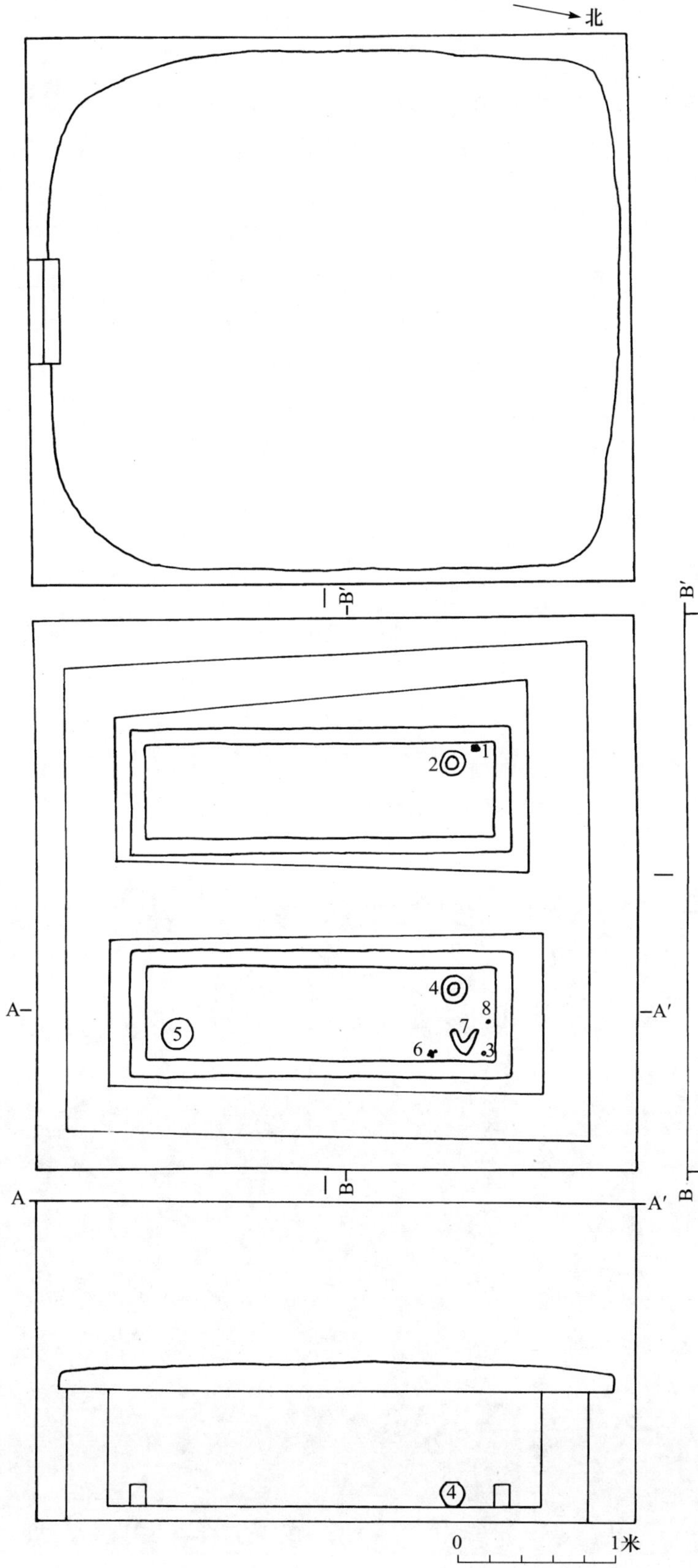

图二三三 AM56平、剖面图

1、6、8. 铜钱 2、4、5. 瓷罐 3. 银戒指 7. 铁犁铧

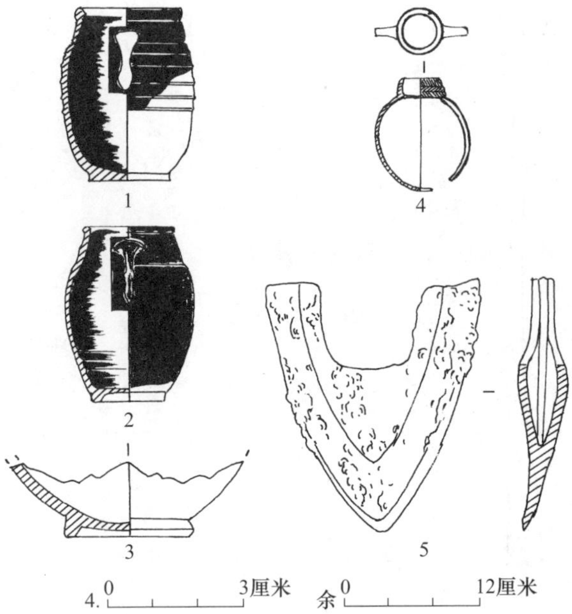

图二三四　AM56出土器物

1～3. 瓷罐（AM56：2、AM56：4、AM56：5）　4. 银戒指（AM56：3）　5. 铁犁铧（AM56：7）

铜钱　1组39枚。AM56：6-1，“开元通宝”1枚，郭径为2.4厘米（图二四二，5）。

墓志　1合。出土于墓室南壁中部，青石质，志盖与志身尺寸相同均为高67、宽67、厚10厘米（图二三五）。志盖4行，满行4字，篆书；志文30行，满行32字，楷书。录文如下：

志盖：明榮壽清/泉李公孺/人蘭氏合/塟（葬）墓誌銘

志文：明故榮壽清泉李公孺人蘭氏合塟（葬）墓誌銘

奉政大夫平凉府同知己酉鄉進士恕齊白元撰文

掌泌陽儒學教諭事邑庠甲子貢士滏城劉敏學書丹

儒學增廣生邑人净溪丁濟武篆盖

萬曆□年十一月十日清泉李公以疾卒其配蘭孺人先卒塟（葬）城北祖塋之次有年/矣至是子持法將卜期啓壙與公合塟（葬）焉乃持狀謁余泣請銘其墓余素知公銘其/可辞邪按狀公諱古器字夢徵别號清泉其先世潞州人有均寳者徙汝之寳豐曾/祖真依兄春

图二三五　AM56墓志拓片

居南陽遂為南陽人祖瀛海州同知父恕號介軒寧津司訓母衛氏生／子三長即公次古民陰陽訓術次古士清豐縣丞公生南陽甫髫年資稟穎慧過人／經史諸家一目成誦為文清勁謹密有矩度南陽儁少咸服焉先是公從太父西塘／公由豐庠舉嘉靖壬辰進士公父以西塘公之命遂自南陽改寳豐庠生公如豐每／試輒首諸生屢為文宗所器重即其才可力致華樞無難也無何萋斐搆釁屯膏弗／試僉論惜之已乃理田疇課子姓徜徉林壑以自適久之家漸饒於是庭堂樓宇輪／奐一新時招友朋觴詠盡懽年既高茂膺／恩詔有章服之錫鄉評高其行而榮其遇焉教澤所培才賢輩出而從子持衡氏魁丙／子鄉薦科第繼美顯庸有待它如捐貲以助城工樹闕以表先墓堅梁以利行人孝／恩義行炳炳可述論者謂公器度才識英偉不群使其際時行志建立當大可觀顧／恬退終身雄伏豹隱君子於公三致嘆焉配藺氏南陽巨族藺翁越之女也端静婉／懿有女德既歸公善事舅姑與公相待若賓處妯娌嫻□有禮御庶媵僕婢以恩綜／理家務井井有條其卒也人咸悼惜之公憶其賢不再継焉可謂夫婦媲德者矣男／一即持法邑庠生娶學正田公同女継娶知事何公東井女孫男三長龔吉田出聘／庠生朱維翰女次永吉次應吉女二二姐三姐何出公生弘治甲子八月二十五日／距卒享年七十有六孺人生弘治甲子八月十二日卒嘉靖甲子八月十七日享年／六十有一合葬之期萬曆八年十月二十四日也／銘曰／玉韞於櫝太阿在匣邦家利器孰掩其華嗟惟李公夙擅鴻名藏珍斂鍔美在其中／胡使之戹胡俾之屈未定者天於公奚疑多富多壽既豫且康萃公一身天道有常／淑媛之賢宜於君子聿脩（修）饋祀閒範式只哲嗣之才箕業載恢佇望風雲赫赫奕奕／雙壁一丘在城之隈瞑目九原百千萬世／石工郭舟刻。

三、单 棺 墓

1. AM49（李持衡墓）

位置　AT0703东北部。

层位关系　①→AM49→生土。

方向　350°。

形制与结构　长方形竖穴土圹墓，直壁平底（图二三六）。墓口长390、宽200厘米；墓底长336、宽200厘米；深210厘米。在距墓口140厘米处的南壁下有生土二层台，二层台长200、宽54、高70厘米；在二层台中部放置有一合墓志。

墓室顶部有顶盖，是由两块石板平铺而成，北侧石板长200、宽124、厚20厘米；南侧石板长124、宽117～120、厚20厘米。墓室平面呈长方形，墓室长320、宽156～176、深90厘米。墓室为三合土（以石灰、细沙石、糯米汁拌和而成）构筑，其砌法是用木板夹筑，木板之间填三合土夯筑成墙，后将木板除去，在墙壁上仍留有木质夹板印痕。墓室四壁厚20～30厘米，墓底平坦，铺一层草木灰。

填土为褐色花土，结构疏松，土质较软较黏，夹杂大量白色土块和料姜石。

葬具　不详。

人骨　不详。

随葬器物　共3件（组）。铜钱1组6枚，位于墓室东北部；铜镜1面，位于墓室东北部；锡罐1件，位于墓室东北部。

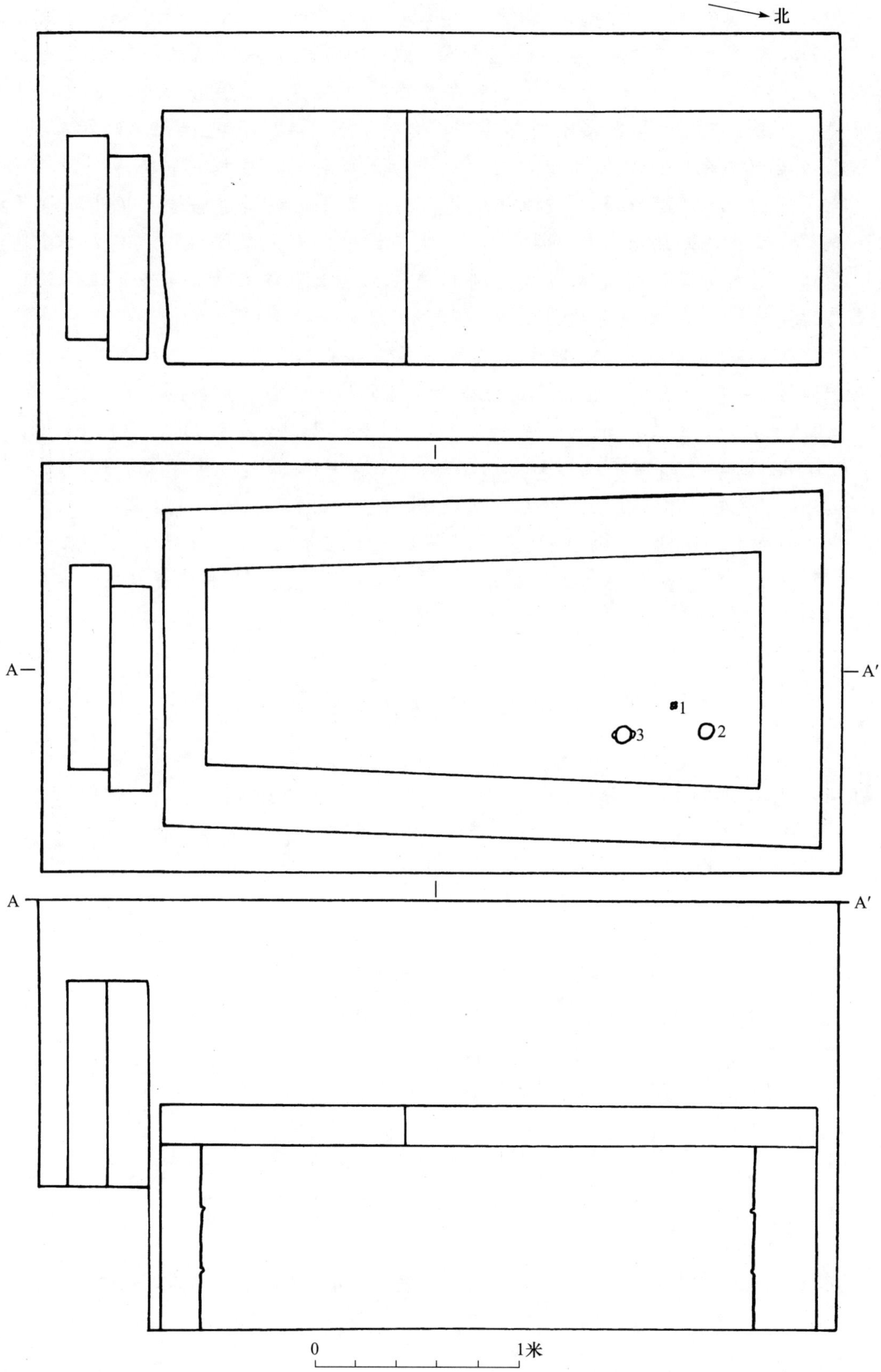

图二三六　AM49平、剖面图
1. 铜钱　2. 铜镜　3. 锡罐

锡罐 1件。AM49：3，侈口，尖圆唇，短束颈，斜腹，平底。颈部有一对圆形耳鋬。素面。口径7.2、底径6.4、高13.6厘米（图二三七，2；图版五九，5）。

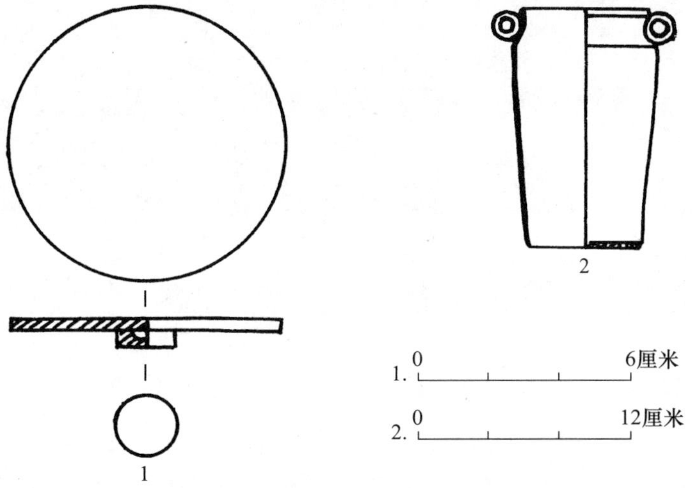

图二三七 AM49出土器物
1. 铜镜（AM49：2） 2. 锡罐（AM49：3）

铜镜 1面。AM49：2，平面呈圆形，圆柱形纽座，素面。直径7.8、纽径1.6厘米（图二三七，1；图版五九，6）。

铜钱 1组6枚。钱文不清，锈蚀严重。

墓志 1合。出土于二层台中部，青石质，志盖与志身尺寸相同均为高97、宽99、厚20厘米（图二三八）。志盖3行，满行4字，篆书；志文38行，满行33字，楷书。录文如下：

志盖：敕封承德/郎定所李/公墓誌銘

志文：顯考承德郎李公墓誌銘

賜進士第署寶豐縣事東越朱瑞鳳撰

儒學廩膳生員姪李泰吉書

儒學增廣生員孫李德笥篆

山川清淑之氣拎（於）人不偶值值拎（於）人不槩厚薄厚則大且久薄則小且暫天與人每交/因而成吾讀状有概乎定所李公之為人也公諱持衡字伯平先世祖均寶由晋潞州/遷拎（於）豐生真長厚有隐德丈夫子七一秉仁第進士而族始大曾祖瀛祖恕皆由歲薦/為州司馬為縣學愽有聲父古民官卑而行篤禄薄而沃施孝友仁爱得之天植而李/氏為益昌生公能濟其美家業自厥考好施日就微貧而篤學恂恂朴茂不逐時好黜/纷華務孝友廉（廉）讓退然不為物先不為偽始舉丙子試叢朴守约而家用以饒推以散/諸宗睦鄰好逋者蠲之疾者砭之乏者助之錐（虽）力不暇给而志殷如也/今上丙申歲就仕判山西太原府事駐代州捎（捐）俸課諸生文風蔚起其弟子孫元震武于/光馬明期同歲舉拎（於）鄉署州篆撫（抚）字元元如慈父母徵歲賦六萬金積羡餘四百有奇/不入私橐申院司貯司庫以给公费訪通家三十輩之横拎（於）州里者量重輕戍配之而/萬口稱快廉（廉）振武衛指揮鄔孔侵花军粮一萬二千两執法不少殉督追给軍而行伍/感德值亢旱承两院移文步禱拎（於）渾源州之娘娘廟甘雨隨澍四州八縣賴以大有収/放長東盈二庫銀一百萬两而秋毫不淄駐老营堡去塞外三百里舊無府分署捎（捐）俸/剏立而規制宏（廠）軍民永有憑依焉委審保德州户籍而貧富輕重適均任興堡衛学/弟子如其州弟子特為申文新進二十餘人視舊員额幾半以歲閲進階承德郎封贈/父母妻如其階□院保薦者四特奬

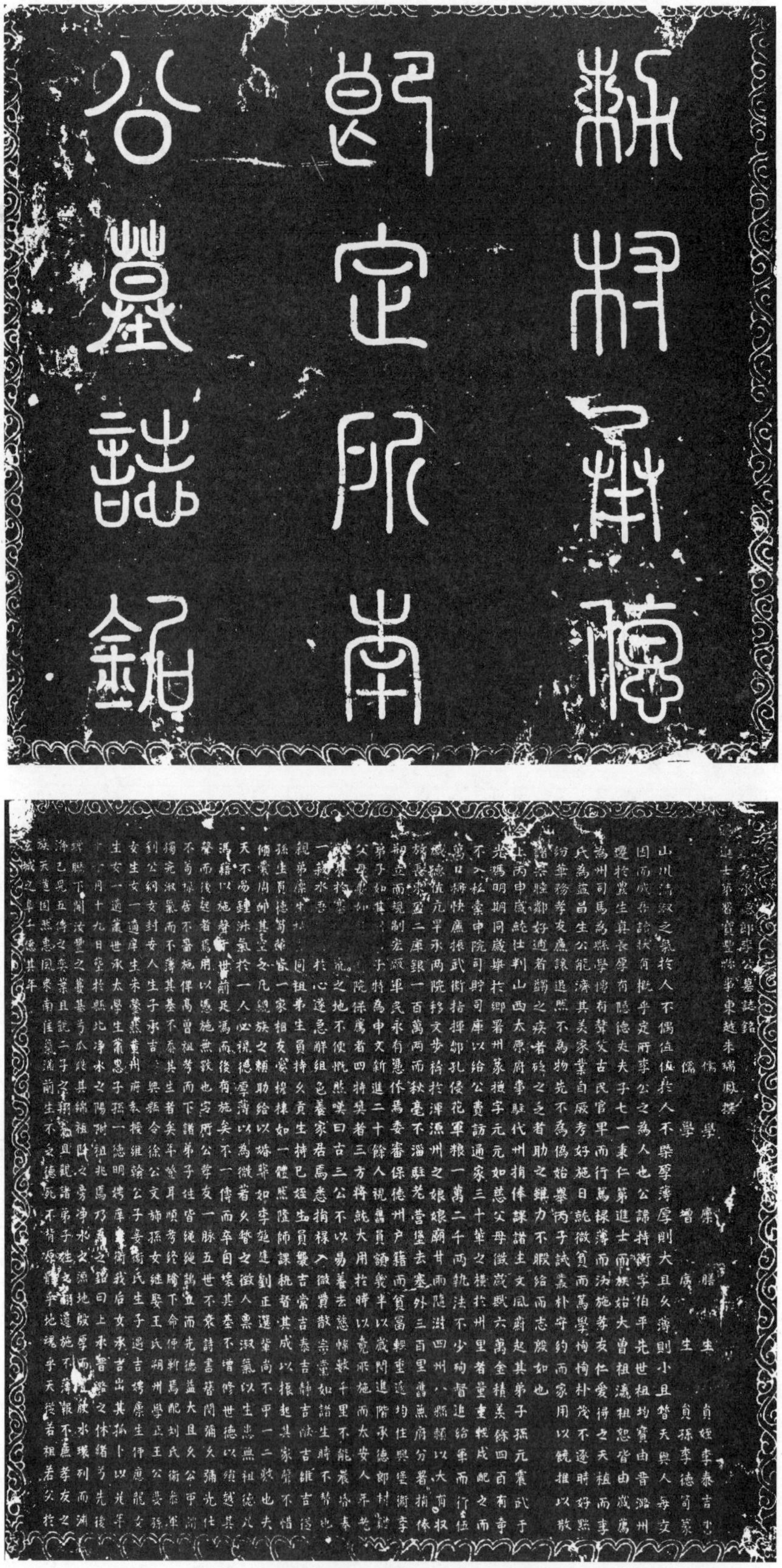

0　30厘米

图二三八　AM49 墓志拓片

者三方将就大用拎（於）時以竟所施而太安人年老/就養于塞外窮荒之地不便慨然嘆曰古三公不以易養去慈幃數千里不能晨昏奉/一菽水吾何解拎（於）心遂急解組色養家居焉悉捐（捐）禄入微貲散宗黨如諸生時不替也/親弟廪生持重同祖弟生員持久貢生持已侄生員襲吉常吉泰吉静吉猷吉雒吉從/孫生員德笥輩皆一家相友爱穆棣如一體然隆師課秋督其成以振起其家聲不惜/傾囊周卹其空乏凡親族之賴助给以婚塟（葬）如李趍庭劉正選輩尚不可一二數也夫/天不易鐘淑氣拎（於）一人必視德厚薄以為微著久暫之徵人稟淑氣以生患無祖德足/凴藉以施聲于世前足凴而後有施矣不一傳而卒自壞其基不增修世德以殞越其/聲而後起者焉用以憑施無斁也定所公孝友一脉五世不衰詩書簪閱彌久彌光仕/不苟禄居不啬施俾高曾祖考而下諸弟子姓皆绳绳鵠立而先德益大且久公可謂/獨完淑氣而不薄其基不忝其生者矣年登耳順考終牖下命何靳焉配刘氏衛軍/劉公纲女封安人生子承吉娶興縣令徐公文旆孫女继娶王氏朔州學正王公斐孫/女生女一適庠生朱鍪然黄州府教授維翰公子妾衛氏生子遇吉娉廪生何應龍女/生女一適蕭世承太學生蕭惠子孫一德明娉庠生衛我后女承吉出其孤卜以是年/十一月十九日塟（葬）拎（於）縣北浄水之陽附祖兆焉乃為之銘曰上承晋潞之休緒兮先後/蟬聯下開汝豐之蔓基兮瓜瓞其绵祖阡之旁净水之源地般厚而豐腴水環列而渊/湞巳見五傳之奕葉且觀二子之翔骞且觀諸弟子姓之翩遷施不薄報不廉（廉）孝友之/族天道固然惠風来南佳氣满前生不乏德死不背原體乎地魂乎天從若祖若父拎（於）/玄城之阜千億其年。

2. AM51

位置　AT0803 中部偏南。

层位关系　①→ AM51 →生土。

方向　165°。

形制与结构　长方形竖穴土圹墓，直壁平底。墓圹长 280、宽 130、深 232 厘米（图二三九）。

填土为褐白色花土，结构疏松，土质较软较黏，夹杂大量白色土块和料姜石。

葬具　1 具石棺。石棺顶部以一块长方形石板覆盖，顶盖长 230～266、宽 86～118、厚 10 厘米。在顶盖中部有一个盗洞，长径 42、短径 32 厘米。

石棺为四块石板相互扣合而成，尺寸为长 268、宽 100～120、深 86～90 厘米。棺室底部是由 18 排青砖错缝平铺而成，青砖尺寸有 32 厘米 × 13 厘米 × 6 厘米、27 厘米 × 13 厘米 × 6 厘米、27 厘米 × 16 厘米 × 6 厘米和 14 厘米 × 12 厘米 × 6 厘米。

人骨　不详。

随葬器物　铜钱 10 枚，墓室西南部。

铜钱　10 枚。钱文不清，锈蚀严重。

3. AM55

位置　AT0802 中部。

层位关系　①→ AM55 →生土。

方向　175°。

形制与结构　长方形竖穴土圹，直壁平底。墓圹长 340、宽 160、深 220 厘米（图二四〇；彩版一一，6）。

填土为褐色花土，结构疏松，土质较软较黏，夹杂大量白色土块和料姜石。

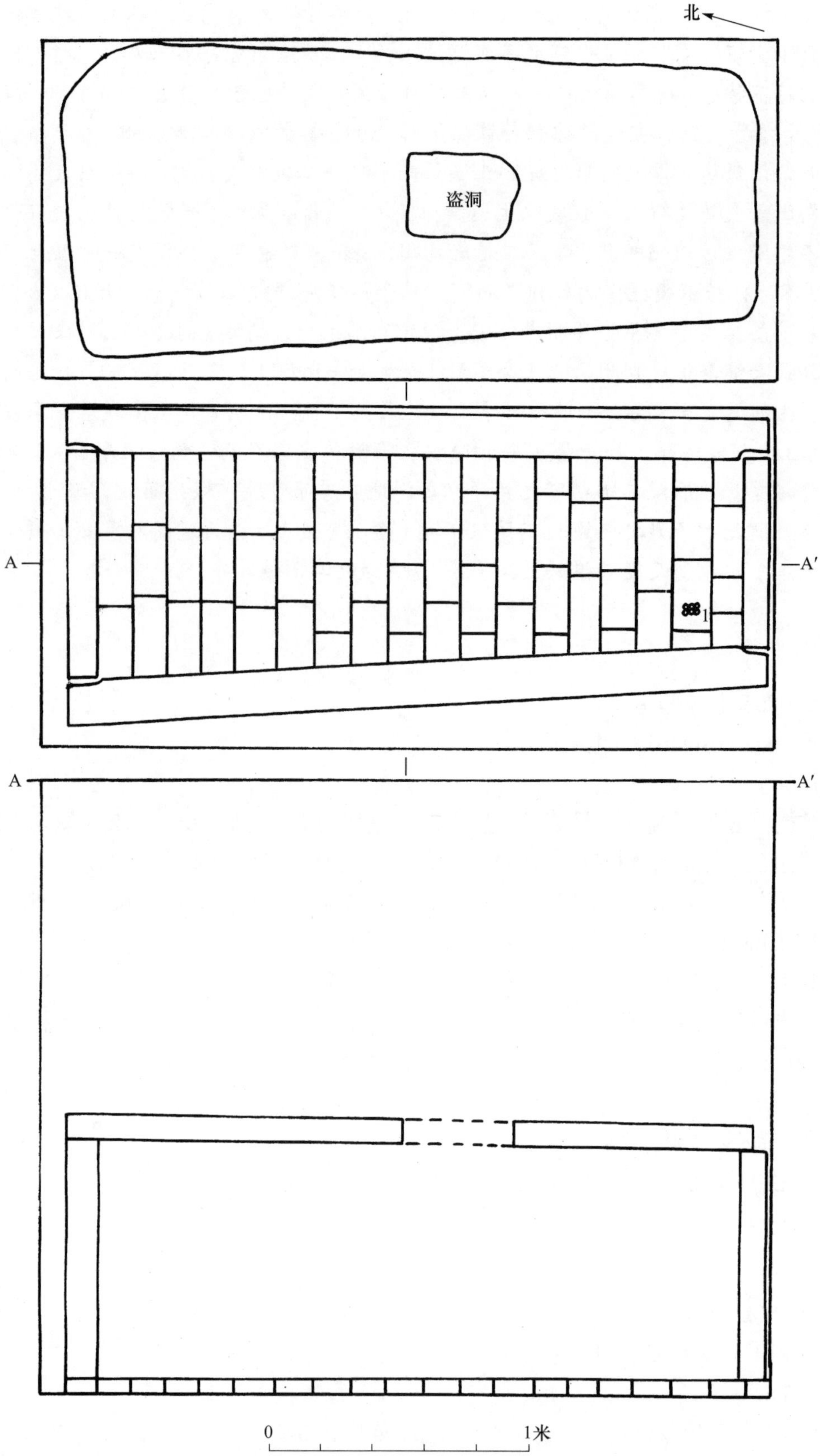

图二三九　AM51平、剖面图
1. 铜钱

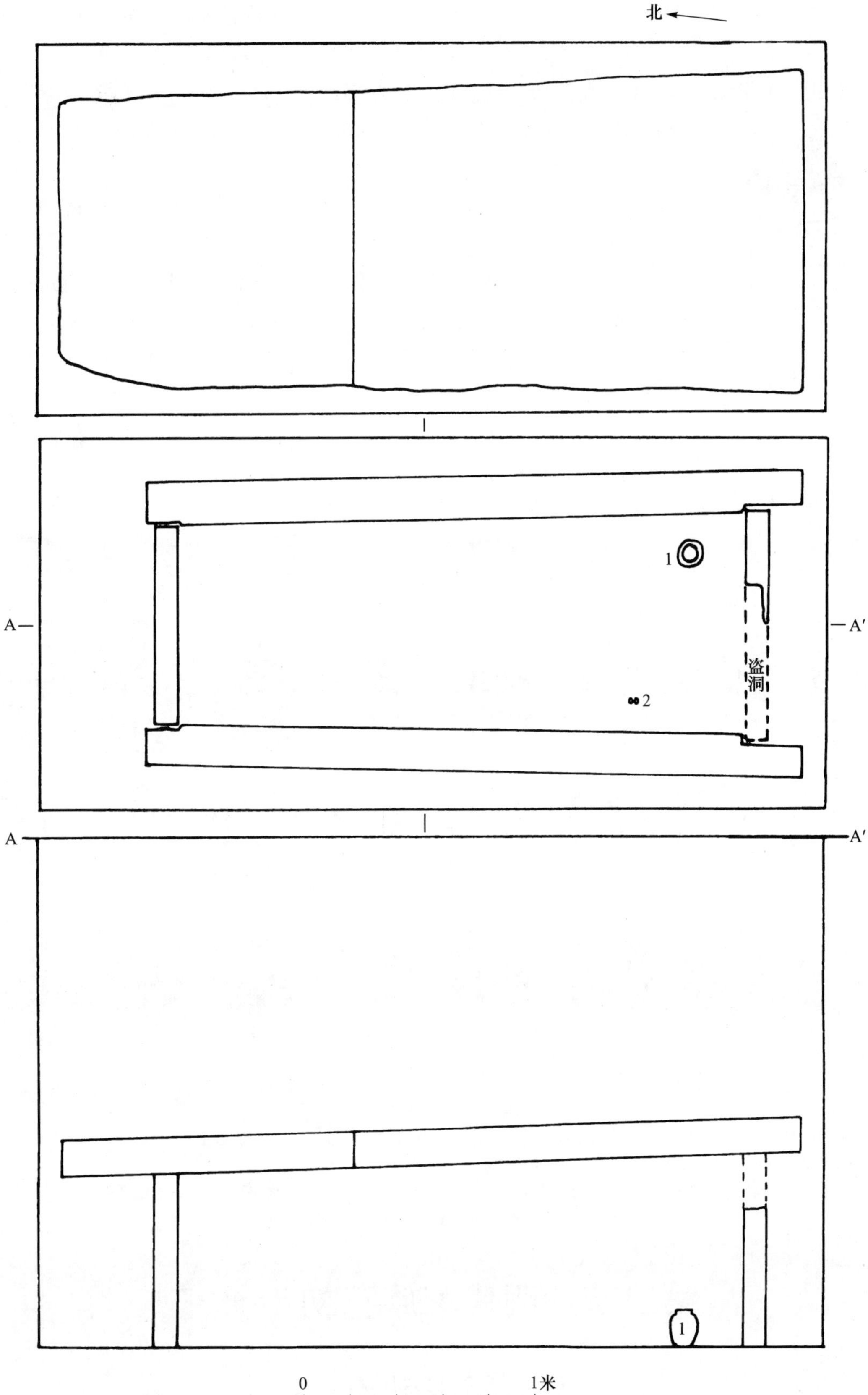

图二四〇 AM55平、剖面图
1. 瓷罐 2. 铜钱

葬具　1具石棺。石棺顶部以两块长方形石板覆盖，北侧石板平面呈长方形，长194、宽130、厚16厘米；南侧石板平面近方形，长126、宽108～126、厚16厘米。

石棺为四块石板相互扣合而成，长284、宽122～132、深76～84厘米。棺室北壁上发现有盗洞将石板打破，盗洞长50～68厘米，高24厘米。

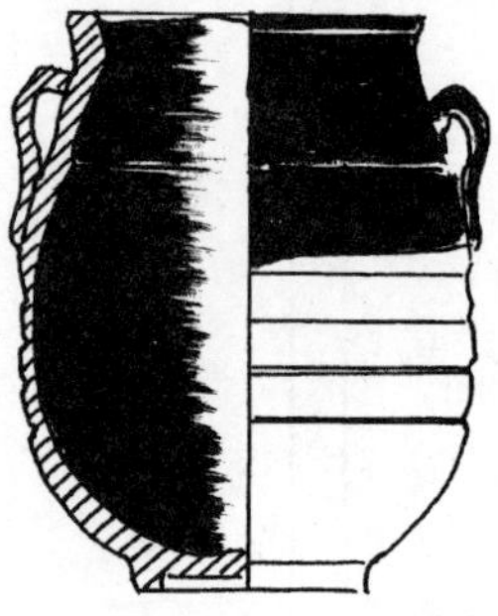

图二四一　AM55出土瓷罐
瓷罐（AM55：1）

人骨　不详。

随葬器物　共2件（组）。瓷罐1件，位于墓室西北部；铜钱1组2枚，位于墓室西南部。

瓷罐　1件。AM55：1，侈口、圆沿、直颈、微鼓腹、圈足、平底、颈部有一对耳鋬，通体饰弦纹，上腹、颈部及双鋬施酱色釉，内部施满釉，口部未施釉。口径10、底径6.4、高16.4、腹径12.8厘米（图二四一；彩版一二，4）。

铜钱　1组2枚。AM55：2-1，“景德元宝”1枚，郭径为2.4厘米（图二四二，4）。

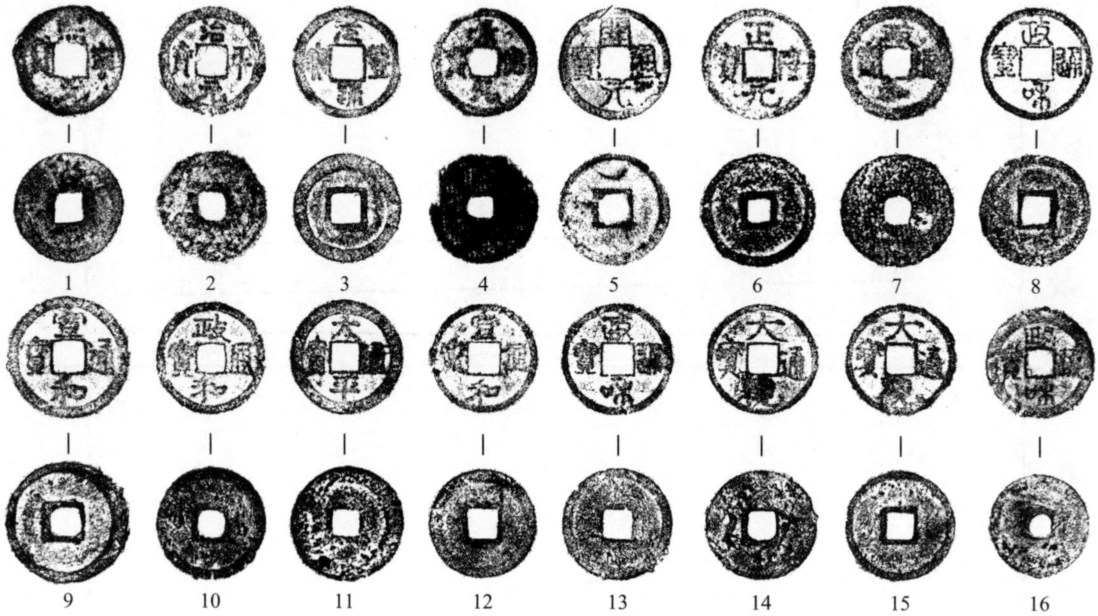

图二四二　宝丰廖旗营明墓出土铜钱拓片

1. 熙宁元宝（AM35：1-1）2. 治平元宝（AM54：1）3. 元丰通宝（AM54：4）4. 景德元宝（AM55：2-1）5. 开元通宝（AM56：6-1）6. 正隆元宝（AM57：3-1）7、8、10、13、16. 政和通宝（AM57：3-2、AM57：3-3、AM57：3-5、AM57：3-8、AM57：8）9、12. 宣和通宝（AM57：3-4、AM57：3-7）11. 太平通宝（AM57：3-6）14、15. 大观通宝（AM57：3-9、AM57：3-10）

第二节　明代家族墓初步研究

一、墓葬形制及葬法

这次发掘的13座李氏家族墓，从墓葬形制上看，以长方形竖穴土圹墓为主，共12座。土圹内直接以石板拼合而成的石棺为葬具，或者以三合土构筑墓室，个别墓室底部铺砖，葬具为木棺。仅1座砖室墓与竖穴土坑墓组成，为双人同穴异室，系二次建成。出土遗物有瓷罐、锡罐、金银饰、铜镜、铜钱、墓志等。

出土墓志9方，分属于8座墓葬，分别是李真夫妇墓（M35）、李瀛夫妇墓（M52）、李恕夫妇墓（M36）、李梯夫妇墓（M54）、李古器夫妇墓（M56）、李古民妻丁氏墓（M53）、李古民墓（M33）、李持衡墓（M49）；其中李恕夫妇墓（M36）出土墓志2方，1方撰于李恕卒年嘉靖二十九年（1550），为李恕墓志，另1方撰于李恕妻卫氏卒年嘉靖四十二年（1563），为李恕夫妇合葬墓志。不明墓主的墓葬5座，分别为PBLM32、PBLM50、PBLM51、PBLM55、PBLM57。

就目前资料来看，该墓群共葬有李氏家族五代人。墓群以李真为祖，自西向东斜向排列，每世再由西北向东南依长幼次序依次葬入。这种葬法在当地称之为"陇葬"（陇葬之法见于《三元总录》），即茔内以某代为祖，以后每世为一组，斜向由长及幼一字向左方或右方排列（其中"明堂"之内不葬人），不分昭穆，即谓"陇葬"。

值得关注的是，李古民墓中有两棺两具尸骨，其妻丁氏墓中也有两棺，但两者墓志中却不见有任何信息记载，不排除存有殉人陋习。

二、李氏家族世系

根据墓志资料可知，李氏家族自先祖李均宝于元末明初从山西潞州迁于汝州，李均宝为李信之祖，李信生二子，长子李春为府庠生随家南阳，次子李真。

AM35出土李真及夫人樊氏合葬墓志铭。李真生于永乐十七年（1419），卒于弘治十二年（1499）；樊氏先李真而卒。弘治十二年启樊氏圹与李真合葬。李真涉猎史书较多，尤精于阴阳方技，孝顺父母，勤俭自律，对周邻、亲友慷慨大方，急公好义。太皇太后诏天下高年许服冠带，李真接受，尊称寿官，乡人以为荣。娶夫人樊氏，继娶马氏，再继娶左氏。樊氏生六子，名沧、洪、洙、瀛、济、濬；左氏生一子四女，子名秉仁，女名妙福许聘陈扬，妙寿早卒，妙禄许聘陈琳，妙龄尚幼。李真有孙八人，名介、楷、柄、恕、相、栋、懋、材；孙女八人，名钟清（早卒）、钟秀许聘白鹭、钟静许聘张经、钟粹许聘方麟、钟端许聘柴昱，钟灵、钟英尚幼。

AM52有墓主二人，李瀛及其夫人柴氏。李瀛，李真四子，字渊之。由太学生官至海州同知，精于政事，竭力辅佐长官，体恤百姓。娶妻柴氏。李瀛生于正统十二年（1447），卒于正德十二年（1517）；夫人柴氏生于正统十三年（1448），卒于正德十六年（1521）。迁葬于嘉靖元年（1522）。李瀛生二男三女，子名恕、懋，恕娶妻卫氏；女名钟静许聘张经，钟粹许聘方麟，钟灵许聘卫奎。有孙男三人，古器、古民、古风；孙女一人，名顺正。

AM54有墓主二人，李梯及夫人秦氏。李梯，李秉仁第二子，字登云别号莲泉。依墓志记载，李梯聪慧有志，娶妻秦氏，卒于万历二十一年（1593），秦氏卒于万历二十二年（1594），合葬于万历二十二年九月。李梯生三男三女，子名时芳娶袁氏、时英娶王氏、时藻娶何氏，女长许聘韩珠、次许聘徐自强、季许聘刘光启。孙男二人，名如龙和徙龙；孙女二人，名大姐和五姐，大姐许聘韩邦仕，五姐未聘在室。

AM36有墓主二人，李恕及其夫人卫氏。李恕，李瀛长子，字原忠别号介轩。依墓志记载，李恕生于成化十三年（1477），卒于嘉靖二十九年（1550），卫氏卒于嘉靖四十二年（1563）。李恕曾为南阳府庠生，后被封为宁津司训。生三子一女，名古器、古民、古士、顺正，古器娶蔺氏、古民娶丁氏，古士娶袁氏、顺正许聘徐文旂。孙子七人，名持法、持衡、持载、持心、持久、彬彬、济济；孙女三人，名大姐、二姐、三姐，大姐许聘田有年。

AM56有墓主二人，李古器及其夫人蔺氏。李古器，李恕长子，字梦徵别号清泉。依墓志记载，李古器生于弘治十七年（1504），卒于万历八年（1580）；蔺氏生于弘治甲子，卒于嘉靖四十三年（1564）。李古器有一子，名持法，先娶田氏，后娶何氏。有孙子三人，名袭吉、永吉、应吉，袭吉娶朱氏；孙女二人，名二姐和三姐。

AM33为李古民之墓。李古民，李恕次子。依墓志记载，李古民生于正德十一年（1516），卒于万历二十一年（1593）。于万历二十二年（1594）十二月葬于祖茔之北。李古民好阴阳训术，在家侍奉父母，经营家业，娶妻丁氏。生三子，持法过继给李古器，持衡娶王氏，持载娶石氏，持重娶丁氏；女三，名二姐、三姐、四姐，二姐许聘刘贽，三姐许聘贾蔚然，四姐许聘杨文光。孙男十人，袭吉娶朱氏，永吉娶赵氏，常吉娶董氏，泰吉娶白氏；贞吉娶徐氏；静吉娶赵氏；亨吉娶刘氏；用吉、丕吉、通吉尚幼。孙女八人，五姐许聘刘文华；三姐许聘刘俊卿，十姐许聘萧世德；五姐许聘卫我朝；大姐、二姐、夏姐、冬姐尚幼。

AM53出土墓志为李古民及其夫人丁氏合葬墓志铭。丁氏生于嘉靖五年（1526），卒于万历二十九年（1601）。丁氏勤俭持家，孝敬父母，赋性端严，存心仁爱。李古民死后八年，有孙男四孙女二，孙男名遇吉、趋吉、聚吉、正吉，孙女名八姐、九姐。

AM49为李持衡之墓。李持衡，李古民次子，任山西太原府通判。娶妻刘氏封安人，妾卫氏。刘氏生子承吉娶徐氏，继娶王氏，生女一许聘朱□然；卫氏生子遇吉娶何氏，女一许聘萧世承，孙德明，娶卫氏。

结合墓志记载，李氏家族世系简表如下：

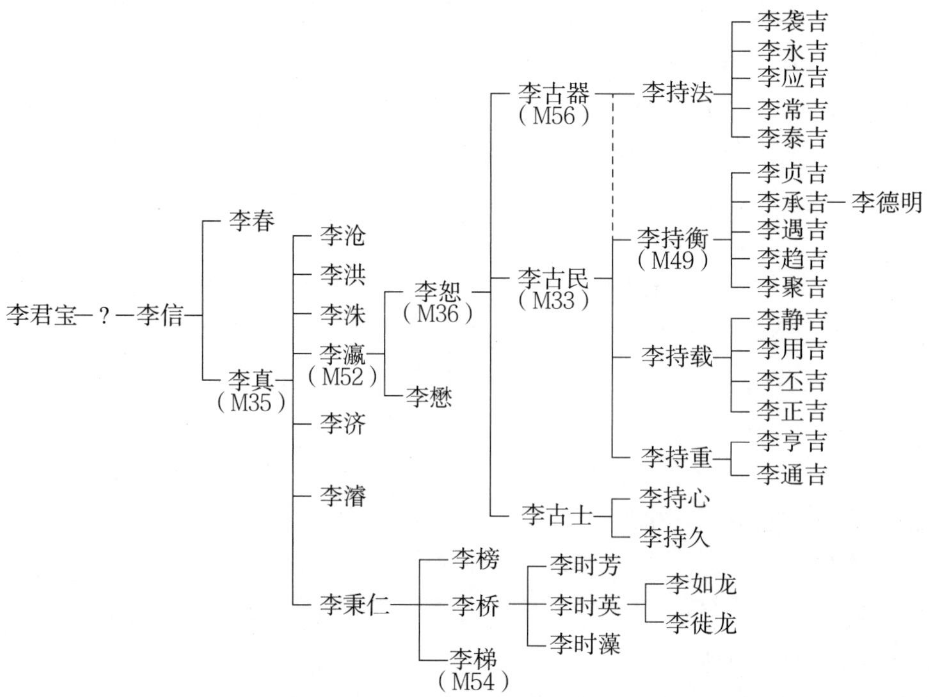

三、墓志反映的相关问题

（一）李氏家族成员的官职

依据出土墓志记载，李真为“明寿官”，李沧为陕西苑马寺长乐监监正，李濬为邑庠生，李秉仁为嘉靖壬辰榜进士，但早卒。李瀛为海州同知，李恕为宁津司训，李古器为南阳庠廪员，李古民为训术官，李古士为清丰县丞。李榜为庠廪员，李时芳邑庠廪员，李持衡为山西太原府通判，并敕封承德郎。李持重为乡廪员。

寿官是明朝出现的一种官名。按照明代的制度，这是个虚职，又是一种荣誉，奖励“德行着闻，为乡里敬服者”，只有官帽、官服，没有爵位。

庠生是明清科举制度中府、州、县学生员的别称，也就是秀才。明清时期称州县学为“邑庠”，因此秀才也称为邑庠生。承德郎是文散官名，金代始设，为正七品上。明正六品初授承直郎，升授承德郎。从墓志记载来看，李氏家族成员多为邑庠生，李秉仁为进士，李持衡官阶较高，为山西太原府通判，并敕封承德郎。因此李氏家族也可称为当地的“诗礼族”。

墓志中提及的李氏家族成员在清道光十七年《宝丰县志》[①]中有多条记载，现摘录如下：

建置志下·坊表

嘉靖乙未科，通政司，进士李秉仁坊，在北街（旧志载己未，讹）。

北街明举人李秉仁坊，久废。

太原府通判李持衡赠父母坊，在北街。

廪生李榜妻叶氏，榜子生员时化妻焦氏，一门双节坊，在北街。

选举志·进士

李秉仁，字子元，嘉靖壬辰科进士，乙未登第，观政银台。

选举志·举人

李秉仁，正德丙子科。

李持衡，字定所，万历丙子科，任山西太原府通判。

李得笥，字彝绣，崇祯丙子科。

选举志·拨贡

李得笥，泰昌元年。

选举志·岁贡

李瀛，字渊之，成化甲寅，仕至直隶淮安府海州同知，见《李青泉墓碑》。

李恕，字厚忠，嘉靖壬寅，直隶宁津县训导。

李古士，字梦桂，直隶清丰县县丞。

李时宪，安庆府教授。

李时芳，任教授。

李持己，曲江王府教谕。

李持重，任教授。

① 宝丰县史志编纂委员会：《宝丰县志·清道光十七年》，中州古籍出版社，1989年。

李猷吉，《河南通志》云：字伯纯，南阳县教授。

附　乡饮宾价

庠生李洪、增生朱宗尧、增生李持久、开封府学教授姬祚绵、庠生李袭吉……以上并见《马志》。

附　爵、封

敕赠承德郎李古民、太安人丁氏。山西太原府通判李特（持）衡之父母。

晋阶承德郎山西太原府通判李特（持）衡妻封安人刘氏。

选举志·监职

李沧，字朝宗，陕西行苑马寺长罗监监正。

人物志·列士

李瀛，字渊之，号梅轩，弘治岁贡生。任直隶淮安府海州同知。居官清明，笃于惠民。海人有“政服民心，德化强暴”之谣。

人物志·忠烈

李得笥，《明史·李贞佐传》：宝丰之陷也，举人李得笥短衣杂众中，为贼所执。贼谋主卢氏牛金星者，故举人也，劝贼重用举人。贼所至，获举人即授以官。得笥终不自言，贼莫知其为举人也。役使之不肯，伺贼寐，将刺之，贼觉被杀。或告贼曰：“此举人也！”贼惧，弃其尸而去。

李猷吉，字纯白。由岁贡生授山西临晋训导，直指使至，询地方利病，侃侃敷陈，条析缕举，直指喜，檄摄万泉县事。嗣改南阳教谕。崇正（祯）辛巳，贼围南阳，公指明伦堂曰：“此吾死所也！”城陷，猷吉死之。

人物志·孝友

李秉仁，字子元，号西塘。嘉靖壬辰科进士。未及廷对，以母病驰归，至乙未，始登第，观政银台，未仕而卒。

列女志

叶氏，坊三里人。廪生李榜妻。榜病故，遗母姜氏，茕独在堂。氏方二十四岁，生二子，时宪、时化俱幼。氏纺绩奉故，哀毁逾礼，且抚二子成立，苦守四十八年。巡按涂具奏旌表。

焦氏，叶氏次子庠生李时化妻。时化亡，遗孤在抱。氏方二十，事如训子。后子攀入泮成立，与姑嫜叶氏，询称双节，巡按具奏旌表。

县志中记载的事迹基本与墓志所述符合，证实了墓志内容的真实性与准确性。另外，关于李猷吉和李得笥的记载，县志中记载较为详细，而墓志中提及较少，仅李持衡墓志中提到“侄生员袭吉常吉泰吉静吉猷吉雒吉从 / 孙生员德笥辈皆一家相友爱穆棣如一体”，即李猷吉为李持衡侄子，李得笥为李持衡从孙。

李梯墓志中提到李秉仁生三子，长子李榜，后未介绍其婚姻及子女。县志中对李榜妻叶氏及儿媳焦氏的记载，印证了墓志记载的准确性。

（二）李氏家族的姻亲关系

墓志志文还详细记载了墓主及其子女的婚姻关系。其中李恕妻为卫永昌女，李古民妻为丁运之孙女，李古民墓志中提到李持衡娶开平卫经历王纲女，李持法先娶田同女，后继娶何东井女，李承吉先娶兴县县令徐文旆孙女，继娶朔州学正王斐孙女，李袭吉娶朱维翰女，李持衡之女适朱维翰之子。这些与李氏家族有姻亲关系的名士在《宝丰县志》中亦有记载：

建置志下·坊表

节孝徐文旆坊，在北门徐士墓前。

西门宣化坊，西街给事王之晋坊，明举人卫永昌坊，董英妻丁氏节坊，俱久废。

典祀志·乡贤祠

按乡贤崇祀以旧志所载：汉阳夏侯冯异、汉被虏大将军叔寿、吴立信校尉冯熙，宋太常寺丞孔旼，明兴县知县徐文旆、南阳县学校谕李猷吉，国朝工部屯田司主事吴宗孟凡七人。

选举志·举人

卫永昌，字延吉，成化庚子科，任湖广蕲州学训导。

选举志·拨贡

徐文旆，嘉靖甲午选贡，太原府兴县令。

选举志·岁贡

丁运，字时泰，正德九年，直隶隆庆吏目。

田同，字养民，嘉靖十九年，保安州学正。

徐文旆，字士招，嘉靖壬子。

王斐，字子文，嘉靖丙辰。

朱维翰，字莲峰，黄州府儒学教授，见万历丁未留广文、王见田《寓宝碑记》。

监职

王纲，字天伦，直隶开平卫经历。

何东井，字子星，江西九州府知事。

人物志·列士

丁运，字时泰，正德岁贡生。任直隶隆庆州吏目，有才干，为证刚果，用刑不妄，扶善除强，士民仰慕。

田同，字养民，嘉靖岁贡生。任威县训导，升保安州学正致仕。性敏学笃，议论详切。

人物志·孝友

徐文旆，嘉靖甲午选贡。母死哀毁为孺子泣。既葬庐墓三年，时有异草生于墓壁，灵鸟巢于冢树。继而父亡，哀恸庐墓，尤逾其母。尝作思亲诗百绝，人为之歌曰："孝矣哉徐！柏林生异草，产灵禽。"初任阳信丞，迁吉州判官，兴县知县。万历九年，入祀乡贤。

需要提出的是李古民墓志记载李持衡娶开平卫经历王纲女，李持衡墓志则记述为"配刘氏卫参军刘公纲女"，据县志记载李持衡被敕赠承德郎，其妻刘氏封安人。因此推测李持衡应先娶王纲女，后又娶刘纲女。

此外，李古器墓志记述李古器妻为南阳巨族藺越之女，李古民墓志中提到，李持载娶"邑人巨族石近仁之女"。据县志记载，结合出土墓志，则可看出李氏家族同当地大族和名士望族均有姻亲关系。

（三）墓志的撰写人

李真墓志由乡贡进士张景纯、刘奎等撰写，李瀛墓志由乡贡进士王鸿渐、廉明撰，李恕墓志由田同撰，李梯墓志由李持衡、刘光启撰、书，李古器墓志由已酉乡进士齐白元、甲子贡士刘敏学撰、书，李古民墓志由其子李持衡、侄李持巳、孙婿刘俊卿撰、书，李持衡墓志由署宝丰县事朱瑞凤、李泰吉、李德笴撰、书、篆。

根据《宝丰县志》，朱瑞凤于明万历三十二年任宝丰县令，刘奎任直隶深泽县知县，田同为保安州学正[①]，且墓志中提到其与李恕长子李古器为窗契，李古器子李持法又娶田同之女。李持衡为李梯从孙，刘光启为李梯季女的丈夫。刘敏学为诸城县儒学教谕[②]，李得（德）笴为李持衡从孙，并为崇祯丙子科举人。由此看来，墓志的撰写人一般为当地名士，或兼与墓主有姻亲关系，对墓主本人及家庭比较了解，保证了墓志内容的真实性和准确性。

出土的 9 方墓志详细记载了墓主人的生卒年月、葬地、德行、官职、政绩、婚姻和子嗣等。墓志的撰写人一般为墓主人的亲朋好友，或者当地名望、德行较高之人。因此墓志反映的信息较丰富，真实性较高，为明代地方史志的研究提供了实物资料。

四、明墓铜钱的使用

13 座明墓出土的铜钱，钱文多锈蚀不清，可辨的有：开元通宝、太平通宝、景德元宝、治平元宝、元丰通宝、熙宁元宝、大观通宝、政和通宝、宣和通宝、正隆元宝，均为唐、宋、金代流通的钱币，未见随葬有明代的流通钱币。这应当与明代的钱币使用制度有关。

明代社会使用的币种据史载有“宝钞”“银”“铜钱”三种。宝钞即明代的纸币，明朝政府为保证“宝钞”的正常流通，一度禁止用金银交易，在商业活动中大宗交易均以钞支付，百文以下才可用钱。后由于宝钞贬值，于正德初年废止。明英宗天顺年间中期，银作为货币开始与钱、钞共同成为社会交易的主要币种，由于钞壅不行，当时朝野皆用银，其小者乃用钱。明代社会流通的铜钱分为历代所遗留之铜钱和国朝制钱。历代钱一般指隋以后的历代铜钱。明初民间通用历代钱，太祖初年虽已铸造本朝制钱，但命与历代钱兼行。其后也多次颁布历代钱与制钱并用的政策法令。嘉靖末年因制钱大量鼓铸，私铸钱增多，国家税收征银不征钱，历代钱逐步走向衰落，日益贬值，民间逐不愿用历代钱，只用制钱。万历时历代钱只许民间流行，输税赎罪俱用制钱，历代钱阻滞不行。崇祯时广铸制钱，始括古钱以充废铜，民间市场亦摈不用[③]。由此看来，历代钱自明初至万历年间均可作为货币流通于明朝社会，直至崇祯时才废止。

出土墓志的 8 座墓葬中，年代最早为弘治十二年（1499），最晚至万历二十九年（1601），历代钱尚可作为货币流通于民间市场，但已逐步走向衰落。墓葬中随葬铜钱以历代钱为主，应与历代钱作为货币的流通作用减弱有关。

① 宝丰县史志编纂委员会：《宝丰县志·清道光十七年》，中州古籍出版社，1989 年。

② 宝丰县史志编纂委员会：《宝丰县志·清道光十七年》，中州古籍出版社，1989 年。

③ 王久刚：《从西安明墓出土铜钱看明代铜钱使用情况》，《西安钱币学会成立十周年纪念文集》，2004 年，第 55～58 页。

第四章　清 代 墓 葬

清墓共26座（附表四），其中A区2座（图二四三），即AM1、AM2；B区24座（图二四四），即BM1、BM3、BM11、BM12、BM13、BM14、BM15、BM16、BM17、BM18、BM20、BM21、BM22、BM23、BM24、BM25、BM26、BM27、BM28、BM29、BM30、BM31、BM33、BM34。

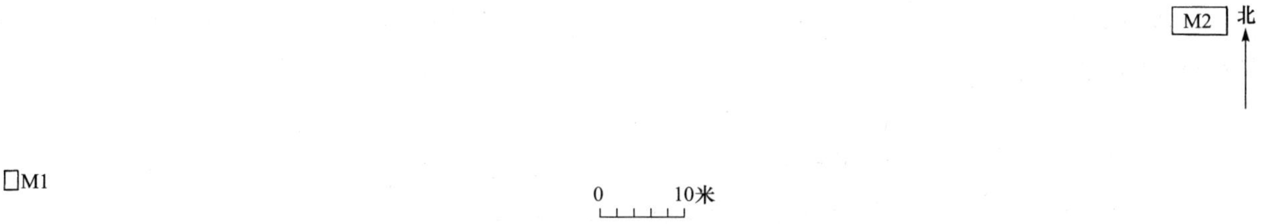

图二四三　A区清墓分布示意图

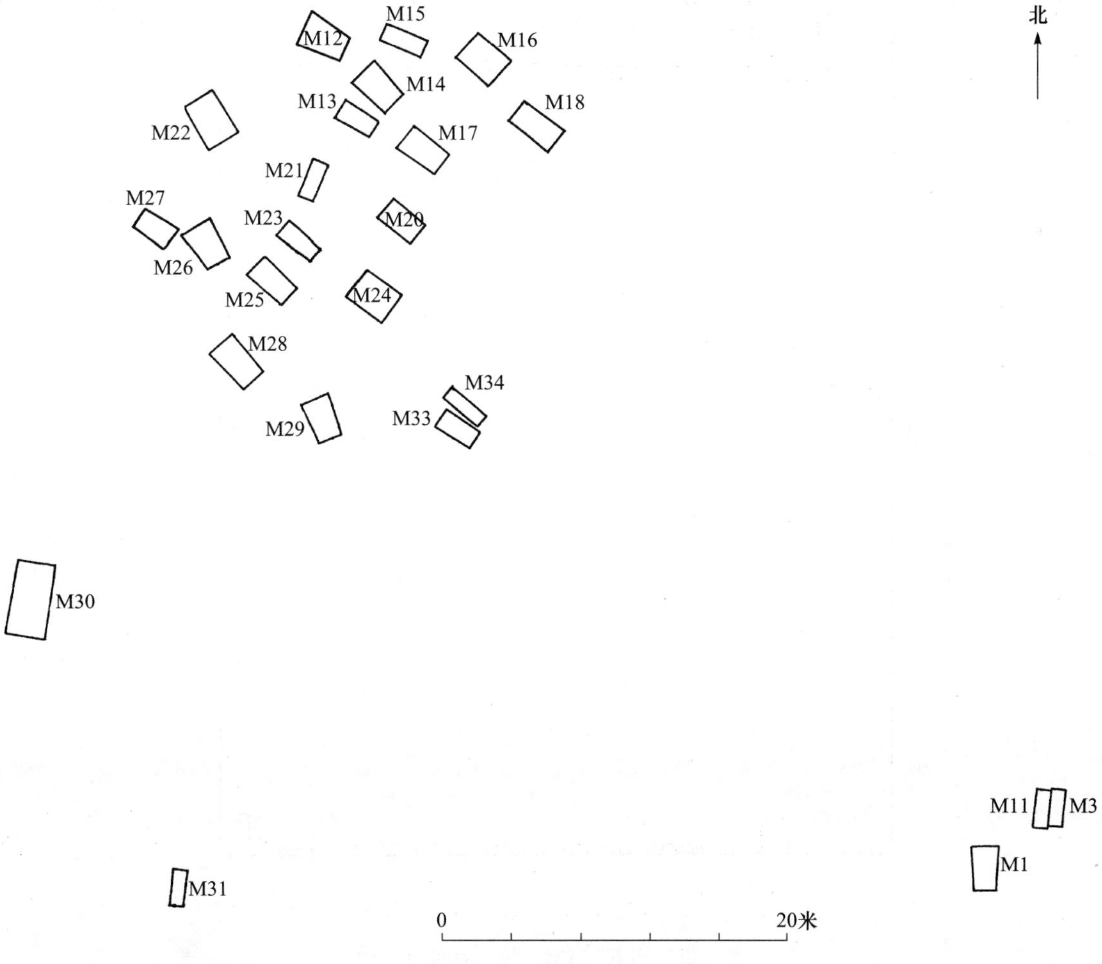

图二四四　B区清墓分布示意图

第一节　墓葬形制与随葬品

一、A 区 墓 葬

1. AM1

位置　位于 AT0106 西部。

层位关系　①→ AM1 →生土。

方向　0°。

形制与结构　长方形竖穴土坑墓，直壁平底。墓长 230、宽 150～174、深 158 厘米。墓室北宽南窄（图二四五）。

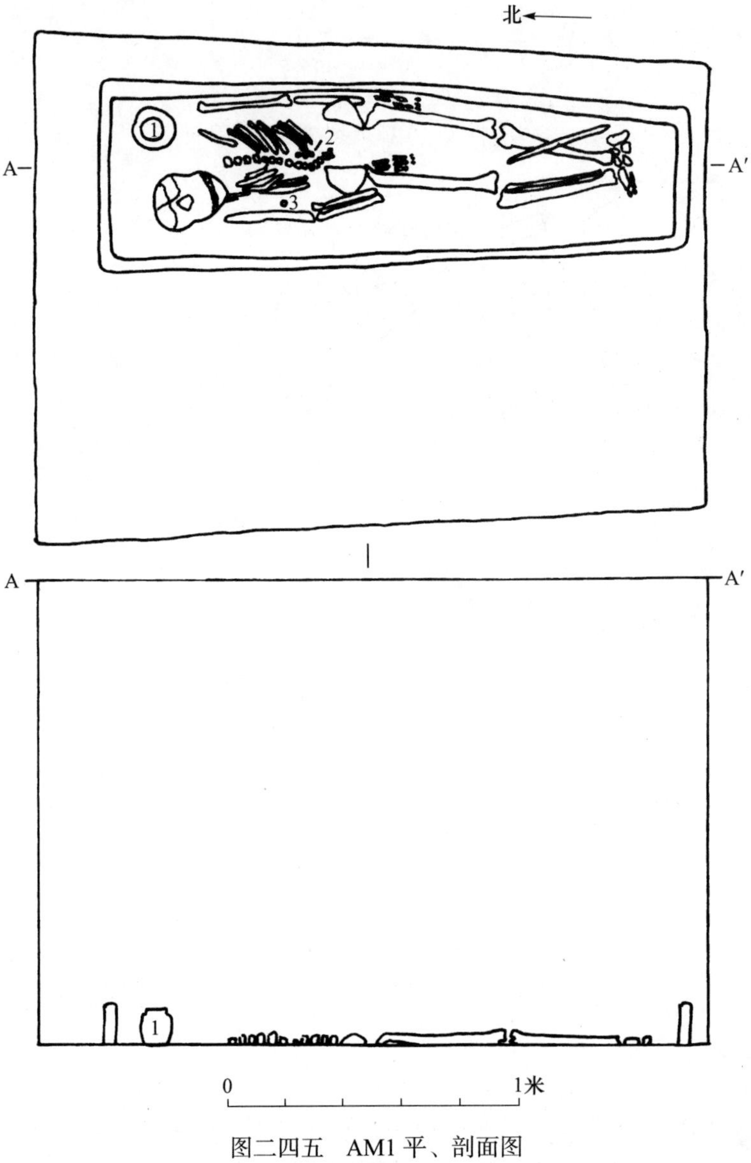

图二四五　AM1 平、剖面图
1. 瓷罐　2. 铜扣　3. 铜珠

填土为褐色花土，结构疏松，土质较软较黏。内含炭粒和烧土颗粒。

葬具　1具木棺。棺痕长202、宽48～65、残高14、厚4～6厘米。

人骨　1具。仰身直肢葬，头向北，面向上，性别、年龄不详。

随葬器物　共发现3件（组）随葬品。瓷罐，1件，出于头骨东北方；铜扣，1组3枚，人骨肋骨处；铜珠1组3枚，人骨胸骨处。

瓷罐　1件。AM1：1，褐胎黑釉。直口，圆唇，直颈，溜肩，肩颈之间有一道折棱，下腹斜直，圈足，平底。颈上贴塑四个耳，两两一侧，左右对称。器外壁除下腹和足外，均施黑釉，器内壁饰满黑釉。口径8、底径6.4、高13.2、最大腹径10.8厘米（图二四六，1；图版六二，2）。

铜扣　1组3枚。AM1：2，扁圆形，正面凹陷，为镶嵌所用，镶嵌物不详。背面有扣环。直径1.4厘米（图二四六，2；图版六二，6）。

铜珠　1组3枚。AM1：3-1，圆珠形，其上有环形鼻，套一圆环。扣径1.4、高1.9厘米（图二四六，3）。

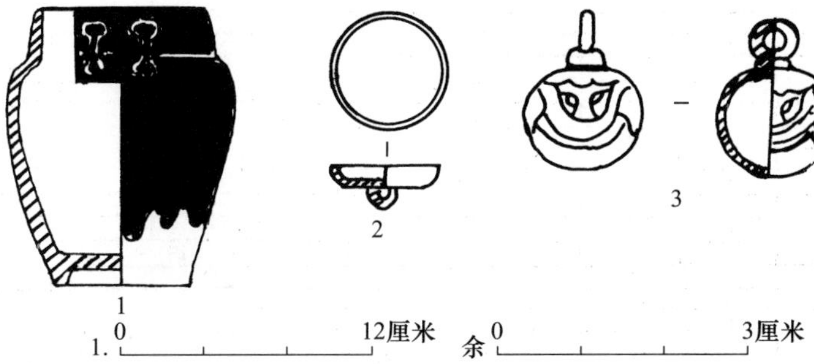

图二四六　AM1出土器物

1. 瓷罐（AM1：1）　2. 铜扣（AM1：2）　3. 铜珠（AM1：3-1）

2. AM2

位置　位于AT1508西南部。

层位关系　①→AM2→生土。

方向　90°。

形制与结构　长方形竖穴砖室墓，直壁平底。墓长274、宽128、深170厘米（图二四七）。墓顶被破坏，形制结构不详。四壁为青砖错缝叠放而成，共26层。在墓室北壁中部偏下有一个壁龛，壁龛高30、宽20～28、进深14厘米。壁砖直接起于铺底砖之上。墓底为青砖错缝平铺而成。青砖尺寸为26厘米×14厘米×6厘米。

填土为褐色花土，结构疏松，土质较软较黏。内含炭粒和白土颗粒。

葬具　不详。

人骨　不详。

随葬器物　共发现2件（组）随葬品。铜扣，1组2枚，出土于墓室西北处；铜烟斗，1件，出土于墓室南部偏北。

铜扣　1组2枚。AM2：1，圆珠形，其上有环形鼻。扣径0.7、高1.2厘米（图二四八，1）。

铜烟斗　1件。AM2：2，烟嘴、烟锅分件。烟嘴饰有花瓣，烟锅圆锅状，腹较深。口径2厘米，底径0.75厘米，高1.5厘米。烟嘴长8.1厘米（图二四八，2；图版六二，5）。

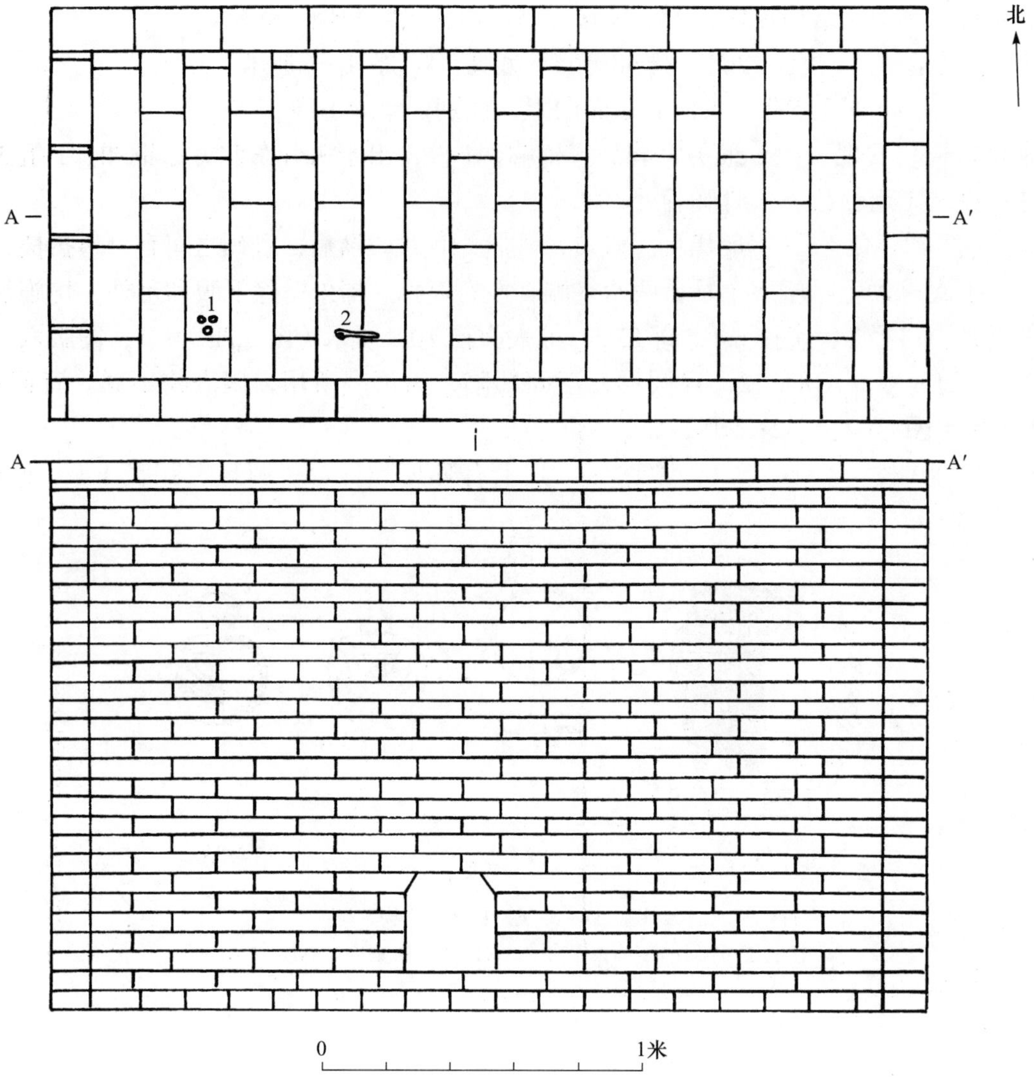

图二四七　AM2 平、剖面图
1. 铜扣　2. 铜烟斗

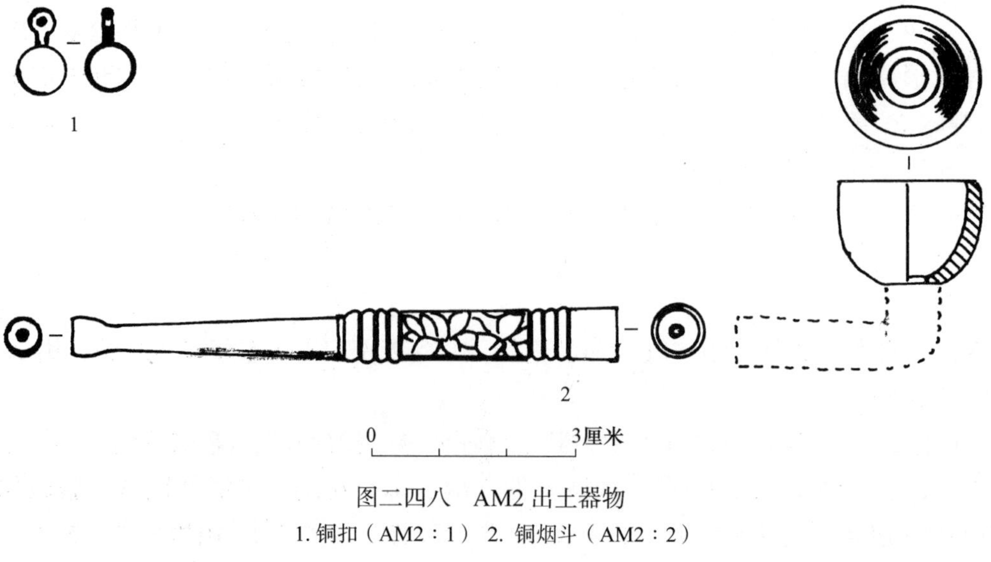

图二四八　AM2 出土器物
1. 铜扣（AM2：1）　2. 铜烟斗（AM2：2）

二、B 区墓葬

1. BM1

位置位于　BT1310 东部。

层位关系　①→ BM1 →②。

方向　0°。

形制与结构　长方形竖穴土坑墓，直壁平底。长 250、宽 110～184 厘米。墓底西半部略高于东半部，西半部深 136、东半部深 160 厘米（图二四九）。

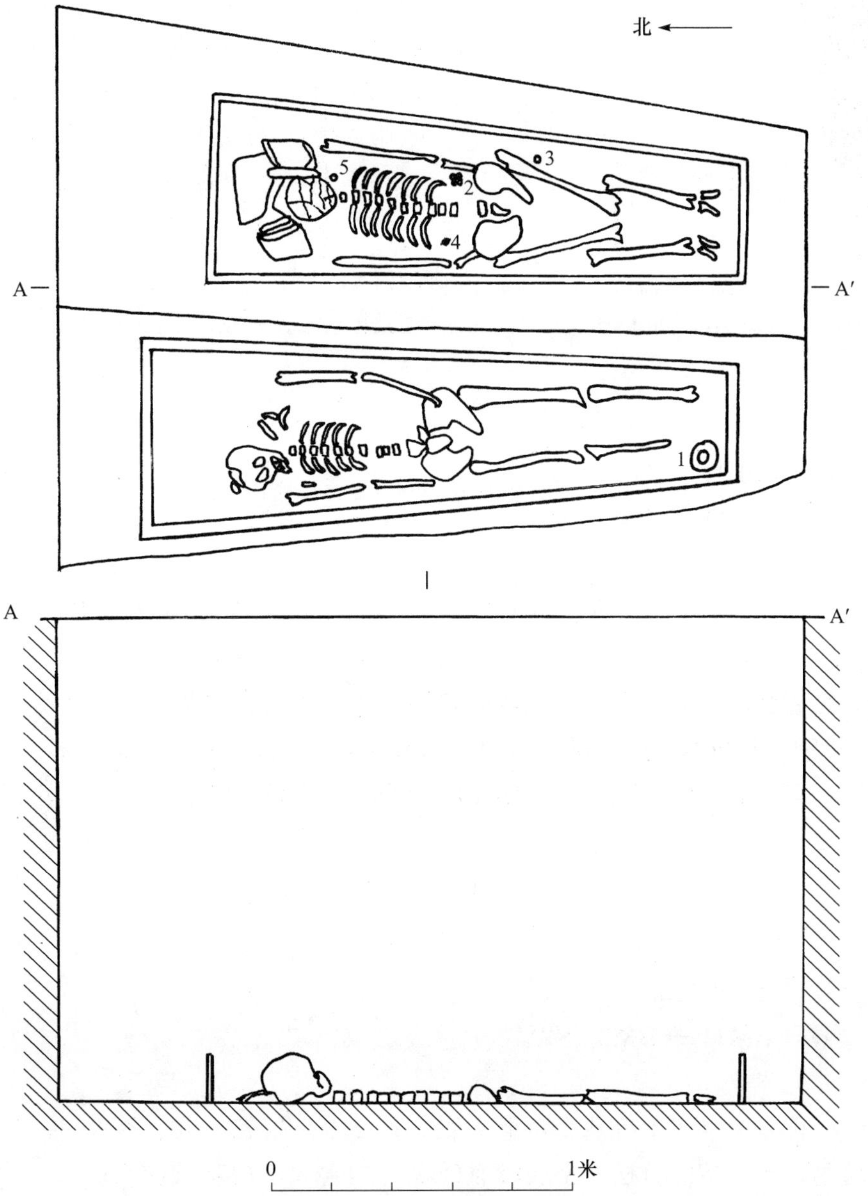

图二四九　BM1 平、剖面图

1. 瓷罐　2～4. 铜钱　5. 铜环

填土为黄褐色花土，结构疏松，土质较软较黏。内含大量白灰颗粒等。

葬具　二具木棺。东侧棺痕长178～180、宽40～62、残高16、厚2厘米。西侧棺痕长200、宽38～66、残高16、厚2～4厘米。

人骨　2具。东侧为俯身直肢葬，头向北，面向下，男性。西侧为仰身直肢葬，头向北，面向右，女性。年龄不详。

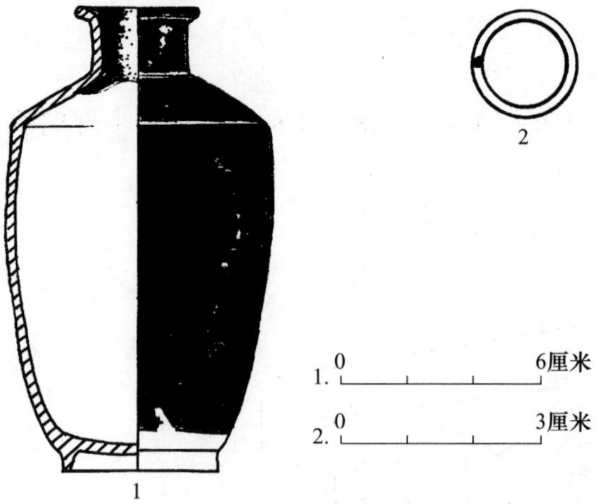

图二五〇　BM1出土器物

1. 瓷罐（BM1：1）　2. 铜环（BM1：5）

随葬器物　共发现3件（组）随葬品。瓷罐，1件，出于西侧人骨右脚以南；铜钱，1组6枚，东侧人骨肋骨处；铜环，1件，东侧人骨头骨左侧。

瓷罐　1件。BM1：1，侈口，圆唇，直颈，折肩，斜弧腹，矮圈足，平底。除底部外器身施满黑褐釉，内部仅口部施釉。口径3.6厘米，底径4.6厘米，高13.6厘米，最大腹径8厘米（图二五〇，1；图版六二，1）。

铜环　1件。BM1：5，环较小较细，形制规整。外径1.6厘米，内径1.3厘米（图二五〇，2；图版六二，3）。

铜钱　1组6枚。钱文不清，锈蚀严重。

2. BM3

位置　位于BT1410西北部。

层位关系　①→BM11→BM3→②。

方向　5°。

形制与结构　长方形竖穴土坑墓，直壁平底。长218～223、宽60～89、深164厘米（图二五一）。

填土为红褐色花土，结构疏松，土质较软较黏。内含大量白灰颗粒等。

葬具　1具木棺。棺痕长182、宽44、残高20、厚2厘米。

人骨　1具。仰身直肢葬，头向北，面向上。年龄、性别不详。

随葬器物　无。

3. BM11

位置　位于BT1410西北部。

层位关系　①→BM11→BM3→②。

方向　5°。

形制与结构　长方形竖穴土坑墓，直壁平底。长210、宽72～80、深98厘米（图二五二）。

填土为深褐色花土，结构疏松，土质较软较黏。内含大量白灰颗粒等。

葬具　一具木棺。棺痕长184、宽36～50、残高10、厚4厘米。

人骨　1具。仰身直肢葬，头向北，面向东。年龄、性别不详。

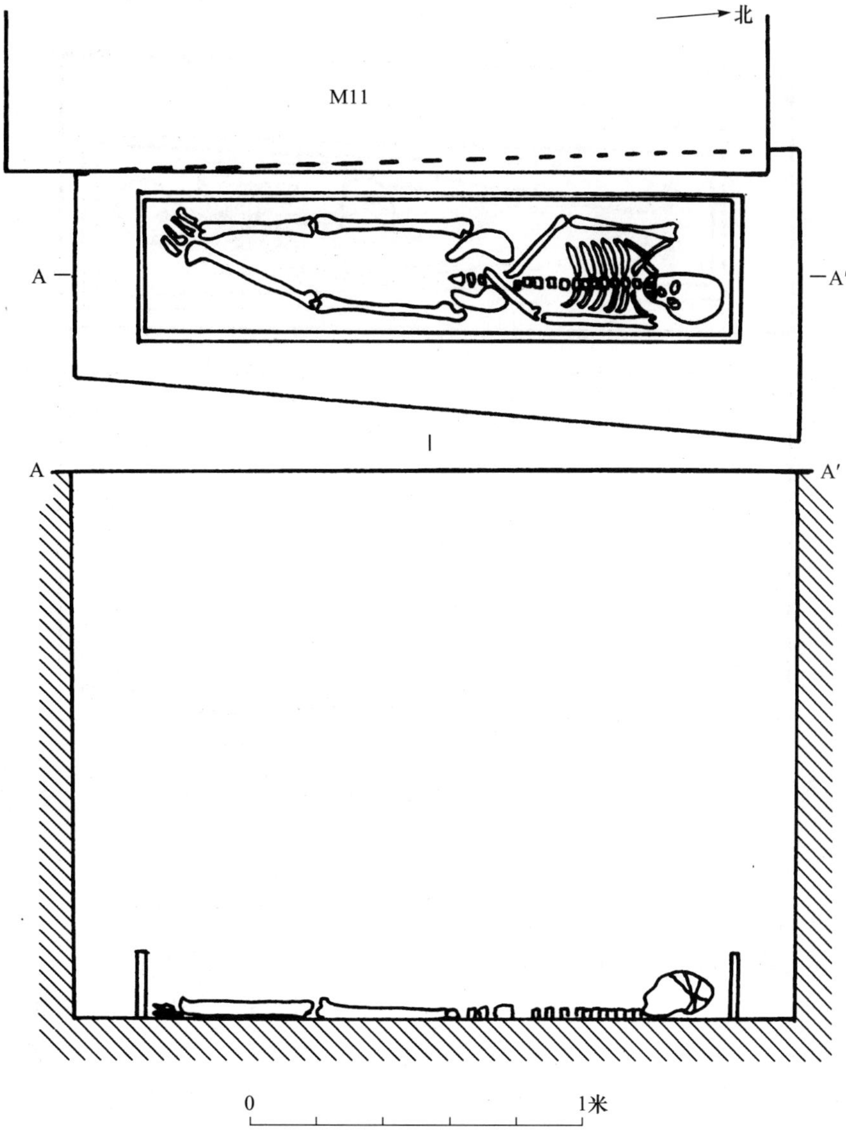

图二五一　BM3平、剖面图

随葬器物　无。

4. BM12

位置　位于BT1015西南。

层位关系　①→BM12→②。

方向　298°。

形制与结构　长方形竖穴土坑墓，直壁平底。长265～275、宽147～210、深162厘米（图二五三；彩版一六，1）。

填土为褐、白色花土，结构疏松，土质较软较黏。内含大量白灰料姜等。

葬具　二具木棺。北侧棺痕长178、宽42～48、残高24、厚2厘米。南侧棺痕长164～168、宽34～64、残高16、厚2厘米。

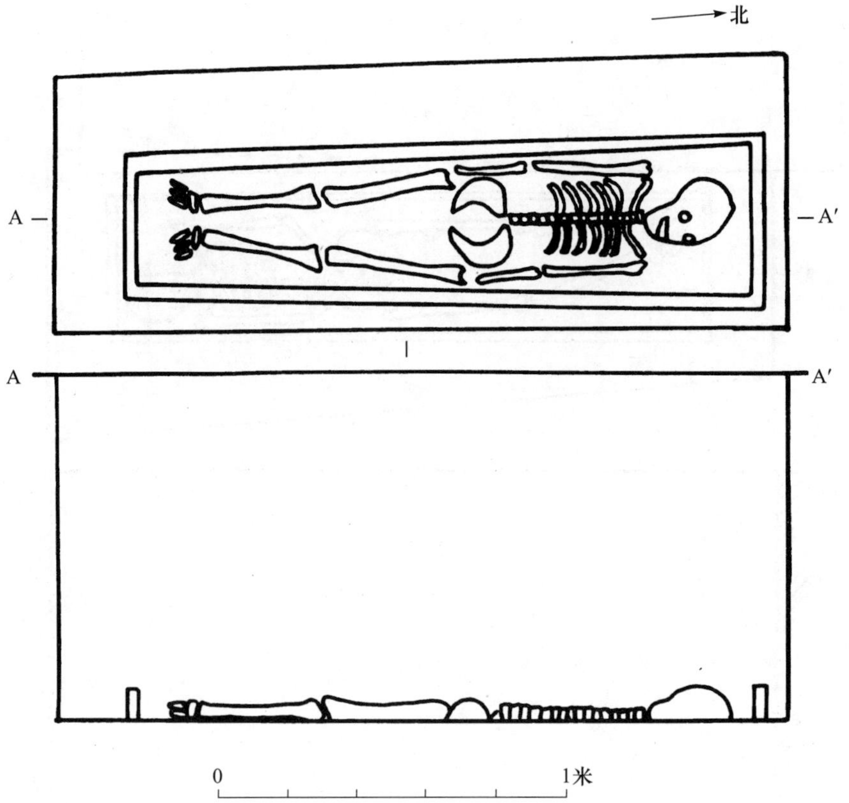

图二五二　BM11 平、剖面图

人骨　2 具。北侧为仰身直肢葬，头向西北，面向东北，男性。南侧不详。

随葬器物　共发现 5 件（组）随葬品。瓷罐，2 件；铜钱，1 组 8 枚；铜珠，2 组 22 枚。

瓷罐　2 件。BM12∶1，直口，圆唇，折颈，溜肩，圆腹，矮圈足，平底。颈部有一对耳鋬。腹部饰 13 周弦纹，肩部、颈部及双鋬施褐釉，内部施满褐釉，口部未施釉。口径 11.2 厘米，底径 8 厘米，通高 16.8 厘米，腹径 14.4 厘米（图二五四，2；图版六二，4）。BM12∶9，直口，圆唇，折颈，溜肩，圆腹，矮圈足，平底。颈部有一对耳鋬。腹部饰 5 周弦纹，肩部、颈部及双鋬施褐釉，内部施满褐釉，口部未施釉。口径 9.6 厘米，底径 6.4 厘米，通高 12.8 厘米，腹径 11.2 厘米（图二五四，1；图版六三，2）。

铜珠　2 组 22 枚。BM12∶2，14 枚。圆珠形，其上有环形鼻，套一圆环。直径 0.8～1.1 厘米（图二五四，3；图版六四，5）。BM12∶3，8 枚。圆珠形，其上有环形鼻，套一圆环。直径 1～1.1 厘米（图二五四，4）。

铜钱　8 枚。编号 BM12∶8，钱文可辨者有“康熙通宝”1 枚，郭径为 2.75 厘米（图二九二，1）。

5. BM13

位置　位于 BT1014。

层位关系　①→ BM13 →②。

方向　300°。

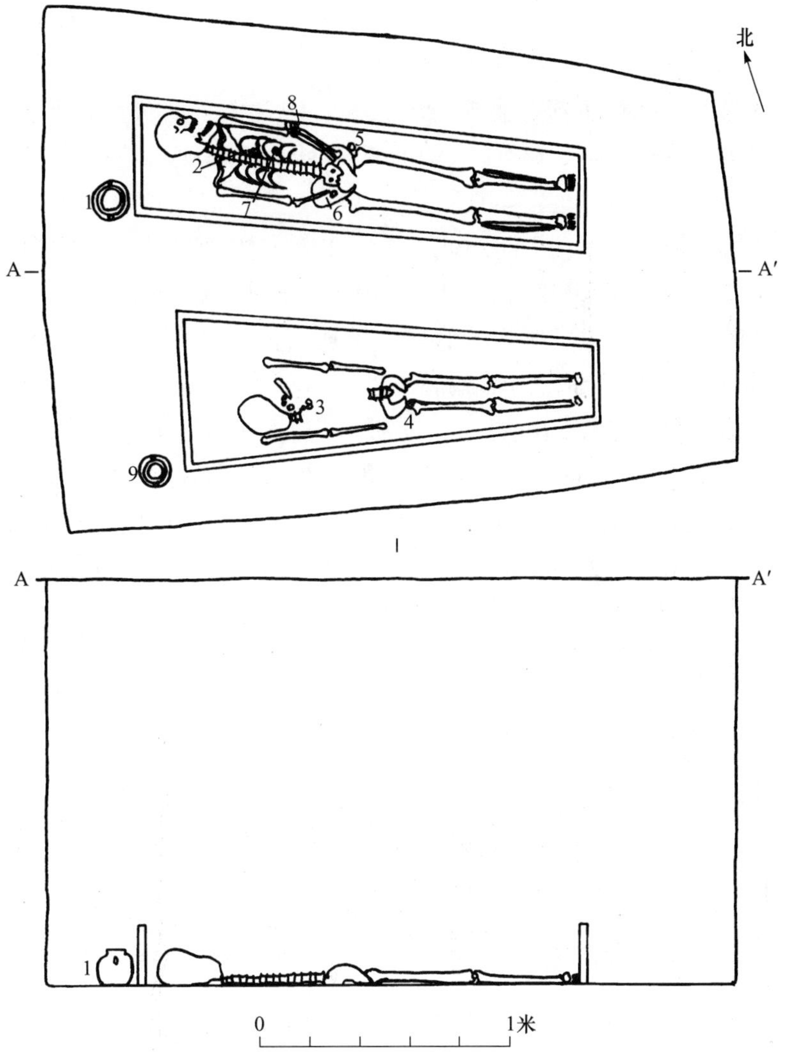

图二五三　BM12平、剖面图

1、9. 瓷罐　2、3. 铜珠　4～8. 铜钱

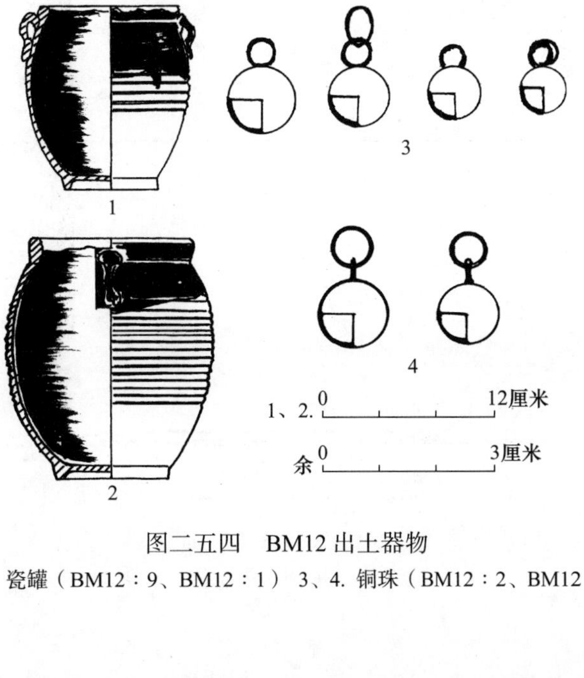

图二五四　BM12出土器物

1、2. 瓷罐（BM12：9、BM12：1）3、4. 铜珠（BM12：2、BM12：3）

形制与结构　长方形竖穴土坑墓，直壁平底。长270～272、宽126～200、深110厘米（图二五五；彩版一六，2）。

填土为褐、白色花土，结构疏松，土质较软较黏。内含大量白灰料姜等。

葬具　二具木棺。北侧棺痕长188、宽40～52、残高20、厚2厘米。南侧棺痕长180、宽42～56、残高20、厚2厘米。

人骨　2具。均为仰身直肢葬，头向西北，面向上。北侧为男性，南侧为女性。年龄不详。

随葬器物　共4件（组）。瓷罐2件；铜钱1组5枚；铜扣1组27枚。

瓷罐　2件。BM13∶1，侈口，圆沿，直颈，圆腹，圈足，平底。颈部有一对耳錾，器身饰满弦纹，上腹、颈部及双錾施褐釉，内部施满褐釉，口部未施釉。口径11.2厘米，底径8厘米，通高18厘米，腹径14厘米（图二五六，1；图版六三，4）。BM13∶8，直口，短直颈，溜肩，圆腹，假圈足，平底。颈部有一对耳錾，肩部、颈部及双錾施褐釉，内部施满褐釉，口部未施釉。口径10.8厘米，底径7.6厘米，通高16厘米，腹径15.2厘米（图二五六，3；图版六三，1）。

铜扣　1组27枚。BM13∶2、4，圆珠形，其上有环形鼻，套一圆环。直径1～1.1厘米（图二五六，2、4；图版六四，6）。

铜钱　1组5枚。钱文不清，锈蚀严重。

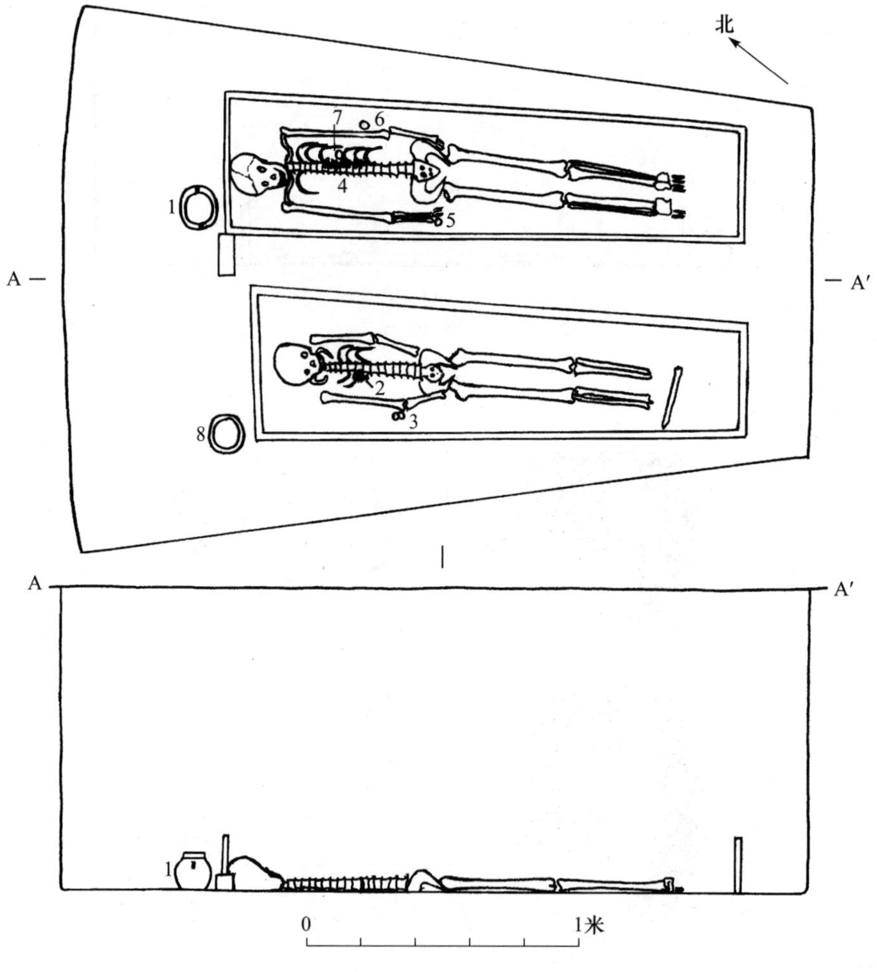

图二五五　BM13平、剖面图

1、8. 瓷罐　2、4. 铜扣　3、5～7. 铜钱

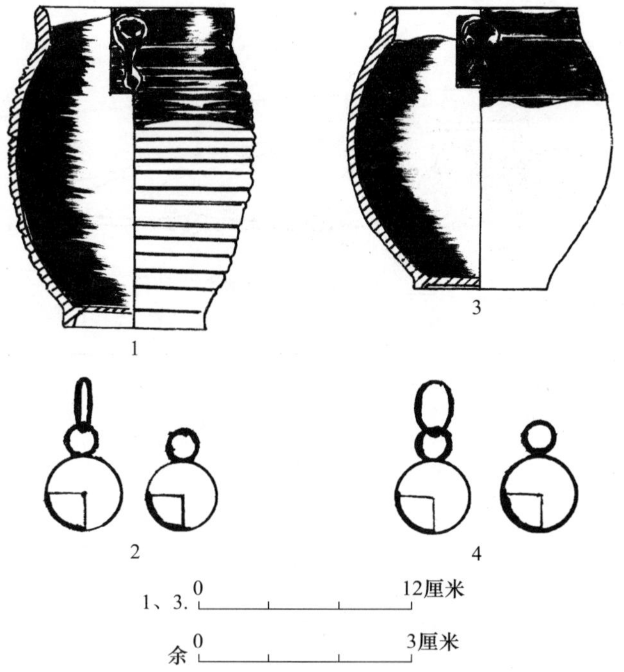

图二五六　BM13出土器物
1、3. 瓷罐（BM13：1、BM13：8）2、4. 铜扣（BM13：2、BM13：4）

6. BM14

位置　位于BT1014西北，BT1015西南。

层位关系　①→BM14→②。

方向　315°。

形制与结构　长方形竖穴土坑墓，直壁平底。长240、宽40～76、深106厘米（图二五七）。填土为褐、白色花土，结构疏松，土质较软较黏。内含大量白灰、料姜等。

葬具　不详。

人骨　1具。仰身直肢葬，头向西北，面向上。性别、年龄不详。

随葬器物　共3件（组）。瓷罐1件；铜钱1组6枚；铜扣1组20枚。

瓷罐　1件。BM14：4，侈口，平沿，直颈，鼓腹，假圈足，平底。颈部有一对耳鋬，素面。上腹、颈部及双鋬施黑褐釉，内部施满黑褐釉，口部未施釉。口径10.4厘米，底径8厘米，通高15.6厘米，腹径15.2厘米（图二五八，1；图版六三，3）。

铜扣　1组20枚。BM14：3，圆珠形，其上有环形鼻，套一圆环。直径0.8～1厘米（图二五八，2）。

铜钱　1组6枚。BM14：1，钱文可辨者有“乾隆通宝”1枚，郭径为2.55厘米（图二九二，2）；BM14：2，“康熙通宝”1枚，郭径为2.65厘米（图二九二，3）。

7. BM15

位置　位于BT1015中部偏南。

层位关系　①→BM15→②。

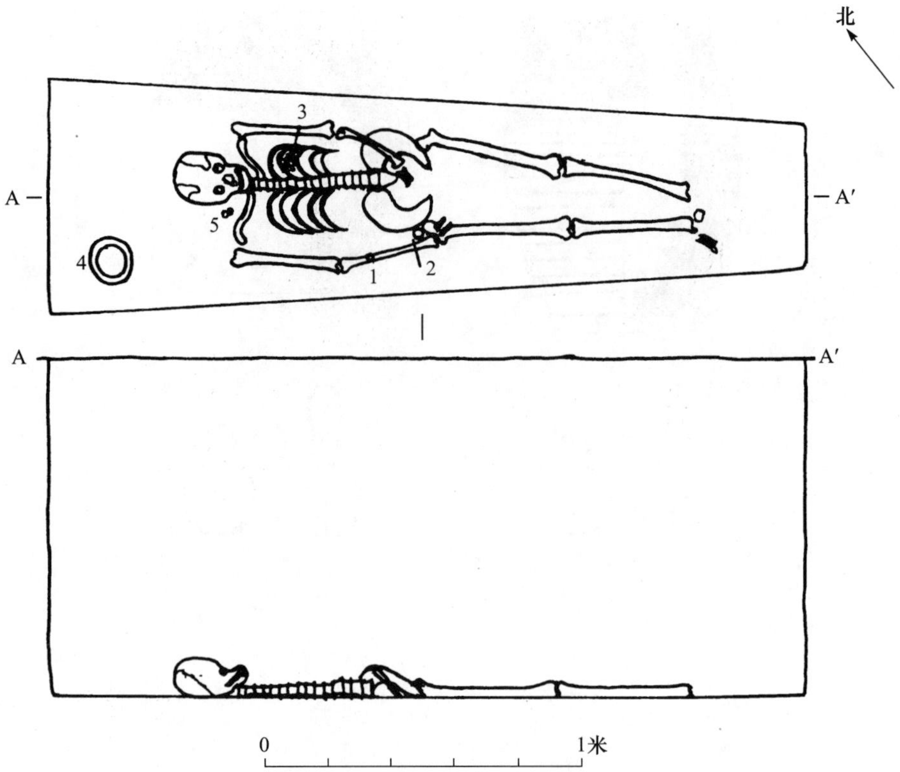

图二五七　BM14 平、剖面图

1、2、5. 铜钱　3. 铜扣　4. 瓷罐

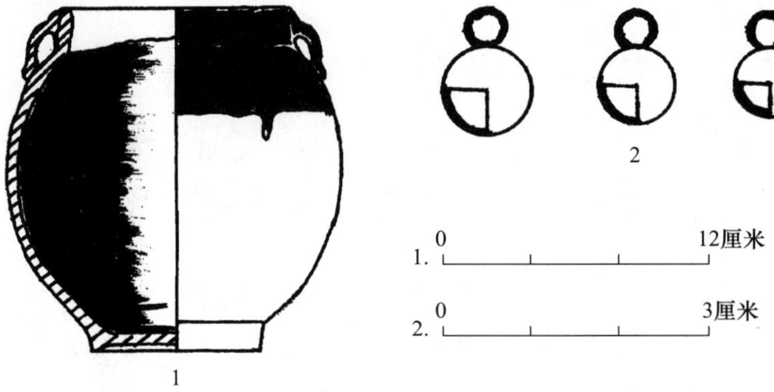

图二五八　BM14 出土器物

1. 瓷罐（BM14∶4）　2. 铜扣（BM14∶3）

方向　292°。

形制与结构　长方形竖穴土坑墓，直壁平底。长 210、宽 68、深 120 厘米（图二五九）。填土为褐、白色花土，结构疏松，土质较软较黏。内含大量白灰料姜等。

葬具　1 具木棺。棺痕长 174、宽 54、残高 20、厚 2 厘米。

人骨　1 具。仰身直肢葬，头向西北，面向上。性别、年龄不详。

随葬器物　共发现 2 件（组）随葬品。铜钱 1 组 2 枚；铜扣 1 组 7 枚。

铜扣　1 组 7 枚。BM15∶2，圆珠形，其上有环形鼻，套一圆环。径 0.9～1.2 厘米（图二六〇）。

铜钱　2 枚。钱文不清，锈蚀严重。

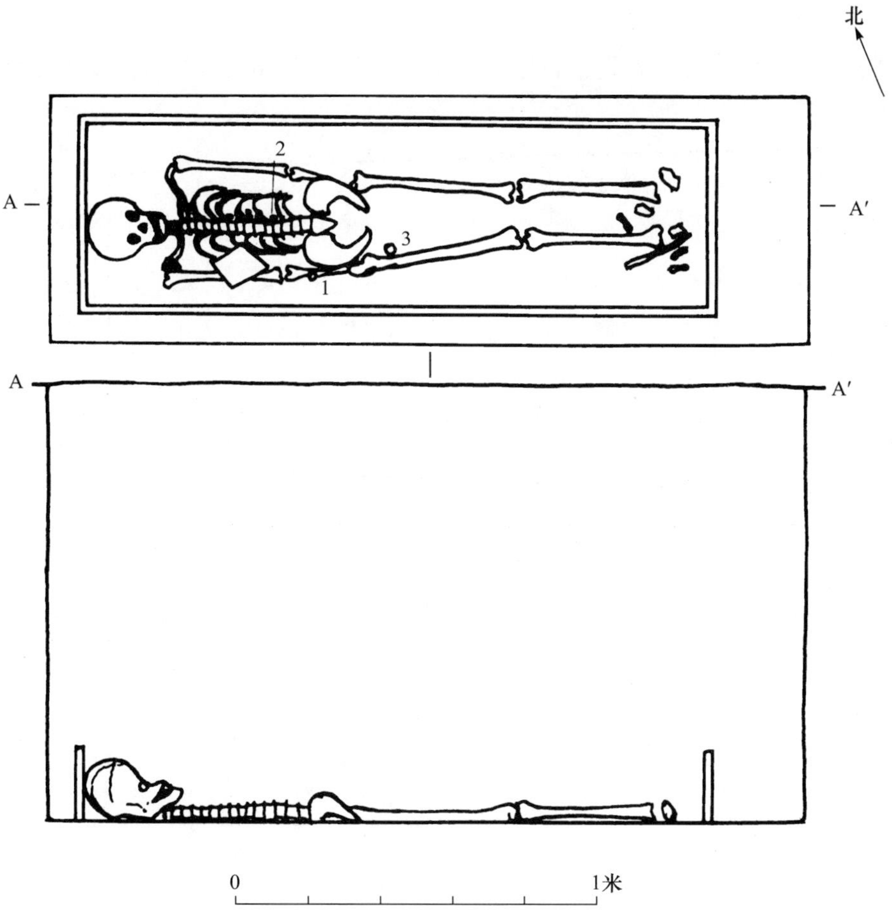

图二五九　BM15 平、剖面图
1、3. 铜钱　2. 铜扣

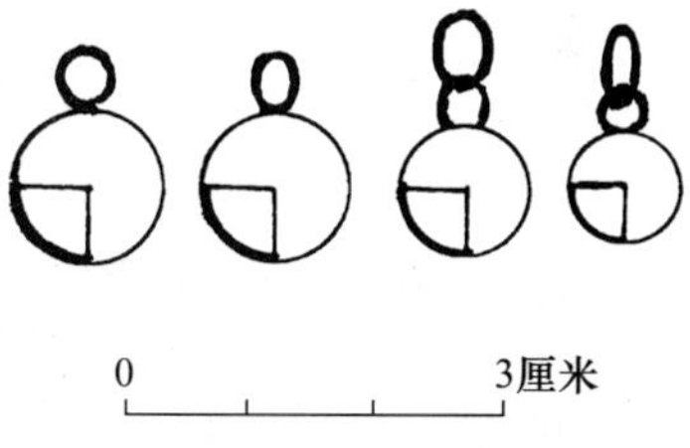

图二六〇　BM15 出土铜扣
铜扣（BM15：2）

8. BM16

位置　位于 BT1015。

层位关系　①→ BM16 →②。

方向　310°。

形制与结构　长方形竖穴土坑墓，直壁平底。长 272～276、宽 110～132、深 114 厘米（图二六一）。

填土为深褐色花土，结构疏松，土质较软较黏。内含大量白灰颗粒等。

葬具　不详。

人骨　不详。

随葬器物　无。

9. BM17

位置　位于 BT1014 中部。

层位关系　①→ BM17 →②。

方向　306°。

形制与结构　长方形竖穴土坑墓，直壁平底。长 270、宽 48～79、深 114 厘米（图二六二）。

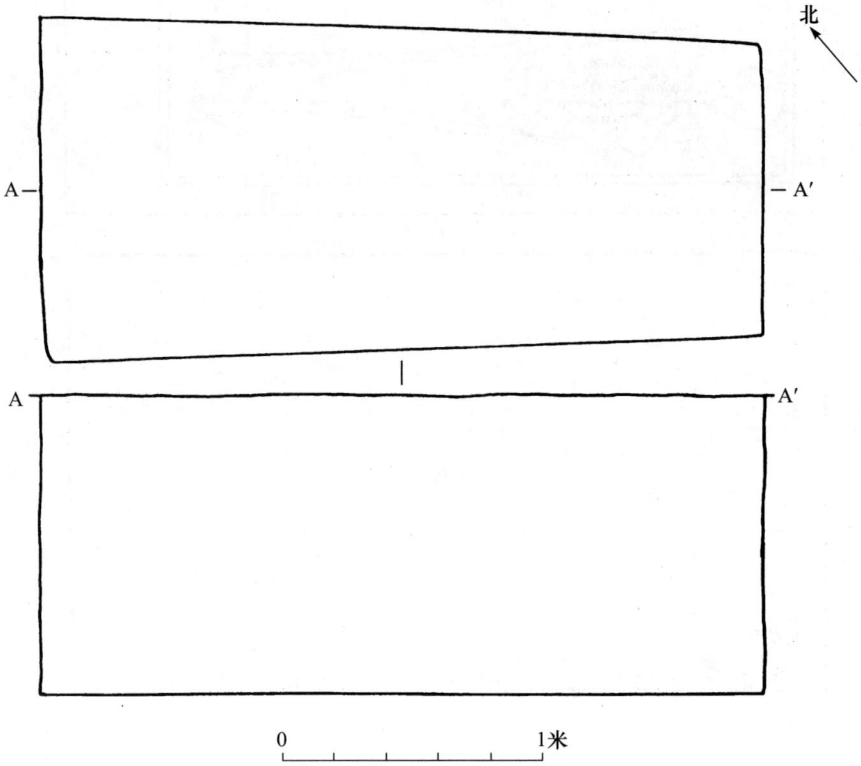

图二六一　BM16 平、剖面图

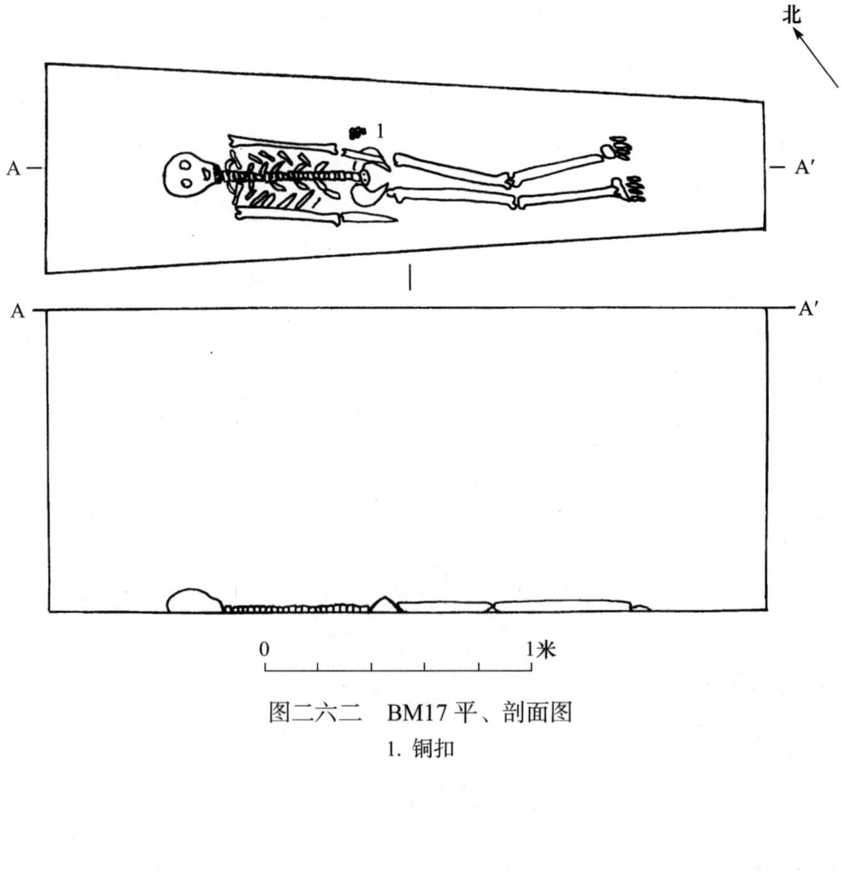

图二六二　BM17 平、剖面图
1. 铜扣

填土为褐、白色花土，结构疏松，土质较软较黏。有少量料姜石等。

葬具　不详。

人骨　1具。仰身直肢葬，头向西北，面向上。性别、年龄不详。

随葬器物　共发现铜扣1组5枚，位于人骨脊柱处。

铜扣　1组5枚。BM17：1，圆珠形，其上有环形鼻，套一圆环。直径1.1厘米（图二六三）。

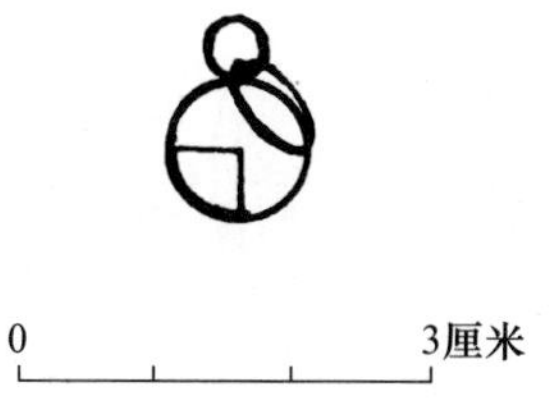

图二六三　BM17出土铜扣
铜扣（BM17：1）

10. BM18

位置　位于BT1411西北。

层位关系　①→BM18→②。

方向　308°。

形制与结构　长方形竖穴土坑墓，直壁平底。长274、宽82、深160厘米（图二六四）。填土为褐、白色花土，结构疏松，土质较软较黏。有少量料姜石等。

葬具　不详。

人骨　1具。仰身直肢葬，头向西北，面向上。性别、年龄不详。

随葬器物　共发现3件（组）随葬品。瓷罐1件，铜钱1组3枚，铜扣1组5枚。

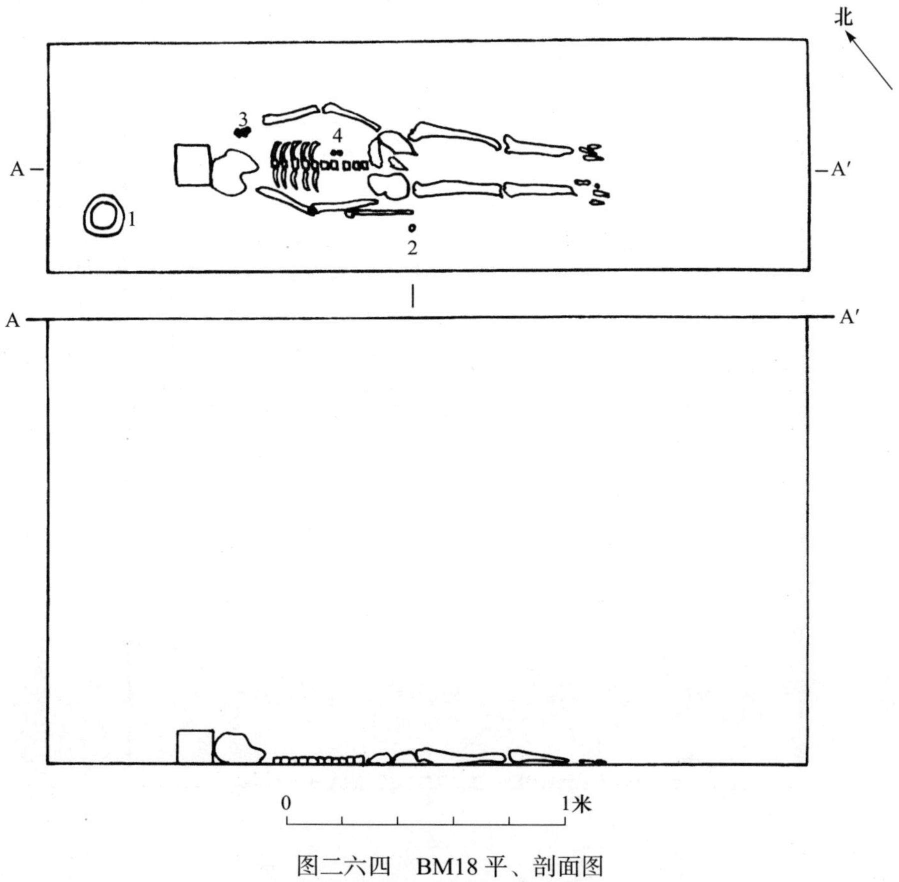

图二六四　BM18平、剖面图
1. 瓷罐　2、4. 铜钱　3. 铜扣

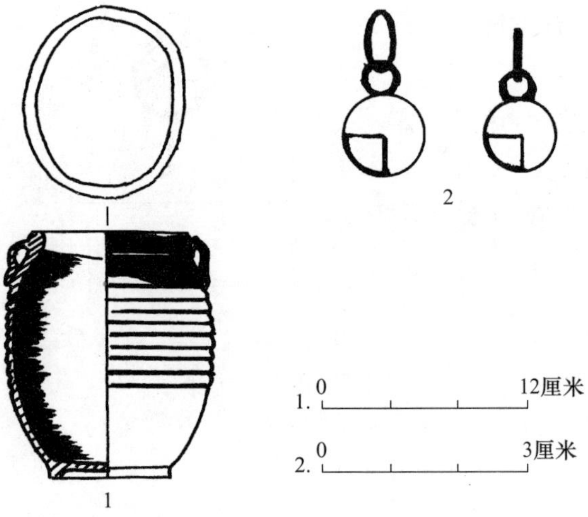

图二六五　BM18 出土器物
1. 瓷罐（BM18∶1）　2. 铜扣（BM18∶3）

瓷罐　1件。BM18∶1，侈口，圆沿，直颈，圆腹，圈足，平底。颈部有一对耳鋬，腹部饰弦纹，上腹、颈部及双鋬施褐釉，内部施满褐釉，口部未施釉。口径9.2厘米，底径7.2厘米，通高14.4厘米，腹径12厘米（图二六五，1；图版六四，1）。

铜扣　1组5枚。BM18∶3，圆珠形，其上有环形鼻，套一圆环。径1～1.1厘米（图二六五，2）。

铜钱　1组3枚。BM18∶2“道光通宝”1枚，郭径为2.55厘米（图二九二，4；图版六四，4）。

11. BM20

位置　位于BT1014中部偏南。

层位关系　①→BM20→②。

方向　308°。

形制与结构　长方形竖穴土坑墓，直壁平底。长216、宽64～86、深122厘米（图二六六）。填土为褐、白色花土，结构疏松，土质较软较黏。含有料姜石和白灰。

葬具　不详。

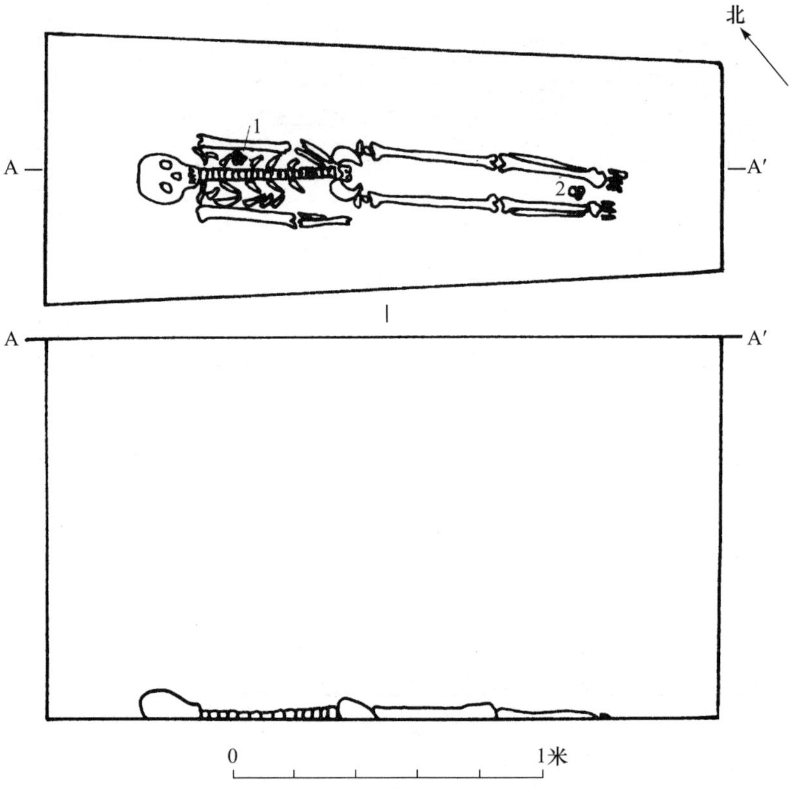

图二六六　BM20平、剖面图
1. 铜扣　2. 铜钱

人骨　1具。仰身直肢葬，头向西北，面向上。性别、年龄不详。

随葬器物　共发现2件（组）随葬品。铜钱1组3枚，出土于人骨小腿处；铜扣1组12枚，出土于人骨脊椎处。

铜扣　1组12枚。BM20∶1，圆珠形，其上有环形鼻，套一圆环。径0.9～1厘米（图二六七）。

铜钱　1组3枚。钱文不清，锈蚀严重。

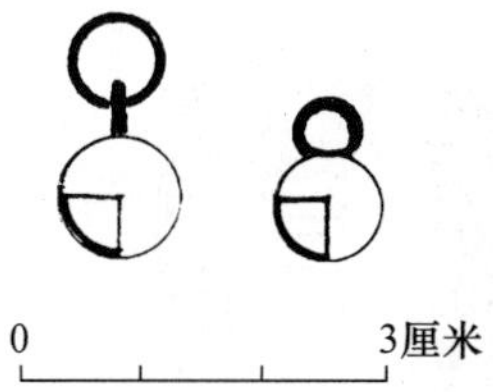

图二六七　BM20出土铜扣
铜扣（M20∶1）

12. BM21

位置　位于BT0914中部偏东。

层位关系　①→BM21→②。

方向　22°。

形制与结构　长方形竖穴土坑墓，直壁平底。长228、宽60～83、深120厘米（图二六八）。填土为褐、白色花土，结构疏松，土质较软较黏。

葬具　1具木棺。棺痕长190、宽28～44、残高20、厚2厘米。

人骨　1具。仰身直肢葬，头向西北，面向上。性别、年龄不详。

随葬器物　共发现3件（组）随葬品。铜钱1组3枚，出土于人骨盆骨下；铜扣1组6枚，出土于人骨胸部；瓷罐1件，出土于头骨南侧。

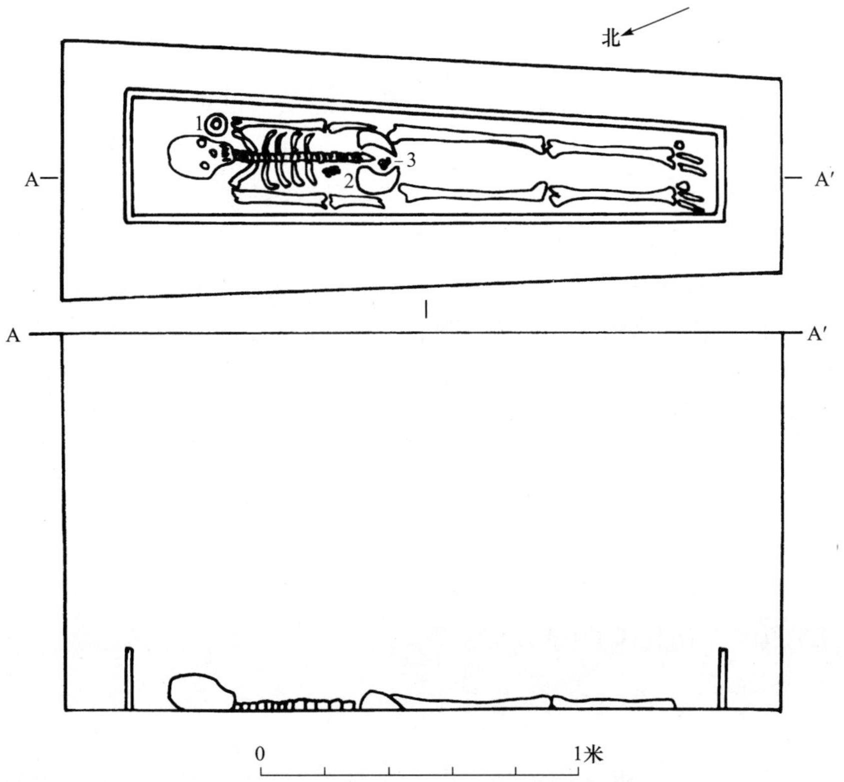

图二六八　BM21平、剖面图
1. 瓷罐　2. 铜扣　3. 铜钱

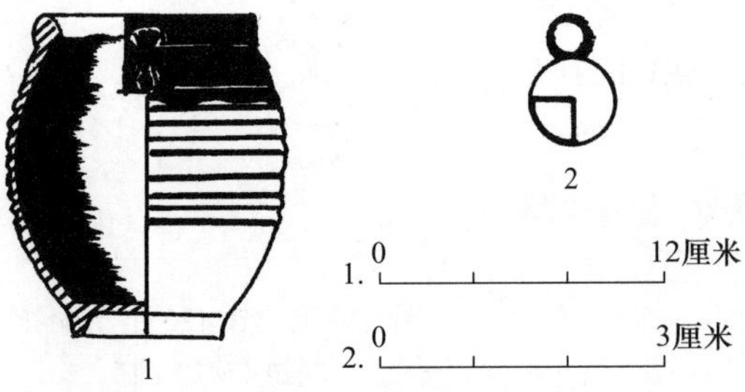

图二六九　BM21出土器物
1. 瓷罐（BM21∶1）　2. 铜扣（BM21∶2）

瓷罐　1件。BM21∶1，侈口，圆沿，直颈，圆腹，圈足，平底。颈部有一对耳鋬，器身饰满弦纹，上腹、颈部及双鋬施褐釉，内部施满褐釉，口部未施釉。口径8.8厘米，底径6.4厘米，高13.6厘米（图二六九，1；图版六四，2）。

铜扣　6枚。BM21∶2，圆珠形，其上有环形鼻，套一圆环。径0.9厘米（图二六九，2）。

铜钱　3枚。BM21∶3，钱文可辨者有“乾隆通宝”1枚，郭径为2.51厘米（图二九二，5）。

13. BM22

位置　位于BT0914北偏西。

层位关系　①→BM22→②。

方向　325°。

形制与结构　长方形竖穴土坑墓，直壁平底。长254、宽172～180、深116厘米（图二七〇）。

填土为褐、白色花土，结构疏松，土质较软较黏。内含料姜石颗粒。

葬具　2具木棺。北侧棺痕长160、宽50～60、残高8、厚2～4厘米。南侧棺痕长174、宽54、残高8、厚2～4厘米。

人骨　2具。均为仰身直肢葬，头向西北，面向上。北侧为男性，南侧为女性。年龄不详。

随葬器物　共发现4件（组）随葬品。瓷罐2件；铜钱1组4枚；铁器残片1件。

瓷罐　2件。BM22∶1，侈口，圆沿，直颈，圆腹，圈足，平底。颈部有一对耳鋬，器身饰满弦纹，上腹、颈部及双鋬施褐釉，内部施满褐釉，口部未施釉。口径9.6厘米，底径6厘米，高13.2厘米（图二七一，2；图版六四，3）。BM22∶2，侈口，圆沿，直颈，圆腹，圈足，平底。颈部有一对耳鋬，器身饰满弦纹，上腹、颈部及双鋬施褐釉，内部施满褐釉，口部未施釉。口径9.6厘米，底径6.4厘米，高14.4厘米（图二七一，1；图版六五，4）。

铁器残片　1件。BM22∶4，长方形扁体，可能为铁刀的残片。残长2.9厘米，宽1.8厘米（图二七一，3）。

铜钱　4枚。钱文不清，锈蚀严重。

14. BM23

位置　位于BT0914东南，BT0913东北。

层位关系　①→BM23→②。

方向　310°。

形制与结构　长方形竖穴土坑墓，直壁平底。长264、宽81～101、深106厘米（图二七二）。

填土为褐、白色花土，结构疏松，土质较软较黏。含有料姜石和白灰。

葬具　不详。

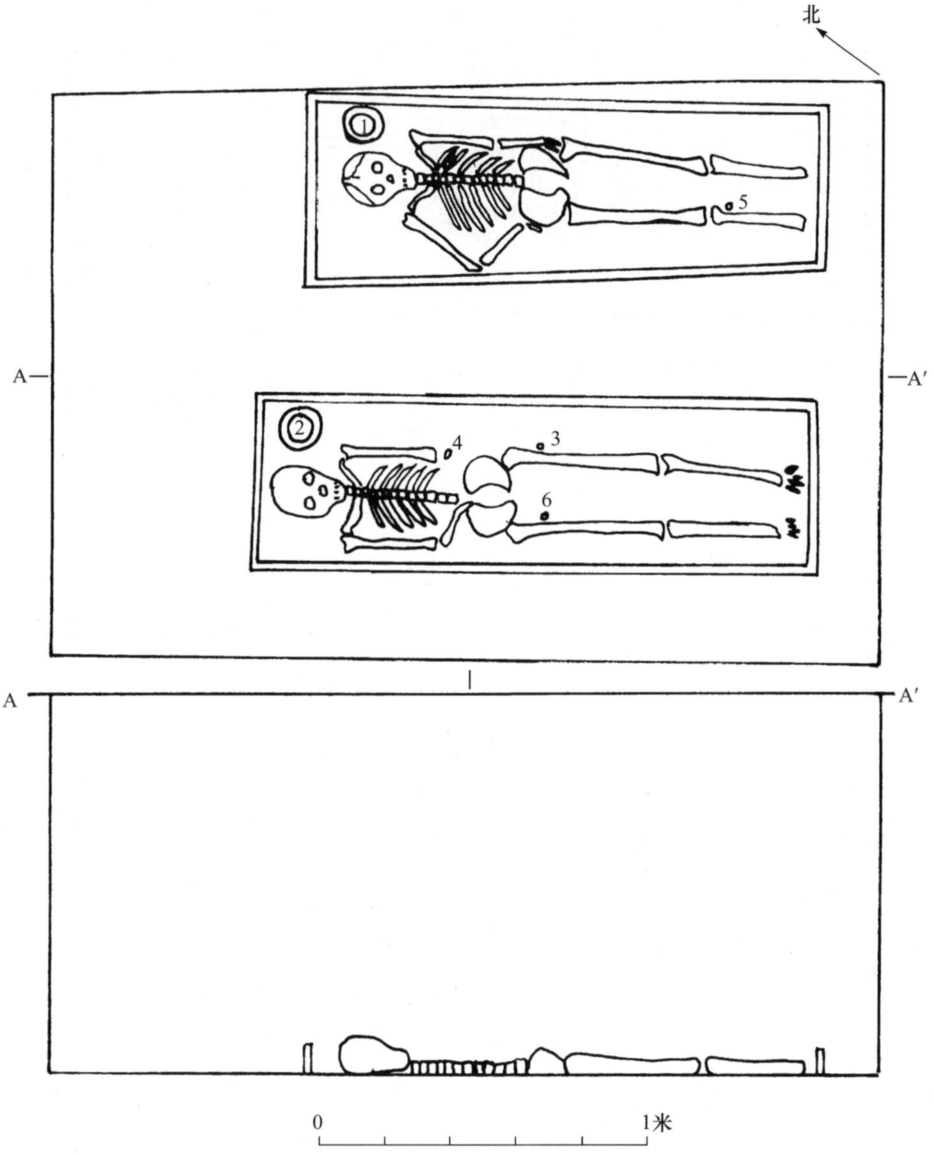

图二七〇 BM22平、剖面图

1、2. 瓷罐 3、5、6. 铜钱 4. 铁器残片

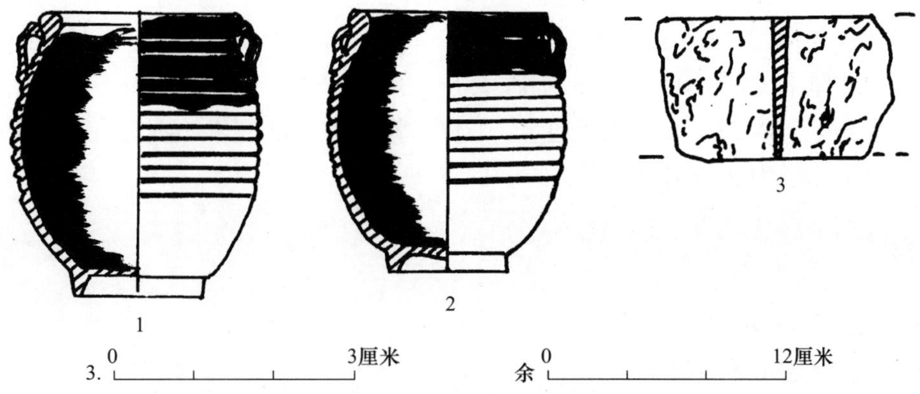

图二七一 BM22出土器物

1、2. 瓷罐（BM22：2、BM22：1） 3. 铁器残片（BM22：4）

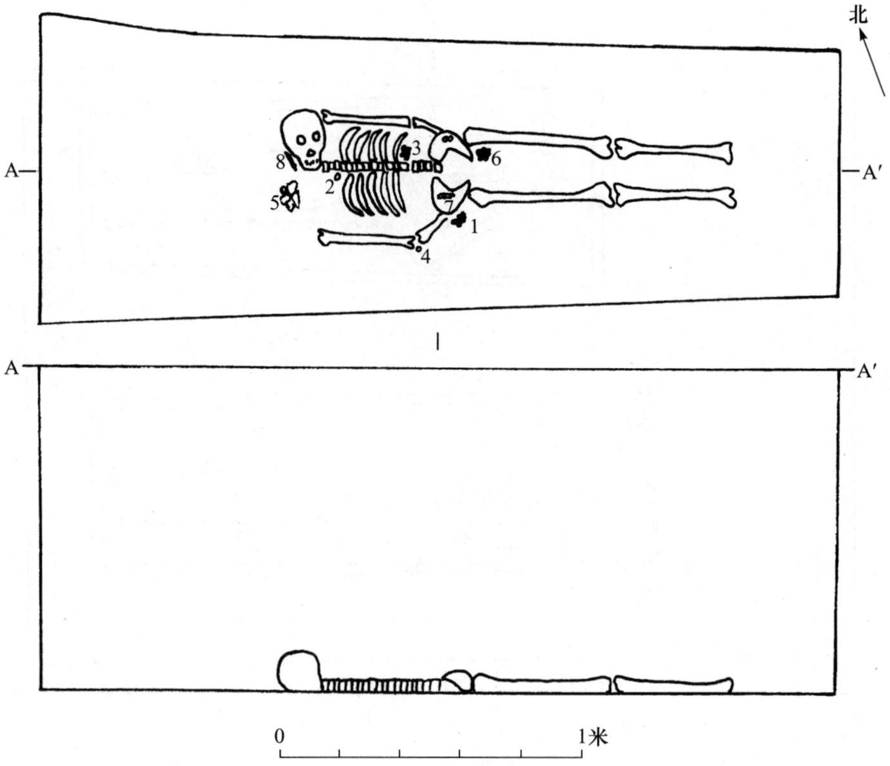

图二七二　BM23 平、剖面图
1、4、6、7. 铜钱　2、3. 铜扣　5. 瓷罐　8. 木发簪

人骨　1 具。仰身直肢葬，头向西北，面向上。性别、年龄不详。

随葬器物　共发现 5 件（组）随葬品。铜钱 1 组 22 枚，出土于人骨右手、右肘、盆骨下；铜扣 2 组 13 枚，出土于人骨脊柱处；瓷罐 1 件，出土于头骨西南侧；木发簪 1 件，出土于头骨处。

瓷罐　1 件。BM23∶5，敛口，平沿，圆腹，假圈足，平底。颈部有一对耳鋬，上腹、颈部及双鋬施褐釉，内部施满褐釉，口部未施釉。口径 10.4 厘米，底径 8 厘米，通高 14.8 厘米，腹径 14.4 厘米（图二七三，1；图版六五，2）。

铜扣　2 组 13 枚。BM23∶2，1 枚，扁圆形。向外弧凸，外侧铸成菊瓣状，内侧有扣鼻。径 2.4 厘米（图二七三，2；图版六五，5）。BM23∶3，12 枚，圆珠形，其上有环形鼻，套一圆环。径 0.8～1.2 厘米（图二七三，3）。

木发簪　1 件。BM23∶8，长条形，一端扁，一端尖。磨制，较粗糙。长 12.1 厘米，最宽 0.8 厘米，最厚 0.2 厘米（图二七三，4；图版六五，3）。

铜钱　1 组 22 枚。BM23∶4，“乾隆通宝”1 枚，郭径为 2.42 厘米（图二九二，6）；BM23∶7，“雍正通宝”1 枚，郭径为 2.62 厘米（图二九二，7）。

15. BM24

位置　位于 BT1013 西北。

层位关系　①→ BM24 →②。

方向　306°。

形制与结构　长方形竖穴土坑墓，直壁平底。长 280、宽 140～204、深 114 厘米（图二七四）。

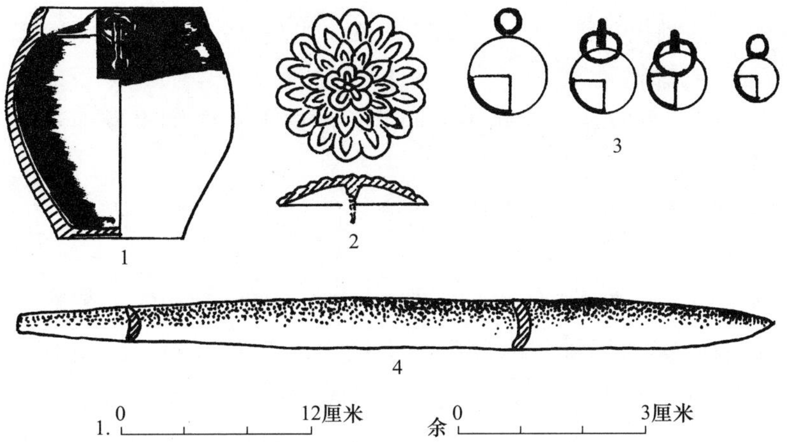

图二七三 BM23出土器物
1. 瓷罐（BM23：5） 2、3. 铜扣（BM23：2、BM23：3） 4. 木发簪（BM23：8）

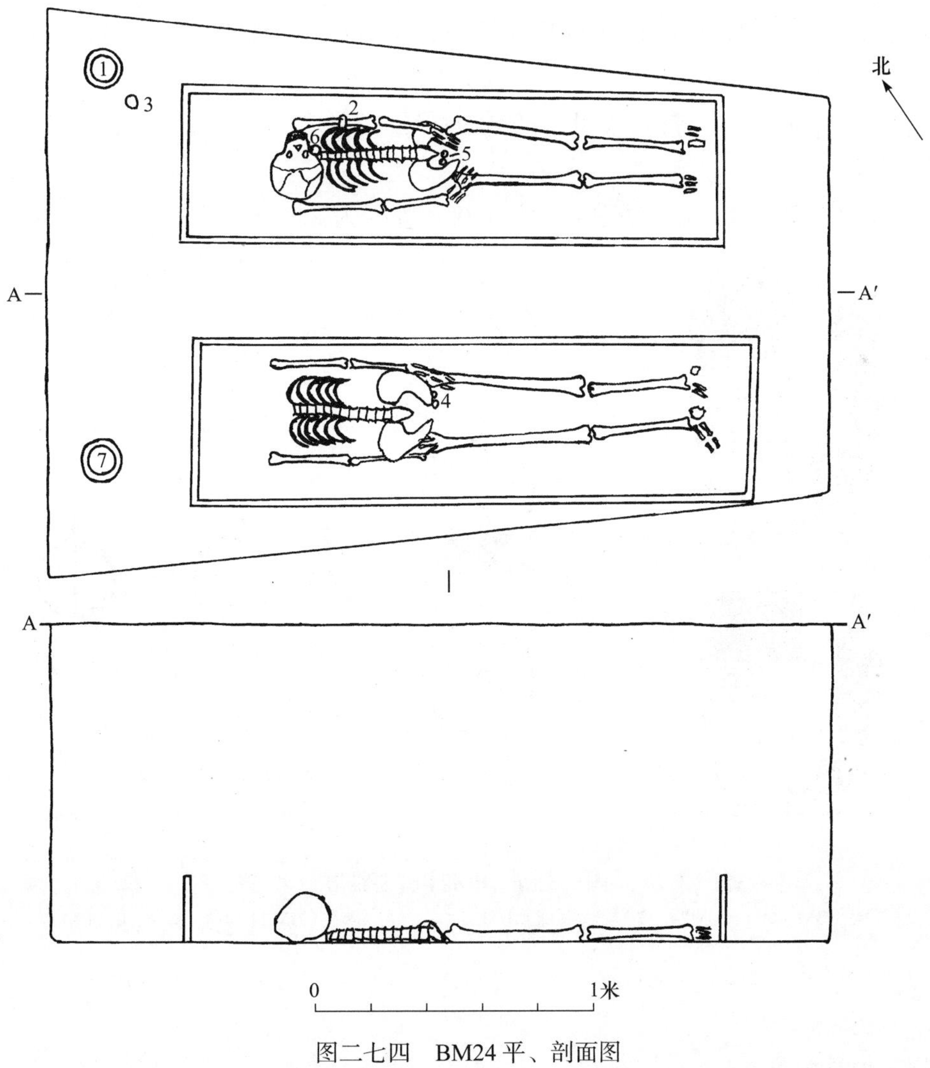

图二七四 BM24平、剖面图
1、7. 瓷罐 2. 铜扣 3. 铜饰 4、5. 铜钱 6. 银环

填土为褐、白色花土，结构疏松，土质较软较黏。内含大量白灰和料姜石颗粒。

葬具　2具木棺。北侧棺痕长194、宽54～56、残高24、厚2～4厘米。南侧棺痕长202、宽60、残高24、厚2～4厘米。

人骨　2具。均为仰身直肢葬。北侧头向西北，面向上；南侧未发现头骨。北侧为男性，南侧为女性。年龄不详。

随葬器物　共发现6件（组）随葬品。瓷罐2件；铜钱1组6枚；1组铜扣21枚；铜饰1件；银环1件。

瓷罐　2件。BM24：1，侈口，圆沿，直颈，圆腹，圈足，平底。颈部有一对耳鋬，器身饰满弦纹，上腹、颈部及双鋬施褐釉，内部施满褐釉，口部未施釉。口径10.4厘米，底径7.8厘米，高16.4厘米（图二七五，1；图版六五，1）。BM24：7，侈口，圆沿，直颈，圆腹，圈足，平底。颈部有一对耳鋬，器身饰满弦纹，上腹、颈部及双鋬施褐釉，内部施满褐釉，口部未施釉。口径10厘米，底径7.2厘米，高14.4厘米（图二七五，2；图版六八，1）。

铜扣　1组21枚。BM24：2-1，圆珠形，其上有环形鼻，套一圆环。径1.2厘米（图二七五，5）。

铜饰　1件。BM24：3，由圆球和锥形座组成，两者由一铜轴从中心穿过将其固定。器座上饰乳丁纹。底径1.6厘米，帽径1.6厘米，高4.6厘米（图二七五，3；图版六五，6）。

银环　1件。BM24：6，环较大较粗，推测为耳环。环径2.8厘米，环粗0.2厘米（图二七五，4；图版六八，2）。

铜钱　1组6枚。BM24：5，“乾隆通宝”1枚，郭径为2.5厘米（图二九二，8）。

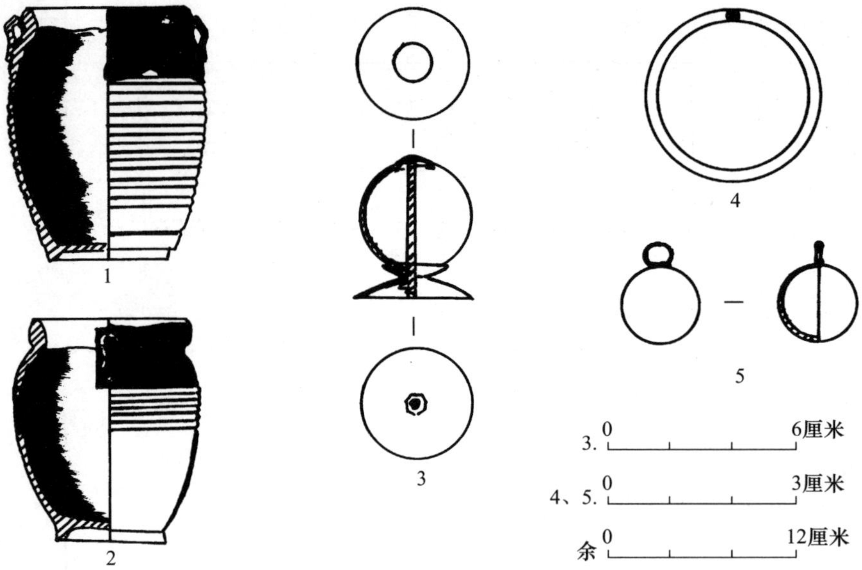

图二七五　BM24出土器物

1、2. 瓷罐（BM24：1、BM24：7）　3. 铜饰（BM24：3）　4. 银环（BM24：6）　5. 铜扣（BM24：2-1）

16. BM25

位置　位于BT0913东北。

层位关系　①→BM25→②。

方向　312°。

形制与结构　长方形竖穴土坑墓，直壁平底。长270、宽154～156、深150厘米（图二七六）。填土为褐、白色花土，结构疏松，土质较软较黏。内含料姜石颗粒。

葬具　二具木棺。北侧棺痕长190、宽54、残高20、厚2厘米。南侧棺痕长198、宽48、残高20、厚2厘米。

人骨　2具。均为仰身直肢葬。头向西北，面向上。北侧为男性，南侧为女性。年龄不详。

随葬器物　共发现4件（组）随葬品。瓷罐2件；铜钱1组9枚；铜扣1组26枚。

瓷罐　2件。BM25：1，侈口，圆沿，直颈，圆腹，圈足，平底。颈部有一对耳錾，器身饰满弦纹，上腹、颈部及双錾施褐釉，内部施满褐釉，口部未施釉。口径10厘米，底径8厘米，高17.6厘米（图二七七，1；图版六六，4）。BM25：2，侈口，圆沿，直颈，圆腹，圈足，圜底。颈部有一对耳錾，上腹和中腹饰弦纹，上腹、颈部及双錾施褐釉，内部施满褐釉，口部未施釉。口径9.6厘米，底径6.4厘米，高13.6厘米（图二七七，2；图版六六，1）。

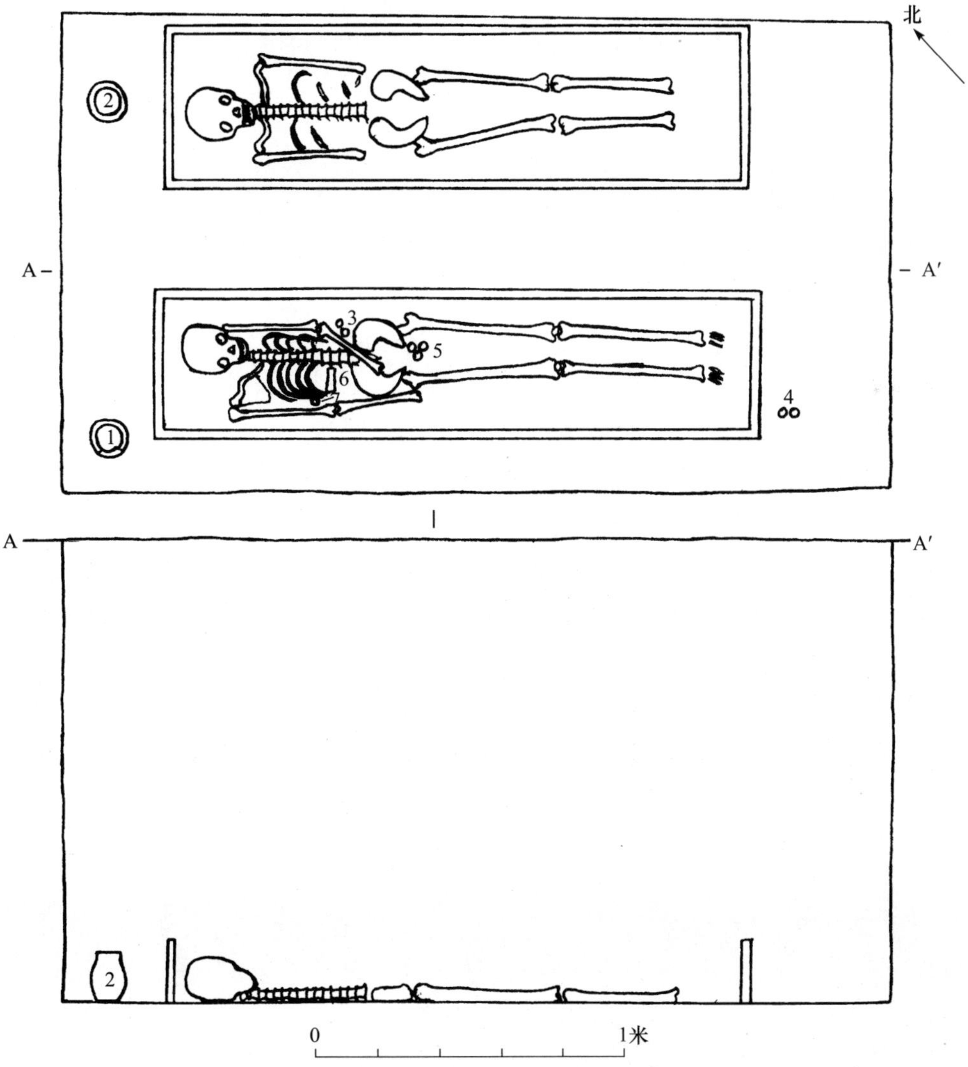

图二七六　BM25平、剖面图

1、2. 瓷罐　3～5、7. 铜钱　6. 铜扣

铜扣　26枚。BM25：6，圆珠形，其上有环形鼻，套一圆环。直径0.8～1.2厘米（图二七七，3）。

铜钱　1组9枚。钱文可辨者有BM25：3-1、2，“乾隆通宝”2枚，郭径为2.28、2.42厘米（图二九二，9、10）。

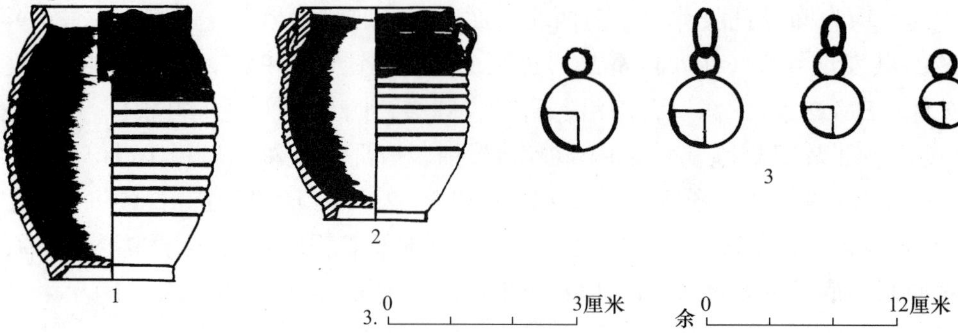

图二七七　BM25出土器物
1、2. 瓷罐（BM25：1、BM25：2）　3. 铜扣（BM25：6）

17. BM26

位置　位于BT0914南部，BT0913北部。

层位关系　①→BM26→②。

方向　328°。

形制与结构　长方形竖穴土坑墓，直壁平底。长284、宽154～198、深140厘米（图二七八）。填土为褐、白色花土，结构疏松，土质较软较黏，内含料姜石颗粒。

葬具　1具木棺。棺痕长210、宽58、残高22、厚4厘米。

人骨　1具。仰身直肢葬，头向西北，面向上。性别、年龄不详。

随葬器物　共发现4件（组）随葬品。铜钱1组3枚；银耳环2件；瓷罐1件。

瓷罐　1件。BM26：1，侈口，圆唇，折颈，圆腹，圈足，平底。颈部有一对耳鋬，腹部饰满弦纹，上腹、颈部及双鋬施黄褐釉，内部施满黄褐釉，口部未施釉。口径9.6厘米，底径6.4厘米，高13.2厘米（图二七九，1；图版六六，3）。

银耳环　2件。BM26：3，不规则环形，环一端较细，末端渐粗，为龙头衔珠的造型。最大径2.1厘米（图二七九，2）。BM26：5，不规则环形，环较细，末端为凤身的造型，可能为耳饰。

铜钱　1组3枚。钱文可辨者有BM26：2-1、2，“雍正通宝”2枚，郭径为2.7厘米（图二九二，11、12）。

18. BM27

位置　位于BT0914西南部。

层位关系　①→BM27→②。

方向　302°。

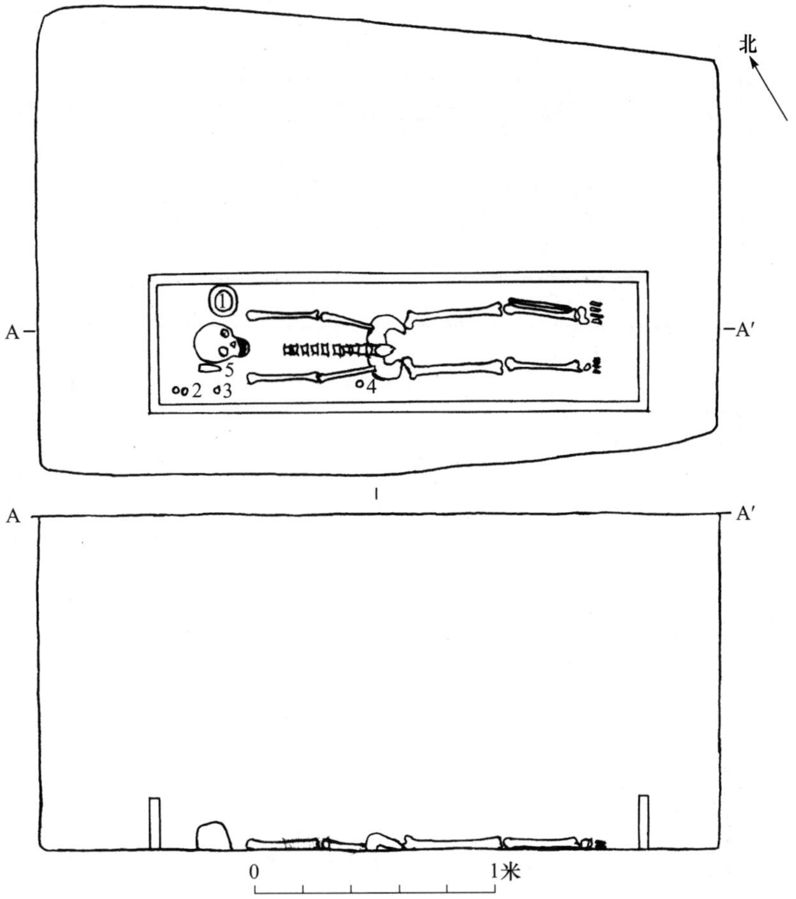

图二七八　BM26 平、剖面图
1. 瓷罐　2、4. 铜钱　3、5. 银耳环

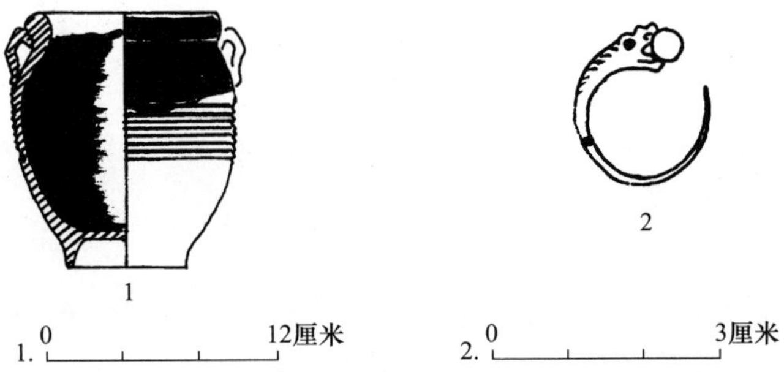

图二七九　BM26 出土器物
1. 瓷罐（BM26：1）　2. 银耳环（BM26：3）

形制与结构　长方形竖穴土坑墓，直壁平底。长 210、宽 80、深 170 厘米（图二八〇）。

填土为褐、白色花土，结构疏松，土质较软较黏，内含白灰和料姜石颗粒。

葬具　一具木棺。棺痕长 136、宽 50、残高 10、厚 4 厘米。

人骨　2 具。北侧仰身直肢葬，头向西北，面向上；南侧侧身直肢葬，头向西北，面向东。性别、年龄不详。

随葬器物　无。

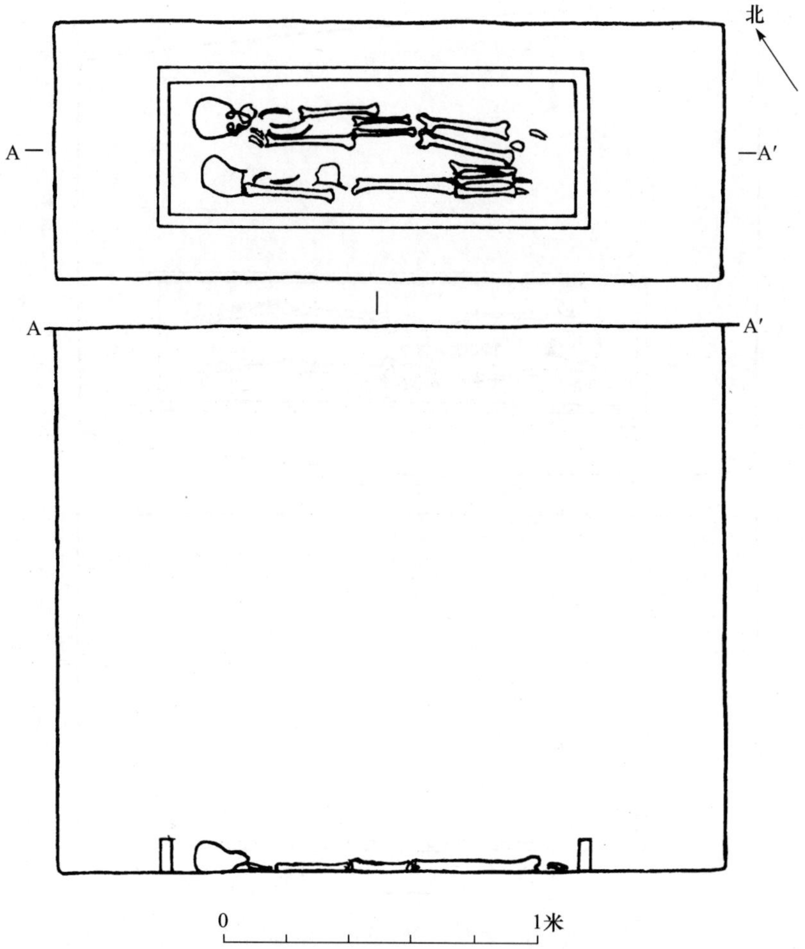

图二八〇　BM27 平、剖面图

19. BM28

位置　位于 BT0913 中偏南。

层位关系　①→ BM28 →②。

方向　318°。

形制与结构　长方形竖穴土坑墓，直壁平底。长 260、宽 133～176、深 160 厘米（图二八一）。填土为褐、白色花土，结构疏松，土质较软较黏，内含白灰和料姜石颗粒。

葬具　不详。

人骨　1 具。仰身直肢葬，头向西北，面向上。性别、年龄不详。

随葬器物　共发现 5 件（组）随葬品。铜钱 1 枚，出土于人骨左小腿处；银耳环 1 副，出土于人骨头骨两侧；瓷罐 2 件，出土于头骨西北部；铜扣 1 组 10 枚，出土于人骨胸口处。

瓷罐　2 件。BM28∶1，侈口，圆沿，直颈，圆腹，圈足，平底。颈部有一对耳鋬，下腹和中腹饰弦纹。上腹、颈部及双鋬施黄褐釉，内部施满黄褐釉，口部未施釉。口径 9.6 厘米，底径 6.4 厘米，高 13.6 厘米（图二八二，2；图版六六，2）。BM28∶5，侈口，圆沿，直颈，圆腹，圈足，平底。颈部有一对耳鋬，中腹饰弦纹。上腹、颈部及双鋬施褐釉，内部施满褐釉，口部未施釉。口径 8.8 厘米，底径 6.4 厘米，高 14 厘米（图二八二，1）。

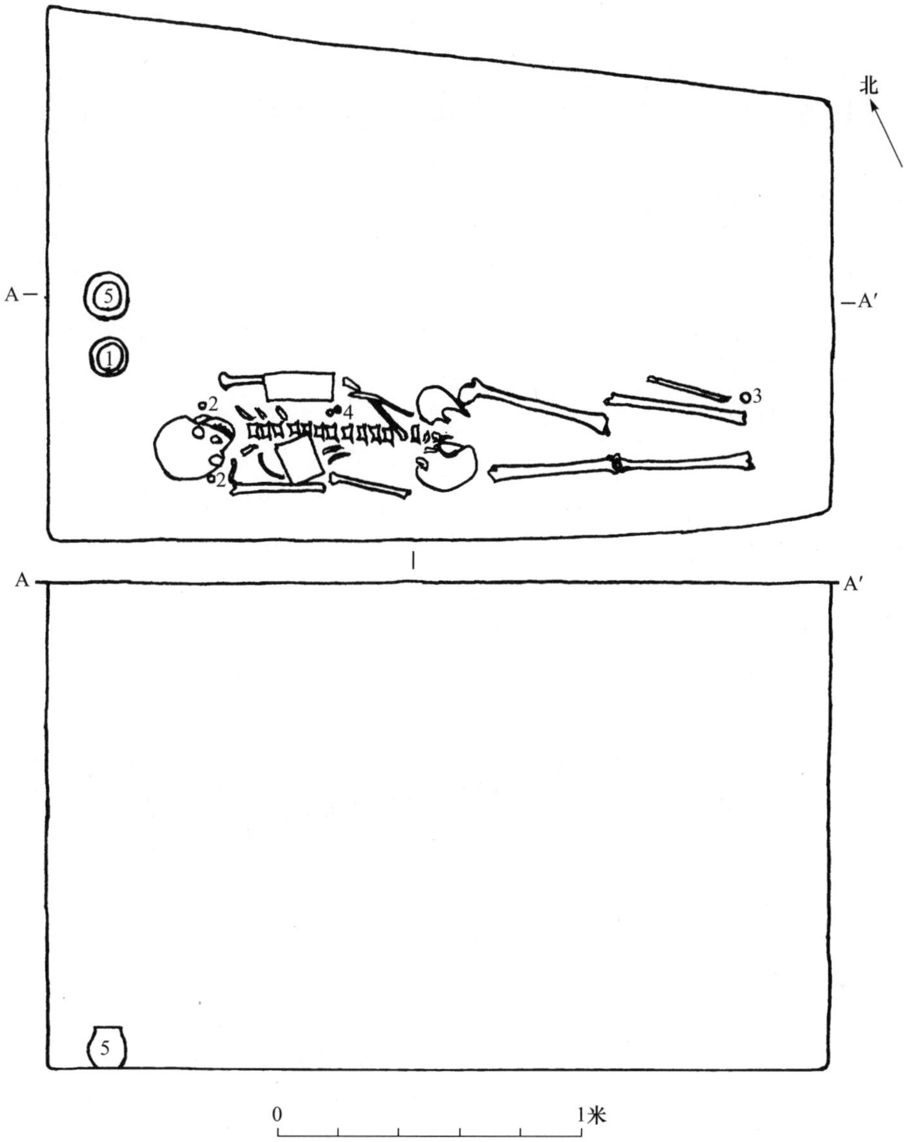

图二八一 BM28平、剖面图

1、5. 瓷罐 2. 银耳环 3. 铜扣 4. 铜钱

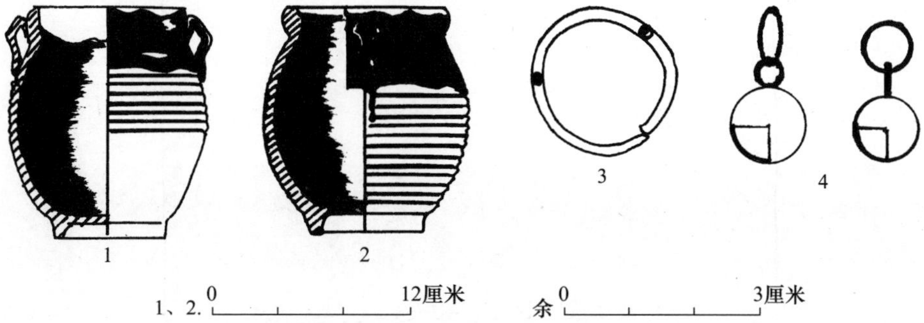

图二八二 BM28出土器物

1、2. 瓷罐（BM28：5、BM28：1） 3. 银耳环（BM28：2） 4. 铜扣（BM28：3）

银耳环　1副。BM28：2，环较细，形状不规则，近圆形。外径2.2厘米，内径1.8～1.9厘米（图二八二，3；图版六七，4）。

铜扣　1组10枚。BM28：3，圆珠形，其上有环形鼻，套一圆环。径1～1.1厘米（图二八二，4）。

铜钱　1枚。BM28：4，钱文不清，锈蚀严重。

20. BM29

位置　位于BT1013西南。

层位关系　①→BM29→②。

方向　338°。

形制与结构　长方形竖穴土坑墓，直壁平底。长260、宽168～218、深170厘米（图二八三）。填土为褐、白色花土，结构疏松，土质较软较黏，内含白灰和料姜石颗粒。

葬具　不详。

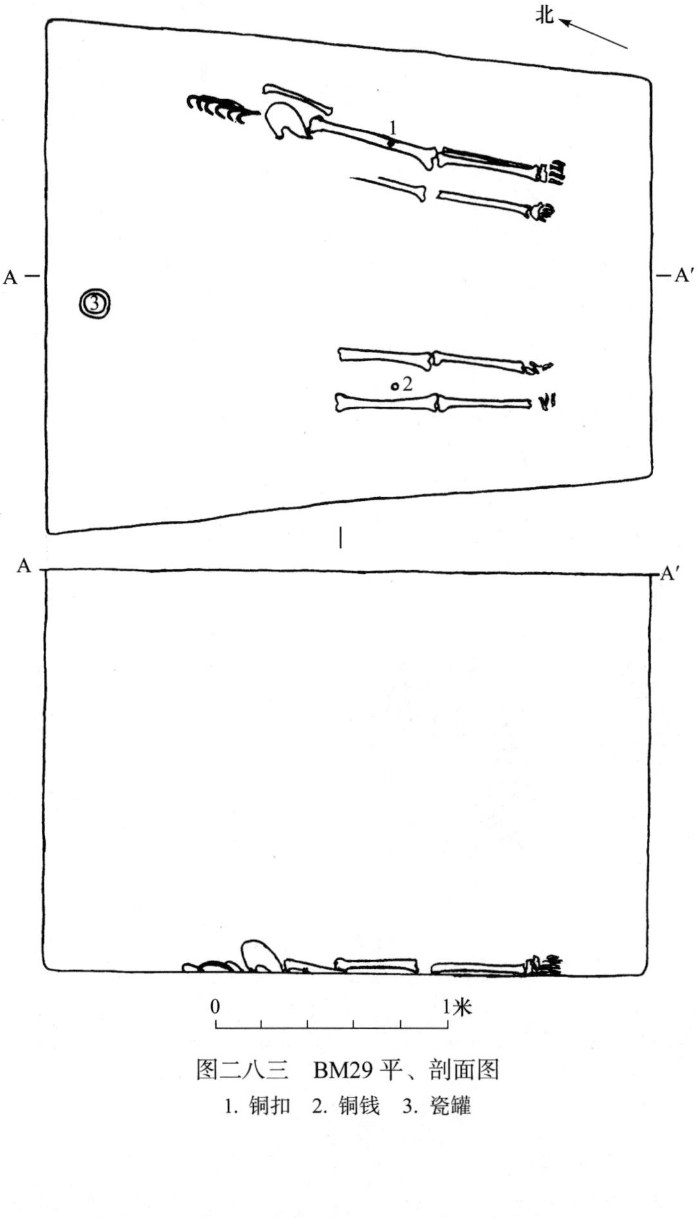

图二八三　BM29平、剖面图

1. 铜扣　2. 铜钱　3. 瓷罐

人骨　2具。头向西北，面向不详。性别、年龄不详。葬式不详。

随葬器物　共发现3件（组）随葬品。铜钱1组4枚，出土于北侧人骨双腿处；瓷罐1件，出土于北侧人骨西北部；铜扣1组9枚，出土于人骨处。

瓷罐　1件。BM29：3，直口微敛，方唇，鼓腹，圈足，平底。颈肩部有对称双耳。肩部、颈部及双耳施褐釉，内部施满釉，口部未施釉。口径8.8厘米，底径7.2厘米，高12.4厘米（图二八四，1；图版六七，2）。

铜扣　1组9枚。BM29：1，圆珠形，其上有环形鼻，套一圆环。径0.8～1.1厘米（图二八四，2）。

铜钱　1组4枚。BM29：2，钱文可辨者有"嘉庆通宝"1枚，郭径为2.5厘米（图二九二，13）。

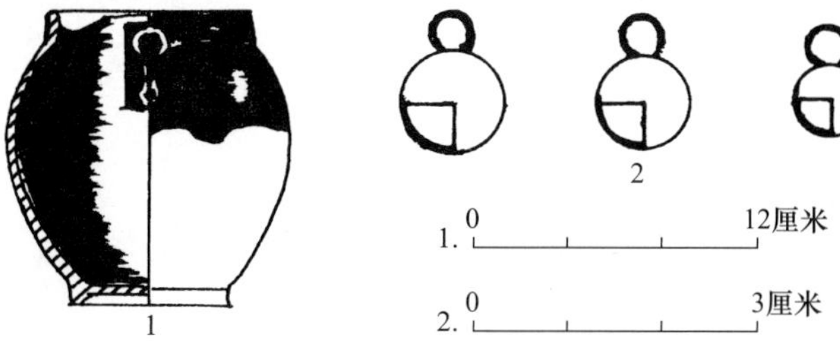

图二八四　BM29出土器物

1. 瓷罐（BM29：3）　2. 铜扣（BM29：1）

21. BM30

位置　位于BT0812西南。

层位关系　①→BM30→②。

方向　10°。

形制与结构　长方形竖穴土坑墓，直壁平底。长370、宽142～151、深160厘米（图二八五）。填土为褐、白色花土，结构疏松，土质较软较黏，内含料姜石颗粒。

葬具　不详。

人骨　无。

随葬器物　无。

22. BM31

位置　位于BT0910西南。

层位关系　①→BM31→②。

方向　5°。

形制与结构　长方形竖穴土坑墓，直壁平底。长220、宽72～73、深112厘米（图二八六）。填土为褐、白色花土，结构疏松，土质较软较黏，内含大量白灰颗粒。

葬具　不详。

人骨　1具。仰身直肢葬，头向北，面向上。性别、年龄不详。

随葬器物　共发现1件随葬品。瓷罐1件，出土于头骨西北部。

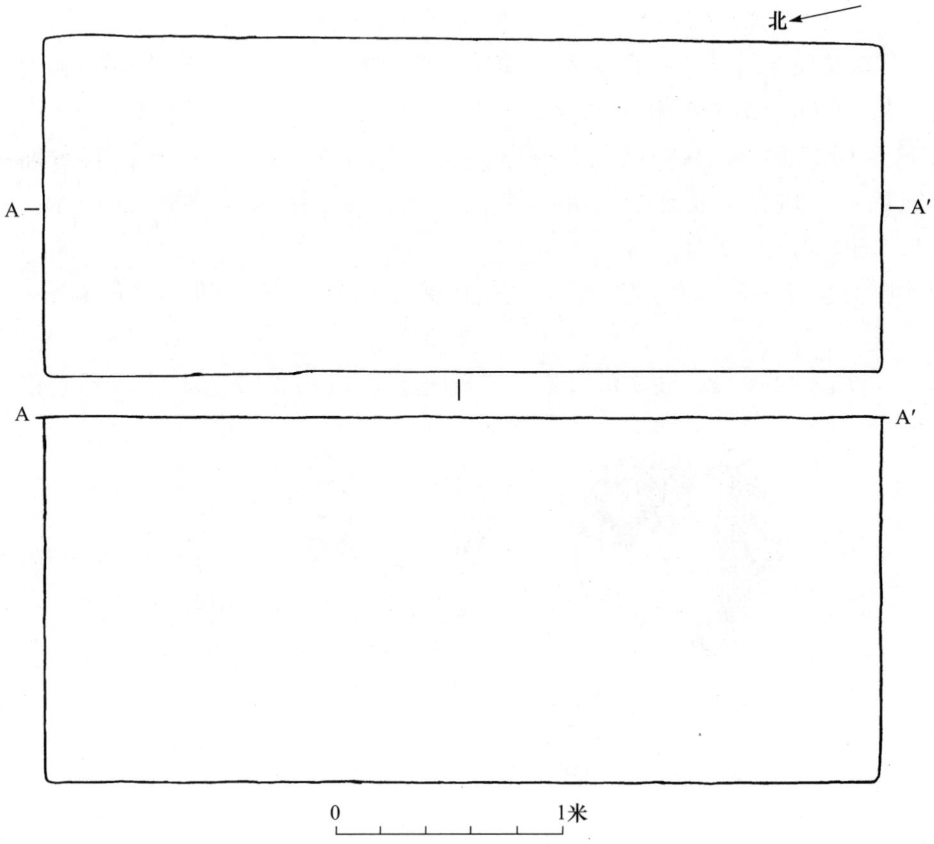

图二八五　BM30平、剖面图

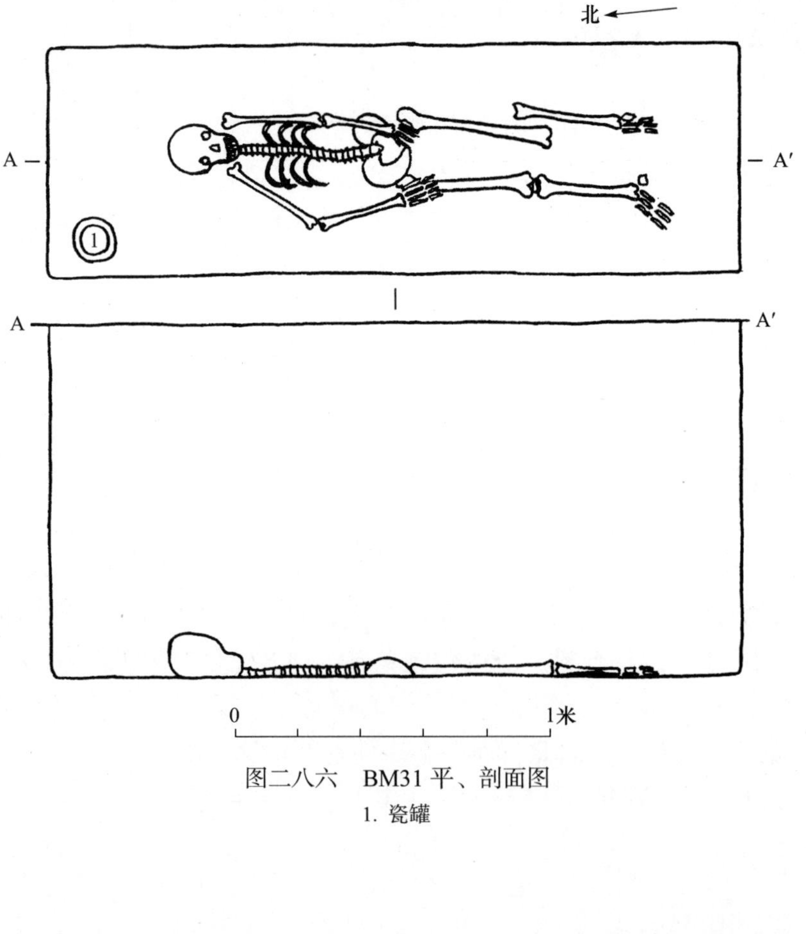

图二八六　BM31平、剖面图

1. 瓷罐

瓷罐　1件。BM31：1，敛口，平沿，直颈，溜肩，腹微鼓，圈足，平底。下腹处有一道凸棱，颈部有一对耳鋬，素面。上腹、颈部及双鋬施黑褐釉，内部施满黑褐釉，口部未施釉。口径9.2厘米，底径6.4厘米，高16厘米，最大腹径12.8厘米（图二八七；图版六七，1）。

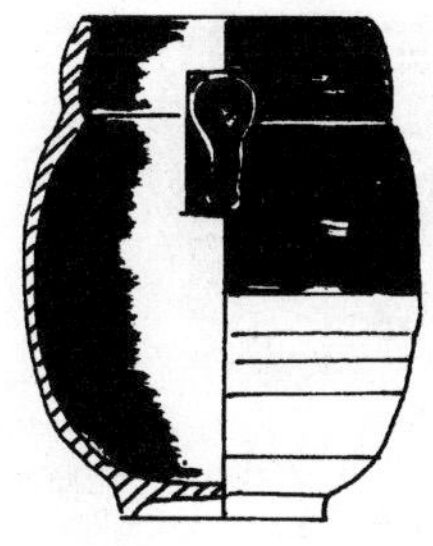

图二八七　BM31出土瓷罐
瓷罐（BM31：1）

23. BM33

位置　位于BT1012北部。

层位关系　①→BM33→②。

方向　302°。

形制与结构　长方形竖穴土坑墓，直壁平底。长240、宽50～90、深104厘米（图二八八）。

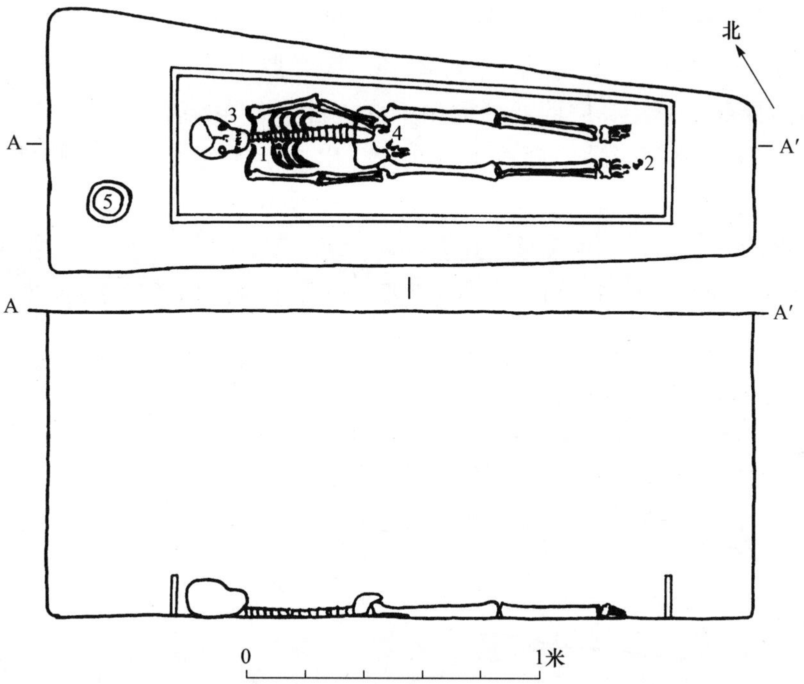

图二八八　BM33平、剖面图
1、3. 铜扣　2、4. 铜钱　5. 瓷罐

填土为黄褐色花土，结构疏松，土质较软较黏，内含大量白灰颗粒。

葬具　1具木棺。棺痕长170、宽42～52、残高14、厚2厘米。

人骨　1具。仰身直肢葬，头向西北，面向上。性别、年龄不详。

随葬器物　共发现3件（组）随葬品。瓷罐1件，出土于头骨西北部；铜钱1组9枚，出土于人骨盆骨处和脚下；铜扣1组3枚，出土于人骨肋骨处和人骨口中。

瓷罐　1件。BM33：5，侈口，圆唇，直颈，溜肩，鼓腹，圈足，平底。最大腹径在上部，下腹与底部交接处有一周凹槽，从颈部至腹部中间布满弦纹。颈部有一对耳鋬，颈部及双鋬施黑褐釉，内部施满黑褐釉，口部未施釉。口径8.8厘米，底径6.4厘米，高12厘米，最大腹径12厘米（图二八九，1；图版六七，3）。

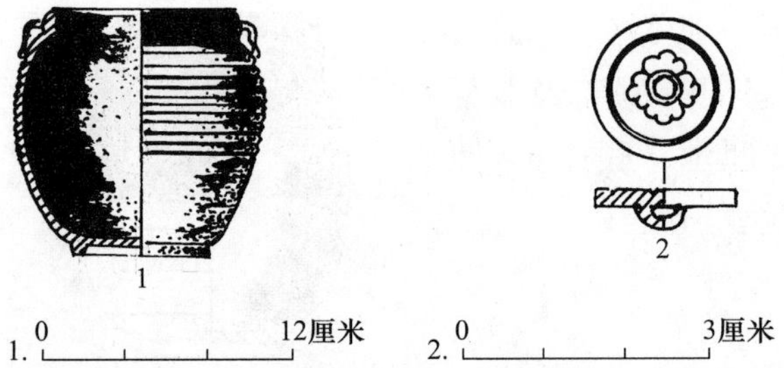

图二八九　BM33 出土器物
1. 瓷罐（BM33：5）2. 铜扣（BM33：3）

铜扣　1 组 3 枚。BM33：3，扁圆形，正面饰五瓣桃花，背面为环形扣鼻。扣径 1.7 厘米（图二八九，2）。BM33：1 形制与 BM33：3 相同（图版六八，3）。

铜钱　1 组 9 枚。钱文不清，锈蚀严重。

24. BM34

位置　位于 BT1013 南部。

层位关系　①→ BM34 →②。

方向　310°。

形制与结构　长方形竖穴土坑墓，直壁平底。长 244、宽 64～96、深 124 厘米（图二九〇）。填土为褐色花土，结构疏松，土质较软较黏，内含大量白灰颗粒。

葬具　一具木棺。棺痕长 172、宽 60、残高 18、厚 2 厘米。

人骨　1 具。仰身直肢葬，头向西北，面向不详。性别、年龄不详。

随葬器物　共发现 2 组随葬品。铜钱 1 组 5 枚，出土于人骨盆骨和右脚处；铜扣 1 组 8 枚，出土于人骨胸部。

铜扣　1 组 8 枚。BM34：1，圆珠形，其上有环形鼻，套一圆环。径 1～1.2 厘米（图二九一）。

铜钱　1 组 5 枚。BM34：2、3，可辨者有“乾隆通宝”1 枚，郭径为 2.5 厘米（图二九二，14）。

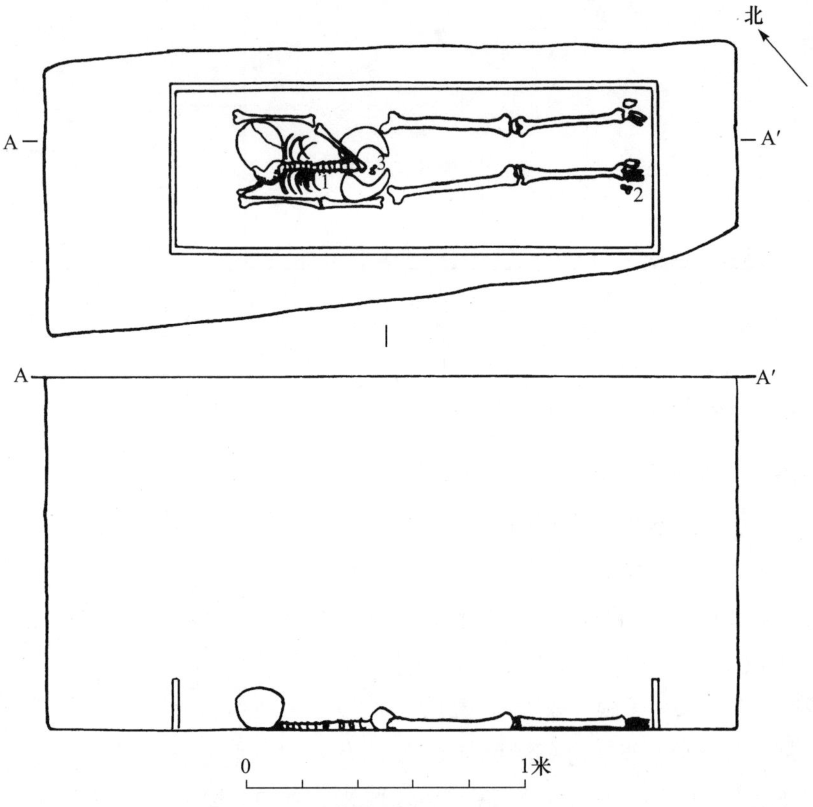

图二九〇　BM34 平、剖面图
1. 铜扣　2、3. 铜钱

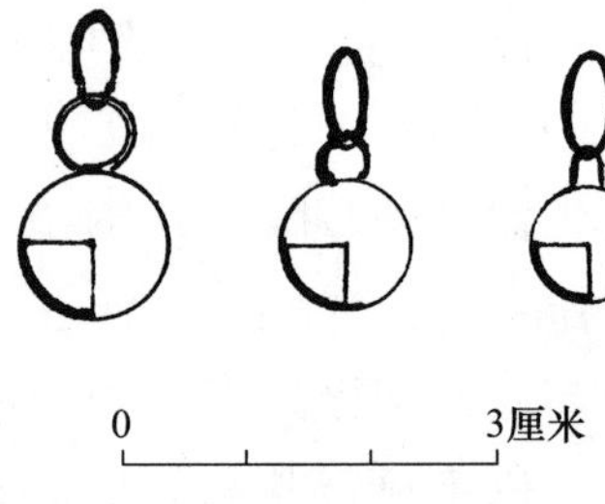

图二九一　BM34 出土铜扣
铜扣（BM34：1）

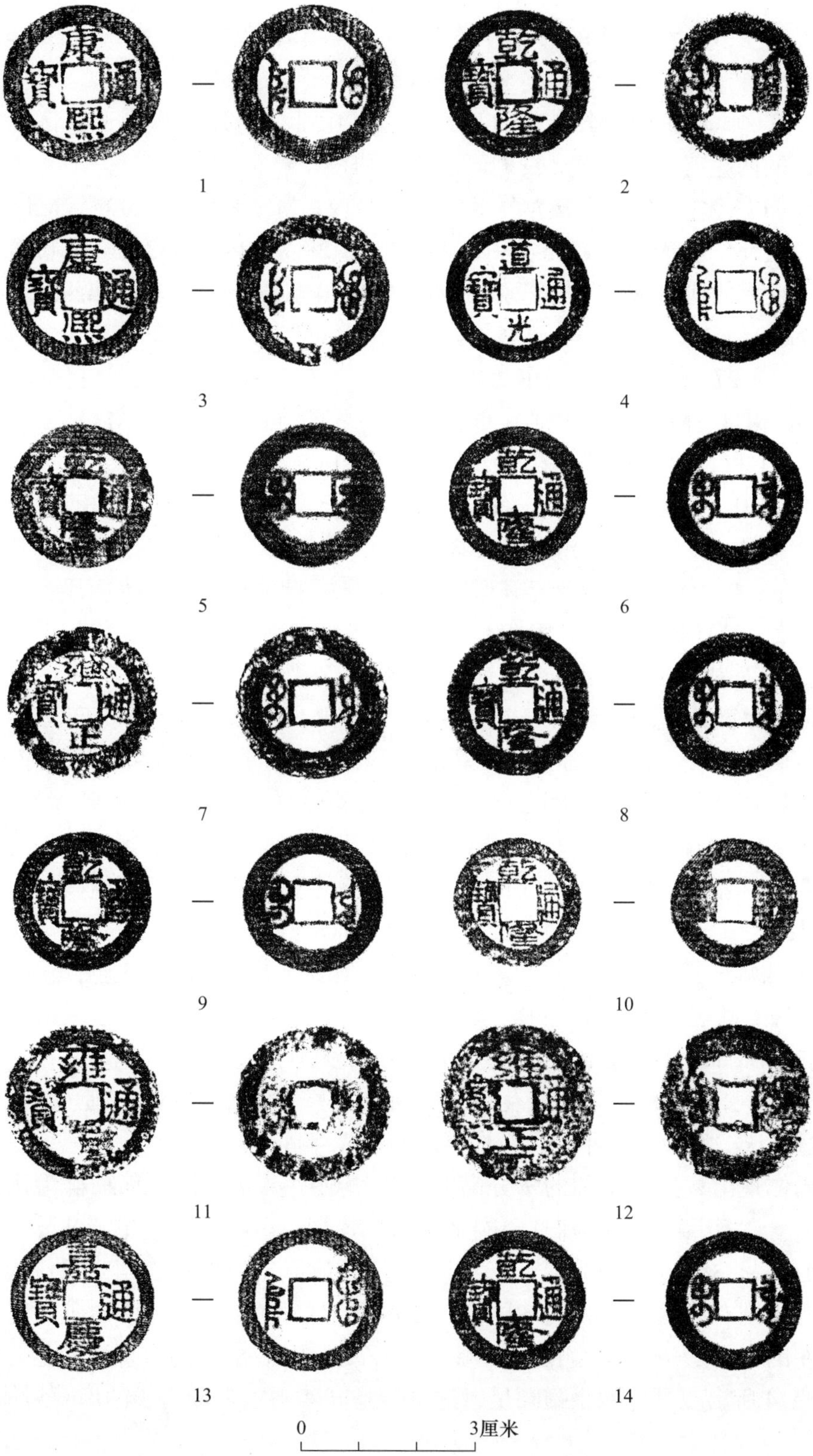

图二九二 宝丰廖旗营清墓出土铜钱拓片

1、3. 康熙通宝（BM12：8、BM14：2） 2、5、6、8～10、14. 乾隆通宝（BM14：1、BM21：3、BM23：4、BM24：5、BM25：3-1、BM25：3-2、BM34：2） 4. 道光通宝（BM18：2） 7、11、12. 雍正通宝（BM23：7、BM26：2-1、BM26：2-2） 13. 嘉庆通宝（BM29：2）

第二节 初步研究

本次发掘的清墓比较集中地分布在B区发掘区的中部，个别墓葬位于B区发掘区南部和东南部；另外A区的两座清墓分别位于发掘区的西部和东北部。

B区的墓葬可以根据分布情况分为两组，其中M12、M13、M14、M15、M16、M17、M18、M20、M21、M22、M23、M24、M25、M26、M27、M28、M29、M33、M34位置相对集中，相互间距离较近，且无任何打破关系。墓葬方向除M21偏东北外，其余均偏西北。大部分墓葬随葬有双系敛口瓷罐、铜扣、铜钱等。根据墓葬排列情况可以将该组墓葬确定为家族墓，排葬可分为四排，以M22、M27为尊，依次向东南排列。

而M1、M3、M11、M30、M31则分布于南部，墓葬方向均北向。M30、M31虽相距较远，但其方向一致，M1和M31均出土有瓷罐，应属另一组。

26座清代墓葬中，7座为合葬墓。除M27为单棺合葬外，其余能分辨葬式的墓葬以仰身直肢为主。从墓葬结构上看，7座合葬墓中仅BM1为西深东浅，其余均为平底。

根据墓葬分布、出土钱币年号及瓷罐形制的差别，可把清代墓葬分为两段：

前段以BM12、BM14、BM21、BM23、BM25、BM26为代表。主要分布于B区北部墓群西北部的第一、二排（图二四四），出土的钱币主要为“康熙通宝”“雍正通宝”“乾隆通宝”，随葬的双耳瓷圈足罐腹微鼓，圈足较高。出有相类瓷罐的M22、M28及分布于第一、二排的M27、M13、M15等可归入此段。AM1出土的双耳圈足瓷罐及BM1出土的束颈圈足瓷罐虽然形态各异，但两者圈足颇高，形态也不见后段，故也归入此段。

后段以BM29、BM18为代表。主要分布于B区北部墓群西北部的第三、四排（图二四四），出土的钱币主要为“嘉庆通宝”“道光通宝”等，随葬的双耳瓷圈足罐圈足较矮。出有相类瓷罐的M24、M33及分布于第三、四排的M20、M17、M16、M34等可归入此段。BM31出土的双耳圈足瓷罐形态独具，其较矮的圈足与本段BM29、BM18出土的双耳瓷圈足罐圈足形态雷同，其形态也不见前段，故也归入此段。

另外，BM3、BM11、BM30未出土随葬品，AM2无典型随葬品，因此，未进行分段。

根据钱文和双耳瓷圈足罐的形态变化可知，前段墓葬年代大致在康、雍、乾三朝，上限不过康熙，下限不过嘉庆。后段墓葬年代大致在嘉庆与道光年间。

墓葬的布局体现出墓主人生前的辈分高低与长幼顺序。以B区北部墓群为例，西北部第一排M12、M22出土“康熙通宝”、双耳瓷圈足罐圈足较高，表明其时代早，辈分应该比较高；东南部第四排M18、M33出土“道光通宝”、双耳瓷圈足罐圈足较低，表明其时代晚，辈分应该比较低。同排墓葬中则右侧的墓葬时代略早，如B区北部墓群第一排M22出土的双耳瓷圈足罐圈足高于同排偏左的M12所出双耳瓷圈足罐圈足，第二排M28出土的双耳瓷圈足罐圈足高于同排偏左的M13、M14所出双耳瓷圈足罐圈足，这可能是同辈中以右侧为长的埋葬习俗。

第五章　时代不详的墓葬

时代不明墓葬 2 座，即 PBLBM7、PBLBM55。

1. BM7

位置　位于 BT1613 西南。
层位关系　②→ BM7 →生土。
方向　195°。
形制与结构　长方形竖穴土坑墓，直壁平底。长 244、宽 94、深 100 厘米（图二九三）。

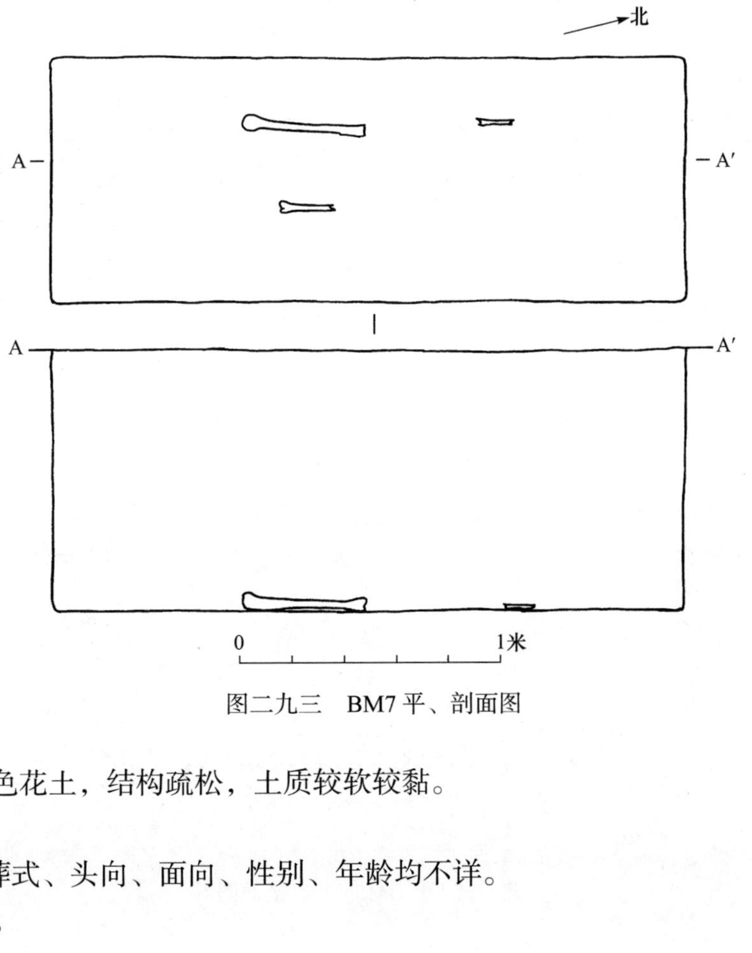

图二九三　BM7 平、剖面图

填土为褐、白色花土，结构疏松，土质较软较黏。
葬具　无。
人骨　1 具。葬式、头向、面向、性别、年龄均不详。
随葬器物　无。

2. BM55

位置　BT0723 西部。

层位关系　②→ BM55 →生土。

方向　123°。

形制与结构　长方形竖穴土坑墓。直壁，平底。墓口长 290、宽 160 厘米；墓底长 208、宽 94 厘米；深 180 厘米（图二九四）。有生土二层台，二层台高 80 厘米。北侧二层台宽 34、南侧二层台宽 34、东侧二层台宽 38、西侧二层台宽 44 厘米。在生土台形成的墓室空间中放置人骨。

填土为褐色花土，结构疏松，土质较软，含大量白灰土。

葬具　不详。

人骨　发现人骨 1 具，保存较差，头向东，面向上，葬式不详。

随葬器物　无。

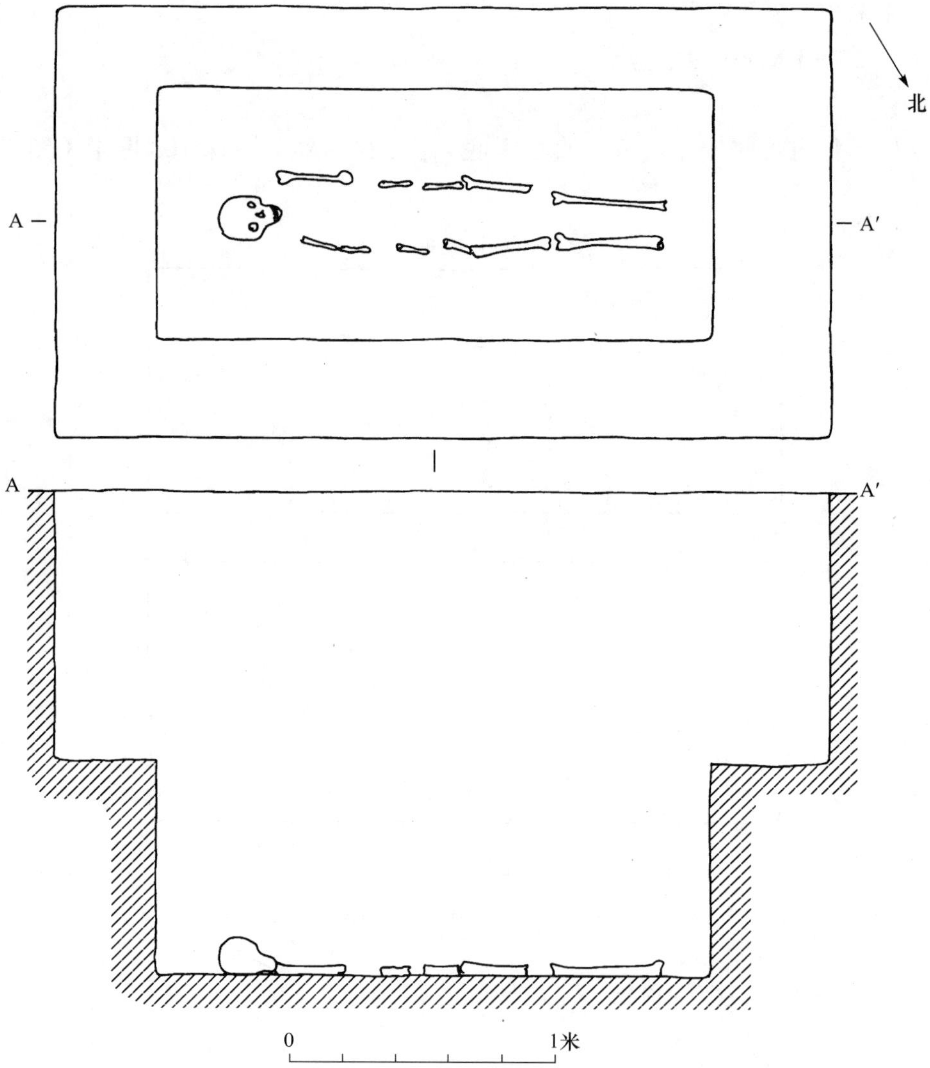

图二九四　BM55 平、剖面图

结 语

宝丰廖旗营墓地的发掘，为研究豫西南地区古代丧葬习俗和文化提供了新的实物资料。其中，汉墓数量最多，墓地区划分明，排列前后有序，随葬器物阶段性特征明显，对于研究豫西南地区的汉代文化发展序列，探讨当地墓葬习俗，研究其所反映的汉代社会面貌，具有重要价值。尤其本次发掘的13座明代家族墓中，有8座墓葬出土了墓志，墓主身份、长幼关系及卒葬年代明确，为研究本地区明代丧葬制度及明墓断代，探讨当地明代家族墓埋葬习俗提供了重要实物资料。

附　　表

附表一　汉代墓葬登记表

单位：厘米

墓号	位置	方向	形制结构	墓道尺寸	甬道尺寸	墓口尺寸	墓底尺寸	葬具	葬式	性别	年龄（岁）	随葬品	盗扰否
				长 × 宽 – 距地表深	长 × 宽 – 距地表深	长 × 宽 – 距地表深	长 × 宽 – 距地表深	长 × 宽 – 高					
AW1	T1506 西部偏中	25°	长方形竖穴土圹墓，直壁平底	无	无	（124～128）× 62–30	（124～128）× 62–68	两块板瓦相扣	不详	不详	不详	无	否
AW2	T1506 西部偏北	23°	长方形竖穴土圹墓，直壁平底	无	无	156 × 82–30	156 × 82–98	两块板瓦相扣	不详	不详	不详	无	扰
AM3	T1605 西北	100°	砖室墓，由斜坡墓道、墓门、甬道、墓室组成	口 640 × 144–30 底 690 × 144–（30～284）	110 × 110–（30～284）	（472～486）×（216～232）–30	（472～486）×（216～232）–284	不详	不详	不详	不详	铜刀 1 件、铜饰 1 件、铁錾 1 件、铁匕首 1 件、铁片 1 件、陶仓 6 件、陶奁器盖 4 件、器盖 1 件、陶壶 1 件、铜钱 19 枚	否
AM6	T1505 东北和 T1605 西北	93°	砖室墓，由斜坡墓道、封门和墓室组成	口 450 × 114–30 底 500 × 114–（30～270）	无	320 × 114–30	320 × 114–270	不详	不详	不详	不详	铜钱 2 枚、陶壶 1 件、陶樽 1 件、煤精 1 件、银环 2 枚、琉璃珠 2 枚、铁刀 1 件、玻璃件 1 件、琉璃环 1 件	否
AM9	T0711 中部偏南	265°	长方形竖穴土坑墓，由阶梯墓道和前后双墓室组成	口 410 × 128–30 底 350 × 128–（30～248）	无	460 × 232–30	前 236 × 232–248 后 232 × 224–234	不详	不详	不详	不详	无	扰
AM21	T0707 中部偏南	15°	砖室墓，由斜坡墓道、封门、墓室组成	口 640 ×（182～210）–30 底 662 ×（182～210）–（30～195）	无	360 × 120–30	360 × 120–195	不详	不详	不详	不详	铜钱 8 枚、铁勺 1 件、陶樽 1 件	否

续表

墓号	位置	方向	形制结构	墓道尺寸	甬道尺寸	墓口尺寸	墓底尺寸	葬具	葬式	性别	年龄（岁）	随葬品	盗扰否
				长 × 宽 – 距地表深	长 × 宽 – 距地表深	长 × 宽 – 距地表深	长 × 宽 – 距地表深	长 × 宽 – 高					
AM22	T0606 南部和 T0605 北部	185°	长方形竖穴空心砖墓	无	无	360 × 180–30	360 × 180–235	不详	不详	不详	不详	铜镜 1 件、铜璜 15 枚、铜铃 34 枚、铜洗 1 件、铜环 1 件、穿孔骨饰 5 枚、玻璃珠 15 枚、铁削 1 件、铁勺 1 件、陶盒 1 件、陶罐 1 件、陶瓮 2 件、陶鼎 1 件、陶钫 1 件、陶壶 2 件、玻砂 1 件、管形骨器 1 件	否
AM23	T0606 东部和 T0706 西部	198°	长方形竖穴砖室墓	无	无	350 ×（118～138）–30	350 ×（118～138）–250	不详	不详	不详	不详	料器 1 件、陶壶 1 件、陶罐 2 件	扰
AM24	T0706 南部	175°	长方形竖穴石室墓	无	无	310 ×（122～132）–30	310 ×（122～132）–144	不详	不详	不详	不详	陶罐 1 件	扰
AM25	T0605 中部	0°	长方形竖穴土坑墓，直壁平底	无	无	270 × 132–30	270 × 132–210	不详	不详	不详	不详	陶壶 1 件、陶钵 1 件、铁刀 1 件、陶瓮 2 件	扰
AM26	T0605 东南	353°	砖室墓，由斜坡墓道、封门和墓室组成	口 604 × 158–30 底 632 × 158–（30～210）	无	352 × 132–30	352 × 132–216	不详	不详	不详	不详	陶器盖 1 件、陶壶 2 件	扰
AM27	T0705 西北	190°	长方形竖穴空心砖墓	无	无	324 × 120–30	324 × 120–200	不详	不详	不详	不详	陶罐 2 件、陶瓮 1 件、陶钵 2 件	扰
AM28	T0705 中部偏东	10°	长方形竖穴空心砖墓	无	无	358 × 150–30	358 × 150–266	不详	不详	不详	不详	铜带钩 1 件、铜钱 30 枚、陶钵 2 件、陶罐 1 件、陶瓮 2 件、陶釜 1 件	否
AM29	T0706 东南	7°	长方形竖穴砖室墓	无	无	302 × 116–30	302 × 116–216	不详	不详	不详	不详	铜钱 2 枚、铜环 1 件、陶器盖 3 件	否
AM30	T0604 东北	195°	长方形竖穴空心砖墓	无	无	240 × 116–30	240 × 116–244	不详	不详	不详	不详	无	扰
AM31	T0704 西北	10°	长方形竖穴砖室墓	无	无	276 ×（110～122）–30	276 ×（110～122）–250	不详	不详	不详	不详	铜洗 1 件、陶壶 5 件	否

续表

墓号	位置	方向	形制结构	墓道尺寸	甬道尺寸	墓口尺寸	墓底尺寸	葬具	葬式	性别	年龄（岁）	随葬品	盗扰否
				长 × 宽 – 距地表深	长 × 宽 – 距地表深	长 × 宽 – 距地表深	长 × 宽 – 距地表深	长 × 宽 – 高					
AM37	T0701 西部	10°	砖室墓，由竖井墓道、墓室和耳室组成。	口 294 × 170–30 底 294 × 170–290	无	354 × 120–30	354 × 120–290	不详	不详	不详	不详	铜钱 3 枚、陶壶 1 件、陶釜 1 件	否
AM38	T0601 中部	10°	长方形竖穴空心砖墓	无	无	370 × 160–30	370 × 160–250	不详	不详	不详	不详	无	否
AM39	T0602 中南	180°	砖室墓，由斜坡墓道和前后双墓室组成	口 325 × 140–30 底 400 × 140–（30～260）	无	前室 275 × 250–30 后室 270 × 110–30	前室 275 × 250–260 后室 270 × 110–260	不详	不详	不详	不详	陶仓 2 件、陶奁器盖 1 件	否
AM40	T0502 东北	0°	长方形竖穴空心砖墓	无	无	305 × 150–30	305 × 100–214	不详	不详	不详	不详	无	否
AM41	T0501 中部偏东	20°	长方形竖穴空心砖墓	无	无	360 × 150–30	360 × 150–218	不详	不详	不详	不详	陶罐 2 件、陶壶 2 件、陶鼎 1 件、陶盒 1 件、陶钵 3 件	否
AM42	T0302 中部偏南	10°	长方形竖穴土坑墓，直壁平底	无	无	344 × 140–30	344 × 100–190	不详	不详	不详	不详	陶瓮 3 件	否
AM43	T0302 东北和 T0402 西北	100°	砖室墓，由斜坡墓道和墓室组成	口 484 × 124–30 底 540 × 124–270	无	320 × 260–30	320 × 260–270	不详	不详	不详	不详	无	否
AM44	T0303 东部	10°	长方形竖穴土坑墓，直壁平底	无	无	300 × 210–30	249 × 60–265	不详	不详	不详	不详	陶罐 2 件	否
AM45	T0303 中部偏东	10°	长方形竖穴空心砖墓	无	无	390 × 160–30	390 × 160–290	不详	不详	不详	不详	铜钱 2 枚、陶罐 3 件	否
AM46	T0302 中偏南	15°	长方形竖穴空心砖墓	无	无	305 × 135–30	305 × 135–164	不详	不详	不详	不详	铁锛 1 件、铁錾 1 件、陶罐 3 件、陶钵 3 件	否
AM47	T0202 东南	90°	砖室墓，由竖井墓道和墓室组成	口 116 × 90–30 底 116 × 90–220	无	340 × 126–30	340 × 126–236	不详	不详	不详	不详	无	否
AM48	T0602 南部	10°	长方形竖穴空心砖墓	无	无	345 × 140–30	345 × 140–204	不详	不详	不详	不详	无	否

续表

墓号	位置	方向	形制结构	墓道尺寸	甬道尺寸	墓口尺寸	墓底尺寸	葬具	葬式	性别	年龄（岁）	随葬品	盗扰否
				长 × 宽 – 距地表深	长 × 宽 – 距地表深	长 × 宽 – 距地表深	长 × 宽 – 距地表深	长 × 宽 – 高					
BM4	T1411 东部和 T1511 西部	95°	砖室墓，由斜坡墓道、甬道、前室、后室组成	口 626 × 114–65 底 668 × 114–（65～327）	（94～100）×（60～67）–327	前室（251～274）×（189～198）–65 后室（250～252）×（80～91）–65	前室（251～274）×（189～198）–327 后室（250～252）×（80～91）–321	不详	不详	不详	不详	铁刀 1 件、陶磨盘 2 件、陶洗 1 件、铜钱 5 枚、陶鸡 1 件、陶甑 1 件、陶仓 2 件	扰
BM6	T1512 中偏北	22°	长方形竖穴土坑墓，直壁平底	无	无	250 ×（115～124）–45	200 ×（56～64）–131	木棺痕 172 × 52–20	不详	不详	不详	陶罐 2 件	否
BM8	T1512 西部偏北	195°	砖室墓，由斜坡墓道和墓室组成	口 480 × 136-60 底 502 × 136–（60～220）	无	290 ×（114～122）–60	290 ×（114～122）–220	不详	不详	不详	不详	陶壶 3 件、器盖 1 件	否
BM9	T1512 东部，T1612 西部	175°	砖室墓，由斜坡墓道、墓门、甬道和前室、双后室组成	口 572 ×（114～165）–35 底 612 ×（114～165）–35～275	125 × 110–（35～269）	前室 260 ×（244～252）–35 东后室 224 × 92–35 西后室 230 × 94–35	前室 260 ×（244～252）–269 东后室 224 × 92–261 西后室 230 × 94–261	不详	仰身直肢	男女各一具	不详	陶耳杯 5 件、铜钱 462 枚、铁斧 1 件、陶罐 5 件、陶壶 5 件、陶仓 5 件、陶圈厕 1 件、陶奁 4 件（套）、铜镜 4 件、陶案 1 件、铜洗 1 件、陶井 1 件、陶熏炉 2 件（套）、铜环 1 件、陶甑 1 件、陶樽 1 件、灶釜 1 套、陶碓坊 1 件、三足盘 1 件、陶磨 1 件、银指环 1 件、铜扣 3 枚、玻璃器 3 件	否
BM10	T1614 南	95°	砖室墓，由斜坡拐弯墓道、墓门、前甬道、前室、后甬道、后室组成	口 442 ×（130～140）–40 底 560 ×（130～140）–296	前甬道 98 × 120–298 后甬道 66 × 116–298	前室 （244～252）×（242～248）–40 后室 （254～258）× 194–40	前室 （244～252）×（242～248）–298 后室 （254～258）× 194–298	不详	不详	不详	不详	铜钱 5 枚、铁刀 1 件、陶耳杯 2 件、陶碗 1 件、陶壶 3 件、陶井 1 件、陶猪 1 件、陶仓 2 件、陶灶 1 件、陶樽（奁）2 件、陶熏炉 1 件	扰

续表

墓号	位置	方向	形制结构	墓道尺寸	甬道尺寸	墓口尺寸	墓底尺寸	葬具	葬式	性别	年龄（岁）	随葬品	盗扰否
				长×宽－距地表深	长×宽－距地表深	长×宽－距地表深	长×宽－距地表深	长×宽－高					
BM19	T1113 西北	13°	长方形竖穴空心砖墓，直壁平底	无	无	322×126–40	322×126–254	不详	不详	不详	不详	铁刀 1 件、陶罐 1 件、陶钵 2 件、陶瓮 1 件	扰
BM32	T0811 中南	20°	砖室墓，由长方形竖井墓道和墓室组成	120×150–（60～256）	无	373×126–60	373×126–256	不详	不详	不详	不详	铁斧 1 件、陶罐 1 件、	否
BM35	T1312 西部	206°	砖室墓，由斜坡墓道、封门、甬道和墓室组成	口 542×（80～94）–65 底 610×（80～94）–（65～329）	94×87–（65～333）	312×286–65	312×286–333	不详	不详	不详	不详	陶瓮 1 件、陶甑 1 件、陶仓 3 件、陶磨 1 件、陶灶 1 件、陶井 1 件、陶圈厕 1 件、陶猪 1 件、铁刀 1 件、铜钱 1 枚	否
BM36	T0911 南部、T0910 北部	9°	砖室墓，由斜坡墓道、封门、墓室和耳室组成	口 490×（150～178）–65 底 520×（150～178）–（65～237）	无	370×108–65	370×108–237	不详	不详	不详	不详	陶樽 1 件、陶仓 1 件	扰
BM37	T0810 东南	20°	砖室墓，由斜坡拐弯墓道、墓门和墓室组成	口 310×（94～106）–60 底 320×（94～106）–184	无	（272～280）×132–60	（272～280）×132–190	不详	仰身直肢	不详	不详	无	扰
BM38	T0911 南部、T0910 北部	12°	砖室墓，由斜坡墓道、墓室组成	口 398×145–60 底 420×145–（106～240）	无	380×（122～144）–60	380×（122～144）–250	不详	不详	不详	不详	陶案 1 件、陶盘 1 件、陶仓 1 件、铁钱 1 件、器足 2 件、陶奁器盖 1 件	扰
BM40	T1222 东部	15°	空心砖墓，由斜坡墓道、墓门和墓室组成	口 502×172–70 底 528×172–（150～306）	无	296×140–70	296×140–306	不详	不详	不详	不详	铜钱 12 枚、铁刀柄 1 件、陶壶 3 件、陶罐 1 件、铜洗 1 件	否
BM41	T1323 西北部	200°	长方形竖穴土坑墓，由斜坡墓道、墓门和墓室组成	口 487×150–70 底 530×150–276	无	326×134–70	172×50–276	不详	仰身直肢	男	中年	陶罐 1 件	否
BM42	T1223 东部	196°	砖室墓，由斜坡墓道、墓室组成	口 444×130–70 底 474×130–（98～264）	无	351×115–70	351×115–264	不详	二次葬	不详	不详	陶仓 1 件、铜钱 3 枚	扰
BM43	T1123 西南、T1122 西北	193°	长方形竖穴土坑墓，直壁平底	无	无	228×（116～122）–70	188–190×（46～52）–320	不详	不详	不详	不详	陶罐 3 件	否

续表

墓号	位置	方向	形制结构	墓道尺寸	甬道尺寸	墓口尺寸	墓底尺寸	葬具	葬式	性别	年龄（岁）	随葬品	盗扰否
				长×宽－距地表深	长×宽－距地表深	长×宽－距地表深	长×宽－距地表深	长×宽－高					
BM44	T1022东南	17°	长方形竖穴空心砖墓	无	无	294×110–70	294×110–198	不详	不详	不详	不详	陶壶3件	扰
BM45	T1021西北、T1022西南	174°	砖室墓，由斜坡墓道、墓室组成	口342×98–70 底390×98–（70～256）	无	256×98–70	256×98–256	不详	不详	不详	不详	陶壶1件、陶罐1件、铜钱2枚	扰
BM46	T1123东部	203°	砖室墓，由双斜坡墓道、前室和后室组成	东侧墓道 口476×（114～152）–65 底480×（114～152）–（117～289） 南侧墓道 口580×（170～232）–65 底532×（170～232）–（139～289）	无	390×（218～262）–65	390×（218～262）–289	木棺	不详	不详	不详	陶仓1件、釉陶壶1件、陶奁器盖1件	扰
BM47	T1223西北	16°	砖室墓，由斜坡墓道、过洞和东、西墓室组成	口328×128-65 底378×128–（65～245）	无	东墓室 364×154–65 西墓室 364×128–65	东墓室 364×154–245 西墓室 364×128–245	不详	不详	不详	不详	无	扰
BM48	T1124中部偏南	192°	砖室墓，由斜坡墓道、墓门和墓室组成	口586×156–70 底624×156–（70～270）	无	404×154–70	404×154–280	不详	不详	不详	不详	器盖2件	扰
BM49	T1124西南、T1123西北、T1023东北	207°	砖室墓，由斜坡拐弯墓道、墓门、前后墓室和耳室组成	口644×（170～190）–70 底1080×（170～190）–（70～254）	无	前室 164×130–70 后室 248×121–70	前室 164×130–254 后室 248×121–254	不详	不详	不详	不详	铁鏊1件、器盖2件	扰
BM50	T0312西部	156°	长方形竖穴土坑墓，直壁平底	无	无	310×（183～187）–70	218×（53～56）–290	不详	不详	不详	不详	陶罐1件	否
BM51	T0312中部偏西	123°	长方形竖穴土坑墓，直壁平底	无	无	340×160–70	184×60–270	不详	不详	不详	不详	无	否

续表

墓号	位置	方向	形制结构	墓道尺寸	甬道尺寸	墓口尺寸	墓底尺寸	葬具	葬式	性别	年龄（岁）	随葬品	盗扰否
				长 × 宽 – 距地表深	长 × 宽 – 距地表深	长 × 宽 – 距地表深	长 × 宽 – 距地表深	长 × 宽 – 高					
BM52	T0522 东部、T0622 西部	115°	砖室墓，由斜坡墓道、封门和墓室组成	口 435 × 120–70 底 498 × 120–（70～306）	无	312 ×（132～138）–70	312 ×（132～138）–306	不详	不详	不详	不详	陶灶 1 件、陶案 1 件、陶耳杯 2 件、陶奁器盖 1 件、陶井 1 件、陶磨 1 件、陶仓 1 件、筒瓦 1 件	否
BM53	T0623 西部	12°	砖室墓，由斜坡墓道、前室和东、西后室组成	口 690 × 128–70 底 750 × 128–（70～350）	无	前室 408 ×（242～326）–70 东后室 250 × 94–70 西后室 238 × 114–70	前室 408 ×（242～326）–350 东后室 250 × 94–350 西后室 238 × 114–350	不详	不详	不详	不详	陶耳杯 1 件、陶奁器盖 1 件、陶案 1 件、陶井 1 件、陶奁 3 件、陶器盖 1 件、陶仓 1 件	扰
BM54	T0623 东南部	15°	长方形竖穴空心砖墓，直壁平底。	无	无	256 ×（112～124）–60	256 ×（112～124）–254	不详	不详	不详	不详	陶瓮 2 件、陶钵 2 件	否
BM56	T0724 中部偏北	207°	砖室墓，由斜坡墓道、封门、甬道、前室和后室组成	口 552 ×（126～134）–60 底 600 ×（126～134）–（60～300）	54 × 108–172	前室 172 × 120–60 后室 238 × 96–60	前室 172 × 120–300 后室 238 × 96–300	不详	不详	不详	不详	陶奁 9 件（套）、陶仓 2 件、陶奁器盖 1 件、陶瓶 1 件、陶井 1 件、陶圈 1 件、博山炉 1 件、陶罐 2 件、陶壶 1 件、铜钱 15 枚、器盖 4 件、陶樽 1 件	
BM57	T0725 东南、T0724 东北	26°	长方形竖穴砖室墓	无	无	316 × 118–65	316 × 78–275	不详	不详	不详	不详	陶樽 1 件、陶壶 2 件	否
BM58	T1122 中南部	198°	砖室墓，由斜坡墓道，封门和东、西室组成	口 466 × 122–65 底 532 × 122–（65～313）	无	392 × 252–65	392 × 252–313	不详	不详	不详	不详	陶壶 1 件、器盖 3 件	扰
BM59	T1122 东南部、T1121 东北部	201°	砖室墓，由斜坡墓道，前室、后室和耳室组成	口 640 ×（164～178）–65 底 676 ×（164～178）–（65～255）	无	前室 148 × 126–65 后室 292 × 168–65	前室 148 × 126–255 后室 292 × 168–255	不详	不详	不详	不详	陶壶 3 件、陶罐 1 件、铜洗 1 件、	扰

续表

墓号	位置	方向	形制结构	墓道尺寸	甬道尺寸	墓口尺寸	墓底尺寸	葬具	葬式	性别	年龄（岁）	随葬品	盗扰否
				长×宽-距地表深	长×宽-距地表深	长×宽-距地表深	长×宽-距地表深	长×宽-高					
BM60	T0402中部偏西	13°	长方形竖穴空心砖墓，直壁平底	无	无	246×（94～108）-70	246×（94～108）-270	不详	不详	不详	不详	陶罐1件、陶瓮1件	否
BM61	T0302西南部	4°	长方形竖穴砖室墓	无	无	308×150-65	290×117-207	不详	不详	不详	不详	陶罐1件、铁镰1件、	否
BM62	T0303西部、T0203东部、T0202东北、T0302西北	190°	砖室墓，由斜坡墓道和墓室组成	口718×154-70 底750×154-（70～330）	无	422×260-70	422×260-330	不详	不详	不详	不详	无	扰
BM63	T0202北部、T0203南部	198°	砖室墓，由斜坡墓道和墓室组成	口712×142-65 底760×142-（65～319）	无	358×304-65	358×304-319	不详	不详	不详	不详	无	扰
BM64	T0103东部、T0203西部	3°	砖室墓，由斜坡墓道，墓室和东、西耳室组成	口570×260-60 底600×260-（120～310）	无	550×260-60	550×260-310	不详	不详	不详	不详	无	扰
BM65	T1221中部偏西、T1121东部	283°	砖室墓，由斜坡墓道、墓门、墓室和耳室组成	口604×（160～170）-70 底630×（160～170）-（70～232）	无	340×120-70	340×120-232	不详	不详	不详	不详	陶壶2件、陶罐1件、陶仓5件、铜洗1件、器盖1件、铜钱20枚、铁鐅1件	扰
BM66	T1127西南、T1126西北	170°	空心砖墓，由斜坡墓道、封门、墓室和东、西耳室组成	口546×（178～259）-70 底580×（178～260）-（130～230）	无	376×242-70	376×242-230	不详	不详	不详	不详	铜钱1枚、陶仓1件、铜洗1件、陶壶3件	扰
BM67	T1027中南、T1026西北	160°	空心砖墓，由斜坡墓道、前室、后室和耳室组成	口522×（126～152）-65 底560×（126～152）-（65～255）	无	前室 292×151-65 后室 297×292-65	前室 292×151-255 后室297×292-（255～271）	不详	不详	不详	不详	器盖2件、陶罐2件	扰

续表

墓号	位置	方向	形制结构	墓道尺寸	甬道尺寸	墓口尺寸	墓底尺寸	葬具	葬式	性别	年龄（岁）	随葬品	盗扰否
				长 × 宽 – 距地表深	长 × 宽 – 距地表深	长 × 宽 – 距地表深	长 × 宽 – 距地表深	长 × 宽 – 高					
BM68	T1021 中部	15°	砖室墓，由斜坡墓道、墓门和墓室组成	口 680 × 160–65 底 700 × 160–（65～271）	无	320 × 120–65	320 × 120–271	不详	不详	不详	不详	陶罐 1 件、陶壶 3 件	扰
BM69	T1121 东南、T1120 东北	5°	空心砖墓，由斜坡墓道、墓门和墓室组成	口 276 ×（132～164）–70 底 324 ×（132～164）–（70～230）	无	444 × 168–70	444 × 168–230	不详	不详	不详	不详	陶壶 2 件、器盖 1 件	扰
BM70	T1220 北部	285°	长方形竖穴空心砖墓	无	无	430 × 160–70	430 ×（95～110）–246	不详	不详	不详	不详	铜钱 2 枚、陶壶 3 件	扰
BM71	T1219 中部偏北	5°	长方形竖穴空心砖墓	无	无	382 × 92–70	382 × 92–220	不详	不详	不详	不详	陶壶 3 件	否
BM72	T1219 西北部	0°	长方形竖穴空心砖墓	无	无	500 × 116–70	438 × 100–290	不详	不详	不详	不详	铁削 1 件、铜带钩 2 件、铜洗 1 件、陶壶 3 件	否
BM73	T1119 中部偏北	195°	长方形竖穴土坑墓，由斜坡墓道、墓室组成	口 320 × 96–65 底 346 × 96–（65～195）	无	268 × 250–65	东墓圹 250 ×（56～74）–295 西墓圹 250 ×（60～66）–295	不详	不详	不详	不详	无	否
BM74	T1019 北部	3°	长方形竖穴土坑墓，直壁平底	无	无	240 × 140–70	190 × 80–246	不详	仰身屈肢	不详	不详	陶罐 2 件	否
BM75	T1019 北部	195°	长方形竖穴土坑墓，由斜坡墓道、墓室组成	口 398 × 108–70 底 460 × 108–（70～220）	无	（250～262）× 260–70	东墓圹 192 × 60–270 西墓圹 190 × 60–270	不详	不详	不详	不详	陶壶 3 件、铁削 1 件	否
BM76	T0919 东南、T1019 西南、T0918 东北、T1018 西北	195°	砖室墓，由斜坡墓道、墓室组成	口 530 × 352–60 底 570 × 352–（60～270）	无	490 ×（300～308）–60	西墓室 490 × 120–270 东墓室 490 × 128–270	不详	不详	不详	不详	铜带钩 1 件	否

附表二 宋代墓葬登记表

单位：厘米

墓号	位置	方向	形制结构	墓道尺寸	墓口尺寸	墓底尺寸	葬具	葬式	性别	年龄（岁）	随葬品	盗扰否
				长 × 宽 – 距地表深	长 × 宽 – 距地表深	长 × 宽 – 距地表深	长 × 宽 – 高					
AM4	T1505 中部偏北	180°	长方形竖穴土坑墓，直壁平底	无	276×（56～70）–30	276×（56～70）–200	不详	仰身直肢	不详	不详	陶罐 1 件、铜腰带 12 枚、铜钱 2 枚	否
AM5	T1505 西部	180°	长方形竖穴土坑墓，直壁平底	无	260×64–30	260×64–210	不详	不详	不详	不详	铁镰刀 1 件	否
AM7	T1604 中部偏西	185°	砖室墓，由斜坡墓道、墓室、封门组成	口 338×（94～142）–30 底 392×（94～142）–（30～220）	（283～287）×（98～142）–30	（283～287）×（98～142）–220	不详	不详	不详	不详	铜钱 3 枚	否
AM8	T0611 南部	270°	砖室墓，由斜坡墓道和墓室组成	口 340×（162～170）–30 底 368×（162～170）–170	主室 330×160–30 侧室 316×（48～328）–30	主室 330×160–190 侧室 316×（48～328）–220	不详	不详	不详	不详	瓷壶 1 件	扰
AM10	T0610 东北	5°	长方形竖穴土坑墓，直壁平底	无	205×（64～70）–30	205×（64～70）–210	木棺痕 178×（48～56）–20	仰身直肢	男	40～50	陶杯 1 件、铁犁铧 1 件、铜钱 4 枚	否
AM11	T0610 西南	190°	长方形砖室墓，由墓室和耳室组成	无	254×（150～174）–30	254×（150～174）–144	不详	不详	不详	不详	铜钱 2 枚、瓷碗 1 件	否
AM12	T0610 东部	0°	长方形竖穴土坑墓，直壁平底	无	（225～230）×（83～88）–30	（225～230）×（83～88）–146	木棺痕 158×64–14	仰身直肢	不详	不详	铜钱 1 枚、瓷罐 1 件、	否
AM13	T0610 东部 T0710 西部	7°	长方形竖穴土坑墓，直壁平底	无	262×（90～102）–30	262×（90～102）–138	木棺痕 202×（48～52）–24	仰身直肢	不详	不详	铜钱 3 枚、陶罐 1 件	否
AM14	T0710 西南	167°	长方形竖穴砖室墓	无	220×（64～76）–30	220×（64～76）–140	不详	不详	不详	不详	陶罐 1 件	否
AM15	T0710 西南	0°	长方形竖穴土坑墓，直壁平底	无	246×（66～86）–30	246×（66～86）–146	木棺痕 190×（45～59）–16	仰身直肢	不详	不详	无	否
AM16	T0710 南部	355°	长方形竖穴土坑墓，直壁平底	无	240×（78～84）–30	240×（78～84）–116	木棺痕 220×（54～66）–14	仰身直肢	不详	不详	铜钱 2 枚	扰
AM17	T0709 中部	20°	长方形竖穴砖室墓，四壁倾斜	无	224×（50～100）–30	224×100–176	不详	仰身直肢	不详	不详	铜钱 88 枚、瓷罐 1 件、瓷碗 1 件、铁刀 1 件	扰
AM18	T0709 中部	165°	长方形竖穴砖室墓，四壁倾斜	无	166×（72～80）–30	166×（72～80）–84	不详	仰身直肢	男	少年	无	否

续表

墓号	位置	方向	形制结构	墓道尺寸	墓口尺寸	墓底尺寸	葬具	葬式	性别	年龄（岁）	随葬品	盗扰否
				长 × 宽 – 距地表深	长 × 宽 – 距地表深	长 × 宽 – 距地表深	长 × 宽 – 高					
AM19	T0709 南部	185°	长方形竖穴砖室墓，四壁倾斜	无	304 ×（90～137）–30	304 ×（90～137）–156	不详	二次葬	不详	不详	铁刀 1 件	否
AM20	T0607 东部	0°	长方形竖穴砖室墓	无	243 ×（84～118）–30	243 ×（84～118）–140	不详	仰身直肢	不详	不详	铁剑柄 1 件、铜钱 2 枚	否
BM2	T1310 东北	15°	长方形竖穴土坑墓，斜壁平底	无	（252～270）×（148～172）–30	196 ×（60～88）–180	不详	不详	不详	不详	铜钱 2 枚、板瓦 2 件	否
BM5	T1411 中偏北	185°	阶梯墓道单室砖墓，直壁平底，由阶梯墓道、甬道和墓室组成	口 180 ×（58～60）–35 底 217 ×（58～60）–（59～155）	（124～144）× 168–35	（124～144）× 168–155	二次葬	不详	不详	不详	瓷碗 1 件、铁片 1 件	扰
BM39	T0910 东北	7°	长方形竖穴土坑墓，直壁平底	无	240 ×（152～166）–35	240 ×（152～166）–195	木棺痕 164 ×（42～54）–20	东仰身直肢 西不详	不详	不详	瓷罐 1 件、铜钱 3 枚	否

附表三　明代墓葬登记表

单位：厘米

墓号	位置	方向	形制结构	墓道尺寸	墓口尺寸	墓底尺寸	葬具	葬式	性别	年龄（岁）	随葬品	盗扰否
				长 × 宽 – 距地表深	长 × 宽 – 距地表深	长 × 宽 – 距地表深	长 × 宽 – 高					
AM32	T0704 南部	350°	长方形竖穴砖室和土坑墓，双人同穴异室	无	西墓室 220 ×（64～68）–30 东墓室 320 × 160–30	西墓室 220 ×（64～68）–156 东墓室 320 × 160–240	不详	仰身直肢	不详	不详	铜钱 7 枚、铜镜 1 件、瓷罐 2 件、	否
AM33	T0604 南部	160°	斜坡墓道刀形土坑墓，直壁平底	口 280 ×（130～220）–35 底 330 ×（130～220）–（101～271）	350 ×（260～270）–35	350 ×（260～270）–271	西石棺 286 ×（112～132）–（86～110） 东石棺 282 ×（114～136）–（86～110）	不详	不详	不详	铜镜 1 件、银戒指 5 枚、琥珀坠 1 件、瓷罐 2 件、铜钱 74 枚、铜扣 1 件、银饰 2 套 21 件、墓志 1 合	否
AM35	T0603 中部偏西	355°	长方形竖穴土圹墓，直壁平底	无	380 × 360–30	380 × 360–282	西室 288 × 139–（78～80） 中室和东室 176 ×（90～94）–58	仰身直肢	女	不详	铜钱 32 枚、墓志 1 合	否

续表

墓号	位置	方向	形制结构	墓道尺寸	墓口尺寸	墓底尺寸	葬具	葬式	性别	年龄（岁）	随葬品	盗扰否
				长×宽－距地表深	长×宽－距地表深	长×宽－距地表深	长×宽－高					
AM36	T0702东北，T0703东南	350°	长方形竖穴土圹墓，直壁平底	无	334×320–30	334×320–334	西石棺（272～284）×（114～130）–（86～110） 东石棺（273～284）×（123～138）–（86～110）	不详	不详	不详	铜钱5枚、墓志2合	扰
AM49	T0703东北部	350°	长方形竖穴土圹墓，直壁平底	无	390×200–30	336×200–240	不详	不详	不详	不详	铜钱6枚、铜镜1面、锡罐1件、墓志1合	否
AM50	T0703东北和T0803西北	0°	长方形竖穴土圹墓，直壁平底	无	350×270–30	350×270–240	西石棺280×（116～126）–（78～90） 东石棺280×（116～136）–（78～90）	不详	不详	不详	铜镜2面、铜钱8枚、瓷罐2件、银坠1件、银戒指1件、玛瑙珠7颗	否
AM51	T0803中部偏南	165°	长方形竖穴土圹墓，直壁平底	无	280×130–30	280×130–262	石棺268×（100～120）–（86～90）	不详	不详	不详	铜钱10枚	扰
AM52	T0602东北	10°	长方形竖穴土圹墓，直壁平底	无	360×340–30	360×340–250	212×（60～62）–20	不详	不详	不详	铜饰1件、铜钱30枚、墓志1合	否
AM53	T0703西北	190°	长方形竖穴土圹墓，直壁平底	无	370×330–30	370×330–225	西棺痕232×（81～84）–10 东棺痕220×80–10	不详	不详	不详	锡罐2件、金耳坠2件、金饰2件、银戒指3枚、铜钱13枚、银耳勺1件、墓志1合	否
AM54	T0504东南	345°	长方形竖穴土圹墓，直壁平底	无	350×260–30	350×260–236	西石棺278×（108～132）–（88～91） 东石棺278×（117～124）–（88～91）	东侧身屈肢西不详	东女西男	东中年西不详	铜钱24枚、银耳勺1件、瓷罐2件、墓志1合	否
AM55	T0802中部	175°	长方形竖穴土圹墓，直壁平底	无	340×160–30	340×160–250	284×（122～132）–（76～84）	不详	不详	不详	瓷罐1件、铜钱2枚	扰
AM56	T0802西部	350°	长方形竖穴土圹墓，直壁平底，分东、西两室	无	380×348–30	330×（294～312）–（234～256）	240×80–14	不详	不详	不详	铜钱39枚、瓷罐3件、银戒指1枚、铁犁铧1件、墓志1合	否

续表

墓号	位置	方向	形制结构	墓道尺寸	墓口尺寸	墓底尺寸	葬具	葬式	性别	年龄（岁）	随葬品	盗扰否
				长×宽－距地表深	长×宽－距地表深	长×宽－距地表深	长×宽－高					
AM57	T0702 东南	85°	长方形竖穴土圹墓，直壁平底	无	390×340–30	390×340–（192～200）	西石棺274×（120～134）–92中石棺（280～300）×（114～124）–95东石棺（270～282）×（113～121）–95	不详	不详	不详	金环1件、铜镜1件、铜钱59枚、锡罐1件、银耳勺1件、瓷罐2件、银戒指5枚	扰

附表四　清代墓葬登记表

单位：厘米

墓号	位置	方向	形制结构	墓口尺寸	墓底尺寸	葬具	葬式	性别	年龄（岁）	随葬品	盗扰否
				长×宽－距地表深	长×宽－距地表深	长×宽－高					
AM1	T0106 西部	0°	长方形竖穴土坑墓，墓室北宽南窄	230×（150～174）–30	230×（150～174）–188	202×（48～65）–14	仰身直肢	不详	不详	瓷罐1件、铜扣3枚、铜珠3枚	否
AM2	T1508 西南部	90°	长方形竖穴砖室墓，直壁平底	274×128–30	274×128–200	不详	不详	不详	不详	铜扣2枚、铜烟斗1件、	否
BM1	T1310 东部	0°	长方形竖穴土坑墓，直壁平底，墓底西半部略高于东半部	250×（110～184）–30	250×（110～184）–（166～190）	西木棺痕 200×（38～66）–16 东木棺痕（178～180）×（40～62）–16	西 仰身直肢 东 俯身直肢	西女 东男	不详	瓷罐1件、铜钱6枚、铜环1件	否
BM3	T1410 西北部	5°	长方形竖穴土坑墓，直壁平底	（218～223）×（60～89）–30	（218～223）×（60～89）–194	182×44–20	仰身直肢	不详	不详	无	否
BM11	T1410 西北部	5°	长方形竖穴土坑墓，直壁平底	210×（72～80）–30	210×（72～80）–128	184×（36～50）–10	仰身直肢	不详	不详	无	扰
BM12	T1015 西南	298°	长方形竖穴土坑墓，直壁平底	（265～275）×（147～210）–30	（265～275）×（147～210）–192	北侧棺痕 178×（42～48）–24 南侧棺痕（164～168）×（34～64）–16	北 仰身直肢 南 不详	北 男 南 不详	不详	瓷罐2件、铜珠22枚、铜钱8枚	否
BM13	T1014	300°	长方形竖穴土坑墓，直壁平底	（270～272）×（126～200）–30	（270～272）×（126～200）–140	北侧棺痕 188×（40～52）–20 南侧棺痕 180×（42～56）–20	仰身直肢	北 男 南 女	不详	瓷罐2件、铜扣27枚、铜钱5枚	否

续表

墓号	位置	方向	形制结构	墓口尺寸	墓底尺寸	葬具	葬式	性别	年龄（岁）	随葬品	盗扰
				长×宽－距地表深	长×宽－距地表深	长×宽－高					否
BM14	T1014西北，T1015西南	315°	长方形竖穴土坑墓，直壁平底	240×（40~76）-30	240×（40-76）-136	不详	仰身直肢	不详	不详	铜钱6枚、铜扣20枚、瓷罐1件	否
BM15	T1015中偏南	292°	长方形竖穴土坑墓，直壁平底	210×68-30	210×68-150	174×54-20	仰身直肢	不详	不详	铜钱2枚、铜扣7枚	否
BM16	T1015	310°	长方形竖穴土坑墓，直壁平底	（272~276）×（110~132）-30	（272~276）×（110~132）-144	不详	不详	不详	不详	无	扰
BM17	T1014中部	306°	长方形竖穴土坑墓，直壁平底	270×（48~79）-30	270×（48~79）-144	不详	仰身直肢	不详	不详	铜扣5枚	否
BM18	T1411西北	308°	长方形竖穴土坑墓，直壁平底	274×82-30	274×82-190	不详	仰身直肢	不详	不详	瓷罐1件、铜钱3枚、铜扣5枚	否
BM20	T1014中部偏南	308°	长方形竖穴土坑墓，直壁平底	216×（64~86）-30	216×（64~86）-152	不详	仰身直肢	不详	不详	铜扣12枚、铜钱3枚	否
BM21	T0914中部偏东	22°	长方形竖穴土坑墓，直壁平底	228×（60~83）-30	228×（60~83）-150	190×（28~44）-20	仰身直肢	不详	不详	瓷罐1件、铜扣6枚、铜钱3枚	否
BM22	T0914北偏西	325°	长方形竖穴土坑墓，直壁平底	254×（172~180）-30	254×（172~180）-146	北木棺痕160×（50~60）-8 南木棺痕174×54-8	仰身直肢	北男 南女	不详	瓷罐2件、铜钱4枚、铁器残片1件	否
BM23	T0913东北和T0914东南	310°	长方形竖穴土坑墓，直壁平底	264×（81~101）-30	264×（81~101）-136	不详	仰身直肢	不详	不详	铜钱22枚、铜扣13枚、瓷罐1件、木发簪1件	否
BM24	T1013西北	306°	长方形竖穴土坑墓，直壁平底	280×（140~204）-30	280×（140~204）-144	北木棺痕194×（54~56）-24 南木棺痕202×60-24	仰身直肢	北男 南女	不详	瓷罐2件、铜扣21枚、铜饰1件、铜钱6枚、银环1件	否
BM25	T0913东北	312°	长方形竖穴土坑墓，直壁平底	270×（154~156）-30	270×（154~156）-180	北木棺痕190×54-20 南木棺痕198×48-20	仰身直肢	北男 南女	不详	瓷罐2件、铜钱9枚、铜扣26枚	否

续表

墓号	位置	方向	形制结构	墓口尺寸	墓底尺寸	葬具	葬式	性别	年龄（岁）	随葬品	盗扰否
				长×宽－距地表深	长×宽－距地表深	长×宽－高					
BM26	T0913 北部和 T0914 南部	328°	长方形竖穴土坑墓，直壁平底	284×（154～198）–30	284×（154～198）–170	木棺痕 210×58–22	仰身直肢	不详	不详	瓷罐 1 件、铜钱 3 枚、银耳环 2 件	否
BM27	T0914 西南部	302°	长方形竖穴土坑墓，直壁平底	210×80–30	210×80–200	木棺痕 136×50–10	北仰身直肢 南侧身直肢	不详	不详	无	否
BM28	T0913 中偏南	318°	长方形竖穴土坑墓，直壁平底	260×（133～176）–30	260×（133～176）–190	不详	仰身直肢	不详	不详	瓷罐 2 件、银耳环 1 副 2 件、铜扣 10 枚、铜钱 1 枚	否
BM29	T1013 西南	338°	长方形竖穴土坑墓，直壁平底	260×（168～218）–30	260×（168～218）–200	不详	不详	不详	不详	铜扣 9 枚、铜钱 4 枚、瓷罐 1 件	否
BM30	T0812 西南	10°	长方形竖穴土坑墓，直壁平底	370×（142～151）–30	370×（142～151）–190	不详	不详	不详	不详	无	扰
BM31	T0910 西南	5°	长方形竖穴土坑墓，直壁平底	220×（72～73）–30	220×（72～73）–142	不详	仰身直肢	不详	不详	瓷罐 1 件	否
BM33	T1012 北部	302°	长方形竖穴土坑墓，直壁平底	240×（50～90）–30	240×（50～90）–134	木棺痕 170×（42～52）–14	仰身直肢	不详	不详	铜扣 3 枚、铜钱 9 枚、瓷罐 1 件	扰
BM34	T1013 南部	310°	长方形竖穴土坑墓，直壁平底	244×（64～96）–34	244×（64～96）–158	木棺痕 172×60–18	仰身直肢	不详	不详	铜扣 8 枚、铜钱 5 枚	扰

附　　录

附录一　宝丰廖旗营墓地出土古代金属器的分析

姚智辉

（郑州大学历史文化遗产保护中心）

一、引　　言

宝丰廖旗营墓地汉墓和宋墓中出土了一批金属器，质地有银、铜、铁等。送来检测的标本共17件，其中银环2件、铜洗1件、铜镜1件、铜环2件、铜饰2件、铜刀1件、铜钱5枚、铁刀（柄）3件、铁片1件，分别属于AM3、AM6、BM4、BM9、BM35、BM40和BM42七座汉墓和宋墓AM17（表1）。除AM6铁刀位于头骨处外，铁刀、铜洗位于前室，其余器物多出土于头骨或胸骨处。

表1　样品编号与年代

实验室编号	原编号	器物名称	时代
BF01	2010PBLBM9：27	铜环	东汉
BF02	2010PBLBM9：51	银环	东汉
BF03	2010PBLM6：5	银环	东汉
BF04	2010PBLM3：5	铜刀	东汉
BF05	2010PBLM3：7	铜饰	东汉
BF06	2010PBLBM4：1	铜饰	东汉
BF07	2010PBLBM40：2	铁刀柄	东汉
BF08	2010PBLBM9：22	铜洗	东汉
BF09	2010PBLBM9：47	铜镜	东汉
BF10	2010PBLBM40：1	铜钱	东汉
BF11	2010PBLBM42：2	铜钱	东汉
BF12	2010PBLBM4：7	铜钱	东汉
BF13	2010PBLM17：1	铜钱	宋
BF14	2010PBLBM9：50	铜钱	东汉
BF15	2010PBLM6：7	铁刀	东汉
BF16	2010PBLBM35：1	铁刀	东汉
BF17	2010PBLM3：6	铁片	东汉

二、样 品 测 试

由于条件限制，仅对出土的17件金属器物残片取样进行成分分析以及组织鉴定，主要在金相显微镜（型号XJP-100）和扫描电镜（型号JSM-6700F）下观察样品断面，并用扫描电镜装置的能谱仪（型号INCA-ENERGY）进行无标样定量成分分析。测定条件为加速电压20kV，计数40s。测定时在样品断面选择三个区域进行面扫，样品元素含量取平均值。样品经过金相观察与扫描电镜分析，有2件为纯银制品：BF03、BF04；有4件为铁器：BF08、BF16、BF17、BF18，4件铁器样品锈蚀较为严重，金相观察均为白口铁，BF18中有硫化亚铁夹杂。其他样品分析结果见表2。

表2　部分样品成分分析结果与金相检验结果

实验室编号	器物名称	成分					金相分析	制作工艺
		Cu	Sn	Pb	S	Fe		
BF01	铜环	79.4	12.7	4.9	3.0		铅成块状点状沿枝晶分布，（α+δ）共析体可见。图1、图13	铸造
BF05	铜片	76.5	6.7	12.5	4.3		偏析明显，比较多铅颗粒沿枝晶分布，较多自由铜和硫化物。图2、图15	铸造
BF06	铜饰	76.5	9.6	10.0	3.9		锈蚀较严重，较多硫化物。图16	铸造
BF07	铜饰	85.6	2.6	8.3	3.5		大量条状、团块状铅充填在α固溶体树枝晶间隙。图3、图17	铸造
BF09	铜洗	73.3	11.8	11.2	3.7		α树枝晶内偏析明显，晶间分布较多（α+δ）共析体颗粒状铅沿枝晶分布，较多硫化物存在。图5	铸造
BF10	铜镜	69.6	26.9	3.5			α相呈针状和两端尖锐的条状分布在（α+δ）共析体 基体上铸态。图6、图18	铸造
BF11	铜钱	86.3	8.3		3.9	1.5	存在明显α树枝晶内偏析较多硫化物。图7、图19	铸造
BF12	铜钱	95.7	2.3	2.0			大量条状、团块状铅充填在α固溶体树枝晶间隙大部分已经锈蚀。图8、图20	铸造
BF13	铜钱	69.4	4.1	25.2		1.3	α固溶体树枝晶，细小的（α+δ）共析体分散，铅颗粒大小不等，有的已经被抛磨掉剩下孔洞。图9、图21	铸造
BF14	铜钱	77.3	11.4	9.1	2.2		明显α树枝晶内偏析，较多铅颗粒分布，硫化物可见。图10、图22	铸造
BF15	铜钱	68.8	4.2	21.2	2.4	3.4	α固溶体树枝晶，细小的（α+δ）共析体分散，铅颗粒大小不等，有的已经被抛磨掉剩下孔洞，有铁的硫化物存在。图11、图23	铸造

三、讨　　论

由分析结果可以看出：17件样品中2件为银质，其他15件样品锈蚀较严重，其中4件为铁器、11件为铜合金。11件铜合金中锡青铜1件，铜锡铅合金10件。

金相图片

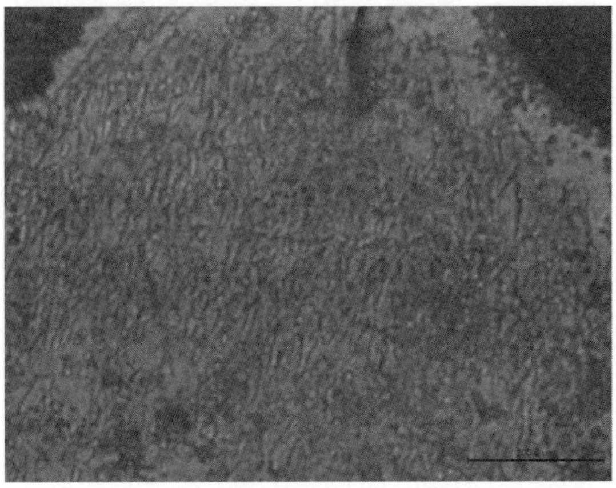

图 1　BF01 铜环（2010PBLBM9：27）

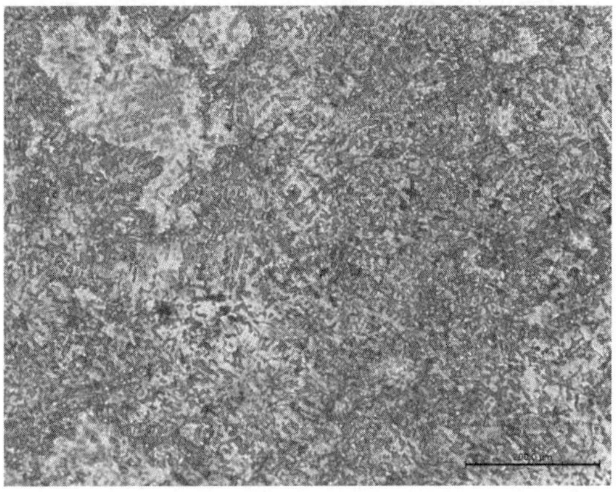

图 2　BF05 铜刀（2010PBLM3：5）

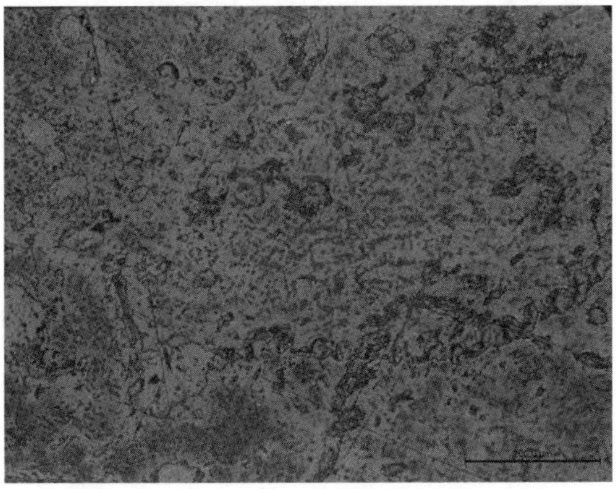

图 3　BF07 铜饰（2010PBLBM4：1）

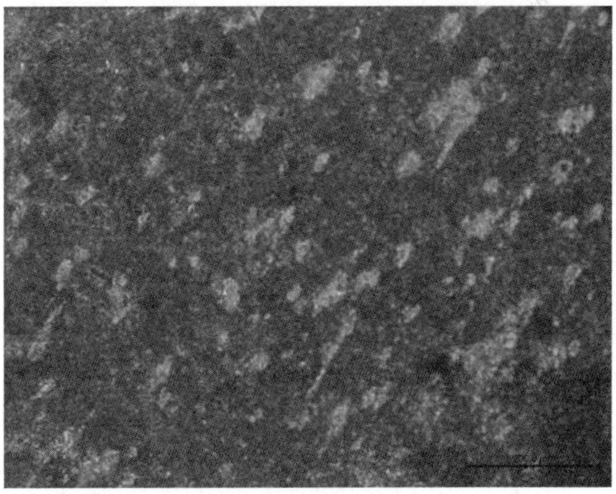

图 4　BF08 铁刀柄（2010PBLBM40：2）

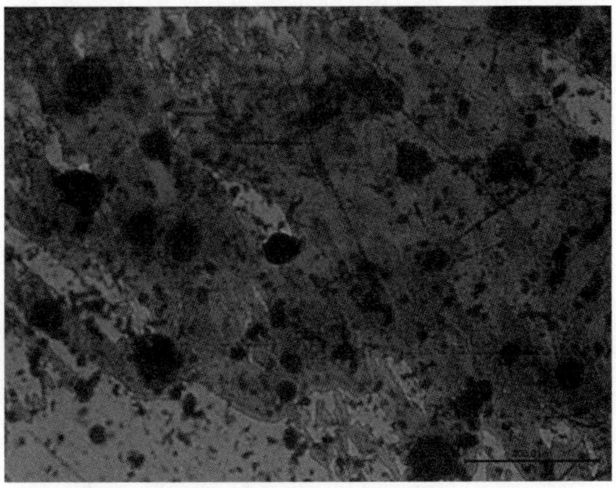

图 5　BF09 铜洗（2010PBLBM9：22）

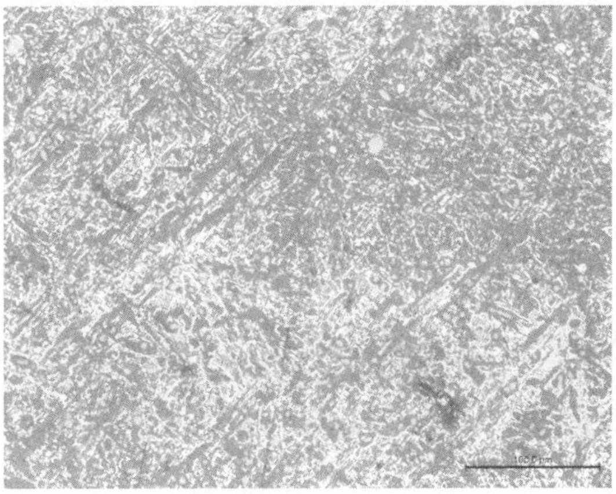

图 6　BF10 铜镜（2010PBLBM9：47）

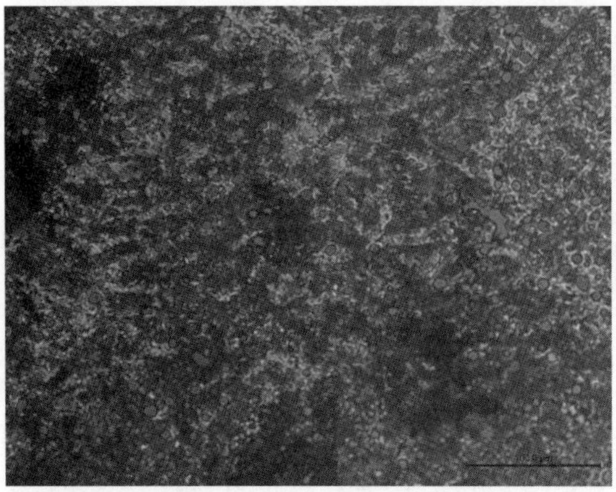

图 7　BF11 铜钱（2010PBLBM40：1）

图 8　BF12 铜钱（2010PBLBM42：2）

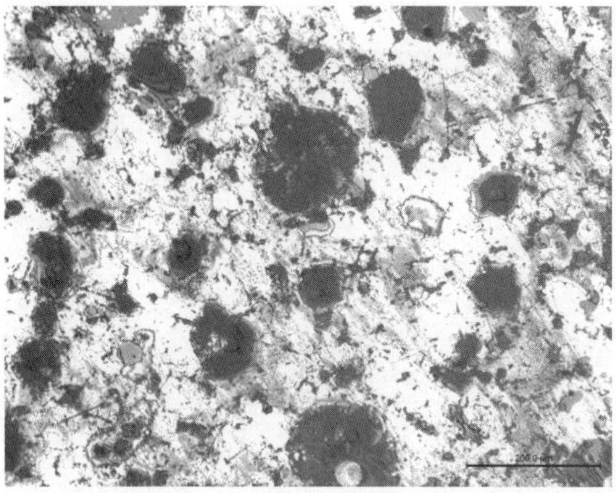

图 9　BF13 铜钱（2010PBLBM4：7）

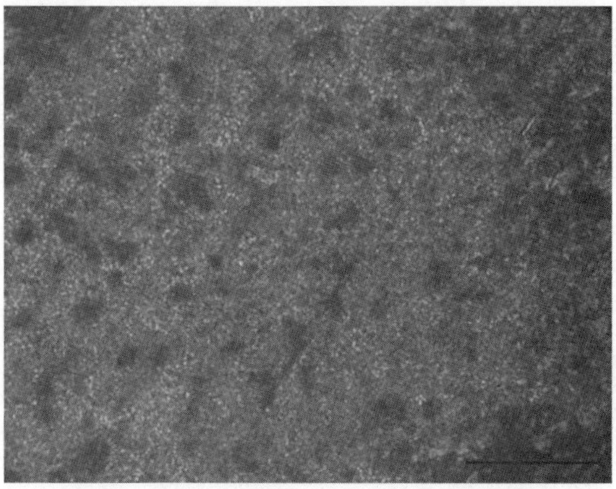

图 10　BF14 铜钱（2010PBLM17：1）

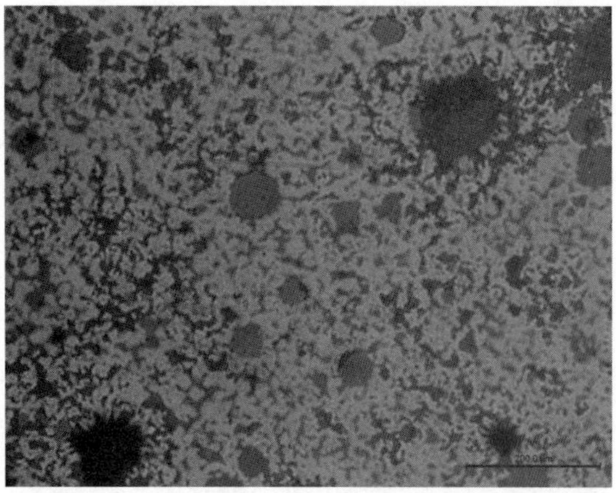

图 11　BF15 铜钱（2010PBLBM9：50）

图 12　BF18 铁片（2010PBLM3：6）

背散射照片

图 13　BF01 铜环（2010PBLBM9：27）

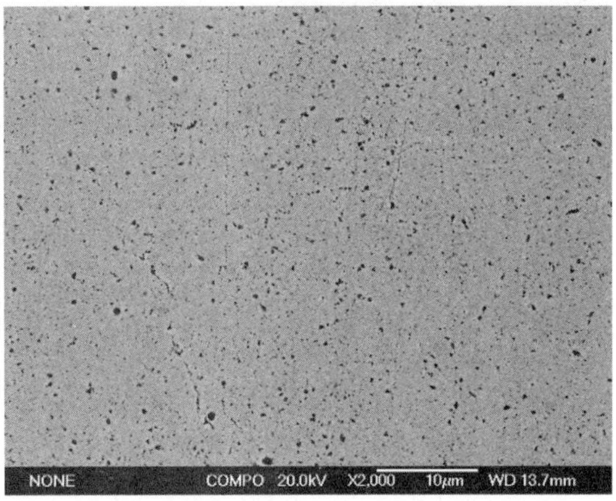

图 14　BF03 银环（2010PBLBM9：51）

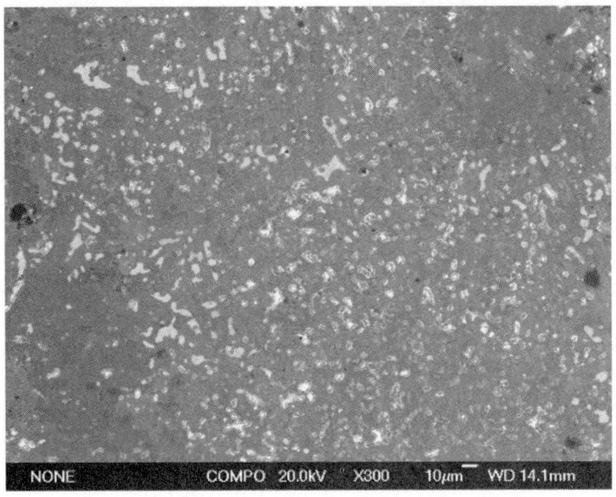

图 15　BF05 铜刀（2010PBLM3：5）

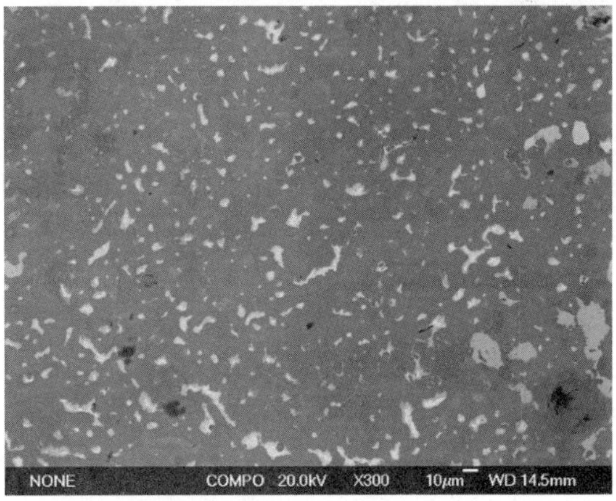

图 16　BF06 铜饰（2010PBLM3：7）

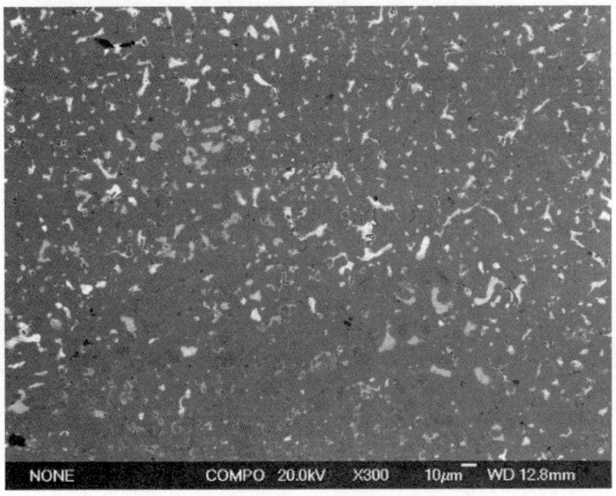

图 17　BF07 铜饰（2010PBLBM4：1）

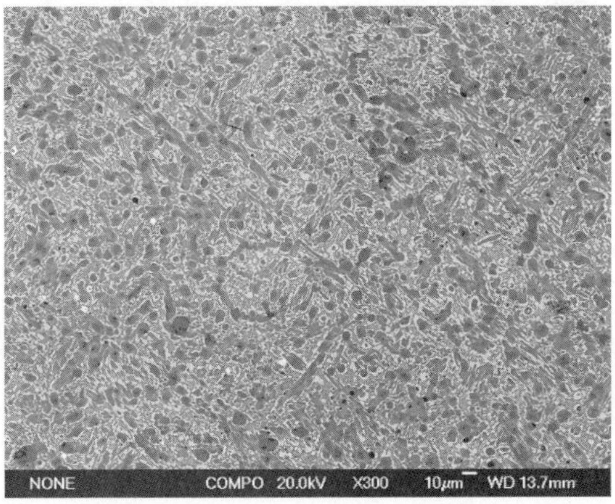

图 18　BF10 铜镜（2010PBLBM9：47）

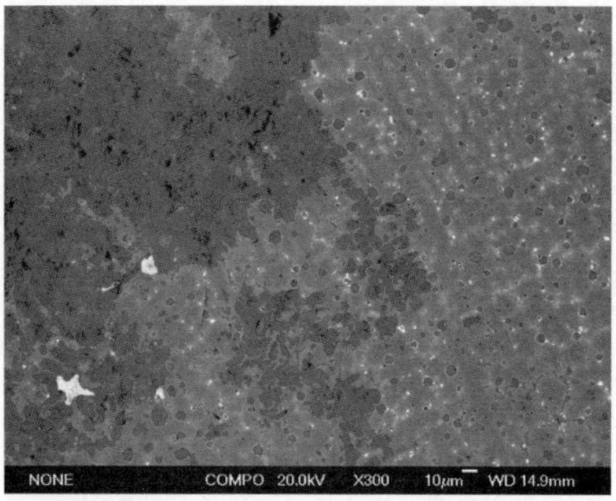

图 19　BF11 铜钱（2010PBLBM40：1）

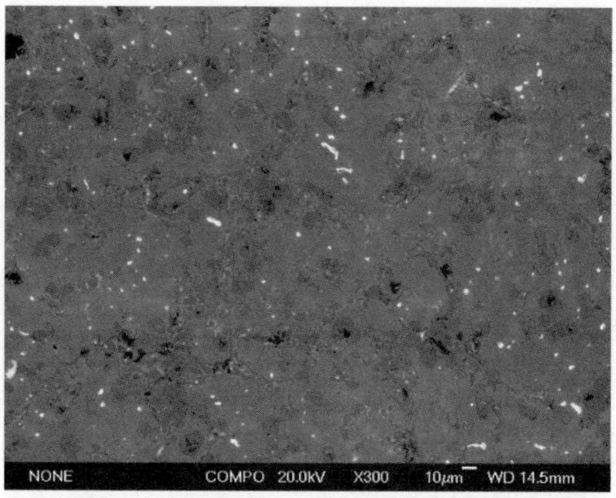

图 20　BF12 铜钱（2010PBLBM42：2）

图 21　BF13 铜钱（2010PBLBM4：7）

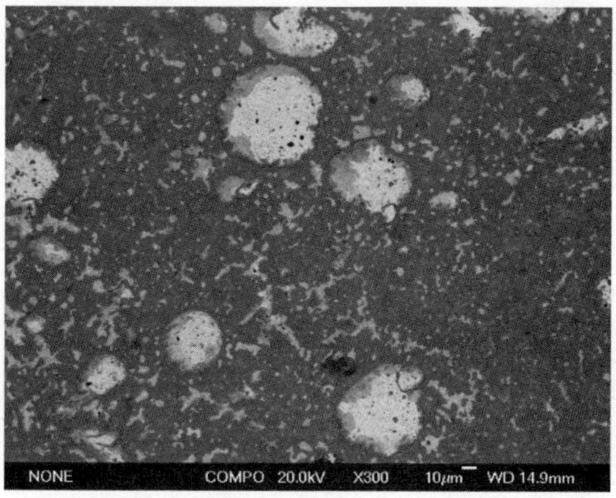

图 22　BF14 铜钱（2010PBLM17：1）

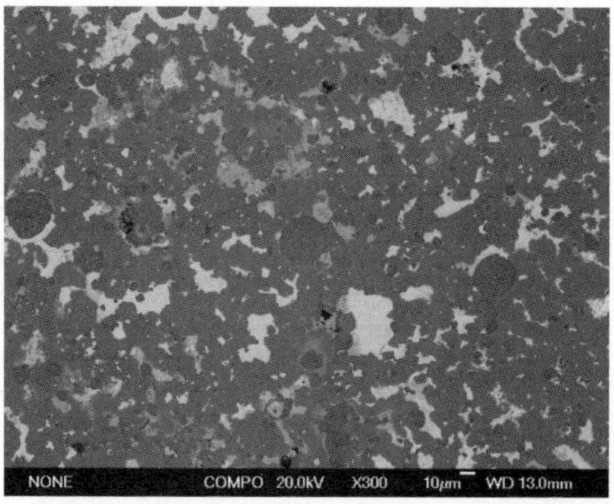

图 23　BF15 铜钱（2010PBLBM9：50）

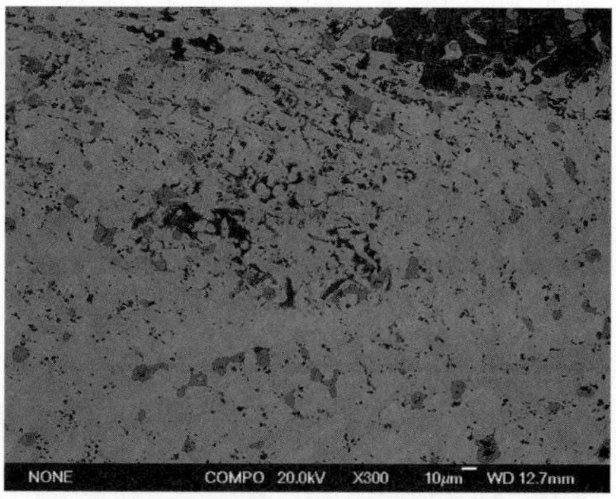

图 24　BF18 铁片（2010PBLM3：6）

（1）11件铜合金样品中有8件带有硫化物夹杂，金相组织中可以看到大量硫化物普遍存在该批铜器样品中。它们是BF1、BF5、BF6、BF7、BF9、BF11、BF14、BF15，硫含量较为集中2.2%～4.3%且金相组织观察。硫化物夹杂数量多，颗粒明显，反映了铸造铜器所用材质不是很纯净。硫化物夹杂的存在表明冶炼所用矿石不是纯净氧化矿，其中有硫化矿存在。

（2）BF08、BF16、BF17、BF18（图12、图24）均为白口铁，BF08锈蚀严重（图4），其他三件含铁量较集中，在90%～96%，有铁的硫化物夹杂存在。BF03、BF04为纯银制品，为手指上所带指环，指环直径细小。纯银极软，有很好的柔韧性和延展性，仅次于金，能压成薄片，拉成细丝。由于银独有的优良特性，古代人们就赋予它货币和装饰双重价值。这几件银饰应是利用银特性锻打而成。

（3）BF10铜镜，铜含量69%，锡高达26%，铅颗粒较多，基体为（α+δ）共析组织，大量δ相析出，有的围绕铅颗粒环状分布。铜镜由于映照需要，需要高的含锡量才有银白色光亮表面。春秋到汉唐铜镜含锡量多集中在23%～24%。该样品是残破片，铜镜表面有无漆古不得知。

（4）BF11、BF12、BF13、BF15是4件东汉五铢钱，钱文不清，这4件样品中铜和铅含量波动较大，铜69%～96%，铅0～25%，锡2.3%～8.3%。成分差异大，其中BF11是锡青铜；BF12铅、锡都在2%，铜高达95.7%，接近纯铜；BF13、BF15成分接近，其中铜低于70%，锡4%左右，铅高达21%以上，这2件钱币样品与文献中报道的湖北的货泉成分极为相近[1]（铜67%，铅27%，锡3%）。尽管这上述几件东汉五铢钱成分较为分散，但这些合金配比仍能满足钱币流通的使用要求。

BF13是宋代钱币。之前学者研究表明[2]，北宋钱币合金组成高度集中，密集程度在历代钱币中罕见。具体而言，合金成分中铜集中于62%～68%，锡6%～10%，铅22%～28%；南宋铜钱明显不同，合金成分的数据比较分散，已有数据显示铅在8.15%～54.2%波动，锡0.15%～11.3%波动。南宋早期铜锡含量较高，铅含量较低，晚期铜锡含量较低，铅含量明显增高，合金品质大大降低，甚至钱币中锡是由于旧钱回炉引入的。BF14样品中锡含量11%，铅含量9.1%，从合金元素比例上看更接近南宋早期情况。

四、小　结

（1）除3件银环外，所分析样品均为铸造工艺。结合金相组织观察到大量硫化物夹杂以及孔洞疏松存在，这批器物铸造水平不是很高。

（2）铸造铜器所用材质不是很纯净，冶炼所用矿石应为硫化矿。

参考文献

[1]　陈荣、赵匡华、沈玉华：《新莽时期古币金属成分与金相组织剖析》，《自然科学史研究》1995年第2期。

[2]　周卫荣：《中国古代钱币合金成分研究》，中华书局，2004年。

附录二　宝丰廖旗营墓地出土汉代饰品类器物的分析

姚智辉　李　锋
（郑州大学历史文化遗产保护中心）

一、引　言

河南平顶山宝丰廖旗营墓地出土了一批汉代非金属器物，有透明、半透明以及不透明的。考古发掘者将它们通称为料器或玻璃器。考虑到样品不完全是玻璃态，故以饰品类通称此批样品。样品来自AM22、AM23、AM6、BM9四座墓葬，其中AM22、AM23和AM6的样品均出土于人骨头部；BM9出土的3件样品均位于墓葬西后室人骨左手骨处。这批样品形制较小，长度在0.8～2.2厘米。

二、实验分析

对样品进行实验编号以及宏观特征观察。详见表1。

表1　样品实验室编号以及宏观描述

实验室编号	原墓葬编号	墓葬年代	器物名称	宏观描述
BF01	AM22：8-2	西汉早中期	玻璃珠	白色，半径均匀玻璃珠，偏黄绿色。图1
BF02	AM22：19	西汉早中期	玻砂	白色，透明玻璃珠，相对较大。图2
BF03	AM22：8-3	西汉早中期	玻璃珠	玻璃珠，偏黄，半径不均匀，半透明。
BF04	AM22：8-4	西汉早中期	玻璃珠	玻璃珠，白色，相对较小，半透明。图3
BF05	BM9：56	东汉中晚期	玻璃珠	白色，半透明。图4
BF06	AM6：4	东汉早期	煤精	黑色不透明，树脂光泽。图5
BF07	AM6：8	东汉早期	玻璃件	深蓝色，半透明。图6
BF08	BM9：55	东汉中晚期	玻璃件	浅蓝色，半透明，风化较严重。图7
BF09	BM9：54	东汉中晚期	玻砂	白色，不透明。图8
BF10	AM23：1	东汉中期	料器	白色，不透明。图9
BF11	AM22：20-2	西汉早中期	玻璃珠	蓝灰色，不透明。图10
BF12	AM22：21	西汉早中期	管形骨器	棱柱状，灰色，不透明。图11
BF13	AM22：7-1	西汉早中期	玻璃珠	不规则多边形蜻蜓眼。图12

图 1 BF01 玻璃珠（AM22：8-2）

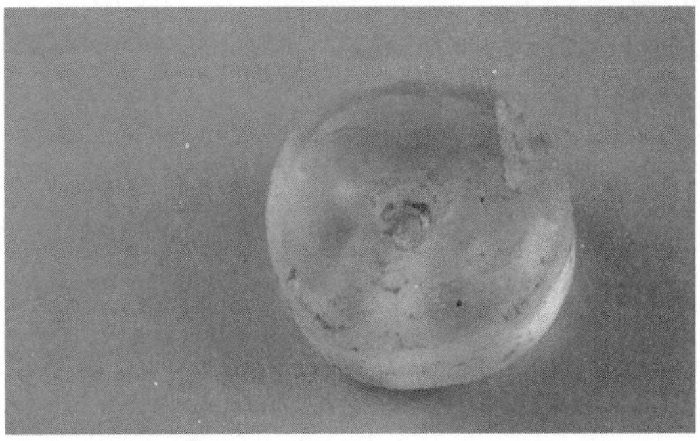

图 2 BF02 玻砂（AM22：19）

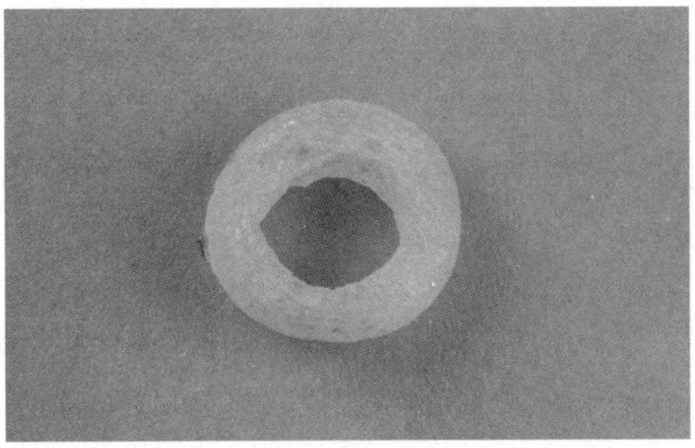

图 3 BF04 玻璃珠（AM22：8-4）

图 4 BF05 玻璃珠（BM9：56）

图 5 BF05 煤精（AM6：4）

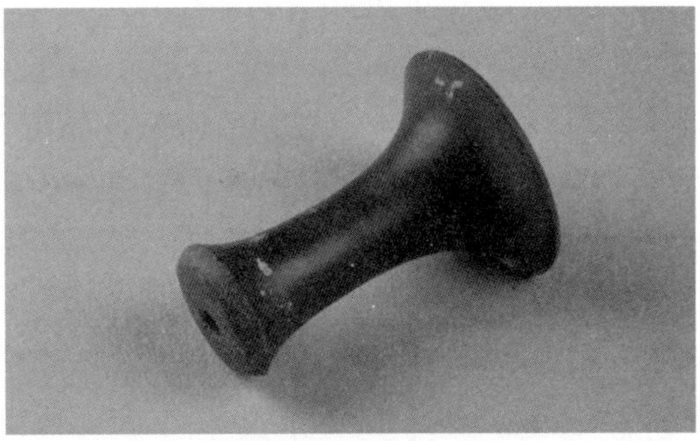

图 6 BF07 玻璃件（AM6：8）

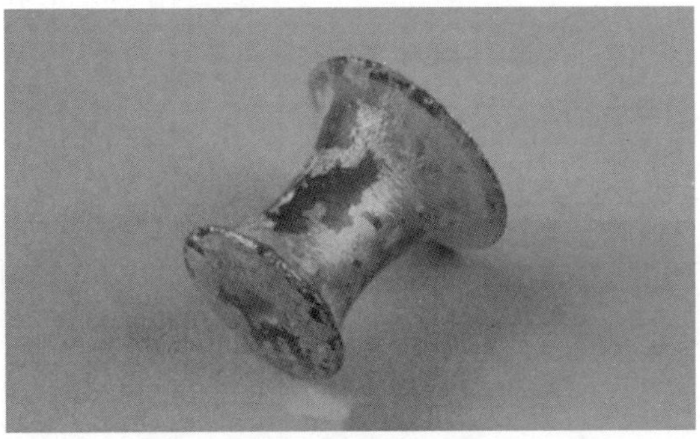

图 7 BF08 玻璃件（BM9：55）

图 8 BF09 玻砂（BM9：54）

图 9　BF10 料器（AM23：1）

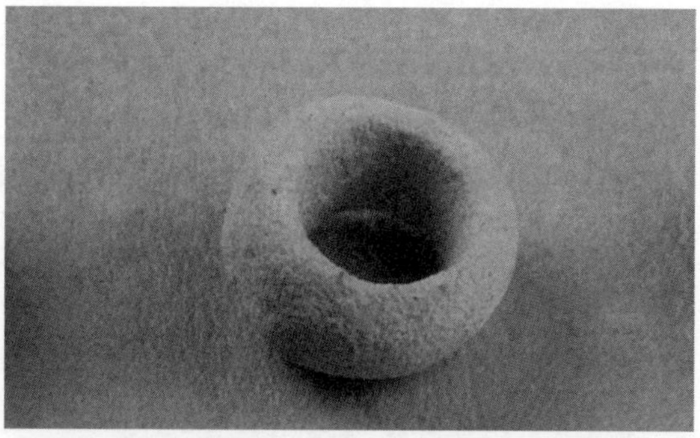

图 10　BF11　玻璃珠（AM22：20-2）

图 11　BF12 管形骨器（AM22：21）

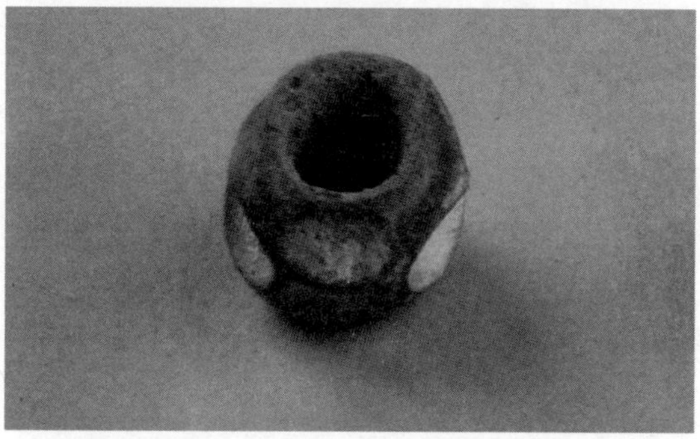

图 12　BF13 玻璃珠（AM22：7-1）

以上样品均采用 XGT X 射线荧光微区分析仪进行无损分析。XGT X 射线荧光微区分析仪可以实现单点的定性定量分析、多点自动分析及快速获得 X 射线荧光图像。可以在高灵敏度模式或大气氛围模式分析从 Na 到 U 的所有元素。XGT X 射线分析显微镜是能量色散型 X 射线荧光分析仪，可以快速、无损地分析待测样品的元素组成，并可以通过 CCD 摄像头可以非常清晰的观察样品表面，选取所需要的测试点。分析结果见表 2。

表 2　宝丰出土汉代墓葬饰品类器物的分析结果　　单位：%

样品编号	Na_2O	MgO	Al_2O_3	SiO_2	P_2O_5	K_2O	CaO	TiO_2	MnO	Fe_2O_3	CoO	CuO	BaO	PbO
BF01	0.3	0.29	8.14	50.36		0.13	2.45	0.42	0.01	0.38		0.21	3.02	34.28
BF02	0.64	0.61	0.48	97.99		0.09	0.08			0.04		0.02		0.06
BF03	0.27	0.26	4.96	42.82		0.03	1.16	0.36		0.38		0.22	6.87	42.67
BF04	0.29	0.28	8.29	47.25		0.14	2.95	0.09	0.01	0.56		0.4	3.33	36.41
BF05	0.29	0.28	4.55	48.67		0.5	2.21	0.5	0.02	0.3		0.09	9.77	32.83
BF07	0.5	1.5	7.57	78.14	0.17	7.69	1.17	0.18	1.63	1.33	0.09	0.03		
BF08	0.35		7.49	61.08		0.41	3.53			0.65		0.04	9.12	17.33
BF09	0.37	0.96	5.5	89.84	0.45	0.45	0.96	0.11		0.5		0.65		0.19
BF10		0.42	1.3	67.36		0.08	0.27	0.15	0.01	0.28			0.92	29.22
BF11		0.26	3.85	44.45		0.25	1.13	1.81		0.7		6.52	22.77	18.25
BF12	0.29	1.61	9.41	30.09	9.42	1.1	20.93	0.28		1.46		6.08	0	19.33
BF13		0.22	2.43	36.08		0.41	2.78	0.82		4.21		0.26	11.84	40.95

实验设备：仪器采用北京大学X射线荧光光谱仪日产HORIBA X-RAY ANALYTICAL MICRROSCOPE XGT-7000，实验条件：X-ray tube vol：30kV，Current：0.026mA；XGT Dia：1.2 [mm]；Acquisition Time：100s.

三、结果与讨论

根据测试结果初步判断这批西汉早期到东汉晚期13件器件中有1件属于煤精、1件可能为骨料、2件玻砂和9件古代玻璃类。

（1）BF06开始不确定器物名称，X射线荧光分析不属于玻璃类。手拿起来非常轻，密度很小；拿它不污手，在纸上划会留下深巧克力色的条痕；有树脂光泽，强烈摩擦后会带有静电。在其上看到类似于木头的纹理。结合以上几点，样品应属于煤精石饰件。

煤精是由多种有机化合物和无机矿物质组成的复杂混合物，是植物遗体经成煤作用的产物，又称之为煤玉、黑琥珀，黑宝石等。在我国具有悠久的历史。新石器时代文化遗址就曾发现过煤精泡、煤精耳珰形器、煤精珠等文物。BF06样品颜色纯黑且具有明亮的树脂光泽，质地坚硬，结构细腻，无裂纹，仅块度略小，应属于质量较好的煤精。

煤精质地坚硬，结构细腻，煤色黑而亮，由于它横竖纹理明显，成了雕刻工艺的极佳原料。自古就有用煤玉作丧葬饰物。BF06煤精石饰件应为丧葬饰物。

（2）BF12是一黑色柱状物，成分主要含硅、钙、磷及铅。一般骨件里面通常会有30%有机质和70%无机质，BF12中含有较高的铅，结合其形状，似为一铅中毒的动物骨。

（3）BF02和BF09是2件玻砂。其中SiO_2质量分子数都在90%甚至更高，这是由于早期烧制温度和助熔剂的限制，难以达到熔炼玻璃的条件，导致大量未熔石英砂晶体残存其中，不是完全的玻璃态物质，而是部分玻璃态和晶态石英砂的混合体。国外称为费昂斯（faience），更细分为釉砂和玻砂。釉砂指釉质层包裹下的石英混合物，玻砂为玻璃质与石英砂混合的情况。它们是古代玻璃前身。釉砂与玻砂的主要区别在于二者烧成温度不同，以及由此所造成的玻璃化程度的差异。釉砂和玻砂是玻璃技术出现以前的产物，由于烧制温度达不到一定高度，不能完全熔化，形成以SiO_2为主的烧结体。也有学者建议舍弃玻砂称谓，而仅以釉砂一词来命名此类处于玻璃发展最初阶段的制品[1]。单从表观以及成分尚不足以准确定位是釉砂还是玻砂，还可以结合对表面和内部进行X射线衍射分析，做出严格区分。考虑到玻砂没有釉砂那样光洁的表面，剖面基本一致且釉砂出现更早的事实以及这批样品出土墓葬年代，暂且保持原称谓。

（4）9件玻璃成分表现具有多样性，可分三类。

1）$PbO-SiO_2$玻璃，属于此类有样品1件BF10。

BF10样品为白色不透明柱状物，BaO含量极少，属于铅硅玻璃。$PbO-SiO_2$系统玻璃，继早期铅钡玻璃之后在汉代以后开始兴起的一种玻璃。

2）K_2O-SiO_2玻璃，属于此类有样品1件BF07。

我国发现的汉代钾硅酸盐玻璃，主要集中在西南和华南地区，两广地区出土的汉代钾硅酸盐玻璃数量和种类最多，学者根据器形、纹饰、同位素特征等判断部分是我国自己生产，也不排除外来输入的可能性[2]。

BF07是1件深蓝紫色玻璃饰件，属于钾硅酸盐玻璃，K_2O含量为7.69%。钾硅酸盐玻璃在中原地区战国时期就有出土。样品中仅此 1 件属于钾硅酸盐玻璃系统且含有一定 CoO，Co^{2+} 为该玻璃着色离子。该样品中 MnO 和 Fe_2O_3 的含量明显高于其他样品，采用的是高锰高铁的钴料，是我国钴料的常有特征。

3）PbO-BaO-SiO_2 玻璃，属于此类有 7 件：BF01、BF03、BF04、BF05、BF08、BF11、BF13。它们 PbO 含量均在 17%～43%，BaO 在 3%～12%，与我国东周时期较为普遍存在的铅钡玻璃成分相吻合。BF11 样品呈现蓝灰色，其中氧化铜（CuO）6.52% 和氧化钛（TiO_2）1.81% 均为其呈色剂；BF13 中铁为呈色剂，Fe_2O_3 含量为 4.23%。

BF13 属于镶嵌玻璃珠，俗称蜻蜓眼玻璃珠，是指在单色玻璃珠的母体内嵌进另外一种或几种不同于母体颜色的玻璃，在母体玻璃的表面（或凸起）形成同心或不同心的圆环状纹饰，类似动物的眼睛。镶嵌玻璃珠不是中国的传统器形，在古埃及等地被广泛用作护身符。汉代以前蜻蜓眼玻璃珠与域外有着密切关系[3]。春秋战国时期，国内就有本土制作的蜻蜓眼玻璃珠[4]。BF14 中间穿孔较粗，珠体淡青色。原来玻璃珠表面凹坑处嵌入的玻璃粒已经脱落。

（5）BF07 和 BF08 是 2 件耳珰，又作珥珰。用于制作耳珰材料古代有多种：金属、玻璃、骨、象牙、玛瑙等。玻璃耳珰在战国墓葬偶有发现，大量出土于汉代墓葬，以湖南、湖北、河南、甘肃出土最多。据不完全统计，全国出土耳珰数有两百件之多[5]。这些年随着考古事业的发展，出土耳珰数量应该远比此多。

BF07 和 BF08 外形都是中间穿孔，半透明。BF07 两个端面直径相差较大，属于喇叭形耳珰；BF08 两个端面直径接近且微大于腰部直径，属于介于腰鼓形和喇叭形之间的不对称腰鼓形耳珰。可以推测 BF07 和 BF08 所在墓葬 M9 和 M6 可能是女性墓葬。与其他两个墓葬 M9、M22 出土饰品有较大不同，M6 墓中没有铅钡玻璃，而这批样品中较为特殊的 BF06 煤精与 BF07 钾硅酸盐玻璃耳珰却同属此墓，也反映出该墓葬有别于其他墓葬，有可能墓主人身份要稍高些，这还需要借助更多考古资料加以证实。

四、小　　结

（1）国内外公认铅钡硅酸盐玻璃是中国本土特色玻璃。此批样品中 PbO-BaO-SiO_2 玻璃占绝大多数，铅和钡含量较为集中，其他金属元素如铁、钛含量也比较接近，这批铅钡硅酸盐玻璃由当地制作可能较大，Fe、Cu、Co、Mn 等过渡金属元素在汉代中原地区玻璃着色中的应用较为普及。

（2）BF07 和 BF08 这 2 件玻璃耳珰，化学成分不同，但造型、颜色、成型方法基本相同，说明这两种不同成分的耳珰加工方式存在一定联系，同属于我国自己制作。其中钾硅酸盐玻璃耳珰是从中国南方传过来还是当地制作尚不能确定。

（3）以上仅是对出土饰品初步分析，仅从成分还不够充分，有条件应该结合 X 衍射分析以及扫描电镜对其进行深入分析研究。

致谢：感谢北京大学文博学院崔剑锋博士在样品测试过程中给予的指导与帮助。

参考文献

[1]　李清临：《中国古代釉砂和玻砂浅议》，《中国国家博物馆馆刊》2012 年第 5 期。

［2］ 黄启善：《广西古代玻璃的研究》，干福熹等《中国南方玻璃研究》，上海科学技术出版社，2003 年。史美光、何欧里、周福征：《一批中国汉墓出土钾玻璃的研究》，《硅酸盐学报》1986 年第 3 期。
［3］ 安家瑶：《镶嵌玻璃珠的传入与发展》，《十世纪前的丝绸之路与东西文化交流》，新世界出版社，1996 年。张正明：《料器与先秦的楚滇关系和中印交通》，《江汉论坛》1988 年第 12 期。李会、郑建国：《从早期蜻蜓眼式玻璃珠的传入看汉以前的中外交通》，《四川文物》2010 年第 2 期。
［4］ 后德俊：《楚国的矿冶髹漆和玻璃制造》，湖北教育出版社，1995 年。
［5］ 干福熹等：《中国古代玻璃技术的发展》，上海科学技术出版社，2005 年。

（原刊于《中原文物》2014 年第 1 期）

宝丰廖旗营墓地鸟瞰（B区）（西—东）

1. 汉墓AM3（东南—西北）

2. 汉墓AM22（南—北）

3. 汉墓AM24（南—北）

4. 汉墓AM31（北—南）

宝丰廖旗营墓地汉墓AM3、AM22、AM24、AM31

1. 汉墓BM9（南—北）

3. 汉墓BM9墓门（南—北）

2. 汉墓BM10（东—西）

4. 汉墓BM10墓门（东—西）

宝丰廖旗营墓地汉墓BM9、BM10

1. 汉墓BM40（北—南）

2. 汉墓BM49（东北—西南）

3. 汉墓BM56（东北—西南）

4. 汉墓BM56陶器出土状况

宝丰廖旗营墓地汉墓BM40、BM49、BM56

1. 汉墓BM68（东北—西南）

2. 汉墓BM68墓门（东北—西南）

3. 汉墓BM69（北—南）

4. 汉墓BM72（南—北）

宝丰廖旗营墓地汉墓BM68、BM69、BM72

1. 陶盒（AM22：11）

2. 陶鼎（AM22：13）

3. 陶钫（AM22：14）

4. 陶壶（AM22：17）

宝丰廖旗营墓地汉墓AM22出土陶器

1. 陶奁（BM9：57、58）

2. 陶圈厕（BM9：9）

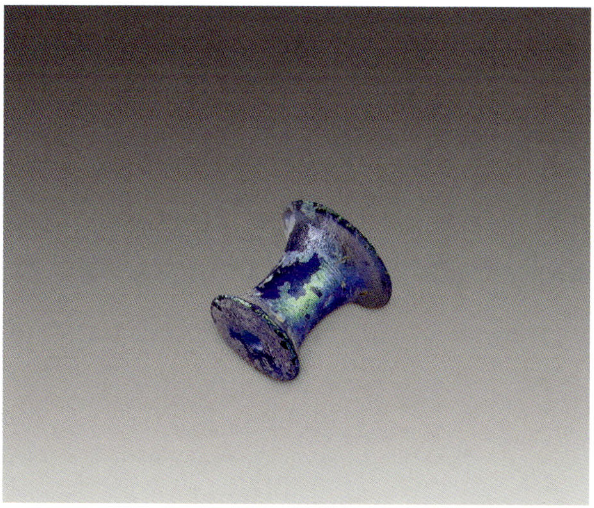
3. 玻璃器（BM9：55）

4. 铜镜（BM9：46）

5. 玻璃器（BM9：56）

6. 玻璃器（BM9：54）

宝丰廖旗营墓地汉墓BM9出土器物

1. 陶仓（BM9：13）

2. 陶壶（BM9：29）

3. 陶熏炉（BM9：31、32、35）

4. 陶瓶（BM56：11）

宝丰廖旗营墓地汉墓BM9、BM56出土陶器（一）

1. 博山炉（BM56：14）

2. 陶井（BM56：12）

3. 陶罐（BM9：36）

4. 陶奁（BM56：15、33）

5. 陶熏炉（BM9：24）

6. 陶灶釜、甑（BM9：38、33）

宝丰廖旗营墓地汉墓BM9、BM56出土陶器（二）

1. 宋墓AM11

2. 宋墓BM5

宝丰廖旗营墓地宋墓AM11、BM5

1. 明墓AM33

2. 明墓AM33墓顶

3. 明墓AM36墓顶

4. 明墓AM52

5. 明墓AM54

6. 明墓AM55

宝丰廖旗营墓地明墓AM33、AM36、AM52、AM54、AM55

1. 瓷罐（AM32：3）

2. 瓷罐（AM54：3）

3. 瓷罐（AM54：5）

4. 瓷罐（AM55：1）

5. 瓷罐（AM56：4）

6. 瓷罐（AM57：7）

宝丰廖旗营墓地明墓AM32、AM54、AM55、AM56、AM57出土瓷罐

1. 铜镜（AM32：2）

2. 铜镜（AM33：1）

3. 银饰（AM33：4）

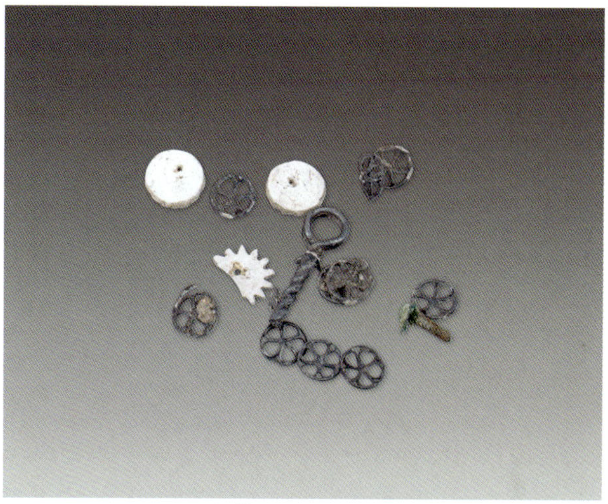

4. 银饰（AM33：13）

5. 玛瑙珠（AM50：8）

宝丰廖旗营墓地明墓AM32、AM33、AM50出土器物

1. 金耳坠（AM53：2）

2. 金饰（AM53：3）

3. 金饰（AM53：4）

4. 金环（AM57：1）

宝丰廖旗营墓地明墓AM53、AM57出土金器

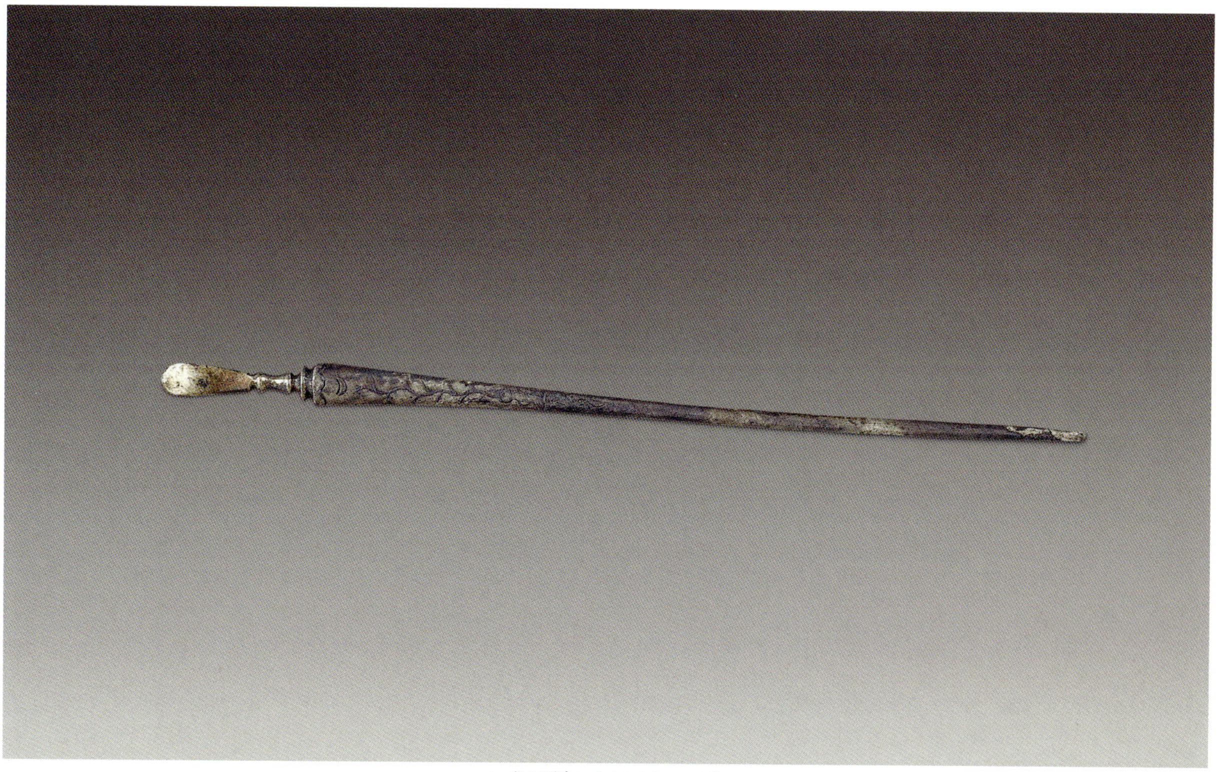

1. 银耳勺（AM57：6）

2. 银戒指（AM57：9）

宝丰廖旗营墓地明墓AM57出土银器

1. 清墓BM12

2. 清墓BM13

宝丰廖旗营墓地清墓BM12、BM13

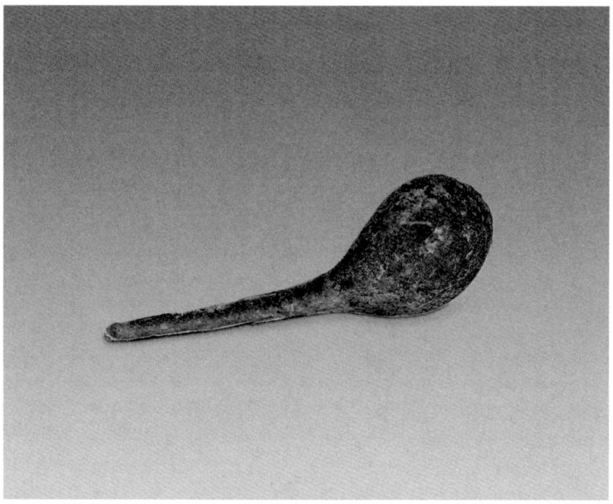

1. 铜勺（PBL采集：1）

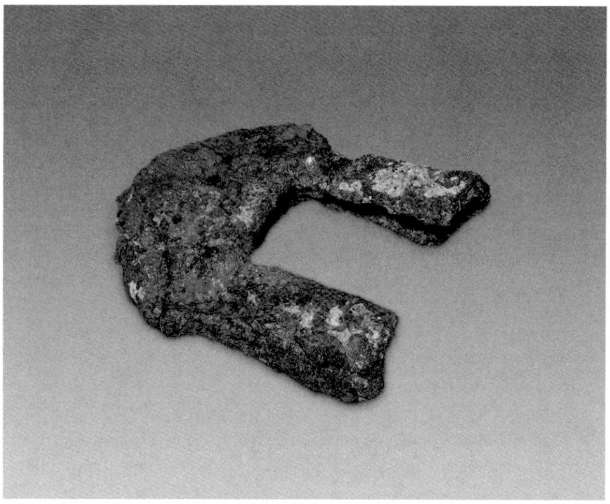

2. 铁鐅（AM3：9）

3. 铜饰（AM3：7）

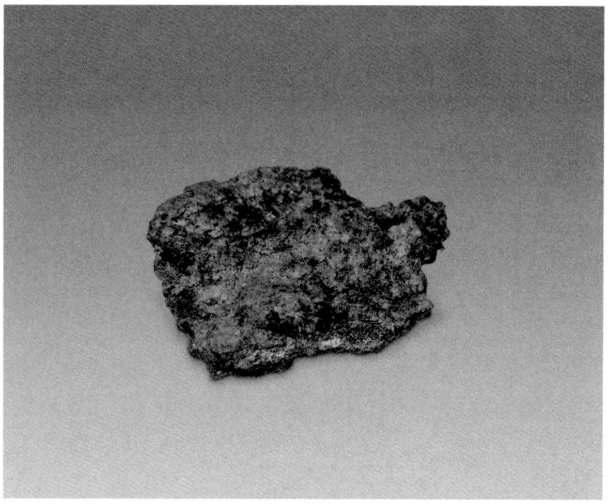

4. 铁片（AM3：6）

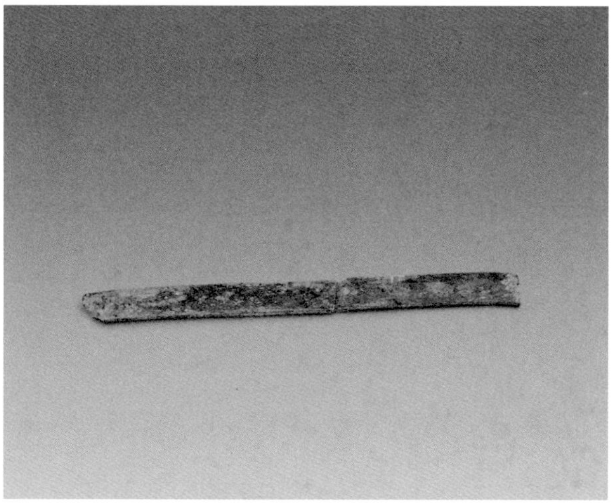

5. 铜刀（AM3：5）

6. 铁匕首（AM3：1）

宝丰廖旗营墓地采集及AM3出土器物

1. 陶仓（AM3：11）

2. 陶仓（AM3：16）

3. 陶仓（AM3：18）

4. 陶仓（AM3：19）

宝丰廖旗营墓地汉墓AM3出土陶仓

1. 器盖（AM3：10）

2. 陶仓器盖（AM3：12）

3. 陶仓器盖（AM3：13）

4. 陶仓器盖（AM3：14）

5. 陶仓器盖（AM3：15）

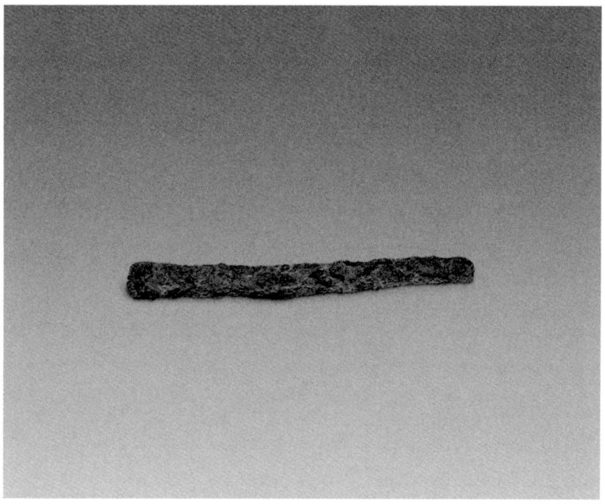
6. 铁刀（AM6：7）

宝丰廖旗营墓地汉墓AM3、AM6出土器物

图版四

1. 陶壶（AM3：17）

2. 陶仓（AM3：20）

3. 陶仓（AM3：21）

4. 陶壶（AM6：2）

宝丰廖旗营墓地汉墓AM3、AM6出土陶器

1. 陶樽（AM6：3）

2. 陶樽（AM21：3）

3. 铁勺（AM21：2）

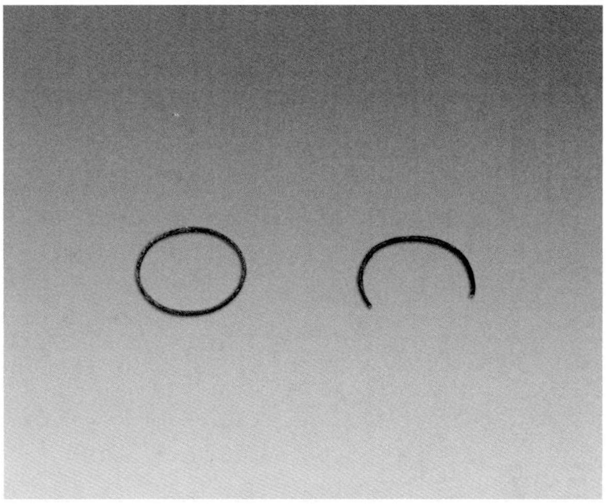
4. 银环（AM6：5）

5. 铜璜（AM22：2）

6. 铜璜局部（AM22：2）

宝丰廖旗营墓地汉墓AM6、AM21、AM22出土器物

1. 铜镜（AM22：1）

2. 铜环（AM22：5）

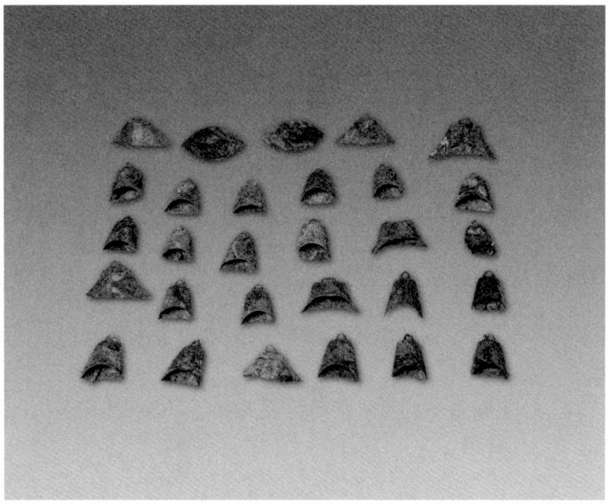

3. 铜铃（AM22：3）

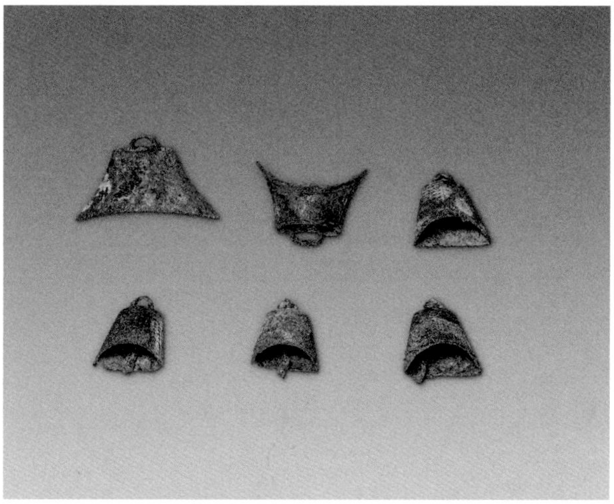

4. 铜铃局部（AM22：3）

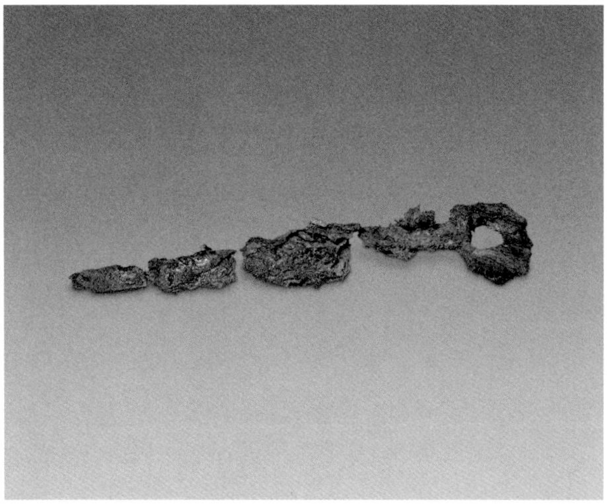

5. 铁削（AM22：9）

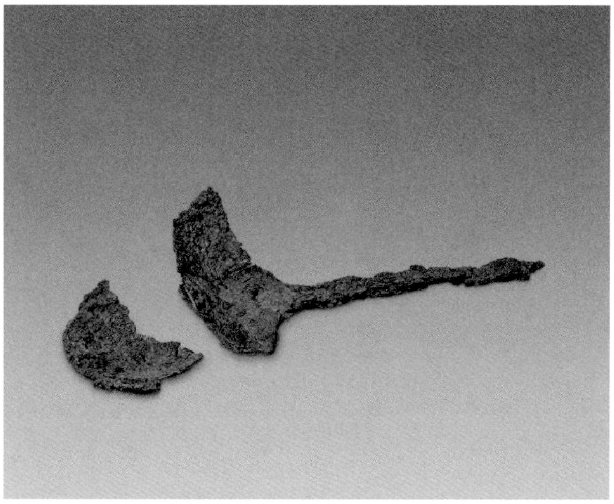

6. 铁勺（AM22：10）

宝丰廖旗营墓地汉墓AM22出土器物

1. 陶壶（AM23：2）

2. 陶罐（AM23：4）

3. 陶瓮（AM22：16）

4. 陶瓮（AM22：15）

5. 陶罐（AM22：12）

6. 陶罐（AM23：3）

宝丰廖旗营墓地汉墓AM22、AM23出土陶器

1. 陶罐（AM24：1）

2. 陶壶（AM25：1）

3. 陶器盖（AM26：1）

4. 陶钵（AM25：2）

5. 铁刀（AM25：4）

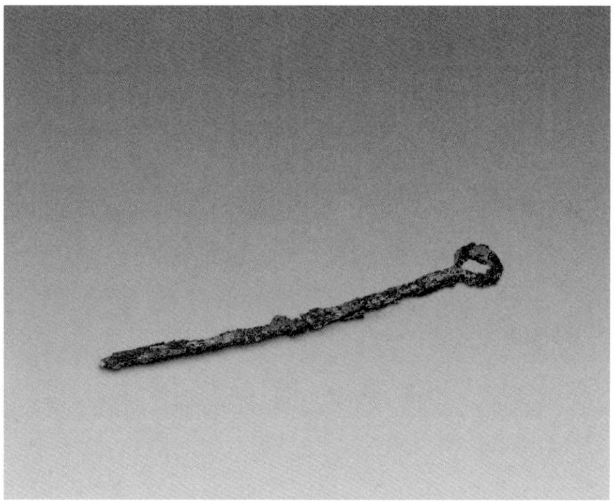

6. 铁刀（AM25：3）

宝丰廖旗营墓地汉墓AM24、AM25、AM26出土器物

1. 陶壶（AM26：2）

2. 陶壶（AM26：3）

3. 陶瓮（AM27：2）

4. 陶罐（AM27：1）

5. 陶钵（AM27：4）

6. 陶钵（AM27：5）

宝丰廖旗营墓地汉墓AM26、AM27出土陶器

1. 陶罐（AM28：4）

2. 陶釜（AM28：8）

3. 陶钵（AM28：5）

4. 陶钵（AM28：3）

5. 陶瓮（AM28：7）

6. 陶罐（AM27：3）

宝丰廖旗营墓地汉墓AM27、AM28出土陶器

1. 铜带钩（AM28：1）

2. 陶器盖（AM29：5）

3. 陶器盖（AM29：4）

4. 陶器盖（AM29：3）

5. 铜洗（AM31：1）

宝丰廖旗营墓地汉墓AM28、AM29、AM31出土器物

图版一二

1. 陶壶（AM31：2）

2. 陶壶（AM31：3）

3. 陶壶（AM31：4）

4. 陶壶（AM31：5）

宝丰廖旗营墓地汉墓AM31出土陶壶

1. 陶壶（AM31：6）

2. 陶壶（AM37：2）

3. 陶罐（AM41：1）

4. 陶罐（AM41：2）

宝丰廖旗营墓地汉墓AM31、AM37、AM41出土陶器

1. 陶壶（AM41：3）

2. 陶壶（AM41：4）

3. 陶钵（AM41：7）

4. 陶钵（AM41：8）

5. 陶盒（AM41：6）

6. 陶鼎（AM41：5）

宝丰廖旗营墓地汉墓AM41出土陶器

1. 陶瓮（AM42：2）

2. 陶瓮（AM42：1）

3. 陶瓮（AM42：3）

4. 陶罐（AM45：2）

宝丰廖旗营墓地汉墓AM42、AM45出土陶器

图版一六

1. 陶罐（AM45：4）

2. 陶罐（AM45：3）

3. 陶罐（AM46：3）

4. 陶罐（AM46：4）

宝丰廖旗营墓地汉墓AM45、AM46出土陶器

1. 陶钵（AM46：8）

2. 陶钵（AM46：7）

3. 陶罐（AM46：5）

4. 陶钵（AM46：6）

5. 铁鍪（AM46：2）

6. 铁锛（AM46：1）

宝丰廖旗营墓地汉墓AM46出土器物

图版一八

1. 陶磨盘（BM4：2）

2. 陶器盖（BM8：4）

3. 陶甑（BM4：8）

4. 陶洗（BM4：3）

5. 陶磨盘（BM4：5）

6. 铁刀（BM4：1）

宝丰廖旗营墓地汉墓BM4、BM8出土器物

1. 陶仓（BM4：9）

2. 陶仓（BM4：10）

3. 陶罐（BM6：1）

4. 陶罐（BM6：2）

宝丰廖旗营墓地汉墓BM4、BM6出土陶器

1. 陶壶（BM8：1）

2. 陶壶（BM8：2）

3. 陶壶（BM8：3）

4. 陶壶（BM9：5）

宝丰廖旗营墓地汉墓BM8、BM9出土陶器

1. 陶耳杯（BM9：1）

2. 陶耳杯（BM9：15）

3. 陶耳杯（BM9：20）

4. 陶耳杯（BM9：21）

5. 陶耳杯（BM9：59）

6. 陶甑（BM9：33）

宝丰廖旗营墓地汉墓BM9出土陶器

图版二二

1. 陶壶（BM9：6）

2. 陶仓（BM9：7）

3. 陶壶（BM9：11）

4. 陶壶（BM9：28）

宝丰廖旗营墓地汉墓BM9出土陶器

1. 陶罐（BM9：4）

2. 陶罐（BM9：8）

3. 陶罐（BM9：12）

4. 陶罐（BM9：34）

宝丰廖旗营墓地汉墓BM9出土陶罐

图版二四

1. 陶奁（BM9：10、25）

2. 陶奁（BM9：16、26）

3. 陶奁（BM9：30、40）

4. 陶樽（BM9：37）

5. 陶碓坊（BM9：39）

6. 陶磨（BM9：42）

宝丰廖旗营墓地汉墓BM9出土陶器

1. 陶井（BM9：23）

2. 陶仓（BM9：45）

3. 陶仓（BM9：44）

4. 陶仓（BM9：43）

5. 陶三足盘（BM9：41）

宝丰廖旗营墓地汉墓BM9出土陶器

图版二六

1. 陶灶（BM10：12）

2. 铜洗（BM9：22）

3. 五铢铜钱（BM9：14）

4. 陶案（BM9：19）

5. 铁刀（BM10：2）

宝丰廖旗营墓地汉墓BM9、BM10出土器物

1. 陶壶（BM10：15）

2. 陶仓（BM10：11）

3. 陶壶（BM10：17）

4. 陶壶（BM10：16）

宝丰廖旗营墓地汉墓BM10出土陶器

1. 陶耳杯（BM10：7）

2. 陶耳杯（BM10：9）

3. 陶樽（BM10：18）

4. 陶樽（BM10：13）

5. 陶碗（BM10：14）

6. 陶猪（BM10：10）

宝丰廖旗营墓地汉墓BM10出土陶器

1. 陶仓（BM10：20）

2. 陶熏炉（BM10：19）

3. 陶罐（BM19：2）

4. 陶瓮（BM19：4）

宝丰廖旗营墓地汉墓BM10、BM19出土陶器

1. 陶钵（BM19：3）

2. 陶钵（BM19：5）

3. 陶磨（BM35：2）

4. 铁斧（BM32：1）

5. 铁刀（BM35：1）

6. 铁刀（BM19：1）

宝丰廖旗营墓地汉墓BM19、BM32、BM35出土器物

1. 陶井（BM35：5）

2. 陶仓（BM35：4）

3. 陶瓮（BM35：12）

4. 陶甑（BM35：6）

5. 陶樽（BM36：1）

6. 陶猪（BM35：9）

宝丰廖旗营墓地汉墓BM35、BM36出土陶器

图版三二

1. 陶壶（BM40：6）

2. 陶罐（BM40：5）

3. 陶壶（BM40：4）

4. 陶盘（BM38：2）

5. 陶奁器盖（BM38：7）

6. 铜洗（BM40：7）

宝丰廖旗营墓地汉墓BM38、BM40出土器物

1. 陶罐（BM41：1）

2. 陶仓（BM42：1）

3. 陶罐（BM43：1）

4. 陶壶（BM40：3）

宝丰廖旗营墓地汉墓BM40、BM41、BM42、BM43出土陶器

1. 陶壶（BM44：1）

2. 陶壶（BM44：2）

3. 陶罐（BM43：3）

4. 陶罐（BM43：2）

宝丰廖旗营墓地汉墓BM43、BM44出土陶器

1. 陶壶（BM44：3）

2. 陶仓（BM46：1）

3. 陶壶（BM45：1）

4. 釉陶壶（BM46：2）

宝丰廖旗营墓地汉墓BM44、BM45、BM46出土陶器

1. 陶器盖（BM48：2）

2. 陶器盖（BM48：1）

3. 陶器盖（BM49：2）

4. 陶器盖（BM49：3）

5. 陶奁器盖（BM46：3）

6. 陶奁器盖（BM46：4）

宝丰廖旗营墓地汉墓BM46、BM48、BM49出土陶器

1. 陶耳杯（BM52：3）

2. 陶耳杯（BM52：7）

3. 陶案（BM52：2）

4. 陶磨（BM52：6）

5. 陶灶（BM52：1）

6. 陶奁器盖（BM52：4）

宝丰廖旗营墓地汉墓BM52出土陶器

图版三八

1. 陶仓（BM52：8）

2. 陶井（BM52：5）

3. 陶奁（BM53：6）

4. 陶奁（BM53：8）

5. 陶奁器盖（BM53：2）

宝丰廖旗营墓地汉墓BM52、BM53出土陶器

1. 陶器盖（BM56：28）

2. 陶器盖（BM56：25）

3. 陶钵（BM54：4）

4. 陶钵（BM54：3）

5. 陶瓮（BM54：2）

6. 陶瓮（BM54：1）

宝丰廖旗营墓地汉墓BM54、BM56出土陶器

1. 陶奁（BM56：3、16）

2. 陶奁（BM56：2、8）

3. 陶奁（BM56：9、23）

4. 陶奁（BM56：10、26）

5. 陶奁（BM56：18、21）

6. 陶奁（BM56：20、32）

宝丰廖旗营墓地汉墓BM56出土陶樽

1. 陶罐（BM56：17）

2. 陶罐（BM56：22）

3. 陶仓（BM56：4）

4. 陶仓（BM56：5）

宝丰廖旗营墓地汉墓BM56出土陶器

1. 陶壶（BM57：3）

2. 陶樽（BM57：1）

3. 陶奁（BM56：27）

4. 陶樽（BM56：31）

5. 陶器盖（BM56：30）

6. 陶器盖（BM56：29）

宝丰廖旗营墓地汉墓BM56、BM57出土陶器

1. 陶壶（BM59：1）

2. 陶壶（BM59：5）

3. 陶壶（BM58：1）

4. 陶壶（BM59：2）

宝丰廖旗营墓地汉墓BM58、BM59出土陶器

1. 陶罐（BM59：3）

2. 陶罐（BM60：1）

3. 陶器盖（BM58：3）

4. 陶器盖（BM58：2）

5. 陶器盖（BM58：4）

6. 铜洗（BM59：4）

宝丰廖旗营墓地汉墓BM58、BM59、BM60出土器物

1. 陶瓮（BM60：2）

2. 陶罐（BM61：1）

3. 铜洗（BM65：9）

4. 铁鐅（BM65：12）

5. 铁镰（BM61：2）

宝丰廖旗营墓地汉墓BM60、BM61、BM65出土器物

图版四六

1. 陶罐（BM65：3）

2. 陶仓（BM65：4）

3. 陶壶（BM65：2）

4. 陶壶（BM65：1）

宝丰廖旗营墓地汉墓BM65出土陶器

1. 陶仓（BM65：5）

2. 陶仓（BM65：6）

3. 陶仓（BM65：7）

4. 陶仓（BM65：8）

宝丰廖旗营墓地汉墓BM65出土陶仓

图版四八

1. 陶壶（BM66：6）

2. 陶仓（BM66：2）

3. 陶壶（BM66：4）

4. 陶壶（BM66：5）

宝丰廖旗营墓地汉墓BM66出土陶器

1. 陶壶（BM68：4）

2. 陶壶（BM68：3）

3. 陶罐（BM68：1）

4. 陶罐（BM67：3）

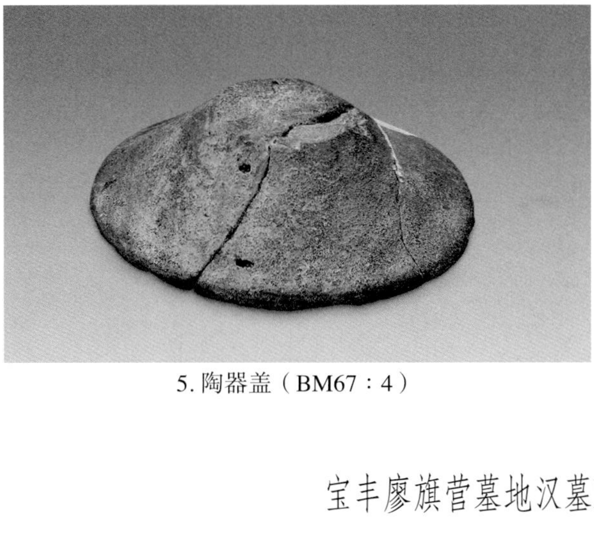

5. 陶器盖（BM67：4）

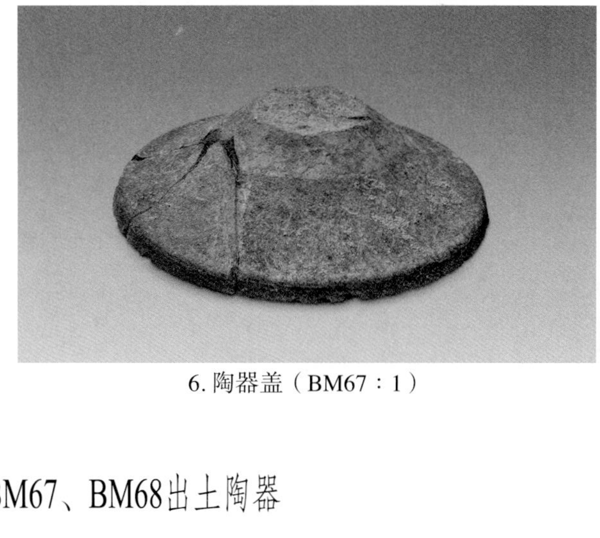

6. 陶器盖（BM67：1）

宝丰廖旗营墓地汉墓BM67、BM68出土陶器

1. 陶壶（BM68：2）

2. 陶壶（BM69：1）

3. 陶壶（BM69：2）

4. 陶壶（BM70：3）

宝丰廖旗营墓地汉墓BM68、BM69、BM70出土陶壶

1. 陶壶（BM70：2）

2. 陶壶（BM71：3）

3. 陶壶（BM70：4）

4. 陶壶（BM71：1）

宝丰廖旗营墓地汉墓BM70、BM71出土陶器

1. 陶壶（BM71∶2）

2. 陶壶（BM72∶5）

3. 陶壶（BM72∶6）

4. 陶壶（BM72∶7）

宝丰廖旗营墓地汉墓BM71、BM72出土陶壶

1. 铜洗（BM72：4）

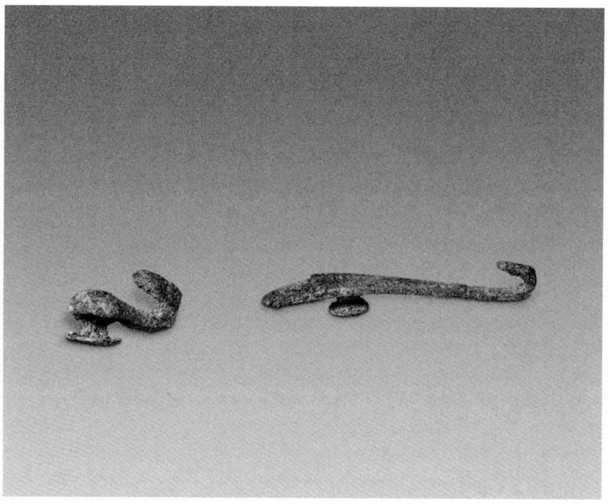

2. 铜带钩（BM72：2）

3. 陶壶（BM75：4）

4. 陶罐（BM74：2）

宝丰廖旗营墓地汉墓BM72、BM74、BM75出土器物

1. 铁削（BM72：1）

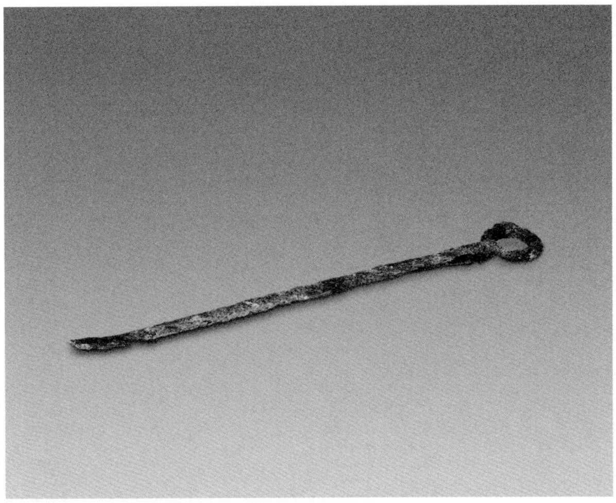

2. 铁削（BM75：3）

3. 陶壶（BM75：1）

4. 陶壶（BM75：2）

宝丰廖旗营墓地汉墓BM72、BM75出土器物

1. 瓷碗（AY3：1）

2. 铜腰带（AM4：1）

3. 铁镰刀（AM5：1）

4. 陶杯（AM10：1）

5. 铁犁铧（AM10：2）

6. 铁犁铧（AM10：4）

宝丰廖旗营墓地Y3、AM4、AM5、AM10出土器物

1. 瓷碗（AM11：2）

2. 瓷碗（AM17：3）

3. 瓷罐（AM12：2）

4. 瓷罐（AM17：2）

5. 铁剑柄（AM20：1）

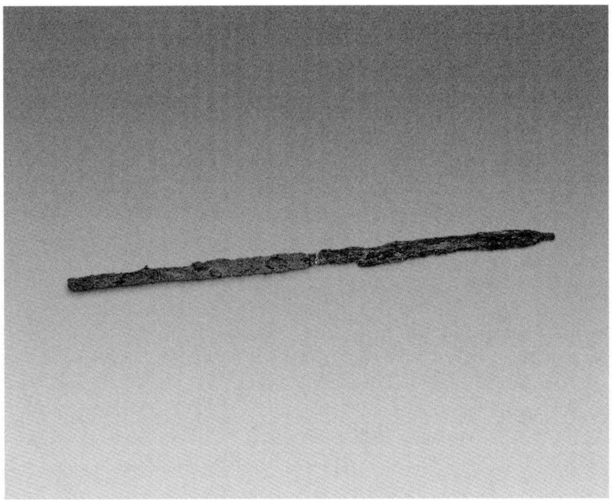

6. 铁刀（AM17：4）

宝丰廖旗营墓地宋墓AM11、AM12、AM17、AM20出土器物

1. 瓷罐（BM39：1）

2. 铁刀（AM19：1）

宝丰廖旗营墓地宋墓AM19、BM39出土器物

图版五八

1. 铜扣（AM33：11）

2. 铜钱（AM33：10）

3. 琥珀坠（AM33：3）

4. 瓷罐（AM32：5）

5. 银戒指（AM33：8）

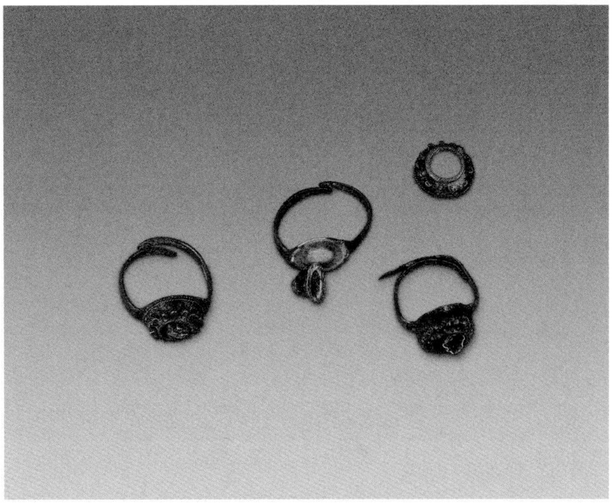

6. 银戒指（AM33：2）

宝丰廖旗营墓地明墓AM32、AM33出土器物

1. 银坠（AM50：6）

2. 熙宁元宝（AM35：1）

3. 铜镜（AM50：5）

4. 铜镜（AM50：1）

5. 锡罐（AM49：3）

6. 铜镜（AM49：2）

宝丰廖旗营墓地明墓AM35、AM49、AM50出土器物

图版六〇

1. 锡罐（AM53：1）

2. 银戒指（AM53：7）

3. 银戒指（AM53：5-2）

4. 银戒指（AM53：5-1）

5. 铜钱（AM52：2）

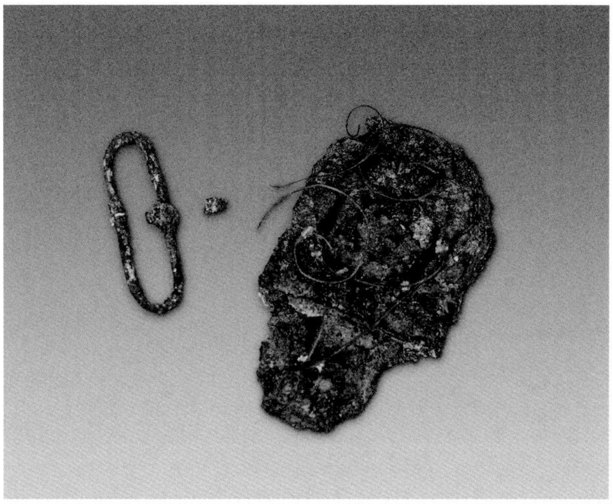
6. 铜饰（AM52：1）

宝丰廖旗营墓地明墓AM52、AM53出土器物

1. 银戒指（AM56：3）

2. 铜镜（AM57：2）

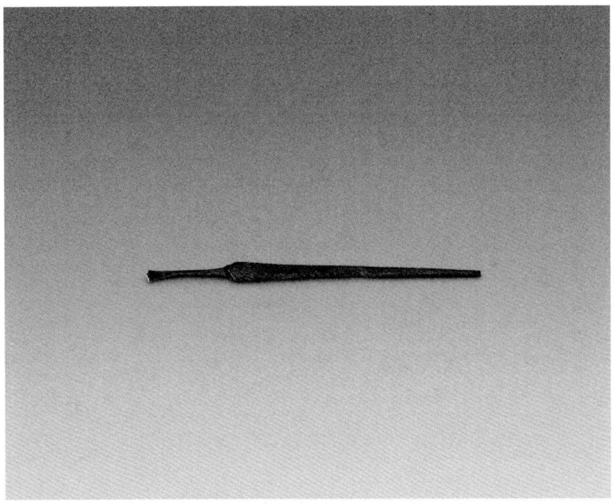

3. 银耳勺（AM54：2）

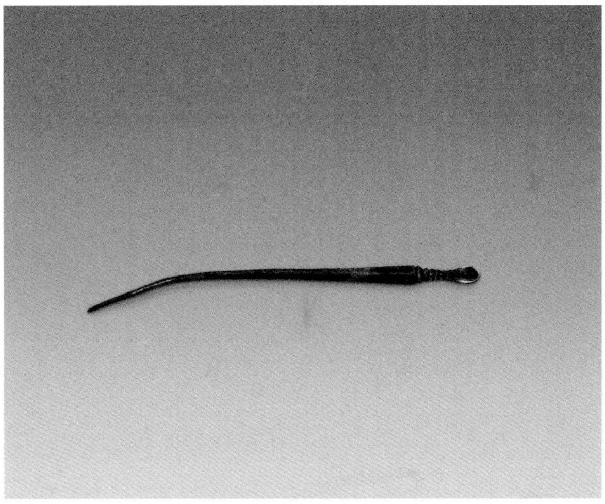

4. 银耳勺（AM53：10）

5. 铁犁铧（AM56：7）

6. 瓷罐（AM56：2）

宝丰廖旗营墓地明墓AM53、AM54、AM56、AM57出土器物

图版六二

1. 瓷罐（BM1：1）

2. 瓷罐（AM1：1）

3. 铜环（BM1：5）

4. 瓷罐（BM12：1）

5. 铜烟斗（AM2：2）

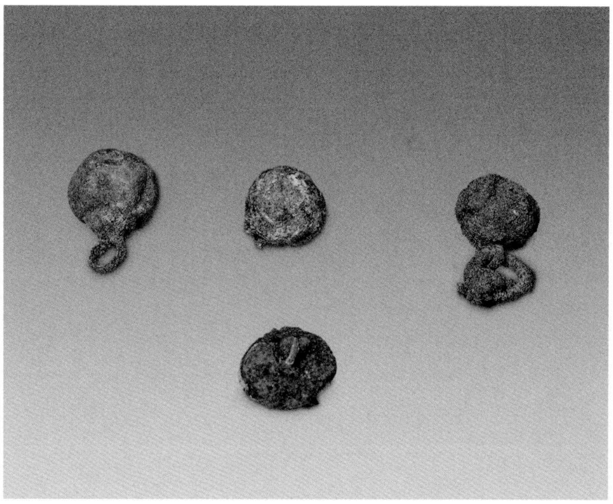

6. 铜扣（AM1：2）

宝丰廖旗营墓地清墓AM1、AM2、BM1、BM12出土器物

1. 瓷罐（BM13：8）

2. 瓷罐（BM12：9）

3. 瓷罐（BM14：4）

4. 瓷罐（BM13：1）

宝丰廖旗营墓地清墓BM12、BM13、BM14出土瓷罐

1. 瓷罐（BM18：1）

2. 瓷罐（BM21：1）

3. 瓷罐（BM22：1）

4. 铜钱（BM18：2）

5. 铜珠（BM12：2）

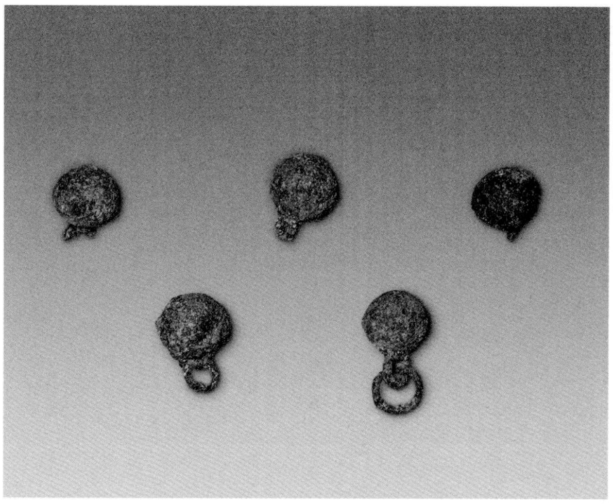

6. 铜扣（BM13：2、4）

宝丰廖旗营墓地清墓BM12、BM13、BM18、BM21、BM22出土器物

1. 瓷罐（BM24：1）

2. 瓷罐（BM23：5）

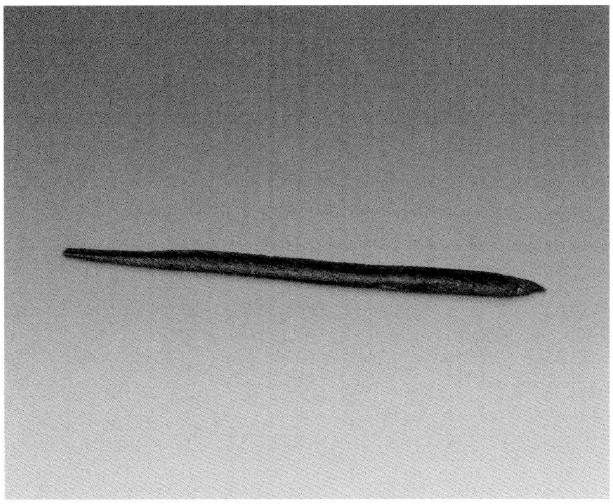

3. 木发簪（BM23：8）

4. 瓷罐（BM22：2）

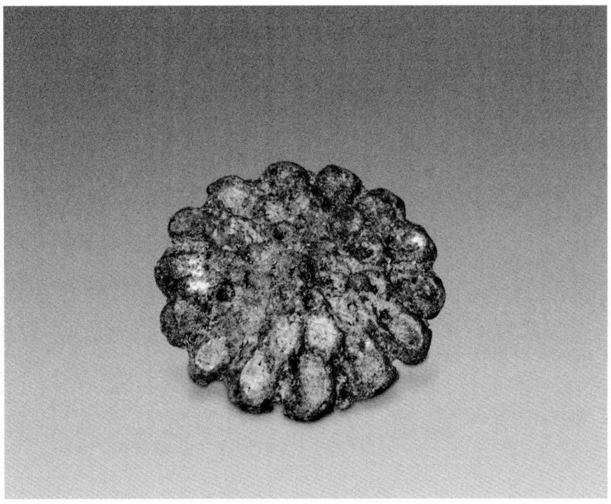

5. 铜扣（BM23：2）

6. 铜饰（BM24：3）

宝丰廖旗营墓地清墓BM22、BM23、BM24出土器物

1. 瓷罐（BM25：2）

2. 瓷罐（BM28：1）

3. 瓷罐（BM26：1）

4. 瓷罐（BM25：1）

宝丰廖旗营墓地清墓BM25、BM26、BM28出土器物

1. 瓷罐（BM31：1）

2. 瓷罐（BM29：3）

3. 瓷罐（BM33：5）

4. 银耳环（BM28：2）

宝丰廖旗营墓地清墓BM28、BM29、BM31、BM33出土器物

1. 瓷罐（BM24：7）

2. 银环（BM24：6）

3. 铜扣（BM33：1）

宝丰廖旗营墓地清墓BM24、BM33出土器物